高等学校"十三五"应用型本科规划教材

管理学

主　编　李小丽　马香品
副主编　梁惠珍　云艳红
　　　　李　婧　张俊丽

西安电子科技大学出版社

内 容 简 介

　　本书共 10 章，分别为管理与管理者、管理的基本原理与方法、管理环境、战略管理与决策、计划的编制与实施、组织与组织文化、领导与领导力培养、沟通与沟通艺术、控制与控制方法、创新。在整体安排上，本书坚持以管理的核心职能为重点，在体系上重新整合，各章都是围绕这一职能进行从理论到操作层面的深入阐释。在具体编写体例上，本书设计了学习目标、案例导入、趣味链接、案例链接、本章小结、知识结构图、思考题、练习题、案例分析等模块，以提高管理能力为目标，力求做到理论性、应用性、现实性和前瞻性的有机结合。

　　本书可作为高等院校管理类、经济类学生的专业教材，也可作为企业管理人员培训及实践参考书。

图书在版编目(CIP)数据

管理学/李小丽，马香品主编 . —西安：西安电子科技大学出版社，2018.8(2020.7 重印)
ISBN 978 - 7 - 5606 - 4994 - 8

Ⅰ. ① 管⋯　Ⅱ. ① 李⋯ ②马⋯　Ⅲ. ① 管理学　Ⅳ. ① C93

中国版本图书馆 CIP 数据核字(2018)第 156400 号

策划编辑　戚文艳
责任编辑　孙雅菲　阎　彬
出版发行　西安电子科技大学出版社(西安市太白南路 2 号)
电　　话　(029)88242885　88201467　　　邮　　编　710071
网　　址　www.xduph.com　　　　　　电子邮箱　xdupfxb001@163.com
经　　销　新华书店
印刷单位　陕西天意印务有限责任公司
版　　次　2018 年 8 月第 1 版　2020 年 7 月第 3 次印刷
开　　本　787 毫米×1092 毫米　1/16　印张 27
字　　数　639 千字
印　　数　3501～4500 册
定　　价　59.00 元
ISBN 978 - 7 - 5606 - 4994 - 8/C
XDUP 5296001 - 3

高等学校"十三五"应用型本科规划教材
编审专家委员会名单

出版说明

本书为西安科技大学高新学院课程建设的最新成果之一。西安科技大学高新学院是经教育部批准，由西安科技大学主办的全日制普通本科独立学院。

学院秉承西安科技大学五十余年厚重的历史文化积淀，充分发挥其优质教育教学资源和学科优势，注重实践教学，突出"产学研"相结合的办学特色，务实进取，开拓创新，取得了丰硕的办学成果。

学院现设置有国际教育学院、信息与科技工程学院、新传媒与艺术设计学院、城市建设学院、经济与管理学院五个二级学院，以及公共基础部、体育部、思想政治教学与研究部三个教学部，开设有本、专科专业 44 个，涵盖工、管、文、艺等多个学科门类。

学院现占地 912 余亩，总建筑面积 22.6 万平方米，教学科研仪器设备总值 6000 余万元，现代化的实验室、图书馆、运动场、多媒体教室、学生公寓、学生活动中心等一应俱全。学院优质的教育教学资源、紧跟行业需求的学科优势、"产学研"相结合的办学特色，为学子提供了创新、创业和成长、成才的平台。

学院注重教学研究与教学改革，围绕"应用型创新人才"这一培养目标，充分利用合作各方在能源、建筑、机电、文化创意等方面的产业优势，突出以科技引领、产学研相结合的办学特色，加强实践教学，以科研产业带动就业，为学生提供了学习、就业和创业的广阔平台。学院注重国际交流合作和国际化人才培养模式，与美国、加拿大、英国、德国、澳大利亚以及东南亚各国进行深度合作，开展本科双学位、本硕连读、本升硕、专升硕等多个人才培养交流合作项目。

在全面、协调发展的同时，学院以人才培养为根本，高度重视以课程设计为基本内容的各项专业建设，以扎扎实实的专业建设，构建学院社会办学的核心竞争力。学院大力推进教学内容和教学方法的变革与创新，努力建设与时俱进、先进实用的课程教学体系，在师资队伍、教学条件、社会实践及教材建设等各个方面，不断增加投入、提高质量，为广大学子打造能够适应时代挑战、实现自我发展的人才培养模式。学院与西安电子科技大学出版社合作，发挥学院办学条件及优势，不断推出反映学院教学改革与创新成果的新教材，以逐步建设学校特色系列教材为又一举措，推动学院人才培养质量不断迈向新的台阶，同时为在全国建设独立本科教学示范体系，服务全国独立本科人才培养，做出有益探索。

西安科技大学高新学院

西安电子科技大学出版社

2018 年 1 月

前　言

管理是人类社会活动和生产活动中普遍存在的社会现象。跨入 21 世纪后，随着知识经济时代的到来和全球经济一体化的发展，市场环境更加丰富多元，管理者面临着更加复杂的管理问题。社会需要能适应信息经济要求、懂得管理真谛、掌握管理方法的技术型和管理型复合人才。

管理学作为一门研究人类社会管理活动中各种现象及规律的学科，其管理理论与方法都是实践经验的总结和提炼，同时又必须为实践服务，才能显示出其强大的生命力。

目前，管理学教材已经很多，之所以组织编写本教材，主要基于以下几个方面的原因：

1. 教材定位

针对"应用型人才"的培养目标，突出对学生管理技能的培养，通过"趣味链接"使知识更具趣味性、更易于理解，在满足应用型人才培养需要的同时，也便于学生自学。

2. 与时俱进

在继承的基础上有所创新，博采众长为我所用，充分吸收传统的管理学精华和最新的管理学研究成果，理论联系实际，注重时效性，选用有代表性的案例来阐释管理的基本理论。

3. 便于使用

充分考虑高校教学的实际流程，明确学习目标，通过章节前的"案例导入"引入课堂教学；章后的"本章小结"对整个章节进行归纳总结；每章后的"思考题"与"练习题"为教师布置作业以及考试命题提供参考；章后的"案例分析"弥补实践教学环节的空白，便于灵活地组织学生展开讨论；穿插其中的"趣味链接"以短小的内容道出深刻的哲理，耐人寻味。

本教材以管理职能为线索，既介绍了经典的管理理论，又融合了现代的管理思想，也充分展示了精彩的管理实践。本教材涉及决策与计划、组织、领导与激励、控制、创新等内容。

　　本教材由李小丽担任第一主编，负责教材内容的结构安排、体例设计、编撰任务分工；马香品担任第二主编，负责全书统稿、定稿。具体编撰分工如下：李小丽编写第一章；马香品编写第二章、第五章；云艳红编写第三章、第六章；张俊丽编写第四章；李婧编写第七章、第八章；梁惠珍编写第九章、第十章。

　　本教材在编写过程中，参阅、借鉴、引用了国内外大量论著、教材、论文等文献资料，在此对文献的作者表示诚挚的感谢！

　　因编者水平有限，加之时间仓促，书中难免存在疏漏之处，敬请各位读者及专家批评指正，以便于本书再版之时修正。

李小丽

2018 年 5 月 16 日

目　　录

第一章　管理与管理者

【学习目标】
- 理解管理的起源与发展、含义、职能以及性质
- 理解管理者的含义与分类、管理者的技能以及角色

【案例导入】

子贱放权

孔子的学生子贱有一次奉命担任某地方的官吏。他到任后，时常弹琴自误，不管政事，可是他所管辖的地方却被治理得井井有条，民兴业旺。这使那位卸任的官吏百思不得其解，因为他每天即使起早贪黑，也没有把这片地方治理好。于是他请教子贱："为什么你能治理得这么好？"子贱回答："你只靠自己的力量，所以十分辛苦，而我却是借助别人的力量来完成任务。"

资料来源：http://job. fodmate. net/hrinfo/stroy/6606. 2016

从子贱放权的案例可知，早在两千年以前，有识之士就已经将管理学的知识付诸实践并取得了显著的成效。这个案例不仅在当时的社会有着强烈的现实意义，即使是在 21 世纪的今天，依然启迪着人们思考应采用什么样的方式、方法和途径来进一步提升管理的效能。

分　粥

有七个人住在一起，每天分一大桶粥，但粥不够分。一开始，他们抓阄决定谁来分粥。结果只有自己分粥的那一天才能吃饱。后来他们开始推选出一个道德高尚的人来分粥。可强权就会产生腐败，大家开始挖空心思去讨好他、贿赂他、搞小团体。于是，大家开始组成三人的分粥委员会及四人的评选委员会，可每次互相攻击扯皮下来，粥吃到嘴里全是凉的。最后，大家终于想出来一个方法：轮流分粥，但分粥的人要等其他人都挑完后拿剩下的最后一碗。为了不让自己吃到最少的，每人都尽量分得平均，就算不平均，也只能认了。此后，大家快快乐乐，和和气气，日子越过越好。

资料来源：个人图书馆：360. doc. com

从分粥这个小故事可以看出，在一个群体中，像分粥一样简单的工作，若没有巧妙的管理技术，也难以做到公正、公平，更别提实现预期的目标了。因此，为了实现组织目标，有效的管理必不可少。管理是个充满智慧和挑战的工作，那么管理到底是什么？管理者到底应该如何管理组织呢？

第一节　管理概述

一、管理的起源与发展

在人类发展的历史长河中，管理作为一门学科出现的速度之快和影响范围之大是其他学科所无法比拟的。在不到两百年的时间里，管理科学就已经改变了世界上发达国家的社会与经济的组织形式。它创造了一种全球性的经济模式，并为各个国家平等参与这种经济制定了新规则。同时，管理科学自身也在不断发生着变化。

纵观人类历史，可以说一切社会现象都与管理活动密切相关。那么管理究竟起源于何时呢？一般认为，管理起源于原始社会时期，由于生产力水平的低下，单靠个人力量无法维持生存，人类需要协作劳动或公共生活，或者说要维持生存需要通过结成两人以上的"集体"，而"集体"就必然产生分工与协作问题。

为了生存，早期的人类不得不成群结队地居住在一起，进行共同性的劳动（如采集和打猎）。长期的共同劳动和群居生活，使得他们逐渐结成了家庭、氏族、部落等人类社会的早期组织。氏族、部落的形成和发展，必然伴随公共事务的形成，人类最早的管理活动也由此具备了可能。

因此，可以说管理的历史同人类的历史一样久远，当人类还处于原始社会时，便已产生了管理活动。公元前5000年，生活在幼发拉底河流域的闪米尔人就开始了最原始的记录活动，这是人类历史上有据可考的最早的管理活动。

当人类跨入文明时代后，管理活动更是得到了空前的发展。在工业化之前的奴隶社会、封建社会，家庭、部落、城邦、村庄、教会、军队、国家等组织是人类进行生产和生活的基本形式，这些组织的存在和发展一刻也离不开管理活动。

现代意义上的管理产生于18世纪下半叶的产业革命之后，随着生产力的进一步发展和社会的繁荣进步，人类的活动更趋复杂，特别是随着工厂、公司等组织的出现，对管理活动的需要较以往更为迫切，这进一步推动了管理活动的发展。随着各种经济和社会组织的数量越来越多，规模越来越大，管理活动也越来越复杂，因此管理变得比以往更为重要。

总之，自从人们开始形成群体去实现个人无法达到的目标以来，管理就成为协调个人努力必不可少的因素了。正如马克思所说："一切规模较大的直接的社会劳动或共同劳动，都或多或少地需要指挥，以协调个人的活动，并执行生产总体的运动——不同于这一总体的独立器官的运动——所产生的一般职能。一个单独的提琴手是自己指挥自己，一个乐队就需要一个乐队指挥。"这就如同在与自然界的斗争过程中，人类进行着管理社会、管理组织、管理自身的努力。管理存在于人类的所有活动过程中，并且日益成为一种专门的职业。

二、管理的基本含义

由于管理活动的广泛性，从管理活动到管理思想再到管理理论，其间经历了漫长的过程，至少有数千年。因为管理活动自古就有，从不同角度对管理可以有不同的理解，因此，关于管理，至今仍未有统一的定义。

　　早期的管理学学者玛丽·帕克·福莱特给管理下了一个经典的定义："通过其他人来完成工作的艺术"。

　　斯蒂芬·P. 罗宾斯和玛丽·库尔塔对管理的定义是："'管理'这一术语指的是和其他人一起并且通过其他人来切实有效完成活动的过程。"

　　帕梅拉·S. 路易斯、斯蒂芬·H. 古德曼和帕特丽夏·M. 范特的观点是："管理被定义为切实有效支配和协调资源，并努力达到组织目标的过程"。

　　沃伦·R. 普伦基特和雷蒙德·F. 阿特纳把管理者定义为"对资源的使用进行分配和监督的人员"，把管理定义为"一个或多个管理者单独和集体通过行使相关职能（计划、组织、人员配备、领导和控制）和利用各种资源（信息、原材料、货币和人员）来制定并达到目标的活动"。

　　为了方便读者进行学习，本书采用的定义是：管理是运用科学艺术方法，为有效地实现组织的目标而对组织的资源进行计划、组织、领导和控制、创新的过程。

　　行业对"管理"一词有多种解释，在此我们从以下几方面分析：

　　（1）为了实现组织的目标。管理就是为了实现组织的目标，而对组织的人、财、物等资源进行计划、组织、领导与控制的活动。即

管理＝计划＋组织＋领导＋控制＋创新

　　（2）做正确的事和正确地做事。二者区别如表 1-1 所示。

表 1-1　做正确的事和正确地做事的区别

内容	侧重点	地位	意义
做正确的事	方向、路线	第一位	效果：对错
正确地做事	手段和途径	第二位	效率：多少、快慢

　　（3）带领别人去实现目标。从此引申出三个方面的含义：① 管理者的业绩是由他人来衡量的。这意味着管理得好坏取决于管理者所带领的他人取得的业绩。② 管理存在于事实上的组织中，组织是由很多人构成的群体。可以认为，管理依附于组织之上，组织是皮，管理是毛，离开了组织谈不上管理。③ 管理的目的就是要实现一定的目标。离开了目标，就谈不到管理。管理活动的存在就是要保证有效地实现组织的目标。

三、管理的职能

　　"职能"在此可以理解为活动，所谓管理的职能，也就是管理所包含的一些具体的活动。管理学教材大多是围绕管理的职能来加以组织的。了解管理的职能，可以帮助我们把握管理学这门课程的整体构成。

　　早在 20 世纪初，法国的工业家亨利·法约尔在其著作《工业管理与一般管理》中提出，所有管理人员都行使五种管理职能：计划、组织、指挥、协调和控制。在法约尔之后，许多学者根据社会环境的新变化，对管理的职能进行了进一步的探究，并有了许多新的认识。但当代管理学家们对管理职能的划分，大体上没有超出法约尔的范围。人们普遍认为，管理包含以下五种职能。

（一）计划

　　计划指的是人们在采取具体行动之前的思考，即出谋划策，是一种脑力劳动。管理的

计划活动实际上就是对目标和途径的思考。与此同时，需要明确在组织中计划是由谁来做的。很多人误以为计划是由组织里的计划科、计划处等部门来做；还有人认为计划既然是运筹帷幄，那么就应该由组织中的最高领导人和最高层管理者来做。这实际上是一个误解，计划意味着实现目标的"谋"，带领人们去实现目标是每个管理者的使命，因此计划活动是每个管理者必不可少的活动。

（二）组织

仅是有谋、有目标，明确了实现目标的途径，也并不意味着能够自然而然地实现目标，还必须在此基础上进行有效的分工和协作。为了实现目标而进行的这种分工和协作，在管理中就叫做组织。具体来说，组织就是为了实现目标，在组织内部达成的一种高效的组织结构，这是组织的管理活动所要完成的使命。

（三）领导

即使计划得很好，明确了目标，明确了实现目标的途径，也有了高效的组织结构，也并不意味着我们就能自然而然地实现目标。组织是由人构成的，而人是世界上最复杂的生物，组织中的每个人都有自己的需要和动机，有自己的喜怒哀乐，怎样让人们按照组织的要求步调一致地向着目标努力呢？这就涉及"领导"的问题。

管理学中所讨论的"领导"与一般意义上的"领导"多少有一些区别。作为一种活动的"领导"，更多指的是"领"和"导"。领是领路，导是指引。所以管理中的"领导"意味着通过管理者的行为来影响下属，让人们把自己的动机和目标跟组织的目标协调起来，从而有效地形成一种合力去实现组织的目标。而这就需要在组织中形成一种有效的氛围。

（四）控制

有了计划、组织、领导，明确了目标，了解了实现目标的途径，人与人之间也有了好的协作配合关系，通过领导营造了一种好的气氛，但这是不是就意味着能自然而然地实现目标了呢？事情没有这么简单，因为往往计划赶不上变化，客观环境复杂多变，所以事情在发展过程中也许会偏离预想的轨道，这就需要管理者来发现偏差，纠正偏差，调整航向，把事业引回正确的轨道。使事情按计划进行的活动，在管理中就叫控制。

（五）创新

创新就是要淘汰旧的事物，创造新的事物，它是一切事物向前发展的根本动力，是事物内部新的进步因素通过矛盾斗争战胜旧的落后的因素，最终发展成为新事物的过程。

从理论上讲，管理必须创新。一个组织之所以能够存在，是因为它能适应环境，能利用环境满足自己的不同需求，能与环境发生各种互动，甚至能够在一定的条件下改变环境。不管是组织的宏观环境还是微观环境，始终处在不断运动、变化和发展之中，所以，组织对环境的需要也应当处在不断的变化之中。组织总是通过积极的管理创新来实现与客观世界的良性互动。相反，如果一个组织总是"以不变应万变"，抱残守缺、墨守成规，就必将会因为与环境不相适应而被淘汰。

从实践上看，管理也必须创新。在人类历史中，各种生产技术的发明创造和管理理论的推陈出新，无不是创新的结果。没有管理创新就没有社会进步，就没有人类文明的发展。放眼未来，要建设高度的物质文明、精神文明和政治文明，离开管理创新是不可能实现的。

　　理论和实践都证明，创新是一个民族的灵魂，是一个国家兴旺发达的不竭动力。随着知识经济时代的到来，创新能力越来越成为决定一个国家和民族以及企业前途和命运的重要因素。由于科学技术的迅猛发展，社会经济活动空前活跃，市场需求瞬息万变，社会关系也日益复杂，管理者每天都会遇到新情况、新问题，如果因循守旧、墨守成规，就无法应对新形势的挑战，也就无法完成所肩负的任务。成功的重要诀窍就在于创新。

　　各项管理职能都有自己独立的表现形式。例如，计划职能通过目标的制定和行动表现出来。组织职能通过组织结构的设计和人员的配备表现出来。领导职能通过领导者和被领导者的关系表现出来。控制职能通过偏差的识别和纠正表现出来。创新职能与上述管理职能不同，它本身并没有某种特有的表现形式，它是在与其他管理职能的结合中表现自身的存在和价值的。

　　各项职能的相互关系如图1-1所示。每一项管理工作一般都是从计划开始，经过组织、领导，直到控制结束。各职能之间交叉、渗透，控制的结果又可以导致新的计划，开始一轮新的管理循环。如此循环不息，工作不断被推向前进。创新在这个管理循环之中处于轴心的地位，成为推动管理循环的原动力。

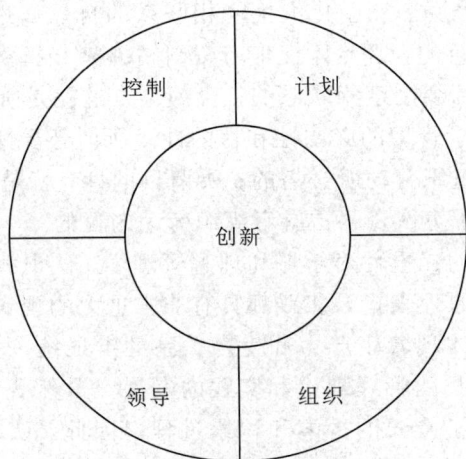

图1-1　管理职能图

趣味链接

斜坡球体理论

　　"斜坡球体定律"在海尔被奉若神明，大家称其为"海尔发展定律"，它也道出了企业发展的一般规律。企业在市场上所处的位置，就如同斜坡上的一个球体，它受到来自市场竞争和内部员工惰性而形成的压力，如果没有止动力，就会下滑。为使海尔在斜坡（市场）上的位置保持不下滑，就需要强化内部基础管理这一"止动力"。比如，半个小时就可以把玻璃擦得非常干净，这事并不复杂，但是天天这样做就变得很难。管理目标和人员素质之间的差距一直不好解决。要提高一般员工的素质，管理人员就应该天天下功夫去做这件事。归根到底还是管理上的问题。有人说，中国企业的员工素质太差，实际上不是员工素质太差，而是管理人员的素质太差，或者管理者人员不肯去下功夫。

启示：这个理论主要是针对中国的实际情况而提出的。中国企业最难解决的一个问题就是一种标准的贯彻或者一种规章制度的要求，今天达到了，明天就可能达不到。"斜坡球体理论"，形象地说，就是基础工作稍微差一点，企业就要滑下去，因此管理者需要掌握科学的管理方法，它既要基于高深的科学理论，又要具有艺术性。

四、管理的性质

（一）管理的二重性

任何社会生产都是在一定的生产力和生产关系下进行的，生产过程具有二重性，既是物质资料的再生产，又是生产关系的再生产。因此，对生产过程进行管理也就存在着二重性。一种是与生产力相联系的自然属性；另一种是与生产关系相联系的社会属性。

管理的二重性是马克思主义关于管理问题的基本观点。马克思在《资本论》中指出："凡是直接生产过程具有社会结合过程的形态，而不是发现为独立生产者独立劳动的地方，都必然会产生监督劳动和指挥劳动，不过它具有二重性。"

管理的二重性：一方面是由许多人进行协作劳动而产生的，是有效地组织共同劳动所必需的，因此它具有同生产力、社会化大生产相联系的自然属性；另一方面，管理又是在一定的生产关系条件下进行的，必然体现生产资料占有者指挥劳动、监督劳动的意志，因此它又具有同生产关系、社会制度相联系的社会属性。这就是管理的二重性。

管理的二重性反映出了管理的必要性和目的性。所谓必要性，就是说管理是生产过程所固有的属性，是有效地组织劳动所必需的；所谓目的性，就是说管理直接或间接地同生产资料所有制有关，反映了生产资料占有者组织劳动的目的。

正确认识和掌握管理的二重性对学习和理解管理学、认识我国的管理问题、探索管理活动的规律以及运用管理原理来指导实践都具有非常重大的现实意义。

首先，管理的二重性体现着生产力和生产关系的辩证统一关系。把管理仅看作生产力或生产关系，都不利于我国管理理论和实践的发展。虽然我国的管理科学由于种种原因还很不成熟，但也经历了漫长的探索和积累过程。因此，认真总结我国历史上和社会主义建设中管理的经验教训，遵循管理的自然属性的要求，并在充分体现社会主义生产关系的基础上，分析和研究我国的管理问题，是建立具有中国特色的管理科学体系的基础。

其次，西方的管理理论、技术和方法是人类长期从事生产实践的产物，是人类智慧的结晶，它同生产力的发展一样，具有连续性，且不分国界。因此，我们要在继承和发展我国科学的管理经验和管理理论的同时，注意学习、引进国外先进的管理理论、技术和方法，要根据我国的国情，融汇提炼，为我所用。掌握管理的二重性，使我们能够正确评价资本主义的管理理论、技术和方法，弃其糟粕，取其精华，使之适合我国的国情，成为中国管理科学体系的有机组成部分。

再次，由于管理总是在一定的生产关系条件下进行的，体现着一定的统治阶级的意志，所以，在学习和借鉴西方管理理论时应有原则性，必须认清资本主义管理剥削的本质。他们强调"劳资合作""重视人""尊重人"，在管理实践中也提到"工人参与管理"等，但资本主义管理的剥削本质是不会改变的。

最后，任何一种管理方法、技术和手段的出现总是有其时代背景，也就是说，它总是同生产力发展水平及其他一切情况相适应的。因此，在学习和运用某些管理理论、原理、技术和手段时，必须结合本单位、本部门的实际情况，因地制宜，不能一味地照搬，这样才能取得预期的效果。实践表明，不存在一种"放之四海皆准"的、统一的管理理论和管理模式。

（二）管理的科学性和艺术性

管理的科学性是管理作为一个活动过程，本身存在一系列客观规律。人们经过无数次的失败，通过从实践中收集、归纳、检测数据，提出假设，验证假设，从抽象中总结出一系列反映管理活动过程中客观规律的管理理论和一般方法。人们利用这些理论和方法来指导自己的管理实践，又以管理活动的结果来衡量管理过程中所使用的理论和方法是否正确，是否行之有效，从而使管理的科学理论和方法在实践中得到不断的验证和丰富。因此说，管理是一门科学，是指它以反映管理客观规律的管理理论和方法为指导，有一套分析问题、解决问题的科学的方法论。

管理的艺术性就是强调其实践性，没有实践则无所谓艺术。这就是说，仅凭停留在书本上的管理理论，或背诵原理和公式来进行管理活动是不能保证其成功的。管理人员必须在管理实践中发挥积极性、主动性和创造性，因地制宜地将管理知识与具体管理活动相结合，才能进行有效的管理。所以，管理的艺术性，就是强调管理活动除了要掌握一定的理论和方法外，还要有灵活运用这些知识和技能、技巧的诀窍。

从管理的科学性与艺术性可知，有成效的管理艺术是以对它所依据的管理理论的理解为基础的。因此，两者之间不是互相排斥，而是互相补充的。仅靠管理理论来进行管理活动，必然是脱离或忽视现实情况的无效活动；而没有掌握管理理论和基本知识的管理人员，在进行管理时必然是靠碰运气、直觉或过去的经验，很难找到对管理问题可行的、令人满意的解决办法。所以，管理的专业训练虽然不能培训出杰出的管理人员，但它却能为培养出色的管理人员打下坚实的理论基础。当然，仅凭理论不足以保证管理的成功，人们还必须懂得如何在实践中运用它们，这一点也是非常重要的。因此，管理既是一门科学，又是一门艺术，它是科学与艺术的有机结合体。管理的这一特性，对于学习管理学和从事管理工作的人员来说也是十分重要的，它可以促使人们既注重基本理论的学习，又不忽视在实践中因地制宜地灵活运用，这一点，是管理成功的一项重要保证。

第二节　管　理　者

一、管理者的含义及分类

（一）管理者的含义

管理者是组织中指挥他人活动的人，或对他人的工作负有责任的人。管理者通过协调其他人的活动达到与别人一起或通过别人实现组织目标的目的。管理者是管理行为过程的主体，具有一定管理能力，拥有相应的权力和责任，从事现实管理活动。管理者及管理技能在组织管理活动中起决定性作用。

（二）管理者的分类

任何组织都是由各司其职的人员构成的，在传统的组织中，大量的雇员存在于基层，形成金字塔状的稳定结构。按照管理者承担职责及其所在的层级，可以简单地将他们划分为基层管理者、中层管理者和高层管理者，如图1-2所示。通常，在结构清晰的组织中分辨三者并不困难，不过在不同的组织中他们会有不同的称谓。

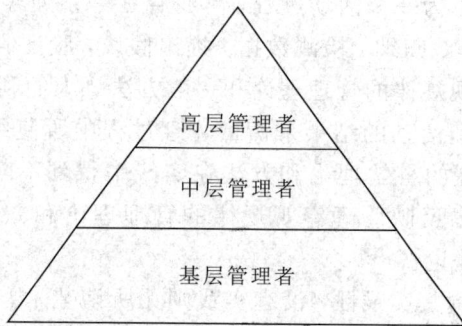

图1-2　组织层次及管理者层次分类

1. 按管理者所处的组织层次分类

（1）高层管理者通常是指对整个组织的管理负有全面责任的人，他们的主要职责是制定组织的总目标、总战略，掌握组织的大政方针并评价整个组织的绩效，如董事长、总经理、总裁及其副职等。西方国家企业中的CEO（首席执行官）、COO（首席运营官）、CFO（首席财务负责人）等都是高层管理者。

（2）中层管理者通常是指处于高层管理人员和基层管理人员之间的一个或若干个中间层次的管理人员，如部门经理、高校中的系主任或学院院长等，他们的主要职责是贯彻执行高层管理人员所制定的重大决策，监督和协调基层管理人员的工作。

（3）基层管理人员也被称为第一线管理人员或第一线监工，也就是处于组织中最低层次的管理者，他们所管理的仅是作业人员和监督现场作业活动。他们的主要职责是给下属作业人员分派具体工作任务，直接指挥和监督现场作业活动，以保证各项任务的完成。

2. 管理者的领域分类

管理人员的领域分类主要是按其所从事的管理工作的领域宽窄及专业性质不同，一般可划分为两类：一是综合管理人员；二是专业管理人员。

综合管理人员指负责管理整个组织或组织中某个事业部全部活动的管理者。除了高层管理者中的主要领导人外，中层管理者甚至基层管理者中的直线主管一般都是综合管理者。综合管理者由于工作范围较宽，因此一般要求其要全面熟悉业务，有较强的整体意识，善于听取各方面意见，有较强的综合协调能力。

专业管理人员一般是仅负责管理组织中某一类活动或职能的管理者。根据这些管理者所管理的专业领域性质的不同，可以划分为生产管理者、营销管理者、财务管理者、人力资源管理者、行政管理者、其他专业管理者（如研究开发管理者、公共关系或客户关系管理者等），如图1-3所示。

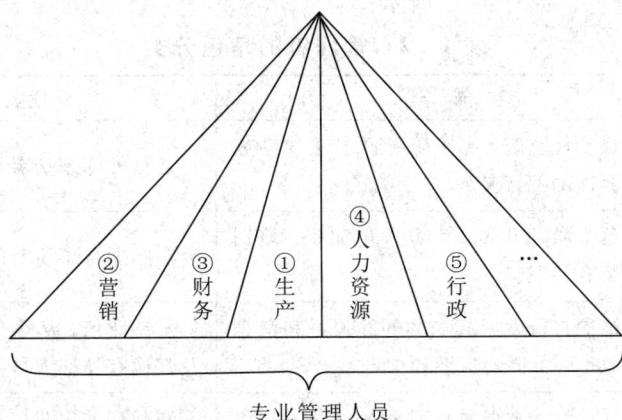

图 1-3　组织纵向结构及管理者分类

　　此外，目前也有学者按管理者所承担的职责和任务对管理者进行划分，如决策指挥者、职能管理者、决策参谋人员等，这种分类法也有其合理性。

趣味链接

有效的管理者

　　彼得·德鲁克被誉为"现代管理学之父"，他一生共著书 39 本，在《哈佛商业评论》发表文章 30 余篇，文风清晰练达，对许多问题提出了自己的精辟见解。杰克·韦尔奇、比尔·盖茨等人都深受其思想的影响。其 1966 年出版的《卓有成效的管理者》成为高级管理者必读的经典之作。在书中，彼得·德鲁克分析了管理的环境，明确了要提高管理者的工作效率必须首先解决的认识问题。"我们为什么需要有管理者？谁是管理者？管理者工作中面临的有哪些现实问题？有效性是可以学会的吗？"等。最终告诉大家：有效性是必须学会的，也是可以学会的。

　　启示：管理者的效率，往往是决定组织工作效率的最关键因素；并不是高级管理人员才是管理者，所有负责行动和决策而又有助于提高机构工作效能的人，都应该像管理者一样工作和思考。

二、管理者的角色

　　20 世纪 70 年代末期，加拿大麦吉尔大学的管理学教授亨利·明茨伯格通过对五位总经理的工作进行长时期的仔细研究，提出了与人们对管理者的长期认识所不同的观点，从而成为管理角色理论的著名人物。他认为，管理者并不是深思熟虑的思考者，他们在做决策之前，并不总是仔细研究和系统地处理信息，相反，管理者经常陷入大量变化的、无一定模式和短期的活动中，他们几乎没有时间静下来思考，因为他们的工作经常被打断。有半数的管理者活动持续时间少于 9 分钟。

　　在大量观察的基础上，明茨伯格提出，管理者在管理工作中主要扮演 10 种不同但却高度相关的角色，这 10 种角色可以进一步组合成三个方面的角色，即人际关系角色、信息传递角色和决策制定角色，如表1-2所示。

表1-2 管理者的角色分类

角色		描述	代表性活动
人际关系角色	代表人	象征性首脑，必须履行许多法律性或社会性的例行义务	迎接外部来访者，签署法律文件等
	领导者	负责激励下属，负责人员配备、培训以及有关职责	实际上从事所有的有下级参与的活动
	联络者	维护自行发展起来的外部关系和消息来源，从中得到帮助和信息	发感谢信，从事外部委员会的工作以及其他有外部人员参与的活动
信息传递角色	监听者	寻求和获取各种内部和外部信息，以便透彻地理解组织与环境	阅读有关报告，与有关人员保持私人接触
	传播者	将从外部人员和下级那里获取的信息传递给组织的其他成员	举办信息交流会，以电话方式传达信息
	发言人	向外界发布组织的计划、政策行动、结果等	召开董事会，向媒体发布信息
决策制定角色	企业家	寻求组织和环境中的机会，制定改进方案以发起改革	组织战略制定和检查会议，以开发新项目
	冲突管理者	当组织面临重大的、意外的混乱时，负责采取纠正行动	组织应对混乱和危机的战略制定和检查会议
	资源分配者	负责分配组织的各种资源，制定和批准所有有关的组织决策	调度、授权、开发预算活动，安排下级的工作
	谈判者	在主要的谈判中作为组织的代表	与员工、供应商、顾客和其他组织的谈判活动

（一）人际关系角色

首先，人际关系角色，即所有的管理者都要履行礼仪性和象征性的义务。例如，大学里各学院的院长给毕业生颁发毕业文凭，工厂领班带领检查团参观工厂，他们都在扮演挂名首脑的角色。其次，所有的管理者都在扮演领导者的角色，这个角色包括培训、启用、奖励和惩罚雇员。最后，联络者，通过这一角色，管理者一方面可以获得各方对组织有用的信息，另一方面又可以发展组织的关系资源。

管理者在人际关系方面所扮演的三种角色在实践中有时并不是分离的，通常是合为一体的，有时也会同时扮演多种角色。例如，当管理者代表组织出席其他组织安排的会议时，他既是组织的挂名首脑，同时又是组织的联络员，担负为自己组织开发关系资源的重任。

（二）信息传递角色

信息传递角色指在某种程度上，所有的管理者都从外部的组织或机构接收和收集信息，并向组织内部和外部发送信息。信息传递方面的角色有三种：监听者、传播者和发言人。组织中最为典型的信息接收方式是管理者通过阅读期刊和报告，或与外界的某些个人或组织保持私人的或业务的关系来获得所需的信息，这时，管理者就充当着监听者的角色。作为传播者，管理者还要向组织的其他成员和部门传递组织的信息及个人收集、加工的信息，以提高管理的效率和效果。当管理者向董事会、职工代表大会以及向组织外部的各类评估机构、监督机构和媒体发布有关组织的计划、政策、行动和结果等信息时，他就是组织的发言人。

（三）决策制定角色

决策制定方面的角色有四种：一是企业家，负责寻找组织的发展机会，制定战略、战术和作业管理的决策，发起和监督那些将改进组织绩效的新项目；二是冲突管理者，即采取纠正行动来应付那些未预料到的问题；三是资源分配者，负责对组织内部资源进行合理、有效的配置；四是谈判者，是一种为了组织的利益与其他组织议价和商定成交条件的角色。

所有管理者在组织运行过程中都扮演了 10 种不同的角色，但由于不同的管理者所处的管理层次不同，所担当的工作任务不同，因此其角色的侧重点也不同。不同层次管理者的角色分配如图 1-4 所示。

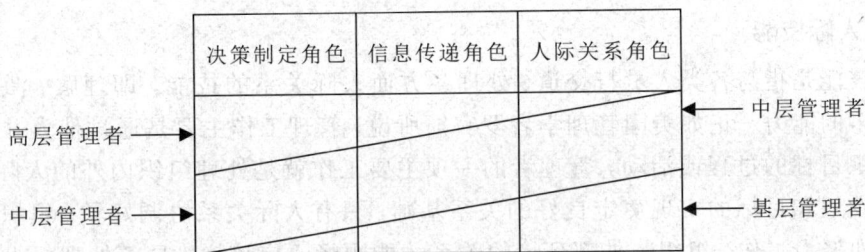

图 1-4 不同层次管理者的角色分配

三、管理者的技能

管理者的职责是不断变化和十分复杂的，管理者需要特定的技能来履行其职责和活动。那么管理者需要哪些类型的技能呢？1955 年，罗伯特·卡茨在美国《哈佛商业评论》中发表了"高效管理者的三大技能"一文，这是针对当时美国企业界涌起的一股寻找"理想经理人"的狂热而撰写的文章。在那个时代，人们普遍认为应该有一种类型的人最适合担任经理人，因此，找出这类人的性格特质，然后按图索骥，寻找具有这类性格特质的管理者就成为企业界的关注重点。

但是，究竟有没有所谓的"理想经理人"——能够有效地处理任何企业的任何问题？是否存在类型化的经理人——身上具备某些典型的领导特质？管理能力是与生俱来的，还是可以后天培养的？如果能够培养，又该怎样培养？罗伯特·卡茨认为，许多企业如此强烈地执著于寻找类型化的经理人，以至于它们只盯住某些特定的性格特质，反而忽视了真正应当关心的问题——这个人究竟能做成什么事情？对此，罗伯特·卡茨提出了管理的"技能说"。

管理者的技能即管理者应具有的管理技巧和能力。根据罗伯特·卡茨的研究，管理者在行使管理职能和扮演三种角色时，必须具备以下三种主要技能。

（一）概念技能

概念技能是指管理者综观全局、面对复杂多变的环境时，具有分析、判断、抽象和概括并认清主要矛盾、抓住问题实质、形成正确概念，从而形成正确决策的能力，也就是洞察组织与环境要素间相互影响和作用关系的能力。具体地说，概念技能包括感知和发现环境中的机会与威胁的能力，理解事物的相关性并找出关键影响因素的能力，以及权衡不同方案的优劣和内在风险的能力等。

（二）技术技能

技术技能是指管理者使用某一专业领域内有关的技术、知识和方法完成组织任务的能力，如工程师、会计师所拥有的专业技能。应该明确，对于管理人员来说，熟悉、掌握一定的专业技能是做好管理工作的基础，但并不是所有的管理人员都需要具备较高的技术技能。

作为高层（有时也包括中层管理者），只要具备一定的技术技能就足够了，因为管理过程中技术问题可以通过专家来求得解决；再者，高（中）层管理者也不一定有足够的时间来熟悉和掌握全部技术问题。而对于基层管理者和大多数中层管理者来说，要做好管理工作必须具备较强的技术、技能。

（三）人际技能

人际技能是指与各类人员打交道、处理各方面人际关系的技能，即理解、激励他人并与他人共事的能力。正如美国管理学者罗宾斯所说，管理工作主要是通过他人并和别人一道完成组织目标的过程或活动，管理者的一项主要工作就是处理组织内外的人际关系，以为组织的发展和目标的实现奠定良好的关系基础，只有人际关系协调好了，组织成员才能心悦诚服地努力工作，组织与外部环境的关系才能顺畅。应该说，具备处理好组织内上下级关系、管理者与员工的关系、管理者之间的平级关系、组织与外部相关组织或部门的关系的能力，是各级管理者应共同具备的管理技能。

需要指出的是，管理者的技能是管理者行之有效地开展管理工作的基础。通常来说，作为一名管理人员，上述三种技能都应具备，但是根据工作和角色分工，二类管理人员在技能要求上还是略有区别的，那些处于较低层次的管理人员，主要需要的是技术技能和人际技能；处于中间层次的管理人，也需要技术技能、人际技能和概念技能；处于最高层次的管理人员，则尤其需要具备概念技能。图1-5为不同层次管理者对管理技能的需要比例。

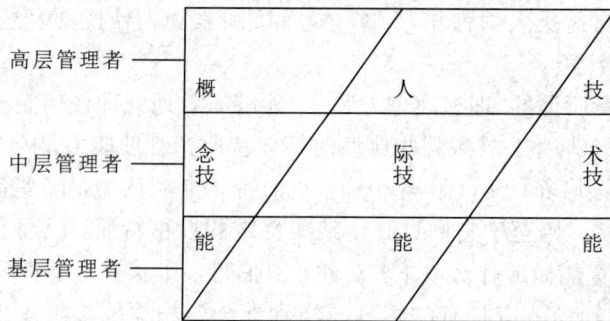

图1-5　不同层次管理者对管理技能的需要比例

本 章 小 结

　　管理是运用科学艺术方法，为有效地实现组织的目标而对组织的资源进行计划、组织、领导和控制、创新的过程。计划、组织、领导、控制、创新是管理职能的本质。管理既具有科学性又具有艺术性，两者并不相互排斥而是相互补充。管理的科学性来自管理的实践，是对管理艺术的总结、归纳，是规律性的认识；管理的艺术性要结合具体情况并在管理实践中体现出来，是管理知识在实践中的灵活运用。管理者是组织中指挥他人活动的人，或对他人的工作负有责任的人。按照管理者承担的职责及其所在的层级，可以简单地将他们划分为基层管理者、中层管理者和高层管理者。亨利·明茨伯格通过对管理者工作研究认为，管理者扮演着十种角色，可组合成为人际关系角色、信息传递角色和决策制定角色三个方面。人际关系角色归因于管理者的正式权力。管理者所扮演的三种人际关系角色分别为代表人角色、领导者角色和联络者角色。在信息传递角色中，管理者负责确保和其一起工作的人能够得到足够的信息。在决策制定角色中，管理者处理信息并得出结论。管理者负责做出决策，并分配资源以保证决策方案的实施。罗伯特·卡茨认为，有效的管理者应当具备三种基本技能：概念技能、技术技能和人际技能。

★ 知识结构图

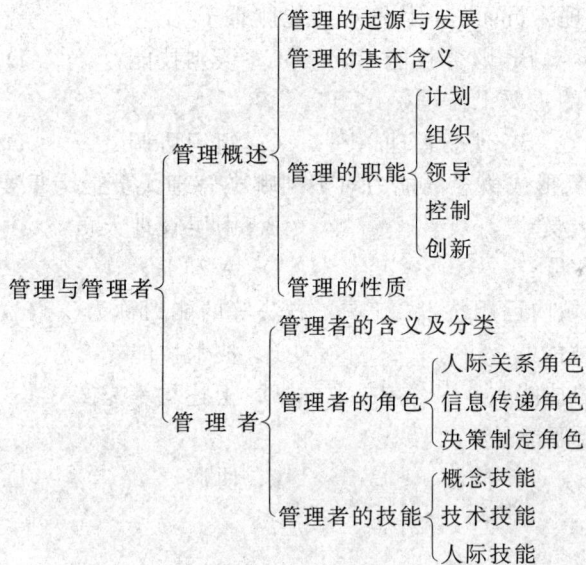

思 考 题

1. 什么是管理？如何理解管理的含义？
2. 管理过程中，管理者所作用的资源有哪些？
3. 管理包括哪些职能？
4. 根据亨利·明茨伯格的理论，管理者在管理活动中应该扮演哪些角色？
5. 根据罗伯特·卡茨的研究，管理者应该具备哪些技能？

练 习 题

一、单项选择题

1. 管理是(　　)的产物。

　A. 人类共同劳动　　　　　　　　　B. 社会化大生产

　C. 劳动分工　　　　　　　　　　　D. 生产力发展到一定阶段

2. 管理就是计划、组织、领导、控制、创新的过程,这是强调管理的(　　)。

　A. 本质　　　　　B. 环节　　　　　C. 目标　　　　　D. 职能和过程

3. 管理的二重性是指(　　)。

　A. 科学性和艺术性　　　　　　　　B. 主观性和客观性

　C. 自然属性和社会属性　　　　　　D. 普遍性和特殊性

4. 管理的目的是(　　)。

　A. 提高经济效益　　　　　　　　　B. 提高劳动生产率

　C. 实现组织目标　　　　　　　　　D. 协调企业与外界关系

5. 管理理论中,(　　)是实施其他职能的前提和基础。

　A. 计划　　　　　B. 决策　　　　　C. 组织　　　　　D. 协调

6. 对基层业务管理人员而言,其管理技能侧重于(　　)。

　A. 技术技能　　　B. 财务技能　　　C. 谈判技能　　　D. 营销技能

7. 中层管理人员的主要工作是(　　)。

　A. 战略管理　　　B. 现场管理　　　C. 组织协调　　　D. 开拓创新

8. 洞察事物、抽象形成概念的能力对下列哪类管理人员最为重要(　　)。

　A. 高层管理人员　　　　　　　　　B. 中层管理人员

　C. 基层管理人员　　　　　　　　　D. A 和 B

9. 在特定工作领域内运用技术、工具、方法等的能力称为(　　)。

　A. 人际关系技能　　　　　　　　　B. 技术技能

　C. 形成概念的技能　　　　　　　　D. 上述均不是

10. 管理者的首要职能是(　　)。

　A. 指挥　　　　　B. 控制　　　　　C. 协调　　　　　D. 计划

二、多项选择题

1. 管理的基本职能是(　　)。

　A. 计划　　　　B. 组织　　　　C. 领导　　　　D. 控制　　　　E. 创新

2. 对于管理人员来说,需要具备多种技能,如概念技能、人际技能、技术技能,越是处于高层的管理人员,对于以上三种技能按其重要程度的排列顺序为(　　)。

　A. 概念技能、技术技能、人际技能　　B. 技术技能、概念技能、人际技能

　C. 概念技能、人际技能、技术技能　　D. 人际技能、概念技能、技术技能

　E. 人际技能、技术技能、概念技能

3. 亨利·明茨伯格提出,管理者在管理工作中主要扮演 10 种不同的但是高度相关的角度,10 种角色可以进一步组合成三个方面的角色,即(　　)。

　　A. 人际关系角色　　　　　　　　B. 信息传递角色

　　C. 决策制定角色　　　　　　　　D. 市场联络角色

　　E. 人力资源管理角色

4. 根据罗伯特·卡茨的研究，管理者在行使管理职能和扮演三种角色时，必须具备的三种主要技能为（　　）。

　　A. 技术技能　　　　　　　　　　B. 人际技能

　　C. 概念技能　　　　　　　　　　D. 营销技能

　　E. 创新技能

5. 管理具有（　　）的性质。

　　A. 自然属性　　　　　　　　　　B. 社会属性

　　C. 科学性　　　　　　　　　　　D. 艺术性

　　E. 实践性

案例分析

杨总经理的一天

　　胜利电子公司是一家拥有200多名员工的小型电子器件制造企业，除了三个生产车间之外，企业还设有生产技术科、购销科、财务科和办公室四个部门。总经理杨兴华任现职已有4年，此外还有两个副总经理——张光和江波，张光负责生产技术和经营，江波负责人事。几年来，公司的经营呈稳定增长的势头，职工收入在当地属于遥遥领先的水平。

　　今天已是年底，杨总经理一上班就平息了两起"火情"。第一件是关于张平辞职的问题。张平现是一车间热处理组组长，也是公司的技术骨干，一向工作积极性很高，但今天一上班就气呼呼地来到总经理办公室递上一份辞呈。杨总经理经过了解得知，张平并非真的想辞职，而是觉得受了委屈。原来，前一天车间主任让他去参加展览中心的热处理新设备展销会，使他未能完成张副总交办的一批活，张副总批评了他。经过杨总经理的劝说，张平解开了疙瘩，撤回了辞呈。

　　张平刚走，又来了技术科的刘工。刘工是厂里的技术大拿，也是技术人员中工资最高的一位。刘工向杨总抱怨自己不受重视，声称如果继续如此的话，自己将考虑另谋出路。经过了解，刘工是不满技术科的奖金分配方案。虽然技术科在各科室中奖金总额最高，但科长老许为了省事，决定平均分配，从而使得自认为为企业立下汗马功劳的刘工与刚出校门的小李、小马等人所得一样。结果是小李、小马等人欢天喜地，而刘工却感到受到了冷落。杨总对刘工作了安抚，并告诉刘工明年公司将进一步开展和完善目标管理活动，大锅饭现象很快就会改变的。事实上，由于年初定计划时，目标制定得比较模糊和笼统，各车间在年终总结时均出现了一些问题。

　　送走了张平和刘工后，杨总经理开始翻阅秘书送来的报告和报表，结果上个月的质量情况令他感到不安，不合格品率上升了0～6个百分点。他准备在第二天的生产质量例会上重点解决这个问题。此外，用户的几起投诉也需要格外重视。

　　处理完报告和报表后，杨总经理决定到车间巡视一下。在二车间的数控机床旁发现，青工小王在操作时，不合乎规格要求，当即给予了纠正。之后又到了由各单位人员协作组成的技术攻关小组，鼓励他们加把劲，争取早日攻克这几个影响产品质量和生产进度的"拦路虎"，并顺便告知技术员小谭，公司将会尽量帮助解决他妻子的就业问题。此外，杨总又透露了公司已做出的一项决定：今后无论是工人还是技术人员，只要有论文发表，公司将承担其参加学术会议的全部费用。大家感到备受鼓舞。

中午12点，根据预先的安排，杨总同一个重要的客户共进了午餐；下午2点主持了公司领导和各部门主管参加的年终总结会。会上除了生产技术科科长与购销科科长为先进科室的称号而又一次争得面红耳赤之外，其他基本顺利。散会以后，同一个外商进行了谈判，签下了一份金额颇大但却让两位副总忐忑不安的订单，因为其中的一些产品本公司并没生产过，短时期内也没有能力生产。但杨总心中自有主意，因为他知道，有一家生产这类产品的大型企业正在四处找米下锅，而这份订单不仅会使这家大企业愁眉轻展，也将使胜利电子公司轻轻松松稳赚一笔。

资料来源：http：//www.52mba.com/sjhh_news_view.asp

问题：根据案例内容，请从管理者角色的角度分析杨总经理的工作。

忙碌的王厂长

山东某机械厂的王厂长每天都要处理厂里大大小小的事情几十件，从厂里的高层决策、人事安排，到职工的生活起居，可以说无事不包。王厂长在厂里的威信很高，大家有事都找他，他也是有求必应。王厂长一心扑在事业上，每天从两眼一睁忙到熄灯，根本没有节假日，妻子患病他没时间照顾，孩子的家长会他也没时间出席，他把全部的时间和心血都花在了厂里。他多次被市委市政府评为市先进工作者。

在厂里，王厂长事必躬亲，大事小事都要过问，能亲自办的事决不交给他人办；可办可不办的事也一定是自己去办；交给下属的一些工作，总担心下面办不好，常要插手过问，有时弄得下面的主管不知如何是好，心里憋气。

随着市场环境的变化，厂里的生产经营状况每况愈下，成本费用急剧上升，效益不断下滑。最后，在有关部门的撮合下，厂里决定与一家外国公司合作，如果合作成功，厂里不仅能摆脱困境，而且可能使厂里的生产、技术和管理都跃上一个新台阶。经多方努力，双方领导准备举行签字仪式。仪式举行的前一天，厂里一个单身职工生病住院，王厂长很可怜他，亲自到医院陪他。第二天，几乎一夜未合眼的王厂长又到工厂查看生产进度，秘书几次提醒他晚上有重要会议，劝他休息一下，但他执意不肯。当天下午，王厂长在车间听取职工反映情况时病倒了。晚上，王厂长带病出席签字仪式，厂里的其他领导也参加了，但王厂长最终没能支撑下去，中途不得不被送进医院。外方领导在了解事情的经过后，对王厂长的能力表示怀疑，决定推迟合作事宜。

问题：你若是王厂长，应该采取哪些措施来提高工作效率呢？

第二章　管理的基本原理与方法

【学习目标】

- 了解中外的早期管理思想
- 了解管理理论的新发展
- 了解管理的基本方法
- 理解古典管理理论和现代管理理论的流派
- 掌握古典管理理论与行为科学理论和体现时代特征的新思想
- 掌握管理的基本原理

【案例导入】

都 江 堰

公元前256年左右修建的都江堰是中国使用至今的大型水利工程,被誉为"世界水利文化的鼻祖",是全世界迄今为止年代最久、唯一留存、以无坝引水为特征的宏大水利工程。

号称"天府之国"的成都,在古代是一个水旱灾害十分严重的地方。李白在《蜀道难》中描述了"蚕丛及鱼岛山兔,开国何茫然"的惨状,发出"人或成鱼鳖"的感叹,就是那个时代的真实写照。这种状况是由岷江和成都平原恶劣的自然条件造成的。战国末期,秦昭王委任知天文、识地理的李冰为蜀郡太守,李冰上任后,下决心根治岷江水患。在李冰父子的带领下,人们克服重重困难,经过八年的努力,终于建成了这一伟大的历史工程——都江堰。

都江堰是一个防洪、灌溉、航运综合水利工程。整体规划是将岷江水流分成两条,其中一条水流引入成都平原,这样既可以分洪减灾,又可以引水灌田、变害为利,主体工程包括鱼嘴分水堤、飞沙堰溢洪道和宝瓶口进水口。都江堰建成后,人们非常重视维护管理。汉灵帝时设置"都水椽"和"都水长"负责维护堰首工程;蜀汉时,诸葛亮设堰官,并"征丁千二百人主护"(《水经注·江水》),此后各朝以堰首所在地的县令为主管。到宋朝时,制定了施行至今的岁修制度。建立于2300年前的都江堰,迄今仍发挥巨大的作用,有效的管理保证了整个工程历经千年依然能够发挥重要作用。

只有了解历史,才能认清现实;只有认识和研究管理思想的发展演变,才能把握管理理论的时代精神。管理的实践活动和人类的历史一样悠久,在人类社会里,管理无处不在,无时不在。

第一节　管理理论的形成与演变

在管理实践活动中,人们积累了大量的管理经验,并逐步形成了管理思想,随着社会生产力的发展,人们把各种管理思想加以归纳、总结,形成了管理理论。人们又运用这些理论去指导管理实践,并在实践中验证和不断完善这些理论。

因此，管理活动是管理思想的根基，管理思想来自管理活动中的经验；管理思想是管理理论的源泉，管理理论是管理思想的升华；管理理论对管理活动有指导意义，同时又经得起管理活动的检验。

一、中外早期管理思想

（一）中国古代管理思想

中华文明史可以上溯到五千年，历史的悠久产生了博大精深的中国文化。中国传统文化之所以能够绵延五千年而不衰，是由其自身适应所处的社会环境和其所各具的时代特点决定的。翻开浩瀚如云的历史著作，就会发现历史给我们留下了许多有关管理国家、巩固政权、统帅军队、组织战争、繁荣经济、发展生产、安定社会、选拔人才等方面极为丰富的经验和理论。

历史上还出现了许多杰出的管理人才，在军事、政治、经济、文化教育与外交等领域，显示了卓越的管理才能，积累了宝贵的管理经验。战国时期著名的"商鞅变法"是通过变法提高国家管理水平的一个范例；万里长城的修建，充分反映了当时测量、规划设计、建筑和工程管理等方面的高超水平，体现了工程指挥者所具有的高度管理智慧；两千年来仍在发挥巨大作用的都江堰，将防洪、排灌、航运进行综合规划，显示了我国古代工程建设与组织管理的高超水平，还有许多令人赞叹的管理实践都体现了中国古人高超的管理智慧。

中国传统文化中的管理思想大致分为两类。一类属于宏观管理的治国学，就是探讨治国方略。在中国传统文化中，"治国平天下"是一个终极目标，因此，其中也就不乏关于探讨治国方略的思想。这些治国思想虽然在传统社会中未形成一个完整的理论体系，但它却指导中国历代统治者完成了诸多辉煌的治国实践，从西周时期的"成康之治"到汉代的"文景之治"，从唐代的"贞观之治"到清代的"康乾盛世"，中国传统的治国管理思想无不发挥着不可替代的作用。另一类是微观意义的治生学，就是探讨人生哲理、修身养性的思想。中国传统文化认为，一个人要想成家立业乃至治国平天下，没有好的修养是办不到的，因此，"欲明德于天下者，先治其国；欲治其国者，先齐其家，欲齐其家者，先修其身。"可见治生学在中国传统管理思想中也占有重要地位。丰富的内容和深刻的管理思想需要我们不断研究，这会对我们今天的管理者有重要的启示作用。作为管理的指导思想和主要原则，可以概括为以下七种观点。

1. 把人作为管理的重心

重人心向背，重人才归离。《论语》中提及"行仁德之政"，"因民之所利而利之"；管子说"政之所兴，在顺民心；政之所废，在逆民心"，国家必须"令顺民心"，"从民所欲，去民所恶"，乃为"政之宝"；贾谊认为"闻之于政也，民无不以为本也。国以为本，君以为本，吏以为本。"可见"以人为本"的思想在中国古代管理思想中始终占主导地位，把人作为管理的重心，管理者必须以人为本、"爱人贵民"，管理的成败在于用人。

2. 把组织与分工作为管理的基础

强调组织与分工是管理的基础，建立层次分明的组织体系。家庭是最基本的组织形式，儒家富国富民之说是把一家一户作为一个单位，以男耕女织的个体农业作为社会生产的基本形式，"齐家"是管理的主要方面。

3. 强调了"农本商末"的固国思想

重农限商的思想一直在中国古代管理思想中居于主导地位，倡导以农富国。管子认为农业是富国富民的本事、本业。韩非提出"富国以农"，"仓廪所以实者，耕农之本务也"。荀子主张"轻田野之税，平关市之征，省商贾之数，罕兴力役，无夺农时，如是则国富矣"。商鞅主张以农固国，认为"国不农，则与诸侯争权不能自持也，兵力不足也"，只有通过政治、经济、法律等手段把农民稳定在土地上，国家才能安稳。

4. 突出了义与情在管理中的价值

中国古代充满着浓重的讲情、讲义的管理思想，倡导"见利思义""义然后取""义，利也""兼相爱，交相利""晓之以理，动之以情""以德服人"等。

5. 赞赏用计谋实现管理目标

重视谋划，主张以谋取胜为上策，适应环境变化，善于权变，不拘泥于既定的清规戒律。《史记》中说："夫运筹帷幄之中，决胜于千里之外"。孙子认为："知彼知己，百战不殆；不知彼，而知己，每战必殆"。管子主张"以备待时""事无备则废。"

6. 把中庸作为管理行为的基准

中庸思想在中国古代管理思想中始终占重要地位。中庸思想，是儒家须臾不可分离的管理之道。孔子说："过犹不及"。北宋程熙对中庸的解释是"不偏之谓中，不易之谓庸。中者，天下之正道，庸者，天下之定理"。朱熹在《中庸章句》的开首将其注之为"中者，不偏不倚，无过与不及之名。庸，平常也"，把中庸作为道德标准、决策准则。

7. 把求同视为管理的重要价值

重求同是中国古代管理思想的重要特征。中国地大物博的地理环境及自给自足的经济生活特点使得中国的管理活动获得了一个天然的"隔离机制"，管理体制和思维方式一直保持着自己的特色，没有发生过大的文化断层、交融与更替现象，长期以来一直稳定地延续下来，使中国的传统管理思想中显出求同性。孔子毕生致力于"克己复礼"；董仲舒把封建统治制度——"道"与"天"联系起来，提出"道之大原出于天，天不变，道亦不变。"国家的统一始终成为当政者的追求，这种思想被扩展到社会生活的各个方面。

🖋 趣味链接

孔 子 学 院

为增进世界人民对中国语言文化的了解，发展中国与各国的友好关系，为全世界汉语学习者提供方便、优良的学习条件，中国教育部在北京设立孔子学院总部，并通过总部授权在国内外设立以开展汉语教学为主要活动内容的孔子学院。孔子学院并非一般意义上的大学，而是推广汉语和传播中国文化与国学的教育和文化交流机构，是一个非盈利性的社会公益机构，一般都是下设在国外的大学和研究院之类的教育机构里。孔子学院最重要的一项工作就是给世界各地的汉语学习者提供规范、权威的现代汉语教材；提供最正规、最主要的汉语教学渠道。孔子学院总部设在北京，2007 年 4 月 9 日挂牌。境外的孔子学院都是其分支机构，主要采取中外合作的形式开办。

公元前 497 年，为了宣传自己的主张，寻求新的从政机会，孔子离开家乡曲阜，开始四处奔走，周游列国。他以鲁国为原点，辗转于卫、曾、宋、郑、陈、蔡、叶、楚等地，历时十四载，行程数千里，四处碰壁，饱尝艰辛，可他依然信心满满，坚持宣扬自己的思想主张。孔子是中国传统文化的代表人物，选择孔子作为汉语教学品牌是中国传统文化复兴的标志。

启示：孔子学院秉承孔子"和为贵""和而不同"的理念，推动中国文化与世界各国文化的交流与融合，以建设一个持久和平、共同繁荣的和谐世界。

（二）西方古代管理思想

生活在幼发拉底河流域的闪米尔人，早在公元前 5000 年就开始了最原始的记录活动，这是有据可考的人类历史上最早的管理活动。在东方封建社会经济高度发展的同时，西方的文明也在迅速发展。

西方文化起源于希腊、罗马、埃及、巴比伦等文明古国，他们在公元前六世纪左右即建立了高度发达的奴隶制国家，在文化、艺术、哲学、数学、物理学、天文学、建筑等方面都对人类做出了辉煌的贡献。埃及金字塔、罗马水道、巴比伦"空中花园"等伟大的古代建筑工程堪与中国的长城并列为世界奇观。这些古国在国家管理、生产管理、军事、法律等方面也都曾有过许多光辉的实践。

1. 古埃及的管理思想

作为四大文明古国之一的古埃及，从 6500 年前的前王朝时期开始建立文明，建立了以法老为首的一整套专制体制的管理机构，有发达的灌溉系统，同时修建了 80 多座工程浩大的金字塔。古希腊历史学家希罗多德说："埃及是尼罗河的赠礼"。古埃及的水利系统与金字塔一样，成为人类历史上不可思议的壮举。

埃及人很早就懂得了分权，是最早意识到"管理幅度"的实践者，人们从考古中发现，在法老的陪葬品中，每一个监督者大约管理十名奴仆。美国管理思想史学家丹尼尔·雷恩说："用来说明'职业'管理角色的最古老的一词是'宰相'。"可见古埃及人在管理思想和实践中都有很大成就。

🌾**趣味链接**

埃 及 金 字 塔

大约从公元前 3500 年开始，尼罗河两岸陆续出现几十个奴隶制小国。公元前 3000 年，初步统一的古代埃及国家建立起来。金字塔是古埃及奴隶制国王的陵寝。这些统治者在历史上称为"法老"。古代埃及人对神的虔诚信仰，使其很早就形成了一个根深蒂固的"世世观念"，他们甚至认为，"人生只不过是一个短暂的居留，而死后才是永久的享受"。因而，埃及人把冥世看做是尘世生活的延续。受这种"来世观念"的影响，古埃及人活着的时候，就诚心备至、充满信心地为死后做准备。国王自称是神的化身，他们的陵墓金字塔是权利的象征。这些陵墓外形似汉字"金"字，因此在我国称它们为"金字塔"。

金字塔分布在尼罗河两岸，大小不一，最高大的是胡夫金字塔，坐落在埃及首都开罗郊外，是第四王朝第二个国王胡夫的陵墓，建于公元前 2690 年左右。在 1888 年巴黎建筑起埃菲尔铁塔以前，它一直是世界上最高的建筑物。原高 146.5 米，因年久风化，顶端剥落 10 米，现高 136.5 米；底座每边长 230 米，现长 220 米，三角面斜度 52 度，塔底面积

52900 平方米；塔身由 230 万块石头砌成，每块石头平均重 2.5 吨，最大的重达 160 吨。有学者估计，如果用火车装运金字塔的石料，大约要用 60 万节车皮；如果把这些石头凿碎，铺成一条一尺宽的道路，大约可以绕地球一周。

这座金字塔除了以其规模的巨大而令人惊叹以外，还以其高度的建筑技巧而得名。塔身的石块之间，没有任何水泥之类的黏着物，而是一块石头叠在另一块石头上面的。每块石头都磨得很平，至今已历时数千年，就算这样，人们也很难用锋利的刀刃插入石块之间的缝隙，所以能历数千年而不倒，这不能不说是建筑史上的奇迹。

另外，在大金字塔身的北侧离地面 13 米高处有一个用 4 块巨石砌成的三角形出入口。这个三角形用得很巧妙，因为如果不用三角形而用四边形，那么，一百多米高的金字塔本身的巨大压力将会把这个出入口压塌。而用三角形，就使那巨大的压力均匀地分散开了。在 4000 多年前对力学原理有这样的理解和运用，能有这样的构造，确实是十分了不起的。

启示：作为人造建筑的世界奇迹，金字塔的修建集中了当时古代埃及人的所有聪明才智，可以说，金字塔是古代埃及人民智慧的结晶，是古代埃及文明的象征。

2. 古巴比伦的管理思想

巴比伦重新统一两河流域以后，建立了古巴比伦王国。为了巩固其统治，汉穆拉比编制了《法典》，作为国家行为的准绳。法典共分为三部分，即引言、法典本文和结束语。法典本文共 282 条，内容涉及财产、借贷、租赁、转让、抵押、遗产、奴隶等各个方面，对各种职业、各个层面人员的责、权、利关系给予了明确的规定。汉穆拉比的《法典》在管理史上占有重要地位，其中包含着许多重要的经营管理思想。

3. 古希腊的管理思想

古希腊是欧洲文明的摇篮，恩格斯说："只有奴隶制才使农业和工业之间的更大规模的分工成为可能，从而为古代文化的繁荣，即为希腊文化创造了条件。没有奴隶制，就没有罗马帝国。没有希腊文化和罗马帝国所奠定的基础，也就没有现代的欧洲。"早期希腊文化的主要成就是荷马史诗的形成。

古希腊涌现出很多卓越的思想家。其中，苏格拉底很早就认识到管理的普遍性，主张有才能的人才能当权，国家的领导及国家的各种职务，应由经过挑选并受过训练的人来担任，公众事业的管理技术和私人事业的管理技术是可以相互通用的；柏拉图在《理想国》一书中首先提出了经济学科中的专业化和劳动分工的原理，色诺芬的《家庭管理》是专门论述经济问题的第一部著作；亚里士多德在《政治学》一书中提出了有关管理和组织的许多见解。这些人的思想对后人的影响非常巨大。

4. 古罗马的管理思想

古罗马最初是意大利北部的一个奴隶制城堡，公元前三世纪逐渐强大起来并统一了意大利。其后，经过 200 多年的武力扩张，罗马终于征服了亚历山大帝国并形成了希腊人统治各个国家的王朝，进而统一了地中海区域，成为一个横跨亚、欧、非三洲大片土地的帝国，使古代欧洲奴隶制在更大的范围延续了几个世纪。

从奴隶主政治家、思想家、哲学家的论述中可以发现其萌芽状态的管理思想。概括起来如下：古罗马首先意识到了现代企业的某些性质，在罗马帝国的建立过程中，罗马人具有了集权、分权到再集权的实践经验；罗马人在长期军事生涯中形成了遵照纪律执行的品格，又积累了以分工和权力层次为基础的管理职能设计能力，奴隶主思想家贾图、瓦罗等对管理人员的选择标准的论述，丰富了古代经济管理思想。

（三）工业革命时期的管理思想

公元三世纪后，随着奴隶制的衰落和基督教的兴起，这些古文化逐渐被基督教文化所取代。在基督教《圣经》中所包含的伦理观念和管理思想，对以后西方封建社会的管理实践起了指导性的作用。随着资本主义的发展和工厂制度的形成，旧的基督教教义与资本主义精神发生了冲突，于是产生了基督教新教。在基督教新教教义的鼓励下，经商和管理日益得到社会的重视，有愈来愈多的人来研究社会实践中的经济与管理问题。

同时，以哈格里夫斯发明珍妮纺纱机为标志的工业革命开始，工业革命又称产业革命，是指以资本主义的机器大工业取代手工技术为基础的工厂手工业的一场重大变革。蒸汽机是动力上的革命，工厂制度是生产组织方式上的革命。工业革命的爆发使资本家获得充足的动力，文艺复兴和思想启蒙运动为资本家提供了强大的精神支柱。工业革命促进了生产力的大发展，引起了社会的巨大变革，使资本主义最终战胜封建主义，同时也诞生了新的管理思想。

1. 亚当·斯密的管理思想

英国经济学家亚当·斯密在 1776 年出版了《国民财富的性质和原因研究》一书，系统地阐述了古典政治经济学的主要内容，这也使得管理思想有了重大的发展。

亚当·斯密特别强调了劳动分工的作用。他对比了一些工艺和手工制造业实行分工前后的变化，对比了易于分工的制造业和当时不易分工的农业的情况，说明分工可以提高劳动生产率。他认为，分工的益处主要有以下几个方面：

（1）劳动分工可以使工人重复完成单项操作，从而提高劳动熟练程度，提高劳动效率。

（2）劳动分工可以减少由于变换工作而损失的时间。

（3）劳动分工可以使劳动简化，使劳动者的注意力集中在一种特定的对象上，有利于创造新工具和改进设备。

他的上述分析和主张，不仅符合当时生产发展的需要，而且也成为以后企业管理理论中的一条重要原理。

亚当·斯密在研究经济现象时，提出了一个重要观点：经济现象是基于具有利己主义目的的人们的活动所产生的。人们在经济行为中，追求的完全是私人的利益，但是，每个人的利益又为其他人的利益所限制，这就迫使每个人必须顾及他人的利益。因此，就产生了相互的共同利益，进而产生和发展了社会利益。社会利益正是以个人利益为基础的。这种认为人都要追求自己的经济利益的"经济人"观点，正是以"看不见的手"为标志的资本主义生产关系的反映。

2. 罗伯特·欧文的管理思想

19 世纪英国著名的空想社会主义代表人物罗伯特·欧文被人们誉为现代人力资源管理的先驱。他最早注意到了企业内部人力资源的重要性，提出要重视工厂管理工作中人的因素，工厂应该致力于人力资源的开发和投资。他们在工厂里进行了一系列改革试验，如改进工人的劳动条件、缩短工人的工作时间、提高童工的就业年龄、提供免费就餐、改善工人住宅等。

通过改革实践，他认为，重视人的因素、尊重人的地位，可以使工厂获得更多的利润，花在改善工人待遇和劳动条件上的投资会给你加倍的补偿。经过一系列试验，他首先提出了在工厂生产中要重视人的因素，缩短工人的工作时间，提高工资，改善工人生活条件。他的改革试验证实，重视人的作用和尊重人对管理理论的产生和发展都有积极的影响。他对企业管理的实践，成为后来行为科学管理理论的先导。

3. 查尔斯·巴贝奇的管理思想

英国人查尔斯·巴贝奇是英国著名的数学家和机械学家，他发展了亚当·斯密的观点，提出许多关于生产组织机构和经济学方面带有启发性的问题。

巴贝奇曾用了几年的时间到英、法等国的工厂了解和研究管理问题，于1832年出版了《论机器和制造业经济》，着重论述了专业分工与机器、工具使用的关系。他赞同亚当·斯密的劳动分工能提高劳动效率的观点，但认为他忽略了分工可以减少支付工资这一好处。

巴贝奇对制针（普通直针）业做了调查，他发现把制针业的生产过程划分为七个基本操作工序，并按工序的复杂程度和劳动强度雇佣不同的工人，就可以支付不同的工资。如果不实行分工，一个工人需完成整个过程，工厂主必须按照全部工序中技术要求最高、体力要求最强的标准来支付工资。由此，巴贝奇提出了"边际熟练"原则，即对技术水平、劳动强度定出界限，作为报酬的依据。

巴贝奇强调劳资协作，认为工人同工厂主之间存在利益共同点，工人应该认识到工厂制度对他们有利的方面，同时提出固定工资加利润分享的分配制度，即工人除按照工作性质获得固定工资外，还应按生产效率及其所做的贡献分得工厂利润的一部分；他主张实行有益的建议制度，鼓励工人提出改进生产的建议，并对有益的建议按照提高生产效率的不同给予奖励，使建议制度具有激励作用。

此外，英国的安德鲁·尤尔最先提出要在工厂内部建立必要的规章制度的见解；法国的德拉维勒耶强调职工培训的重要性；美国的汤恩认为管理工作应成为一门专门的职业，应当让有管理才能的人担任经理、厂长、监工和领班等，作为资本家的代理人行使企业管理的职能等。

尽管如此，传统管理仍未摆脱小生产方式的影响，其主要是靠个人经验进行生产和管理，没有形成一套科学的管理理论和管理方式，这一阶段又被称为传统经验管理阶段。概括起来，主要具有以下特点：① 企业的所有者和管理者没有完全分离，企业管理者一般也是企业的所有者，专职的管理者还不多；② 管理的依据是靠个人的经验和感觉，工人凭个人经验操作，没有科学的操作规程；管理人员凭个人经验管理，没有统一的管理方法；③ 管理人员和工人的培训也主要靠师傅带徒弟的办法，没有统一的标准和要求。

二、古典管理理论

早期管理思想实际上是管理理论的萌芽。管理理论比较系统的建立是在19世纪末20世纪初。这个阶段所形成的管理理论被称为"古典管理理论"。随着资本主义自由竞争逐步向垄断过渡，科技水平及生产社会化程度不断提高，市场和企业规模不断扩大，生产技术更加复杂，分工协作更加严密，对企业管理工作的要求越来越高，客观上要求企业管理工作逐步成为一种专门的职业，建立专门的管理机构，采用科学的管理制度和方法。同时，也要求对过去积累的管理经验进行总结提高，使之系统化、科学化，并上升为理论，以指导管理实践，提高企业管理水平。由此，科学管理理论也应运而生。

（一）泰罗的科学管理理论

"科学管理"理论的创始人是美国的弗雷德里克·泰罗。泰罗出生于美国费城一个律师家庭，1874 年他以优异成绩考入美国著名的哈佛大学法学院，但因眼疾未能入学，后来到一家机械厂当学徒工。1878 年，泰罗进入费城米德维尔钢铁厂工作，相继当过技工、工长、总机械师、总工程师和总经理，并先后获得 100 多项专利，他长期从事企业管理工作，具有丰富的实践经验，对生产基层很了解。

泰罗认为单凭经验进行管理的方法是不科学的，必须加以改变。他的代表作是 1911年出版的《科学管理原理》。泰罗科学管理理论的内容要点如下：

（1）学管理的根本目的是谋求最高的工作效率。工作效率的提升能使工厂主得到较多的利润，使工人得到较高的工资。提高劳动生产率是泰罗创立科学管理理论的基本出发点，也是泰罗确定科学管理的原理和方法的基础。

（2）科学的管理方法是达到最高工作效率的重要手段。在管理实践中，应该建立各种明确的规定、条例、标准，使一切工作科学化、制度化，这是提高管理效能的关键。

（3）实施科学管理的核心是要求管理人员和工人双方在精神上和思想上来一次彻底的变革。双方应当用友好合作和互相帮助代替对抗和斗争，这样会产生出更多的盈利，从而使工人的工资和企业主的利润都得到增加。

根据这些观点，泰罗提出了以下的管理制度：

（1）制定科学的工艺规程，制定科学标准的操作方法，确定劳动时间定额，并用文件形式固定下来以利推广。

（2）对工人进行科学的选择、培训，以便合理利用工时，提高工效。

（3）实行差别计件工资制度。按照作业标准和时间定额，规定不同的工资率。对完成和超额完成工作定额的工人，以较高的工资率计件支付工资，对完不成定额的工人，则按较低的工资率支付工资。

（4）设置计划层，实行职能工长制。管理和劳动分离，把管理工作称为计划职能，工人的劳动称为执行职能。

（5）实行"例外原则"，即把企业日常管理事务授权给下级管理人员处理，高层领导人拥有对重大事情的决策权和监督权，以保证企业高层领导人集中精力抓大事。

泰罗对企业管理的最大贡献是他主张一切管理问题都应当而且可以用科学的方法去研究解决，实行各方面工作的标准化，使个人的经验上升为理论，开创了科学管理阶段。概括地说，科学管理的特点是将积累的管理经验加以系统化和标准化，并运用科学方法及手段来研究和解决企业内部生产管理问题。

在泰罗的管理理论的形成和发展中，做出重大贡献的还有一些与其同时代的人。

弗兰克·吉尔布雷斯夫妇，长期从事动作研究和疲劳研究，1907 年与泰罗相识，是泰罗管理理论的坚决支持者，他们的研究成果反映在 1911 年出版的《动作研究》一书中；亨利·甘特，是泰罗在米德维尔钢铁公司的助手，他发明了运用线条图制订生产计划进度表（即甘特图），提出"劳动报酬奖金制"，进一步发展了泰罗的计件工资制，是泰罗科学管理理论的亲密合作者；哈林顿·埃默森，美国最早的管理咨询人员之一，从 1903 年起，就同泰罗有着密切的联系，他在工时测定、降低成本、提高效率和消除浪费等方面进行了深入研究，使科学管理理论进一步丰富和发展；亨利·福特，是美国福特汽车公司创建人，福特于 1913 年创建了汽车工业的流水生产线，促进了生产和管理工作的进一步标准化，以管理实践充实了泰罗的管理标准化原理。

泰罗管理制度的重点是用科学的方法提高生产效率，所以人们称以泰罗为代表的这些学者所形成的学派为科学管理学派，泰罗被誉为"科学管理之父"。

趣味链接

T 型 车

亨利·福特希望汽车不仅能让人们买得起，而且还要操作简单、结实耐用，于是在 1908 年 10 月 1 日推出 T 型车，其很快就令千百万美国人着迷，后随着设计和生产的不断改进，售价降到了 260 美元。第一年，T 型车的产量达到 10660 辆，创下汽车行业的纪录。到 1921 年，T 型车已占世界汽车总产量的 56.6%。

T 型车的许多创新永远地改变了汽车制造业。1913 年，福特创立了全世界第一条汽车流水装配线。这种流水作业法后来被称为"福特制"，并在全世界广泛推广。这种制度是在实行标准化的基础上组织大批量生产，并使一切作业机械化和自动化，成为劳动生产率很高的一种生产组织形式。流水生产为整个工业界带来了伟大的变革。

借助流水线，亨利·福特"单一品种、超大规模"的战略得以实施。T 型车在 20 年内生产了 1500 万辆，汽车从几千美元的"富人专用"变成了几百美元的大众消费品。

启示：福特汽车公司的 T 型车不仅改变了世界，而且代表着至今仍推动福特公司前进的不断创新和客户至上的理念。

（二）法约尔的组织管理理论

法国的亨利·法约尔和泰罗虽是同代人，但个人经历不同。法约尔曾在较长时间内担任法国一个大型煤矿公司总经理，积累了管理大企业的经验；与此同时，他还在法国军事大学任过管理教授，对社会上其他行业的管理进行了广泛的调查；退休后创办了管理研究所。法约尔的经历决定了他的管理思想要比泰罗开阔，与泰罗不同，法约尔是以整个企业为对象，着重研究企业的全面经营管理。他认为管理理论不仅适用于企业，还适用于军政机关和宗教、慈善等组织，并特别强调实施管理教育的必要性和可能性，对管理教育的发展做出了重大贡献。1925 年出版的《一般管理与工业管理》是其代表作，他被誉为"现代经营管理之父"。

1. 企业的基本活动和管理职能

法约尔认为，要经营好一个企业，不仅要改善生产现场的管理，而且应当注意改善有关企业经营的六个方面的活动：

（1）技术活动，即设计制造。

（2）商业活动，即进行采购、销售和交换。

（3）财务活动，即确定资金来源及使用计划。

（4）安全活动，即保证员工劳动安全及设备使用安全。

（5）会计活动，即编制财产目录，进行成本统计。

（6）管理活动，包括计划、组织、指挥、协调、控制五项职能。

2. 管理的原则

法约尔还提出了管理人员解决问题时应遵循的十四条原则：

（1）分工。劳动专业化是各个机构和组织前进和发展的必要手段。由于减少了每个工人所需掌握的工作项目，因而生产效率得到提高。劳动的专业化使实行大规模生产和降低成本有了可能。同时，每个工人工作范围缩小，也可使工人的培训费用大为减少。

（2）权力与责任。法约尔认为，权力即"下达命令的权利和强迫别人服从的力量"。他特别强调权力与责任的统一。有责任必须有权力，有权力就必然产生责任。

（3）纪律。法约尔认为，纪律的实质是遵守公司各方达成的协议。

（4）统一命令。在经营管理活动中，下属人员只应接受一个上级的命令。法约尔认为，统一指挥是一项普通的、永久必要的准则，如果两个领导同时对一个人或一件事行使他们的权力（即下达命令），经营管理活动就会出现混乱，其结果就是权力必将受到损害，纪律势必受到危害，整个组织将会日趋衰败。

（5）统一领导。为了达到同一目标而进行的集体活动，只能有一个领导和一项计划。法约尔认为，这是统一行动、协调力量和一致努力的必要条件。

（6）员工个人要服从整体。法约尔认为，整体利益大于个人利益的总和。一个组织谋求实现总目标比实现个人目标更为重要。协调这两方面利益的关键是领导阶层要有坚定性并做出良好的榜样。协调要尽可能公正，并经常进行监督。

（7）人员的报酬要公平。报酬必须公平合理，尽可能使员工和公司双方满意。

（8）集权。集权的程度应视管理人员的个性、道德品质、下级人员的可靠性以及企业的规模、条件等情况而定。

（9）等级链，即从最高权力机构到低层管理人员的领导等级制度。这实际上是一条权力线，是自上而下和自下而上确保统一指挥、传递信息的必要途径。法约尔认为，为了克服平行管理环节信息传递的延误，应设计一种分层管理的"跳板"，也叫"法约尔跳板"，以便及时沟通信息、处理问题，提高工作效率。

（10）秩序。秩序即人尽其能和物尽其用。

（11）平等，即以亲切、友好、公正的态度严格执行规章制度。雇员们受到平等的对待后，会以忠诚和献身的精神去完成他们的任务。

（12）人员保持稳定。生意兴隆的公司通常都有一批稳定的管理人员。因此，最高层管理人员应采取措施，鼓励员工尤其是管理人员长期为公司服务。

（13）首创精神。法约尔认为，发明创造是首创精神，工作积极主动也属于首创精神，领导者要激发和支持每个员工的主动性和创造性，提倡、鼓励员工认真思考和创新的精神，同时也应使员工的主动性受到等级链和纪律的限制。

（14）集体精神。员工们的融洽、团结可以使企业产生巨大的力量。实现集体精神最有效的手段是统一命令。在安排工作、实行奖励时不要引起嫉妒，以避免破坏融洽的关系。此外，还应尽可能直接地交流意见等。

法约尔的贡献是在管理的范畴、管理的组织理论、管理的原则方面提出了崭新的观点，为以后管理理论的发展奠定了基础。

（三）马克斯·韦伯的"理想的行政组织体系"理论

马克斯·韦伯是德国著名的社会学家。韦伯认为资本主义的发展需要有稳定、严格、精细、可靠的管理，他对权威的类型和行政组织进行了深入研究，认为官僚行政组织恰恰是可以满足这种需要的组织形式，提出了"理想的行政组织体系"（官僚行政组织）理论。

韦伯认为，等级、权威和行政制是一切社会组织的基础。任何一种组织都是以某种形式的权威为基础的。他认为有三种类型的权威：魅力型权威、传统型权威和法理型权威，这三种权威当中只有法理型权威是理想的现代行政组织（官僚行政组织）的基础。这种理想的现代行政组织形式是被法律化了的，在这种组织中存在着一系列的行为规则和程序，组织成员必须依法行事。

理想的行政组织体系的主要特点有以下几个方面：

（1）细致的分工。工作应该分解成简单的、例行的和明确定义的任务。

（2）职权等级。公职和职位应当按等级来组织，每个下级应当接受上级的控制和监督。

（3）照章办事的运作机制。行政人员在行使职务时受到严格而系统的纪律约束和控制。

（4）形式正规的决策文书。为了确保一贯性和全体雇员的活动，管理者必须倚重正式的组织规则。

（5）组织管理非人格化。规则和控制的实施具有一致性，避免掺杂个性和个人偏好。管理者是职业化的官员。

（6）合理合法的人事行政制度。所有的组织成员都是经过培训、教育，或正式考试取得的技术资格选拔的。人员的奖惩根据其工作的优劣来确定。人员的晋升根据是人员工作成绩的大小和资历的深浅。

韦伯与泰罗和法约尔处于同一历史时期，他的理论是对泰罗、法约尔理论的补充，对西方古典管理理论的确立做出了杰出贡献，是公认的现代社会学和公共行政学最重要的创始人之一，对后来的管理学家特别是组织理论家产生了很大的影响，被后世称为"组织理论之父"。

三、现代管理理论

以泰罗和法约尔为代表的科学管理阶段完成了管理从经验到科学的转变，为西方管理理论奠定了坚实的基础。泰罗所倡导的泰罗制和法约尔创立的管理组织理论反映了大机器生产和大型管理组织出现后的客观要求，促进了社会生产的发展。但是，他们强调物质因素的作用，却忽视了人的主观能动性；强调物质鼓励，却忽视了人的社会需要。

事实上，仅依靠工程师的科学设计，依靠奖金刺激，依靠等级分明的指挥系统，并不能给企业带来持久的活力；相反，紧张而单调的劳动和日益严重的资本主义剥削，却越来越激起工人有组织的反抗。在这种情况下，一种把人类学、社会学和心理学等运用于企业管理的新理论——行为科学，便很快诞生了。

（一）行为科学学派

行为科学的理论最早形成于 20 世纪 20 年代，早期称为人际关系学说，后来进一步发展为行为科学，在现代则更多地被称为组织行为理论。所谓行为科学是指研究人类行为规律的学科，在企业管理方面，它以人的行为对工作的影响为研究对象，以人的本性和需要、工作动机、情绪、人际关系以及行为与工作环境的关系为依据，来探索影响生产率的因素。

1."行为科学"的早期理论——人际关系学说

人际关系学说的代表人物是埃尔顿·梅奥，他主持了 1927 年至 1932 年在芝加哥西方电气公司霍桑工厂进行的试验工作，即著名的"霍桑试验"。试验主要是通过改变工人的工作环境、照明、工作气氛、休息时间、工资支付方法等，来观察研究影响工人工作积极性的原因，目的是要找出工作条件对生产效率的影响，以寻求提高劳动生产率的途径。

以霍桑试验为基石所提出的人际关系学说的观点主要表现在以下几方面：

（1）企业的职工是"社会人"，而不是"经济人"。梅奥等人创立了"社会人"的假说，即认为人不是孤立存在的，而是属于某一工作集体并受这一集体影响的，是复杂的社会系统的成员。影响工人生产积极性的因素，除了物质条件外，还有社会的和心理的因素，他们不是单纯地追求金钱收入，还要满足人与人之间的友情、安全感、归属感等社会的和心理的欲望。因此，不能把工人看成是单纯的"经济人"，必须从社会、心理等方面来鼓励工人提高劳动生产率。

（2）生产效率主要取决于工人的工作态度以及他与周围人的关系。霍桑试验表明，生产效率与工作条件之间并没有必然的、直接的联系，生产效率的提高关键在于工作态度的改变，即工作士气的提高。"士气"高低决定于安全感、归属感等社会、心理方面的欲望的满足程度。满足程度越高，"士气"就越高，生产效率也越高；"士气"又取决于家庭、社会生活的影响以及企业中人与人之间的关系。因此，满足工人欲望，提高工人的士气是提高生产效率的关键。

（3）企业中实际存在着一种"非正式组织"。组织内各成员在共同劳动过程中，由于抱有共同的社会感情、惯例和倾向，产生了共同的感情，自然形成一种行为准则或惯例要求个人服从，这就构成了"非正式组织"。非正式组织以感情为主要标准，要求其成员遵守人群关系中形成的非正式的、不成文的行为准则，无形地左右着成员的行为。因此，不能只注意正式组织的一面，必须重视两种组织的相互依存关系，才能更有效地提高生产率。

（4）企业应用新型的领导方法。新型的领导能力在于正确处理人际关系，善于倾听和沟通员工的意见，采取措施改善人与人的关系，消除不良的人际关系，并通过提高员工需求的满足程度而激励员工的"士气"，促进协作，使企业的每个成员能与领导真诚持久的合作，从而达到提高生产率的目的。

人际关系学说是"行为科学"管理学派的早期思想，它只强调要重视人的行为；而行为科学还要求进一步研究人的行为规律，找出产生不同行为的影响因素，探讨如何控制人的行为以达到预定目标。

2."行为科学"学派的主要理论

继梅奥等人的开创性研究之后，西方从事人际关系——行为科学——研究的专家学者大量涌现。1949 年，在美国芝加哥大学召开的组织中人类行为的理论研讨会上，"行为科学"正式定名。1950 年以后，行为科学才真正发展起来，成为研究人的行为的一门综合性科学，它研究人的行为产生的原因和影响行为的因素，目的在于激发人的积极性和创造性，从而实现组织的目标。

行为科学的研究对象是人的行为表现和发展规律，以提高对人的行为的预测以及激发、引导和控制能力。将心理学、社会学、人类学、经济学甚至医学等多种学科融入管理理论之中。在 60 多年的时间内，行为科学得到了迅速发展，其研究涉及众多领域，内容丰富，在管理科学领域独树一帜，成为现代管理理论中的一个重要流派。

（1）需求层次理论。美国人亚布拉罕·马斯洛将需要分为五级：生理的需要、安全的需要、社交的需要、尊重的需要、自我实现的需要。他认为人的需要取决于他已经得到了什么，尚缺少什么，只有尚未满足的需要才能够影响行为。换言之，已得到满足的需要不能起激励作用。他还认为人的需要都有轻重层次，某一层次需要得到满足后，另一个需要才出现。

马斯洛的需要层次理论在实际工作中得到了应用，但有人认为这一理论只说明了需要与激励之间的一般关系，没有考虑到不同的人对相同需要的反映方式往往不同，而且这一理论也没注意到工作和工作环境的关系。

（2）双因素理论。1959 年，赫茨伯格在广泛调查的基础上写作出版了《工作与激励》一书，正式提出了激励的双因素理论，将影响员工工作满意的各种因素分为激励因素和保健因素两种。

（3）X 理论、Y 理论、超 Y 理论、Z 理论。美国麻省理工学院教授道格拉斯·麦格雷戈于 1957 年首次提出 X 理论和 Y 理论。在其 1960 年发表的"企业的人性方面"一文中，他又对两种理论进行了比较，麦格雷戈的 X 理论主要有以下观点：人的本性是坏的，一般人都有好逸恶劳、尽可能逃避工作的特性；对大多数人来说，仅用奖赏的办法不足以战胜其厌恶工作的倾向，必须进行强制、监督、指挥并惩罚进行威胁，才能使他们付出足够的努力去完成给定的工作目标。

与 X 理论相反的是 Y 理论，其主要观点是：人并不是懒惰，他们对工作的喜欢和憎恶取决于该工作对他是一种满足还是一种惩罚；在正常情况下人愿意承担责任；人们都热衷于发挥自己的才能和创造性。

对比 X 理论及 Y 理论可以发现，它们的差别在于对工人的需要看法不同，因此采用的管理方法也不相同。按 X 理论来看待工人的需要，对其进行管理就要采取严格的控制、强制方式；如果按 Y 理论看待工人的需要，管理者就要创造一个能多方面满足工人需要的环境，使他们的智慧、能力得以充分的发挥，以更好地实现组织和个人的目标。

1970 年美国管理心理学家约翰·莫尔斯和乔伊·洛尔施根据 X 理论和 Y 理论进行了实验，他们认为 X 理论、Y 理论都有各自的应用范围，管理方式应该由工作性质和成员素质来决定，从而提出了超 Y 理论。其主要观点是：不同性质的工作应采用不同的管理方式，对例行的、重复性的、任务量易于测定的工作，如企业的生产经营管理工作，应采取 X 理论进行管理；对创造性的、非重复性的、任务量不易测定的工作，如研究所的科研管理工作，则应采用 Y 理论进行管理。一般来说，员工文化素质较低的，易于接受 X 理论管理方式；员工文化素质较高的，则适用于 Y 理论管理方式。

1981 年，威廉·大内提出了 Z 理论。这个理论是在总结日本管理经验的基础上提出的，该理论认为企业管理者与员工的利益是一致的，两者的积极性可融为一体。其主要内容是：企业对员工的雇用应是长期的，而不是短期的；鼓励员工参与企业决策，实行个人负责制；上下级之间关系要融洽；对企业员工要进行全面培训，对员工要进行准确评价与逐级提拔。

（4）期望理论。美国心理学家弗鲁姆将期望理论运用到管理中。他认为激励人们从事某种活动的动力大小，取决于活动目标对他的价值与目标实现概率的乘积。

（5）公平理论。美国心理学家亚当斯在其1965年出版的《社会交换中的不公平》一书中提出了公平理论。他把激励过程与社会比较直接地联系在一起，故也称社会比较理论。

公平理论认为，人的工作积极性不仅与个人实际报酬多少有关，而且与人们对报酬的分配是否感到公平更为密切。人们总会自觉或不自觉地将自己付出的劳动代价及其所得到的报酬与他人进行比较，同时也要自觉或不自觉地进行自我的历史比较，并对公平与否做出判断。

公平的感觉直接影响职工的工作动机和行为。当职工对自己的报酬作社会比较或历史比较的结果表明其收支比率相等时，便会感到受到了公平待遇，因而心理平衡，心情舒畅，工作努力；如果认为收支比率不相等时，便会感到自己受到了不公平的待遇，从而产生怨恨情绪，影响工作积极性。

（6）强化理论。强化理论是由美国心理学家斯金纳提出的。斯金纳最初把它应用于训练动物上，后来又将它进一步发展并用于人的学习上。现在，强化理论又被广泛地应用于激励人和改造人的行为上。

趣味链接

卡 尼 曼 效 应

瑞典皇家科学院宣布，将2002年诺贝尔经济学授予经济学家丹尼尔·卡尼曼和家弗农·史密斯，以表彰他们在心理和实证经济学研究方面所做的开拓性工作。皇家科学院的新闻公报说，把诺贝尔经济学奖的一半授予卡尼曼，是因为他"把心理研究的成果与经济学融合到了一起，特别是在有关不确定状态下人们如何作出判断和决策方面的研究。"

如果老板给你加薪100元，你会很高兴；不久，你的薪水又被老板降掉了100元，虽然你的收入与以前相比没有变化，可这个时候你只剩下对老板的"仇视"。换种方式解释，你丢掉10元钱所带来的不愉快感受要比捡到10元钱所带来的愉悦感受强烈得多。

卡尼曼通过心理学研究断言，在可以计算的大多数情况下，人们对所损失的东西的价值估计高出得到相同价值的两倍。同样，当所得的比预期的多时，人们会很高兴，而当失去的比预期的多时，就会非常愤怒和痛苦，关键在于这两种情绪是不对称的，人们在失去某物时愤怒痛苦的程度远远超过得到某物时高兴的程度。

启示：人们的行为不仅受到利益的驱使，而且还受到多种心理因素的影响。卡尼曼的前景理论把心理学研究和经济学研究有效地结合起来，揭示了人们在不确定性条件下的决策机制，开拓了一个全新的研究领域。

（二）管理科学学派

现代化管理理论的另一重要学派是"管理科学"学派。这一学派的理论与泰罗的"科学管理"理论实际上属于同一思想体系，但它又不是泰罗理论的简单延续，而是在它的基础上有新的发展。

"管理科学"学派将近年来的最新科学技术成果应用到管理工作的各个方面，形成了许多新的管理思想和管理技术，使管理工作的科学性达到了新的高度。为了区别于泰罗的"科学管理"理论，新出现的一系列管理思想与管理技术被称为"管理科学"，其代表人物是美国的伯法等人。他们强调数学分析、计算机等在管理中的应用，认为管理就是制定和运用数学模型与程序的系统，用公式和数学符号来表示计划、组织、控制、决策等合乎逻辑的程序，通过对各种模式的分析比较，求出最优解。

对于企业的资源分配、订货、运输、存储、生产调度和设备维修等经营管理活动，管理科学都可以应用线性规划、数理统计、网络分析等方法进行，其主导思想是使用先进的数理方法及管理手段，使生产力得到最为合理的组织，以获得最佳的经济效益，而较少考虑人的行为因素。

"管理科学"理论有如下主要特点：

（1）企业生产经营活动的总体目标是以最少消耗求得最大经济效益。

（2）企业管理问题可以通过数学的公式、符号和模型的演算，把生产要素合理地组织起来，得出最优方案，从而达到量化管理的标准。

（3）依靠电子计算机辅助企业各项管理活动，使企业管理工作达到规范化、程序化和标准化，大大提高管理工作的效率与质量。

（4）强调把先进的科学理论和管理方法应用于现代管理的实践，如将系统论、信息论、控制论、耗散结构理论、协同论、突变论以及运筹学、概率论等数学方法和数学模型应用于企业管理各个方面，以解决实际管理问题。

（三）决策理论学派

"决策理论"学派是以统计学和行为科学作为基础的。自第二次世界大战以后，许多运筹学家、统计学家、计算机专家和行为科学家都力图在管理领域寻找一套科学的决策方法，以便对复杂得多的方案问题进行明确、合理、迅速地选择。随着这方面工作的进展，决策理论得到了迅速的发展。

"决策理论"学派的代表人物是美国学者西蒙。1978年，因为在决策理论研究中做出了重要贡献，西蒙获得诺贝尔经济学奖。他认为，决策是管理的中心，决策贯穿于企业管理的全过程，管理就是决策，管理的任务就是追求管理决策的合理性。同时，他对管理决策的过程、准则、程序化决策和非程序化决策等问题也做了深入的分析，从而使决策从经验上升为科学。他的主要著作有《管理行为》《组织》《经济学和行为科学中的决策理论》《管理决策的新科学》等。

"决策理论"学派的主要观点如下：

1. 管理就是决策

管理活动的全部过程都是决策的过程。确定目标、制订计划、选择方案，是经营目标及其计划决策；机构设计、生产单位组织、权限分配是组织决策；计划执行情况检查，在制品控制及控制手段的选择是控制决策。决策贯穿于整个管理过程，所以管理就是决策。

2. 决策为程序性决策和非程序性决策

对于经常发生的需要决策的问题，往往可制定一个例行程序，凡遇到这一类问题，就按照既定程序进行决策，这种决策就属于程序性决策。当问题的涉及面广，又是新发生的，非结构性的，或者问题极为重要而复杂，没有例行程序可以遵循，就要进行特殊处理，对这类问题的决策就称为非程序性决策。

（四）社会系统学派

社会系统学派的代表人物是美国的巴纳德。他把社会的各种组织看成是由物质、个人和社会要素组成的协作系统，一个协作系统包含三大要素，即协作意愿、共同目标和信息联系。管理者的作用就是在协作系统中作为相互联系的中心，对各个要素的协作进行协调，以保证系统的顺利运转。

（五）系统管理学派

系统管理学派的代表人物是弗里蒙特·卡斯特等人。他们认为，系统是由若干相互作用、相互依存的子系统构成的，应该按系统观念来进行企业管理，把企业看成是一个与周围环境相互影响的、开放的动态系统。系统管理学派强调系统的综合性、整体性，强调构成系统各部分之间的联系，认为只有把各个部分、各种资源按系统的要求进行组织和利用，才能提高企业的整体效益。

（六）经验学派

经验学派的代表人物是美国学者德鲁克。他认为，传统的管理理论和行为科学都不能完全适应企业发展的实际需要。有关企业管理的科学应该从企业的实际出发，以大企业的管理经验为研究对象，以便在一定条件下把这些经验加以概括、总结和理论化，向企业管理人员提供实际的建议和实用的管理方法。

（七）权变管理理论

权变管理理论是20世纪70年代在美国形成的一种管理理论。权变理论学派的代表人物是琼·伍德沃德、菲德勒等人。美国尼布拉加斯大学教授卢桑斯在1976年出版的《管理导论：一种权变学》中系统地概括了权变管理理论。

该理论认为，在管理领域，没有一种适合于任何时代、任何组织和任何个人的行之有效的管理方法。以前各种管理理论都有一定的适用范围，也没有所谓"最佳"的管理方法，对组织的管理应依据其所处的内外环境条件和形势的变化，因地制宜、因时制宜地灵活采用不同的管理方法。所以，作为管理人员，在任何形势下，都必须对各种变动的环境因素进行具体分析，然后再采取那些适用于某种特定环境的管理方法，才能取得良好效果。

除了上述这些现代西方管理理论的主要学派，还有管理过程学派、经理角色学派等不同的学派，这些学派在历史渊源和内容上又互相影响，盘根错节，呈现出管理理论学派林立的局面，故有人形象地称之为"管理理论的丛林"。但是，各个学派又有不可避免的局限性，需要我们客观评价。

四、管理理论新发展

（一）管理理论和实践面临的挑战

1. 组织外部环境的变化

（1）科技技术的发展。以信息技术为先导的第三次科技革命，使科学技术发生了翻天覆地的变化，也使管理进入了一个崭新的阶段。特别是电子计算机技术的发展和广泛应用，改变了人类征服自然和改造自然的能力，提高和完善了管理技术水平，为管理的科学化提供了可靠的保证。

（2）生产社会化程度的提高。科技进步使社会分工和生产专业化达到了前所未有的广度和深度。一方面产生了越来越多的行业，另一方面又导致了经营资源的日益集中。多行业的出现，使得对于特定资源禀赋的要求越来越高。这在客观上产生了更大范围内组织生产经营的需要，而生产经营资源的集中又使部分企业可以将生产和交换的边缘扩大，从而寻求更好的市场，追求更大的利润，因此极大地促进了经营方式和组织形态的变化。

（3）竞争环境的迅速变化。由于产品生命周期的大大缩短，产品的多样化、小型化、小批量生产已成为当今趋势。时间概念已经成为市场竞争方式的基础因素。显然，竞争环境的变化要求组织的管理者以消费者为中心，及时迅速把握、适应和满足他们的需求。为此，必须在组织内部营造勇于创新和开拓的组织文化氛围，在市场上塑造反映自身综合素质的良好形象。

（4）社会关系的复杂化。随着社会生产力水平的迅速提高，各类、各层次组织间的交流和协调等关系日益多样化和复杂化，从而使组织的社会责任不断加强。在复杂多变的社会环境中，一个组织必须善于同周围的各类利益集团打交道。因此，一个组织不仅要形成灵敏的反应机制和灵活的对应机制，而且要形成能影响环境变革的机制。

（5）政府干预和法律作用的强化。近年来，发达国家政府职权范围不断扩大，对企业的就业、安全、环保、标准化等，实施更多的规定和管制。管理者不仅需要对社会压力做出反应，而且要具备能够预见和处理政治压力问题以及各类法律问题的能力。

2. 组织内部环境的变化

（1）组织特点的变化。一是服务业迅速崛起，并成为社会经济生活中的重要组成部分。二是随着经济全球化的发展，跨国公司和复合企业迅速成长。三是在许多领域出现了一些特殊的组织，其特点是没有例行化的运行规则，员工以科学家和工程师为主，产品可能是一个计划或软件，产品形成需要政府、教育、工商界等的协调合作，追求的是服务而不是利润。因此，组织特点的变化对于相应的管理理论和方法的研究提出了新的要求。

（2）工作性质和价值观的变化。组织性质的变化必然引起组织内工作性质的变化，表现为从事制造业或直接生产的人员显著减少，增加的是从事第三产业及政府工作的人员。这些人大多是受教育水平较高或受过某种专业训练的人，因此，吸引员工努力工作的因素主要不是物质报酬，而更多的是工作能否实现个人价值的满足感。

（3）组织成员构成的变化。由于员工素质强调科技知识的水平和更新，所以，人们需要更多的时间去接受教育和培训，因此，年轻的员工正在减少，同时女性相对增加，尤其是高层领导职务中女性人数的增加。这些变化，都将影响到一个组织所采取的管理和领导方式。

（4）企业生产方式的变化。随着 CAM、CIMS、MIS 等的广泛应用，企业正从传统的大批量生产方式向新的柔性化、多样化、低成本、小批量的按需生产方式跃进。企业生产方式的变革，为管理理论和实践的进一步发展提供了新的契机。

3. 管理理论和实践面临的新课题

管理环境的变化对管理理论的发展提出了许多新要求，其中最主要的是组织同环境之间的关系问题。经过漫长的征服自然、改造自然的奋斗过程，人类完成了由落后的农业文明向现代工业文明的转变，创造了丰富的物质财富。与此同时，也使人类为此付出了沉重的代价，即人类赖以生存的环境被破坏。

面对这一严峻的现实，人类不得不携起手来共同研究如何解决生态环境的保护和利用问题。在此背景下，从全球社会、经济、生态的相互关系，以及人口、资源、环境的相互关系出发，探讨人类发展问题的理论——可持续发展理论，成为新的人类发展主题。同时，用可持续发展的观点来重新审视各类组织的管理思想和管理规则，也已成为当代国际社会瞩目的焦点。

按照可持续发展的原则，社会各类组织必须解决环境保护和经济发展之间的矛盾，特别是企业组织应当在承担包括生态环境保护、资源有效利用、社会教育投入等社会责任的前提下追求最大的经济利益。将企业利益同社会责任统一起来，意味着企业目标必须同社会发展目标一致，但二者又常常存在着矛盾。企业是以费用和利润原则评价自身活动的效益，利润是第一责任；而社会目标则是以国家和公众利益原则评价各类组织活动的效益，公众利益是第一目标。

因此，如何将两个目标协调一致可以说是管理实践的一大课题。认识和解决两个目标的协调问题，管理者首先要树立这样一种观念，即未来的管理必须适应以短缺和趋向于保存资源以及生态保护为特征的环境，也就是在可持续发展原则下管理，才可能使组织富有生命力，才可能使组织目标和社会目标统一起来。

趣味链接

菜鸟网络科技公司

2013年5月28日，菜鸟网络科技有限公司正式成立，马云任董事长，沈国军任首席执行官。菜鸟网络计划首期投资人民币1 000亿元，寄望10年后，全中国任何一个地方，只要网上购物，24小时内即可送达。

菜鸟网络利用先进的互联网技术，建立开放、透明、共享的数据应用平台，为电子商务企业、物流公司、仓储企业、第三方物流服务商、供应链服务商等各类企业提供优质服务，支持物流行业向高附加值领域发展和升级，最终促使建立社会化资源高效协同机制，提升中国社会化物流服务品质，打造中国未来商业基础设施。

"公司定名为菜鸟网络，第一就是想时刻提醒我们自己，互联网的创新无处不在。在互联网时代，我们要保持菜鸟心态，才能保持创新性和学习性。"沈国军表示，"而且我们要做的事情对我们而言是崭新和没人做过的，作为一个行业新加入者，我们服务的客户也都是刚起步或正处在成长中的中小企业，相对于传统大品牌大企业，我们以及我们的客户还都是新手，取名菜鸟意在激励我们选择共同成长。"

启示：随着全球经济一体化和信息技术的快速发展，企业要更好地生存下去，必须不断地创新，不断地学习，从而更好地适应环境的变化。

（二）业务流程再造

1993年，美国麻省理工学院教授迈克尔·哈默博士与管理大师詹姆斯·钱皮合著了

《再造企业——管理革命的宣言书》一书，正式提出了企业再造理论。企业再造的基本含义是指"为了飞越性地改善成本、质量、服务、速度等重大的现代企业的运营基准，对工作流程进行根本的重新思考与彻底翻新。"

　　再造就是企业对战略、增值营运流程，以及支撑它们的系统、政策、组织结构的快速、彻底、急剧的重塑，以达到工作流程和生产率的最优化。再造的核心是业务流程再造，强调以业务流程为改造对象和中心、以关心客户的需求和满意度为目标，对现有的业务流程进行根本的再思考和彻底的再设计，利用先进的制造技术、信息技术以及现代的管理手段、最大限度地实现技术上的功能集成和管理上的职能集成，以打破传统的金字塔状的职能型组织结构，建立横宽纵短的扁平式柔性管理体系，从而实现企业经营在成本、质量、服务和速度等方面的根本性的改善。

　　企业再造的特点是：企业经营活动和生产活动、经营管理和生产管理、各个职能部门之间相互渗透趋于一体；职能型和阶层型组织将逐渐消失，工作分工和职务分工将根据工作流程的性质重新整合；实行弹性工作制，以顾客满意为唯一考核标准；广泛采用高新技术手段。

　　企业再造适应了当今世界市场以顾客为导向、竞争激烈和需求迅速变化的三大趋势，再造后企业能适应信息社会的高效率和快节奏，适合企业员工参与企业管理，实现企业内部上下左右的有效沟通，具有较强的应变能力和较大的灵活性。

（三）学习型组织

　　学习型组织最初的构想源于美国麻省理工大学佛瑞斯特教授，他的学生彼得·圣吉是学习型组织理论的奠基人，彼得·圣吉用了近十年的时间对数千家企业进行研究和案例分析，于1990年完成其代表作《第五项修炼：学习型组织的艺术与实务》。

　　他指出，现代企业所欠缺的是系统思考的能力，它是一种整体动态的搭配能力，因为缺乏它而使得许多组织无法有效学习。之所以会如此，正是因为现代组织分工、负责的方式将组织切割，使得人们的行动与其时空上相距较远，当不需要为自己的行动的结果负责时，人们就不会去修正其行为，也就无法有效地学习。

　　企业应建立学习型组织，通过学习提升整体运作的"群体智力"和持续的创新能力，在面临剧烈变化的外部环境时能够维持竞争力。

　　所谓学习型组织，是指通过培养弥漫于整个组织的学习气氛、充分发挥员工的创造性思维能力而建立起来的一种有机的、高度柔性的、扁平的、符合人性的、能持续发展的组织。这种组织具有持续学习的能力，具有高于个人绩效总和的综合绩效。

　　学习型组织应包括五项要素：自我超越、改善心智模式、建立共同愿景、团体学习和系统思考。

　　学习型组织的真谛可以概括为三个方面：

　　（1）学习型组织是全体成员全身心投入并有能力负担学习的组织。

　　（2）学习型组织是让成员体会到工作中生命意义的组织。

　　（3）学习型组织是通过学习创造自我、扩大未来能量的组织。

（四）核心能力

　　1990年，普拉哈拉德和哈默在《哈佛商业评论》中首先提出"核心能力"的概念，认为核心能力是构成企业竞争能力和竞争优势基础的多方面技能、互补性资源和运行机制的有机融合，是识别和提供竞争优势的知识体系。因为竞争优势是促成优势企业比竞争者更成功的因素，而且这些因素无法被竞争者轻易模仿，从而可以给企业带来长期竞争优势和超额利润。核心能力具有以下特点：价值性、独特性、持续创造价值的能力、难以模仿、不可替代性和长期性。

目前，核心能力的战略创新有以下几种：

1. 大规模定制

20世纪初，大规模生产方式在美国诞生，标准化成为时尚，成本领先成为主要的竞争战略。大规模定制是指对定制的产品和服务进行个性化的大规模生产。大规模定制的特征是：① 以个性化客户为中心，围绕客户的需求生产产品，其实质是生产者和客户共同定义和生产产品；② 灵活性和快速反应实现产品或服务的定制化；③ 电脑、网络、电子商务等信息技术作为基础，使制造商与客户、供应商形成一种新的关系；④ 注重整个过程的效率，而非局限于生产效率。

2. 时间竞争

1988年，斯托克在《哈佛商业评论》上发表论文"时间——下一个竞争优势和源泉"，把时间作为企业竞争优势的源泉。其认为过去企业靠降低成本与产品多元化竞争，而现在时间与速度成为重要的竞争优势来源。在设计、制造、销售与创新上争时间、抢速度，对顾客的需求迅速反应。缩短产品周期、缩短产品生产时间等时间管理成为重要的竞争手段。

3. 归核化

归核化是指企业通过减少业务活动范围以集中经营核心业务的过程，主要是通过剥离的方式实行企业的重组。归核化战略的要旨是：公司的业务归拢到最具竞争优势的行业上；把经营重点放在优势最大的环节上；强调核心能力的培育、维护和发展，重视战略性外包这种新兴的战略手段。

4. 虚拟组织

为了提高对市场机遇的反应，越来越多的企业建立虚拟企业。根据核心能力分工原则，企业只经营其核心能力擅长的业务，把边沿业务外包，形成劳动的社会大分工。企业快速形成，一旦使命完成立即解体。通过契约的方式形成临时利益共同体，特许经营、委托管理、战略联盟等就是这种虚拟企业的典型组合方式。

5. 竞合

竞合即"竞争"与"合作"，采取双胜共赢的原则在竞争对手之间构成合作关系。这是一种高层次的竞争，合作竞争并不是意味着消灭了竞争，它只是从企业自身发展的角度和社会资源优化配置的角度出发，促使企业间的关系发生新的调整，从单纯的对抗竞争走向了一定程度的合作。

第二节 管理的基本原理

管理原理是对管理工作的实质内容进行科学分析总结形成的基本规律，它是现实管理现象的抽象总结，是对各项管理制度和管理方法的高度综合与概括，因此，对管理活动具有普遍的指导意义。

管理原理是对企业实质及其客观规律的表述，是对管理工作客观必然性的刻画，违背了它，人们会受到客观规律的惩罚。管理原理也不是一成不变的教条，它随着社会经济和科学技术的发展而不断发展，同时，它又是相对稳定的，管理原理和一切科学原理一样，都有其确定性和巩固性的特征，不管事物的运动变化和发展的速度如何，这种确定性始终都是相对稳定的。

趣味链接

一 举 三 得

宋真宗年间，宫殿失火，宋真宗命丁谓重修皇宫。这是一个复杂的工程，不仅要设计施工、运输材料，还要清理废墟，任务十分艰巨。丁谓首先在皇宫前开沟渠，然后利用开沟取出的土烧砖，再把京城附近的汴水引入沟中，使船只运送建筑材料直达工地。工程完工后，又将废弃物填入沟中，复原大街，这就很好地解决了取土烧砖、材料运输、清理废墟3个难题，一举三得，这也使工程提前完成，并节省了很多工程费用。

启示：丁谓正是由于深得管理原理的精髓，因而很好地解决了宫殿修复问题。上述故事涉及系统原理，效率原理和效益原理等。丁谓以效率和效益原理为原则，运用系统原理，把整个工程看作是一个不可分割的整体，从而把取土烧砖、材料运输、清理废墟的难题一一解决，最后取得了很好的效率和效益，实现了预期的目标。

一、系统原理

任何社会组织都是由人、物、信息组成的系统，任何管理都是对系统的管理，没有系统，也就没有管理。系统原理不仅为认识管理的本质和方法提供了新的视角，而且所提供的观点和方法广泛渗透到人本原理、效益原理和伦理原理之中。从某种程度上来说，在管理原理的体系中它起着统率的作用。

（一）系统的概念

系统是指由若干相互联系、相互作用的个体组成，在一定环境中具有特定功能的有机整体，就其本质来说，系统是"过程的复合体"，系统具有整体性、层次性、相关性的特征。

在自然界和人类社会中，一切事物都是以系统的形式存在的，任何事物都可以看作是一个系统，例如，呼吸系统、生态系统、复杂的工程技术系统等，还有行政系统、经济系统、教育系统等。系统从组成要素的性质看，可划分为自然系统和人造系统。自然系统是由自然物组成的系统，如生态系统、气象系统、太阳系等；人造系统是人们为达到某种目的而建立的系统，如生产系统、交通系统、商业系统、管理系统、军事预警系统等。

（二）系统原理要点

1. 整体性原理

整体性原理指系统要素之间的相互关系及要素与系统之间的关系以整体为主进行协

调，局部服从整体，使整体效果为最优，实际上就是整体着眼，部分着手，统筹考虑，各方协调，达到整体的最优化，从系统目的的整体性来说，局部与整体存在着复杂的联系和交叉效应。对局部有利的事，从整体上来看并不一定就是有利的，甚至是有害的，局部的利越大，整体的弊端反而越多。一般情况下，局部与整体应该是一致的，因此，当局部和整体发生矛盾时，局部利益应该服从整体利益。

在现实情形中，经常可以看到一个系统中重局部、轻全局，特别是局部之间不协调，互相扯皮，从而损害了全局的利益。在这种情况下，子系统的功能虽好，但不利于达到整体的目的，效果当然不会好；相反有时候子系统的效益虽然低一些，但有利于实现系统的功能，有利于达到整体的目的，其效果一定是好的。

从系统功能的整体性来说，系统的功能不等于要素功能的简单相加，而是往往大于各个部分功能的总和，即"1＋1＞2"。这里的"大于"，不仅指数量上大，而且指在各个部分组成一个系统后，产生了总体的功能，即系统的功能。这种总体功能的产生是一种质变，它的功能大大超过了各个部分功能的总和。因此，系统要素的功能必须服从系统整体的功能，否则，就要削弱整体功能。

2. 动态性原理

系统作为一个运动着的有机体，其稳定状态是相对的，运动状态则是绝对的。系统不仅作为一个功能实体而存在，而且作为一种运动而存在。系统内部的联系就是一种运动，系统与环境的相互作用也是一种运动。系统的功能是时间的函数，因为不论是系统要素的状态和功能，还是环境的状态或联系的状态都是在变化的，运动是系统的生命。

例如，企业是社会经济系统中的子系统，它为了适应外部社会经济系统的需要，必须不断地完善和改变自己的功能，而企业内部各子系统的功能及相互关系也必须随之相应地发展变化。企业系统就是在这种不断变化的动态过程中生存和发展的，因此，企业的产品结构、工艺过程、生产组织、管理机构、规章制度、经营方针、管理方法等都具有很强的时限性。

掌握系统动态原理，研究系统的动态规律，可以使我们预见系统的发展趋势，树立起超前观念，减少偏差，掌握主动，使系统向期望的目标顺利发展。

3. 开放性原理

严格地说，完全封闭的系统是不能存在的，也就是说，不存在一个与外部环境完全没有物质、能量和信息交换的系统。任何有机系统都是耗散结构系统，系统与外界不断交流物质、能量和信息，才能维持其生命，并且只有当系统从外部获得的能量大于子系统内部消耗散失的能量时，系统才能克服熵而不断发展壮大。所以，对外开放是系统的生命。在管理工作中，任何试图把本系统封闭起来与外界隔绝的做法，都只会导致失败。明智的管理者应当充分估计到外部对本系统的各种影响，努力从开放中扩大本系统从外部吸入的物质、能量和信息。

4. 环境适应性原理

系统不是孤立存在的，它要与周围事物发生各种联系。这些与系统发生联系的周围事物的全体，就是系统的环境。环境也是一个更高级的大系统，如果系统与环境进行物质、能量和信息的交流，能够保持最佳适应状态，则说明这是一个有活力的理想系统。否则，一个不能适应环境的系统则是无生命力的。

系统对环境的适应并不都是被动的，也有能动的，那就是改善环境。环境可以施加作用和影响于系统，系统也可施加作用和影响于环境。如构成社会系统的人类具有改造环境的能力，没有条件可以创造条件，没有良好的环境可以改造环境。

这种能动地适应和改造环境的可能性，受到一定时期人类掌握科学技术（包括组织管理）知识和经济力量的限制。作为管理者，既要有勇气看到能动地改变环境的可能，又要冷静地看到自己的局限，才能实事求是地做出科学的决策。

5. 综合性原理

所谓综合性，就是把系统的各部分、各方面和各种因素联系起来，考察其中的共同性和规律性。任何一个系统都可以看作是由许多要素为特定的目的而组成的综合体，社会、国家、企业、学校、医院以及大型工程项目几乎都是非常复杂的综合体。

系统的综合性原理包括的含义，一方面是系统目标的多样性与综合性。系统最优化目标的确定，是靠将各种复杂的甚至对立的因素综合的结果。由于大系统涉及一系列的复杂因素，如果对这些因素在分析的基础上能够综合得好，系统目标确定得恰当，各种关系能够协调一致，就能大大发挥系统的效益。反之，如果综合得不好，不适当地忽略了其中的某一个目标或因素，有时会造成极为严重的后果。综合性原理的另一方面是系统实施方案选择的多样性与综合性，也就是说，对于同一个问题，可以有不同的处理方案，为了达到同样一个目标，可以有各种各样的途径与方法。对于具有多样性的方案，必须进行综合研究，选出满意方案。

系统的综合性原理的又一重要方面是由综合而创造。现在一切重大尖端科学技术，无不具有高度的综合性，世界上没有什么新的东西不是通过综合而得到的，如日本松下彩色电视机的300多项技术，都是世界各国已有的，但经过综合造出的电视机却是世界各国所没有的。量的综合导致质的飞跃，产生了新的事物，综合的对象越多，范围越广，所作的创造也就越大。正因为复杂的系统都是由许多子系统和单元综合而成的，因此任何复杂的系统又都是可以分解的。

系统整体可能看上去十分复杂，但如果将其分解到每个子系统和单元就可能变得简单而容易解决。所以管理者既要学会把许多普普通通的东西综合为新的构思、新的产品，创造出新的系统，又要善于把复杂的系统分解为最简单的单元去解决。

趣味链接

蝴 蝶 效 应

我们可以用在西方流传的一首民谣对蝴蝶效应作形象的说明。这首民谣说：丢失一个钉子，坏了一只蹄铁；坏了一只蹄铁，折了一匹战马；折一匹战马，伤了一位骑士；伤了一位骑士，输了一场战斗；输了一场战斗，亡了一个帝国。

启示：如果孤立地看，这里面每个环节都不足以导致最后的结果，但特定的情境使每个环节互为因果，追根溯源，小小的钉子就成了罪魁祸首。系统是由个体组成的有机整体，不能忽视个体，有时对细微个体的忽略会造成严重的后果。

二、人本原理

人本原理提倡的是"以人为本"。在汉字文化中，以人为本的"本"，其本义是指树木的根部。所以，以人为本的管理模式就要求管理者要对员工理解、尊重和爱护。人本原理就是以人为中心的管理思想，它的出现是人类管理史发展的必然结果，这是管理理论发展到20世纪末的主要特点。

人本原理主要包括以下主要观点：① 职工是企业的主体；② 职工参与是有效管理的关键；③ 使人性得到最完善的发展是现代管理的核心；④ 服务于人是管理的根本目的。

(一)"人本原理"产生的背景

"人本原理"的渊源可以追溯到古典管理时代，但"人本原理"的真正确立是在1981—1982年，美国管理学界陆续推出影响很大的四部著作：《工业理论——美国企业怎样迎接人本的挑战》《战略家的头脑——日本企业的经营艺术》《企业文化》《寻求优势——美国最成功公司的经验》，这四部著作的发表，标志着"人本原理"的最终确定。

理查德·帕斯卡尔和安东尼·阿尔索两位教授在合著的《战略家的头脑——日本企业的经营艺术》一书中提出了著名的7s模型，即战略（strategy）、结构（structure）、制度（system）、人员（staff）、作风（style）、技能（skills）、最高目标（supper ordinate goals）。他们认为日本企业之所以具有活力，是因为它们在坚持了前3个硬"S"的前提下很好地兼顾了4个软性的"S"。

(二)人是组织的主体

人们对组织中的人的作用是逐步认识的，这个认识过程大体上经历了以下三个阶段。

1. 要素研究阶段

早期对劳动力在生产过程中的作用研究基本局限于把劳动者视为生产过程中的一种不可缺少的要素。比如，科学管理的奠基人泰罗的全部管理理论和研究工作的目的，都是致力于挖掘作为机器附属物的劳动者的潜能。他坚信，工人只要按照规范程序去作业，就能实现最高的劳动生产率，从而获得最多的劳动报酬。在之后的几十年中，泰罗所有对劳动和劳动力的研究大多都未摆脱这种把人视作机器附属物的基本观点和方法。

2. 行为研究阶段

第二次世界大战后，有一部分管理学家和心理学家开始认识到劳动者的行为决定了企业的生产效率、质量和成本。他们通过研究发现，人的行为是由动机决定的，而动机又取决于需要。劳动者的需要是多方面的，经济需要只是其基本内容之一。所以他们强调，管理者要从多方面去激励劳动者的劳动热情，引导他们的行为，使其符合企业的要求。这一阶段的认识有其科学合理的一面，但其基本出发点仍然是把劳动者作为管理的客体。

3. 主体研究阶段

20世纪70年代以来，随着日本经济的崛起，人们通过对日本成功企业的经验剖析，进一步认识到职工在企业生产经营活动中的重要作用，逐步形成了以人为中心的管理思想。现代管理观点认为，职工是企业的主体，而非客体；企业管理既是对人的管理，也是为人的管理；企业经营的目的，绝不是单纯商品的生产，而是为包括企业职工在内的人的社会发展而服务的。

（三）有效管理的关键是员工参与

实现有效管理有两条完全不同的途径，一是高度集权，从严治厂，依靠严格的管理和铁的纪律，重奖重罚，使得企业目标统一，行动一致，从而实现较高的工作效率；二是适度分权，民主治厂，依靠科学管理和职工参与，使个人利益与企业利益紧密结合，使企业全体职工为了共同的目标而自觉地努力奋斗，从而实现高度的工作效率。

两条途径的根本不同之处在于，前者把企业职工视作管理上的客体，职工处在被动被管的地位；后者把企业职工视作管理的主体，使职工处于主动参与管理的地位。当企业职工受到饥饿和失业的威胁时，或受到政治与社会的压力时，前一种管理方法可能是有效的；而当职工经济上已比较富裕，基本生活已得到保证，就业和流动比较容易，政治和社会环境比较宽松时，后一种方法就更为合理、更为有效。

从厂长经理到普通工人，都是依靠向企业让渡自己的劳动力的使用权而谋生的劳动者。由于企业全体职工的共同努力，才使企业各项资源（包括劳动力本身）得到最合理的利用，才使企业创造出了产品、利润和财富。

所以，企业全体职工都有权参与企业管理。企业职工中的一部分人的（经营者和管理人员）职业就是管理，所以要特别重视非专职管理的职工（普通工人、职员和技术人员）参与企业管理的问题。其具体的途径和形式是多种多样的，但有以下三种形式应当是最基本的：

（1）通过职工代表大会选举代表参加企业的最高决策机构——管理委员会或董事会。职工代表在管委会和董事会中应占有一定比例，并享有与其他代表同等的权利和义务。

（2）由职工代表大会选举代表参加企业的最高监督机构——监事会。职工代表在监事会中应占有较多名额，并与其他监事一样，享有监督企业生产经营活动的职权。

（3）广泛参加日常生产管理活动（如质量管理、设备管理、成本管理、现场管理等）。由于劳动者最了解自己直接参与的那部分生产经营活动的实际情况，因此在参与日常生产管理活动时应有更大的发言权，并且一定能取得更好的效果。

（四）现代管理的核心是使人性得到最完美的发展

人之初，性本善，还是性本恶？这个问题已经争论了许多世纪。这个争论，不论在中外古代的伦理思想中，还是在现代管理学的研究中，都得到了不同程度的反映。这两种相互对立的观点都可在社会生活中找到支持或反对的论据与事例。这个事实本身就表明，世界上并不存在绝对善或恶的人性。人性是受后天环境影响而形成的，因而也是可以塑造和改变的。成功的管理者要在应对这个挑战的过程中，引导和促进人性的发展。

事实上，任何管理者都会在管理过程中影响下属人性的发展。同时，管理者行为本身又是管理者人性的反映。只有管理者人性达到比较完美的境界，才能使企业职工的人性得到完美的发展。社会主义精神文明建设实质上是新时代人性的塑造，在实施每一项管理措施、制度、办法时，不仅要看到实施取得的经济效果，同时要考虑对人精神状态的影响，要分析它们是促使职工的精神状态更加健康、人性更加完美，还是起相反的作用。

（五）管理是为人服务的

我们说管理是以人为中心，是为人服务的，也是为了实现人的发展。这个"人"当然不仅包括企业内部、参与企业生产经营活动的人，而且包括存在于企业外部的、企业通过提供产品为之服务的用户。

为社会生产和提供某种物质产品（或服务），是企业存在的理由。在市场经济条件下，用户是企业存在的社会土壤，是企业利润的来源。我们知道，作为商品生产者，企业生产的目的，不是为了企业自己或企业职工对某种产品的直接使用或消费，而是为了通过这些产品的销售，获得销售收入，旨在补偿了生产过程中的各种消耗后实现利润。只有实现销售收入和销售利润，企业才能获得继续生存的权力或发展（在更大规模上生存）的条件。

销售收入与利润的实现是以市场用户愿意接受和购买企业产品为前提的，而用户是否愿意接受和购买企业的产品，则取决于这些产品的消费和使用能否满足他们希望得到满足的需要。因此，为用户服务，满足用户的需要，实质是企业实现其社会存在的基本条件。

所以，企业需要研究市场需求的特点及发展趋势，据此确定企业的经营和产品发展方向；企业要提供符合消费者需求的产品和服务，使消费者能够充分利用有限的货币购买力，获取更多的物质产品，满足更多的需要；企业还要研究消费者在使用本企业产品后，要求得到的满足的实现条件，为了保证产品的使用价值能充分实现，消费者不仅要求企业提供符合需要的产品，而且要求企业提供与其使用有关的各种服务。

为用户服务，还要求企业在提供的产品品种对路、功能完善、质量优异、价格合理的前提下，提供使用方法的培训和指导、使用过程中的维护和修理等售后服务。

综上所述，尊重人、依靠人、发展人、为了人是"人本原理"的基本内容和特点。

趣味链接

日立"鹊桥"

日本日立公司有一位叫田中的工程师，他为日立公司工作近12年了，对他来说，公司就是他的家，因为甚至连他美满的婚姻都是公司为他解决的。原来，日立公司内设了一个专门为职员架设"鹊桥"的"婚姻介绍所"。日立公司人力资源站的管理人员说："这样做还能起到稳定员工、增强企业凝聚力的作用。"

终于有一天，同在日立公司当接线员的富泽惠子从电脑上"走"下来，走进了田中的生活。他俩的第一次约会，是在离办公室不远的一家餐厅共进午餐，这一顿饭吃了大约4小时，不到1年，他们便结婚了，婚礼是由公司"月下老"操办的，而来宾中的70%都是田中夫妇的同事。

启示：发现并满足员工的需要是对"以人为本"管理思想的最好诠释，是日立公司能够凝聚人心的根本所在。

案例链接

对有效管理的不同看法

在一个管理经验交流会上，有两个厂的厂长分别论述了他们各自对如何进行有效管理的看法。

A 厂长认为，企业首要的资产是员工，只有员工们都把企业当成自己的家，都把个人的命运与企业的命运紧密联系在一起，才能充分发挥他们的智慧和力量为企业服务。因此，管理者有什么问题，都应该与员工们商量解决；平时要十分注重对员工需求的分析，有针对性地给员工提供学习、娱乐的机会和条件，每月的黑板报上应公布当月过生日的员工的姓名，并祝他们生日快乐；如果哪位员工生儿育女了，厂里应派车接送，厂长应亲自送上贺礼。在 A 厂长的厂里，员工都普遍把企业当做自己的家，全心全意地为企业服务，工厂日益兴旺发达。

B 厂长认为，只有实行严格的管理才能保证实现企业目标所必须开展的各项活动的顺利进行。因此，企业要制定严格的规章制度和岗位责任制、建立严格的控制体系、注重上岗培训、实行计件工资制等。在 B 厂长的厂里，员工们都非常注重遵守规章制度，努力工作以完成任务，工厂发展迅速。

问题：

（1）"现代管理的核心是使人性得到最完美的发展"，请结合案例谈谈你的看法。

（2）请结合该案例讨论分析管理的人本原理。

三、效益原理

效益是管理的永恒主题，任何组织的管理都是为了获得某种效益，效益的高低直接影响着组织的生存和发展。效益是有效产出与投入之间的一种比例关系，可从社会和经济这两个不同角度去考察，即社会效益和经济效益。经济效益是讲求社会效益的基础，而讲求社会效益又是促进经济效益提高的重要条件。经济效益使社会效益直接、明显；经济效益可以运用若干个经济指标来计算和考核，而社会效益则难以计量，必须借助于其他形式来间接考核。

（一）经济效率、经济效果和经济效益

1. 三者的含义

经济效率是社会经济运行效率的简称，是指在一定的经济成本的基础上所能获得的经济收益。单纯使用"时间"来衡量经济效率是错误的，"时间"只是经济成本的一个方面或一部分，而不是经济成本的全部。因此，计算效率可使用如下公式：

$$经济效率 = \frac{产品}{投入劳力 + 投入资源 + 投入工具}$$

经济效果是指生产过程中产出量与投入量的比值。它反映的是生产过程中劳动耗费转化为劳动成果的程度。使用差额比值表示法来表示经济效果：

$$经济效果 = \frac{成果 - 劳动耗费}{劳动耗费（或劳动占用）}$$

经济效益是衡量一切经济活动的最终的综合指标。所谓企业的经济效益，就是企业的生产总值同生产成本之间的比例关系。用公式表示为

$$经济效益 = \frac{生产总值}{生产成本}$$

2. 经济效益与二者的联系和区别

经济效率是指劳动者的生产效果和能力。经济效率高意味着劳动消耗的减少，人力资源的节约，是提高企业经济效益一个必不可少的条件。此外，提高企业经济效益，还必须减少物化劳动的消耗，生产出适应市场需要的产品。

经济效果是从生产建设的技术活动角度来考虑，把经济渗透到生产建设活动的技术中去。

经济效益从生产建设角度来考察，把经济分析渗入经济管理体制中去。因此研究经济效益的意义更加广泛。

（二）效益的评价

效益的评价，可由不同主体（如首长、群众、专家、市场等）从多个角度去进行，因此，没有一个绝对的标准。不同的评价标准和方法，得出的结论也会不同，甚至相反。有效的管理首先要求对效益的评价尽可能公正和客观，因为评价的结果直接影响组织对效益的追求和获得，结果越是公正和客观，组织对效益追求的积极性就越高，动力也越大，客观上产生的效益也就越多。

一般说来，高层管理者评价有一定的权威性，对全局性掌握得较好，其结果对组织的影响也较大，但可能不够细致和具体；群众评价一般比较公正和客观，但可能要花费较多的时间和费用，才能获得最后的评价结果；专家评价一般比较细致，技术性强，但可能只注重直接效益而忽视间接效益；市场评价的结果与市场发育程度有很大的关系，越是成熟、规范的市场，其评价结果就越客观公正，越是发育不成熟或行为扭曲的市场，其评价结果就越不客观、不公正，甚至具有很强的欺骗性。显然，不同的评价都有它自身的长处和不足，应配合运用，以求获得客观公正的评价结果。

（三）效益的追求

效益是管理的根本目的，管理就是对效益的不断追求，组织在追求效益过程中必须关注以下几个问题。

1. 管理效益的直接形态是通过经济效益而得到表现的

由于管理系统是一个人造系统，它基本是通过管理主体的劳动所形成的、按一定顺序排列的、多方面多层次的有机系统。尽管其中有纷繁复杂的因素相交织，但任何一种因素均通过管理主体的劳动而活化，并对整个管理运动产生着影响。综合评价管理效益，当然必须首先从管理主体的劳动效益及所创造的价值来考虑。

2. 影响管理效益的因素很多，其中主体管理思想正确与否相当重要

在现代管理中，采用先进的科学方法，建立合理的管理制度无疑是必要的，但更重要的是管理系统高级主管所采取的战略。管理解决如何"正确地做事"，战略告诉我们怎样"做正确的事"。企业产品不适销对路，质量再好，价格再低，也毫无意义。

3. 追求局部效益须与追求全局效益协调一致

全局效益比局部效益更为重要。如果全局效益很差，局部效益提高就难以持久。当然，局部效益也是全局效益的基础，没有局部效益的提高，全局效益的提高也是难以实现的。当局部效益与全局效益发生冲突时，管理必须把全局效益放在首位，做到局部服从全局。因为"大河有水，小河满"。

4. 管理应追求长期稳定的高效益

企业每时每刻都处于激烈的竞争中，如果企业只满足于眼前的经济效益水平，而不以新品种、高质量、低成本迎接新的挑战，就会随时有落伍甚至被淘汰的危险。所以，企业经营者必须有远见卓识和创新精神，只有不断增强企业发展的后劲，积极进行企业的技术改造、技术开发、产品开发和人才开发，才能保证企业有长期稳定的较高经济效益。

5. 确立管理活动的效益观

管理活动要以提高效益为核心。追求效益的不断提高，应该成为管理活动的中心和一切管理工作的出发点。要克服传统体制下"以生产为中心"的管理思想。

追求效益要学会自觉地运用客观规律，例如，必须学会运用价值规律，随时掌握市场情况，制定灵活的经营方针，灵敏地适应复杂多变的竞争环境，满足社会需求。

趣味链接

会 议 成 本

日本某公司为提高开会效率，实行开会分析成本制度。每次开会时，总是把一个醒目的会议成本分配表贴在黑板上。成本的算法是：会议成本＝每小时平均工资×3×2×开会人数会议时间（小时）。公式中的平均工资之所以乘3，是因为劳动产值高于平均工资；乘2是因为参加会议要中断经常性工作，损失要以2倍来计算。因此，参加会议的人越多，成本越高。有了成本分析，大家开会的态度就会慎重，会议效果也十分明显。

启示：走向成功的基础是从细小的事情做起。一个组织要获得成功，取得效益，也应该从小事做起，才可能有所成就。

四、伦理责任原理

一般情况下，人们把伦理和责任分成单独两部分，但二者有内在的联系，表现为任何组织不仅要承担一定的社会责任，还应该遵守相应的伦理道德。承担责任是社会对组织的要求，只有遵守伦理的约束才能更好地承担社会责任。

伦理是指人与人相处的各种道德准则。一个组织并不是孤立存在的，而总是以某种方式同组织内外的个人和其他组织发生联系，所以其行为不可避免地牵涉到伦理问题。在当今世界，一个组织要想维持足够的生命力，不仅需要遵守法律，还需要遵守伦理规范或讲究伦理，这要求管理者在管理活动中要正视由组织的行为所引起的伦理问题。对于伦理的正视，有助于经济组织取得较高的经济效益。

（一）伦理和法律的关系

法律与伦理有着不同的规范空间和规范层次，它们在规范价值层次、调整范围、规范方式和强制程度等方面存在很大差异，但又相互联系、相互影响。一些重要伦理的变化，能促进法律内容的调整，甚至会促成新的法律的产生。法律"告诉"组织不能干什么，而伦理"告诉"组织应该去怎么做，二者形成互补。

（二）伦理的特性

1. 非强制性

伦理靠社会舆论、传统习惯和内心信念起作用，体现了自学性和内在性。社会舆论通过普遍存在于社会成员的一种特殊心理机制——荣辱心，而对个人行为产生强大的约束力。荣辱心根源于人的社会性，任何人都程度不等地受社会舆论的支配和制约。除了荣辱心，良心和义务也是使社会舆论起作用的个人自我控制的道德心理机制。

伦理虽然没有法律的强制性，但其作用不可低估。常言道"人言可畏""众口铄金""软刀子杀人"，舆论的威力可见一斑，这就要求我们全社会要形成良好的舆论导向，多传播和弘扬正能量的思想行为，从而对企业的管理行为产生积极的正向推动作用。

2. 非官方性

伦理是约定俗成的，不像法律那样需要通过行政命令或法定程序来制定或修改。个人的伦理道德也无须官方的批准，它是人们在交往过程中自发、自觉形成的对个体或组织行为的一种期望，从而形成对行为的约束。

3. 普适性

除了少数不具备行为意识的人（如精神病患者和婴幼儿），所有人都要受伦理的指导、调节和约束。虽然法律面前人人平等，但法律真正规范、约束的只是违法的那部分人。也就是说，法律只对违法者起作用。伦理则对包括违法者（一般说来，违法者同时是严重违背伦理者，但也有例外，即违法是符合伦理的）在内的一切人起作用。

4. 扬善性

伦理既指出什么是恶的、不应该的，也指出什么是善的、应该的。它不仅对不符合伦理的行为予以批评、谴责，也对符合伦理的行为，尤其是高尚的行为予以褒奖、鼓励。而法律一般只规定人们不应该如何行动，对于违反规定的人予以惩罚。

（三）企业的责任

企业作为一个区别于政府部门和其他社会机构的经济组织，是独立的商品生产者和经营者，具有"经济人"的特点，其利益具有独立性和排他性，其发展的根本目标在于企业自身利益的最大化，这是衡量企业自身市场行为和价值取向的根本标准。同时，企业还是构成社会有机体的基本单元，不能脱离社会孤立存在，它的活动是以整个社会发展为背景的，因而社会利益也必须纳入企业生产经营活动视野范围之内。

从这个意义上讲，企业又必须以一个"社会人"的身份将其自身行为、目标、利益置于社会的约束和限制之中。社会是企业利益的来源，社会的根本利益就是企业的长远利益，因此，企业在从社会中谋求自身利益的同时必须承担相应的社会责任，用以符合伦理道德的行为做出回报。

1. 对员工

对企业来说，员工是内部人，也是企业的主人。在崇尚"以人为本"管理理念的时代，企业首先应该提供有安全劳动保护的劳动环境；其次，按时足额地按照相关规定为员工支付工资，毕竟在现阶段，劳动还是个人谋生的手段；最后，应尽量满足员工的合理要求，推行人本管理模式。

2. 对股东

企业从根本上来说是股东的，企业管理者正是代替企业的所有者来管理企业，因此，企业应该毫无隐瞒地、真实地向股东们披露企业的经营信息；还应该在企业利润丰厚时，给股东分红，让股东分享企业发展的成果。

3. 对政府

企业照章纳税是天经地义的事情。企业的收入来自社会，通过向国家纳税，由国家这个特殊组织来实现财富的二次分配，这也是社会的可持续发展与和谐发展的需要。只有社会发展了，企业才能不断地从社会获取收益。

4. 对合作伙伴

企业生意上的合作伙伴包括上游供应商和下游客户。对供应商应该讲求信誉，无信而不立，良好的信誉能让自己和供应商共同获得发展，从而实现"双赢"。对下游客户应该提供有质量保证的产品或服务，建立信任，用真诚和友善打动客户，并时时维护，保持交往的频率和程度，让合作关系牢不可破。

5. 对社区

企业植根于社区，和当地社区居民有千丝万缕的联系，企业要想很好地参与激烈的市场竞争，就要搞好和社区的关系，巩固好后方。比如，经常参与社区的公益活动、为当地居民募捐，在生产过程中不排污、不扰民等，这些活动都能为企业带来很好的口碑，能有力地支持企业参与竞争。

中外企业发展历史经验反复证明，企业履行社会责任，不仅不会影响企业追求利益最大化，反而会大大提高企业的经济效益，提升企业的核心竞争力，促进企业乃至社会的可持续发展。

(四) 伦理责任与效益的关系

企业的伦理责任意味着企业在经营过程中注重伦理道德，能够承担起相应的责任，维护利益相关者的利益，从而需要采取行动并付出一定的成本。在大多数情况下，这些成本短期内确实得不到补偿，这使得企业牺牲了一部分短期利益，但换来的却是更多的长远利益。

采取伦理经营的企业通常设立了催人奋进的远大目标，把伦理分析融进决策中，能吸引并留住人才，信誉卓著从而赢得较多的顾客，在经营困难时能得到利益相关者的理解与支持等，这些都有助于企业获得较高的经济效益。

周祖城教授对美国、日本、中国已被历史证明的、长期成功的优秀企业或企业家所做的个案研究表明，效益与伦理责任具有兼得的可能性。著名经济学家厉以宁对效率与道德的关系有如下的看法，"效率实际上有两个基础，一个是物质技术基础，一个是道德基础。只具备效率的物质基础，只能产生常规效率。有了效率的道德责任基础，就能产生超常规的效率。

趣味链接

汽 车 维 修

一位顾客走进一家汽车维修店，自称是某运输公司的汽车司机。"在我的账单上多写点零件，我回公司报销后，有你一份好处"，他对店主说，但店主拒绝了这样的要求。顾客纠缠说："我的生意不算小，会常来的，你肯定能赚很多钱！"店主告诉他，这事无论如何也不会做。顾客气急败坏地嚷道："谁都会这么干的，我看你是太傻了。"店主火了，他要那个顾客马上离开，到别处谈这种生意去，这时，顾客露出微笑，并满怀敬佩地握住店主的手说："我就是那家运输公司的老板。我一直在寻找一个固定的、信得过的维修店，我今后常来！"

启示：面对诱惑，不怦然心动，不为其所惑，依然诚信经营，这样的企业怎么不会越做越强大呢？

第三节　管理的基本方法

管理原理必须通过管理方法才能在管理实践中发挥作用。管理方法是管理原理指导管理活动的必要中介和桥梁，是实现管理目标的途径和手段。管理方法现已形成一个相对独立、自成体系的研究领域。

管理方法可以从管理范围、管理的技术方法、管理的基本手段等不同角度进行分类。管理方法按管理的基本手段可分为法律方法、经济方法、行政方法和教育方法。

一、法律方法

（一）法律方法的内容和实质

法律方法是指通过法律、法令、条例及司法、仲裁等工作来调整社会经济和组织在宏观及微观经济活动中所发生的各种关系的管理方法。运用法律方法进行管理，必须坚持"有法可依、有法必依、执法必严，违法必究"的原则，强化法制观念，做到"依法治国"、"依法治企"、依法进行各种组织活动。在实际的管理工作中，运用法律方法可以使管理活动有章可循、有法可依，使组织活动走上制度化、规范化的轨道，从而确保社会经济秩序的正常运行。

法律方法的实质是实现和维护经济上占统治地位的阶级的意志和利益，代表它们对社会经济、政治、科研、文教活动实行强制性的统一管理。在社会主义条件下，法律方法要反映广大人民的利益，反映社会发展的客观规律，调动和促进各个企业、单位和群众的积极性、创造性，保证社会主义事业顺利向前发展。

当然，由于法律方法缺乏灵活性和弹性，因此也容易导致管理僵化，不利于人们在实际工作中因时、因地、因人制宜地发挥其主观能动性和创造性。

（二）法律方法运用的主要形式

法律方法运用的形式多种多样，其主要形式有以下四种。

1. 立法

立法,即法的制定,主要解决有法可依的问题。一般来说,做好立法工作应主要解决好以下几个问题:

(1)明确确定立法机构和立法权限。为了保证立法的科学性、有效性和权威性,必须首先严格确立立法机构、立法权限和立法程序。对此,各国由于社会制度和政治体制的不同而各有不同的规定。例如,我国《宪法》规定:"全国人民代表大会和全国人民代表大会常务委员会行使国家立法权"。其中,全国人民代表大会立法权表现在下列几个方面:修改宪法;监督宪法的实施;制定宪法、法律,制定除由全国人大制定的法律以外的其他法律等六个方面。

(2)严格确立立法程序。立法是个复杂的过程,除了要明确规定立法机构和立法权限以外,还必须要严格确立立法程序。一般来讲,立法要先后经过以下四个阶段:法律草案提出;对法律草案进行审议讨论;法律草案通过;法律的公布。

(3)建立健全法律体系。一个国家的法律,实际上是由各种不同的法律组成的一个完整、统一的法律体系。所以,为了使社会各行各业、各个方面都能有法可依,依法办事,必须要通过各种立法建立健全法律体系。一般来讲,一个国家的法律体系由以下几个层次组成:宪法;基本法律;法律;行政法规、指示、规章条例、决定、命令等;地方性法规、条例等。

我国目前实行社会主义市场经济体制,建立社会主义市场经济,必须要完备与发展和市场经济有关的法律体系,其中主要包括以下几个方面:市场主体法;市场主体行为规则法;市场管理规则法;市场体系法;市场宏观调控法;社会保障法。

2. 司法

司法亦即执法,主要是解决有法必依、执法必严的问题。司法工作主要是由国家司法机关来承担的,主要有以下几个机关。

(1)公安机关。公安机关是各级政府的组成部分,主要担负维护社会治安和社会秩序的任务。在刑事诉讼活动中,有侦查、拘留、预审和执行逮捕的权力。

(2)审判机关。审判机关,一般国家称为法院,依照法律规定,法院独立行使审判权,不受行政机关、社会团体和个人的干涉。此外,最高审判机关还有监督下级审判机关工作的职能。

(3)检察机关。检察机关,一般国家称为检察院。依照法律规定,检察院行使独立检察权,不受行政机关、社会团体和个人的干涉。此外,最高检察机关有领导下级检察机关的职能。

(4)司法行政机关。司法行政机关是各级政府的组成部分,在我国称为司法部。它主要担负司法宣传、法制教育和司法干部培训等任务,同时也开展调解、律师、公证、司法外事等工作。

3. 仲裁

仲裁,也称公断,是指双方当事人在某一问题上争执不休,自身不能解决时,同意选定第三者(具有中立地位的机关)对争论的事项依法进行审理,并做出对双主方当事人都具有约束力的裁决过程。仲裁虽然是在国家司法权以外解决民事争议的一种形式,但它也要依法办事,仲裁的结果具有法律效力。因此从广义上说,仲裁具有司法的性质,从而也属于法律方法的运用形式。

仲裁通常可分为三种类型:一是行政仲裁,亦称国家机关仲裁,其仲裁的内容主要是当事人之间的合同纠纷;二是社会团体仲裁,其经常开展的业务是涉外经济仲裁;三是个人仲裁,主要进行个人之间的纠纷仲裁。各种不同类别的仲裁都要根据所担负的仲裁任务,制定严密的仲裁程序和规则,包括争议案件的受理、仲裁员的产生及仲裁庭的组成,仲裁所拥有的权限、仲裁审理方式、申诉人和被诉人及其他参加在仲裁活动中的权利义务,仲裁裁决的组成及其执行等内容。

4. 法律教育

对人民进行广泛的法律教育,是法律方法采取的一种重要形式。进行广泛深入的法律宣传教育的主要目的在于强化广大人民群众的法制观念,增强广大人民群众遵法、守法、执法的自觉性。为此,它不但有利于充分发挥法律的事前引导和预防的功能,而且还有利于及时揭露违法犯罪行为,做好司法工作。

(三) 法律方法的特点和作用

1. 法律方法的主要特点

法律方法主要具有以下几个特点:

(1) 权威性。由国家权力机关或各级管理机关所制定和颁布的法律、法规是人人必须遵守的行为准则,具有普遍的约束力和权威性。不管是领导干部还是普通群众均应自觉地遵守,决不允许以盲代法和践踏法律的现象存在。不管谁违法,都必须追究法律责任,以维护法律的权威性。

(2) 强制性。法律和法规是用以实现和维护统治阶级的意志和利益。为了使社会秩序维持在一定的范围内,也为了维护好统治阶级的利益,国家法律一经颁布,就要用军队、警察、法庭、监狱等国家机器作为其实施的保证,对于符合或维护统治阶级利益的行为加以保护,而对于违背和破坏统治阶级利益的行为要予以坚决的打击。

(3) 严肃性。由于法律和法规是为一定阶级的利益服务的,它的制定必须严格按照规定的程序进行,一旦制定和颁布出来后,就具有相对稳定性,决不能因人因事而随意修改或违反,因此必须要保持它的严肃性。

(4) 规范性。法律是拥有立法权的国家机关依照法定程序制定和颁布的规范性文件。这些规范性的文件,从国家统治阶级的意志和利益出发,有准确、严密、简洁的法律语言,明确规定什么是应该做的,什么是不应该做的。应该做而没有做,或不应该做而做了的就要受到一定的惩罚。这样,法律就为组织和人规定了行为准则,并要求人们必须遵守。这种有法律效力的行为规则在法学上叫做法律规范。管理中的法律方法就是利用这些法律规范来约束人们的行为,从而达到管理的目的。

(5) 利益性。对不同的社会制度和管理系统,由于法律对制约对象作用的不同,运用法律方法进行管理时,也必须反映出利益的不同。在阶级社会中,法律是由统治阶级制定和实施的,是统治阶级意志和利益的集中表现,因此,法律是有利于统治阶级的。在社会主义制度下,法律是全体人民意志和利益的集中表现,是建设有中国特色社会主义的有力工具,是为广大人民的共同利益服务的。

（6）预防性。国家制定法律规范的目的，不仅在于事后对于违法犯罪分子进行应有的惩罚，更重要的还在于事前对人们起到指导和教育的作用，使人们自觉遵法守法，从而预防违法犯罪行为的发生。法律方法的这种指导性、教育性和预防性，具有普遍的意义。

2. 法律方法的作用

重视法制建设，充分发挥法律方法在管理活动中的作用，是现代科学管理制度区别于传统管理的重要表现。

（1）能保证和促进经济建设和改革的顺利进行。社会主义法律属于社会主义上层建筑，必须为社会主义经济建设服务。特别是随着我国经济的发展、改革的深入和社会主义市场经济体制的逐步建立和完善，更需要法律、法规来调整和规范各种经济关系和经济活动，以及有效地调节各种社会关系，规范人们的行为，制裁和惩办各种危害社会主义的不法行为。

（2）能为行政活动提供基本的规范程序，使行政管理走上法制化的道路。运用法律手段加强行政管理，可以依照行政机关组织法，严格控制机构编制和人员数量，可以层层建立责任制，提高工作质量和效率；可以按照行政诉讼法，加强对行政工作及其人员的监察，追究一切行政人员的失职渎职和其他违法违纪行为。

（3）能促进社会主义的民主建设和民主管理。民主与法制是不可分割的整体。民主作为国家制度，必须用法律的形式固定下来，民主的实行和发展，需要有法律制度作为保障。

（四）法律方法的运用和改进

1. 法律方法的运用

法律方法从本质上讲是通过上层建筑的力量来影响和改变社会活动的方法。这里就有双重作用的问题，它既可起促进作用，也可以起阻碍作用。因此，在管理过程中，必须要善于正确运用并积极发挥法律方法的促进作用，而要达到此目的，应该具备一些基本条件。

（1）立法必须与全社会的道德状况相适应。这就是说，立法机构在制定法律、法规时，必须认真考虑当时的道德水平，决不能脱离社会道德的实际情况。只有根据社会的实际道德水准制定出来的法律、法规，才能真正起到法律制度的作用，也才能作为正确的方法在管理中发挥应有的作用。

（2）树立和维护法律的权威性。要使法律真正成为现代管理的有效手段，就必须在全社会大力加强法制宣传教育，使人们树立起正确的法制观念，自觉维护法律的权威。要在社会上真正树立起"有法可依，有法必依，执法必严，违法必究"的观念，使法律真正成为提高管理水平的有力武器。

（3）重视立法和司法人才的培养。积极运用法律方法进行管理，关键在于培养这方面的专业人才。没有足够数量和称职的立法和司法人才，要加强社会主义法制，积极运用法律方法进行管理，只能是不切实际的幻想。

2. 法律方法的改进

为了适应我国经济建设和经济体制改革的需要，特别是建立社会主义市场经济的需要，必须健全经济法律机构和法律体系，才能有效地运用法律方法去进行各种经济管理和处理好各种经济管理中的关系。

（1）加强经济立法。要有效地发挥经济立法在领导、组织和管理经济中的作用，就必须抓好经济立法工作，如抓好《劳动法》的完善和实施。《劳动法》是调整劳动关系的法律规范，它是进行劳动管理的法律依据。没有必要的劳动管理制度作保证，就无法管理好企业，提高企业的经济效益，劳动者的合法权益也就得不到切实的保证。因此，进一步以法律的形式把劳动力的管理、劳动教育制度、劳动保护制度、劳动纪律和奖惩办法加以完善，并正确付诸实施是尤其重要的。由于种种复杂的原因，虽然近年来我国在经济立法方面已迈出了可喜的步伐，但仍很难适应迅速发展的经济形势。因此，我国经济立法在今后相当长的时间内仍然是一个非常艰巨的任务。

（2）加强经济司法。经济司法通常是指按经济法规来解决经济纠纷和审理经济案件的活动。要做到"有法必依、违法必究、执法必严"，一个重要的保证和条件就是要加强司法。如果没有一套完整的经济司法制度、机构和人员，再好的经济法律也难以付诸实施，法律方法的作用也就无从体现。所以，必须进一步完善司法制度，健全司法机构，培养更多高质量的司法人才，以保障法律的有效执行。

二、经济方法

经济方法就是根据各种经济规律，运用各种经济手段，调节各种不同经济利益之间的关系，以获得较高效益的管理方法，其手段包括价格、税收、信贷、工资、奖金、罚金等。不同的手段在不同领域中发挥着不同的作用。经济方法是市场经济条件下应用较为广泛的管理方法。

根据不同的情况和条件，经济管理方法采用的具体手段和方法可以是多种多样的，不能简单划一，更不能不加分析地盲目套用。但是，任何经济管理方法，其实质都是围绕物质利益，运用各种经济手段正确处理国家、集体和个人三者之间的经济关系，从而最大限度地调动各方面的积极性、主动性、创造性和责任感，促进经济的发展和社会的进步。

运用经济方法，从一定意义上说，就是通过各种经济手段不断调整各方的经济利益关系，把个人的、集体的、国家的利益有机地结合起来，从而使集体和个人对完成国家的整体目标具有高度的主动性、积极性和责任感。人们从事物质生产活动的目的，就是为了满足以物质资料为基础的各种生活需要，即经济利益。因此，人们对经济利益的追求是生产力发展的一种内在动力。

（一）经济方法的内容

用经济方法管理经济，是通过各种经济手段和经济方式的运用来实现的。经济手段是指费用、成本、利润、税收、信贷、工资、奖金、罚款等价值工具。经济方式是指经济合同、经济责任制、经济核算等经济管理方式。

1. 价格

价格是社会经济管理的重要杠杆之一。在存在着商品货币关系的社会里，价格是评价和衡量劳动的社会标准。价格的高低涨落，会直接影响生产企业和消费者的经济利益，从而影响他们的生产和消费行为。其主要作用包括以下几点：① 促进供求平衡；② 调节生产结构；③ 加速生产力布局；④ 调节利益分配。发挥价格杠杆作用的基本条件是国家制定合理的计划价格和指导价格，并有步骤地让价格适应市场供求的变化，从而围绕价值上下浮动。

2. 税收

税收是国家按法律规定对经济单位和个人无偿征收实物或货币，是国家凭借政治强力，参与国民收入分配和再分配，以取得财富的一种形式，具有无偿性、强制性和固定性这三个特征。其主要作用包括以下几点：① 由于税收的强制性和固定性，因而它能够保证财政收入的可靠、及时和均衡；② 利用税率的高低、减免等办法，调节各部门和各单位的收益，并造成某种有利条件或不利条件，可以鼓励或限制某种产品的生产和消费，调整生产结构，促进国民经济有计划按比例地发展；③ 调节社会集团之间、个人之间的收入，有利于贯彻按劳分配的原则，又防止收入水平的过分悬殊；④ 调节因资源差别而产生的级差收入，促进自然资源的合理利用，并使企业能以平等的地位参与市场竞争。

3. 信贷

信贷是货币持有者将货币暂时借出，借款人须在一定时期后还本付息的信用活动，是最为灵活、有效的经济手段。银行信用活动以吸收存款和储蓄的形式，集中社会闲散资金；同时按照社会经济发展的需要，以贷款形式贷给需要资金的生产经营单位，信贷杠杆的主要作用包括以下几点：① 有计划地聚集和再分配货币资金，调节单位之间的资金余缺，促进生产发展；② 利用信贷及利息率的差别，鼓励或限制某些行业生产项目的发展，促使产业结构符合国民经济发展的总体要求；③ 有计划地调节货币流通，以实现市场供求平衡，保证市场物价稳定；④ 贯彻执行国家的政策、法令，监督经济活动。

4. 工资

在社会主义制度下，工资是实现按劳分配的一种报酬形式。这一经济手段直接涉及企业和员工本人的物质利益。工资应该与企业的经济效益挂钩，应该与员工的个人贡献挂钩。根据按劳分配的原则，应当按照员工每个时期的实际劳动数量和质量，联系企业的经济效益付给员工工资；要体现工资能升能降的原则，稳妥地实行岗位技能制，并采用计时工资，计件工资、浮动工资、结构工资等形式。

5. 奖金和罚款

奖金是根据员工对组织做出贡献的大小，用货币形式付给员工的奖励。奖金的项目和条件应能表达组织领导者对员工行为的期望，应能对员工的行动方向和努力目标具有引导作用。奖金这一经济手段的使用要注意以下几点：① 奖金名目不宜过多，以免分散目标；② 奖金的数额不宜太少，以保证必要的期望值；③ 奖金应同员工的劳动成果和组织的经济效益直接联系起来，以达到贯彻物质利益原则，鼓励并调动员工的积极性，促进企业持续而稳定发展的目的。

罚款是对员工违反规章制度并给组织群体造成危害的行为进行的经济惩罚，它可以制约和限制某些人的不轨行为，迫使他们努力完成工作任务。

（二）经济方法的特点和作用

1. 经济方法的特点

与其他方法相比，经济方法有以下几个特点：

（1）利益性。经济方法是通过利用机制引导被管理者去追求某种利益，使个人利益同企业经营成果联系起来，使企业具有内在动力的一种管理方法，因此利益性是经济方法最本质的特征，其核心是把经济责任和物质利益结合起来，即把劳动集体及个人的物质利益和工作成果相联系，充分体现奖勤罚懒、奖优罚劣的按劳分配原则，充分调动劳动者的积极性和创造性。

（2）有偿性。有偿性是指各个企业或部门之间的经济往来应遵循等价交换的原则，有偿交换，互相计价。为了使各个经济单位之间的经济往来能认真贯彻等价交换的原则，就必须强调各经济单位在获得利益的权利上是平等的，应该按照统一的价值尺度来计算和分配经济成果，所采用的各种经济手段对情况相同的经济单位起到同样的经济制约作用。

（3）灵活性。一方面，灵活性是指国家和企业根据不同时期，对不同部门、不同地区和不同工种采用不同的经济方法。另一方面，对于同一管理对象，在不同情况下，也可采取不同方式进行管理，如用信贷及利率的差别，鼓励或限制某一产品项目的生产等。

（4）间接性。间接性是指不采用行政命令的强制方法直接干预，而是借助经济杠杆和各种经济手段，调节人们之间的利益关系，引导企业按照市场需求组织生产经营活动。

2. 经济方法的作用

经济方法主要具有以下几个作用：

（1）有利于所有权和经营权的分离，有利于搞活经济。实行所有权与经营权的分离，把经营权真正交给企业，理顺企业的所有者、经营者和生产者的关系，这是建立社会主义市场经济的内在要求。

（2）有利于调动企业和员工的积极性、主动性和创造性。采用经济方法管理经济，能使企业和员工都有权、有责、有利，实现责、权、利相结合，明确各自的管理目标。

（3）有利于加强横向经济联合。采取经济方法管理经济，不仅便于克服过去行政方法只注重纵向联系的局限和上下信息传递迟缓、失真的现象，而且企业为了求得生存和发展，必须要重视市场信息和横向经济联系的作用。一方面，企业要在市场竞争中站住脚，就必须通过获得市场信息作为客观依据，尽快做出科学决策，采取切实可行的措施来提高产品质量或生产出新产品，以满足社会和消费者的需要。另一方面，企业可以根据反馈的市场信息，采用有效的经济手段，积极参与市场竞争，让企业在竞争中形成既有竞争、又有合作的新型横向经济关系。

（三）经济方法的运用

1. 注意宏观管理和微观管理的统一，逐步健全以间接管理为主的宏观调控体系

社会主义市场经济的发展要求，在运用各种经济手段进行经济管理时，必须注意宏观与微观管理的统一，健全宏观经济调控体系。一方面，为了适应宏观经济管理方式的改革，要通过运用各种经济杠杆，促进管理的重点——产业政策的实现；还要通过国家掌握的财政、金融等宏观调控杠杆来促进财政税收体制的改革和金融体制的改革，以促进竞争和正确处理中央与地方以及国家、企业与个人的经济利益关系。另一方面，企业应根据自己的实际情况，通过正确发挥工资、奖金和合同等微观调节杠杆的作用来促进企业内部完善各种经济责任制，严格管理，调动企业和员工的积极性和创造性。

2. 注意国家、集体和个人三者利益统筹兼顾的原则

在社会主义制度下，国家、集体和个人三者的利益从根本上来讲是一致的。在运用经济方法进行管理时，应该重视国家的利益而绝不能损害国家的利益，更要防范不利于社会主义的行为。应该认识到国民经济归根结底是由若干个企业这样的经济细胞构成的。只有企业有了生机，搞活了，整个国民经济才能发展，国家利益才能得到切实的保证。国家利益得以实现，就会更好地代表和维护企业和人民的利益，并引导其得到更多的优惠。

3. 要注意将经济方法和其他方法有机结合起来

人们除了物质需要以外，还有更多的精神和社会方面的需要。在现代生产力迅速发展的条件下，物质利益的刺激作用逐步缩小，再加上经济方法本身所固有的局限性，单纯运用经济方法，容易导致讨价还价、"一切向钱看"等不良倾向，容易助长本位主义、极端个人主义等思想。因此，要使经济方法更好地发挥积极作用，并将消极作用减少到最低限度，在运用经济方法的过程中，必须与其他方法有机结合起来，扬长避短。

三、行政方法

(一) 行政方法的实质和内容

1. 行政方法的实质

行政方法是指依靠行政组织和领导者的权力，运用命令、规定、指示、条例等行政手段，按照行政系统和层次，以权威和服从为前提，直接指挥下属工作的管理方法。

(1) 国家行使政治权威的主要机关是各级政府。各系统、部门、单位一般都有自己的行政组织，行使自上而下不同层次的领导权威。一般来说，行政方法是实现管理功能的一个重要手段。

(2) 行政方法的实质是通过行政组织中的职务和职位，而非个人的能力或特权进行管理。每一个部门或单位因为管理活动的需要，总要建立行政机构，规定职责和权力范围。上级通过行政手段领导下级，下级要服从上级，上下级之间的关系非常清晰。这就要求在运用行政方法上，上级对下级所下达的命令、指示或指令性计划等一定要符合本部门的实际和管理活动的规律，还要求上级领导者，除了要有行政权力外，还必须具有较好的领导素质；否则，就会降低管理质量，影响管理的功效目标的实现。上级指挥下级，完全是由于其较高的职位决定的，下级服从上级是对上级所拥有的管理权限的服从，而不是也不能是对其个人的服从。

2. 行政方法的内容

行政方法根据不同的目的、对象、条件可以划分多种形式，如命令、批示、制度、条例、规定、规则、标准程序和办法等。

(1) 命令。命令是人们熟悉的、常见的、惯用的行政方法。它是行政首脑机关依据法定的职务赋予的权力，任免工作人员、规定行政措施、下达任务和颁布决定的一种形式。

(2) 指令。指令是命令的一种形式，是上级机关对下级单位的工作和任务发出的指示性和规定性相结合的要求和措施。指令比命令详细。根据不同的要求，指令一般包括做什么、怎么做、什么时间完成等内容。

(3) 指示。指示就是指导的意思，是上级对下级工作进行指导的一种形式。指示一般分为书面和口头两种。不论采用哪一种形式，指示都带有指导性质。

(4) 规章制度。规章制度是条例、章程、规则、制度、办法、决定和标准的总称，它们的共同特点：一般都为达到一定的目的，都是针对一件事、一个问题而订立的，用条文写成，一般用来规定有关部门或人员的职责范围，规定工作的程序和方法等。

（二）行政方法的特点和作用

1. 行政方法的特点

行政方法实际上就是行使政治权威，它的主要特点有以下几个方面：

（1）权威性。行政方法的运用要以行政组织或行政领导具有一定的权力和威信，下级行政组织对上级行政组织的无条件服从为前提，否则就不能发挥作用。管理者权威越高，他所发出的指令被接受程度就越高，上下级沟通情况越正常；反之亦然。因此，实事求是地提高各级领导者的权威，是运用行政方法进行管理的前提，也是提高行政方法有效性的基础。行政方法的这种权威性是任何管理所必需的。但是，这种权威必须要建立在法定和民主的基础上，建立在科学行使的基础上，否则就不能进行有效的管理。管理者必须在实践中努力提高自己的素质，必须以自己的优良品质、卓越的才能去增强管理权威，而不能仅依靠职位带来的权力来强化权威，更不能靠自我吹嘘和他人的吹捧来提高威信。

（2）强制性。行政权力机构和管理者所发出的命令、指示、规章制度等，对管理对象具有不同的强制性。行政方法通过这种强制性来达到指挥与控制管理活动过程的目的。但是，行政的强制性和法律的强制性有所不同。法律的强制性是要通过国家机器和司法机构来执行的，而行政方法的强制性是要求人们在行动的目标上服从统一的意志，它在行动的原则上高度统一，但允许人们采取灵活多样的方法。

（3）垂直性。由于行政方法是凭上级行政组织的权威和下级行政组织的服从进行管理，这就决定了这种方法只能在垂直隶属的管理关系上发挥作用，而对于平级或横向的管理关系则不起作用。行政方法这一垂直性特点，要求在行政方法的运用中必须明确严格的行政层次和行政级别，其作用的方式也只能是自上而下的命令、指示、决议或自下而上的请示、报告等。

（4）直接性。行政方法的运用虽然也要考虑经济调节利益和必要的思想政治工作，但是它不像经济方法那样，通过对经济利益的调节来间接地引导组织和个人的行为，而是借助于行政权威和行政服从，通过行政命令、指示、决议等手段直接控制组织和个人的行为，即直接告诉人们要做什么或不要做什么。行政方法的这种直接性，有利于一些问题的迅速解决，但如果使用过度也会产生管理过多、过死的弊病。

（5）具体性。行政方法有别于法律、思想政治工作等方法，它较为具体。法律方法具有概括性的特点，适用范围更广。行政方法的具体性，一方面体现在从行政命令分布的对象到命令的内容都是具体的；另一方面行政方法在实施的具体方式上是因对象、时间的变化而变化的。所以，它往往只对某一特定的时间和对象有用，在此范围之外则无用。

（6）稳定性。行政方法是对特定行政组织系统范围内适用的管理方法，由于行政系统一般都具有严密的组织机构，统一的目标，统一的行动，以及强有力的调节和控制，对于外部因素的干扰具有较强的抵抗作用。所以，运用行政方法进行管理可以使组织具有较高的稳定性。

2. 行政方法的作用

行政方法是管理的基本方法，它的作用主要表现在以下几个方面：

（1）有利于集中统一，避免各行其是。管理系统是复杂的大系统，要使它保持稳定，必须使各子系统有统一的目标、意志和行动，不能各行其是。而行政方法的权威性、强制性等特点，正有利于实现集中统一的管理，从而完成统一的目标。

（2）有利于其他管理方法的实施和取得良好的效果。在管理活动中，行政方法与经济方法、法律方法、教育方法等是相互促进的。其他方法要很好地发挥作用，必须经由行政系统这个中介，如在解决管理中有关的经济问题时，就不能搞单打一，而必须使经济方法与行政方法结合起来，才能妥善地解决问题。

（3）有利于灵活地处理特殊问题。由于行政方法有具体性的特点，因此它对管理中出现的新情况，遇到的特殊问题或紧迫问题，能通过发出有针对性的行政命令，制定规章制度，采取行政措施等，从而较好及时地解决问题。

（三）行政方法的局限性及其正确运用

1. 行政方法的局限性

行政方法在管理中的运用有其必要性，但如果运用不当也会产生种种弊端。为此，在运用中必须坚持正确的原则，注意扬长避短，尽量使其发挥积极的作用。

一般来说，运用行政方法容易产生的弊端表现在以下几方面：

（1）过分强调和依赖行政方法容易导致管理系统的动力和活力不足。运用行政方法进行管理，一般不是侧重从经济利益的要求出发，也不完全讲究等价交换的原则。而在实际中，满足人们的物质利益要求和考虑价值补偿问题是调动人们的积极性和使组织产生活力的重要因素，因此过分地强调行政管理方法，就容易忽视组织及其成员的物质利益要求和价值补偿，从而容易导致管理系统的动力和活力不足。

（2）过分强调和依赖行政方法，容易产生主观主义，甚至造成决策和计划失误。由于行政方法主要是依靠上级的权威和下级的服从进行管理，因此过分强调和依赖行政方法必然要建立高度集中的管理体制。在高度集中的管理体制下，由于权力过于集中，同时领导者很难全面掌握决策信息并体察民情，因此容易产生官僚主义和主观主义。官僚主义和主观主义发展到一定程度，就会导致权力的滥用和决策、计划的失误。

（3）过分强调和依赖行政方法不利于市场经济和社会化大生产的发展。市场经济和社会化大生产的发展，要求国民经济各部门、各行业、各单位之间既要有明确分工，又要密切合作；地区之间要打破行政管辖界限，建立统一的市场，进行平等竞争。而行政方法强调垂直性的领导和行政区域内的集中，因此过分强调和依赖行政方法容易形成所谓的条条专政和地区封锁。

2. 行政方法的正确运用

为了避免和克服上述可能产生的弊端，正确地发挥行政方法的积极作用，在行政方法的运用过程中，必须坚持以下原则：

（1）行政方法的运用，必须建立在尊重客观规律的基础上。只有充分地尊重客观规律，真正地按照客观规律的要求办事，才能减少和避免主观唯心主义的产生，才能增强行政方法运用时的科学性和合理性。

（2）行政方法的运用，必须建立在民主集中制的基础上。只有充分发扬民主，广泛听取群众的意见，坚持"从群众中来，到群众中去"的思想路线，才能在行政方法的运用中减少和避免官僚主义的产生以及重大决策的失误。

（3）行政方法要与其他方法，如经济方法、法律方法、教育方法等综合运用，才能相互配套，取长补短，充分发挥其自身的优越性。

趣味链接

美国空军的考评制度

美国空军所采用的考评制度是美国许多公共事务机构绩效评价的典型代表。这套考评制度要求每位官衔在将军以下的军官的直接上级，要每年一次地为各位军官作出书面报告。评估报告的格式设计是统一的，适用于不同的军种和级别。表格留出的空白处较小，评估人员只能用精练的语言总结各个军官的业绩。20世纪70年代中期，这套评估制度受到了广泛的批评，因为它对军官的工作指派缺乏专业化的定义，导致了评估的主观性和不合理性，如对参谋人员领导才能的评估，这种方法的作用就不大。

评估导致了评估制度的修改。在每个单位内部，对业绩高低的评价比例进行了硬性规定，而且对评估程序也进行了修改，每位军官要接受其主要上司以及一位附加评估人和一位审核人的共同评估。请问：运用管理行政方法分析本案例的考评制度有什么问题？

资料来源：经济学驿站，http://space.cenet.org.cn/userl/375/田野，2016-1-4

启示：行政方法的实质是通过行政组织中的职务和职位进行管理的。它特别强调职责、职权、职位，而并非个人的能力或特权。美国空军的考评制度强调直接上级的考评，群众未直接参与考评，使考评结果受到一定的影响，且由于评估的主观性过强，降低了评估质量。因而这套评估制度在20世纪70年代中期受到了广泛的批评。

四、教育方法

管理的教育方法是指根据一定的目的和要求，通过传授、宣传、启发、诱导等方式，对被管理者进行有针对性的思想道德教育，启发其思想觉悟，提高其政治素质和文化业务水平，以发挥人的主观能动作用，执行管理职能的一种方法。

劳动者是构成生产力的决定因素，任何管理活动，首先是对人的管理，充分调动人的积极性和创造性，是管理者最重要的任务。而这一任务的完成，正是教育方法所应发挥的作用。教育方法的实质就是激发劳动者的主动精神，变管理者的意图为劳动者的自觉行为，把潜在的生产力变成现实生产力。尤其是现代社会科学技术的迅猛发展，加快了人们知识更新的速度，因此全面提高人的素质，包括政治思想素质、文化知识素质、专业技术素质等，对组织成员不断进行培训和教育，已是现代管理与传统管理相区别的显著标志之一。

（一）教育方法的特点

管理首先是对人的管理，人们的思想状态如何对管理具有决定的意义。通过教育启发可以改变人们的精神面貌，激发人们的劳动热情，促进精神文明建设。教育方法具有以下几方面的特点。

1. 启发性

各种强制的管理方法只是告诉人们应该怎么去做，教育方法则是告诉人们为什么要这样做。它通过启发和培养人们热爱劳动、热爱事业的动机，促使人们自觉地去为目标的实现而积极工作。

2. 平等性

相互尊重、平等待人是教育方法适用的前提。只有把对方放在平等的位置上，真正关心他的所思所想，切实为对方解决问题，才能打动人心。

3. 针对性

每个人都有各种复杂的动机，反映到管理中来就表现为不同的思想、认识和观点。实行教育方法时必须根据被教育者的特定情况，因人因事施教，要根据他们的文化水平、性格特点、实际需要、职业习惯因势利导。

4. 长期性

一个人正确的人生观、世界观的建立、良好行为习惯的养成都不是一朝一夕之功，所以教育方法是一个长期的、潜移默化的过程。

（二）教育方法的主要内容

教育的目的是提高员工的素质。素质是指个体完成一定活动与任务所具备的基本条件和基本特点，是行动的基础与根本因素，它包括人的生理素质和心理素质两个方面。良好的身本素质是其他一切素质发展及成功的生理基础。心理素质则包括个体的智能素质、品德素质、文化素质等。以教育方法进行管理，应注重以下几个方面。

1. 理想与道德教育

理想是个体前进的动力，是成就一番事业的力量源泉。教育企业员工，要为自己设置一个奋斗目标，使自己的所作所为锁定在这个目标上，增强自我意识和使命感，自觉抵制损公肥私、以权谋私、损人利己、金钱至上等腐朽思想的侵蚀。

2. 民主、法制、纪律教育

市场经济体制本质上是法制经济，一方面要求员工正确行使民主权利，积极参与管理，维护自己的合法权益；另一方面要教育员工加强法制观念，用法律规范来约束自己的行为。

3. 创新意识的培养

创新意识是知识经济时代最重要的素质之一。因此，普及和提高科学文化知识，开阔人的认识视野，通过增强员工的创新思维，进而提高企业的创新能力是教育的重要内容。

（三）教育方法运用中应注意的问题

在运用教育方法的过程中应注意以下几个问题。

1. 应根据教育的内容和对象采取灵活多样的方式

教育要从实际出发，根据具体情况采用各种不同的方法以增强教育效果。思想教育要把握批评与表扬、奖励与惩罚的度，以理服人，不应采用训斥、压制、打击的方法解决问题，以免造成负面效应。技能教育应采用案例分析、业务演习等方法，增强教育效果。

2. 物质鼓励与精神鼓励相结合

不能光讲道理，不解决实际问题，使教育流于形式；也不能光讲奖励，不进行教育，形成唯利是图的倾向，而应当二者兼顾。

3. 教育方法的作用是有一定的局限性

教育方法的作用具有局限性，它不能调节人们的经济利益，所以不能代替其他方法；需要解决强制干涉的问题时，教育方法不能使用。教育方法不能解决人们所有的思想问题，还要配合使用社会学、心理学的方法。

趣味链接

三星的班组管理

韩国三星集团是一家跨国公司，职工 16 万人，年销售额近 1000 亿美元；在世界 500 家大公司中曾名列 16 位。其发展速度之快，产品涵盖之广、市场份额之大、出口创汇之巨都是超出人们想象的。那么三星集团管理优势何在？重要优势是它的班组管理。

（1）三星班组管理的基本要求。

三星公司的班组管理的核心是生动活泼，具有民主性，注重实际效果，注重人的自觉性、主动性与创造性的发挥。班组开展的各类管理活动，都与企业的方针、目标及重点工作相联系，充分体现了人人爱岗位、人人爱企业的精神。由于班组开展的各项管理活动形式多样又非常灵活，给人们一种浓厚的、真切的、充满生机和活力的感受。

（2）班组管理重在目标管理。

班组的目标管理是以表格的形式开展的。先将班组的目标（主要是经济指标）确立在历史最好的水平上，每天进行检查，每月进行综合评定。如果在某天或某月达到目标后，班组及时地将所实现的目标值填入目标管理图内，并注明班组达到此目标所做的重点工作。企业的厂长（代表理事）也在该表格内签上自己的名字，并写上几句勉励的话。这样，使班组在取得成绩后，能及时得到领导的鼓励，以激励班组向更高的目标奋斗。同时，企业领导每天都要到班组走一趟，加深了领导深入基层的工作作风，密切了干群关系。

（3）开展全员降低成本活动。

韩国经济的不景气，对三星公司也产生了较大的冲击。三星公司为此普遍在班组开展了"降低成本费用活动"。在生产现场可以看到班组绘制的成本控制图。在这个图中，有控制成本费用的主要项目，有每个人的实施目标，有具体的目标值。班组开展的这项活动在组与组之间是公开的，员工与员工之间也是公开的，这样做使奔跑的人、走路的人、坐着的人都要相互尊重，并给予鼓励，最后使所有的人都成为奔跑的人。

（4）实行全局设备管理。

在三星公司班组内开展的全员设备管理得到了员工的极大响应，也是班组管理的主要内容之一。他们有着完整的设备维护保养制度，并对设备实行重点管理。重点管理就是对容易影响产品质量的设备或容易出现故障的设备实行重点监控，使设备在生产中处于良好运行状态。凡重点设备都有非常明显的提示牌，以提示员工对设备监管的频度和内容。班组的全员设备管理充分体现了全员参与的意识，在班组内你可以看到员工对设备提出的改进意见、改进方案图示和设备改进前后的对比分析示意图。由于全员设备管理工作的开展，克服了设备管理只是少数专业人员的职责界线，同时也给班组员工创造了参与管理的环境。另外，全员设备管理也得到了各生产企业领导的重视，并及时对全员设备管理成绩突出的班组和个人进行奖励和表扬。

（5）星级教师制的效果真好。

在三星所属工厂的班组里都有专职教师，这个专职教师负责对所有员工在操作技能上的指导、帮助、学习、提高，他们的责任是培养出更多的"师资"水平的员工。他们开展的星级教师制分为"四星"，也就是说，凡班组员工取得4个星级时，那就证明你具有了专职教师的资格，可以对三星、二星、一星的员工进行操作指导和帮助。他们这项活动的开展，极大地调动了全体员工的学习热情和向四星级奋斗的目标。

（6）让创新深入三星人心中。

"创新"是三星极力提倡的工作精神，并作为厂训深深扎根在三星人的心中。而班组合理化建议的开展，大大激发了员工的创造精神。班组合理化建议有个人提出的，也有组成"合理化建议小组"后提出的，他们将合理化建议贴在墙上，并将建议的内容拍成照片，配上文字，并有改进前后的可行性分析，非常生动。另外，凡是合理化建议被采纳，就给予奖励。在三星康宁每个员工一个月平均4次向上级提合理化建议，可见职工热爱企业的程度。

（7）组织公益活动和集体活动。

班组在完成生产任务后，也利用空余时间参加社会公益活动，类似我们国家的"学雷锋"活动。其内容有植树、值勤、到敬老院做好事及与社会有关的其他活动。从中增强对社会的责任感和展示员工的人性美和道德观。三星人讲："我们三星之所以能够开展丰富多彩的公益活动，正是因为企业把这种精神作为自身基础的结果。"班组集体活动有旅游、聚会、联欢、体育比赛等内容，而且将每次活动的内容拍成照片，贴在"班组园地"里，让大家共享那美好、难忘的集体生活。由于集体活动的丰富性，锻炼了三星班组的团队精神，培养了人和人之间友善和谐的关系，创造了宽松、和谐的班组氛围，就是这些集体活动培养了对集体的责任感。

三星为员工们建造了很多现代化的文体中心，为他们提供了培养多种兴趣的条件，从而不断提高三星人的生活质量。

三星班组的管理活动内容还很多，比如，综合评定员工的"累计分考核制"，全面质量管理，以及提倡环境舒畅和气氛融洽的民主管理等，都在班组管理中发挥着重要作用，使班组这个企业最小的生产组织单位在企业管理中变成了最积极、最活跃、最富创造力的群体。

资料来源：赵伟，看韩国三星的班组管理——企业管理

本章小结

对管理思想和理论的探索自古都存在，但将管理作为一门科学去对待去研究，却是近一百年以来的事情。它的诞生和完善与人类社会出现了工厂这类经济组织有着密切的关系。迄今为止，管理科学的发展大致经历了四个基本阶段，即管理理论的萌芽阶段、古典管理理论阶段、行为科学理论阶段和现代管理理论阶段。它们都是人类社会进步、发展的结果，但它们对管理科学的研究内容和侧重点却不相同。

中国早期管理思想博大精深，主要体现在以人为重点的管理思想、把组织与分工作为管理的基础的管理思想、强调农本商末的固国管理思想、突出义与情在管理中的价值的管理思想、赞赏用计谋实现管理目标的管理思想、把中庸作为管理行为基准的管理思想、把求同视为管理的重要价值的管理思想等诸方面。国外早期管理思想主要体现在文明古国的管理活动当中，如古埃及、古罗马、古巴比伦、古希腊的管理思想，工业革命时期的管理思

想主要体现在亚当·斯密的劳动分工观点、罗伯特·欧文的事管理思想、查尔斯·巴贝奇的作业研究和报酬制度。

古典管理理论的思想主要体现在：1911 年出版社《科学管理原理》标志着管理由经验上升为科学。科学管理理论的正式形成，为现代管理理论奠定了基础，也使泰罗赢得了"科学管理之父"的美誉。法国采矿工程师亨利·法约尔以企业整体作为研究对象，以管理过程和管理组织为研究重点，致力于研究适用于各种组织类型的管理理论，被后人称为"管理过程之父"，其代表作是 1916 年问世的《工业管理与一般管理》。马克斯·韦伯的理想的行政组织体系理论集中反映在他的代表作《社会组织和经济组织理论》一书中，这一理论的核心是通过职务或职位而不是通过个人或世袭地位来管理，因此他有"组织理论之父"之称。

行为科学理论始于 20 世纪 20～30 年代，是运用人类学、社会学和心理学等学科的理论和方法来研究人和群体的行为以及这些行为产生的原因，以协调组织内部的人际关系，达到提高工作效率的目的。行为科学理论早期叫作人际关系学说，以后发展为行为科学，也称为组织行为理论。

第二次世界大战结束以后，许多学者和实际工作者在前人的理论与实践经验的基础上，结合自己的专业知识去研究现代管理问题。由于研究条件、掌握的材料、观察的角度及研究方法等方面的不同，必然会产生不同的看法和形成不同的思路，从而形成了多种管理理论学派，主要有管理科学学派、决策理论学派、社会系统学派、系统管理学派、经验学派及权变管理理论学派等。自 20 世纪 90 年代以来，管理学又有了新进展，出现了业务流程再造、学习型组织、核心能力理论。

原理是指某种客观事物的实质及运动的基本规律。管理原理是对管理工作的实质内容进行分析和总结而形成的基本原理，它是现实中管理现象的抽象，是对各项管理制度和管理方法的高度综合与概括，因而对一切管理活动具有普遍的指导意义。管理的基本原理主要包括系统原理、人本原理、效益原理、伦理责任原理。

管理方法是在管理活动中实现管理目标、保证管理活动顺利进行所采取的工作方式。管理原理必须通过管理方法才能在管理实践中发挥作用。管理方法是管理理论、原理的自然延伸和具体化、实际化，是管理原理指导管理活动的必要中介和桥梁，是实现管理目标的途径和手段。管理方法主要有法律方法、经济方法、行政方法和教育方法。

★ 知识结构图

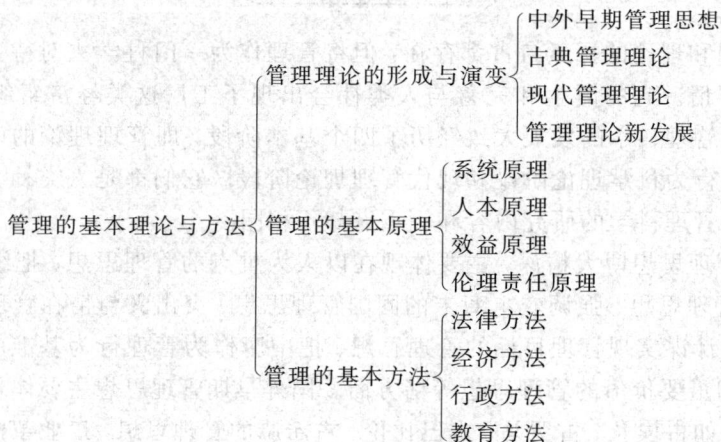

思 考 题

1. 泰罗的科学管理理论包括哪些方面？
2. 法约尔提出的管理人员解决问题时应遵循的原则有哪些？
3. 梅奥的人际关系学说与泰罗的科学管理理论的观点有何不同？
4. 什么是学习型组织？
5. 什么是业务流程再造？
6. 什么是核心竞争力？
7. 什么是伦理原理，它与法律、效益之间的关系是什么？
8. 什么是以人为本的管理原理？为什么21世纪管理是以人为中心的管理？
9. 系统原理、人本原理和效益原理这三者之间有无联系？为什么？
10. 什么是法律方法，它有什么特点？
11. 简述经济方法的主要形式及应注意的问题。
12. 什么是行政方法，运用行政方法应坚持哪些原则？

练 习 题

一、单项选择题

1. 泰罗的代表作是（　　）。

   A. 《科学管理原理》　　　　　　　B. 《工业管理与一般管理》

   C. 《新教伦理与资本主义精神》　　D. 《经理工作的性质》

2. 泰罗认为科学管理的中心问题是（　　）。

   A. 提高劳动生产率　　　　　　　B. 实行职能制

   C. 实行例外管理原则　　　　　　D. 操作标准化

3. 决策理论学派的代表人物是（　　）。

   A. 西蒙　　　　B. 巴纳德　　　　C. 德鲁克　　　　D. 赫茨伯格

4. 管理科学学派是（　　）的继续和发展。

   A. 泰罗的科学管理理论　　　　　B. 法约尔的一般管理理论

   C. 韦伯的理想行政组织体系理论　D. 梅奥的人际关系理论

5. 泰罗之所以被西方管理学界称为"科学管理之父"，是因为泰罗（　　）。

   A. 认为人是"经济人"　　　　　　B. 将科学的方法引入到管理领域

   C. 实行"合理的日工作量"制度　　D. 推行差别计件工资制

6. 强调管理方式或方法应该随着环境的不同而改变的管理学派是（　　）。

   A. 决策学派　　B. 系统管理学派　　C. 权变理论学派　　D. 经验学派

7. 西方早期的管理思想中，（　　）是最早研究专业化和劳动分工的经济学家。

   A. 查尔斯·巴比奇　　　　　　　B. 亚当·斯密

   C. 泰罗　　　　　　　　　　　　D. 大卫·李嘉图

8. 法约尔提出的管理五项职能或要素是（　　）。

A. 计划、组织、指挥、协调和控制　　B. 计划、组织、决策、领导和控制

C. 计划、组织、决策、协调和控制　　D. 计划、组织、激励、协调和控制

9. "管理的十四项原则"是由(　　)提出来的。

A. 韦伯　　　　　B. 泰罗　　　　　　C. 梅奥　　　　　　D. 法约尔

10. 在管理思想史上,(　　)被称为"经营管理之父"。

A. 泰罗　　　　　B. 韦伯　　　　　　C. 法约尔　　　　　D. 梅奥

11. 马斯洛创建了(　　)。

A. 双因素理论　B. 公平理论　　　　C. 期望理论　　　　D. 需求层次理论

12. 系统从组成要素的性质来看,可分划为(　　)。

A. 自然系统和人造系统　　　　　B. 生态系统和生产系统

C. 气象系统和交通系统　　　　　D. 管理系统和军事系统

二、多项选择题

1. 古典管理理论的主要代表人物有(　　)。

A. 梅奥为代表的人际关系理论　　　B. 韦伯为代表的行政组织理论

C. 法约尔为代表的一般管理理论　　D. 弗鲁姆的期望理论

E. 泰勒为代表的科学管理理论

2. 泰勒科学管理的主要思想包括(　　)。

A. 实行差别计件工资制　　　　　B. 科学制定工作定额

C. 计划职能与执行职能相分离　　D. 合理用人

E. 实行"例外原则"

3. 法约尔首次把管理活动划分为(　　)职能,并对这些职能进行了详细的分析,揭示了管理的本质。

A. 控制　　　　　B. 指挥　　　　C. 组织　　　　D. 计划　　　　E. 协调

4. "组织理论之父"韦伯将权威分为(　　)。

A. 特殊权利　　　　　　B. 法定权力　　　　　C. 传统权力

D. 一般权利　　　　　　E. 超凡权利

5. 进入20世纪70年代以后,管理理论出现了(　　)等新的发展趋势。

A. 战略管理思想　　　　B. 企业再造理论　　　　C. 学习型组织理论

D. 自我管理　　　　　　E. 知识管理

6. 管理的基本原理主要包括(　　)。

A. 系统原理　　　　　　B. 人本原理

C. 效益原理　　　　　　D. 伦理责任原理

E. 创新原理

7. 系统原理的要点包括(　　)。

A. 整体性原理　　　　　B. 动态性原理

C. 开放性原理　　　　　D. 环境适应性原理

E. 综合性原理

8. 伦理的特性主要表现为(　　)。

A. 非强制性　　　　　　B. 非官方性

C. 普适性　　　　　　　　　　　　D. 扬善性

E. 非惩罚性

9. 管理方法按管理的基本手段可分为(　　　)。

A. 法律方法　　　　　　　　　　　B. 经济方法

C. 行政方法　　　　　　　　　　　D. 教育方法

E. 监督方法

10. 法律方法的主要特点表现为(　　　)。

A. 权威性　　　　　　　　　　　　B. 强制性

C. 严肃性　　　　　　　　　　　　D. 规范性

E. 预防性

案例分析

靠"企业宪法"治厂

俗话说"国有国法,家有家规"。一个国家讲求的是"法治""依法治国"。我国取得社会主义市场经济改革成功的最根本原因,就是建立了与我国经济相适应的社会主义宪法制度。正是有了这样一部根本大法,我们的改革才会成功并稳步向前。现如今,也有这样一个企业凭借着一套有效的"企业宪法""依法治厂"而取得了骄人成绩,它就是鲁西南乡镇企业的金凤凰——山东国华实业集团总公司。

一个原本名不见经传的、地处贫困地区的乡镇企业凭一套"企业宪法",一跃成为鲁西南地区的创利大户、绩优企业。依靠"企业宪法",一个拥有 125 个专业厂、3600 名职工的大型企业被管理得井然有序,事业蒸蒸日上,利润连年增长。看来,这"企业宪法"还真有些玄妙哦!

国华公司的"企业宪法"其实就是《国华公司管理条例》。该条例那可真是包罗万象,面面俱到,考虑周全,内容详尽。它分为 10 章、共 50 条。从组织机构、劳动人事制度、分配制度、生产经营方式到技术改造以及各项管理制度;从干部职工的职责、权利、义务到各项奖惩、激励条例,包括了人事管理、行销与营销管理、会计与财务管理、生产与作业管理、劳动管理、经营活动管理、资讯系统管理、组织管理等各项内容,为企业的发展目标、宗旨、原则、管理措施都提供了可行的依据。企业的各项工作都有章可循、有据可依。改变了以往企业盲目、摇摆、没有明确目标、缺乏长远规划的缺陷。

遵照"企业宪法",国华公司提出了"一、二、三、四、五"具体落实措施。

"一"就是"把握一个方向,上好一个水平"。"把握一个方向",即抓住党的改革政策的大方向不动摇,加强领导班子建设,使企业全面发展,经济效益逐步增长。这里的关键是抓住机遇、紧跟形势,重点是加强领导班子建设。公司能有今日的繁荣,关键在于有一个得力的领导班子。公司从员工当中选拔优秀的管理人员,注重人力资源管理,采用环型蛛网式管理,和谐工作,互相配合,群策群力,在领导班子的建设上采取了一系列的改革、改进方法。"上好一个水平",即提高企业管理水平,实现科学管理。人事管理方面,公司员工实现有效沟通,尽量了解并满足员工的需求,发扬员工的优点和长处,以"面对面"的方式与员工融洽地进行意见交换,而不仅仅只停留在布告栏上或管理政策上的所谓"意见沟通"。公司的一切经营管理法则都是围绕人性因素开展的。宗旨就是要使企业的每个员工都各得其所,各尽其才。会计与财务管理方面,公司对于成本管理的重心由原来的事后控制转移至事前计划,从而降低费用。生产与作业管理方面,公司围绕产品质量抓基础,企业不仅强调产品质量,还十分强调服务质量和工作质量,把质量形象设计作为企业的生命予以高度重视,通过对管理水平提高的不懈努力,企业整体素质有了很大提高,各项管理上了一个新水平。

"二"是指"优化两上结构",即对企业的产品结构和组织结构不断地按市场需求和经营形势进行调整和优化。新技术产品、高质量产品是开拓市场的法宝。国华老总说:"公司在起步时条件并不突出,但我们有在商战中通过质量、通过产品脱颖而出的强烈愿望","我们在质量问题上采取的是坚持长期作战的方针,而不是急躁冒进","其实管理专家们早将质量谈烂了,关键只看你是否切实执行","我们相信优化产品结构、质量,是一条成功之路"。在组织结构的优化调整上,公司采取的是团队结构与分权化结构。总公司的高层管理工作,采用团队设计;总公司下有"自主运营"的分厂,这些"自主事业部"有自己的管理阶层,有自己的盈亏责任,每一单位自行负责本身的绩效、成果及对公司的贡献。各分厂对总公司必须"贡献一份实质的利润",而不仅是"对公司利润有贡献"。

"三"是指"实行三个聘用",即对行政和管理干部的聘用;对厂长(经理)、车间主任的聘用;对技术人员的聘用。在聘用中引进竞争机制,能者上,庸者下。通过竞争促进员工的上进心,调动员工的积极性。适当地增加压力,也有利于员工的提高和成长,并进入新的、更高的工作状态。

"四"是指"搞好四个调整",即按企业经营目标,每年对人员管理、生产管理、技术管理、业务销售渠道进行调整、变动,使得这几个方面不断得到更新、更优秀、更高效的组合。

"五"是指"实行五项挂钩",即工人工资与产量挂钩、奖金与企业效益挂钩、费用与产值利润挂钩、技术人员的科技成果与奖励挂钩、干部风险金与企业效益挂钩。

劳动管理最重要的是如何激励员工的积极性。国华公司不仅采取金钱、物质的奖励与刺激,更注意培养员工树立强烈的责任感。公司领导采取了多种奖励方式:薪资、对员工工作绩效给予公开公正的评价以及公平的待遇来激励员工;此外,还有超越金钱的奖励,即沟通、向员工授权等。增强他们的实力和信心,让员工参与有关的规定,营造全体员工都有机会贡献想法的风气,加强员工创新、努力、勤奋的精神等。

公司建立的是与员工合伙经营的观念,并以一种新的方式依赖员工。员工可以感受到更大的空间以及更多的责任。规章、条例虽仍存在于企业,但这并非完全是要造成监管与控制的环境,而是用来指导员工,并促使其成长进步的。

国华公司的"企业宪法"深入人心,并渗透到企业的每一个角落,影响着员工的思考、语言和行动方式。由于它的具体措施都得到了有效的贯彻执行,公司上下一派热情高涨、大干快上、生气勃勃的景象,利润年年递增。如其地毯公司两年就完成了三年的承包任务指标,华龙公司一年就完成了两年的产值利润任务。

资料来源:李树林,张瑞敏等,中国企业管理科学案例全集,北京:中国经济出版社.

问题:

1. 国华公司的企业宪法都有哪些内容?

2. 该企业的五项管理措施在激励职工的积极性中起到了什么作用？

3. 你认为国华的做法是否适用于我国所有企业？

当西方遇见东方

2013 年 10 月 28 日至 11 月 1 日，"2013 IDF 世界乳业峰会"在日本横滨召开，29 日上午，蒙牛乳业总裁孙伊萍在"乳业领导人论坛"上发表了精彩的主题演讲——当西方遇见东方。作为该主论坛唯一的女性乳业领导人，也是唯一发言的中国乳业代表，在谈到东西方文化的交融和近年来东西方乳业的合作和机遇，孙伊萍风趣生动的英文演讲获得了热烈的掌声。

IDF 日本委员会会长海野研一指出，在当前全球化的背景下，乳业的未来有赖于各国乳业合作，以共同应对食品供应与需求、饲料、环境、能源及禽畜预防疾病和动物福利等挑战。因此，本届 IDF 世界乳业峰会主题为"重新发现牛奶"，旨在推动解决全球乳业中存在的问题。

孙伊萍认为，当今世界乳业面临的共同挑战，在中国这个快速发展的市场中呈现得更加集中，她将其归纳为 3 个 D：捍卫食品安全(Defending Milk)、消费需求多样化(Demand diversification)、数字化改变一切(Digitalization)。当来自西方的乳业科技、互联网技术，遇见复杂多变的中国市场会发生怎样的化学反应？根据蒙牛自身的经验，孙伊萍总结为 3 个 I：整合国际资源(Interation)、创新产品(Innovation)、重新定义品牌(Identity)。

从 2012 年 6 月至今，蒙牛先后与国际伙伴丹麦爱氏晨曦、法国达能、新西兰安硕合作，引进全球最先进的经验与技术，整合国际资源服务中国消费者。今年又先后控股现代牧业与雅士利，从奶源到产品实现全面提升，"系统化"也提升了中国乳业的整体水平。

孙伊萍认为，"快时尚不仅仅存在于服饰业，对于希望拓展中国市场的每个乳品企业，都需要学习快时尚的运营方式。"快速迎合消费者需求，用时尚引领消费风尚。

随着互联网对人们行为习惯影响的不断深化，以及人们对乳品需求的多样化，企业需要重新思考和定位自身的品牌。孙伊萍认为，数字化时代的品牌建设有 3 个关键词：体验、参与、定制，真正成功的品牌一定是贴近消费者、由消费者热情参与并共同打造的，"品牌并不属于企业，它属于消费者"，孙伊萍在乳业峰会上分享了"蒙牛特仑苏"个性定制和消费者沟通平台的两个案例，引发国际同行对于品牌如何与消费者互动沟通的全新思考。

今天的中国，已是全球第二大牛奶生产国，世界乳业二十强几乎已悉数进入中国市场，而中国的人均饮奶量尚不及世界平均水平的 1/3。孙伊萍认为，"强壮 13 亿国人体质"应该成为全球乳品企业的中国机遇，也是蒙牛的中国梦。"梦想很大，我们要落实到企业的点滴行动。"

问题：

1. 请谈谈对蒙牛 3I 的理解。

2. 查一查资料，了解蒙牛的发展历程。

第三章 管理环境

【学习目标】

- 了解管理环境的概念
- 理解管理环境的分类
- 掌握环境(外部环境和内部环境)分析的方法及内外部管理环境的影响因素

【案例导入】

放虎不一定归山

《魏书·侯渊传》载,北魏大都侯渊,率领七百骑兵,袭击拥兵数万的葛荣部将韩楼。他孤军深入地方腹地,带着一股锐气,在距韩楼大本营一百多里之处,将韩楼的一支五千余人的队伍一下子就打垮了,还抓了许多俘虏。侯渊没有将俘虏当"包袱"背,而是将他们放了,还把缴获的口粮等东西都发还给他们。侯渊的部将都劝他不要放虎归山,以免增加敌人的实力。侯渊向身边的将士们解释到:"我军仅有七百骑,兵力十分单薄,敌众我寡,无论如何不能和对方拼实力、拼消耗。我将俘虏放归,用的是离间计,使韩楼对他们疑心,举棋不定,这样我军便能趁机攻克敌城。"将士们听了这番话,才恍然大悟。

侯渊估计那批释放的俘虏回到韩楼占领的蓟城了,便率领骑兵连夜跟进,拂晓前就去进攻。韩楼接纳曾被俘过的这批部下时就有些不放心,当侯渊紧接着就来进攻城时,便怀疑这些放回来的士兵是给侯渊当内应的。他由疑而惧,由惧而逃,弃城而去。没多远,就被侯渊的骑兵部队追上去活捉了。

"知己知彼,百战不殆"。认清对手固然重要,有时候真正地分析了解自己却更为要紧。为了能拟定合理的目标和方针,一个管理者必须对公司内部情况以及外在市场环境相当了解才行。

第一节 内部环境

任何组织都是在一定的环境中从事活动的,环境对组织的生存和发展起着决定性作用,这个环境就是管理环境,通常组织的活动都受到内部和外部环境的影响。管理环境的变化要求管理的内容、手段、方式、方法等随之调节,以趋利避害,更好地实施管理。

一、管理环境的定义及特点

管理环境是指存在于组织内部和外部的、影响组织绩效的各种力量和条件因素的总和。构成管理环境的因素很多,并且很复杂,它们从不同的方面制约和影响着组织的生存和管理工作的绩效。

管理环境包括组织外部环境和内部环境。组织外部环境又包括宏观环境和行业环境;

组织内部环境包括组织资源、组织文化和组织能力等。

管理环境具有以下一些特点：

1. 客观性

管理环境是客观存在的，它不随着组织中人们的主观意志的改变而转移，而且它的存在客观地制约着组织的活动，是组织赖以存在的物质条件。

2. 系统性

管理环境是由与组织相关的各种外部事物和条件相互有机联系而组成的整体，它也是一个系统。我们可以将它称为组织的外部系统。组成这个系统的各种要素，如自然条件、社会条件等相互关联，形成一定的结构，表现出环境的整体性。

组织所处的社会是一个大系统，组织的外部环境和内部环境构成了不同层次的子系统。任何子系统都要遵循它所处的更大系统的运动规律，并不断进行协调和运转。人们的管理活动就是在这种整体性的环境背景中进行的。

3. 动态性

环境的各种因素是不断变化的，各种环境因素又在不断地重新组合，不断形成新的环境。组织系统既要从环境中输入物质、能量和信息，也要向环境输出各种产品和服务，这种输入和输出的结果必然要使环境发生或多或少的变化，使得环境本身总是处于不断地运动和变化之中。这种环境自身的运动就是环境的动态性。环境经常处于发展变化之中，使组织内部要素与各种环境因素的平衡经常被打破，往往形成了组织结构的变化。

因此，组织必须及时修订自己的经营方案，以适应不断变化的环境，通过调整组织系统输入、输出的结果，以促使环境更加有序化，朝着有利于组织系统生存和发展的方向运动。环境的客观性、系统性、动态性等特征说明了环境本身就是一个有着复杂结构的运动着的系统。正确分析组织面临的环境中的各种组成要素及其状况，这是任何一个管理者进行成功的管理活动时不可缺少的前提条件。

二、管理与环境的关系

📝 案例链接

柯达公司与数码相机

有百年历史的柯达公司曾是世界上最大的影像产品及相关服务的生产和供应商，在影像拍摄、分享、输出和显示领域一直处于世界领先地位，帮助过无数人留住美好回忆、交流重要信息以及享受欢乐时光。2012年4月20日，美国柯达公司正式宣布破产，让全世界为之惋惜。分析柯达公司破产的原因一时成为热点，其中一种观点认为其是在突破性创新方面没有跟上时代步伐。柯达公司的主要产品是胶卷，数码相机也是柯达公司的工程师开发的，但柯达公司并没有在数码相机的生产和经营上投入精力，道理很简单，数码相机不需要胶卷，如果经营数码相机，这不是"搬起石头砸自己的脚"吗！但柯达公司不生产，不意味着别人也不生产，等数码相机被市场普遍接受后，柯达公司也开始生产数码相机，但优势已经没有了。

任何企业都会强调新产品开发的重要性，但改进性创新、突破性创新却做得并不那么好，因突破性创新或行业规则的改变而使著名企业受损的事例不断上演。

任何组织系统都存在于一定的环境之中，环境的特点及其变化必然会影响组织管理活动的方向、内容以及管理方式的选择。环境因素对组织管理的影响具体表现为以下几个方面。

（一）环境决定、限制与制约组织管理

环境是组织管理生存和发展的宏观形态，是组织管理生存和发展的土壤和行动的空间。有什么样的环境就有什么样的组织管理。自然地理、政治制度、经济制度、意识形态和人文环境都对组织管理起着不可忽视的影响。实际上，组织管理系统的活动方向和内容是由环境决定的，其价值观、目标、规模、结构与行为方式等都要受到环境的限制与制约。

（二）组织管理必须适应环境的现状

组织管理本身没有严格的好与坏的区分，唯有适应其现状才是最理想的。所谓适应环境状况，是指组织管理必须符合现实特定的管理环境向它提出的要求和条件。如果组织管理不适应环境的状况，也就是组织没有适应环境的能力，那么就无法进行有效的管理活动。可想而知，如果与其环境格格不入，即使再先进的组织管理也不可能有管理成效，必定会导致失败。

（三）环境的发展变化必然导致组织管理的发展变化

环境不是一成不变的，而是始终处于不断变化的动态过程之中。环境发生了变化，组织管理也必须适应这种变化。组织管理正是在对环境不断变化的认识、把握和调整中才做到平衡和适应。因此，环境的持续发展变化，迫使组织管理要有对环境科学预测的能力，要能在此基础上确定管理战略和规划。

当然，组织管理与环境之间是一种相互依存、相互影响的，动态的、互动的关系，并非是一种单项的传递或影响力的主从关系，或简单的决定与被决定、适应与不适应、选择与被选择的关系。组织管理与环境两者之间可视为博弈双方，环境对组织管理具有决定和制约作用，那么组织管理与环境的关系显然还有另外一面，即组织管理对环境的适应和对管理环境的影响。

一般来说，组织对管理环境的影响或作用可用两种方式：一种是被动或消极地适应环境，即完全按照环境的特点和要求来调整自己的行为内容和行为方式，利用自身条件去适应现实环境，而不对环境有任何影响和改变；另一种是主动并积极地适应环境，即组织尽可能多地掌握环境的信息、资料，通过科学地分析和预测环境的特征及其动态变化的一般规律，采取积极、主动的措施，对环境进行改善，使环境得到优化，同时通过对环境的控制，改变甚至创造环境要素，使环境按照组织管理所希望与要求的方向发展。在一定程度上，可以说组织管理存在和发展的价值就在于它适应环境，并能动地改造环境。

飞不出瓶口的蜜蜂

如果你把六只蜜蜂和同样多只苍蝇装进一个玻璃瓶中，然后将瓶子平放，让瓶底朝着窗户，会发生什么情况？你会看到，蜜蜂不停地想在瓶底上找到出口，一直到它们力竭倒毙或饿死；而苍蝇则会在不到两分钟之内，穿过另一端的瓶颈逃逸一空。事实上，正是由于对光亮的喜爱以及它们的聪明，蜜蜂才灭亡了。

那些愚蠢的苍蝇则对事物的逻辑毫不留意，全然不顾亮光的吸引，四下乱飞，结果误打误撞地碰上了好运气；这些头脑简单者总是在智者消亡的地方顺利得救。因此，苍蝇得以最终发现那个正中下怀的出口，并因此获得自由和新生。

启示：企业生存的环境可能突然从正常状态变得不可预期、不可想象、不可理解，企业中的"蜜蜂"们随时会撞上无法理喻的"玻璃之墙"。领导者的工作就是赋予这种变化以合理性，并找出带领企业走出危机的办法。

三、管理的内部环境分析

在《孙子兵法·谋攻篇》中，孙子曰："知己知彼，百战不殆；不知彼而知己，一胜一负；不知彼不知己，每战必殆。"因此，组织战略目标的制定及战略选择既要知彼又要知己，其中"知己"便是要分析组织的内部环境或条件，认清组织内部的优势和劣势。

组织内部环境或条件分析的目的在于掌握企业历史和目前的状况，明确组织所具有的优势和劣势。它有助于制定有针对性的战略，有效地利用自身资源，发挥优势；同时避免劣势，或采取积极的态度改进劣势。扬长避短，更有助于百战不殆。

内部环境分析的内容包括很多方面，如组织文化、资源条件、价值链、核心能力分析、SWOT分析等。

（一）组织资源分析

组织的任何活动都需要借助一定的资源来进行，组织资源的拥有和利用情况决定其活动的效率和规模。组织资源包括人、财、物、技术、信息等。没有充分的优势资源，组织是很难发展的。如果组织不清楚自己的资源构成，也就做不到知己知彼，根本不可能在竞争中取胜。

相反，如果对自己的资源构成、竞争者的资源构成都非常清楚的话，就能够准确地对各种形势做出判断，从而立于不败之地。因此，我们要做好组织战略管理工作，就必须清楚组织的资源，知道自己的优势和劣势所在，努力聚集优势资源，推动组织不断向着更高的目标前进。

组织资源一般包括三大类：组织有形资产、组织无形资产和组织人力资源与组织能力。有形资产是指可以在公司资产负债表上体现的资产，如房地产、生产设备、原材料等。无形资产包括公司的声望、品牌、文化、技术知识、专利、商标以及各种日积月累的知识和经验。无形资产在使用中不会被消耗，相反，正确地运用还会使无形资产升值。无形资产往往是公司竞争优势的基础。迪士尼最重要的无形资产便是迪士尼的品牌、米老鼠和唐老鸭等经典的卡通形象等。

人力资源和组织能力是资产与管理因素的现实的、复杂的结合。其评价指标有更快、更敏捷、更高的质量等。它可以体现在精益制造、高质量生存、对市场的快速反应等方面。例如，迪士尼认为，合作精神和能力是其取胜的重要组织能力。

📝 案例链接

诺 基 亚 手 机

在设备与服务部门被微软收购之后，2013 年 9 月 3 日诺基亚发布了一份公告，公告中阐述了公司未来的三个重点方向：

（1）公司将发挥现有优势，继续发展 Here 地图平台，目标是要成为"领先的云平台公司，为不同的屏幕和操作系统提供位置信息和映射服务"。

（2）在传统的电信基建领域，诺基亚西门子公司将继续参与建设全球的 LTE 网络基础设施。

（3）诺基亚的目标将放在探索"新商机"上来。继续研究和开发连接、感应和材料技术，并会继续强化公司的专利组合。诺基亚即将离任的 CEO 史蒂芬·埃洛普在芬兰诺基亚埃斯波总部的新闻发布会上表示："我们需要更多的力量去真正实现用户增长。我的挫败感来自于我们与两大竞争者的距离越来越远。"他说的是苹果 IOS 以及 Google 的安卓系统，不过埃洛普说："我们成为第三大手机生态系统的目标正在变成现实。"临时总裁蒂莫·伊哈莫蒂拉（Timo Ihamuotila）对未来表示看好，声称这笔交易让公司的财务状况"明显好转"。

启示：在战略性分析自己的优势与劣势后，诺基亚做出了一个艰难的决定，将设备和服务部门以 72 亿美元出售给微软，市场形势意味着这是唯一现实的选择。此举使其摆脱了长期萎靡不振的状况，并将大幅度提升诺基亚的利润率。

（二）组织文化分析

组织文化分析主要是分析组织文化的现状、特点以及它对组织活动的影响。组织文化是组织战略制定与成功实施的重要条件和手段，它与组织内部物质条件共同组成了组织的内部约束力量，是环境分析的重要内容。

（三）组织能力分析

组织能力是指组织有效地利用资源的能力。拥有资源不一定能有效运用，因而组织有效地利用资源的能力就成为组织内部条件分析的重要因素。

能力是指运用、转换与整合资源的能耐，是资产、人员和组织投入产出过程的复杂结合，表现在整个一组资源以完成任务或者从事经营活动的有效性和效率。因此，这种利益观念重在资源间的整合，通过这种整合可以有效地发挥资源的作用，所以，能力往往包含着各种无形资源与有形资源彼此之间的复杂互动。

但是资源不等于能力。虽然资源有重要价值，但仍然不是能力，比如说某物流组织拥有为数众多的仓库和配送中心，而另一家物流组织仅有几个仓库和配送中心，但是这家物流公司有强大的物流信息系统作支持，在这种情况下就不能贸然断定拥有众多仓库和配送中心的物流公司的服务能力要强于另一家。

现实中有不少物流组织存在这样一种状态，即组织资金实力雄厚，人才充足、技术设备一流，但是经营业绩不佳，其原因不在于资源而在于组织缺乏运作资源的能力，缺乏将资源有效地整合在一起为组织利润做贡献的能力。但需要注意的是，虽然资源本身不是能力，但是优势资源的拥有的确能够给组织带来较强的市场竞争优势。

🌾趣味链接

优　　势

在广袤的草原上，一只小羚羊忧心忡忡地问老羚羊："这一望无际、没遮没拦的，我们又没有锋利的牙齿，难道天生就要成为狮子和老虎的腹中之物不成？"老羚羊回答道："别担心，孩子，我们的确没有锋利的牙齿，但我们却拥有可以高速奔跑的腿，只要我们善于利用它，即使再锋利的牙齿，它又拿我们有什么办法呢？"

启示：每个人都有自己的长处，组织也是如此，无论是大组织，还是小组织都有自己的优势。组织的管理，就是要善于利用本组织的优势。

第二节　外部环境

任何组织的经营活动，都是在市场中进行的，而市场又受国家政治、经济、技术及社会文化条件的限定与影响。所以，组织从事生产经营活动，必须从环境的研究与分析开始。也就是说，组织的生存和发展要受到其所处的外部环境的制约。

🌾案例链接

玻璃巨头华尔润倒下内幕：逆市盲目扩张成包袱

2015年10月20日，玻璃巨头华尔润玻璃产业股份有限公司（以下简称华尔润）全线停产清算，解雇全部员工，此消息令业界唏嘘不已。而在2014年之前，以产能规模计，华尔润是中国排名前十的玻璃巨头。

为此，记者赴华尔润总部进行调查，并采访多位行业内人士，发现华尔润之所以倒下，是因为其在产能过剩之下逆市大扩张，在市场萎缩之下陷入困境；加之环保违规严重，改造成本已是不可承受之重。

资料显示，总部在江苏张家港的华尔润是国内大型浮法玻璃企业，拥有员工8000多人，总资产达90多亿元，拥有20条浮法生产线。华尔润官网介绍，自1997年以来，华尔润已连续13年保持全国玻璃行业产销量第一，2010年平板玻璃生产规模名列全球第五。

"我们也不知道企业为何一下子就停产了，停产时间是 10 月 20 日，停产前一天晚上还在正常上班，第二天早上却不让员工进厂区了，说公司正式停产了，大伙儿一下子都懵了。"员工张华(化名)向《每日经济新闻》记者表示。

10 月 25 日下午，记者赶到华尔润所在地——江苏省张家港市锦丰镇建设路，从大门望去，厂区占地千亩左右，生产车间是十几座长方体厂房。厂区内随处可见"建成一流的玻璃产业集团"的标语。记者走进多个生产车间，偌大的生产车间空无一人，几个生产车间的生产设备还未完全搬走，大部分生产车间已清理干净，看不出生产迹象。

"这么大的集团说倒下就倒下了，真是可惜。这个企业辉煌的时候产品销售非常火，几乎供不应求。但近几年不知道怎么回事，说不行就不行了。"一位车间保洁人员向《每日经济新闻》记者表示。

在厂区外，几位前往厂区的员工告诉记者，厂区内的一些机器设备和办公用品在 10 月 20 日通知停工后不久就被拖走了。

随后，记者走到华尔润员工宿舍 3 号楼。有几位还在宿舍的员工向记者表示："公司停产前就有些混乱了，经常有些企业来要债，公司突然停产，跟自身管理决策也有很大关系，特别是 2008 年效益很好的时候，公司开始盲目扩张，加速了企业的死亡。"

"尽管之前就有不少传言，但真的没有想到华尔润会倒下，现在市场上还有华尔润商标的货，有些可惜，华尔润产品价格卖得不高，前期扩张又太快了，贷款太多，后面遇到市场环境变差。"长期跟踪玻璃行业的生意社分析师张琼向《每日经济新闻》记者表示。

华尔润官网披露的"十二五规划(2011—2015)"显示，"扩张"是主基调，增强长三角(张家港)、珠三角(江门基地)优质浮法原片供应能力；此外，还要在我国平板玻璃生产能力布局较薄弱的西南地区完成战略布点，扩张范围辐射华东、华南、华北和西南等地区。

事实上，除了逆市盲目扩张、管理不善等问题之外，环保问题或成华尔润倒下的导火索。

6 月 23 日，环保部办公厅印发《关于对 2014 年脱硫脱硝设施存在突出问题企业予以处罚的公告》称，江苏华尔润集团旗下的华尔润等 5 家玻璃生产企业，共 18 条平板玻璃生产线，经核查核实，仅 1 条生产线建成脱硝设施，其他均未建成，氮氧化物长期超标排放。为了达到环保部门的标准要求，生产企业必须马上运行新的脱硝脱硫环保装置，"预计每吨玻璃产品较之前至少增加 60 元左右的环保成本，这在玻璃价格低迷之下，会进一步压缩利润。"卓创资讯分析师苗云萍向《每日经济新闻》记者表示。

一、宏观环境分析

宏观环境分析的目的，一是通过分析，预测与某一行业和组织有重大关系的宏观环境因素将发生怎样的变化；二是评价变化，即将会给该行业和组织带来什么样的影响。进行外部环境分析是为了适时地寻找和发现有利于组织发展的机会，以及对组织来说所存在的威胁，做到"知彼"，以便在制定和选择战略中能够利用外部条件所提供的机会而避开对组织的威胁因素。为组织制定战略奠定基础和提供依据，正确地分析外部环境是制定良好战略的前提条件。

宏观环境又被称为一般环境，是指影响一切行业和组织的各种宏观力量。它间接或潜在地对组织发生作用和影响，宏观环境中的影响因素包括政治法律因素、经济因素、社会文化因素和技术因素。

分析宏观环境的一个常用工具是 PEST 分析模型。所谓 PEST 即 Political（政治）、Economic（经济）、Social（社会）和 Technological（科技），这些都是企业的外部环境。

需要说明的是，对某一具体组织来讲，PEST 分析并不需要考虑表 3 - 1 中的所有因素，过多的因素分析是没有益处的。PEST 分析中涉及因素的判别有赖于过去发生的事件和组织所拥有的经验，同时这个分析过程借助于对未来做出的预测。

表 3 - 1 一般外部环境分析的主要内容

主要方面	主 要 内 容
政治与法律环境（P）	环境保护、社会保障、反不正当竞争法以及国家的产业政策、外交状况、政府换届、立法情况，政党和地方、国家以及地区、区域联盟政府与组织的关系等
经济环境（E）	GDP 增长率、政治收支、外贸收支及汇率、利率、通货膨胀率、消费者倾向与可支配收入、失业率、能源和运输成本等
社会与文化环境（S）	公民的价值观、环保意识、消费文化、就业观念、工作观念、生活方式、收入分配与差距、教育与健康和人口的地理分布、就业水平、收入水平、年龄、文化差异等
技术环境（T）	高新技术、新专利、工艺技术和基础研究的突破性进展和应用速度、组织竞争对手在研发方面的投资水平等

趣味链接

孟 母 三 迁

孟子年少时，家住在坟墓的附近。孟子经常喜欢学别人办丧事玩。孟母见此情景说："这个地方不适合安顿儿子。"于是就带着孟子搬迁到市场附近居住下来。可是，孟子又玩闹着学商人买卖的事情。孟母又说："此处也不适合安顿我的儿子。"于是又搬迁到书院旁边住下来。孟子以进退朝堂的规矩作为自己的游戏。此时，孟母说："这正是适合安顿我儿子的地方。"于是就定居下来了，等到孟子长大了，最终成为了圣贤。

启示：良好的人文环境对人类的成长和生活而言是十分重要的。比如把一个刚出生的婴儿交给一只狼去抚养，婴儿长大后就具有狼的很多习性。社会环境与一个人、特别是青少年的成长有直接的关系。孟子后来成为大学问家，与社会环境对他的熏陶感染有很大关系。

（一）政治法律环境（P）

政治环境包括组织所在地区的政治制度、政治形势、方针政策和国家法令等，这些都会对一个组织产生重大影响。政治环境主要表现在地区的稳定性和政府对各类组织或活动的态度上。地区稳定性是一个组织在制定其长期发展战略所必然要考虑的，如果中国与某国的关系经常处于不好或不稳定的状态，中国的企业就会难以在对方国家开办实业并取得好的效益。政府对各类组织的态度则决定了各个组织可以做什么、不可以做什么,例如,政府若认为金融保险业要以国营为主,其他民营企业就很难涉足金融保险业。

自从实行改革开放政策以来,我国的政治环境基本上是比较稳定的。但管理是世界性的活动,我国的不少企业已进军国际市场,在不少国家开办了实业,与众多国家开展贸易,这就要求我们企业的管理者对这些国家的主要政治环境变化有一定的预见能力。

(二) 经济环境(E)

组织所面临的外部社会经济条件,即一个国家的社会经济运行状况,通常包括其所在国家的经济制度、经济结构、物质资源状况、经济发展水平、国民消费水平等方面。经济增长率、通货膨胀率、失业率、进出口总额、银行利率、税率、汇率、资源分布状况、消费者收入水平、消费结构、消费者储蓄、投资机会和消费者信贷水平等是一些可以用来反映经济环境的指标。

经济环境因素主要是通过对各种资源的活动方式、价格水准和对市场需求结果的作用来影响各类组织的生存和发展的。

不同的经济制度产生不同的资源供给方式,在市场经济下很容易通过市场获得的某些资源在计划经济制度下就可能很难获得。

价格水准的变化将会明显地影响各类组织的投入和产出,劳动力、原材料价格及其他项目成本的升降,既可能为一些组织的发展创造机会,也可能会导致一些组织走向破产。

在不同的经济环境中,市场需求结构是不同的,现在畅销的商品在将来不一定畅销,而现在没有市场的产品在将来可能成为畅销商品。

(三) 社会文化环境(S)

社会环境因素主要是指组织所在国家或地区的人口、家庭文化教育水平、传统风俗习惯及人们的道德和价值观念等。它们通过人口结构(人口数、年龄结构、人口分布)和生活方式(家庭结构、教育水平、价值观念)这两方面的改变影响一国的经济活动。它们将会对劳动力的数量和质量、就业机会、所需商品和服务的类型等产生重大的影响。

例如,有的国家或地区,把服装式样看成是自己社会地位的一种象征,因此他们很讲究服装的式样并愿意为此花钱;而在有的国家,人们对服装的式样并不讲究,只要经济实用即可。对于从事国际贸易的服装企业,就必须注意到不同国家在风俗习惯上的这些差异。再如,为了保证顺利达成一笔商业交易,支付给政府官员和可以施加影响的人一笔费用,有的国家认为这是贿赂,有的国家则认为是正当的报酬,是可以接受的经营方法。

人是社会的人,要受到人们普遍接受的各种行为准则的约束。道德准则或社会公德虽然大多并没有形成法律条文,但对于约束个人或集体的行为仍具有事实上的作用和威力,任何组织的行为都不能不考虑社会文化和伦理道德的影响。

(四) 科技环境(T)

企业的科技环境是指企业所处社会环境中的技术要素以及该要素直接相关的各种社会现象的集合。随着社会的进步与发展,科学技术水平也在不断提升与发展,尤其是进入信息社会,科学技术正以迅猛的速度向前发展并得到越来越广泛的应用,科技的进步与人类社会的切身利益息息相关。

科技环境不仅包括那些引起时代革命性变化的发明，而且还包括与企业生产有关的新技术、新工艺、新材料的出现和发展趋势以及应用前景。

在当今充满变化的世界里，任何企业欲求生存，都必须在产品、服务、经营方式等方面保持技术的先进性；同样，军队也必须采取措施在导弹、飞机、潜艇等军事设备方面保持技术的先进性，这不仅是军队自身利益之所在，更重要的是保证社会安全所必需的。任何组织，欲求经营有效而与技术和技术发展无关，几乎是不可能的。那些能适用于技术进步的组织，相对于不关注技术进步的组织，在竞争中占据了更有力的地位。

技术进步从劳动力、劳动资料、劳动对象等当面推动这生产力的发展，不同的技术条件和技术过程，又要求有不同的管理方式和方法，技术的发展也改变着管理活动的进行。在规划、决策、计划调度、组织、控制等方面，技术都占据着重要的位置，组织方式和领导方式也随着技术的发展而改变。

二、行业环境分析

对于一个特定的组织来说，他总是存在于某一行业环境之内，这个行业环境直接地影响组织的生产经营活动，这一类外部环境是行业（产业）环境，它是微观的外部环境，行业环境分析主要是分析行业中组织的竞争格局及本行业和其他行业的关系。

（一）行业环境分析的内容

对大多数企业而言，其行业环境因素主要包括资源供应者、服务对象、竞争对手、政府管理部门和社会特殊利益组织。

1. 资源供应者

向企业组织提供生产所需的资源的人或单位即为资源供应者。这里所指的资源，不仅包括设备、人力、原材料、资金等，而且包括信息、技术和服务等。对大多数组织来说，金融部门、政府部门、股东是其主要的资金供应者；毕业生就业部门、劳动人事部门、各类人员培训机构、人才市场、职业介绍所是其主要的人力资源供应者；各新闻机构、情报信息中心、咨询服务机构、政府部门是主要的信息供应者；大专院校、科研机构、发明家是技术的主要源泉。

现在企业组织倾向于选择较少的供应商，并与之建立起良好的关系，以便获得物美价廉的原材料和零部件。但由于组织在其运转的每一个阶段中，都依赖与资源供应者的资源供应，一旦主要的资源供应者发生问题，就会导致整个组织运转的减缓或终止。因此，管理者一般都应力图避免在不了解供应者的情况下进行有关决策。为了使自己避免陷入困境，在战略上一般都努力寻求所需资源的稳定供应，并避免过分依赖于一两个资源供应者。

2. 服务对象（顾客）

服务对象或者顾客是指一个组织为其提供产品或劳务的人或单位，如企业的客户、商店的购物者、学校的学生和用人单位、医院的病人、图书馆的读者等，都可称其为相应组织的服务对象。

作为企业产品的接受者，顾客决定了企业的成败。任何组织之所以能够存在，是因为有一部分需要该组织产出的服务对象的存在，如果一个组织失去了其服务对象，该组织也就失去了其自身存在的基础。一个企业如果生产的产品无人问津，就必然走向破产。

组织的服务对象是影响组织生存的主要因素，而任何一个组织的服务对象对组织来说又是一个潜在的不确定的因素。顾客的需求是多方面的且会经常改变，而要成功地拥有顾客，又必须满足顾客的需求。为此，管理者就必须深入市场，分析顾客的心理，掌握顾客需求的变化，及时推出新产品、新服务。确保及时地向顾客提供满意的商品和优质的服务，几乎已成为当今各级组织管理者所面临的头等大事。

3. 竞争对手

竞争对手之间的对立是管理者需要处理的最具权威性的一种力量。一个组织的竞争对手是指在本组织处于同一行业，与其争夺资源、服务对象的人或组织。可以说，竞争对手就是与特定组织争夺消费者的另一组织。任何组织都不可避免地会有一个或多个竞争对手。苹果公司的对手有 IBM、联想集团等，铁路运输有公路、水路、航空运输等与之竞争。

基于资源的竞争一般发生在许多组织都需要同一有限资源的时候，最常见的资源竞争是人才竞争、资金竞争和原材料竞争。对经济资源的竞争可能来自于不同类型的组织，而当各部门竞争有限资源时，该资源的价格就会上扬，例如，当资金短缺时，利率就会上升。

基于顾客的竞争一般发生在同一类型的组织之间。这些组织提供的产品或服务方式或许不同，但他们的服务对象若是同一的，则同样会发生竞争，如航空与铁路运输之间、铁路与公路运输之间就可能为争夺资源和顾客而展开竞争。

竞争也不限于国内。随着中国对外开放政策的实施，国内的各类组织不仅面临着国内的竞争，而且还将直接面临来自国外的竞争。在这种情况下，竞争者之间有时可能会出现某种程度的联合。

没有一个组织在管理中可以忽略其竞争对手，否则就会付出沉重的代价。竞争对手是管理者必须了解并及时做出反应的一个重要的环境因素。

4. 政府管理部门及其政策法规

政府管理部门主要是指国务院、各部委及地方政府的相应机构，如工商行政管理局、卫生防疫站、烟草专卖局、物价局、无线电管理委员会等。政府管理部门拥有特殊的官方权力，可制定有关的政策法规、制定价格幅度、征税、对违反法律的组织采取必要的行动等。而这些对一个组织可以做什么和不可以做什么以及能取得多大的收益，都会产生直接的影响。

有的组织由于其组织目标的特殊性，更是直接受制于某些政府部门，如我国的电信业、医药业和饮食业，就各自受到信息产业部、医药管理局、卫生防疫管理部门的直接管理。

政府的政策法规一方面会增加组织的运营成本，另一方面则会限制管理者决策的选择余地，为了符合政府的政策法规和政府管理部门的要求，组织就必须按规定装设消防设备；某些政策法规规定了组织可以做什么和不可以做什么，从而限制了管理者的选择余地，如劳动保护条例等，对组织的招工、用人、辞退决策有了一定的限制。

5. 社会特殊利益代表组织

社会特殊利益代表组织是指代表着社会上某一部分人的特殊利益的群众组织，如妇联、工会、消费者协会、环境保护组织等。他们虽然没有像政府部门那么大的权力，但却同样可以对各类组织施加相当大的影响。他们可以直接向政府主管部门反应情况，通过各种宣传工具制造舆论以引起人们的广泛注意，从而对各类组织的经营管理活动施加影响。事实上，有些政府法规的颁布，就是对某些社会特殊利益代表组织所提出的要求的回应。

（二）产业环境分析方法——波特五力模型

产业环境分析方法，也称"五力分析"、组织竞争分析法。组织竞争战略的选择由两个中心问题构成，第一个问题是由产业长期盈利能力及其影响因素所决定的产业的吸引力；第二个中心问题是决定产业内相对竞争地位的因素。

在大多数产业中，无论其产业平均盈利能力如何，总有一些组织比其他组织获利更多。波特在《竞争战略》中提出了一种结构化的环境分析法（有时也被称为"五力模型"，如图3-1所示）。他选取的五种环境要素是潜在竞争对手的进入、替代品的威胁、客户的砍价能力、供应商的砍价能力以及现存竞争对手之间的竞争。

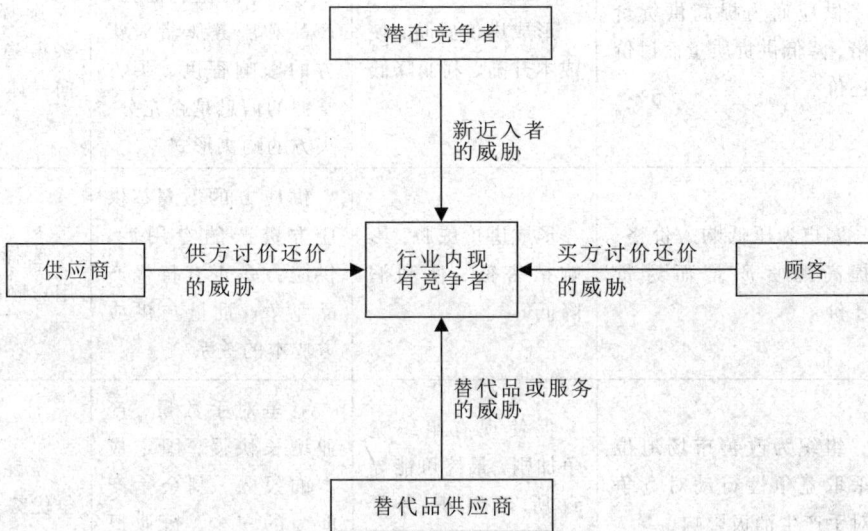

图3-1　波特的五力模型

在任何行业中，无论是国内还是国际，无论是提供产品还是提供服务，竞争的规划都是包括在五种竞争力内。组织通过改变这五种作用力决定了组织的盈利能力和水平，赢得竞争优势。

五种作用力通过三条途径影响产业的长期盈利能力，这三条途径分别是价格、成本和投资。对于价格来讲，客户的砍价能力通过价格影响组织的毛利率，替代产品威胁的强弱也会影响组织的定价策略，从而影响组织的获利能力。对于成本来讲，客户的力量影响成本，因为强有力的客户要求高成本的服务；供应商的砍价能力影响原材料的成本波动；同时，竞争对手之间的竞争强度也会促使成本的上升。对于投资来讲，厂房设备、销售渠道和广告投入等都受到竞争对手的影响；替代产品的升级，必然导致现有产业的技术升级和新一轮固定资产的投资和更新；另外，不断的投资也是防御潜在入侵者的手段之一。

五种作用力都由一些重要的因素决定，称之为结构因素（见表3-2）。这些因素的变化直接影响五种作用力，从而决定产业的变化和发展，并最终对产业盈利能力产生正面或负面的影响。另外，结构因素的敏感性也会决定产业的动荡程度和相对稳定性。

表 3-2　五种作用力的结构因素

作用力	含义	影响	结构因素	防范
潜在竞争对手	潜在竞争对手在行业导入期或成长期以直接或兼并的方式进入本行业，将形成新的竞争力量，对现有组织构成威胁	形成进入威胁：形成新的生产能力、抢夺部分重要资源、侵占部分市场份额	进入壁垒、专有的产品技术、原材料来源优势、政府政策、预期报酬	提高进入壁垒，资金、技术、知识密集型的进入威胁较小
替代品	与本行业产品有相同功能，可相互替代的产品	形成替代品威胁：影响本行业现有产品的销售和利润	替代品的价格、过剩生产能力、需求增长速度、技术领先程度	高质低价提高进入壁垒、积极引进
供应商	供应商为提高供货价格、降低供货质量而讨价还价	形成讲价威胁：使成本升高、利润降低	买方数量、转换成本、买方的盈利能力、产品和服务质量对买方的影响程度、买方掌握的信息是否充分、买方的购买形式	选择供应商、多渠道供应、后向一体化
客户	客户为压低购入价格、提高购货质量而讨价还价	形成讲价威胁：影响销售额、使利润降低	供应方的数量、供应方资产的专用性、供应方是否有替代产品竞争、批量与供应方成本的关系	选择用户、多用户倾向一体化
现有组织	组织为改善市场地位采取竞争性行动对竞争对手产生消极影响	促使现有组织竞争加剧，最终可能导致所有组织蒙受损失	竞争对手数量、产业增长快慢、固定成本的投入、剩余生产能力的多少、行业退出壁垒	差异化提高竞争优势

此外，政府对竞争产生巨大影响：制定法规指导约束各行业和组织间的竞争行为；制定政策影响行业竞争；作为政府采购方和国家控制的自然资源的供应方通过一定的政策法令影响行业竞争，故而有学者把政府力量作为第六个力补充到"五力模型"中。

趣味链接

尴尬的决策

有一天，一个吸尘器推销员来到一户人家的门前，并冲进此家，先洒了一地牛粪并说："太太，放心吧，我们的吸尘器绝对能把地毯吸干净，不然的话我就把它们吃了！"只见女主人走进厨房拿出酱油和番茄酱问："您要加哪一种呢？"推销员很惊讶地说："我还没有开始吸，你怎么知道不能吸干净呢？"女主人说："我们刚搬进来，根本没有电，你怎么吸？"

启示：一个管理者对于本身所处的环境必须要深入了解，才能做出正确的决策，否则会像这位推销员一样，落得很尴尬的下场。

本 章 小 结

　　任何组织都是在一定的环境中从事活动的，环境对组织的生存和发展起着决定性的作用，这个环境就是本章所说的管理环境。管理环境有着客观性、系统性和动态性的特点。组织的活动受到管理内部和外部环境的影响。一般而言，组织所处的外部环境、宏观环境和行业环境，其中宏观环境有政治法律环境、经济环境、社会文化环境、科技环境。行业环境有资源供应商、服务对象、竞争对手、政府管理部门及其政策法规、社会特殊利益代表组织；组织所处的内部环境包含的内容很多，如组织文化、资源条件、价值链等。

★ 知识结构图

管理环境
- 内部管理环境
  - 概述：定义、特点、关系
  - 内部环境分析：组织资源、组织文化、组织能力
- 外部管理环境
  - 宏观：政治与法律环境、经济环境、社会与文化环境、技术环境
  - 行业：资源供应商、服务对象、竞争对手、政府管理部门及其政策法规、社会特殊利益代表组织

思 考 题

1. 什么是管理环境？它分为哪些类别？
2. 组织的外部环境包括哪些方面？
3. 如何对组织外部环境进行分析？
4. 依据波特的五力竞争模型，选择某一具体产业对其行业竞争力进行分析。
5. 什么是组织的内部环境？
6. 如何对组织内部环境进行分析？

练 习 题

1. 下列选项不属于管理环境特点的是（　　）。
   A. 客观性　　　　B. 系统性　　　　C. 动态性　　　　D. 主观性
2. 下列选项不属于管理的一般环境的是（　　）。
   A. 政治法律环境　　　　　　　　B. 经济环境
   C. 社会与文化环境　　　　　　　D. 技术环境
3. 一般外部管理环境中的政治法律环境包括的内容有（　　）。
   A. 政治制度　　　B. 政治形式　　　C. 方针政策　　　D. 国家法令
4. 一般外部管理环境中的社会文化环境主要指（　　）。
   A. 人口　　　　　　　　　　　　B. 家庭文化教育水平
   C. 传统风俗习惯　　　　　　　　D. 道德和价值观念

5. 组织所处的行业环境有(　　　　)。
　　A. 资源供应者　　　　　　　　　　B. 服务对象
　　C. 竞争对手　　　　　　　　　　　D. 社会特殊利益代表组织

案例分析

打车不用花钱？真的有！

　　随着智能手机的普及，网上淘宝、网上订餐给人们带来方便和实惠，如今，就连出行打车也能使用"打车软件"在网上解决。2014年初，"滴滴打车"与"快的打车"两大互联网打车软件的"火拼"让很多人爱上了打车。乘客、司机既能够享受到互联网产品带来的快捷便利，还能享受到滴滴、快的阶段性的、不同程度的政策补贴。用手机软件打车，成为一种潮流时尚。

　　"滴滴打车"和"快的打车"争先恐后地在优惠政策上加码，熊熊战火再度点燃，这让使用打车软件的市民受益不小。2014年2月18日，支付宝宣布从当日下午3点开始，只要用快的打车并用支付宝支付，每单最低立减提高至13元，每天免单大奖提升到15000个，并称奖励永远比同行多1元。

　　就在同一天上午，滴滴打车启用最低12元、最高20元的随机补贴，用滴滴打车微信支付车费10次以上的用户，还能赠送时下最热门微信游戏"全民飞机大战"高端战机1架和超百元游戏装备！两款打车软件的大战几乎到"疯"了的地步！

　　滴滴打车3月28日发布的公告显示，不到3个月的时间，滴滴打车投入的营销补贴总额达14亿元，覆盖城市从32个增长到178个，用户数从之前的2200万，狂增到1亿，日均订单量从35万增至逾520万单。

　　从新用户角度来看，滴滴打车本轮新增7800万用户，新增单一顾客成本约18元；假设每个用户每日1单，活跃用户率也从原先的1.6％提升到了52％。能够在短短三个月内的时间取得这样的成绩实属不易。互联网企业总能在不经意间创造出人意料的神话。滴滴与快的打车软件"火拼"背后，其实是阿里巴巴与腾讯两家互联网公司的角力。打车软件的竞争被视为抢夺移动互联网移动终端入口的争夺。谁掌握了移动终端的入口，谁就赢得了未来。看起来凶猛热烈，似乎丧失理智的"烧钱"大战，而其实则暗藏着技术、资本、营销等多层面的理性对决。而打车软件的"火拼"，也给众多正在恶补互联网思维的传统企业上了一堂生动的营销课。

　　"滴滴打车5月17日零点开始暂停乘客端的现金奖励了！不过，随后会以更多更丰富的非现金方式继续奖励打车乘客。"滴滴表示，人们使用滴滴的习惯已经养成，补贴预期目标已基本达到。快的方面也称，补贴活动将在今晚告一段落。"后续我们还将不定期推出各种形式的优惠活动。"据了解，快的、滴滴停止补贴针对的是乘客端，司机端补贴照旧，且乘客、司机端支付宝钱包扫码奖励依旧。

　　问题：

　　1. 你认为科技环境对我国的组织特别是企业有何影响？

　　2. 查阅资料，举例说明环境对企业发展的重要作用。

第四章　战略管理与决策

【学习目标】

• 理解战略管理的含义、特征、分类、基本内容与原理
• 了解战略管理的演变及作用
• 掌握战略的制定与选择、战略的制定与实施
• 了解决策的含义、影响因素及决策理论的三种类型
• 理解决策的原则、类型、基本程序
• 掌握定性决策方法和定量决策方法的内容

【案例导入】

柯达公司与数码相机

柯达，一个美国式成功品牌的代表，一个曾经占有寡头地位的企业，一个被看作像可口可乐一样拥有品牌忠诚度，但比可口可乐市场份额还要高的企业，曾经所向披靡，但是这样令我景仰的公司却在 2012 年 1 月传出公司因股票低迷面临摘牌退市的消息。在错愕之余不禁感慨：没有永远的市场宠儿，只有奋勇当先才能使公司立于不败之地。

曾经：全球影像行业领头羊 洞察市场趋势

柯达公司自 1880 年成立以来，一直在全球影像行业保持领先地位，创造了无数的行业第一，柯达 120 多年的历史正是世界影像行业发展的缩影。回顾柯达的发展历程，之所以能够发展壮大，是因为准确洞察了市场趋势，并及时提供合适的产品和服务，满足了市场需求。1880 年，当时还是银行职员的乔治伊斯曼，开始利用自己的发明，批量生产摄影的干版，这就是伊斯曼柯达公司的前身，伊斯曼在干版生意上大获成功，次年与斯特朗合伙成立了伊斯曼干版公司；1881 年末伊斯曼从银行辞职，投入全部精力经营自己的新公司，同时研究简化私人摄影术的方法；1883 年伊斯曼发明了胶卷，摄影行业发生了革命性的变革。随着柯达照相机在 1888 年的推出，几经变化以后，伊斯曼的公司在 1892 年更名为伊斯曼柯达公司。

公司成立之初，伊斯曼就意识到全球民用摄影市场的潜力，在完善全球领先技术的同时，积极促使公司经营的全球化，早在 1900 年柯达的销售网络已经遍布了法国、德国，意大利等欧洲国家。在市场营销方面，柯达的营销理念更是领先同行，早在 1896 年，柯达公司在赞助了第一届现代奥林匹克运动会以后，更是赞助了绝大多数的世界级体育赛事，通过大型体育赛事进行品牌宣传。

如今：管理偏保守 错失发展良机面临淘汰

进入信息化时代，柯达也是先知先觉，早在 1976 年就开发了数字照相技术，1991 年柯达更拥有了 130 万像素的数字相机，但是毕竟柯达在胶片领域太成功了，辉煌的业绩延缓了公司转型的步伐。由于公司管理层偏于保守，在拍照胶片时代进入数字时代之后，市场定位模糊，满足于传统胶片市场的市场份额和垄断地位，缺乏对市场的前瞻性分析、对

数字技术基于传统影像的冲击估计不足，反应迟钝，犹豫不决，没有及时调整公司经营重心和部门结构，产品转型不坚决，错失了发展良机，公司开始停滞不前。到 2000 年柯达的数字产品只卖到 30 亿美元，仅占其总收入的 22%，2002 年柯达的产品数字化率也只有 25% 左右，而竞争对手富士已经达到了 60%，这与 100 年前伊斯曼果断抛弃玻璃干版转向胶片技术的速度形成莫大反差。

期间，柯达公司也试图转型，于 2003 年宣布放弃传统的胶卷业务，重心向新型的数字产品转移，并且在公司形象、品牌定位和产品创新方面进行了尝试，但一切为时已晚。从 2003 年开始，柯达销售利润急剧下降，甚至从 2008 年开始，柯达靠出卖专利来维持公司的运转，最终到 2012 年 1 月，公司再也维持不下去了。对现有技术带来的现实利润和新技术带来的未来利润之间的过渡和切换时机把握不当，造成柯达大量资金用于传统胶片工厂生产线和冲印店设备的低水平简单重复投资，挤占了对数字技术和市场的投资，使公司陷入知错难改、船大难掉头的窘境。眷恋传统、忽视市场的变化造成柯达今天的悲剧，是市场选择了柯达，最后也是市场抛弃了柯达，市场是无情的，也是公正的。凡是跟不上时代节奏的公司，就面临着淘汰的命运，柯达公司难逃命运的安排，其他公司只要跟不上时代的脚步，也面临时刻被颠覆的危险。

资料来源：http://news.163.com/12/0109/19/7NBOMT9300014JB5_all.html

一个组织的发展方式与发展历程深受其所处环境的影响，柯达公司的失败就充分地证明了环境对组织发展的意义，更为重要的则是组织自身如何根据环境的变化来谋求现在、近期乃至远期的良性发展，这就需要组织根据所处环境进行战略性考量与规划，促进企业的进一步发展。

第一节　战略管理内容的制定与选择

一、战略概述

（一）战略的含义与特征

1. 战略的概念

"战略"一词来源于军事，指对战争全局的筹划和谋略。系统的战略思想最早可追溯到 2500 多年前的《孙子兵法》。随着人类社会实践的发展，"战略"一词被逐渐应用到政治、经济和社会领域，并应用到组织经营管理之中。

目前对组织战略还没有一个统一的定义。有人认为组织战略应包括组织的目的与目标（即广义的组织战略），战略就是目标、意图和目的，以及为达到这些目的而制定的主要方针和计划的一种模式；狭义的组织战略则认为其不应该包括这一内容，组织战略应该是决定组织将从事什么事业，以及是否从事这一事业。也有人认为，战略可以定义为确立组织的根本长期目标并为实现目标而采取必需的行动序列和资源配置。

魁因（J. B. Ouinn）认为，战略是一种模式或计划，它把组织主要的目的、方针和系列活动整合成为一个整体。

安德鲁斯（K. Andrews）认为，组织总体战略是一种决策模式，它决定和揭示组织的目的和目标，提出实现目的的重大方针与计划，确定组织应该从事的经营业务，明确组织的经济类型与人文组织类型，以及决定组织应对员工、顾客和社会做出的经济与非经济的贡献。

安索夫（H. I. Ansoff）认为，组织无论怎样确定自己的经营性质，目前的产品和市场与未来的产品和市场之间存在着一种内在的联系——"共同的经营主线"。通过分析组织的"共同的经营主线"，可把握组织的方向，同时组织也可以正确地运用这条主线，恰当地指导自己的内部管理。

综上所述，战略是指组织根据外部环境变化和自身可取资源的比较优势，为谋求组织长期发展，对组织经营目标和实现途径所进行的长远性、全局性和指导性谋划。

该定义具有以下含义：第一，组织战略是根据外部环境变化和自身可取资源的比较优势所做出的对策集合；第二，组织战略是组织为了长期生存和发展所做出的谋划；第三，组织战略是一系列战略性决策的成果；第四，组织战略同经营思想、决策、计划与概念有密切关系，但不可以把它们混同。

2. 战略的特征

（1）全局性。战略规定组织的总体行动，追求组织的总体效果，对组织的整体效能有着重要影响。而在组织中，高层不仅全面、综合地了解组织的各个方面，而且掌握资源调度权。一般而言，组织的战略都是由高层主导的，至少是由其参与的。

（2）长远性。组织战略的着眼点是组织的未来而不是现在，是为了谋求组织的长远利益而不是眼前利益。战略是对组织未来一定时期生存和发展的统筹谋划，必须制订长远的规划，并分阶段实施。

（3）指导性。组织战略制定的是组织总体的长远目标、发展方向、发展重点和前进道路，以及所采取的基本行动方针、重大措施和基本步骤，这些都是原则性的、概括性的规定，具有行动纲领的意义。它必须通过展开、分解和落实等过程，才能变为具体的行动计划。

（4）竞争性。组织战略是组织在竞争中为战胜竞争对手、迎接环境的挑战而制定的一整套行动方案。因此，欲获得成功，不仅取决于自身的行为，更取决于与己有利害关系的关联方，特别是竞争对手。战略具有竞争性，应针对现实或潜在的竞争对手而制定。

（5）相对稳定性。由于战略决定大政方针和基本方向，组织战略的制定耗时长，涉及面广，关系到组织的兴衰成败，而结果又非短时间可以显现。所以，实施组织战略在一定时期内必须保持相对的稳定性，不能操之过急或半途而废，这样才能在组织经营实践中具有指导意义；如果朝令夕改，就会给组织经营造成混乱。

（6）风险性。战略考虑组织的未来，而未来具有不确定性，而且战略的制定是基于现有信息对未来进行判断，但这些信息不是完全的，因而战略必然具有风险性。

趣味链接

农　夫　垦　荒

从前有一个农夫，他有三个儿子，他们分别去开垦一片荒地，大儿子想，种稻子最好，因为是生活必需品嘛，就算不能都卖出去，起码一家人吃的东西有了。二儿子想种鲜花，他想，城里的人喜欢鲜花，我把鲜花种好然后拿到城里去卖，一定可以赚大钱。最后一个儿子，倒没有匆忙做出决定，他观察了周围的地形，发现这块地方离水源很远，然后又查了气象局的长期预报，说是预计今年雨水会很少，于是就琢磨着要种抗寒抗旱的作物，于是决定种土豆。

三个兄弟都信心满满地开始了工作，一年过后却有着不同的效果：大儿子种水稻需要水，可是连续干旱，水源又远，于是收成很不好；二儿子的鲜花成熟后，的确很多人都需要，开始火了一阵，可是自从临近城里的花圃开始营运后，二儿子的花因为距离城市远而运输成本高，使得花的价格偏高，慢慢地也就无人问津了；这时候，三儿子的土豆大丰收了，土豆抗旱，虽然不能赚什么钱，但是一家人冬天的口粮总算有了着落。

启示：一户农家没有合理的种田计划，就有可能面临青黄不接，无米下锅；豪华的泰坦尼克号缺乏英明的舵手，也难免命殒冰山一角。据 2012 年《中国中小组织人力资源管理白皮书》调查显示，我国中小组织平均寿命仅 2.5 年。中小组织短命的原因是多方面的，其中最重要的原因是只顾眼前利益，没有长期的打算。一个组织，无论家底厚薄，规模大小，如果没有长远规划，也就只能昙花一现。

（二）战略的构成要素

从狭义战略的角度来讲，组织战略由以下四个要素组成。

1. 经营范围

经营范围是指从事生产经营活动的领域。它反映出组织与其外部环境相互作用的程度，也反映出计划与外部环境发生作用的要求。组织应该根据自己所处的行业、自己的产品和市场来确定自己的经营范围。

2. 资源配置

资源配置是指组织过去和目前对资源和技能进行配置、整合的能力与方式。资源配置的优劣差异极大地影响战略的实施能力。只有注重对异质战略资源的积累，形成不可模仿的自身特殊能力，才能很好地开展经营活动。如果资源匮乏或缺乏有效配置，则会大大削弱对外部机会的反应能力，经营范围也会受到限制。因而，战略资源学派强调资源配置是战略最重要的构成要素。

3. 竞争优势

竞争优势是指通过其资源配置模式与经营范围的决策，在市场上所形成的优于其竞争对手的竞争地位。竞争优势既可以来自产品和市场上的地位，也可以来自对特殊资源的正确运用。

4. 协同作用

协同作用是指从资源配置和经营范围的决策中所能寻求到的各种共同努力的效果。也就是说，分力之和大于各分力简单相加的结果。协同作用作为战略要素极具抽象性，在广义的角度上，它可被看做资源配置与整合的规模优势。在管理中，协同作用主要表现为以下四个方面：

（1）投资协同作用。这种协同作用来源于各经营单位联合利用组织的设备、原材料储备、研发投资以及专用工具和专有技术。

（2）作业协同作用。这种作用产生于充分利用现有的人员和设备，共享由经验曲线形成的优势等。

（3）销售协同作用。这种作用产生于产品使用共同的销售渠道、销售机构和促销手段。

（4）管理协同作用。这种作用来源于管理过程中的经验积累以及规模效益等。如对组织的新业务，管理人员可以利用过去积累的经验减少管理成本。

协同作用的值可以是正值，即"1+1＞2"的效应；但协同作用也会出现负值。从大量的实践可以看出，当组织进入一个全新的行业进行多种经营时，如果新行业的环境条件与过去的经营环境截然不同，则以往的管理经验发挥不了作用。在这种情况下，管理协同作用的值便为负值。

总的来看，衡量协同作用的方法有两种：一是在收入一定时，由于内部各经营单位联合经营而使组织成本下降的情况；二是在投资一定时，评价由于内部各经营单位联合经营而使纯收入增加的情况。

趣味链接

经验曲线

经验曲线是一个人们较为熟悉的概念，又称经验学习曲线、改善曲线，是一种表示生产单位时间与连续生产单位之间的关系曲线，是波士顿咨询公司的创始人布鲁斯·亨德森在1960年首先提出的。一家工厂生产某种产品的数量越多，生产者就能更多地了解如何生产该产品，从生产中获得的经验也就越来越多。那么，在以后的生产中，工厂可以有目的地并且较为准确地减少该产品的生产成本。每当工厂的累计量增大一倍时，其成本就以降低一定的百分比（该百分比的具体大小因行业不同而有所差别）。

学习曲线有广义和狭义之分。狭义的学习曲线又称为人员学习曲线，它是指直接作业人员个人的学习曲线。广义的学习曲线也称为生产进步函数，是指工业上某一行业或某一产品在其产品寿命周期的学习曲线，是融合技术进步、管理水平提高等许多人努力的学习曲线。

启示：天才就是重复次数最多的人。重复所形成的熟练的技巧以及经验可以让事情的进行更有效率。经验曲线表明你做一件事情的次数越多，做这件事的成本就越低。

（三）战略的分类

战略一般按其层次、态势等进行分类。

1. 按战略的层次进行分类，可分为总体战略、经营单位战略和职能战略

在大中型组织，特别是多种经营的组织中，总部负责制定总体战略，事业部或经营单位负责制定经营单位战略，部门负责制定职能战略，如图4-1所示。

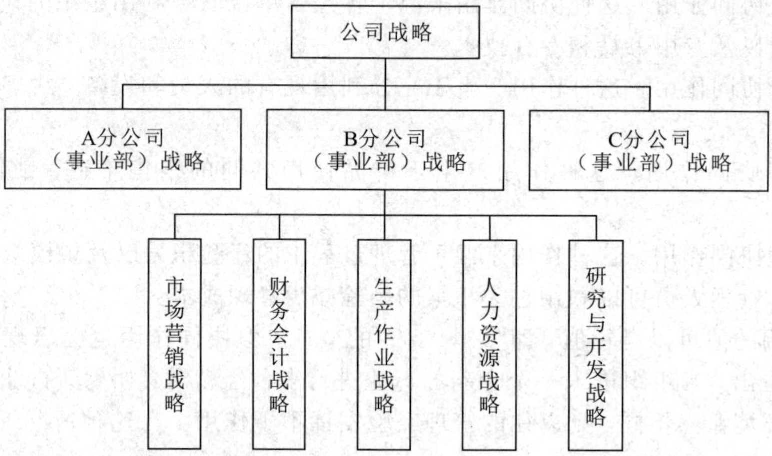

```
                        ┌──────────┐
                        │ 公司战略  │
                        └────┬─────┘
          ┌──────────────────┼──────────────────┐
    ┌─────┴─────┐      ┌─────┴─────┐      ┌─────┴─────┐
    │ A分公司    │      │ B分公司    │      │ C分公司    │
    │（事业部）  │      │（事业部）  │      │（事业部）  │
    │ 战略       │      │ 战略       │      │ 战略       │
    └───────────┘      └─────┬─────┘      └───────────┘
          ┌──────┬──────┬──────┬──────┐
       市场   财务   生产   人力   研究
       营销   会计   作业   资源   与开发
       战略   战略   战略   战略   战略
```

图 4-1　组织战略层次结构

（1）总体战略。

总体战略或称公司战略，是组织的战略总纲，是组织最高管理层指导和控制组织的一切行为的最高行动纲领。总体战略是组织战略中最高层次的战略，由组织最高管理层制定。

总体战略主要回答组织应该在哪些经营领域进行生产经营的问题。总体战略的侧重点有三个方面：一是组织使命的确定；二是战略经营单位的划分以及战略事业的发展规划；三是关键的经营单位的战略目标。

总体战略的特点有以下几个方面：第一，从形成的性质看，组织总体战略是有关组织全局发展的、整体性的、长期的战略；第二，从参与战略形成的人员看，组织总体战略的制定与推行的人员主要是组织的高层管理人员；第三，从对组织发展的影响程度看，组织总体战略与组织的组织形态有着密切的关系。总体战略要具有远见和创造性，如重点发展哪类业务、发展的优先次序是什么、如何构建竞争优势、如何筹集资金并合理配置等。

（2）经营单位战略。

经营单位战略又称为业务战略，是研究如何在一个经营领域中建立竞争优势的战略。

对于一家单位的业务组织来说，总体战略和经营单位战略是合二为一的。只有对业务多元化的组织来说，总体战略和经营单位战略的区分才有意义。经营单位战略的侧重点在于：如何贯彻组织使命；组织发展的机会与威胁分析；内部条件分析；组织发展的总体目标与要求；确定经营单位战略重点、战略阶段和主要战略措施。一般而言，明确局部业务或经营事业的目标和策略，主要就是对产品或服务进行定位。

（3）职能战略。

职能战略是指组织中的各职能部门制定的指导职能活动的战略，它描述了在执行公司战略和经营单位战略的过程中，组织中的每一职能部门所采用的方法和手段。职能战略一般可分为营销战略、人力资源战略、财务战略、生产战略、研究与开发战略、公关战略等。职能战略是为总体战略和经营单位战略服务的，所以，它必须与总体战略和经营单位战略相配合。例如，总体战略确立了差异化的发展方向，要培养创新的核心能力，此时，组织的人力资源战略就必须体现对创新的鼓励，要重视培训，鼓励学习；把创新贡献纳入考核指标体系；在薪酬方面加强对各种创新的奖励。

2. 按战略的态势分类，可分为发展型战略、稳定型战略和紧缩型战略

（1）发展型战略。

发展型战略强调的是如何充分利用外界环境中的机会，避开威胁，充分发掘和运用组织内部的资源，以求得组织的发展。其特点是：投入大量资源，扩大产销规模，提高竞争地位，提高现有产品的市场占有率或用新产品开辟新市场，这是一种从战略起点向更高水平、更大规模发动进攻的战略态势。企业发展型战略主要包括：产品——市场战略、联合战略、竞争战略以及国际化经营战略等。

（2）稳定型战略。

稳定型战略强调的是投入少量或中等程度的资源，保持现有产销规模和市场占有率，稳定和巩固现有的竞争地位，这是一种偏离战略起点最小的战略态势，组织稳定型战略主要包括无增长战略和微增长战略两种。

（3）紧缩型战略。

紧缩型战略是当组织外部环境与内部条件的变化对组织十分不利时，组织只有采取撤退措施，才能抵住对手的进攻，使组织得以生存，以便转移阵地或积蓄力量，准备东山再起。组织紧缩型战略主要包括调整紧缩战略、转让归并战略及清理战略三种。

3. 按战略的职能分类，可分为产品战略、竞争战略、科技发展战略、品牌战略和国际化经营战略

（1）产品战略。

产品是一个综合性的概念，包括有形与无形两种形态。产品是企业生命力的综合标志。一个企业的产品不适应社会的需要将难以为继，因此对企业产品进行规划就显得尤为重要。

产品战略规划是一套系统的方法，它运用系统、规范的方法和工具对公司内各产品线各自的市场发展趋势、客户的需求、竞争环境及对手、产品线/产品的结构合理性进行分析，创建合理的市场细分规则，对要投资和取得领先地位的细分市场进行选择和优先级排序，确定公司优先巩固发展哪些产品线/产品，优先发展（重点突破）哪些产品线/产品以及如何规划产品发展的路标，通过规划区域、渠道、产品线等确定公司主要产品的战略角色定位；制定公司各产品线/产品的发展战略，支撑公司快速、持续地发展。企业的产品战略可以细分为产品发展战略、产品革新战略、产品发明战略。

（2）竞争战略。

基本竞争战略有三类：成本领先战略、差异化战略、集中战略。

成本领先战略是指企业通过降低自己的生产和经营成本，以低于竞争对手的产品价格，获得市场占有率，并获得同行业平均水平以上的利润。

差异化战略是指为使企业产品与竞争对手产品有明显的区别，形成与众不同的特点而采取的一种战略。这种战略的核心是取得某种对顾客有价值的独特性。企业要突出自己产品与竞争对手之间的差异性，主要有四种基本的途径：一是产品差异化战略；二是服务差异化战略；三是人事差异化战略；四是形象差异化战略。

集中化战略也称为聚焦战略，是指企业或事业部的经营活动集中于某一特定的购买者集团、产品线的某一部分或某一地域市场上的一种战略。这种战略的核心是瞄准某个特定的用户群体、某种细分的产品线或某个细分市场。具体来说，集中化战略可以分为产品线集中化战略、顾客集中化战略、地区集中化战略和低占有率集中化战略。

企业必须从这三种战略中选择一种作为其主导战略。要么把成本控制到比竞争者更低的程度；要么在企业产品和服务中形成与众不同的特色，让顾客感觉到你提供了比其他竞争者更多的价值；要么企业致力于服务于某一特定的市场细分、某一特定的产品种类或某一特定的地理范围。

(3) 科技发展战略。

科技发展战略是企业根据总体战略和市场产品战略，有关新产品开发、改进产品性能、创建产品特色、提高产品质量、改进工艺、降低成本等要求，对企业的科技发展方向、重点、发展目标和对策所做出的总体策划。科技发展战略一般可分为率先创新战略、追踪创新战略、技术渗透战略四种。

(4) 品牌战略。

品牌战略就是公司将品牌作为核心竞争力，以获取差别利润与价值的企业经营战略。品牌战略是市场经济中竞争的产物。战略的本质是塑造出企业的核心专长。

品牌是目标消费者及公众对于某一特定事物心理的、生理的、综合的肯定性感受和评价的产物。品牌一旦树立，则不但有价值并且不可模仿，因为品牌是一种消费者认知，是一种心理感觉，这种认知和感觉不能被轻易模仿。品牌战略包括品牌化决策、品牌模式选择、品牌识别界定、品牌延伸规划、品牌管理规划与品牌远景设立六个方面的内容。

(5) 国际化经营战略。

国际化经营又称全球化经营。国际化经营战略是指企业从国内经营走向跨国经营，从国内市场进入国外市场，在国外设立多种形式的企业，对国内外的生产要素进行配置，在一个或若干个经济领域进行经营活动的战略。从事国际化经营的企业通过系统评价自身资源和经营使命，确定企业战略的任务和目标，并根据国际环境变化拟定行动方针，以求在国际环境中长期生存和发展所做的长远的、总体的谋划。

企业开展国际化经营，一是转移核心竞争力，核心竞争力是由企业创新、效率、质量以及顾客的忠实度所组成，构成企业竞争优势的基础；二是获得区位经济效益，进行国际化经营有利于广泛利用国外资源，降低价值创造的成本，有利于企业获得成本领先的地位，使企业形成差别化，获得超平均水平的利润。

4. 按战略的范围分类，可分为一体化战略和多角化战略

(1) 一体化战略。

一体化战略是指把多个分散的组织联合起来，构建成一个统一的组织，主要包括垂直一体化(生产企业同供应商、销售商串联)、前向一体化(生产企业同销售商联合)、后向一体化(生产商同原料供应商联合)、横向一体化(同行业企业之间的联合)。一体化战略有利于提高经营效率，实现规模经济、提升控制力或获得某种程度的垄断，但也存在管理复杂、能力不平衡以及不利于技术和产品研发的风险。

(2) 多角化战略。

多角化战略是指拓展原有业务，超出一个行业或涉及多个行业，因此又称多元化战略。企业采用多元化战略，可以更多地占领市场和开拓新市场，也可以避免单一经营的风险。

🏺**案例链接**

日本松下电器的跨国经营活动

松下电气公司的创业者、"电器大王"松下幸之助，16 岁时开始在大阪电灯公司当内线工，赚日工资，而且身体不太好，生活很贫困。1918 年他搬至大开市，并挂上松下电器器具制作的标牌，揭开了松下电器的历史。当时，只有两台小型压力机，人手除他本人外只有妻子和内弟，生产的产品开始时除两种插座外只有电风扇的绝缘盘。1922 年在原工厂附近建成了新工厂和总店，1933 年又在门真建成新的总店和工厂群，产品品种约为 20 个，1935 年改组为松下电器产业公司（简称松下公司），由个人经营变为股份公司，总公司下设 9 个子公司。第二次世界大战期间，受军方命令转到以军需品为中心的生产体制，战争结束后改为民用生产。美国占领军司令部曾认为松下是财阀家族，冻结其公司全部资产，1950 年解除了这个指令后，松下电器才得以正常营业。20 世纪 80 年代末，松下电器产品已达 1.4 万种，年销售额数百亿美元，在 1990 年 7 月 30 日美国《幸福》杂志刊登的全球 500 家大企业中排名第 12 位，被称为"电器王国"。

一、松下电器跨国经营的基本指导方针

1. 出口不能牺牲血本

松下电器接到国外订单时，首先进行产品成本核算，必须保证得到适当利润，绝不做牺牲血本的出口。这种思想不论在什么样的竞争下都被遵守。在因商品价格高而导致对方不愿订货时，他们便细致地分析产品为什么成本高，尽量找出降低成本的途径。这样，不仅可以与对方达成订货协议而且能够促进自己改善经营管理，推动进步。经过努力，产品成本仍然居高，松下电器绝不迁就订户，以免接受订货而牺牲利润做亏本生意。

松下电器为拓展产品销路和扩大出口，除接受国外订货外，更重要的是积极发展国外的代理店和销售公司。国外销售多数是由当地的代理店为中心建立的，这些销售公司和代理店也必须遵循上述原则。松下电器对消费者的售后服务也是极为认真和完善的，这项任务主要是通过代理店完成的。

2. 繁荣所在国经济与谋取利润、扩大市场相结合

战后，松下电器以全球为对象，在努力增加出口的同时，积极在国外建立生产公司。70 年代，它建立的国外生产公司主要在发展中国家，而且按建立时间顺序来看，前 11 个生产公司都是在发展中国家或地区，只有 1968 年建立澳大利亚松下电器之后才开始在发达国家建立少数公司。松下电器反复强调，在发展中国家建立生产公司是为了繁荣所在国经济，只有发展中国家经济得到发展，而且只有购买力有所提高，才能购买更多和更高级的电器产品，松下才能得到更多的利润。因此，他们认为，松下在发展中国家投资设厂，不仅对发展中国家经济有利，而且对松下也有好处。从 80 年代起日本经济的出口迅速发展，引起与其他发达国家的贸易不平衡，美国、欧洲等地区开始采取保护主义措施，限制日本商品的进入。其中，电器商品是很重要的内容。松下商品绕开保护主义堡垒，开始在美、欧大量投资建厂。他们认为，在这些发达国家建立生产公司，有利于缓和矛盾，巩固市场占有，同时可增加当地就业机会，发展当地经济，增加与当地人民的友好往来。

当某个国家要求在其国内建立生产公司或松下电器想进入哪个国家时，松下电器便对

哪个国家的国情、民性、市场情况和外资政策等进行周密的调查研究，从而寻找理想的合伙人。只有这些情况都合适时，他们才下决心在那个国家建立生产公司。如果条件不充分，松下电器便不会在这个国家建立生产公司。

松下电器认为，既然在国外投资就应该谋求投资的回收和取得利润，但是这些都不能急于进行。这是因为，企业的经营不能依赖借款，始终要在自由资金的充裕下进行，因此，松下电器的国外投资主要依靠自有资金。否则，为了避免借款利息，必须急于回收投资，影响国外公司的经营。因此，何时开始回收投资，必须根据国外企业的状况来决定。例如，台湾松下电器建立 3 年开始分红，但 10 年间没有把红利汇回日本。这是因为，台湾松下电器要充实财务内容，决定在其成为一个出色的企业前将分得的红利进行再投资。同样是在台湾，台湾工业公司的产品 90% 以上用于出口，为台湾获得外币做出了贡献，使其在短期内企业经营走上轨道，并从建立公司 5 年后开始以二成的红利汇回日本。

3. 国外生产公司的经营必须以当地人为主

松下电器在发展中国家建立的生产公司，不论自己的出资比例多么大，都将其视为所在国企业，经营主体由当地人担任，在当地独立经营。当然，建厂初期松下电器要派遣人员，他们的任务是以经营指导和培养人员作为重点，积极培训当地的干部和职工。在培养当地干部后，只留下少数日本人。台湾松下 70 年代末已发展成由 3400 名职工的企业，公司的经营很出色，能够大量出口产品，但 300 多个管理人员由台湾人担任，松下电器的派遣人员仅留下 10 名，除常务董事和常务理事各 1 名为日本人外，其余日本人都是担任顾问性的职务。

松下在贯彻以当地人为主的经营方针的同时，还十分重视企业工会。松下电器认为，工会是职工群众的组织，能够代表当地人讲话，同工会建立相互依赖的关系，有利于改善企业经营管理。曾任松下电器会长的高桥荒太郎写道：我没到国外时，只要时间允许，总是要和工会负责人谈话，听听他们对松下电器的做法、来自日本人员的态度以及公司经营方面的意见。他们对工会负责人说，职工个人难于开口的事情可通过工会讲，以传达到公司经营人员。这样经营才会有进步。

4. 松下电器跨国经营实例——菲律宾精密电子设备公司

1967 年只有 120 名职工的菲律宾精密电子设备公司，由于经营亏损和债务负担无法维持，求救于松下电器。当时松下电器的负责人高桥荒太朗对该企业的总经理说，既然同松下电器合办企业，就希望充分理解松下电器的基本方针，并按这个方针经营下去。这位总经理说，对此充分理解，保证按松下电器的基本方针去做。于是松下电器以 40% 的出资于该公司合资经营。

合资经营后，总经理以下全体重要人员都照原样留任，公司名称也不更改。松下电器只派去 4 人，分别担任副总经理、经理、营业和制造部门负责人。以这样的管理阵容开始重建这个企业。他们首先从培养人才着手，并改善与职工生活密切相关的厕所、更衣室和食堂，使管理者养成处理事务要井然有序和关心职工的习惯；接着改进生产设备；又将销售点收回货款以前至少需 150 天的做法改为月末结清，而有这种实力的销售店只有 24 家，从而不得不将销售店减少为原来的 1/6。为保证产品质量和维护松下电器的声誉，将第一次生产出来的制品样品全部砸碎，因为它是二级品。在砸碎这些样品时，将转包工厂的经理也都请来，并让本公司尽可能多的职工都看到。第一批产品上市后颇受消费者欢迎，许多人到销售店指名购买，后来又远销到国外。结果仅一年就重建成功，冻结 4 年的工资提高了 14.5%，第二年开始分红，经过 8 年发展成为没有借款的公司。随着稳定的进步，工资稳定提高，职工中出现了自动工作的热情，来自职工的改革方案也不断增加。随着生产的发展，公司的职工队伍不断扩大，减少了菲律宾的失业人员。

二、国外生产公司产品的选择

1. 生产力所能及的产品

松下电器在同菲律宾合资重建精密电子设备公司时，原拟同时生产收音机、立体音响和电视机，但是，考虑到职工人数少、技术力量薄弱和资金不足等因素，决定放弃生产收音机，只限定生产立体声音响和电视机。

2. 生产容易制造的产品

在同泰国合资兴建纳雄纳尔泰国公司时，由于公司完全是新建的，职工都是新招的，决定开始只生产干电池。松下电器干部在谈到为什么从干电池着手时说，这是因为干电池这种产品，不论在哪个国家都是必需品，容易销售，尤其是干电池和质量的关系，只要有非常先进的自动化机器，即使非熟练工，也能保证一定的质量；在短期内就能完成职工培训，使公司迅速投入生产；随着职工素质的提高，可以逐步生产市场需要的高技术产品。

3. 生产国际市场上畅销的产品

松下电器在发展中国家兴办公司时，其产品除为供应当地消费外，还注意国际需要，生产国际市场上的抢手货。台湾松下电器公司选择生产电视机等产品，不仅在当地销售额急剧扩大，而且还大量向美国出口。新加坡松下电器选择生产电冰箱用的压缩机，也除供应当地市场外，还向国际市场出口。

4. 生产冲破国际贸易保护主义的产品

进入 70 年代，国际上贸易保护主义抬头，尤其是阻止日本产品进入的势头很强，日本直接出口产品的困难日益增加。于是，松下电器利用国外生产公司制造的产品，冲破关税和非关税壁垒的限制，进入奉行贸易保护主义的国家的市场。波多黎各松下电器生产的收音机、彩色电视机和立体声音响等，就是为了毫无障碍地向美国市场供货。1972 年在加拿大建设的加拿大帕纳索尼克电业公司，也是为了在关税壁垒内侧生产彩色电视机和立体声音响等，供应加拿大市场。

资料来源：http://www.jiaoyanshi.com/article-2764-1.html.

问题：

1. 试分析松下电器跨国经营成功的原因。
2. 松下公司的跨国经营对中国公司的跨国经营有何借鉴？

二、战略管理概述

（一）战略管理的概念

战略管理是指组织确定其使命，根据组织外部环境和内部条件设定组织的战略目标，为保证目标的正确落实和实现进行谋划，并依靠组织内部能力将这种谋划和决策付诸实施，以及在实施过程中进行控制的一个动态管理过程。

指导组织全部活动的是组织战略，全部管理活动的重点是制定战略和实施战略。而制定战略和实施战略的关键都在于对组织外部环境的变化进行分析，对组织的内部条件和素质进行审核，并以此为前提确定组织的战略目标，使三者之间达成动态平衡。战略管理的任务，就在于通过战略制定、战略实施和日常管理，在保持这种动态平衡的条件下，实现组织的战略目标。对战略管理概念的理解要注意以下两点：

（1）战略管理不仅涉及战略的制定和规划，而且也包含着将制定出的战略付诸实施的管理，因此是一个全过程的管理。

（2）战略管理不是静态的、一次性的管理，而是一种循环往复性的动态管理过程。它是需要根据外部环境的变化、组织内部条件的改变，以及战略执行结果的反馈信息等，而重复进行新一轮战略管理的过程，是不间断的管理。

（二）战略管理的原理

战略管理要遵循科学的原理，有助于组织把握正确的发展方向，否则会适得其反。

1. 适应环境原理

来自环境的影响力在很大程度上会影响组织的经营目标和发展方向。战略的制定一定要注重组织与其所处的外部环境的互动性，要根据组织所处的实际情况来制定，要适应环境。

2. 全程管理原理

战略管理是一个过程，包括战略的环境分析，战略制定与选择、实施与控制。在这个过程中，各个阶段是互为支持、互为补充的，忽略其中任何一个阶段，组织战略管理都不可能成功。

3. 整体最优原理

战略管理要将组织视为一个整体来处理，要强调整体最优，而不是局部最优。战略管理不强调组织某一个局部或部门的重要性，而是通过制定组织的宗旨、目标来协调各单位、各部门的活动，使它们形成合力。

4. 全员参与原理

由于战略管理是全局性的，并且有一个制定、实施、控制和修订的全过程，所以战略管理绝不仅是组织领导和战略管理部的事，在战略管理的全过程中，组织全体员工都将参与其中。

5. 反馈修正原理

战略管理涉及的时间跨度较大，一般在五年以上。战略的实施过程通常分为多个阶段，因此需要分步骤地实施整体战略。在战略实施过程中，环境因素可能会发生较大或重大变化。此时，组织只有不断地跟踪反馈才能保证战略的环境适应性。

（三）战略管理的演变

1. 财务预算形式阶段

在此阶段，组织的主要任务是集中于短期计划（通常为1年以内），中心是制定利润目标、筹划资金周转和成本的开支情况，进行财务控制。

2. 以预测为主的长期计划阶段

随着组织的发展，高层面临跨年度的决策问题，而这些问题是年度财务预算难以解决的。因此，组织就需要对未来进行预测，据此制订长期计划以优化资源配置。

3. 以外部环境分析为基础的规划阶段

预测难以代替、解释各种变化及其原因，因此该阶段主要针对市场机会和客户需要进行分析、弥补预测的不足，使之具备了动态性。

4. 战略管理阶段

组织在预测和分析外部环境的基础上，通过建立反馈机制，把制定与实施有机地、动态地结合起来，增强组织对环境的适应性。

(四) 战略管理的特征

1. 战略管理是一个过程

战略管理各项内容之间的界限并不是十分严格。分析企业外部环境和内部实力，建立目标体系，制定公司战略，实施和执行战略计划，以及评价业绩，基本上勾画了战略管理的内容，但并不一定严格按照这个顺序进行。例如，目标体系的建立需要考虑当前的经营业绩、提高当前经营业绩的战略手段以及当公司面临挑战时，公司实际所能获得的成绩。对公司战略的抉择和制定又同下列问题相互交织：公司的长期发展方向的选择，公司是否在所有关键的财务领域和战略领域建立了目标体系。显而易见，制定组织使命、建立公司目标体系和制定公司战略要结合起来，要作为一个整体来进行，而不能割裂开来。

2. 战略管理是一项管理职能

日常的经营问题、处理公司所面临的危机、参加管理会议、审查信息、处理人员方面的问题、承担特殊的任务和民事义务等，这些内容并不是同管理者的其他责任和职责分离开来的。因此，从整个公司的成败角度来讲，对战略进行管理是至关重要的一项管理职能，但具体到公司中的每一个管理者来说，并不是所有的管理者都面临这个问题。

3. 战略的制定和实施需要管理者付出的时间无定数

各种变化的发生是无序的，是不可预见的。各类事件的发生可能是独立的，也可能是一系列的。因此，对公司战略计划的评价和调整，有时可能要花费大量的时间，而有时则费时很少。

4. 战略管理是一个持久的过程

管理者应该将绝大多数精力花费在一点一滴地改善公司的战略上，而不是花费在对当前的战略进行一些根本的变化上。过多的变化往往扰乱员工的工作，在顾客中造成一片混乱，因而通常是没有必要的。在大多数情况下，不断地、持续地改善当前战略的执行情况往往会有很多好的结果产生。持之以恒地改善一个优秀战略的实施和执行状况，是通向战略管理成功的道路。

(五) 战略管理的内容

战略管理的内容主要包括以下几个方面。

(1) 确定组织的经营方向——使命。为满足需要而存在，即组织存在的前提。组织使命反映了组织的战略决策者创办该组织的指导思想和试图创立的组织形象，是决定该组织区别于其他组织的主要特征。组织使命是一种意向的说明，并没有做出明确的规定。

（2）组织的外部环境与内部实力分析与决策。组织外部环境又被称为组织宏观环境，一般认为企业的宏观环境因素有五类，即政治法律环境、经济环境、社会文化环境、自然环境及技术环境。组织内部实力包括企业组织运作能力、指挥控制能力、战略分解与执行能力、综合管理能力等，是企业系统运转的内部基础。如果说外部环境给企业提供了可以利用的机会，那么，内部条件则是抓住和利用这种机会的关键。只有在内外部环境都适宜的情况下，企业才能健康发展。

（3）结合外部环境与内部实力进行机会分析，提出可行的方案（条件）。通过对方案的主要内容，如市场需求、资源供应、建设规模、工艺路线、设备选型、环境影响、资金筹措、盈利能力等进行可行性分析，从技术、经济等方面进行调查研究和分析比较，并对项目建成以后可能取得的财务、经济效益及社会环境影响进行预测，从而提出该方案是否值得投资和如何进行建设的咨询意见，为项目决策提供依据。

（4）根据组织的经营方向，在多种方案中淘汰不符合要求的方案。组织经营方向包括组织的发展方向、业务范围和经营领域。发展方向也说明了企业应满足顾客哪些需要，经营领域表明在一个行业内具体应为哪一类特定顾客提供产品或服务的经营场所。因此，组织经营方向和战略方针的制定对企业方案的选取有重要作用。

（5）决定长期目标和战略，并根据长期目标和战略制定近期目标策略。

（6）资源分配预算，包括项目、人员、技术、组织结构、报酬制度等协调。

（7）制定近期战略计划，付诸实施。

（8）审核评价整个战略管理过程的成效，并进行控制。组织需要按照战略的要求构建相关的组织机构，实施组织战略。战略实施之后，还需要利用反馈机制进行战略评价，以明确组织在何种程度上实现了预期的设想。

（六）战略管理的过程

战略管理是一个由一系列活动组成的动态过程。一个规范的、全面的战略管理过程可大体分解为三个阶段：战略环境分析阶段、战略制定与选择阶段和战略实施及控制阶段，如图 4-2 所示。

1. 战略环境分析

战略环境分析包括组织外部环境分析和组织内部环境分析两部分。组织外部环境又分为宏观环境和行业环境；组织的内部环境是组织本身所具备的条件，也就是组织所具备的素质。组织战略目标的确定及战略选择不但要知彼，即客观地分析组织的外部环境；而且要知己，即对组织的资源、能力及核心能力加以正确的估计。在对组织的战略环境进行分析和评价时，还要预测环境未来发展的趋势，以及这些趋势可能对组织造成的影响。

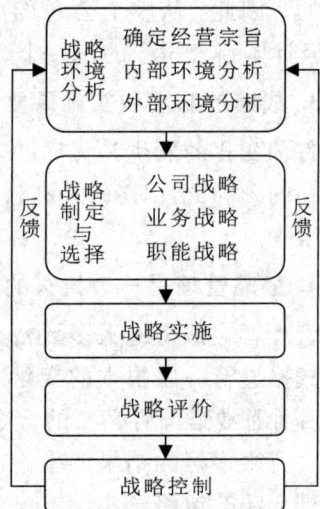

图 4-2　战略管理过程

除此之外，行业环境也是组织进行战略环境分析的重要内容。大部分行业中的企业，相互之间的利益都是紧密联系在一起的，作为企业整体战略一部分的各企业竞争战略，其目标都在于使自己的企业获得相对于竞争对手的优势。而行业中的每一个企业或多或少都必须应付以上各种力量构成的威胁，而且企业必须面对行业中的每一个竞争者的举动。因此，企业必须进行定位，以便因势利导，而不是被预料到的环境因素变化所损害，如产品生命周期、行业增长速度等，然后保护自己并做好准备，以有效地对其他企业的举动做出反应。

SWOT 分析是将组织战略与组织内外部环境有机结合的分析方法，是一种总结组织近期特征非常实用的方法，如图 4-3 所示。

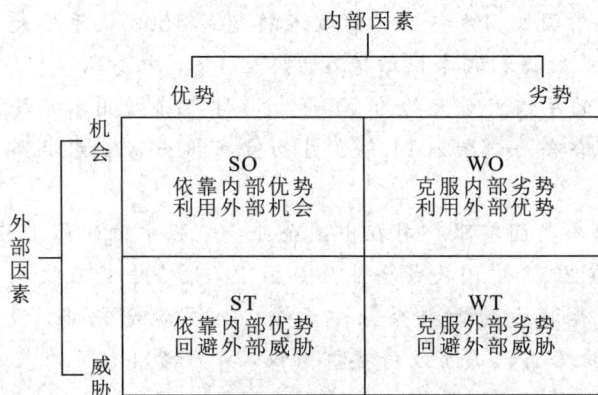

图 4-3 SWOT 分析模型

识别出关键的外部环境因素及关键的内部资源/能力因素后，将优势（Strengths）、弱点（Weaknesses）与机会（Opportunities）、威胁（Threats）进行两两配对形成四种战略类型；根据四种战略类型对可能的战略行动进行分析，从中确定组织未来的发展战略。

从图 4-3 中可以看出，区域 I：优势—机会（SO）战略，有良好的外部机会和有力的内部优势，可以采取增长或扩张型战略来充分掌握环境提供的发展良机；区域 II：弱点—机会（WO）战略，虽然面临良好的外部机会，但组织内部存在劣势，因此可以采取扭转型战略，设法清除内部不利的条件，以便尽快形成利用环境机会的能力；区域 III：优势—威胁（ST）战略，具有强大的内部优势，但外部环境存在威胁，可以采取多种经营战略，一方面使自己的优势得到更充分地利用，另一方面也使经营的风险得以分散；区域 IV：弱点—威胁（WT）战略，内部存在劣势，外部环境存在威胁，这时可采取防御型战略，设法避开威胁和消除劣势，如表 4-1 所示。

表 4-1 SWOT 战略选择矩阵模型

		内 部 环 境	
		优势（S）	劣势（W）
外部环境	机会（O）	I 增长型战略	II 扭转型战略
	威胁（T）	III 多种经营战略	IV 防御型战略

SWOT 矩阵具有以下优点和局限性：

优点：SWOT 矩阵是进行组织发展战略选择最重要的分析模型，它针对组织的优势和弱点提出面对环境的各种可能战略，使组织不漏掉任何可供选择的战略。

局限性：在分析过程中过分机械，而实际的战略并非简单的 4 种类型，它可能是不同因素的综合匹配结果，或许会出现 SOT 战略或 WOT 战略等，这需要组织发挥其洞察力和分析能力，制定最佳战略，简单机械地使用 SWOT 矩阵很可能产生散乱无序的战略规划。

趣味链接

水 起 波 澜

中商情报网的调查数据显示，2013 年中国瓶装饮用水行业销售收入达 1014.22 亿元，同比增长 23.24%。而 2008 年，这一数字只有 395 亿元，5 年时间，市场容量翻出一倍成绩。据预测，2018 年中国饮用水行业销售收入将超过 1500 亿元。大众熟知的低端水市场惨烈厮杀后，根据行业数据利润率仅维持在 3% 至 4%，中高端水利润率却比低端水高出 6 到 7 倍。目前高端水的年销售量大约为 100 亿元，占整个饮用水市场约 10%。国内规模最大的饮料企业——娃哈哈——在 2014 年 3 月初宣布推出富氧水品牌，也加入了这场轰轰烈烈的备军大战。

2013 年杭州娃哈哈集团有限公司在中国企业 500 强中位列第 179 位、中国制造业 500 强中位列第 83 位。在 2013 中国民营企业 500 强中，娃哈哈营业收入居第 19 位，是目前中国规模最大、最有发展潜力的饮料企业。至今，公司现金充沛，没有一分钱银行贷款。2014 年 4 月 23 日娃哈哈与江山市政府签订协议，将投资 4 亿元在当地建设一家饮料食品有限公司。

江山娃哈哈饮料食品有限公司位于衢州绿色产业集聚区——江山莲华山工业区，一期项目固定资产投资 1800 多万美元，建设一条全自动饮料灌装生产线，在 2015 年 5 月前正式投产。娃哈哈董事长、总经理宗庆后表示，当地的投资环境和自然环境是吸引娃哈哈投资布局的原因。江山市地处钱塘江上游，水资源丰富，人均拥有水资源量 3865 立方米，是浙江全省人均拥有量的两倍多。全市有大小水库 500 多座，当地饮用水水源水质达标率多年始终保持 100%。

启示：随着消费者对水质健康重视程度的加深，以及人均收入的不断提高，高端水消费群体还在进一步扩大，市场迅速的增加引来各方的争夺。由于矿泉水水源的稀缺性，水源地的概念成为现阶段各大企业实现差异化竞争的重要砝码，娃哈哈投资 4 亿元布局钱塘江上游好水，无疑抓住了水源是高端矿泉水品质的关键所在。

2. 战略制定与选择

战略的制定与选择是组织战略管理的核心部分，在战略环境分析的基础上来完成。根据战略分析的结果，组织采取何种范围的应对策略就是战略选择。在组织的战略选择方面，根据涉及范围的不同，可选取不同的组织战略。对于一个组织来说，达成战略目标的方案可能有多个，战略决策者就必须对这些战略方案进行评价和比较，从中选择最合适的战略。战略的制定与选择过程实质是战略决策过程——对战略进行探索、制定以及选择。一个跨行业经营的组织的战略选择应当解决两个基本的战略问题：一是组织的经营范围或战略经营领域，即规定组织从事生产经营活动的行业，明确组织的性质和所从事的事业，确定组织以什么样的产品或服务来满足哪一类顾客的需求；二是组织在某一特定经营领域的竞争优势，即要确定组织提供的产品或服务，要在什么基础上取得超过竞争对手的优势。

3. 战略实施与控制

组织的战略方案确定后，必须通过具体化的实际行动，并及时有效地控制，才能实现战略目标。战略实施需要组织按照战略的要求构建相关的组织机构，提供组织保障。战略实施后还要利用反馈机制进行战略评价，以明确组织在何种程度上实现了预期的设想。一般来说，可在三个方面推进一个战略的实施及控制：一是制定职能策略，如生产策略、研究与开发策略、市场营销策略、财务策略等；二是对组织的组织机构进行构建，以使其能够适应所采取的战略，为战略实施提供一个有利的环境；三是要使领导者的素质及能力与所执行的战略相匹配，即挑选合适的组织高层管理者来贯彻既定的战略方案。

在战略的具体化和实施过程中，为了使战略有效地实施，必须进行控制。也就是说将经过信息反馈回来的实际成效与预定的战略目标进行比较，如二者有显著的偏差，就应当采取有效的措施进行纠正。若由于起初的分析不周、判断有误，或是环境发生了预想不到的变化而引起偏差时，则需要重新审视环境，制定新的战略方案，进行新一轮的战略管理。

（七）战略管理的作用

凡事预则立，不预则废。越来越多的组织意识到在激烈的国际市场竞争和复杂多变的外部环境中，要想求得生存和长远发展，就必须站在全局的高度去把握未来，通过强化自身的优势，取得组织内部资源与外部环境的动态平衡。

1. 战略管理有利于组织高瞻远瞩

组织处于变化的环境之中，要适应内外环境变化，取得竞争优势，组织管理者就要重视对内外部环境的研究，纵观全局，认清形势，确定发展方向，以便更好地把握机会、规避威胁、扬长避短，增强组织对环境的适应能力，谋求更好的发展。

2. 战略管理有利于组织资源的最优化利用

由于战略管理是组织高层管理者根据组织宗旨，在对组织内外环境分析的基础上，对组织战略的选择、实施、评价和控制所进行的全过程的动态管理，因此可以提高组织各种资源的协同效果，避免资源的盲目投入给组织带来的损失，从而使资源得到最优化利用。

3. 战略管理有利于组织战略发挥指导作用

战略管理是一种循环的、往复性的动态管理过程。重视外部环境的变化、组织内部条件的改变，以及战略执行结果的反馈信息等，可以使组织战略得到不断完善，使组织战略在管理实践中真正发挥指导作用。

4. 战略管理有利于组织管理者增强战略意识

在经济全球一体化的今天，众多世界 500 强的 CEO 们在强调"现在是战略制胜的时代"。这就要求组织管理者必须具备敏锐的战略眼光与意识，否则将会遭受淘汰的危险。

5. 战略管理有利于组织持续创新

战略管理过程是根据组织内外部不断变化的环境以及战略执行结果的反馈信息进行战略评价与更新，从而进行新一轮战略管理，是一个不间断的管理过程。这就是组织管理能不断在新的起点上对环境和组织战略进行连续性的探索调整，推陈出新，从而增强组织持续创新的能力。

🖋 **趣味链接**

格兰仕微波炉

不得不承认，22 年前中国人对微波炉大多一无所知；不得不承认，22 年来微波炉悄悄地改变着中国人的生活；不得不承认，格兰仕微波炉 22 年的发展几乎就是中国微波炉的发展史。

1992 年 9 月，广东一家名不见经传的企业，投资 300 万美元，引进当时最先进的微波炉生产线，研制成功第一台微波炉。这个企业就是格兰仕。微波炉，这一产品在问世之际，普遍没人看好它的前景。一是因为当时国人对此物一无所知，二是当时国人的消费能力在此物面前只能是感慨：奢侈品。就当时国人的收入水平而言，花几百甚至上千元买一台微波炉还是一件很奢侈的事。价格门槛终究是微波炉普及的巨大障碍。为了让微波炉价格降下来，格兰仕人在推出"价格革命"之前，先革自己的命。他们改变管理模式，改变生产流程，改变成本控制手段，让微波炉价格具备了"跳水"的资本。于是乎，1996 年 8 月，格兰仕发动首次全面降价风暴，所有产品一律降价 40%，掀起了微波炉首轮"普及革命"。随后在 1997 年 10 月、2000 年 6 月、2000 年 10 月格兰仕通过多次大幅度的价格跳水，让微波炉这一奢侈品越来越亲民，不仅广泛地推广到中国一、二级城市，甚至走进了乡镇市场。2012 年，为庆祝格兰仕进军微波炉市场 20 年，格兰仕再次擂响"大惠民"战鼓，面向全国打响"冬季火爆大降价"，单品惊爆价、豪礼大赠送、新品大让利等活动，满足全民消费需求。

格兰仕人认为，好的产品就像一颗种子，必须种在土壤里，才能获得新生命。而市场的土壤就是广大消费者的接受程度。

一味地曲高和寡，结果可能就是曲终人散。广大消费者的接受，就是格兰仕的生命力所在。因此，低价格、高质量成为了格兰仕的品牌内涵，平易近人的价格使得每位消费者都可以享受到新科技带来的便捷。低价格并没有降低格兰仕的品牌价值，反而使它成为了广大消费者所喜爱的品牌，也让格兰仕的销量多年来稳坐微波炉行业的头把交椅。格兰仕集团目前是一家世界级综合性白色家电品牌企业。自 1978 年创立至今，格兰仕由一个 7 人创业的乡镇小厂发展成为拥有近 5 万名员工的跨国白色家电集团，是中国家电业最具影响力的龙头企业之一。作为中国制造和中国民营企业的杰出代表之一，格兰仕过去 30 多年成长、发展和壮大的历史，是中国改革开放成功推进的一个企业标签：在第一个 10 年里，格兰仕荒滩创业，创出了一个过亿元的轻纺工业区；在第二个 10 年里，格兰仕从轻纺业转入微波炉业，成为中国首批转制成功、建立现代企业制度的乡镇企业之一，并迅猛赢得微波炉世界冠军；在第三个 10 年里，格兰仕开始打造一个以微波炉、空调、冰箱、洗衣机、生活电器为核心的跨国白色家电集团。

启示：节能环保已成为社会的共识，近几年，格兰仕整合白色家电制造完整的产业链配套能力，全球领先的大规模制造和成本控制能力，敏捷的市场感知能力，持续推动节能家电的消费普及和升级，以贴近消费、造福民生为基调推动产业健康发展。企业要在激烈的市场竞争中逐步强大，必须不断地调整与完善战略，与时俱进。

三、战略的制定与选择

战略制定与选择是指确定组织任务，识别组织的外部机会与威胁，鉴定组织内部的优势与弱点，建立长期目标，制定可供选择的战略以及选择特定的实施战略的过程。战略制定与选择是组织基础管理的一个重要组成部分，是科学化加艺术化的产物。

（一）战略制定与选择的程序

组织战略的制定与选择是组织的决策机构组织各方面的力量，按照一定的程序和方法，为组织选择适宜的经营战略的过程。制定与选择战略的一般程序如下：

1. 识别和鉴定组织现行的战略

在组织的运营过程中，随着外部环境的变化和组织自身的发展，组织的战略亦应作相应的调整和转换。然而，要制定新的战略，首先必须识别组织的现行战略是否已不适应形势。因此，识别和鉴定组织现行的战略是制定新战略的前提。

2. 测定和评估组织自身素质

组织通过测定和评估自身的各项素质，来摸清自身的状况，明确自身的优势与劣势。

3. 准备战略方案

根据组织的发展要求和经营目标，依据组织所面临的机会，列出所有可能达到经营目标的战略方案。

4. 评价与选择方案

战略选择的实质是组织选择恰当的战略，从而扬长避短、趋利避害和满足顾客。评价与选择战略方案是组织的一项重大战略决策，是组织决策者通过对制定的几种战略方案进行比较、分析、衡量和推断，并对方案的可行性做出评价和判断，从中选择一种比较满意的战略方案的过程。这也是组织领导人的专业知识、工作能力、业务水平、实际经验、领导作风等的集中体现。

组织根据拟定的战略目标、组织文化、竞争者和行业的反应情况、时间因素、管理人员以及其他相关利益团体的期望目标，确定战略方案的评价标准，并依照标准对各项备选方案加以评价和比较。

5. 确定战略方案

在评价和比较战略方案的基础上，组织选择一个最满意的战略方案作为要实施的战略方案。有时，为了增强战略的适应性，组织往往还选择一个或多个方案作为后备战略方案。

（二）战略制定与选择的基本方法

组织的类型与规模不同，其不同层次的管理人员参与战略制定与选择的程度也不同，组织战略形成的过程也会采取不同的形式。对于小规模的组织而言，其所有者兼任管理人员，其战略一般都是非正式形成的，主要存在于管理人员的头脑之中，或者只存在于与主要下级达成的口头协议之中。而较大规模的公司，战略是通过各层管理人员广泛参与，经过详细繁杂的研究和讨论，有秩序、有规律的形成的。

根据不同层次管理人员介入战略制定与选择工作的程度，可以将战略形成的方式分为以下四种形式。

1. 自上而下的方式

这种方式是先由组织总部的高层管理人员制定组织的总体战略,然后由下属各部门根据自身的实际情况将组织的总体战略具体化,形成系统的战略方案。其优点是,决策者能够牢牢地把握住整个组织的经营方向,并能对下属各部门的各项行动实施有效的控制。其缺点是:它要求决策者制定战略时必须经过深思熟虑;战略方案务必完善,并且还要对下属各部门提供详尽的指导。同时,这一方法的缺陷是束缚了各部门的手脚,难以充分发挥中下层管理人员的积极性和创造性。

2. 自下而上的方式

这是一种先民主后集中的方式。在制定战略时,组织最高管理层对下属部门不做具体硬性的规定,而要求各部门积极提交战略方案。组织最高管理层在各部门提交的战略方案的基础上,加以协调和平衡,对各部门的战略方案进行必要的修改后加以确认。其优点是:能充分发挥各个部门和各级管理人员的积极性和创造性,集思广益,在战略的实施过程中也容易贯彻和落实。其缺点是:各部门的战略方案较难协调,影响了组织整个战略的系统性和完整性。

3. 上下结合的方式

这种方式是组织最高管理层和下属各部门的管理人员共同参与战略的制定过程,通过上下各级管理人员的沟通和磋商,制定出适宜的战略。这种方法的主要优点是可以产生较好的协调效果,制定出的战略更具有操作性。

4. 专家小组的方式

这种方式是组织的负责人和专家人员组成一个战略制定小组,共同研究组织所面临的问题。在战略制定小组中,一般由总经理或外聘专家任组长,而其他的人员构成则有很大的灵活性,由小组的工作内容而定,通常是吸收与所要解决问题关系最密切的人员参加。这种战略制定方法的目的性强、效率高,特别适宜制定如产品开发战略、产品营销战略等特殊战略和处理紧急事件。

(三)战略制定与选择的影响因素

在制定战略的过程中,要充分考虑影响组织战略制定与选择的因素。一般来说,其因素主要有以下几个方面:组织拟定的战略目标,组织过去的战略,组织高层管理者对风险的态度,组织对环境的调适方式和能力,组织文化与权力关系;竞争者和行业的反应情况;时间因素、组织内部的利益群体等。

同时,还应该避免以下几个问题:以目标代替战略,以规模扩张代替能力扩张;不顾组织环境的变化,机械地制定战略,追求稳定,忽视变革;盲目制定不切实际的战略;过分追求大而忽视强,不切实际地推行多元化战略;战略雷同化、机械化,缺乏差异性和灵活性。

(四)战略制定与选择的审核

为了使新的组织战略更科学合理,在制定与选择组织战略过程中要注意审核以下内容:

　　首先，审核对组织战略环境进行的分析包括是否运用科学分析的方法，是否收集了足够的资料，对相关信息是否进行了综合、概括、系统化等内容。

　　其次，审核所收集的信息是否完整，各部分数据是否形成一个有机的整体，数据来源是否真实可靠等。

　　最后，审核是否对组织文化进行了科学的概括，组织文化与新战略之间是否建立了联系等。

案例链接

沃 尔 玛

　　1955年，当美国著名财经杂志《财富》首次推出"全球500强"排行榜时，它尚在孕育之中。历经数十年的风雨历程，却使它在2002年、2003年、2004年连续荣登《财富》"全球500强"之首。它就是铸就"环球商业神话"的美国沃尔玛零售连锁集团。在短短几十年中有如此迅猛的发展，不得不说沃尔玛是零售业的一个奇迹。让我们看一下沃尔玛是怎样打造这一奇迹的。

　　一、以顾客为导向

　　沃尔玛坚信，"顾客第一"是其成功的精髓，1985年被美国《福布斯》杂志列为首富，1992年美总统自由勋章获得者。沃尔玛庞大事业的缔造者山姆·沃尔顿这样说过："我们的老板只有一个，那就是我们的顾客。是他付给我们每月的薪水，只有他有权解雇上至董事长的每一个人。道理很简单，只要他改变一下购物习惯，换到别家商店买东西就是了。"沃尔玛的营业场所总是醒目地写着其经营信条"第一条：顾客永远是对的；第二条：如有疑问，请参照第一条。"

　　沃尔玛这种服务顾客的观念并非只停留在标记和口号上，而是深入到经营服务行动中。沃尔玛店铺内的通道、灯光设计都为了令顾客更加舒适；店门口的欢迎者较其他同行更主动热情；收银员一律站立工作以示对顾客的尊敬；当任何一位顾客距营业员3米的时候，营业员都必须面向顾客，面露微笑，主动打招呼，并问"有什么需要我效劳的吗？"沃尔玛力图让顾客在每一家连锁店都感到"这是他们的商店"，都会得到"殷勤、诚恳的接待"，以确保"不打折扣地满足顾客需要"。正是这事事以顾客为先的点点滴滴为沃尔玛赢得了顾客的好感和信赖。

　　二、天天低价

　　沃尔玛一直特别注重价格竞争，长期奉行薄利多销的经营方针。沃尔顿的名言是："一件商品，成本8毛，如果标价1元，可是销售数量却是1.2元时的3倍，我在一件商品上所赚不多，但卖多了，我就有利可图"。所以，沃尔玛提出了一个响亮的口号："销售的商品总是最低的价格"。在同类商品中，沃尔玛的价格要比最大的竞争对手之一——凯马特——的价格低5％。然而，维持长期低价并不是一件轻而易举的事，沃尔玛之所以能长期保持价格优势还得益于其有效的成本控制。

　　1. 争取低廉进价

　　沃尔玛避开了一切中间环节直接从工厂进货，其雄厚的经济实力使之具有强大的议价能力。更重要的是，沃尔玛并不因自身规模大、实力强而以肆意损害供应商来增加自身利润，而是重视与供应商建立友好融洽的协作关系，保护供应商的利益。沃尔玛给予供应商的优惠远超同行。美国第三大零售商凯马特对供应的商品平均 45 天付款，而沃尔玛仅为平均 29 天付款，大大激发了供应商与沃尔玛建立业务的积极性，从而保证了沃尔玛商品的最优进价。

2. 完善的物流管理系统

沃尔玛被称为零售配送革命的领袖。其独特的配送体系，大大降低了成本，加速了存货周转，成为"天天低价"的最有力的支持。沃尔玛的补充存货的方法被称为"交叉装卸法"。这套"不停留送货"的供货系统共包括三部分：

（1）高效率的配送中心。沃尔玛的供应商根据各分店的订单将货品送至沃尔玛的配送中心，配送中心则负责完成对商品的筛选，包装和分检工作。沃尔玛的配送中心具有高度现代化的机械设施，送至此处的商品 85％都采用机械处理，这就大大减少了人工处理商品的费用。同时，由于购进商品数量庞大，使自动化机械设备得以充分利用，规模优势充分显示。

（2）迅速的运输系统。沃尔玛的机动运输车队是其供货系统的另一无可比拟的优势。至 1996 年，沃尔玛已拥有 30 个配送中心，2000 多辆运货卡车，保证进货从仓库到任何一家商店的时间不超过 48 小时，相对于其他同业商店平均两周补货一次，沃尔玛可保证分店货架平均一周补两次。快速的送货，使沃尔玛各分店即使只维持极少存货也能保持正常销售，从而大大节省了存贮空间和费用。由于这套快捷运输系统的有效运作，沃尔玛 85％的商品通过自己的配送中心运输，而凯马特只有 5％，其结果是沃尔玛的销售成本因此低于同行业平均销售成本 2％～3％，成为沃尔玛全年低价策略的坚实基石。

（3）先进的卫星通信网络。巨资建立的卫星通信网络系统使沃尔玛的供货系统更趋完美。这套系统的应用，使配送中心，供应商及每一分店的每一销售点都能形成连线作业，在短短数小时内便可完成"填妥订单→各分店订单汇总→送出订单"的整个流程，大大提高了营业的高效性和准确性。

3. 营销成本的有效控制

沃尔玛对营销成本的控制非常严格。沃尔玛的广告开支仅相当于美国第二大连锁店——西尔斯——的三分之一，每平方英尺销售额比美国第三大连锁店——凯马特——高一倍。沃尔玛的营销成本仅占销售额的 1.5％，商品损耗率仅为 1.1％，而一般美国零售商店这两项指标的平均值分别高达 5％和 2％。这些都使得沃尔玛实施低价策略的实力进一步加强。

三、"一站式"购物新理念

在沃尔玛，消费者可以体验"一站式"购物（One—Stop Shopping）的新概念。在商品结构上，它力求富有变化和特色，以满足顾客的各种喜好。其经营项目繁多，包括食品、玩具、新款服装、化妆用品、家用电器、日用百货、肉类果菜等。

四、激励员工

员工利益与沃尔玛紧紧相连。除了让工资奖金与员工自身的工作业绩挂钩外，沃尔玛还实行职工入股、利润分享等制度。沃尔玛的员工为合伙人，坚持让员工从公司的成长中获得好处。沃尔玛的最大股东是员工分红信托基金组织。1977 年，该基金只有 440 万美元，到 1983 年已达 9850 万美元，随着沃尔玛的成长，该基金也不断增加。1982 年，沃尔玛发给每一位员工的红利,相当于其年薪的 5.6%。此外,沃尔玛的员工可以利用扣薪的方式购买公司股票,公司补助 15% 的价款。沃尔玛股票从 80 年代起成为纽约证券交易所的明星,从 1977 年到 1987 年,股票价格上涨了 20 倍,1992 年,沃尔玛公司董事会宣布自1971 年以来的第 10 次一分为二的股票拆细,20 年的股票回报高达近 4000 倍。参加股票购买方案的员工都得到了丰厚的回报。正因为沃尔玛与员工利益紧密相连,沃尔玛的每个基层店,都挂有这样的标记牌:"今天我们公司的股票价格,就靠我们的工作。"

　　　　　　　资料来源:http://app.myzaker.com/news/article.php? pk=58f2bc021bc8e0f960000003.

问题:

沃尔玛是如何制定公司战略的?

第二节　战略管理与控制

一、战略的实施

组织战略制定与实施是组织战略管理中的核心。战略制定是实施战略的基础,而战略实施则是战略执行的手段。组织战略制定的正确与否及战略实施效果的好坏,都直接关系到组织战略管理的成败。

(一)战略实施的过程

组织战略的实施,就是将组织战略转化为组织行动。战略实施的过程可以分为四个相互联系的阶段,即战略准备阶段、战略计划阶段、战略运作阶段和战略控制阶段。

1. 战略准备阶段

战略准备阶段是将制定的战略在实施意义、执行步骤、实行方法和执行部门各方面进一步具体化,并将这些内容传授给各层管理人员和一线员工,对组织管理人员和员工进行培训,做好战略实施的准备工作,准备越充分、完备,则战略实施过程越顺利。

2. 战略计划阶段

战略计划阶段是对战略目标进行分解,对应到不同的业务单元和职能部门,根据战略需要调整组织结构,并且明确相应的责任和权力以及组织将采用的各种方法和手段,确定资源的配置方案。

3. 战略运作阶段

战略运作阶段是根据既定的战略计划执行战略,包括根据战略执行效果考核与奖励员工,对战略执行进行领导,建设与战略相应的组织文化,建立信息支持系统等。

4. 战略控制阶段

战略是在变化的环境中实施的,组织只有加强对战略执行过程的评价与控制,才能适应环境的变化,完成战略任务。这一阶段主要包括确立控制原则、建立控制系统、选择控制方式、监控绩效和评估偏差、控制及纠正偏差五个方面。

(二)战略实施的模式

战略实施有指挥模式、变革模式、合作模式、授权模式和文化模式。

1. 指挥模式

组织管理人员运用严密的逻辑分析方法重点考虑战略制定问题。一旦组织制定出满意的战略，高层管理人员便让下层管理人员去执行战略，而自己并不介入战略实施的问题。这种模式的优点是在原有战略或常规战略变化的条件下，组织实施战略时不需要有较大的变化，实施的结果也就比较明显。缺陷是不利于调动组织员工的积极性，员工会因此感到自己在战略制定上没有发言权，处于一种被动执行的状态。

2. 变革模式

组织高层管理人员重点研究如何在组织内实施战略，设计适当的行政管理系统，进行一系列变革，如建立新的组织结构、信息系统，兼并或合并经营范围等，以增加战略成功的机会。该模式的优点是从组织行为角度出发考虑战略实施问题，可以实施较为困难的战略。但是，这种模式也有它的局限性，只能应用于稳定行业中的小型组织。同时，这种模式也是自上而下地实施战略，同样也不利于调动员工的积极性。

3. 合作模式

负责制定战略的高层管理人员启发其他的管理人员运用头脑风暴法去考虑战略制定与实施的问题。管理人员可以充分发表自己的意见，提出各种不同的方案。其优点是可以集思广益，保证决策时所使用的信息的准确性，提高战略实施的有效性。该模式的缺陷是：① 缺乏由个人或计划人员提出的方案中所具有的创造性；② 战略实施方案可能带有一定的倾向性；③ 讨论时间可能会过长，有可能错过了组织面对的战略机会，不能对正在变化的环境迅速采取战略行动。

4. 授权模式

组织高层管理人员鼓励中下层管理人员制定与实施自己的战略，充分发挥他们的积极性、主动性和创造性，集中来自一线的管理人员的经验与智慧，而高层管理人员只是在这些战略中做出自己的判断，并不将自己的意见强加在下级身上。在大型的多种经营组织里，这种模式比较适用。

5. 文化模式

文化模式扩大了合作的范围，将组织基层的员工也包括进来。高层管理人员指引大的方向，放手让每个人做出自己的决策：利用培训、规章制度等影响员工行为，使管理人员和员工有共同的道德规范和价值观念。但是，这种模式也有它的局限性，它要求组织里的职工有较高的素质，受过较好的教育，否则很难使组织战略获得成功；同时，组织文化一旦形成自己的特色，又很难接受外界的新生事物。

二、战略的控制

战略应随着组织内外部环境的变化而变化。这些变化中既有战略方针与战略措施的变化，也有战略目标的调整，组织战略应与环境条件相符。此外，人们对未来预期的偏差、对内外部环境把握上的不确定性，也会导致战略策划的非客观性、非理性以及战略实施的欠操作性。在战略实施过程中还可能出现操作失误，从而降低组织战略的预期效果。因此，要使组织战略能够不断顺应多变的内外部环境，除了要使战略决策具有一定的灵活性外，还必须加强对战略实施的评价与控制。

战略控制主要是指在组织战略的实施过程中，检查组织为达到目标所进行的各项活动的进展情况，评价实施组织战略后的绩效，把它与既定战略目标与绩效标准相比较，发现战略差距，分析产生偏差的原因，纠正偏差，使组织战略的实施更好地与组织当前所处的内外环境、组织目标协调一致，使组织战略得以实现。

（一）战略控制方式

战略控制方式可按控制时间和控制主体的状态分为两类。

1. 按控制时间分类，可分为事前控制、事中控制和事后控制

事前控制，又称前馈控制，在战略实施之前，要设计好正确有效的战略计划，该计划要得到组织高层领导人的批准后才能执行，其中有关重大的经营活动必须通过组织的领导人的批准同意才能开始实施，所批准的内容往往也就成为考核经营活动绩效的控制标准，这种控制方法多用于重大问题，如任命重要的人员、重大合同的签订、购置重大设备等。

事中控制，即过程控制，又称现场控制或即时控制。组织高层领导者要控制组织战略实施中的关键性的过程或全过程，随时采取控制措施，纠正实施中产生的偏差，引导组织沿着战略的方向进行经营，这种控制方式主要是对关键性的战略措施进行随时控制。

事后控制，又称反馈控制，这种控制方式发生在组织的经营活动之后，把战略活动的结果与控制标准相比较，这种控制方式的重点是要明确战略控制的程序和标准，把日常的控制工作交由职能部门人员去做，即在战略计划部分实施之后，将实施结果与原计划标准相比较，由组织职能部门及各事业部定期将战略实施结果向高层领导汇报，由领导者决定是否有必要采取纠正措施。

以上三种控制方式所起的作用不同，因此在组织经营当中根据需要而选择采用。

2. 按控制主体的状态分类，可分为避免型控制和开关型控制

避免型控制，即采用适当的手段，使不适当的行为没有产生的机会，从而达到不需要控制的目的。如通过自动化使工作的稳定性得以保持，按照组织的目标正确地工作；通过与外部组织共担风险，减少控制；转移或放弃某项活动，以此来消除有关的控制活动。

开关型控制，又称为事中控制或行与不行的控制。其原理是：在战略实施的过程中，按照既定的标准检查战略行动，确定行与不行，类似于开关的开与止。开关控制方法的具体操作方式有多种，如直接领导、自我调节、共同愿景等。开关控制法一般适用于实施过程标准化的战略实施控制，或某些过程标准化的战略项目的实施控制。

（二）战略控制的原则

组织在经营战略的实施过程中，常常会遇到许多在制定战略时未估计到或者不可能完全估计到的问题，在战略实施中有三个基本原则，可以作为组织实施经营战略的基本依据。

1. 适度合理性原则

由于经营目标和组织经营战略的制定过程中，受到信息、决策以及认识能力等因素的限制，对未来的预测不可能很准确，所制定的组织经营战略也不是最优的，而且在战略实施的过程中由于组织外部环境及内部条件的变化较大，情况比较复杂，因此只要在主要的

战略目标上基本达到了战略预定的目标，就应当认为这一战略的制定及实施是成功的。只要不损害总体目标和战略的实现，还是可以容忍的，即在战略实施中要遵循适度合理性原则。

2. 统一领导、统一指挥原则

对组织经营战略了解最深刻的应当是组织的高层领导人员，一般来讲，他们要比组织中下层管理人员以及一般员工掌握的信息要多，对组织战略的各个方面的要求以及相互联系的关系了解得更全面，对战略意图体会最深，因此战略的实施应当在高层领导人员的统一领导、统一指挥下进行，组织的每个部门只能接受一个上级的命令，只有这样，其资源的分配、组织机构的调整、组织文化的建设、信息的沟通及控制、激励制度的建立等各方面才能相互协调、平衡，才能使组织为实现战略目标而卓有成效地运行。

此外，人是让组织运作有效的动力源，因此要做到人和组织的有效匹配。对于战略管理团队而言，结构很重要，因此需要注意性别结构、年龄结构、经验与教育结构等。一个想要成功的企业必须关注团队及团队结构的建设，很多企业的问题是战略上想要很多，却不投入和目标匹配的人员力量，导致功亏一篑。

趣味链接

海 尔 集 团

从 1984 年创业至今，海尔集团经过了名牌战略发展阶段、多元化战略发展阶段、国际化战略发展阶段、全球化品牌战略发展阶段等四个发展阶段。2012 年 12 月，海尔集团宣布进入第五个发展阶段：网络化战略阶段。互联网时代的到来颠覆了传统经济的发展模式，而新模式的基础和运行则体现在网络化上，市场和企业更多地呈现出网络化特征。在海尔看来，网络化企业发展战略的实施路径主要体现在三个方面：企业无边界、管理无领导、供应链无尺度。

启示：用海尔人人都熟悉的话说，集团各公司可以"各自为战"，不能"各自为政"。张瑞敏说，集团所要求的，你必须执行；有问题我来负责，我来订正，你可以提出建议，但绝不允许阳奉阴违；战略的实施，必须要有一个强有力的"中央"。

3. 权变原则

组织经营战略的制定是基于一定的环境条件的假设，在战略实施中，事情的发展与原先的假设有所偏离是不可避免的，战略实施过程本身就是解决问题的过程，但如果组织内外环境发生重大的变化，以致原定战略难以实现，显然这时需要把原定的战略进行重大的调整，这就是战略实施的权变问题。其关键就在于如何掌握环境变化的程度，权变的观念应当贯穿于战略实施的全过程，以使组织有充分的应变能力。

三、战略评价的内容

在战略实施过程中，要做到及时发现同题、及时解决问题，并及时地对战略的实施情况做出评判。战略评价的内容一般有以下几点：一是制定战略评价标准。要根据组织预期战略目标或计划，分析出应当实现的战略效益，制定出具体的评价标准。二是衡量实际效益，主要是判断和衡量实现组织效益的实际条件。三是评价实际效益，组织要用实际的效益与计划的效益相比较，确定两者之间的差距，并尽可能分析出形成差距的原因。四是制定纠正措施和权变计划，组织应考虑采取纠正措施或实施权变计划，该计划是指组织在战略实施的控制过程中为了应对发生的重大意外情况，必须采用的备用应变计划。

案例链接

西门子在中国发布"未来制造"三大战略

在 2013 年 11 月 5 日于上海开幕的中国国际工业博览会上，西门子中国公司发布了面向"未来制造"的三大战略定位：数字化组织平台、资源效率和人才培养。西门子中国公司执行副总裁兼工业业务领域总裁吴和乐认为，金融危机后，全球经济增长再次倚重实业，而中国正在致力于从工业大国转型升级为工业强国，同时经受着既要保持经济持续增长又要推动产业升级的两难考验，他认为，新一轮工业革命将为中国制造业转型升级提供新契机。

吴和乐介绍，在以蒸汽机、大规模流水线生产和电气自动化为标志的前三次工业革命之后，第四次工业革命将以虚拟生产结合现实生产为主要特点，通过工业软件信息技术和工业自动控制技术将产品的开发和生产融为一体，从而实现更先进的生产力、更高的生产效率和灵活性，并缩短上市时间。

西门子因此确定了面向"未来制造"的三大战略定位。吴和乐解择，其中一大战略即数字化组织平台，是实现数字制造的载体，是信息化和工业化融合的产物。这与中国工业"两化"融合的发展方向相吻合。

据介绍，这个数字平台是在物联网、云计算、大数据、工业以太网等现代技术的支撑下，集成最先进的生产管理系统及软硬件，从而实现包括产品设计、规划、生产工程，到生产执行和服务在内的生产全流程的高效管理和运行，能以更小的资源消耗获取更高的生产效率。这种数字化的未来制造方式可以提升时间、人力、设备和原材料等资源效率，也将推动数字化人才的发展。

在提升资源效率层面，制造业组织首先需要考虑设备层面的资源效率提升方案，同时组织需要将眼光放远，关注能够使全生命周期资源效率提升的整体解决方案。将现有的技术和创新全部整合到一个数字化组织平台中，从组织层面到设备层面给出"基于成本设计"及"基于节能和资源设计"的完整资源方案。产品开发流程和生产流程中的所有环节在生产开始之前就已在虚拟环境达到了最优化，产品设计和生产任务配置所消耗的时间、人力、设备和原材料资源会得到大幅缩减，生产流程也会大大改进。

西门子也致力于将最前沿的技术经验带到教育领域。西门子与教育部以及高校保持合作，通过"三维能力模型"把工程师培养机制、员工培训体系、认证体系带到中国，为中国高校和职业院校培养高素质的工程人才做出贡献。2013 年西门子与中国教育部合作开展了"西门子公司产学合作专业综合改革项目"，提供系统教材建设以及向 35 所中国高校授予西门子产品生命周期管理软件中 NX 软件的使用权。目前，被授予使用权的 NX 软件总价值超过 7 亿美元。

作为全球最大的电气工程和电子公司之一，西门子与中国组织建立的合作伙伴关系已经有 140 多年的历史，见证并参与了中国制造业的发展。西门子以数字化组织平台、资源效率和未来制造人才培养为战略定位，助力中国制造业更上一层楼。

问题：

1. 西门子中国公司发布的面向"未来制造"的三大战略定位有何意义？
2. 西门子面向"未来制造"的三大战略之间有什么联系？
3. 查阅资料，了解西门子公司进入中国后的战略发展。

第三节　决策的类型与程序

案例链接

老 农 移 石

多年以来，在老农的一块田地里有块大石头，这块石头碰断了老农的好几把犁头，还弄坏了他的耕种机。老农对此无可奈何，巨石成了他种田时挥之不去的心病。一天，在又一把犁头打坏之后，老农想起巨石带来的无尽麻烦，终于下决心清理这块巨石。于是，他找来撬棍伸进巨石底下，却惊讶地发现，石头埋在地里并没有想象的那么深，他稍使点劲就把石头撬了起来，再用大锤打碎，清出田里。刹那间，老农脑海里闪过多年被巨石困扰的情景，再想到完全可以早些时候就把这桩头疼事处理掉，他禁不住一阵苦笑。

启示：从这则寓言故事中，我们可以领悟出管理中的道理，即遇到问题应立即弄清根源，有问题更需立即处理。

一、决策概述

（一）决策的概念

决策理论作为一门科学，是在第二次世界大战后随着管理科学、行为科学、系统理论等管理理论和科学技术的迅猛发展而建立起来的。"决策"一词的英语表述为"decision"，意思是做出决定或选择。决策是管理工作的本质，在企业管理中占有十分重要的地位。按照汉语习惯，"决策"一词被理解为"决定政策"，主要是指对国家大政方针做出决定。但事实上，决策不仅指高层领导做出决定，也包括人们对日常问题做出决定，如企业要开发一种新产品，引进一条生产线；人们要选购一种商品或选择一种职业，都带有决策的性质。可见，决策活动与人类活动是密切相关的。时至今日，对决策概念的界定有上百种，但仍未形成统一的看法，诸多界定归纳起来，基本上有以下三种理解：一是把决策看做是一个包括提出问题、确立目标、设计和选择方案的过程，这是广义的理解。二是把决策看做是从几种备选的行动方案中做出最终抉择，是决策者的拍板定案，这是狭义的理解。三是认为决策是对不确定条件下发生的偶发事件所做的处理决定，这类事件既无先例，又没有可遵循的规律，做出选择要冒一定的风险，也就是说，只有冒一定的风险的选择才是决策，这是对决策概念最狭义的理解。

本书将决策定义为组织或个人为了实现某种目标而对未来一定时期内有关活动的方

向、内容及方式的选择或调整过程。其主体可以是组织，也可以是个人。决策是管理的首要职能，管理的各项职能——计划、组织、领导和控制——都离不开决策。

正确理解上述概念，应把握以下几层含义：

（1）决策要有明确的目标。

决策是为了解决某一问题，或是为了达到一定的目标。确定目标是决策过程的第一步。决策所要解决的问题必须十分明确，所要达到的目标必须十分具体。没有明确的目标，决策将是盲目的。

（2）决策要有两个以上备选方案。

决策实质上是选择行动方案的过程。如果只有一个备选方案，就不存在决策的问题，因而，方案至少要有两个或两个以上，人们才能从中进行分析、比较，最后选择一个满意的方案为行动方案。

（3）选择后的行动方案必须付诸实施。

如果选择后的方案被束之高阁，不付诸实施，那么，决策也等于没有决策，决策不仅是一个制定过程，也是一个实施的过程。

（二）决策的原则

为了进行有效的决策，企业经营管理者进行任何一项决策都必须遵循以下原则：

1. 经济性原则

经济性原则就是研究决策所花的代价和取得收益的关系，研究投入与产出的关系。决策者必须以经济效益为中心，并且要把经济效益同社会效益结合起来，以较小的劳动消耗和物资消耗取得最大的成果。如果一项决策所花的代价大于所得，那么这项决策是不科学的。

2. 可行性原则

可行性原则的基本要求是以辩证唯物主义为指导思想，运用自然科学和社会科学的手段，寻找能达到决策目标的一切方案，并分析这些方案的利弊，以便最后抉择。可行性分析是可行性原则的外在表现，是决策活动的重要环节。只有经过可行性分析论证后选定的决策方案，才是有较大的把握实现的方案。掌握可行性原则必须认真研究分析制约因素，包括自然条件的制约和决策本身目标系统的制约。

可行性原则的具体要求，就是在考虑制约因素的基础上，进行全面性、选优性、合法性的研究分析。

（1）全面性指从全局和整体出发，全面系统地研究、分析决策目标和决策方案，力求完整无缺，不放过任何一种可能方案。全面性分析要求决策时，必须有多方位思考和比较的余地，全面地考虑和权衡各种得失利弊，全面地把握各种备选方案，既要考虑需要，又要考虑可能；既要考虑到有利因素和成功的机会，又要考虑到不利因素和失败的风险。

（2）选优性指决策必须从两个或两个以上可供选择的不同方案中，通过广泛调查，反复对比和全面分析，经科学论证后，选出最优方案作为对策。这里的"优"主要表现为效益大和效率高。

（3）合法性指任何决策总是在一定复杂的社会关系中进行的，必须具有法律上的可行性。决策的内容要符合现行的法律法规，并且决策要经过一定的、合法的组织程序和审批手续。

趣味链接

如 何 对 付 猫

一群老鼠吃尽了猫的苦头,他们召开全体大会,号召大家贡献智慧,商量对付那些猫的万全之策,争取一劳永逸的解决事关大家生死存亡的大问题。众老鼠们冥思苦想,有的提议培养猫吃鱼、吃鸡的新习惯,有的建议加紧研制毒猫药,最后还是一只老奸巨猾的老鼠出的主意让大家佩服得五体投地,那就是给猫的脖子上挂个铃铛。只要猫一动,就有响声,大家就可事先得到警报躲起来。这一决议终于被一致通过,但决策的执行者却始终产生不出来,高薪奖励,频发荣誉证书等办法又被一个一个提议出来,但无论什么高招,好像都无法将这一决策执行下去。至今,老鼠们还在自己的各种媒体上争论不休。

启示:再好的决策,如果不能够去执行,那么对于决策来说都是没有意义的。决策与想法不在于多么英明,而在于能否实行。管理者不仅是个决策者,还是不折不扣的执行者。

3. 科学性原则

科学性原则是一系列决策原则的综合体现。现代化大生产和现代化科学技术,特别是信息论、系统论、控制论的兴起,为决策从经验到科学创造了条件,使得领导者的决策活动产生了质的飞跃。决策科学性的基本要求是决策思想科学化、决策体制科学化、决策程序科学化、决策方法科学化。科学性原则的这几个方面是互相联系,不可分割、缺一不可的。只有树立科学的决策思想,遵循科学的决策程序,运用科学的决策方法,建立科学的决策体制,整个决策才可能是科学的;否则,就不能称为科学决策。

4. 民主性原则

民主性原则是指决策者要充分发扬民主作风,调动决策参与者甚至包括决策执行者的积极性和创造性,共同参与决策活动,并善于集中和依靠集体的智慧与力量进行决策。

5. 整体性原则

整体性原则也称为系统性原则,它要求把决策对象视为一个整体或系统,以整体或系统目标的优化为准绳,协调整体或系统中各部分或分系统的相互关系,使整体或系统完整和平衡。因此,在决策时,应该将各个部分或小系统的特性放到整体或大系统中去权衡,以整体或系统的总目标来协调各个部分或小系统的目标。

6. 预测性原则

预测是决策的前提和依据。预测是由过去和现在的已知,运用各种知识和科学手段来推知未来的未知。科学决策,必须用科学的预见来克服没有科学根据的主观臆测,防止盲目决策。决策的正确与否,取决于对未来后果判断的正确程度,不知道行动后果如何,常常会造成决策失误,所以决策必须遵循预测性原则。

(三) 决策的主体和依据

决策的主体亦称决策者,其可以是个体(如公司的总经理),也可以是群体(如公司的董事会)。在某些情况下,决策者本身就是被决策的对象或是被决策对象的一部分,例如,一切个人行动,都是这个人决策后的实践活动。从广义上讲,一切决策活动都要通过自身反馈来影响决策者。所以，每一个决策都与决策者自身发生必然的联系，这是决策学中的一条基本原理。

管理者在决策时离不开信息。信息的数量和质量直接影响决策水平，这就要求管理者在决策之前以及决策的过程中，要尽可能地通过多种渠道收集信息，将其作为决策的依据，但这并不是说管理者要不计成本地收集各方面的信息。管理者在决定收集什么样的信息、收集多少信息以及从何处收集信息等问题时，要进行成本—收益分析。只有在收集的信息所带来的收益（因决策水平提高而给组织带来的利益）超过因此而付出的成本时，才应该收集信息，所以适量的信息是决策的依据。信息量大固然有助于决策水平的提高，但对组织而言可能不经济，而信息量过少则使管理者无从决策或导致决策收不到应有的效果。

🖋 **趣味链接**

沃 尔 森 法 则

沃尔森法则：把信息和情报放在第一位，金钱就会滚滚而来。

启示：要在变幻莫测的市场竞争中立于不败之地，就必须准确快速地获悉各种情报，包括市场有什么新动向，竞争对手有什么新举措等。在获得了这些情报后，果敢迅速地采取行动，这样你不成功都难。你能得到多少，往往取决于你能知道多少。

（四）决策的理论

因为人类的管理活动复杂多元，所以决策也变得复杂和多样。根据不同的标准，决策理论被分为以下几种不同的类型。

1. 古典决策理论

古典决策理论又称规范决策理论，是基于"经济人"假设提出来的，主要盛行于1950年以前。古典决策理论认为，应该从经济的角度来看待决策问题，即决策的目的在于为组织获取最大的经济利益。

古典决策理论的主要内容有以下几个方面：

（1）决策者必须全面掌握有关决策环境的信息情报。

（2）决策者要充分了解有关备选方案的情况。

（3）决策者应建立一个合理的自上而下的执行命令的组织体系。

（4）决策者进行决策的目的始终都是在于使本组织获取最大的经济利益。

古典决策理论被认为是一种规范或标准的决策理论。古典决策理论的价值在于它使得决策在决策中更加理性。尤其当决策类型为程序性决策，或者决策具有确定性或风险性特点时，古典决策理论是最有价值的，因为与决策相关的信息可以收集到，而且事件发生的概率可以清楚地计算出来。特别是在信息经济时代，计算机辅助信息系统和数据库技术在管理决策中的广泛利用，使古典决策理论指导下的定量决策技术（包括决策树、盈亏平衡分析、线性规划、预测等）的有效性得到了显著提高。古典模型代表一种理想的决策模型。在程序化决策、确定性决策与风险性决策中，古典模型具有很强的应用价值。

2. 行为决策理论

行为决策理论（behavioral decision theory）是从组织行为学的角度探讨决策过程的理

论,最早出现于巴纳德、马奇、亚历山大·西蒙和塞厄特等人关于个人、团体及组织的理论中。其理论的主要前提为决策是组织中行为及绩效的基本过程。古典决策理论把人看作具有绝对理性的"理性人"或"经济人",认为在决策时,人们会本能地遵循最优化原则选择方案。组织决策的行为理论则认为,这十分困难。为此,西蒙用"令人满意"的原则来代替"最优化"。该理论即考查实际决策中所受到的动机的、认知的及计量上的限制,找到一个"令人满意"的决策方案。在《组织》一书中,西蒙将"决策人"作为一种独立的管理模式,指出组织中经理人员的重要职能就是做决策。他认为决策的制定包括四个主要阶段:找出制定决策的根据,即收集情报;找到可能的行动方案;根据当时的情况和对未来发展的预测,从各个方案中选定一个方案;对已选择的方案及其实施进行评价。西蒙等人认为,一个企业组织机构的建立及企业的分权与集权不能脱离决策过程而孤立地存在,必须要与决策过程有机地联系起来。他们非常强调信息联系在决策中的作用。他们把信息联系定为"决策前提赖以从一个组织成员传递给另一个成员的任何过程"。西蒙认为,今天关键性的任务不是去生产、储存或分配信息,而是对信息进行过滤,加工处理成各个有效的组成部分。今天的稀有资源已不是信息,而是处理信息的能力。

行为决策理论的主要内容包括以下几个方面:

(1) 人的理性介于完全理性和非理性之间,即人是有限理性的,这是因为在高度不确定和极其复杂的现实决策环境中,人的知识、想象力和计算力是有限的。

(2) 决策者在识别问题中易受知觉上的偏差影响,而在对未来的状况做出判断时,直觉的运用往往多于逻辑分析方法的运用。所谓知觉上的偏差,是指由于认知能力有限,决策者仅把问题的部分信息当作认知对象。

(3) 由于受决策时间和可利用资源的限制,决策者即使充分了解和掌握有关决策环境的信息情报,也只能做到尽量了解各种备选方案的情况,而不可能做到全部了解,决策者选择的理性是相对的。

(4) 在风险型决策中,与经济利益的考虑相比,决策者对待风险的态度起着更为重要的作用。决策者往往厌恶风险,倾向于接受风险较小的方案,尽管风险较大的方案可能带来较为可观的收益。

(5) 决策者在决策中往往只求满意的结果,而不愿费力寻求最佳方案。导致这一现象的原因有多种:① 决策者不注意发挥自己和别人继续进行研究的积极性。只满足于在现有的可行方案中进行选择;② 决策者本身缺乏有关能力,在有些情况下,决策者出于个人某些因素的考虑而做出自己的选择;③ 评估所有的方案并选择其中的最佳方案,需要花费大量的时间和金钱,这可能得不偿失。

行为决策理论抨击了把决策视为定量方法和固定步骤的片面性,主张把决策视为一种文化现象。例如,威廉·大内在其对美日两国企业在决策方面的差异所进行的比较研究中发现,东西方文化的差异是导致这种决策差异的一种不容忽视的原因,从而开创了决策的跨文化比较研究。

3. 回溯决策理论

回溯决策理论又称隐含最爱理论,或者是当代决策理论,该理论是 1967 年彼得·索尔伯格提出。该理论把思考重点放在决策制定之后,解释决策者如何努力使自己的决策合理化。他在观察商学院毕业生的择业过程时发现,在很多情况下,学生在招聘过程中,很早就确定了自己的隐含最爱方案，即他们想要的选择。但是，学生们继续寻找更多备选方案并很快选定最优的备选方案，即第二备选方案，该方案被称为"证实性备选方案"。接下来，学生们会试图开发一组能够清楚地证明自己的隐含最爱方案比备选方案优越的那些特性。在建立了明显偏向隐含最爱方案的决策标准之后，决策者决定选择隐含最爱方案。事实上，该方案很早就被确定了。彼得·索尔伯格研究发现，隐含最爱方案通常只在一个或两个方面优于证实性备选方案。

　　回溯理论说明，决策事实上只是为已经做出的直觉决策证明其合理性的一个过程，说明了直觉在决策中的作用。通过这种方式，个人相信他或她是在理性地行动，为某个重要问题制定逻辑的、理性的决策。虽然一些企业通常把他们的决策行为建立在理性分析的基础之上，但是一些研究发现，直觉决策在很多组织里不但更快，而且决策结果与系统的理性决策方法一样好，甚至更好。

案例链接

威尔逊：先声夺人

　　世界旅馆大王、美国巨富威尔逊在创业初期，全部家当只有一台分期付款"赊"回来的爆玉米花机，价值50美元。第二次世界大战结束时，威尔逊做生意赚了点钱便决定从事地产生意。当时干这一行的人并不多，因为战后人们都很穷，买地皮修房子、建商店、盖厂房的人并不多，地皮的价格一直很低。听说威尔逊要干这种不赚钱的买卖，好朋友都反对。但威尔逊却坚持己见，他认为这些人的目光太短浅。虽然连年的战争使美国经济不景气，但美国是战胜国，它的经济很快会腾飞的，地皮价格一定会日益上涨，赚钱不会有问题。威尔逊用手头上的全部资金再加一部分贷款买下了市郊一块很大的但却没人要的地皮。这块地皮由于地势低洼，既不适宜耕种，也不适宜盖房子，所以一直无人问津，可是威尔逊亲自到那里看了两次以后，竟以低价买下这块布满草丛、一片荒凉之地。这一次，连很少过问生意的母亲和妻子都出面干涉。可是威尔逊认为，美国经济很快就会繁荣，城市人口会越来越多，市区也将会不断扩大，他买下的这块地皮一定会成为黄金宝地。事实正如威尔逊所料，3年之后，城市人口骤增，市区迅速发展，马路一直修到了威尔逊那块地的边上，大多数人才突然发现，此地的风景实在宜人，宽阔的密西西比河从它旁边蜿蜒而过，大河两岸，杨柳成荫，是人们消暑避暑的好地方。于是，这块地皮马上身价倍增，许多商人都争相高价购买，但威尔逊并不急于出手，真叫人捉摸不透，后来，威尔逊自己在这地皮上盖起了一座汽车旅馆，命名为"假日旅馆"。假日旅馆由于地理位置好，舒适方便，开业后，生意兴隆。从那以后，威尔逊的"假日旅馆"便像雨后春笋般出现在美国及世界其他地方，这位高瞻远瞩的"风水先生"获得成功。

　　做生意如同下棋一样，平庸之辈只能看到眼前的一两步，高明的棋手却能看出后五六步。能遇事处处留心，比别人看得更远、更准，这便是威尔逊具备的企业家素质。企业经营者要具有远见和胆识，要善于观察、分析市场发展规律，寻找战机，当机遇出现时，能够果断采取决策，适应市场变化的需要，从而在竞争中取胜。

　　资料来源：http：//finance.sina.com.cn/leadership/jygl/20050815/1046264730.shtml？from＝wap

（五）决策的影响因素

1. 决策环境

决策环境是指影响决策产生、存在和发展的一切因素的总和。一个决策是否正确，能否顺利实施，它的影响效果如何，不仅取决于决策者和决策方案，而且直接取决于决策所处的环境和条件。

对决策环境的评估尤其要注意各种关系的内在联系，因为决策环境是各种因素组成的，它们之间存在着一定的联系和相互作用，并产生各种结果。评估决策环境的相互关系，首先要对以下几个方面有所了解：

（1）决策环境的背景。关系的形成是一个过程，现有关系状况总是在一定条件下，受某些因素作用而形成的。

（2）决策环境内部相关因素。了解环境状况是由哪些因素构成的，其构成的方式如何。

（3）利害关系。决策者分析环境关系，关键问题在于分析利害关系，只有分清了利害，环境分析才有意义、有价值。

2. 组织文化

组织文化或称企业文化（Corporate Culture & Organizational Culture），是一个组织由其价值观、信念、仪式、符号、处事方式等组成的其特有的文化形象，简单而言，就是企业在日常运行中所表现出的各方各面。组织文化影响组织及成员的行为方式，对决策的影响也正是通过影响人们对组织的态度而发挥作用的。团结、和谐、平等的组织文化会激励人们积极参加组织决策；涣散、压抑、等级森严的组织文化容易使人们对组织的事情漠不关心，不利于调动组织成员的参与热情。在偏向保守、怀旧的组织中，人们总是根据过去的标准来判断现在的决策，总是担心在变化中会失去什么，从而对将要发生的变化产生怀疑、害怕和抵御的心理行为；相反，在具有开拓、创新氛围的组织中，人们总是以发展的眼光来分析决策的合理性，总希望在可能产生的变化中得到什么，因此，欢迎变化，支持变化。显然，欢迎变化的组织文化有利于新决策的实施，抵御变化的组织文化则会成为实施新决策的障碍。所以，在制定及选择决策方案时，必须考虑方案实施过程中可能遇到的组织文化方面的阻力，以及为克服这种阻力而必须付出的代价。

3. 决策者的素质和作风

决策者的价值观、知识水平、战略眼光、领导能力、民主作风、对待风险的态度等都会直接影响决策的过程和结果。知识渊博、富有战略眼光的决策者依靠个人素质就能运筹帷幄，并做出高质量的决策；领导能力强、民主作风好的决策者能够集思广益，发动更多的人参与决策，从而提高决策质量；愿冒风险的决策者在决策时往往更加主动、积极，不愿冒风险的决策者在决策时则容易被动和保守。

4. 过去的决策

今天是昨天的继续，在大多数情况下，组织过去的决策是目前决策过程的起点，"非零起点"的目前决策不能不受到过去决策的影响。这种影响的好处是有利于实现决策的连贯性和维持组织的稳定性，并使现在的决策建立在较高的起点上；缺陷是不利于创新，不利于实现组织的跳跃式发展。过去的决策对现在决策的影响程度主要受它们与决策者关系的影响。如果现在的决策是过去决策的延续，因为决策者要对过去的决策负责，他在进行现在的决策时，就必然要考虑过去的决策；如果现在的主要决策与组织过去的重要决策没有很深的关系时，决策者会易于接受重大的改变。

🖋 案例链接

如果重新选一次，还是会并购阿尔卡特

"过去这两年，我亲自过问的海外并购项目应该有 10 个。"11 月 28 日，TCL 集团董事长李东生在接受"21 世纪经济报道"记者采访时透露，尽管最终并没有可以对外宣布的大项目，但 TCL 在海外并购上的谈判一直没有间断。

此时距离 TCL 启动对汤姆逊和阿尔卡特手机业务的两大并购已届 10 周年。李东生当初"18 个月盈利"的豪言犹在耳。然而，紧随而来的是 TCL 在两个项目上众所周知的整合苦旅，直至将公司一度拖入巨亏的泥潭。李东生不得不带领 TCL 集团投入一场被称为"鹰之重生"的生存自救。

十年的节点，回看 TCL 的两大并购，其结果可谓先败后赢。

"如果让我重新选择一次，我还是会并购。"李东生表示，TCL 敢于上马华星光电，以及当下手机业务在国际市场的攻城略地，都离不开 10 年前的并购。

李东生表示，从目前来看，TCL 与全球领先同行还是有差距，但差距在大幅度缩小，尤其是在面向互联网的战略转型方面，有更大的赶超机会。

1. 砸了两个茶碗三个盘子

TCL 在 10 年前开展的两大并购是当时中国企业并不多见地在欧美市场刷出存在感。在此之前，中国企业的所谓国际化要么仅局限于新兴市场，要么只不过是商品输出为主的国际贸易。

2004 年 1 月，TCL 并购了汤姆逊全球彩电业务，当年 8 月，TCL 继续收购了阿尔卡特手机业务。

"我们的设想是通过供应链整合，快速提高市场份额和规模。"李东生对记者表示，但由于市场形势变化太快和准备不足，这两个项目前期都遇到了很大的困难。后来，"18 个月盈利"的目标不仅没有实现，股东注入的现金也很快烧完，TCL 不得不对并购项目进行再度重组。

TCL 多媒体 CEO 郝义表示，2006 年是 TCL 国际化最痛苦的时候。时任李东生特别助理的郝义回忆说，有一天接到重组开支大大超出预料的电话后，一向温文尔雅的李东生在北京一家酒楼气得当场"砸了两个茶碗和三个盘子"。

"国际化需要胆略，也要创新。"李东生对记者表示，跨国并购是一个机会事件，中国企业在借此扩张的同时，还应该反向学习。

就 TCL 这两次跨国并购的教训而言，李东生表示，第一，国际化尤其是并购过程中，一定要抵住诱惑，"几乎达成协议时，汤姆逊突然通知，业绩与预算有很大差距，但我还是抵不住成为行业全球前三的诱惑"；第二，对可能遇到的困难要有充分准备，"想到的困难会发生，很多没有想到的困难也会发生"，比如 TCL 当初在融资时就可以考虑股权融资，

而不是表现为信心爆棚的银团贷款；第三，人才储备力度应该更大一些；第四，在产品和市场转型期进行并购，将放大风险；第五，要吃透相关国家的法律法规以及潜规则，TCL在欧洲市场就在这一点上吃了大亏，想裁的人裁不掉。

2. 阿尔卡特的专利很值钱

李东生表示，TCL由于跨国并购在2005年、2006年出现巨额亏损，承受巨大压力，但他强调，中国市场已经国际化，因此国际化也将是中国企业的必由之路。

并购的过程很痛苦，但李东生亦不承认这是两个失败的并购案，而是"先败后赢"。

"当年一起获得国内手机牌照的13家企业中，TCL手机是目前唯一幸存下来的一家。"李东生对记者表示，TCL在对阿尔卡特手机业务进行二次重组之后，原有的渠道和客户得到保留，研发能力大部分也转移到了上海。

尤其当时拿到的阿尔卡特手机专利，后来被证明对TCL手机业务价值巨大。TCL集团高级副总裁、TCL通信CEO郭爱平对记者表示，通过对阿尔卡特手机业务的并购，TCL通讯从2009年开始发力，在过去5年时间，销售收入和市值增长了差不多10倍，净资产从当初的七八亿元增长到30多亿元。

而在体现国际化水平的指标上，目前TCL通信已在170个国家实现销售，有超过85%的收入来自海外；同时，英语已经成为公司的工作语言，20%的员工是海外籍，80%的员工能进行英文沟通。

"今天，我们的手机业务在国内市场还没有缓过劲来，但海外业务已经打出一片新天地。"李东生表示，如果没有当初并购阿尔卡特的手机业务，这些将很难想象，尤其由此获得的专利和技术，直到今天仍是TCL通信国际化的重要支点。

李东生还表示，对汤姆逊彩电业务的并购，不仅让TCL成为国内最大的彩电企业，而且成功进入了壁垒极高的欧美市场。而且，并购所带来的自有彩电销售规模，也为TCL进入液晶面板业务的垂直整合提供了基础。

2009年TCL彩电的海外业务恢复盈利之后，李东生在2010年拍板投资了华星光电。"如果没有当年的跨国并购，也不可能有这个决心。"李东生说，规模让TCL在产业链能力打造方面更加放得开。目前，TCL彩电和手机业务的规模已经分别位列全球第四名和第六名。

3. 互联网转型新战场

对于TCL 10年来再无大型并购项目的追问，李东生表示，目前整个产业正处于转型期，国外能够并购的东西不是那么多，"愿意给你的东西也要特别小心，有些我们曾经要仰视的项目，尽管有机会，但我们都会很认真地做评估。"

"我们会继续推进我们国际化。"李东生对记者表示，今年国内市场由于宏观经济放缓和补贴政策退出等因素，基本持平，增长主要来自海外，"未来TCL的发展是双轮驱动，TCL正考虑将'双＋'转型战略建立起来的能力快速扩展到海外市场。"

所谓"双＋"转型是指TCL在今年2月25日提出的面对互联网时代的转型战略，即"智能＋互联网"与"产品＋服务"，其核心是引入互联网思维，构建新的商业模式，并希望在5年内实现来自产品与服务利润各占50%的目标。

李东生表示，半年来，TCL的转型项目按照"成熟一个，推出一个"的策略，不断落地。其中，O2O平台组建已进入实质阶段，与思科合资的云计算公司也已经正式成立。

"互联网是一个全新的玩法。"郝义对记者表示，TCL 积累的"双＋"资源和能力，有机会领先于全球同行，尤其有机会率先与国外的合作伙伴进一步深度合作。

郝义认为，彩电行业如果还是按照原来生态模式在走，与日韩巨头拼，很辛苦，尤其是在没有政策保护的国际市场是这样，而用互联网思维"打"海外市场，有机会弯道超车。

资料来源：http://tech.ifeng.com/a/20141202/40888407_0.shtml

问题：

1. 在 TCL 国际化决策过程中，哪些因素促成其走出困境？
2. 你如何评价 TCL 的国际化决策？

二、决策的类型

对决策进行分类主要是确定决策特征，对于不同的决策，采取不同的决策方法。依据不同的标准，可将决策划分为不同的类型。

(一) 按决策对象时间长短分类

1. 长期决策

长期决策是指有关组织今后发展方向的长远性、全局性的重大决策，又称长期战略决策，如投资方向的选择、人力资源的开发和组织规模的确定等。

2. 短期决策

短期决策是指企业为有效地组织目前的生产经营活动，合理利用经济资源，以期待取得最佳的经济效益而进行的决策。短期决策具有涉及面小、投入资金不大、风险相对较小等特点。短期决策的具体内容较多，概括地说主要包括生产决策、定价决策和存货决策三大类。

生产决策是指短期内在生产领域中对生产什么、生产多少以及如何生产等几个方面的问题做出的决策，具体包括新产品开发的品种决策、亏损产品的决策、是否接受特殊价格追加订货的决策、有关产品是否深加工的决策、零配件取得方式的决策、生产工艺技术方案的决策和非确定条件下的生产决策等。

定价决策是指短期内企业为实现其定价目标而科学合理地确定商品的最合适价格。定价决策应考虑的因素，侧重从成本因素与供求规律因素(价格弹性系数)分析入手。这种决策通常采用的方法包括以成本为导向的定价方法、以需求为导向的定价方法、以特殊情况为导向的定价方法等。

存货决策是指如何把存货的数量控制在最优的水平上，以及在什么情况下再订货和每次订购多少数量为最经济的一种短期决策，其具体包括两类决策，即存货的控制决策和存货的规划决策。

(二) 按决策层次分类

按决策层次分类，可分为战略决策、战术决策和业务决策。

1. 战略决策

战略决策是解决全局性、长远性、战略性的重大决策问题的决策。一般多由高层决策者做出战略决策，它关系到企业的生存和发展，是企业经营成败的关键。

正确的战略决策可以使企业沿着正确的方向前进，提高竞争力和适应环境的能力，取得良好的经济效益；反之，就会给企业带来巨大损失，甚至导致企业破产。战略决策是战略管理中极为重要的环节，起着承前启后的枢纽作用。战略决策依据战略分析阶段所提供的决策信息制定，包括行业机会、竞争格局、企业能力等。战略决策包括三个要素，即战略背景、战略内容、战略过程。

战略背景是指战略执行和发展的环境；战略内容是指战略决策包括的主要活动；战略过程是指当战略面对变化的环境时，各项活动之间是如何联系的。

2. 战术决策

战术决策是为了实现战略决策或解决某一问题而做出的决策。它是企业在实现战略经营目标、经营方向、经营规划等战略决策过程中，对具体的经营问题、管理问题、业务问题、技术问题做出的决策。例如，企业原材料和机器设备的采购、生产、销售的计划，商品的进货来源，人员的调配等都属于战术决策。战术决策一般由企业中层管理人员做出，是为战略决策服务的。

战略决策与战术决策的区别主要表现在以下三个方面：

（1）从调整对象看，战略决策调整组织的活动方向和内容，解决"干什么"的问题，是根本性决策；战术决策调整在既定方向和内容下的活动方式，解决"如何干"的问题，是执行性决策。

（2）从涉及的时间范围来看，战略决策面对未来较长一段时期内的活动，而战术决策则是具体部门在未来较短时期内的行动方案。战略决策是战术决策的依据，战术决策是在其指导下制定的，是战略决策的落实。

（3）从作用和影响上看，战略决策的实施效果影响组织的效益和发展，战术决策的实施效果则主要影响组织的效率与生存。

3. 业务决策

业务决策是指企业为了解决日常工作中的业务问题，提高工作效率和经济利益所做出的决策，其中包括作业计划的制订，生产、质量、成本以及日常性控制等方面的决策。它属于局部性、短期性、业务性的决策。企业在进行业务决策的时候，要像战争中对待具体的战役一样，学习毛泽东"战术上重视敌人"的方针。无论是推出新的产品或服务，还是组织研究和开发设施，都要认真考虑企业现状，在业务进行之前就要考虑到可能遇到的问题，设想一下企业的利益相关者可能的态度，并将这些问题对于业务的制约和影响考虑进去。管理者要小心谨慎地对待，研究好企业的应对措施和具体方法。

无论是什么业务，都要全面分析其优势和劣势，把业务决策的重点放到对于业务开展来说最重要的问题上。如果在制定具体的业务决策时麻痹大意，就只能使自己陷入未来可能发生的危机中去。

企业在进行业务决策时，往往也要把自己的资源和人才凝聚在一项关键业务上，而不是分散自己的力量，四面出击。如果一个企业盲目扩大业务范围，而不考虑可能遇到的问题，不事先制定出应对措施，就可能在企业扩大到一定规模、遇到问题时措手不及。中国的一位企业家说，比尔·盖茨之所以成功，是因为他没有在公司的规模扩大以后去做房地产。比尔·盖茨一如既往地坚守在计算机软件行业，并不断地投入资金去研究和开发新的软件，把自己所有的资源和人才集中在软件开发上，使得微软始终在计算机软件行业独占鳌头。

（三）按决策主体分类

按决策主体的不同，决策可分为集体决策和个人决策。集体决策是指多个人一起做出的决策，个人决策则是指单个人做出的决策。

相对于个人决策，集体决策有如下优点：① 能更大范围地汇总信息；② 能拟订更多的备选方案；③ 能得到更多的认同；④ 能更好地沟通；⑤ 能做出更好的决策等。但集体决策也有一些缺点，如花费的时间较多、产生"从众现象"以及责任不明等。

（四）按决策问题分类

按决策问题，可分为程序化决策和非程序化决策。

1. 程序化决策

程序化决策又称常规性决策，是指对重复出现的问题或日常管理问题所做的决策。这类决策有先例可循，能按原已规定的程序、处理方法和标准进行决策。它多属于日常的业务决策和可以规范化的技术决策。

程序化决策涉及的是经常出现的常规活动，可供选择的方案是现成的，只需要从中选定一个行动方案。一般来说，医院日常业务性工作和管理工作所做的决策都是程序化的。因为日常遇到的问题经常大量地出现，久而久之，如何处理这类问题，就逐渐形成一套可以重复应用的程序，如各种工作程序、诊疗护理常规、各种技术操作规程。

2. 非程序化决策

非程序化决策，是指对管理中出现的新问题所做的决策。这种决策没有常规可循，虽然可以参照过去类似的做法，但需要按新的情况重新研究，进行决策。它多包括战略决策和一些新的战术决策，这种决策在很大程度上依赖于决策者政治、经济、技术方面的才智和经验。

（五）按决策的可靠程度分类

按决策的可靠程度，可分为确定型决策、风险型决策、不确定型决策和博弈决策。

1. 确定型决策

确定型决策又被称为肯定性决策，是指所要决策的问题条件比较明确，概率和效益也可以肯定。其特点是各个备选方案同目标之间都有明确的数量关系，并且在各个备选方案中都只有一个自然状态。所谓"自然状态"，是指决策者无法予以控制的状态。因此，这类决策问题是比较容易解决的单一决策问题。

2. 风险型决策

风险型决策较为复杂，而且也较为多见。在这类决策问题中，虽然各个备选方案同目标之间也有明确的数量关系，但是方案中却存在两个以上的自然状态，自然状态越多，决策者所冒的风险越大。然而，多数决策问题中的自然状态的概率可以运用数理统计方法或者预测的方法求出。

3. 不确定型决策

不确定型决策又称非肯定性决策，是指面临的自然状态既不完全肯定，又不能完全否定。这同风险型决策的主要区别在于自然状态出现的概率无法加以计算和预测，主要靠决策者的经验和智慧予以判断、估计。这样，决策者个人的知识、经验、智慧、魄力等基本素质能够综合运用，做到适时适事、恰到好处、不失时机、正确决策，就是决策艺术的体现。

4. 博弈决策

博弈决策是指在一定的游戏规则约束下基于直接相互作用的环境条件，各参与人依靠所掌握的信息，选择各自的策略，以实现利益最大化和风险成本最小化的过程。简单地说，就是人与人之间为了谋取利益而竞争。

通俗地讲，博弈就是指在游戏中的一种选择策略的研究，博弈的英文为"game"，我们一般将它翻译成"游戏"。而在西方，"game"的意义不同于汉语中的游戏，它指的是人们遵循一定规则的活动，进行活动的人的目的是让自己"赢"。而在和对手竞赛或游戏的时候怎样使自己赢呢？这不但要考虑自己的策略，还要考虑其他人的选择。生活中博弈的案例很多，只要有涉及人群的互动，就有博弈。

（六）按决策起点分类

按照决策起点的不同，可分为初始决策与追踪决策。初始决策是零起点决策，它是在有关活动尚未进行且环境未受到影响的情况下进行的决策。随着初始决策的实施，组织环境发生变化，这种情况下所进行的决策就是追踪决策。因此，追踪决策是非零起点决策。

趣味链接

智 猪 博 弈

这是一个著名的纳什均衡的例子。假设猪圈里有一头大猪、一头小猪。猪圈的一边有个踏板，每踩一下踏板，在远离踏板的猪圈另一边的投食口就会落下少量的食物。如果有一只猪去踩踏板，另一只猪就有机会抢先吃到另一边落下的食物。当小猪踩动踏板时，大猪会在小猪跑到食槽之前刚好吃光所有的食物；若是大猪踩动了踏板，则还有机会在小猪吃完落下的食物之前跑到食槽，争吃到残羹。两只猪会采取什么策略？答案是：如果两只猪有智慧，那么小猪将选择等待。

启示：在博弈中，每一方都要想方设法攻击对方、保护自己，最终取得胜利，但同时，对方也是一个与你一样理性的人，他会这么做吗？这时就需要更高明的智慧。博弈论就是研究决策主体行为发生直接相互作用时的决策以及这种决策的均衡问题的学问。

三、决策的基本程序

（一）诊断问题

决策者必须知道哪里需要决策，所以，决策过程的第一步是识别机会或诊断问题。管理者通常密切关注与其责任范围有关的数据，这些数据包括外部的信息和报告，以及组织内的信息和损失。实际状况和所想要状况的偏差提醒管理者潜在机会或问题的存在。

识别机会和问题通常是困难的，因为要考虑组织中人的行为。有些时候，问题可能植根于个人的经验、组织的复杂结构或个人和组织因素的某种混合。因此，管理者必须特别注意要尽可能精确地评估问题和机会。也有些时候，问题可能简单明了，只要稍加观察就能识别出来。

评估机会和问题的精确程度有赖于信息的精确程度，所以管理者要尽力获取精确的、可信赖的信息。低质量的或不精确的信息会使时间白白浪费掉，使管理者无从发现导致某种情况出现的潜在原因。

即使收集到的信息是高质量的，但在使用的过程中，也可能发生扭曲。有时，随着信息持续地被误解或有问题的事件一直未被发现，信息的扭曲程度就会加重。大多数重大灾难或事故都有一个较长的潜伏期，在这一时期，有关征兆被错误地理解或不被重视，从而未能及时采取行动，最终导致灾难或事故的发生。

更糟的是，即使管理者拥有精确的信息并正确地使用它，处在他们控制之外的因素也会对机会和问题的识别产生影响。但是，管理者只要坚持获取高质量的信息并正确地使用它，就会提高做出正确决策的可能性。

🖋 **趣味链接**

吉 德 林 法 则

美国通用汽车公司管理顾问查尔斯·吉德林提出：把难题清清楚楚地写出来，便已经解决了一半。只有先认清问题，才能很好地解决问题。

启示：谁都会遇到难题，人如此，企业也是如此。在瞬间万变的环境下，怎样才能最有效地解决难题，并没有一个固定的规律。但是，成功并不是没有程序可循的。遇到难题，不管你要怎样解决它，成功的前提是看清难题的关键在哪里。找到了问题的关键，也就找到了解决问题的方法，剩下的就是如何来具体实行了。

(二)确定目标

决策目标是指在一定外部环境和内部环境条件下，在市场调查和研究的基础上所预测达到的结果。决策目标是根据所要解决的问题来确定的，因此，必须把握住所要解决问题的要害。只有明确了决策目标，才能避免决策的失误。目标体现的是组织想要获得的结果。结果的数量和质量都要明确下来，因为目标的这两个方面最终都会指导决策者选择怎样的行动路线。

目标的衡量方法有很多种，如我们通常用货币单位来衡量利润或成本目标，用每人每时的产出数量来衡量生产率目标，用次品率或废品率来衡量质量目标。根据目标完成时间的长短，可把目标分为长期目标、中期目标和短期目标。长期目标通常用来指导组织的战略决策，中期目标通常用来指导组织的战术决策，短期目标通常用来指导组织的业务决策。无论时间的长短，目标都指导着随后的决策过程。

(三)拟订方案

决策目标确定以后，就应拟订达到目标的各种备选方案。这一步骤需要创造力和想象力。在提出备选方案时，管理者必须把其试图达到的目标牢记在心，而且要提出尽可能多的方案。管理者常常凭借其个人经验、经历和对有关情况的把握来提出方案。为了提出更多、更好的方案，需要从多个角度审视问题，这意味着管理者要善于征询他人的意见。

备选方案可以是标准、明显的，也可以是独特、富有创造性的。标准方案通常是指组织以前采用过的方案。通过头脑风暴法、名义小组技术或德尔菲技术等，可以提出富有创造性的方案。

（四）评估方案

决策过程的第四步是确定所拟定的各种方案的价值或恰当性，即确定最优的方案。为此，管理者起码要具备评价每种方案的价值或相对优势/劣势的能力。在评估过程中，要使用预定的决策标准（如所想要的质量）以及每种方案的预期成本、收益、不确定性和风险。最后对各种方案进行排序。例如，管理者会提出以下的问题：该方案会有助于我们质量目标的实现吗？该方案的预期成本是多少？与该方案有关的不确定性和风险有多大？

（五）选定方案

在决策过程中，管理者通常要做出最后选择，但做出决定仅是决策过程中的一个步骤。尽管选择一个方案看起来很简单——只需要考虑全部可行方案并从中挑选一个能最好解决问题的方案，但实际上，做出选择是很困难的。因为最好的决定通常建立在仔细判断的基础上，所以管理者要想做出一个好的决定，必须仔细考察全部事实，确定是否可以获取足够的信息并最终选择最好方案。

（六）实施方案

方案的实施是决策过程中至关重要的一步。在方案选定以后，管理者就要制订方案实施的具体措施和步骤。实施过程中通常要注意做好以下工作：

（1）制定相应的具体措施，保证方案的良好实施，确保与方案有关的人员能充分接受和了解方案的各种指令。

（2）确保与方案有关的各种指令能被所有有关人员充分接受和彻底了解。

（3）应用目标管理方法把决策目标层层分解，落实到每一个执行单位和个人。

（4）建立重要的工作报告制度，以便及时了解方案进展情况，及时进行调整。

（七）监督和评估

一个方案可能涉及的时间较长，在这段时间，形势可能发生变化，而初步分析建立在对问题或机会的初步估计上。因此，管理者要不断对方案进行修改和完善，以适应新的形势。同时，连续性活动因涉及多阶段控制而需要定期进行分析。

由于组织内部条件和外部环境的不断变化，管理者要不断修正方案来减少或消除不确定性，定义新的情况，建立新的分析程序。具体来说，职能部门应对各层次、各岗位履行职责的情况进行检查和监督，检查有无偏离目标，及时掌握执行进度，及时将信息反馈给决策者。决策者根据职能部门反馈的信息，及时追踪方案实施情况，对与既定目标发生部分偏离的，应采取有效措施，以确保既定目标的顺利实现；对因客观情况发生重大变化，使既定目标确实无法实现的，则要重新寻找问题或机会，确定新的目标，重新拟定可行的方案，并进行评估、选择和实施。

需要说明的是，管理者在以上各个步骤中都受到了个性、态度、行为、伦理和价值以及文化等诸多因素的影响。

第四节　决策的方法

一、定性决策方法

（一）集体决策分析法

1. 德尔菲法

德尔菲法是 20 世纪 40 年代由 O·赫尔姆和 N·达尔克首创，经过 T·J·戈尔登和兰德公司进一步发展而成的。1946 年，兰德公司首次用这种方法进行预测，后来该方法被迅速广泛采用。

德尔菲法（Delphi Method），又称专家规定程序调查法。该方法主要是由调查者拟定调查表，按照既定程序，以函件的方式分别向专家组成员进行征询；而专家组成员又以匿名的方式（函件）提交意见。经过反复征询和反馈，专家组成员的意见逐步趋于集中，最后获得具有很高准确率的集体判断结果。德尔菲法依据系统的程序，采用匿名发表意见的方式，即专家之间不得互相讨论，不发生横向联系，只能与调查人员发生联系，通过多轮次调查专家对问卷所提问题的看法，经过反复征询、归纳、修改，最后汇总成专家基本一致的看法，作为预测的结果。这种方法具有广泛的代表性，较为可靠。德尔菲法的主要缺点是过程比较复杂，花费时间较长。

德尔菲法同常见的召集专家开会、通过集体讨论、得出一致预测意见的专家会议法既有联系又有区别。一方面，德尔菲法发挥了专家会议法的优点，即：① 能充分发挥各位专家的作用，集思广益，准确性高；② 能把各位专家意见的分歧点表达出来，取各家之长，避各家之短。同时，德尔菲法又能避免专家会议法的缺点，即：① 权威人士的意见影响他人的意见；② 有些专家碍于情面，不愿意发表与其他人不同的意见；③ 出于自尊心而不愿意修改自己原来不全面的意见。

2. 头脑风暴方法

头脑风暴法又称畅谈会法，类似于我们颇为熟悉的"诸葛亮会议"，是比较常用的集体决策方法，便于发表创造性意见，因此主要用于收集新设想。它通常是将对解决某一问题有兴趣的人集合在一起，在完全不受约束的条件下，敞开思路，畅所欲言。头脑风暴法的创始人、英国心理学家奥斯本（A. F. Osborn）为该决策方法的实施提出了四项原则：① 对别人的建议不做任何评价，将相互讨论限制在最低限度内；② 建议越多越好，在这个阶段，参与者不要考虑自己建议的质量，想到什么就应该说出来；③ 鼓励每个人独立思考，广开思路，想法越新颖、越奇异越好；④ 可以补充和完善已有的建议，使它更具有说服力。在群体决策中，由于群体成员心理相互作用影响，易趋于权威或大多数人意见，形成所谓的"群体思维"。群体思维削弱了群体的批判精神和创造力，损害了决策的质量。为了保证群体决策的创造性，提高决策质量，管理上发展了一系列改善群体决策的方法，头脑风暴法是较为典型的一个。头脑风暴法的目的在于创造一种畅所欲言、自由思考的氛围，诱发创造性思维的共振和连锁反应，产生更多的创造性思维。这种方法的时间安排应为 1～2

小时，参加者以 5～6 人为宜。

3. 名义小组技术

随着决策理论和实践的不断发展，人们在决策中所采用的方法也不断得到充实和完善。在集体决策中，如对问题的性质不完全了解且意见分歧严重，则可采用名义小组技术。名义小组技术是指在决策过程中对群体成员的讨论或人际沟通加以限制，但群体成员是独立思考的。像召开传统会议一样，群体成员都出席会议，但群体成员首先进行个体决策。在这种技术下，小组的成员互不通气，也不在一起讨论、协商，即小组只是名义上的。这种名义上的小组可以有效地激发个人的创造力和想象力。

在这种技术下，管理者首先要召集一些有知识的人，把要解决问题的关键内容告诉他们，并请他们独立思考，要求每个人尽可能地把自己的备选方案和意见写下来，然后再按次序让他们一个接一个地陈述自己的方案和意见。在此基础上，由小组成员对提出的全部备选方案进行投票，根据投票结果，赞成人数最多的备选方案即为所要的方案。当然，管理者最后仍有权决定是接受还是拒绝这一方案。

4. 征询法

征询法是指把被征询意见的人编入一个小组，但他们彼此间互不相知，即使见了面，也不面对面谈问题。在这种互不接触、互无影响的条件下，让他们分别用书面的方式提问题、提建议或回答所提的问题。然后，由组织者把每个人的书面材料合并成一份汇编材料，将汇编结果公布于众，但不公布这些问题的建议或答案是由谁提出来的。这可以使每个人在讨论时没有顾虑地充分发表自己的意见，有时甚至可能会出现否定自己意见而同意别人意见的情况，这有利于把好的意见逐步集中起来。

5. 哥顿法

哥顿法又称提喻法，是以会议形式请专家提出完成工作任务或实现目标的方案，但只有会议主持人知道要完成什么工作、目标是什么，与会者不知道这些，以免他们受到完成待定工作或目标的思维方式的束缚，因此，可以把这一方法看成一种特殊的头脑风暴法。之所以说其特殊，是因为会议主持人在适当的时候把真正要解决的问题的具体内容提出来，以形成更有新意的开发方案。

(二) 有关活动方向的决策方法

1. 波士顿矩阵

波士顿矩阵，又称四象限分析法，是由美国著名的管理学家、波士顿咨询公司创始人布鲁斯·享德森于 1970 年首创的一种用来分析和规划企业产品组合的方法。这种方法的核心在于解决如何使企业的产品品种及其结构适合市场需求的变化，只有这样，企业的生产才有意义。同时，如何将企业有限的资源有效地分配到合理的产品结构中去，以保证企业收益，是企业在激烈竞争中能否取胜的关键。

该方法将企业所有产品从销售增长率和市场占有率的角度进行再组合。在坐标图上，以纵轴表示企业销售增长率，横轴表示市场占有率，将坐标图划分为四个象限，依次为"幼童""明星""金牛"和"瘦狗"，如图 4-4 所示。

	高业务增长率低	幼童	明星
		瘦狗	金牛

低　　　相对竞争地位　　　高

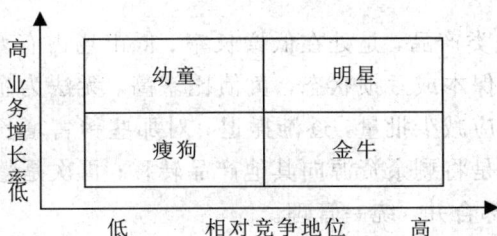

图 4 - 4　波士顿矩阵图

在使用中，企业可将产品按各自的销售增长率和市场占有率归入不同象限，使企业现有产品组合一目了然，同时便于对处于不同象限的产品做出不同的发展决策。其目的在于通过产品所处不同象限的划分，使企业采取不同决策，以保证其不断地淘汰无发展前景的产品，保持"幼童""明星""金牛"产品的合理组合，实现产品及资源分配结构的良性循环。

对于企业产品所处的四个象限给予的不同定义和相应的战略对策如下：

（1）"明星"产品。

"明星"是指处于高增长率、高市场占有率象限内的产品群，这类产品可能成为企业的"金牛"产品，需要加大投资以支持其迅速发展。对其应采用的发展战略是积极扩大经济规模和市场机会，以长远利益为目标，提高市场占有率，加强竞争地位。明星产品的管理与组织最好采用事业部形式，由对生产技术和销售两方面都很内行的经营者负责。

（2）"金牛"产品。

"金牛"产品又称厚利产品。它是指处于低增长率、高市场占有率象限内的产品群，已进入成熟期，其财务特点是销售量大，产品利润率高、负债比率低，可以为企业提供资金，而且由于增长率低，也无需增加投资。因而成为企业回收资金，支持其他产品，尤其"明星"产品投资的后盾。对于"金牛"产品，适合于用事业部制进行管理，其经营者最好是市场营销型人才。

对这一象限内的大多数产品，市场占有率下跌已成不可阻挡之势，因此可采用收获战略，即所投入资源以达到短期收益最大化为限，即：① 把设备投资和其他投资尽量压缩；② 采用榨油式方法，争取在短时间内获取更多利润，为其他产品提供资金。

对于这一象限内的销售增长率仍有所增长的产品，应进一步进行市场细分，维持现存市场增长率。

（3）"幼童"产品。

"幼童"产品是处于高增长率、低市场占有率象限内的产品群。前者说明市场机会大，前景好；而后者则说明在市场营销上存在问题。其财务特点是利润率较低，所需资金不足，负债比率高。例如，在产品生命周期中处于引进期、因种种原因未能开拓市场局面的新产品即属此类问题的产品。

对问题产品应采取选择性投资战略，即首先确定该象限中那些经过改进可能会成为"明星"的产品，对其进行重点投资，提高市场占有率，使之转变成"明星"产品；对其他将来有希望成为"明星"产品的，则在一段时期内采取扶持的对策。因此，对问题产品的改进与扶持方案一般均列入企业长期计划中。对问题产品的管理组织，最好是采取智囊团或项目组织等形式，选拔有规划能力，敢于冒风险、有才干的人。

（4）"瘦狗"产品。

"瘦狗"产品也称衰退类产品，是处在低增长率、低市场占有率象限内的产品群。其财务特点是利润率低，处于保本或亏损状态，负债比率高，无法为企业带来收益。对这类产品应采用撤退战略，首先应减少批量，逐渐撤退，对那些销售增长率和市场占有率均极低的产品应立即淘汰；其次是将剩余资源向其他产品转移；再次是整顿产品系列，最好将"瘦狗"产品与其他产品事业部合并，统一管理。

趣味链接

营 养 快 线

营养快线是娃哈哈一经推出市场就一直保持高速增长的"果汁＋牛奶"的早餐型产品。熟悉的广告旋律，清新的广告画面，浅显易懂的诉求，使得营养快线畅销市场，成为企业的"金牛"产品。

但是，娃哈哈的科研人员并没有因此陶醉而止步不前。他们一直在关注消费者的新需求。研究发现，酸奶类产品日渐被大众所接受，并逐渐进入家庭消费行列中。为此，科研人员设想，把酸奶与果汁相结合，在营养素的调配上，更加注重目前的需求，应该是一个好的方向。

众所周知，酸奶与果汁的混合，是一个科技难题！沉淀不说，味道也不是很好，娃哈哈的科研人员与全球的科研力量进行联合攻关，并参阅了大量的文献，组织开展了上千次的实验……娃哈哈营养快线升级版一面世，就受众多到消费者的关注。

启示：企业决策要紧紧围绕消费者的需求，不断响应市场的快速发展。

2. 政策指导矩阵

政策指导矩阵由荷兰皇家壳牌公司创立。顾名思义，政策指导矩阵即用矩阵来指导决策。具体来说，就是从市场前景和相对竞争能力两个角度来分析企业各个经营单位的现状和特征，并把它们标示在矩阵上，据此指导企业活动方向的选择。

市场前景取决于赢利能力、市场增长率、市场质量和法规限制等因素，分为吸引力强、中等、弱；相对竞争能力取决于经营单位在市场上的地位、生产能力、产品研究和开发等因素，分为强、中、弱。

根据上述对市场前景和相对竞争能力的划分，可把企业的经营单位分成九大类，管理者可根据经营单位在矩阵中所处的位置来选择企业的活动方向，如图 4-5 所示。

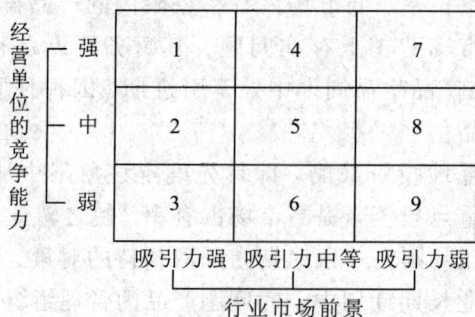

图 4-5　政策指导矩阵

处于区域 1 和 4 的经营单位竞争能力较强，市场前景也较好，应优先发展这些经营单位，确保他们获取足够的资源，以维持自身有利的市场地位。

处于区域 2 的经营单位虽然市场前景较好，但资源缺乏—这些经营单位的竞争能力不强，应分配给这些经营单位更多的资源以提高其竞争能力。

处于区域 3 的经营单位市场前景虽好，但竞争能力弱。要根据不同的情况来区别对待这些经营单位：最有前途的应得到迅速发展，其余的则需逐步淘汰，这是由于企业资源的有限性决定的。

处于区域 5 的经营单位一般在市场上有 2~4 个强有力的竞争对手，应分配给这些经营单位足够的资源以使它们随着市场的发展而发展。

处于区域 6 和 8 的经营单位市场吸引力弱且竞争能力较弱，或虽有一定的竞争能力（企业对这些经营单位进行了投资并形成了一定的生产能力）但市场吸引力较弱，应缓慢放弃这些经营单位，以使把收回的资金投入到赢利能力更强的经营单位。

处于区域 7 的经营单位竞争能力较强但市场前景不容乐观，这些经营单位本身不应得到发展，但可利用它们较强的竞争能力为其他快速发展的经营单位提供资金支持。

处于区域 9 的经营单位市场前景暗淡且竞争能力较弱，应尽快放弃这些经营单位，把资金抽出来并转移到更有利的经营单位。

二、定量决策方法

（一）确定型决策方法

1. 线性规划法

线性规划法是运筹学中研究较早、发展较快、应用广泛、方法较成熟的一个分支，它是辅助人们进行科学管理的一种数学方法。它是解决多变量最优决策的方法，是在各种相互关联的多变量约束条件下，解决或规划一个对象的线性目标函数最优的问题，即给予一定数量的人力、物力和资源，如何应用而能得到最大经济效益。当资源限制或约束条件表现为线性等式或不等式，目标函数表示为线性函数时，可运用线性规划法进行决策。

决策变量、目标函数和约束条件是线性规划的三要素。其中，目标函数是决策者要求达到目标的数学表达式，用一个极大或极小值表示。约束条件是指实现目标的能力资源和内部条件的限制因素，用一组等式或不等式来表示。

通过线性规划进行决策一般有以下三个步骤：

（1）根据影响所要达到目的的因素找到决策变量。

（2）由决策变量和所要达到目的之间的函数关系确定目标函数。

（3）由决策变量所受的限制条件确定决策变量所要满足的约束条件。

例：某企业生产 A、B 两种产品，需要消耗甲、乙、丙三种材料，消耗定额及资源限额如表 4-2 所示，已知 A 产品每台利润为 70 元，B 产品每台利润为 120 元，求在现有的条件下，A、B 两产品如何搭配，才能使企业获利最大？

表 4 - 2　生产能力决策矩阵表

	A	B	资源限额
甲	9	4	3600
乙	4	5	2000
丙	3	10	3000

解　根据已知条件设立方程组：

$$9x_1 + 4x_2 \leqslant 3600$$
$$4x_1 + 5x_2 \leqslant 2000$$
$$3x_1 + 10x_2 \leqslant 3000$$
$$x_1，x_2 \geqslant 0$$
$$M = 70x_1 + 120x_2$$

解线性方程组，可得(200，240)是这个问题的最优解，这时

$$M = 70 \times 200 + 120 \times 240 = 42800$$

2. 量本利分析法

量本利分析法又称保本分析法或盈亏平衡分析法，是通过考察产量（或销售量）、成本和利润的关系以及盈亏变化的规律来为决策提供依据的方法。

在应用量本利分析法时，关键是找出企业不盈不亏时的产量（称为保本产量或盈亏平衡产量，此时企业的总收入等于总成本），而找出保本产量的方法有图解法和代数法两种。

（1）图解法。

通过绘制盈亏平衡图直观反映产销量、成本和盈利之间的关系。盈亏平衡图的绘制方法：以横轴表示产销量 Q，以纵轴表示销售收入 TR 和生产成本 TC，在直角坐标系上先绘出固定成本（指总额在一定期间和一定业务量范围内不随产量的增减而变动的成本）线，主要是指固定资产折旧和管理费用 F，再绘出销售收入线"$TR = PQ$"和生产总成本线"$TC = F + VQ$"。变动成本（VQ）指总额随产量的增减而成正比例关系变化的成本，主要包括原材料和计件工资，就单件产品而言，变动成本部分是不变的。

销售收入线与生产总成本线相交于一点，即盈亏平衡点，在此点销售收入等于生产总成本；以此点作垂直于横轴的直线并与之相交于 Q_0 点，此点即为以产销量表示的盈亏平衡点；以此点作垂直于纵轴的直线并与之相交于 B 点，此点即为以销售收入表示的盈亏平衡点。

在盈亏平衡点上，收入与成本相等，此时产销量为 Q_0。若产销量大于 Q_0，则盈利；若产销量小于 Q_0，则亏损。盈亏平衡图如图 4 - 6 所示。

（2）代数法。

$$\begin{aligned} I &= S - (C_v \times Q + F) \\ &= P \times Q - (C_v \times Q + F) \\ &= (P - C_v)Q - F \end{aligned}$$

其中：I—销售利润；P—产品销售价格；F—固定成本总额；C_v—单件变动成本；

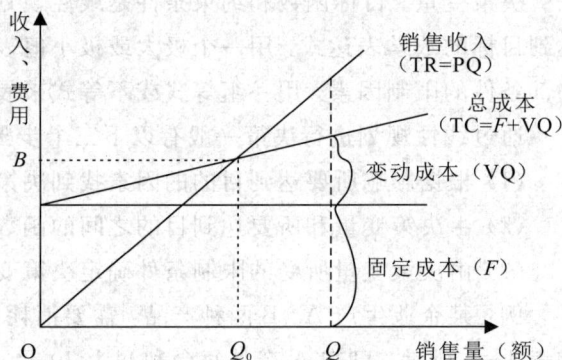

图 4 - 6　盈亏平衡图

Q—销售数量；S—销售收入。

总成本：$C = F + C_v \times Q$

总收入：$S = P \times Q$

列出盈亏平衡方程：$\begin{cases} C = S \\ P \times Q = F + C_v \times Q \end{cases}$

盈亏平衡点：$Q = F/(P - C_v)$

例：某厂销售机床，每台售价 10 万元，单位产品变动成本 6 万元，固定成本 400 万元，求：

(1) 盈亏平衡点的销售量和销售额。

(2) 若企业要实现目标利润 400 万元，则销售量和销售额分别应达到多少？

解

$$Q = \frac{400}{10 - 6} = 100$$

$$S_o = 100 \times 10 = 1000$$

$$Q = \frac{400 + 400}{10 - 6} = 200$$

$$S = 200 \times 10 = 2000$$

（二）风险型决策方法

风险型决策也叫统计型决策、随机型决策，是指已知决策方案所需的条件，但每个方案的执行都有可能出现不同后果，后果的出现有一定的概率，即存在着"风险"，所以称为风险型决策。风险型情况下，未来可能状态不止一种，究竟出现哪种状态，不能事先肯定，只知道各种状态出现的可能性大小（如概率、频率、比例或权等）。

风险型决策必须具备以下条件：

(1) 存在着决策者期望达到的目标。

(2) 有两个以上方案可供决策者选择。

(3) 存在着不以决策者的意志为转移的几种自然状态。

(4) 各种自然状态出现的概率已知或可估计出来。

(5) 不同行动方案在不同自然状态下的损益值可以估算出来。

常用的风险型决策方法是决策树法。决策树法是用树状图来描述各种方案在不同情况（或自然状态）下的收益，据此计算每种方案的期望收益，从而做出决策的方法。

决策树分析法的基本步骤是：

(1) 根据备选方案的数目和对未来状况的预测，绘出决策图。

(2) 计算各方案的期望收益，将收益值记在状态圆点的上方。各自然状态下的损益值分别乘以概率，各状态枝的期望收益值累加。

(3) 每个方案的期望收益值减去该方案的投资额，比较余额后选择经济效果最佳的方案。

例：公司为满足市场对产品的需求，拟建新厂。预计市场对这种产品的需求很大，但也存在销路差的可能性。公司有两种扩大生产规模的方案：一是建大厂，预计需要投资 30 万元，销路好获利 100 万元，销路不好亏损 20 万元；另一个方案是建小厂，需投资 20 万元，销路好获利 40 万元，销路不好获利 30 万元。假设市场预测结果显示，新产品销路好的概率是 0.7，销路不好的概率是 0.3，选择哪一个方案？

解　（1）根据以上条件绘制决策树，如图4-7：

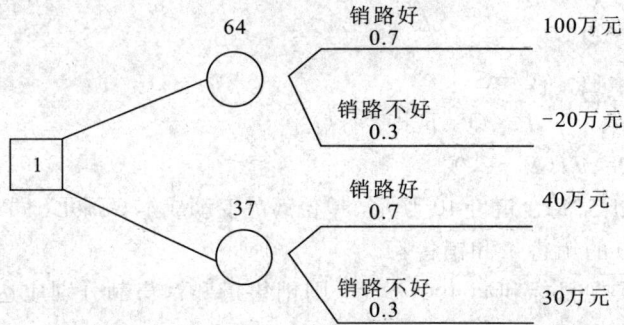

图4-7　决策树图

（2）计算各方案的期望收益值。

建大厂方案的期望收益值＝100×0.7＋（－20）×0.3＝64（万元）

建小厂方案的期望收益值＝40×0.7＋30×0.3＝37（万元）

（3）选择方案。

建大厂方案的净收益：64－30＝34（万元）

建小厂方案的净收益：37－20＝17（万元）

比较两者，可以看出应该选择第一个方案，即建规模较大的工厂。

（三）不确定型决策方法

不确定型决策是在只知道有几种自然状态可能发生，但这些状态发生的概率并不知道时所做出的决策，这类决策问题应具有下列条件：

（1）存在明确的决策目标。

（2）存在两个或两个以上的可行方案。

（3）存在两种或两种以上的自然状态，但各种自然状态的概率无法确定。

（4）可以计算出各种方案在各自然状态下的损益值。

在实际工作中，会常常遇到不确定型决策问题，如新产品的销路问题、新股票上市发行问题等。

例：某药厂决定生产一种新药，有四种方案可供选择：甲药、乙药、丙药、丁药；可能发生的状态有三种：畅销、一般、滞销。每种方案在各种自然状态下的年效益值，如表4-3所示，为获得最大销售利润，问药厂应如何决策？

表4-3　不同方案在不同状态下的损益值（万元）

收益方案	自然状态		
	S1（畅销）	S2（一般）	S3（滞销）
甲药	650	320	－170
乙药	400	350	－100
丙药	250	100	50
丁药	200	150	90

这是一个不确定决策问题，由于不知状态概率，无法计算每种方案的期望损益值，这类问题在理论上没有一个最优决策准则让决策者决策，它存在着几种不同的决策分析方法，这些方法都有其合理性，具体选择哪一种，主要取决于决策人的自身因素等。下面介绍几种不确定型决策准则。

1. 乐观准则

乐观准则（Max-max criterion）是从最乐观的观点出发，对每个方案都按最有利状态来考虑，然后从中选取最优的方案。具体步骤是：先找出各方案在不同自然状态下的最大效益值，再从中选取最大值所对应的方案为决策方案。

上例中，甲方案的最大收益为 650 万，乙方案的最大收益为 400 万，丙方案的最大收益为 250 万，丁方案的最大收益为 200 万，通过比较，甲方案的最大收益最大，所以选择甲方案。

2. 悲观准则

悲观准则（Max-min criterion）是从最悲观的观点出发，对每个方案按最不利的状态来考虑，然后从中选取最优的作为最终方案。

上例中，甲方案的最小收益为 -170 万，乙方案的最小收益为 -100 万，丙方案的最小收益为 50 万，丁方案的最小收益为 90 万，通过比较，丁方案的最小收益最大，所以选择丁方案。

3. 后悔值准则

后悔值准则（Regret criterion）是从后悔值考虑，希望能找到一个合理的策略，以使在实施这个策略时能产生较少的后悔。所谓后悔值是指每种状态下最大损益值与此状态下其他损益值之差。在所有方案的最大后悔值中选最小者，此时对应的方案为最优策略。

这种策略的具体步骤是：

（1）找出各种自然状态下的最大收益值。

（2）分别求出各自然状态下各个方案未达到理想的后悔值：

$$后悔值＝最大收益值－方案收益值$$

（3）把后悔值排成矩阵，称为后悔矩阵。

（4）把每个方案的最大后悔值求出来，选取其中最小者所对应的方案为最优策略。

下面按后悔值准则解例题。

解　首先计算在各状态下每个方案的后悔值，然后计算最大后悔值，计算结果如表 4-4 所示。

表 4-4　不同方案在不同状态下的益损值（万元）

方案	自然状态			最大后悔值
	S1	S2	S3	
甲	0	30	260	260
乙	250	0	190	250
丙	400	250	40	400
丁	450	200	0	450

在最大后悔值方案中，选取其中最小者所对应的方案为最优策略，即选取方案乙为最优方案，即生产乙药。

案例链接

"大数据"驱动决策

2013年，"大数据"这一概念铺天盖地的出现在我们眼前，也许对于国内企业来说"大数据"概念还稍显陌生，并且国内从事这一领域的企业也少之又少，但在国外，大数据已经被科技巨头们看作是继云计算之后的另一巨大商机，包括微软、谷歌、亚马逊等一大批知名企业纷纷开始布局这一市场。

在中国，"大数据"领域几乎是空白的，虽然几家知名咨询公司已经开始战略布局"大数据"领域，但是对于现有业务和技术的制约，其发展速度相当得缓慢，而经过调查，国内一些初创型企业也开始了对"大数据"领域的探索，其中也有深谙"大数据"技术开发，能够用"大数据"分析解决客户问题的公司。

星图数据(Syntun)作为一家互联网大数据服务公司，在这个领域已经新耘将近3年的时间。正如VaktorMayer-Schonberger(维克托·迈尔-舍恩伯格)所说，"大数据"时代是"已经发生的未来"，而在这个已经发生的未来里，没有旁观者。当"大数据"浪潮来临之前，星图数据看到了机会，于是毫不犹豫地挺进了这个领域，星图数据比任何一家企业都知道数据的宝贵，当我们的一切行为与生活都可以"数据化"的时候，掌握这些数据的公司便像是拥有了一座蕴藏丰富的金矿山。

目前星图数据已经积累了超过24个月、覆盖了2400个品类、120000个以上品牌和约6000000个以上商品的线上零售数据，可以帮助企业管理者精准地进行经营与决策，让企业更贴近客户，并拥有快速的市场响应能力。

中国电商行业的发展，造就了一个又一个的品牌传奇，而"精细化运营"也让更多的企业受益，品牌企业在面对快速变化的线上零售市场时，往往无法进行及时的决策，因为企业没有那么多精力去调查全网渠道的销售情况，对"大数据"产品需求的日益增强，造就了星图数据产品的广阔市场，Syntun的"大数据"产品可以帮助品牌制造企业了解行业在全网平台的销售情况，甚至精细到每个SKu(库存量单位)，帮助企业了解市场，让企业决策更有自信。

Syntun作为一家新锐的互联网"大数据"服务公司，专注于大数据产品的研发、服务和为企业提供解决方案。在中国，星图数据基于位于美国洛杉矶的大数据科技应用中心——BDTAC的研究成果，开发出了一套适合中国企业的数据应用服务产品，目前已经开始服务于中国品牌制造企业。

用"大数据"驱动市场营销、驱动成本控制、驱动产品和服务创新、驱动管理和决策，这正是星图数据正在做的事情。

问题：

1. 大数据会给企业决策带来什么影响？
2. 你认为运用大数据决策会有哪些挑战？

本章小结

任何组织都处在一定的环境中，按照组织战略的构成要素来看，依次是经营范围、资源配置、竞争优势、协同作用。"战略"原为军事学的术语，用于管理领域是为了在复杂多变的环境中更好地确保组织做正确的事，保持组织发展方向的正确性。战略制定与选择的程序包括识别和鉴定组织现行的战略、测定和评估组织自身素质、准备战略方案、评价与选择战略方案。组织战略存在多种类型，任何战略均非最佳的选择，组织管理者应结合组织的实际状况选择合适的战略或战略组合。此外，一个有效的决策过程主要包括六个基本的步骤：识别问题、确定目标、拟定备选方案、选择方案、实施方案、评价与反馈。决策是为了实现某一目的而制定行动方案并从若干个可行方案中选择一个满意方案的分析判断过程。它在管理活动中具有十分重要的地位和作用，因为决策是管理的核心，贯穿管理的全过程，决策正确与否关系着组织的存亡。决策所要解决的问题是多方面的，根据不同的标准，可以将决策划分为不同的类型。决策的方法分为定性决策和定量决策两大类。在企业长期的生存和发展过程中，战略管理和决策将发挥重要作用。

★ 知识结构图

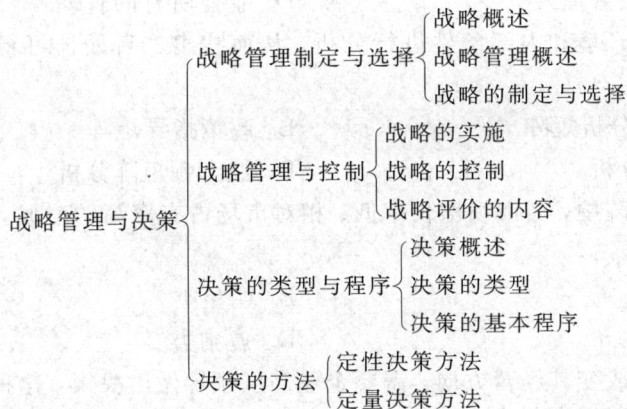

思 考 题

1. 什么是战略，你是怎样理解组织战略的？

2. 简述战略管理的过程。

3. 何谓 SWOT 法？有何应用价值？

4. 确定型决策、风险型决策、非确定性决策有何区别？

5. 某商店拟在元旦前购进一批挂历。若在元旦前售出，则每本获利 4 元，若元旦后售出，则每本亏损 5 元。该商店估计市场销量及其概率如下表所示，请确定最佳进货方案。

销量（本）	2000	2500	3000	3500
概率	0.2	0.3	0.4	0.1

6. 某厂生产一种新型童车，根据市场需求预测分析，产品的销路可分为三种情况：畅

销、一般、滞销。童车的生产有大批量、中批量、小批量生产三种方案，各方案在各自然状态下的收益如下表所示，请用乐观准则、悲观准则和后悔值准则进行决策。（单位：万元）

方案	畅销	一般
大批生产	300	180
中批生产	250	200
小批生产	120	80

练 习 题

一、单项选择题

1. （   ）是企业总体的、最高层次的战略。
   A. 公司战略　　　　　　　　　B. 职能战略
   C. 市场战略　　　　　　　　　D. 经营战略

2. 战略管理的主体是（   ）。
   A. 企业高层管理人员　　　　　B. 企业中层管理人员
   C. 企业基层管理人员　　　　　D. 企业所有的管理者

3. 对企业外部环境和内部条件进行分析，从而找出二者最佳可行战略组合的一种分析工具是（   ）。
   A. SWOT 分析矩阵　　　　　　B. 政策指导矩阵
   C. 优劣势分析　　　　　　　　D. 波士顿矩阵分析

4. 在波士顿矩阵中，当市场增长率低、相对市场占有率高的时候，它是属于哪种经营单位（   ）。
   A. 问题类　　　　　　　　　　B. 明星类
   C. 金牛类　　　　　　　　　　D. 瘦狗类

5. 某企业试图改变其经营方向，需要企业高层领导做出决策，这种决策属于（   ）。
   A. 战略决策　　　　　　　　　B. 战术决策
   C. 业务决策　　　　　　　　　D. 程序化决策

6. 决策程序的首要环节是（   ）。
   A. 确定决策原则　　　　　　　B. 确定决策方法
   C. 确定决策目标　　　　　　　D. 诊断问题

7. 从决策主体来看，可将决策分为（   ）。
   A. 集体决策和个人决策　　　　B. 初始决策和追踪决策
   C. 战略决策和战术决策　　　　D. 程序化决策和非程序化决策

8. 战略决策是（   ）。
   A. 实现企业家的意图　　　　　B. 外部环境的分析
   C. 内部环境的分析　　　　　　D. 以上都不完善

9. 有一种说法认为"管理就是决策"，这实际上意味着（   ）。
   A. 对于管理者来说只要善于决策就一定能够获得成功

B. 管理的复杂性和挑战性都是由于决策的复杂性而导致的

C. 决策能力对于管理的成功具有特别重要的作用

D. 管理首先需要的就是面对复杂的环境做出决策

10. 某企业生产某种产品，固定成本为 20 万元，单位可变成本为 100 元，每台售价 200 元，则该产品的盈亏平衡点产量是(　　)。

    A. 400 台　　　　B. 2000 台　　　　C. 4000 台　　　　D. 20000 台

二、多项选择题

1. 按战略的态势分类，可将战略分为(　　)。

    A. 发展型战略　　　　　　　　B. 紧缩型战略

    C. 稳定型战略　　　　　　　　D. 竞争战略

2. 战略管理理论的演变经历了以下(　　)阶段的演变。

    A. 长期规划阶段　　　　　　　B. 以外部环境为基础的规划时代

    C. 谋划时代　　　　　　　　　D. 战略管理阶段

3. 战略管理过程包括(　　)。

    A. 战略环境分析　　　　　　　B. 战略制定与选择

    C. 战略控制　　　　　　　　　D. 战略实施

4. 下列关于决策内涵阐述正确的有哪些？(　　)

    A. 决策要有明确的目标

    B. 选择后的行动方案必须付诸实施

    C. 决策有一个备选方案即可

    D. 决策是对未来一定时期内有关活动的方向、内容及方式的选择或调整过程

5. 定性决策方法包括(　　)。

    A. 德尔菲法　　　　　　　　　B. 头脑风暴法

    C. 波士顿矩阵　　　　　　　　D. 量本利分析法

三、判断题

1. 指挥模式认为一旦组织制定出满意的战略，高层管理人员便让下层管理人员去执行，自己并不介入战略实施问题。(　　)

2. 组织制定新的战略必须识别组织的现行战略是否已不适应形势。(　　)

3. 组织的竞争战略包括产品战略、成本领先战略和差异化战略。(　　)

4. 用德尔菲法进行决策时，对专家成员的意见采用统计方法予以定量处理，所以说德尔菲法属定量决策。(　　)

5. 战术决策是指属于日常活动中有关提高效率和效益、合理组织业务活动等方面的决策，多为程序化决策。(　　)

6. 组织目标是组织进行决策的基本依据，所以组织目标一旦确立就不能变动。(　　)

7. 事关企业兴衰成败、带有全局性、长远性的大政方针所做决策，如企业方针、目标与计划等，都属于高层决策。(　　)

8. 由于企业处于复杂多变的环境中，决策者不可能将与决策相关的信息全部掌握，也不可能对未来的外部环境及内部条件准确预测。因此，决策者不可能做出"最优化"的决策，亦即产生了决策的相对最优化原则。(　　)

9. 决策者在做决策时，应正确处理组织内部各个单元之间、组织与社会、组织与其他组织之间的关系，在充分考虑局部利益的基础上，把提高整体效用放在首位，实现决策方案的整体满意，这就是决策的科学性原则。（　　）

10. 布鲁斯·亨德森首创了用来分析和规划企业产品组合的方法，解决如何使企业的产品品种及其结构适合市场需求的变化。（　　）

四、简答题

1. 简述战略制定与选择的基本方法。

2. 简述战略实施的模式。

3. 简述决策的程序。

4. 某公司为了扩大市场，要举行一个展销会，会址打算在甲、乙、丙三地选择。获利情况除了与会址有关外，还与天气有关，天气可分为晴、普通、多雨三种，通过天气预报，估计三种天气情况可能发生的概率为 0.25、0.5、0.25，其收益情况如下表所示，用决策树法进行决策。

自然状态及概率 选址方案	晴	普通	多雨
	0.25	0.5	0.25
甲地	4	6	1
乙地	5	4	1.5
丙地	6	2	1.2

5. 假定某家具制造厂生产一种书桌，售价为每台 50 元，年固定费用为 66000 元，每台书桌的材料费为 18 元，工资为 6 元，其他变动费用为 4 元，请做出如下决策：

(1) 要使工厂不亏本，每年至少生产多少台书桌？

(2) 如果该厂年内只能生产 2000 台书桌，按这一产量进行生产，该厂能获得盈利吗？如果国家考虑到为了满足社会允许该厂亏损额在 30 000 元以下进行生产，否则应停产或改产。试问该厂是继续生产书桌，还是改产或停产？

(3) 要获得 22 000 元的盈利，该厂应决定生产多少台书桌？

案 例 分 析

刘强东哈佛演讲谈创业：解决一个问题你就可以成功

波士顿时间，2015 年 4 月 25 日下午，京东集团 CEO 刘强东在哈佛中国论坛上进行了主题演讲，分享了他为什么要创立京东以及二次创业"京东到家"项目。

刘强东说，如今是创业最好的时机。"创业要想取得成功，关键就一句话：只要你能够解决一个问题，那么你的项目就一定会成功。"他的意思是，只用在当下的每一步提出一个具体问题，并解决它，如此向前推进，最后成功便是水到渠成的事。

他拿自己举例，第一个摆在他面前的问题是：找到一个女朋友。因此他学会了计算机和编程。第二个则是改变中关村"变相欺骗"的乱象。

以下是京东集团 CEO 刘强东的演讲实录：

女士们、先生们，本来我想用苏北英语给大家做演讲，结果张总（张磊，高瓴资本

CEO)一上来说了中文，弄得我很不好意思，所以我还是用苏北话演讲。

昨天晚上我问了一个哥大的朋友，我说我特别想知道大家今天想听什么，他说其实非常想听创业。我知道最近创业非常火，我想今天在座的很多同学都有创业的冲动或者打算。如果你让我说创业，我想说，创业要想取得成功，关键就一句话：只要你能够解决一个问题，那么你的项目就一定会成功。

我就从我大学的一个故事讲起。1992年，我考上了人大。人大的经济学系、金融系都是很好的专业，工作特别好找，而我上的是社会学系，结果发现社会学系最难的一件事情就是找工作。当时，宿舍里面的老大喜欢英语系的女孩子，喜欢了整整一年，天天晚上和她一起上晚自习，终于有一天晚上把那个女孩子约到了人大东门的小花园，我们五个人在宿舍里面非常激动地等着好消息。我们宿舍老大回来了，说失败了。为什么？他说那女孩子说了，你们是社会学系的，社会学系的连工作都找不到，我怎么跟你谈恋爱啊？

所以我要解决第一个问题，想找个女朋友。虽然我的专业不大好找工作，但是经过简单的调查研究，我发现女孩子喜欢男生带有神秘感，所以我想了半天，什么最神秘呢？突然我发现在1993年的时候，在中国最神秘的就是电脑，所以我决定我要自己去学电脑，学编程，给我们系老师编了一个名片管理系统。因为作为人大的教授，出席各种会议名片非常多，找名片很难，通过我这个程序在名片管理系统里甚至只输入一个字就可以搜到，他们觉得这个真好。因此，在大二下学期结束的时候，我终于有了自己的女朋友。

1. 解决一个问题，你就可以取得成功

在我1998年创业的时候，我去了中关村，带着积攒的12 000块钱人民币在中关村租了一个四平方米的柜台。那时候中关村几乎所有的商家做生意都是一个模式，老板对员工的培训基本都是一台笔记本两万五，你怎么用三万五卖出去。由此中关村还有十大"招术"教你如何欺骗顾客，我觉得这注定是不对的，终究有一天这种混乱的情况会改变。

所以在我开柜台第一天，我是在中关村唯一明码标价、所有产品都开发票的商家。在我这个柜台上，我不接受讨价还价，我所有的产品都是正品行货，我所有的商品都可以开具发票。

在那个年代，我的做法与整个市场是格格不入的，因为整个中关村做生意基本都是要想尽一切办法，如何把一块钱的东西两块钱卖出去，三块钱卖成六块钱，甚至通过一种变相欺骗的方式。这就是问题。谁能把这个问题解决，谁就可以取得成功，非常简单。

就这么一做做了六年，从一个小柜台，到2003年的时候，我在中国已经拥有了12个店面，在北京有3个店，而且每个店的营业额都非常好。

在2003年非典的时候，我们迫不得已把所有的门店都关掉，所有的人员都在办公室，每天很着急，因为我们各种租金、开销一天都不少，货又不敢进行销售，店面不敢开门。所以我们有同事就提出来，说为什么我们不去做网上销售呢？如果我们网上销售，可能就不用去面对面见客户。所以，我们去搜狐、新浪、163(网易)各种各样的网站发帖，结果发现发了帖就被管理员删了，偶尔没有被删的，也没有人订货，也没人相信，因为我们就在BBS里说我有什么刻录机，什么东西多少钱，底下是汇款账号，如果你想买的话先把钱汇到这儿来。那时候"too young too naive."

后来，我们就在专业的测评论坛里发帖。后来论坛总版主看到了我们发的帖，不仅回复了还把我们的帖子置顶，总版主说京东多媒体，我知道，这是中关村唯一的一个不卖假光盘的厂家。置顶！结果我们一天就接到了 10 个订单。

正因为我们过去六年的坚持，赢得了别人的信任，从而在最关键的时刻，得到了一个我们从来都不记得他姓名的人一次很简单的帮助，从而使京东成功转型，由线下彻底转到线上，做了电商。

2. 我为什么创业做京东

在 2006 年、2007 年融资的时候，好多人说你们是没法成功的。为什么？他说几乎我所想要买的所有东西，都可以在当当、卓越或者淘宝上购买，还都能找到比你京东更便宜的，所以很多人说你没必要做，注定你没有前途。

但是我们不这么认为，为什么？因为我觉得在那个时候，包括今天网上的销售有很多问题。我想解决这个问题。

你可以想象一下，你去一个平台买手机，一搜搜出来几百几千个，有价格特别便宜的，你点进去，卖家很快就说："亲"，你问："为什么你比别人便宜 300 块钱？""亲，我们小店薄利多销"。你找了半天，终于被说服了，然后下了订单，他就告诉你"亲，这不包邮哦，亲，我告诉你订单号"，然后货收到了，突然发现包装上面没有中文，按照中国的法律，所有在中国销售的产品必须有中文标识，你去问他，"你不是告诉我这是行货吗，怎么收到的没有中文标识啊？你这是水货啊。"那边说了，"亲，阿拉是港行"，香港行货。你就想虽然不是正品行货，也能使吧，你就很开心地使用了两三个月，忽然出了问题，你找到卖家，卖家说："亲，是可以保修的，但是我要把你手机寄到香港去，一来一去邮费就要 400 块，维修是免费的，可是运费你要出。"你一想 400 块钱寄到香港修，可能还要等两个月，你去北京找一个维修店去维修吧，人家打电话来告诉你，"先生，你被骗了，你这手机是翻新的二手货，你去找卖家吧。""啊，你不是香港行货吗，今天我去维修，说你这是翻新货。"卖家说："亲，你拿证据啊，你给我开证据出来，叫手机商家开证据。"开不了，你给我退款，你不退款给你差评。你真给了差评，结果第二天你的手机被呼死了，一天打了五百个电话进来，大家知道中国有一个叫"呼死你"软件，只要你手机开机了就给你打，还有一些卖家给你寄各种各样很恶心的东西、危险的东西。

3. 购物原本应该是一件非常简单的事情

为什么我们做京东商城？刚开始的时候，京东可以说是一无所有，我们没有钱、没有技术，没有货源，我们甚至都不知道什么叫 VC。

但我们发现网络购物有很多问题，我想如果京东能够把这些问题解决了，我们就一定可以取得成功，这就是我们的思维。所以为什么京东在 2004 年刚开始做时，第一个坚持就是所有的商品都是正品行货，你不要发票也给你发票。我们实行低价策略，这个低价不是以翻新、水货、走私、逃税为基础，而是通过规模的优化降低运营成本，将节省的成本让利给消费者所获得的低价。

我们的服务也不断地创新，在 2005 年我们在中国就推出了"当日达"，今天我接受一个外国媒体采访，他问我说前几年我在哥大上课的时候，是否去亚马逊购物过？我说购物过，他问感觉怎么样，我说很好，但是我实在忍受不了它的物流速度。他说你要是 Prime会员，两天就可以收到货，那多快啊。我说京东在中国，几乎每个用户都是 Prime 会员，但你不用花 99 美金，只要一次购买满 79 块钱的商品就可以免运费了，而且我们在中国，在北京、上海这些大的城市，都是当日达。

正因为坚持，我们解决了网络购物领域长期存在的大量问题，这就是京东公司得以生存和快速发展的基础。

4. 我为什么要第二次创业做"京东到家"

我们今天又在创立一种全新的商业模式叫"京东到家"，主做生鲜，有人说这有什么问题需要解决呢？我们做了11年的电商，结果我们发现服装、鞋帽，甚至汽车、房子，所有的东西都可以到网上销售，而且卖的越来越好，可是就是有一类，是老百姓高频购买的东西，几乎每个人每天都要买的东西，恰恰在网上没有人能够做好，不管是平台模式还是京东这种自主经营的模式，都没有做好，那就是生鲜。

生鲜有一个什么问题？那就是在消费者和种植者当中至少有四个环节。

举一个非常简单的例子，大家都知道中国的山东是生产大蒜的，一头大蒜送到北京的家庭里面去，当中要经历至少四家公司。首先收购者去田间地头收大蒜，他收购完之后卖到山东非常有名的一个县级的蔬菜批发市场，全山东百分之七八十的蔬菜都是在那个批发市场批发的，产地批发市场再卖给销售地批发市场，卖给北京的比如大钟寺、新发地批发市场。这些人拿到之后，到了北京，他不会卖给终端用户的，还分给各个小的批发市场，这些人拿到之后再放到沃尔玛家乐福销售。那些种植的人发现一年辛辛苦苦种大蒜挣不了几个钱，因为收购价格一压再压。而买大蒜的人觉得价格怎么这么贵啊，从产地收购价只有五毛钱，到了北京卖出去就变成了两块五毛钱、三块钱、四块钱、五块钱。就因为中间环节太多了。

第二个问题，过去十年，大家发现几乎每一年都听到某类农产品滞销的消息。前天在新疆什么地方西红柿滞销，大量种植西红柿的人把西红柿摘下来之后卖不出去，任它烂在地里面。今天是土豆滞销，明天西瓜滞销，为什么？因为他在种植的时候永远不知道中国到底有多少人种了大蒜，有多少人种了西红柿，没人提供这个信息，而消费者发现今年白菜狂涨，后年大蒜价格又是涨了几倍，价格不断地剧烈波动，所以需求方、供给方信息没有打通，这是第二个问题。

第三个问题，还是有很多食品安全问题。

那么京东到家怎么解决这些问题呢？

我们成立了全资子公司，第一，我们就要把中间环节全部去掉，我们提出了"从产地直接送达消费者"的理念(Farm to Table)。大家可以想想看，全北京市每一天为北京市民提供辣椒、西红柿、黄瓜，包括批发者、运输者、超市，所有与之相关的人员好几千人，在北京大概有数千个地方都在卖着同样的辣椒、同样的西红柿。我们能够通过缩短中间环节，帮他们更高效地送到用户手上。

第二个说信息技术大数据。今年我们提出了进入农村的战略，核心就是解决农村种子、化肥、农药问题。我们现在正在进行数据的搜集，年底前在中国数万个村庄建立我们自己的村民代理。我们现在正在每个村搜集信息，我们要知道每个村的种植面积，主要的农作物是什么，副产品是什么，我们搜集每个村每年的降雨量，甚至当地的河流湖泊的分布，我们还可以通过销售数字知道每个区域种子、化肥、农药的使用量和消耗量。想一想，如果有一天，某个地区大家在卖黄瓜或者西红柿种子的时候，我们告诉你不要种植西红柿了，明年的西红柿产量已经饱和了，因为我们发现太多地方买西红柿种子了，今年西红柿种子的销量远远超出市场的需求，有一天我们可以给种植者提供这些信息。

　　第三个问题，食品安全问题怎么解决？我们通过每个区域长时间数据的搜集，我们能够知道这个区域使用的化肥主要是什么品牌，是有机的还是无机的，我们知道这个区域的农药是低浓度农药还是有毒农药，通过数据做分析。通过几年的数据分析，我们甚至能够知道中国每个种植产区的土壤情况怎么样，蔬菜是不是安全基于它的地下水有没有被污染，土壤有没有被污染。通过长时间的数据搜集，我们可以知道这些数字，这也可以帮助解决食品安全的问题。

　　所以我们从 3 月 16 日推出了"京东到家"的测试，没有大规模地宣传，只是口碑相传，现在每天销售给五六千个北京家庭，而且还在高速增长中。

　　5. 对创业者来说，现在是一个伟大的时代

　　我想，如果大家创业的话，希望每个人要问自己一个非常关键的问题，我这个项目解决了什么问题。如果你什么问题都不能解决的话，那么我可以说你的项目注定会失败，所以创业是为了要解决问题。有的人说，不，我觉得我创业是为了获取财富，创业成功获取合理合法的财富，无可厚非，但是我从来都没有看到哪一个创业者是为了获取更多的财富而创业成功的。现在，在中国大家知道创业非常的火，火到什么程度？投资人也有些愚蠢，现在只要有一个主意，你可以拿到 3000 万美金的投资，真的很容易，很多人很高兴，但是不要忘了，你拿到多少融资不是你的财富，你拿到多少融资，你将来就要 10 倍、20 倍地把这个还回去，风险投资的成本是全世界最高的。如果大家能够从银行贷款的话一定要从银行贷款，千万不要拿风投的钱。当然话又说回来了，作为创业者，你一无所有的时候，银行是不贷款的，所以没的选择的时候还是要找投资人。所以千万不要把投资人投资的钱视为你的财富，视为你的成功，投钱给你，你压力更大，你要 10 倍、100 倍地还回去的。

　　有人说我创业是为了自由，我不想朝九晚六打卡，受到别人的指使，做老板以后我就自由支配我的时间，想什么时候上班就什么时候上班。如果你真是为了自由的话，可以说创业是最不自由的，因为作为创业者，你在公司必须是最自律的那个人，所有人都可以违反这个公司的制度规定，所有人都可以迟到早退，唯独你不行，永远不行。你如果下午一点钟上班的话，兄弟们肯定是下午三四点才上班，一定是这样的。你如果说我创业是为了出名，能参加各种论坛，如果你要抱着这样的想法的话，我可以告诉你，最后 99% 的结果是你真的出名了，而且会载入哈佛的案例，说某某人拿了风投 20 亿美金 5 年烧光，项目失败，然后大家来分析他是怎么失败的。

　　可以说今天我们真的处在一个非常好的时候，往前看 30 年，往后看 30 年，真的没有人比我们今天更为幸运，机会更大。为什么？因为大家发现最近我们几乎所有的东西都在加速发展，今天，一年的变化赶得上过去 10 年的变化，今天，一年的技术进步比过去 10 年的技术进步都要快。我们最早 1998 年上互联网的时候，144 的"猫"拨号上网，都觉得很快了，几千字的邮件很快收到了，觉得简直难以置信，但是相信很快每个家庭都需要 1G 带宽。

　　所以人类的需求在几乎毫无节制地、进一步贪婪地、快速地增加，这就给我们创业者提供了巨大的机会，消费者有需求，只要你解决问题，满足消费者需求，你就能获得成功。在这个满足需求的过程中产生了很多新的问题，比如环境问题、污染问题、医疗问题、教育问题，这就给很多创业者提供了新的机会。所以我想说，身处我们这个时代，如果大家不去做点事情的话，真的是会让你一生感到后悔，后人终究将记录我们这一代人，这是一

个伟大的时代，是值得我们每个人记录、奋斗的时代。

你们每个人都值得回中国去！

最后我想再讲一下中国。我想今天在场的大部分是中国人，很多中国的留学生。几个月之前法国总理问我，他说，你作为企业家怎么看中国经济，中国经济连续增长了 10 年，年年都说中国经济今年要出这个问题，明年要出那个问题，后年要出问题，都在频繁地讨论。而我认为中国经济不会出问题，为什么？因为，在今天晚上 10 点钟你去北京朝阳 CBD 的时候，你发现所有的商铺都是灯火通明，有无数人在加班加点，中国人在继续努力，只要我们在追求，我相信中国经济不可能出问题；只要中国无数的年轻人在拼命地努力、在创业、在创新，中国的经济就不会出问题；只要还有无数的中国人去美国留学、去欧洲留学、去日本留学，去学习全世界的知识、经验，中国的经济就不会出问题。

过去的 30 年，可以说我们不断向国外的公司学习，包括京东在内，我们确实也在向美国的公司、日本的公司学习，我们整整学习了 30 年。到今天我可以毫不客气地告诉大家，中国的企业，特别是互联网领域的民营企业，在没有任何垄断、完全市场化的情况下，几乎都是民企在主打，在这个行业里，中国的企业并不比世界上任何一家公司差，因为我们学得很快。每个中国的互联网企业都知道用户体验的创新，每个中国的创业者，每个中国的企业家都知道人才的重要性，大家都知道必须要留住人，给聪明人提供一个发展的空间，企业才能够成功。我们学会了如何尊重员工、激励员工，和员工一块成长；我们学会了如何利用各种规则，建立了现代企业制度，并且按照全球的贸易规则进行贸易，按照现在最高的企业治理理念在治理自己的企业。

我每次到美国，非常多的华人留学生都会告诉我，说要在美国工作几年，有了经验之后再回国，我想告诉大家，没有这个必要，这是 10 年前的老观念了，那是上一代人的观念。你看高瓴资本，听这名字，起得土不拉叽的，但是我可以告诉大家，从 2000 万美金到 180 亿美金，10 年的时间，它的成长速度不比全球任何一家优秀的基金公司成长速度慢，甚至更快。我还可以告诉大家，中国的红杉过去 5～10 年的资本回报率也是高于美国的很多投资公司。现在已经到了这样一个时代，你们每个人都值得回国，加入中国的基金，去高瓴基金，而不是美国的什么基金。

最后三秒钟广告，欢迎大家回国，欢迎大家加入京东的国际管培生计划。

资料来源：http://finance.ifeng.com/a/20150428/13669064_0.shtml

问题：

请你从决策的视角分析刘强东个人及京东的发展历程。

第五章 计划的编制与实施

【学习目标】

- 正确理解计划的含义、性质
- 掌握计划在管理学中的作用与地位
- 了解计划与管理学其他职能的关系
- 掌握计划的内容和类型
- 理解计划的编制原理，掌握计划的编制过程
- 理解目标管理的管理的含义，掌握目标管理的过程
- 了解滚动计划法、网络计划技术
- 了解 MRPII 和 ERP

【案例导入】

总 统 梦

四十多年前，在印度尼西亚的一所小学里，同学们在写一篇作文：我的梦想，小朋友们纷纷写道：我想当医生、我想当作家、我想当工程师等，有一个黑人孩子语出惊人："我长大了想当总统"，全班同学哄堂大笑。他还不知道，选择了梦想意味着什么？因此很快由随便想想，变成了根本不想。

在中学时代，他抽烟、酗酒、吸大麻。一直混到高中，多亏他的母亲将他叫醒：没有计划和实际行动，梦想就是空想。于是，他转变了，把梦想挂在天上、把目标写在地上，并开始以一个一个的切实目标为跳板，一步一步跳到梦想。上大学期间，他拼命学习，过着苦行僧一样的生活，毕业时，得到了"刻苦求学优等生"的评语。大学毕业后，他的第一个目标就是作出色的社区组织者。实现这个目标后，他再跳向下一个目标：伊利诺伊州参议员，再由参议员跳向国会议员，最后才是那个举世瞩目的惊险一跳。他终于成就了自己的梦想：成为美国第一位黑人总统，他就是奥巴马。

启示：人贵有梦想，但更重要的是有明确的目标和计划。如果说目标是成功的前提，力量的源泉，那么计划就是事前之举，事中之措，事后标准。当我们知道"为什么做""做什么""怎么做""谁去做""何时做"时，行动就会有效，结果就会有保障。

第一节 计 划 概 述

一、计划的含义

计划是组织根据环境的需要和自身的特点，经过深思熟虑后，确定组织在一定时期内的目标，并通过计划的编制、执行和监督来协调，组织各种资源以顺利达到预期目标的

过程。

　　"计划"可以从两个方面理解，即它可能是一个名词，也可能是一个动词。从名词意义上讲，计划指在未来一段时期内，用文字、指标等形式表述的一个组织的行动方向、内容、方式和安排的纲领性文件，如生产计划、销售计划等。从动词意义上讲，计划是组织在预测的基础上，为实现其预期目标，而对未来活动进行的事先规划，即在时间和空间两个维度进一步分解和实现任务及目标，并对进度和行动结果进行检查和控制等。更多的时候，我们是从动词的角度研究计划职能的。

案例链接

联想的梦想之路

　　2015 年 7 月 22 日，美国《财富》杂志发布了最新的 500 强名单，联想集团凭借 2014—2015 年财年营业收入 462.956 亿美元排名第 231 位，较 2014 年的排名第 286 位跃升了 55 位，这使联想集团从 2011 年再次入选该榜单时的第 450 位连续 5 年累积跃进了 200 多位。然而在 1984 年创立之初，联想却是一个仅依靠 20 万元起家的自负盈亏的计算机公司，那么在改革开放三十余年的发展大潮中联想是如何实现自身不断成长的呢？

　　在发展初期，联想谋求产业生存，不断积累企业发展资本。联想到 1988 年 6 月 23 日在香港注册贸易公司，采用"Legend"作为英文名称；1989 年 11 月，联想集团公司成立，第一次在国内把"联想"作为企业及集团名称；1990 年推出"联想"电脑，开始生产及供应"联想"品牌个人计算机，"联想"品牌在中国的 IT 土壤中开始生根发芽，联想计算机销量、声誉不断提高，联想不失时机地亮出了"扛起民族计算机工业大旗"的口号，让联想品牌在快速成长的中国 IT 行业中独树一帜、备受关注。

　　在发展中期，联想实施资本运营，强化品牌核心能力。联想股票于 1994 年 2 月 14 日在香港上市，这是联想品牌首次在海外资本市场亮相；1996 年，联想首次超越国外品牌，市场占有率位居国内市场第一，并持续 6 年稳居榜首，联想品牌开始植根在中国用户的心中；2001 年 4 月 1 日，联想集团实行资产重组，分拆上市。

　　迈进 21 世纪，联想踏上国际化发展的新征程。2004 年，联想公司正式将"Legend"更名为"Lenovo"，并在全球范围内注册，实施品牌标识的华丽转变；2005 年 5 月，联想完成对 IBM PC 业务的收购整合，联想的核心个人计算机业务持续稳健发展，营业额和利润实现了双增长，在全球市场份额中创下新高，迈出国际化发展的坚实步伐；2008 年，联想年度营业收入达到 167.88 亿美元，首度进入世界 500 强企业行列，排名第 499 位；2013 年，联想集团在美国北卡罗来纳州罗利市三角研究园、中华人民共和国北京市和新加坡三处设立总部，实现国际化发展架构；2014 年 1 月 23 日，联想集团宣布以 23 亿美元收购 IBM 低端服务器业务，进一步拓展和强化自身的核心能力；自 2014 年 4 月 1 日起，联想集团成立了四个新的、相对独立的业务集团，分别是 PC 业务集团、移动业务集团、企业级业务集团、云服务业务集团，联想正全力向移动业务和企业级业务转进，目前已分别在智能手机、平板电脑和服务器领域成为全球第三。

　　"世界 500 强榜单上的新排名是对联想过去 1 年成绩的最好肯定。在这里程碑式的 1 年，我们不仅实现了 20% 的营业额增长，还如期完成了对摩托罗拉移动与 IBM System x

的收购。"联想集团董事长兼 CEO 杨元庆表示，"我们将继续稳步向前迈进，将联想打造成为享誉全球、营业额达千亿美元的科技领导者。"

启示：联想的发展历程显示，在清晰的发展计划的指引下，该公司实现了一次又一次的突破性的发展，由此可见计划职能的重要性。理解计划的含义和原理、熟练掌握制订计划的相关技能将非常有益于组织的发展。

二、计划的性质

通过对计划含义的理解，可以看出计划具有以下几种性质。

（一）目标性

任何组织在任何时候都必须具有生存的价值和存在的使命。决策活动为组织确定了存在的使命和目标，并选择了实现方式，计划就是在决策工作的基础上进一步展开和细化。组织正是通过有意识的合作，来完成群体的目标而生存的。在组织中每一个计划及其派生计划的制订，其最终目的都是为了促使组织总体目标和各个阶段目标的实现，计划的强烈目的性，要求该职能必须以行动为载体，引导组织的经营运转。

（二）基础性

如果说决策工作确定了组织生存的使命和目标，描绘了组织的未来，那么计划工作就是一座桥梁，将我们所处的此岸和我们要去的彼岸连接起来，给组织提供了通向未来目标的明确道路，给组织、领导和控制等一系列的管理工作提供了基础。未来的不确定性和环境的变化性使行动犹如大海航行，我们要时刻保持正确的航向，那么我们就必须明白自己所处的位置，明确自己行动的目标，它要求组织的主要领导人员和一般成员都必须了解组织的明确目标和实现目标的行动安排。计划工作的目的就是使所有的行动保持同一方向，促使组织目标实现。

（三）普遍性和秩序性

组织中所有的管理人员，从最高管理人员到第一线的基层管理人员都要制定计划。虽然计划的工作特点和广度因管理人员所处的部门、层级的不同而不同，但是计划工作是全体管理人员的一项职能。

由于组织的性质不同，计划工作的普遍性中又有一定的秩序性，主要表现为计划工作的纵向层次性和横向协作性。虽然所有的管理人员都定计划，但是各层人员的管理计划都是不同的，只有在高层管理人员制订计划的总方向后，各级管理人员才能据此拟定他们的计划，从而保证实现组织的总目标。另外，组织的总计划不能仅靠某一类计划活动就可以完成，而是需要多种多样的活动相互协作和相互补充才可以完成。

（四）经济性

计划对组织目标的贡献是衡量计划效率性的指标。贡献是指扣除制订和实施计划时所需要的费用和其他因素后所能得到的剩余。如果计划能得到最大的剩余或者计划按照合理的代价实现目标，这样的计划就是有效率的。实现目标有许多途径，我们必须从中选择尽可能好的方法，以最低的费用取得预期的成果，保持较高的效率，避免不必要的损失。

趣味链接

猎杀骆驼

有一位父亲带着三个孩子，到沙漠去猎杀骆驼。他们到了目的地，父亲问老大："你看到了什么？"老大回答："我看到了猎枪，还有骆驼，还有一望无际的沙漠。"父亲摇摇头说："不对。"父亲以同样的问题问老二，老二回答说："我看见了爸爸、大哥、弟弟、猎枪，还有沙漠。"父亲又摇摇头说："不对。"父亲又以同样的问题问老三，老三回答："我只看到了骆驼。"父亲高兴地说："你答对了。"

启示：组织中的任何计划都是围绕目标制定的，计划的目标必须明确、具体才能产生效果。

三、计划在管理中的作用

（一）管理者实施控制的标准

计划工作包括建立目标和一些指标，这是一份好的计划所应包括的内容，这些目标和指标将被用来进行控制。也许这些目标和指标还不能直接地在控制职能中使用，但它确实提供了一种标准，控制的所有标准几乎都源于计划。计划职能与控制职能具有不可分离的联系。计划的实施需要控制活动给予保证；在控制活动中发现的偏差，又可能使管理者修订计划，建立新的目标。

（二）降低未来的不确定性

计划工作使人们就组织的目标、当前的现状以及由现实过渡到目标状态的途径做出事先的安排，由此明确组织的发展方向，使各方面行动获得一种明确的指示和指导。同时，计划工作的开展迫使各级主管人员花时间和精力去思考未来的种种复杂情况，从而使环境中发生的变化有可能在多方面系统思考和预测中被事先估计到，这样组织就能事先做出应变的准备，由此提高组织的适应能力并降低经营中的可能风险。

（三）管理者实施协调的依据

不同组织成员由于素质和能力的不同，对组织任务和要求的理解也可能不同；组织在不同环节的活动能力可能并不是平衡、衔接的；组织整体以及组织的各个部分在活动中所面对的环境特点与事先预计的也可能不完全吻合。这些原因使组织各部分在决策实施过程中的活动与目标的要求不完全相符，甚至可能出现较大的偏差。这种偏差如果不能及时发现并针对原因采取纠正措施，则会导致组织决策执行的局部或全部失败，从而危及组织的生存和发展。计划为管理者及时协调组织目标实现过程中的实际活动情况提供了客观的依据。

（四）减少浪费、提高效率的方法

计划工作的一项重要任务就是通过对计划工作的认真研究，消除不必要的活动所带来的浪费，使未来的组织活动均衡发展，避免由于缺乏依据进行轻率判断而造成损失。计划工作要对各种方案进行技术分析，选择最适当、最有效的方案达到组织目标。组织中的成员可以根据计划统一思想，激发干劲，将组织中成员的努力合成一种组织效应，提高其工作效率进而带来经济效益。计划还能减少迟滞和等待时间，减少盲目的浪费，利于用最短的时间完成工作，使各项工作均衡发展。

四、计划与决策

计划与决策是两个既相互区别又相互联系的概念。两者的联系主要体现在以下几点：① 决策是计划的前提，计划是决策的逻辑延续；② 决策为计划的任务安排提供了依据，计划则为决策所选的目标活动实施提供了组织保障；③ 在实践工作中，决策与计划是相互渗透的，有时甚至是不可分开的。两者的区别主要在于两项工作需要解决的问题不同，主要有以下几点：① 决策是关于组织活动方向、内容以及方式的选择，企业为了表现其社会存在性，必须从事某种为社会所需要的活动。在从事这项活动之前，组织必须首先对活动的方向和方式进行选择；② 计划是对组织内部不同部门和不同成员在一定时期内行动任务的具体安排，它详细地规定了该时期内从事活动的具体内容和要求。

第二节　计划的内容和类型

一、计划的内容

不同层级管理者的计划内容不同，从抽象到具体，可以将计划内容分为以下九个方面：目的或使命、目标、战略、策略、政策、程序、规则、规划、预算。

（一）目的或使命

目的或使命指明确组织机构在社会上的作用和地位，它决定了组织的性质，也是各组织间的重要区分标志。例如，医院的使命是救死扶伤，法院的使命是公正执法，科研机构的使命是科学研究、技术研发，企业的使命就是产品和服务的生产与销售。

（二）目标

目标是企业目的或使命的进一步具体化，主要表现为企业和内部各个部门一定时期内的行动标准。目标受组织目的或使命支配，并为完成组织使命而努力。例如，销售产品和服务是企业的目的和使命，但是企业在完成这个使命的时候会继续细化为各部门的目标，如年、月、周销售目标，人员培训、招聘目标等。

（三）战略

战略是为了实现组织总目标而采取的行动和利用资源的总计划，具有指导全局和长远发展的作用。战略没有确切的指出组织达成目标的方法，只有主要的和次要的支持性计划的任务。

（四）策略

策略是指管理者实现未来总体构想和目标的一整套具体的谋略方案。组织要制定有效的策略，首先必须进行彻底的自我评价。其次，策略要按照以下原则制定：策略要服务于组织目标的实现和计划的完成；策略要具有连贯性、弹性且应当是成文的。

（五）政策

政策是组织成员做出决策或处理问题所应遵循的行动方针的一般规定。政策不要求采取行动，而是用来指导和决策行动的。政策与战略虽然经常混同使用，但两者是有明显区别的：战略给出了组织决策和行动的方向、目标和资源分配方案，政策则指导组织成员如何决策和行动。如某高校制定的一项战略是"提高毕业生的就业率"，相应的一项政策就是"加强毕业生就业指导"。政策的制定具有一定的界限，但是允许有关人员在规定的范围内自由地处理问题。同时，政策又具有稳定性，一经制定就要持续到新政策的出台为止。

（六）程序

程序是制定处理组织未来活动的一种必需的步骤，它规定了一个问题应该按照怎样的时间顺序进行处理。与战略不同的是，它是行动的指南，而非思想的指南。与政策不同的是，它没有给行动者自由处理的权力。在实践活动中，程序往往成为组织的规章制度，如企业中会计部门办理的业务往来程序，生产部门制定的生产作业流程等。

（七）规则

规则就是执行程序中的每一个步骤工作时所应遵循的原则和规章。与程序不同的是，规则指导行动但是不说明时间顺序；程序可以看成是一系列的规则，但是一项规则不一定是程序的组成部分，如"禁止乱扔垃圾"是一条规则，但是和程序没有任何联系；而一种规定顾客服务的程序可能就表现为一些规则，如在接到顾客需求15分钟内必须给予答复等。与政策不同的是，规则也有指导行动的作用，但是在运行规则时，执行人员也没有自行处理的权利。

（八）规划

规划亦称方案、工作计划，它是一个综合性计划，主要包括目标、政策、程序、规则、任务分配、要使用的资源、要采取的步骤等行动方针完成所需要的其他元素。一项规划可能很大也可能很小，如行政人员的招聘和配置、新产品的开发计划等。一般一项规划需要其他支持计划的协调、实施共同完成。

（九）预算

预算是以数字表示预期结果的一种数字化的特殊计划形式。预算中的数字可以是财务性的，即货币形式的现金、开支、收入等指标；也可以是非财务性的，即非货币形式的工时、期限、生产量等。

预算不仅将工作计划内容数量化、精确化，为汇总工作提供便利的手段，同时还可以直接作为控制工作的依据，因而预算的编制很重要。但是编制和执行预算不是目的，只是落实计划需要的一种手段。制定预算时必须紧密结合所要落实的具体任务的要求和上一层次的计划和目标，不能为了执行预算而置其所服务的计划于不顾，也不能一味地考虑过去预算中的数字而忽视当前预算所服务的特定对象。

二、计划的类型

根据不同的划分标准，可以将计划区分为以下几种类型。

（一）战略性计划与战术性计划

根据计划的时间影响度以及影响范围的广狭，可以将计划分类为战略性计划和战术性计划。

战略性计划是指应用于整体组织的，为组织未来较长时期(一般为 5 年以上)设立总体目标和寻求组织在环境中的地位的计划。按照企业内部层次性又可以将战略性计划划分为总战略或发展战略和经营战略或竞争战略。其中，总战略或发展战略是指企业整体层次的战略，它指明了企业各项业务的总体组合情况和各项业务发展的态势，而经营战略或竞争战略是指事业部层次的战略。

依据业务发展状态的不同方向性，又可以将总战略或发展战略区分为稳定型战略、增长型战略和收缩型战略三种类型。而经营战略或者竞争战略可以根据该事业部在特定业务领域经营中所定位的市场面宽窄和主要依靠的竞争优势的不同，区分为面向广大市场竞争的成本领先战略和差异化战略，以及面向狭窄市场面进行低成本或差异化竞争的集中目标战略三种。

战术性计划是有关组织活动具体如何运作的计划，对企业来说，就是指各项业务活动开展的作业计划。战术性计划主要用来规定如何实现企业经营目标的具体实施方案和细节。相比而言，战略性计划侧重于确定企业的工作内容及其实施原因，而战术性计划是规定什么时间、什么地点，由什么人员、什么方式、什么方法来完成，即战略性计划的目的是确保企业"做正确的事"，而战术性计划则旨在追求"正确地做事"。

以上对战略性计划和战术性计划的理解，可以看出两者间有不同的特点。战略性计划所包含的时间跨度长，涉及范围宽广，但是其内容抽象、概括，不要求直接的可操作性。由于其前提条件和事件结果多是不确定的，所以战略性计划要求其制定者必须有较高的风险意识，能在不确定中选定企业未来的行动目标和经营方向。战术性计划所涉及的时间跨度比较短，覆盖的范围较窄，但其内容具体、明确，并要求具有可操作性。战术性计划主要是在已知条件下分析如何实现企业总体目标而提出的具体行动目标，因而计划制订依据明确，风险程度较低。

(二)长期计划、中期计划和短期计划

计划是将实施决策活动任务在时间和空间上的分解，因而可以将计划按照时间的长短划分为长期计划、中期计划和短期计划。

长期计划是指组织在一段较长时期(一般为 3 年或者 5 年以上)规定的企业应该有什么样的状态和目标。虽然战略性计划和长期计划涉及时间较长，不同的是长期计划可能是企业根据历史数据，运用简单的外推法来预见企业的未来，这样所制定的计划方案未必能反映外部环境的变化，也不会将企业引导到体现活动目标和内容有重大变革的战略方向上来。但是，战略性计划是对企业内外环境进行战略分析的基础上做出具有战略意义的长期计划。也就是说，战略性计划就是一种长期计划，但长期计划并不一定都是战略性计划。

中期计划通常涵盖 1～3 年的时间，短期计划则通常仅为 1 年、半年乃至更短的时间。中期计划和短期计划都是企业为了实现组织的长期计划，明确组织成员的行为准则而制订的从目前到未来的各个时间间隔，或者相对较短的时段内所应该从事的各种活动，以及从事该种活动所应达到的水平和所应采取的行动方案。

(三)具体性计划和指导性计划

根据计划内容的明确性程度，可以将计划分类为具体性计划和指导性计划。

具体性计划必须具有明确规定的目标，不存在模棱两可和模糊不清的情况。例如，企业总经理计划实现销售额在 5 个月内增加 25％，所以他制订了特定的工作程序、预算分配方案以及与实现该销售目标有关的各项活动的日程进度表，这就是具体计划。

指导性计划只规定一些一般性的方针，它指出行动的重点但并不限定在具体的目标上，也不规定特定的行动方案。例如，企业计划在未来的 1 年内使生产成本降低 10％～15％，销售利润增加 20％左右，这就是制定了指导性计划。由于组织环境的不确定性，具体计划要求的明确性和可预见性就不一定能够满足，指导性计划的灵活性就能防止行动的意外变化。

(四) 业务计划、财力计划和人事计划

按照企业职能空间，可以将计划分为业务计划、财务计划和人事计划。

一个企业所需要的生产要素和主要活动可以用 6 个字概括，即"人财物，供产销"。作为企业的主要计划，业务计划主要涉及"物、供、产、销"，主要包括产品开发、物资采购、仓储后勤、生产作业以及销售促销等内容。长期的业务计划主要涉及业务方面的调整或业务规模的发展，短期业务计划主要涉及业务活动的具体安排。

例如，长期生产计划主要安排企业生产规模的扩张及实施步骤，短期生产计划主要涉及不同车间、班组的作业进度安排，长期营销计划主要涉及销售渠道、营销方式的选择与建立，而短期营销计划主要充分利用现有的营销手段和网络。

财务计划和人事计划都是围绕业务计划展开并为之服务的，其中，财务计划涉及企业生产要素中的"财"，主要研究如何提供和利用资本促进业务活动的有效进行。例如，长期财务计划需要规定新的融资渠道和不同的融资方式，以满足业务规模的发展和资本增加的需要。短期财务计划主要研究如何保证资本的供应和资本利用率的监督。

人事计划主要涉及企业生产要素中的"人"，主要分析如何维持和扩大业务规模时人力资源的保障。例如，长期人事计划主要研究如何保证组织的发展，提高成员的利用效率，准备必要的干部力量；短期人事计划主要研究如何将具有不同素质特点的组织成员安排在不同的岗位，使他们的能力和积极性得到充分的发挥。

🌾 趣味链接

和 尚 挖 井

有两个和尚分别住在相邻的两座山上，他们每天都会在同一时间下山去溪边挑水，不知不觉过了五年。突然有一天，左边这座山的和尚没有下山挑水，右边那座山的和尚心想：他大概睡过头了。哪知第二天、第三天、一个星期，都没有看到左边山上的和尚。于是他便爬上左边这座山去探望他的老朋友，他吃惊地发现他的老友正在庙前打太极拳，一点也不像一个星期没喝水的人，他好奇地问："你已经一个星期没有下山挑水了，难道你可以不用喝水吗？"

打太极拳的和尚笑笑说："这五年，我每天做完功课后，都会在后院挖井。现在终于挖出水了，我就不必再下山挑水，我可以有更多时间，练我喜欢的太极拳了。"

启示：长期计划是逐渐累积、反馈、实现的过程，计划使人们工作更有效、生活更轻松。

第三节　计划编制的原则和程序

一、计划编制的原则

　　某种计划形式的有效性不会是固定不变的，就像计划工作的过程和方法不可能一成不变一样，管理中的"权变"原则同样适用于计划工作。这一原则指出，管理工作包括计划工作在内，都必须随机应变、因地制宜，而不能够僵化、教条。在某些情况下，制订明确的具体计划可能更适宜，而在其他情况下也许正好相反，仅给行动施以宽松的指导性计划可能会比具体计划更为有效。总的来说，编制计划时应考虑以下几个方面的因素。

（一）组织的规模和管理层次

　　大型企业通常分层次制订不同性质的计划。在管理层次与计划类型之间的关系上，一般认为，基层管理者所制定的计划主要是具体的作业计划，而高层管理者所制定的计划主要是指导性的战略性计划。当然，在小企业中，所有者兼管理者制定的计划则可能兼具这两种计划的性质。

（二）经营业务的产品寿命周期

　　对企业中某一特定业务经营单位来说，其战略性计划应保持的时间长度和明确程度，需要根据其经营产品所处的寿命周期阶段做相应调整。在业务或产品寿命周期的不同阶段，计划类型并非都具有相同的性质。

　　具体来说，在投入期阶段，管理者应当更多地依赖指导性计划，因为这一阶段的产品经营活动要求有很高的灵活性；所制订的目标应该是尝试性的，资源的获取具有很大的不确定性，辨认谁是使用这种产品的顾客也很难。指导性计划使管理者可以随时按需要进行经营活动的调整。

　　在成长期阶段，随着目标更确定、资源更容易获取和顾客忠诚度的提高，经营计划也更具有明确性，计划的期限也较短。当产品进入成熟期时，经营活动的可预见性达到最大，从而可以制定长期的具体计划。

　　而当成熟期转入衰退期后，经营目标要重新考虑，资源也要重新分配，这样具体计划就不适用，组织需要转变为制定短期的指导性的计划。由此可见，计划的详尽程度和计划的期限应当与所经营产品的寿命周期联系在一起考虑。

（三）环境的不确定性

　　面临高度不确定性环境的组织，计划应当是指导性的，计划期限也应尽量短。相反，如果环境中的所有因素都保持不变，这样的组织就无疑会从制定的具体计划中受益。这不仅是因为具体计划指出了一个明确的方向，而且由于它建立了非常详细的基准，可用以衡量实际经营中所取得的成绩和问题。但问题是，环境条件并非总是稳定不变的，如果环境正在发生迅速和重要的变化，那么，精确规定的计划反而会束缚组织成员采取积极主动的行动，从而成为组织取得良好绩效的障碍。通常地，当经营的环境条件变化越大时，计划就越不需要精确、具体，这样组织越会从灵活性中获益。

二、计划编制的程序

虽然按照不同的标准可以将计划划分为不同的类型，计划的表现形式也多种多样，但是编制计划的过程却是遵循相同的逻辑和步骤。为了保证编制计划的合理性，确保决策的组织落实，计划编制的过程必须采取科学的方法。

案例链接

马云：我幸好是 15 年前创业，不然肯定被这帮小子活活搞死

我今天早上来之前在网上查了一下，看到很多线下小店说在打折，在关店，都说了一个事：都是马云惹的祸，都是淘宝惹的祸。

其实我在想，13 年以前我们在推广整个电子商务的时候，我们会说互联网会影响生产、制造、销售，互联网将会影响社会的方方面面，电子商务将会对很多的行业带来巨大冲击，很多人并不以为然。

今天我也可以这么讲，10 年以后，很多人会说，中国的经济也好，世界的经济也好，都是贵州惹的祸。如果你不参与整个大数据的建设，如果你不参与大数据技术、云计算，不把自己的企业真正变成一个互联网的制造业，我相信你一定会像今天一样抱怨和埋怨。

我觉得任何事情要站在未来角度看今天，而不仅从今天成绩，今天你能做什么去看待未来。这个世界正在发生很大变化，我相信未来 30 年是人类社会最精彩的 30 年，未来 30 年也是令人期待的 30 年，未来 30 年是令人恐慌、恐惧的 30 年。

今天我们是生活在一个非常纠结的年代，经济处于下滑趋势，小公司在关门，说是因为互联网，大公司无所适从也是因为互联网，反正每个人都说：因为互联网我们出了麻烦。但另外一方面，又发现很多欣欣向荣的企业在不断地起来。

前段时间我面试了六个年轻人，我真是倒吸了一口凉气：我幸好是 15 年前创业，要是今天创业，肯定被这帮小子活活搞死，因为他们用的是大数据，他们用的是互联网模式，他们说的很多东西我不是很理解，但是我相信，一旦我理解，我会越来越恐慌。

其实今天来讲，我们喊了很多年的信息数据时代开始，政府转型创新的时代开始，但转型、升级是要付出代价的，这个代价正在开始形成，也许很多人说我们期待转型升级。

回应一下刚才田溯宁（宽带资本董事长）讲的三次工业革命：第一次美国的蒸汽机，第二次电的能力，第一次工业革命造成的就是真正释放人的体力，第二次工业革命能源起来之后释放了人的能力，人希望能走得更远。第一次工业革命希望更强，第二次工业革命希望能走得更远。第三次工业革命我们说会是什么商业形态？这是我最近考虑最多的，因为每一次工业革命的变革对商业的形态所造成影响是非常之大，必须从组织上去思考，我们未来组织应该怎么样？我思考最多就是任何一次军事变革经过很多年以后一定会变成一个商业的变革。

从第一次世界大战和第二次世界大战，也可以讲，第一次工业革命造成了第一次世界大战，第二次工业革命产生了第二次世界大战，这次技术革命会造成什么东西？因为这次技术革命释放的是人的智慧，人的脑袋。

人们没有去想这次技术革命对整个人类社会带来什么翻天覆地的变化。未来的组织不是公司雇佣员工，而是员工雇佣公司，这一系列的变化是因为整个技术发生了巨大的变

化，因为数据的产生，人类整个商业发生变化一定会造成整个社会发生变化，经济、政治体系发生变化。

所以大家要去思考，在座的每一个企业去思考什么样的组织才适合未来，什么样的团队能够适合未来？

我今天重点讲的是从IT到DT（Data Technology，数据科技）的变革。我们认为IT和DT是技术的提升，其实这是两个时代的竞争，这是一个新时代的开始，所以大家一定要高度重视DT时代的思考，DT时代的思维。

IT时代是让自己更加强大，DT时代是让别人更加强大；IT时代是让别人为自己服务，DT是让你去服务好别人，让别人更爽，是服务竞争对手。IT时代是通过对昨天信息的分析掌控未来，是控制未来；而DT时代是去创造未来。IT时代让20％的企业越来越强大，而80％的企业可能无所适从。而DT时代是释放80％企业的能力。所以整个世界将会发生翻天覆地的变化，IT时代把人变成了机器，而DT时代把机器变成了智能化的人，所以我们正在进入一个新型的时代。

未来的制造业不仅是会生产商品和产品，未来的制造业制造出来的机器必须会思考，必须会说话，必须会交流，未来所有的制造业都将会成为互联网和大数据的终端企业。未来的制造业要的不是石油，未来的制造业最大的能源是数据。

所以我相信未来的竞争将会是天翻地覆的竞争。所以，以前如果说平台型企业以服务别人为中心，和自己企业服务为中心，我想这儿有一个简单的例子。

第二次世界大战，日本建立了全世界人类历史最强大的军舰，叫做大河舰，它拥有强大的钢甲，最强大的力量，他们认为可以摧毁一切，但是它第一次远航出去的时候，想找航母对抗，连航母都没有找到，被几架飞机给击沉了，因为航母是一个平台，自己不产生进攻能力，让航母上的舰载机具备强大进攻能力，它是一个生态。

所以不管你自己有多强大，要思考让你员工更强大，让你的客户要强大，让你合作伙伴要强大，展开竞争。假如我们对未来DT时代整个思考不去把握，那么我们的技术将是无形的，还是生活在昨天。

今天我们看到无数企业在追逐、发现和参与大数据时代，我们也看到了很多互联网的公司，今天很快沦落成为传统的互联网企业；我们看到很多IT企业变成了传统IT，因为很多人还没有搞清楚IT，我们进入了DT，互联网企业要参与社会变革，参与经济发展，参与教育和问题，让整个社会各方面越来越强大，所以让经济更富裕，让人类更幸福，是所有互联网大企业的历史担当。

今天互联网已经不仅是上网看新闻，不仅是购物，不仅是玩游戏，不仅是聊天，互联网还必须成为整个社会发展进步巨大的能源和动力。如果我们把互联网仅当成一种工具，那么我们曾经也把中国发明的火药只能放烟火，只能当炮仗，而别人把它当做机器，别人把它当作了武器。

所以我想这是一个巨大的时代，这是一个共同可以展望未来的时代，不是去改变别人，而是改变自己，去拥抱这个时代，这样你就不会10年以后说这是大数据惹的祸。我们应该共同把它变成真正人类未来巨大能源所在，谢谢大家，谢谢贵州。

资料来源：2015年5月26日，马云在贵阳国际大数据产业博览会暨全球大数据时代峰会上的演讲。http://finance.ifeng.com/a/20150527/13735844_0.shtml

问题：

在互联网时代，你将如何确定目标，把握机会？

(一) 确定目标

确定目标是决策工作的首要任务，也是制订计划的第一步，它指明了组织的行动方向和期望成果，描绘了组织未来的状况，并且作为标准来衡量实际的绩效。

(二) 认清现在

认清现在的目的在于寻求合理有效的通向"对岸"的路径，即实现目标的途径。认清现在不仅需要有开放的精神，考察环境、对手与组织自身随时间的变化与相互间的动态反应，还要对外部环境、竞争对手和组织自身的实力进行比较研究。

(三) 研究过去

研究过去不仅是从过去发生的事件中得到启示和借鉴，更重要的是探讨过去通向现在的一些规律。从过去发生的事件中探求事物发展的一般规律有两种基本方法：一是演绎法，二是归纳法。

(四) 预测并有效地确定计划的重要前提条件

对前提条件认识越清楚、越深刻，计划就越有效，最重要的是，组织成员同意使用一致的计划前提条件，企业的计划工作就会越加协调。对一个计划的全部假设条件进行预测是不切合实际的，也是无利可图的，对关键性前提条件进行预测才是必要的。德尔菲法是预测重要前提条件的最常用方法。

(五) 拟定和选择可行的行动计划

拟定和选择可行的行动计划主要包括三个方面的内容：拟定可行性计划、选定计划和评估计划。在拟定可行性计划时要充分结合组织内外部专家的意见，发扬民主和群众精神，尽可能多地制定可行性计划。这样选定计划的满意度就会高，计划就会越有效。评估计划不仅要求从总体的效益出发，认真考察每个计划的制约要素和隐患，还要考虑有形和无形要素等给企业带来的利益和损失，最后按照最优理论，选择几个较优的计划。

(六) 制定主要计划

制定主要计划就是将上一步中选择出的计划用文字的形式正式地表达出来，做成管理文件。计划要清楚地描述出 5W1H 的内容，即 What(做什么)、Why(为什么做)、Who(谁去做)、Where(何地做)、When(何时做)、How(怎么样)。

(七) 制定派生计划

基本计划的完成还需要派生计划的完成。例如，一家企业制定的计划是"销售利润比上年增加 20％"，这就需要很多相应的计划支持，如人员配置计划、生产计划、资金筹备计划等。

(八) 制定预算，用预算使计划数字化

计划编制的最后一步是制定预算，将计划转变成预算，使计划数字化。定量计划可以将计划的指标体系更加明确，使企业更易于控制计划的执行工作，还能降低定性计划在可比性、可控性和进行奖惩方面的困难。

🖋**趣味链接**

加高的袋鼠笼

一天，动物园管理员发现袋鼠从笼子里跑出来了，于是开会讨论，一致认为是笼子的高度过低，所以他们决定将笼子的高度由原来的10米加高到20米。结果第二天他们发现袋鼠还是跑到外面来，所以他们又决定再将高度加到30米。没想到隔天居然又发现袋鼠全跑到外面，于是管理员们大为紧张，决定一不做二不休，将笼子的高度加高100米。

一天，长颈鹿和几只袋鼠们在闲聊，"你们看，这些人会不会再继续加高你们的笼子？"长颈鹿问。"很难说，"袋鼠说，"如果他们再继续忘记关门的话！"

启示：关于计划，分析现实问题的原因是首要的；在方案没有达到目标时，一定要及时收集反馈的信息，找到问题根源。

第四节　计划的实施

一、目标管理

（一）目标管理的含义

目标管理是美国管理学家彼得·德鲁克（Peter F. Druker）在1954年提出的一种以目标为导向，以人为中心，以成果为标准，使组织和个人取得最佳业绩的现代管理方法，也是一种民主的管理方法。实行目标管理是在充分相信人的积极性和工作能力的基础上，通过目标的设置来激发员工的动机，指导员工的行为，使员工的需要、期望与企业的目标挂钩，以调动其积极性。

我国企业于20世纪80年代初开始引进目标管理法，并取得较好成效。实行目标管理就是要通过企业目标体系的制订、实施和评价活动，把企业各个方面的工作合理地组织起来，把上下左右的力量充分调动起来，把每个人的潜力全部挖掘出来，形成一个为实现企业总目标而相互密切协作的有机整体。通过这个有机整体的运转，就能把整个企业的人、财、物和供、产、销等各项管理协调起来，朝着企业总目标健康地发展，不断提高经济效益。

（二）目标管理的特点

目标管理是一种程序或过程，它使组织中的上级和下级一起协商，根据组织的使命确定一定时期内组织的总目标，由此决定上、下级的责任和分目标，并把这些目标作为组织经营、评估和奖励每个单位和个人贡献的标准。

目标管理与传统管理相比有以下几个特点。

1. 重视人的因素

目标管理是一种参与的、民主的、自我控制的管理制度，是一种把个人需求与组织目标结合起来的管理制度。在这一制度下，上级与下级的关系是平等、尊重、依赖、支持，下级在承诺目标和被授权之后是自觉、自主和自治的。

2. 建立目标锁链与目标体系

目标管理通过专门设计的过程，将组织的整体目标逐级分解，转换为各单位、各员工的分目标。从组织目标到经营单位目标，再到部门目标，最后到个人目标。在目标分解过程中，权、责、利三者已经明确，而且相互对称。这些目标方向一致，环环相扣，相互配合，形成协调统一的目标体系。只有每个人完成了自己的分目标，整个企业的总目标才有完成的希望。

3. 重视成果

目标管理以制定目标为起点，以目标完成情况的考核为终结。工作成果是评定目标完成程度的标准，也是人事考核和奖评的依据，成为评价管理工作绩效的唯一标志。至于达成目标的具体过程、途径和方法，上级并不过多干预。所以，在目标管理制度下，监督的成分很少，而控制目标实现的能力却很强。

（三）目标的性质

目标是指企业通过自己的活动所达到的预期结果或标准。目标是整个组织存在的灵魂，也是组织奋斗的方向，组织经营思想的集中体现。

1. 层次性

组织目标形成一个有层次的体系，范围从广泛的组织战略性目标到特定的个人目标。这个体系的顶层是董事会和最高层主管人员确定的远景和使命陈述。中层主管人员建立关键成果领域的目标、分公司和部门的目标。基层主管人员主要是制订部门和单位的目标以及他们的下级人员目标。对于组织任何层次的人员来说，都应该有个人目标，包括业绩和个人发展目标。

2. 系统性

组织的各种目标之间很少表现为简单的线性关系，不是一个目标实现后才去实现另一个目标，而是构成一种较复杂的网络系统。组织内的成员必须在规划的执行和时间上相互协调，而且在部门目标制订上也要与其他部门及相关约束条件相互协调，形成一种相辅相成的关系。

3. 多样性

组织追求的目标一般是多方面的。这种多样性一般表现在目标的数量上、领域属性上和利益主体上。但是如果目标的数目过多就会造成目标的关注度不够，导致计划的失败。目标的领域属性主要体现在目标既可以是经济性目标还可以是社会性目标等。目标的利益主体主要有国家、用户、组织和个人等。

（四）目标管理实施的原则

目标管理的最大特征就是方向明确，把整个团队的思想、行动统一到同一个目标、同一个理想上来，提高企业工作效率、实现快速发展。

做好目标管理必须遵循以下原则：

1. 科学性原则

目标的制定是目标管理取得预想效果的关键，科学合理的目标是目标管理的前提和基础，脱离了实际的工作目标，轻则影响工作进程和成效，重则使目标管理失去实际意义，影响企业发展大局。

2. 监督原则

目标管理，关键在管理。在目标管理的过程中，必须随时跟踪每一个目标的进展，发现问题及时协商、及时处理、及时采取正确的补救措施，确保目标运行方向正确、进展顺利。

3. 成本控制原则

目标管理和考核评估都以目标的达成为最终目的，这很容易让目标责任人重视目标的实现，轻视成本的核算，特别是当目标运行遇到困难可能影响目标的适时实现时，责任人往往会采取一些应急的手段或方法，这必然导致实现目标的成本不断上升。作为管理者，在督促检查的过程当中，必须对运行成本做严格控制，既要保证目标的顺利实现，又要把成本控制在合理的范围内。

4. 考核原则

任何目标的达成、项目的完成，都必须有严格的考核评估。考核、评估、验收工作必须选择执行力很强的人员进行，严格按照目标管理方案或项目管理目标，逐项进行考核并做出结论，按章奖励目标完成度高、成效显著、成绩突出的团队或个人，按章处罚失误多、成本高、影响整体工作的团队或个人，真正达到表彰先进、鞭策落后的目的。

（五）目标管理的过程

1. 确定目标

首先，领导应根据企业的使命和长远目标，在估计客观环境带来的机会和挑战的基础上，预定组织的目标。其次，重新审查现有的组织结构，对新的目标进行分解，明确目标责任人并协调关系。然后，按照目标可量化以及便于考核的原则，帮下级制定一致性和支持性目标。最后，汇总组织的目标图，并授予下级相应的资源配置权利，实现权、责、利的统一。

2. 实现目标

在目标实施过程中，领导首先要进行定期检查，利用双方经常接触的机会和信息反馈渠道自然地进行。其次，要向下级通报进度，便于互相协调。再次，要帮助下级解决工作中出现的困难和问题，当出现意外而严重影响组织目标实现时，需修改原定的目标。

3. 评价成果

成果评价既是实行奖惩的依据，也是上下左右沟通的机会，同时还是自我控制和自我激励的手段。成果评价既包括上级对下级的评价，也包括下级对上级、同级关系部门之间的评价，以及各层次的自我评价。上下级之间的相互评价，有利于信息、意见的沟通，从而有利于组织活动的控制；横向的关系部门相互之间的评价，有利于保证不同环节的活动协调进行；而各层次组织成员的自我评价，则有利于促进自我激励、自我控制以及自我完善。

4. 实行奖惩

组织对不同成员的奖惩，是以上述各种评价的综合结果为依据的。奖惩可以是物质的，也可以是精神的。公平合理的奖惩有利于维持和调动组织成员的工作热情和积极性，奖惩有失公正，则会影响成员行为的改善。

5. 制定新目标并开始新的目标管理循环

成果评价与成员行为奖惩，既是对某一阶段组织活动效果以及组织成员贡献的总结，也为阶段性的工作提供参考和借鉴，在此基础上，为组织成员及各个层次、部门的活动制定新的目标并组织实施，便于展开目标管理的新一轮循环。

（六）目标管理的优劣势

1. 目标管理的优点

目标管理具有以下几个方面的优点：

（1）提高工作绩效。对于组织中易于度量和分解的目标，以及技术上具有可分性的工作，目标管理可以起到立竿见影的效果。

（2）改进职责分工。将组织目标的成果和责任力图划归一个职位或部门，容易发现授权不足与职责不清等缺陷。

（3）调动员工积极性。目标管理激发了员工的自觉性，调动了职工的主动性、积极性、创造性。由于强调自我控制、自我调节，将个人利益和组织利益紧密联系起来，因而提高了士气。再者，目标管理促进了意见交流和相互了解，改善了组织中的人际关系。

2. 目标管理的缺点

在实际操作中，目标管理也存在许多明显的缺点，主要表现在以下几个方面：

（1）目标难以制定。组织内的许多目标难以定量化、具体化；许多团队工作在技术上不可分解；组织环境的可变因素越来越多，变化越来越快，组织的内部活动日益复杂，使组织活动的不确定性越来越大。这些都使得组织的许多活动制定数量化目标很困难。

（2）目标管理的哲学假设不一定都存在。Y 理论对于人类的动机做了过分乐观的假设，实际中的人是有"机会主义本性"的，尤其在监督不力的情况下。因此，在许多情况下，目标管理所要求的承诺、自觉、自治气氛难以形成。

（3）目标商定可能增加管理成本。目标商定要上下沟通、统一思想，是需要耗费时间的；每个单位、个人都在关注自身目标的完成，很可能忽略了相互协作和组织目标的实现，滋长本位主义、临时观点和急功近利倾向。

（4）奖惩公正性的不确定性。有时奖惩不一定都能和目标成果相配合，也很难保证其公正性，从而削弱了目标管理的效果。

趣味链接

猴 子 的 手 表

一名游客穿越森林时手表丢落，被猴子猛捡到。聪明的猛很快就搞清了手表的用途，于是，猛成了猴群的明星，猴子们渐渐习惯向猛请教确切的时间，整个猴群的作息时间也由猛来规定。猛逐渐建立起威望，最后当上了猴王。猛认识到手表给自己带来了机遇与好运，于是每天在森林里寻找，终于，猛相继得到第二块、第三块手表。

但出乎猛的意料，得到了三块手表反而有了新麻烦，因为每块手表的时间显示都不相同，猛不能确定哪个时间是正确的。群猴也发现，每当来询问时间时，猛总是支支吾吾回答不上来。猛的威望大降，整个猴群的作息时间也变得一塌糊涂。

启示：目标和"手表"一样，有一个就足够了，这样目标管理才有效。

二、滚动计划法

（一）滚动计划法的含义

滚动计划法是按照"近细远粗"的原则制订一定时期内的计划，然后按照计划的执行情况和环境变化，调整和修订未来的计划，并逐期向后移动，把短期计划和中期计划结合起来的一种计划方法。

滚动计划是一种动态编制计划的方法，它不像静态分析那样，等一项计划全部执行完毕之后再重新编制下一时期的计划，而是在每次编制或调整计划时，均将计划按时间顺序向后推进一个计划期，即向后滚动一次，按照制订的项目计划进行施工，对保证项目的顺利完成具有十分重要的意义。

（二）滚动计划法的计划制订流程

1. 编制程序

（1）通过调查和预测，掌握有关情况，然后按照"近细远粗"的原则，制订一定时期的计划。

（2）在一个滚动时期终了时，分析计划的执行结果，找出差距，了解存在的问题。

（3）根据企业内、外部条件的变化，及上一个滚动期计划的执行情况，对原定的计划进行必要的调整和修订。

（4）根据修改和调整的结果，继续按照"近细远粗"的原则，将计划期向后滚一个时期，制定出第二个计划期的计划。

图 5-1 所示的是一个五年期的滚动计划编制方法。

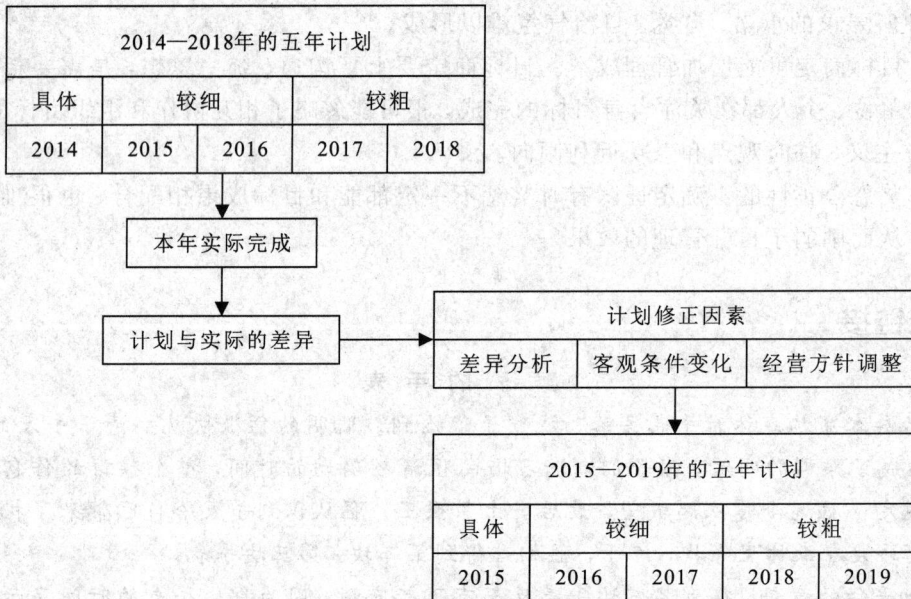

2014—2018年的五年计划				
具体	较细		较粗	
2014	2015	2016	2017	2018

↓

本年实际完成

↓

| 计划与实际的差异 | → |

计划修正因素		
差异分析	客观条件变化	经营方针调整

↓

2015—2019年的五年计划				
具体	较细		较粗	
2015	2016	2017	2018	2019

图 5-1　五年滚动计划图

2. 计划修正因素

编制滚动计划时，应考虑影响计划的各种因素，对计划进行调整和修订。这些因素统称为计划修正因素，主要有以下几个方面：

（1）计划与实际的差异。将计划的执行结果与原定的计划进行对比分析，找出两者的差距，分析出现差距的原因，以此作为调整计划的依据。

（2）客观条件的变化。这种客观条件包括企业的内部条件和企业的外部条件。企业的内部条件包括劳动力构成、技术水平、自动化程度等在企业内部发生的状况；企业的外部条件包括市场情况、政治环境、经济政策、法律因素等企业自身影响范围之外的情况。

（3）企业经营方针的调整。企业的经营方针是企业制订计划最根本的依据，是企业生产经营活动的行动纲领。因此，此企业经营方针的调整必然影响企业计划的制订。

（三）滚动计划法的评价

首先，滚动计划法将计划期内各阶段以及下一个时期的预先安排有机地衔接起来，而且定期调整补充，从而从方法上解决了各阶段计划的衔接和符合实际的问题。

其次，滚动计划法较好地解决了计划的相对稳定性和实际情况的多变性这一矛盾，使计划更好地发挥其指导生产实际的作用。

最后，采用滚动计划法，使企业的生产活动能够灵活地适应市场需求，把供、产、销密切结合起来，从而有利于实现企业预期的目标。

案例链接

雷军的阶梯目标

雷军回忆，他在18岁那年，偶然在图书馆里看到一本《硅谷之火》，该书讲述当年硅谷英雄的故事，书中的英雄以乔布斯为主。雷军看完这本书之后，萌生了在中国办一家世界一流的公司的想法。

有了这样的想法，雷军在武汉大学的操场上走了一圈又一圈，思索着怎样开始。最后，他决定把一切落实到自己的学习上，给自己设定了一个目标，在两年内完成所有的大学课程。他用两年时间修完了所有的大学课程，接着，又给自己设定了一个目标：两年内在一流的学报上发表论文。果真，目标如期实现。

雷军说，人一定要有梦想。有了梦想之后，还要能一步一步地付诸实践，要给自己设定一个又一个的可行目标，再加上长时间的坚韧不拔。"看五年，想三年，认真做好一两年"，这就是雷军确立梦想、一步步去完成梦想的方法。梦想可能极为远大，可能非二三十年无法完成。因此，每一个筑梦的过程，只能按着直觉往前走。当前的所作所为未必有直接效果，可是我们还是要有具体的目标，以及在短期内可以逐步实现目标的方法。就这样，他不断地"看五年，想三年，认真做好一两年"。每当五年的想法到期之后，就再向前推移五年，也再一次订立具体可行的方案，使自己不断地向最初设定的终极目标前进。

到了40岁，雷军决定放手一试。他承认小米现在仍离成功尚远，但梦想总是要有的。有了梦想之后，还要有扎实的基本功，再加上勤奋、锲而不舍、百折不挠，最后再加上机遇，就有机会成就梦想。

资料来源：何飞鹏，雷军的阶级目标，特别关注，2015（6）

问题：

结合实际，为自己制定一份阶梯目标。

三、网络计划技术

(一)甘特图

甘特图又叫横道图、条状图,它是 20 世纪初由亨利·甘特发明的以图示的方式通过活动列表和时间刻度形象地表示出任何特定项目的活动顺序与持续时间。

甘特图不仅可以应用于现代的项目管理中,预测时间、成本、数量及质量上的结果,协助考虑人力、资源、日期、项目中重复的要素和关键的部分,直观地反映任务的进展情况、资源的利用率等。随着生产管理的发展、项目管理的扩展,甘特图被应用到了各个领域,如建筑、IT 软件、汽车等。

甘特图的绘制步骤如下:① 明确项目牵涉到的各项活动和相关因素,包括项目名称和顺序、开始时间、工期,任务类型和依赖于哪一项任务;② 创建甘特图草图,即将所有的项目按照开始时间、工期标注到甘特图上;③ 确定项目活动依赖关系及时序进度,即使用草图,按照项目的类型将项目联系起来,并安排项目进度;④ 计算单项活动任务的工时量;⑤ 确定活动任务的执行人员及适时按需调整工时;⑥ 计算整个项目时间。

(二)负荷图

负荷图(Load chart)是一种修改了的甘特图,它不是在纵轴上列出活动,而是列出整个部门或者某些特定的资源。负荷图可以使管理者计划和控制生产能力,换言之,它是工作中心的能力计划。

(三)网络计划技术

网络计划技术是应用于工程项目计划与控制的一项管理技术,是 20 世纪 50 年代末发展起来的,应用网络图形来表达一项计划中各项工作的开展顺序及其相互之间的关系,通过对网络图进行时间参数的计算,找出计划中的关键工作和关键线路,继而通过不断改进网络计划寻求最优方案,在计划执行过程中对计划进行有效的控制和监督,保证合理地使用人力、物力和财力,以最小的消耗取得最大的经济效果。

与甘特图、负荷图相比,网络计划技术更适用于大型计划活动的项目,如企业的重组和新产品的开发等,他们要求协调成百上千的活动,其中一些活动必须同时执行,而另一些活动必须待前期的活动完成后才能开始。各个环节之间、各项工作之间的关系错综复杂,影响各项工作的因素越来越多,此时网络计划技术就是一种更好、更有效的工作方法。

1. 网络计划技术的基本内容

(1)网络图。网络图是指网络计划技术的图解模型,反映整个工程任务的分解和合成。绘制网络图是网络计划技术的基础工作,既包括对工程任务的划分又包括解决各项工作的协作与配合。

(2)时间参数。时间参数是指在实现整个工程任务过程中,各项工作的作业时间、开工与完工的时间、工作之间的衔接时间、完成任务的机动时间及工程范围和总工期等。

(3)关键路线。通过计算网络图中的时间参数,求出工程工期并找出关键路径。在关键路线上的作业称为关键作业,这些作业完成的快慢直接影响着整个计划的工期。在计划执行过程中,关键作业是管理的重点,在时间和费用方面则要严格控制。

(4)网络优化。网络优化是指根据关键路线法,通过利用时差,不断改善网络计划的初始方案，在满足一定的约束条件下，寻求管理目标达到最优化的计划方案。

2. 网络计划的基本步骤

（1）确定目标。确定目标，是指决定将网络计划技术应用于工程项目，并提出对工程项目和有关技术经济指标的具体要求，如在工期方面、成本费用方面要达到什么要求等。

（2）分解工程项目，列出作业明细表。一个工程项目是由许多作业组成的，在绘制网络图前就要将工程项目分解成各项作业。在此基础之上，还要进行作业分析，以便明确先行作业（紧前作业）、平行作业和后续作业（紧后作业）。在划分作业项目后便可计算和确定作业时间。一般采用单点估计或三点估计法，然后一并填入明细表中。明细表的格式如表5-1所示。

表 5-1　作业明细表

作业名称	作业代号	作业时间	紧前作业	紧后作业

（3）绘制网络图，进行结点编号。根据作业时间明细表，可绘制网络图。网络图的绘制方法有顺推法和逆推法。顺推法，即从始点时间开始，根据每项作业的直接紧后作业，按顺序依次绘出各项作业的箭线，直至终点事件为止。逆推法，即从终点事件开始，根据每项作业的紧前作业逆箭头前进方向逐一绘出各项作业的箭线，直至始点事件为止。

（4）计算网络时间，确定关键路线。根据网络图和各项活动的作业时间，就可以计算出全部网络时间和时间差，并确定关键线路。

（5）优化网络计划方案。找出关键路径，也就初步确定了完成整个计划任务所需要的工期。这个总工期，是否符合合同或计划规定的时间要求，是否与计划期的劳动力、物资供应、成本费用等计划指标相适应需要进一步综合平衡，通过优化，择取最优方案，然后正式绘制网络图，编制各种进度表以及工程预算等各种计划文件。

（6）网络计划的贯彻执行。编制网络计划仅是计划工作的开始。计划工作不仅要正确地编制计划，更重要的是组织计划的实施。网络计划的贯彻执行，要发动群众讨论计划，加强生产管理工作，采取切实有效的措施，保证计划任务的完成。

3. 网络图

网络图是网络计划技术的基础。如图5-2所示，任何一项任务都可以分解成许多工作步骤，根据这些工作在时间上的衔接关系，用箭头表示它们的先后顺序，画出一个由各项工作相互联系，并注明所需时间的箭头图，这个箭头图就称为网络图。

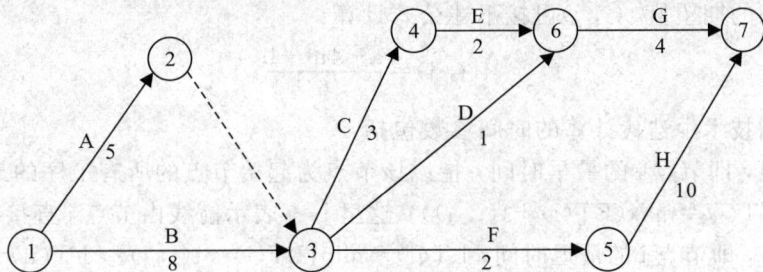

图 5-2　网络图实例

由上图可以发现，网络图由以下部分组成：

（1）活动。活动是指一项工作或一道工序。一般来讲，活动需要花费时间，消耗一定的资源。活动用"→"表示，一般规定，箭线上方注明活动内容，下方注明活动消耗时间。

（2）事项。事项是指一项活动的开始或完成，一般用带有编号的圆圈表示。在网络图中，圆圈是两条或两条以上箭线的交接点，故又称节点。事项不占用时间和资源，它只是表示某项活动的开始或结束。为了便于识别、检查和计算，对节点要进行编号，编号按箭头方向由小到大，并常用箭线首尾的编号表示某一项活动的名称，应特别注意的是，每一项活动都应有自己唯一的节点编号。另外，同一节点号码不能重复使用。

（3）虚工序。因为箭线首尾的节点编号只能表示唯一的一项活动，但对于平行活动来讲，要正确表示活动之间的关系，往往借助虚工序。

虚工序用虚箭线表示，它仅起着表示活动先后顺序的作用，并不是一项真正的活动，它没有活动名称，既不占用时间，也不消耗资源，计算网络时间参数时，可以把虚工序看成作业时间为零的一项活动，如图 5-2 中连接 2、3 的虚工序。

（4）线路和关键线路。线路是指从网络始点事项开始，顺着箭线方向，到网络终点为止，中间由一系列首尾相连的节点和箭线所组成的通路。关键线路是网络中花费时间最长的事项和活动的序列。

为了反映工序先后顺序关系，经常使用紧前工序或紧后工序的概念。若有 A、B 两道工序，当 A 工序完工以后，才能紧跟在它后面开始 B 工序，此时称 A 是 B 的紧前工序，或 B 是 A 的紧后工序。一道工序可能有若干道紧前工序，也可能有若干道紧后工序，没有紧前工序的工序是项目的初始工序，没有紧后工序的工序是项目的最后工序。

4. 网络时间参数的计算和关键路线的确定

确定工序作业时间，是网络计划的重要前提，它直接关系到工期的长短，是计算其他网络时间参数的基础。工序作业时间是指完成某道工序所需要的时间。

对于确定型网络，作业时间的估计采用单一时间估计法，即对每道工序的作业时间仅确定一个估计值，用 $t(i, j)$ 表示工序 (i, j) 的作业时间。

对于非确定型网络，一般没有有关工序作业时间的确切资料，作业时间采用三点估计法，即对某道工序作业时间做出三种时间估计，用这三个时间值的加权平均值作为对该工序时间的估计。这三个时间值是：① 最乐观时间，指在最顺利的情况下，完成某道工序的最短时间，记为 a；② 最保守时间，指在最不利的情况下，完成某道工序的最长时间，记为 b；③ 最可能时间，指在正常情况下，完成某道工序的时间，记为 m。

工序时间的期望值 $t(i, j)$ 可按下述公式计算：

$$t(i, j) = \frac{a + 4m + b}{6}$$

网络计划技术中迭代计算的时间参数包括：

① $ET(i)$，即节点 i 的最早时间，指以该节点为起始节点的所有工序的最早开始时间，$ET(1) = 0$，$ET(j) = \max(ET(i) + t(i, j))$，这里 i→j 表示箭线由节点 i 直接指向节点 j。

② $LT(i)$，即节点 i 的最迟时间，$LT(i) = \min\{LT(j) - t(i, j)\}$，$LT(n) = ET(n)$，n 为终点编号。

③ $ES(i, j)$，即工序 (i, j) 的最早开始时间，$ES(i, j) = ET(i)$。

④ EF(i, j)，即工序(i, j)的最早结束时间，EF(i, j)＝ES(i, j)＋t(i, j)。

⑤ LS(i, j)，即工序(i, j)的最晚开始时间，LS(i, j)＝LF(i, j)－t(i, j)。

⑥ LF(i, j)，即工序(i, j)的最晚结束时间，LF(i, j)＝LT(j)。

⑦ TF(i, j)，即工序总时差，是指在不影响整个项目最早结束的条件下，工序最早开始(或结束)时间可以推迟的时间，TF(i, j)＝LS(i, j)－ES(i, j)＝LF(i, j)－EF(i, j)＝LT(j)－ET(i)－t(i, j)。

⑧ FF(i, j)，即工序单时差，是指在不影响紧后工序最早开始时间的前提下，该工序可以推迟开始或结束的时间，FF(I, j)＝RT(j)－ET(i)－t(i, j)＝ET(j)－EF(i, j)。

表 5–2 关键路线的确定

工序名称	节点编号	作业时间	EF(i, j)	LS(i, j)	LF(i, j)	TF(i, j)	关键路线
A	(1, 2)	5	5	3	8	3	√
B	(1, 3)	8	8	0	8	0	
C	(3, 4)	3	11	11	14	3	
D	(3, 6)	1	9	15	16	7	
E	(4, 6)	2	13	14	16	3	
F	(3, 5)	2	10	8	10	0	√
G	(6, 7)	4	17	16	20	3	
H	(5, 7)	10	20	10	20	0	√

关键路线就是由时差为零的工序组成的线路，关键路线上各工序作业时间之和即为总工期。如果把网络图看成一个有向图，关键路线即有向图的最长路。上例中，网络时间参数的计算和关键路线的确定如表 5–2 所示，关键路线为①→③→⑤→⑦，一般用双箭线表示。

5. 网络计划技术的评价

与传统的计划管理方法相比较，网络计划技术有如下优点：

(1) 网络计划技术把一项工程中各个相关的工作组成一个有机的整体，能全面、明确地表达出各项工作之间的先后顺序和相互制约、相互依赖的关系。

(2) 通过网络图时间参数计算，可以在名目繁多、错综复杂的计划中找到关键工作和关键线路，从而使管理者能够采取技术组织措施，千方百计地确保计划总工期。管理者利用网络计划中某些工作的时间储备，可以合理地安排人力、物力和资源，达到降低工程成本和缩短工期的目的。

(3) 通过网络计划的优化，可以在若干个可行方案中找到最优方案。在网络计划执行过程中，能够对其进行有效的监督和控制，如某项工作提前或推迟完成时，管理者可以预见到它对整个网络计划的影响程度，以便及时采取技术、组织措施加以调整。

四、MRPII 和 ERP

MRPII(Manufacturing Resource Planning，制造资源计划)是以 MRP (Material Requirement Planning，物料需求计划)为核心、覆盖企业生产活动所有领域、有效资源的

生产管理思想和方法的人-机应用系统。

ERP（Enterprise Resource Planning，企业资源计划）是在 MRPII 的基础上扩展了管理范围，给出了新的结构，把客户需求和企业内部的制造活动以及供应商的制造资源整合在一起，体现了完全按用户需求制造的思想。

ERP 同 MRPII 的区别主要表现在以下几个方面。

（一）在资源管理范围方面

MRPII 主要侧重对企业内部人、财、物等资源的管理，ERP 系统在 MRPII 的基础上扩展了管理范围，它把客户需求和企业内部的制造活动以及供应商的制造资源整合在一起，形成企业的一个完整的供应链，并对供应链上所有环节如订单、采购、库存、计划、生产制造、质量控制、运输、分销、服务与维护、财务管理、人事管理、实验室管理、项目管理、配方管理等进行有效管理。

（二）在生产方式管理方面

MRPII 系统把企业归类为几种典型的生产方式进行管理，如重复制造、批量生产、按订单生产、按订单装配、按库存生产等，对每一种类型都有一套管理标准。而在 20 世纪 80 年代末、90 年代初期，为了紧跟市场的变化，多品种、小批量生产以及看板式生产等则是企业主要采用的生产方式，由单一的生产方式向混合型生产发展，ERP 能很好地支持和管理混合型制造环境，满足了企业的多元化经营需求。

（三）在管理功能方面的差别

除了 MRPII 系统的制造、分销、财务管理功能外，ERP 还增加了支持整个供应链上物料流通体系中供、产、销各个环节之间的运输管理和仓库管理，支持生产保障体系的质量管理、实验室管理、设备维修和备品备件管理；支持对工作流（业务处理流程）的管理。

（四）在事务处理控制方面

MRPII 是通过计划的及时滚动来控制整个生产过程的，它的实时性较差，一般只能实现事中控制。而 ERP 系统支持在线分析处理 OLAP（Online Analytical Processing）、售后服务及质量反馈，强调企业的事前控制能力，它可以将设计、制造、销售、运输等通过集成并行地进行各种相关的作业，为企业提供了对质量、适应变化、客户满意、绩效等关键问题的实时分析能力。

此外，在 MRPII 中，财务系统只是一个信息的"归结者"，它的功能是将供、产、销中的数量信息转变为价值信息，是物流的价值反映。而 ERP 系统则将财务计划和价值控制功能集成到了整个供应链上。

（五）在跨国（或地区）经营事务处理方面

现代企业的发展，使得企业内部各个组织单元之间、企业与外部的业务单元之间的协调变得越来越多和越来越重要，ERP 系统应用完整的组织架构，从而可以支持跨国经营的多国家（或地区）、多工厂、多语种、多币制应用需求。

（六）在计算机信息处理技术方面

随着 IT 技术的飞速发展，网络通信技术的应用，使得 ERP 系统得以实现对整个供应链信息进行集成管理。ERP 系统采用客户/服务器（C/S）体系结构和分布式数据处理技术，支持 Internet/Intranet/Extranet、电子商务（E-business、E-commerce）、电子数据交换（EDI）。此外，还能实现在不同平台上的操作。

本章小结

　　计划是管理的首要功能，计划是指管理者确定并选择恰当的组织目标和行动方案的过程。计划既是一个目标确定的过程，也是一个战略制定的过程。计划具有目标性、基础性、普遍性和秩序性、经济性等基本性质。计划包括目的或使命、目标、战略、策略、政策、程序、规则、规划、预算等九项内容。计划的类型分为战略性计划与战术性计划、长期计划和短期计划、具体性计划和指导性计划、业务计划、财务计划和人事计划。管理者在编制计划时，通常要经过确定目标、认清现在、研究过去、预测并有效地确定计划的重要前提条件、拟定和选择可行的行动计划、制订主要计划、制订派生计划及制订预算，用预算使计划数字化等步骤。计划工作的编制方法有目标管理法、滚动计划法、网络计划技术法等。

　　目标是指期望的成果，是组织在一定时期内通过努力争取达到的理想状态或期望获得的成果。目标管理是一个全面管理系统，它用系统的方法，使许多关键管理活动结合起来，高效地实现个人目标和企业目标。目标管理的理论基础是科学管理理论和行为科学理论的有效统一。目标管理是应用极为广泛的一种管理方法。

　　★ 知识结构图

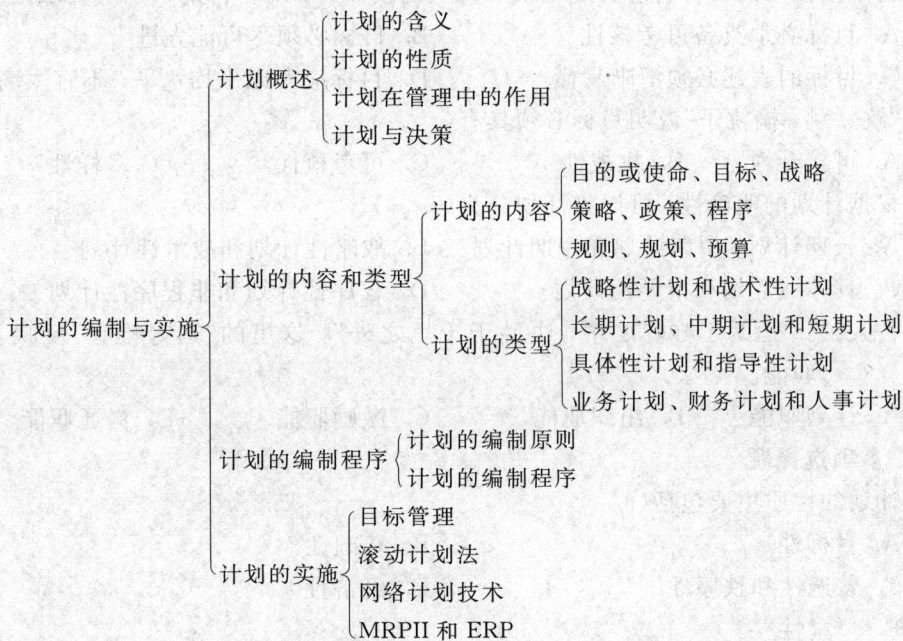

思 考 题

1. 计划与决策的关系是怎么样的？

2. 简述目标管理的过程。

3. 论述计划的编制过程。

4. 如何评价滚动计划法？

5. 网络计划技术有什么优点？

6. 已知某项目的有关资料如表 5-3 所示，时间单位为天。

表 5-3　某项目资料统计表

作业	A	B	C	D	E	F	G	H
紧前工作	—	—	A	AB	A	CD	CD	EF
时间	4	3	5	2	8	7	9	6

（1）画出网络图。

（2）确定关键路线。

练 习 题

一、名词解释

1. 计划

2. 目标管理

二、单项选择题

1. 为了使公司的目标管理计划切实有效，比较而言，对目标的（　　）要求最为重要？

　　A. 目标必须具备可考核性　　　　B. 目标必须尽可能先进

　　C. 目标的表述必须清晰易懂　　　D. 目标应考虑平均水平，不宜太高

2. "跳一跳，摘桃子"说明目标必须具有（　　）。

　　A. 可接受性　　B. 挑战性　　　C. 可考核性　　　D. 多样性

3. 根据计划的明确性，可以将计划分为（　　）。

　　A. 长期计划、中期计划和短期计划　　B. 战略性计划和战术性计划

　　C. 具体性计划和指导性计划　　　　　D. 程序性计划和非程序性计划

4. 古人云："运筹于帷幄之中，决胜于千里之外"，这里的"运筹帷幄"反映了管理的（　　）职能。

　　A. 计划职能　　B. 组织职能　　C. 激励职能　　　D. 沟通职能

三、多项选择题

1. 计划的性质主要包括（　　）。

　　A. 目标性　　　　　　　　　　B. 基础性

　　C. 普遍性和秩序性　　　　　　D. 经济性

　　E. 严肃性

2. 根据不同的划分标准，可以将计划分为（　　）。

　　A. 战略性计划与战术性计划　　B. 长期计划、中期计划和短期计划

　　C. 具体性计划和指导性计划　　D. 程序性计划和非程序性计划

　　E. 具体性计划和长期计划

3. 目标管理的特点包括(　　)。

A. 重视人的因素　　　　　　　B. 建立目标锁链与目标体系

C. 重视成果　　　　　　　　　D. 层次体系

E. 多样系统

4. 目标管理的过程体现在(　　)。

A. 制定目标　　　　　　　　　B. 实现目标

C. 评价成果　　　　　　　　　D. 实行奖惩

E. 制定新目标并开始新的目标管理循环

5. 制订计划的方法有(　　)。

A. 指导计划法　　　　　　　　B. 滚动计划法

C. 网络计划法　　　　　　　　D. 战略计划法

E. 时间管理法

四、简答题

1. 在执行目标方案过程中应注意什么问题？

2. 在编制计划时需要坚持什么原则？

案 例 分 析

王勇曾经在一家有名的外商独资企业中担任过销售部经理，成绩卓著。几年前，他离开了这家企业，自己开了一家建材贸易公司，由于有以前的底子，所以生意很不错。年初，他准备进一步扩大业务，在若干个城市设立经销处，同时，扩大经营范围，增加花色品种。面对众多要处理的问题，王勇决定将部分权力授予下属的各部门经理。他逐一与经理们谈话，一一落实要达到的目标。其中，他给采购部经理定下的目标是：保证每一个经销处所需货物的及时供应；所采购到的货物的合格率需保持在98％以上；采购成本保持在采购额的5％以内。采购部经理当即提出异议，认为有的指标不合理。王勇回答说："可能吧，你尽力而为就是了。"

到年终考核时发现，采购部达到了王勇给他们规定的前两个目标责任制，但采购成本大大超出，约占当年采购额的8％。王勇问采购部经理怎么会这样时，采购部经理解释说："就目前而言，我认为，保证及时供应和货物质量比我们在采购时花掉多少钱更重要。"

问题：

1. 你认为王勇在实施目标管理中有问题吗？他应如何改进？

2. 分析说明目标管理怎样设计才具有可操作性。

新宇化工公司的目标管理

新宇化工公司是一个地方中型企业，在实行目标管理之前，公司领导总感到职工的积极性没有最大限度发挥出来，上下级之间关系也比较紧张，管理很不顺畅，所以公司效益从1993年以来连续下滑。为从根本上扭转这种被动的管理局面，从管理中要效益，公司领导班子达成共识，从"九五"计划第一年(1996年)开始在公司实行目标管理。

一、确定目标

新宇化工公司根据企业"九五"计划的总体要求来确定公司的总目标。总目标包含以下四个方面，并尽量用定量指标表达，目标又分期望和必达两种。分别如下（以 1996 年为准）：

(1) 对社会贡献目标。新宇化工公司作为一个地方化工企业，不仅要满足地区经济发展的物质要求，而且要满足人民群众对化工产品的不断增长需求。具体指标是：总产值7914 万元必达，期望达到 8644 万元；净产值 1336 万元必达，期望达到 1468 万元；上缴税收 517 万元必达，期望达到 648 万元。

(2) 对市场目标。随着市场经济的发展与深入，化工产品市场竞争越来越激烈。新宇公司是本省具有竞争力的企业，所以在力图巩固现有市场份额的基础上，强化市场营销策略，不断扩大销售量，并开拓外省(市)市场，从而提高市场占有率。对销售指标期望年增8%～10%，必须达到年增 6%～7%；对市场占有率指标期望达到 38%，必须达到 34%。

(3) 公司发展目标。新宇公司根据"九五"计划发展规划，确定其发展目标为：销售收入 6 287 万元必达，期望达到 7100 万元，且年增 6%～8%；资产总额为 650 万元，且年增10%～12%；必须开发 5 个新系列化工产品，期望开发 6 个新产品系列；职工人数年增长3%，且实行全员培训，职工培训合格率必达 85%，期望达到 98%。

(4) 公司利益和效益目标。确定的具体表达指标如下：利润总额为 480 万元，期望实现 540 万元；销售利润率 7.6%，期望达到 8.5%；劳动生产率年增 85%，期望年增 105%；成本降低率递减 5%；合格品率达到 92%，期望达到 95%；物质消耗率年下降 7%；一级品占全部合格品比重达 50%，期望达到 60%。

二、目标分解

新宇化工公司对于总目标的每一个表达指标，都按纵横两个系统从上至下层层分解。从横向系统看，即公司每一个职能部门都细分到各自的目标，并且一直到科室人员。从纵向系统看，从公司总部到下属车间、段、班组直至每个岗位工人都要落实细分的目标。由此形成层层关联的目标连锁体系。

现以公司实现利润总额 480 万元为例，对其目标进行分解。为确保 1995 年实现利润总额 480 万元，经过分析、取决于成本的降低，而成本降低又分解为原材料成本、工时成本、废品损失和管理费用 4 个第三层次的目标，然后继续分解下去，共细分成 96 项具体目标，涉及降低物耗，提高劳动生产率，保证和提高产品质量以及管理部门节约高效的具体要求。最后按归口分级原则落实到责任单位和责任人。

三、执行目标

新宇化工公司按照目标管理的要求，让各目标执行者"自主管理"，使其能在"自我控制"下充分发挥积极性和潜能。为职工实现自己的细分目标创造一个宽松的管理环境，不再强调上级对下属严密监督和下级任何事情都必须请示上级才行动的陈旧管理模式。

在此阶段，新宇化工公司领导注重做到以下几点：

(1) 对于大多数公司所属部门和岗位，都进行充分的委权和放权，提高自主管理和自我控制的水平。对于极少数下属部门和岗位，上级领导对下属部门和成员仍应实施一定的监督权，以确保这些关键部门和岗位的目标得以实现。

(2) 公司建立和健全了自身的管理信息系统，创造了执行目标所需的信息交流条件，使得上下级和平级之间的不同单位、部门、人员都能在执行各自目标得到信息的支持。

（3）公司各级领导人员对下属及成员并不是完全放任不管不问。他们的职责主要表现在以下方面：一是为下属创造良好的工作环境；二是对下级部门和下属人员做好必要的指导和协调工作；三是遇到例外事项时，上级要主动到下属中去协商研究解决，而不是简单下指令。

在上述新宇公司成本降低的96项具体目标落实到公司有关部门和个人后，他们就按各自目标制定具体实施方案。实施方案包括执行目标所需的权限、工作环境、信息交流渠道、工作任务、计划进度、例外事项处理原则等。在每天的工作中，每个执行目标者都要自己问自己，我今天要做到些什么才能对自己目标的完成做出贡献？然后对每天的工作和时间进行最佳组合的安排，尽可能取得最大工作效率。

四、评定成果

新宇化工公司在进行目标管理时，很重视成果评定。当预定目标实施期限结束时（一般为一年），就大规模开展评定成果活动。借以总结成绩，鼓励先进，同时发现差距和问题，为更好地开展下一轮的目标管理打好基础。

新宇化工公司强调评定成果要贯彻三项原则：一是以自我评定为主，上级评定与自我评定相结合；二是要考虑目标达到程度、目标的复杂程度和执行目标的努力程度，并对这三个主要因素进行综合评定；三是按综合评定成果进行奖励，体现公平、公正的激励原则。

例如，三车间聚丙乙烯产品成本目标是6500元/吨，公司考核部门的标价标准是：达到6500元/吨，得100分；降至6400元/吨以下，得120分；超过6600元/吨，得10分；处在6500元至6600元/吨之间时，得50分。三车间全体职工经过一年奋斗，最终自评成绩是120分，使成本降至6400元/吨以下，在达到目标程度这一因素上取得了最优级，并经过公司考核部门认可。

成本是一个综合项目，涉及企业管理的许多方面。三车间的成本目标定为6500元/吨，属于比较复杂、困难、繁重的目标。公司考核部门在制订评价标准时，把6500元/吨订为难度比较大的目标，记为100分；6400元/吨以下为难度极大的目标，记为120分；6600元/吨以上为较容易目标，记为10分。在评定时，影响成本的环境和条件没有大的改变。所以，三车间和公司考核部门一致确认，6500元/吨的成本目标应记为100分。

在评定执行目标的努力程度时，公司考核部门也制订了很努力、比较努力、一般努力三个等级，分值分别是120分、100分和80分。三车间自评结论是在全车间同心协力，努力奋斗一年，应该记120分。

当然，在确定目标的复杂程度和执行的努力程度时，公司考核部门都有一些更多的细分指标和因素来保证。比如，执行中努力程度要看出勤率、工时利用率，合理化建议多少等。对于不同层级的部门和岗位，三个因素在评定成果中所占的比例有所不同。一般越是上级职位和部门，第一要素所占比重越大。本例三车间属于基层部门，可按5：3：2比例，对其成果分值最终予以确定。

三车间综合评价分＝120×50％＋100×30％＋120×20％＝114（分）
（目标达到程度）（目标复杂程度）（执行中努力程度）

由于三车间进行的目标管理成绩显著，新宇化工公司对其进行了表彰和奖励。三车间每个职工也通过评定成果，做了一次认真全面系统的总结。每个职工也有自己细分目标的评定结果，成绩并非一刀切完全相同。所以后进职工认真总结教训和学习先进职工的经验，以便把下一轮目标管理搞好。

新宇化工公司执行目标管理的第一年就取得了丰硕成果。公司总目标都超额实现，总产值达到 8 953 万元，净产值达 1 534 万元，上缴税收 680 万元。总目标中对社会贡献的目标全部超过期望目标。在市场目标方面：1996 年比 1995 销售量增长 9％，市场占有率达到 35％，都超过了必达目标。在公司发展目标方面：销售额达到 7 130 万元，比上年增长 85％；资产总额为 730 万元，比上年增长 15％；已开发出 6 个新品种系列；职工培训上岗合格率已达 93％。在公司利益和效益目标上，已实现利润总额 630 万元，其他各项经济效益指标也全部达到、甚至超过预定目标。

同时，在公司内部的上下级关系和人际关系方面开始变得融洽、和睦，职工的积极性、主动性、创造性得以真正发挥出来。全公司呈现一种同心协力、努力奋斗、力争实现公司目标的新景象。

资料来源：http://doc.mbalib.com.view/e9fcec675cb328e679ddf16291ae5d.html(2016)

问题：

1. 新宇化工公司为什么要推行目标管理？推行目标管理有哪些作用？

2. 从管理角度分析，目标管理有何特色？

3. 新宇化工公司是如何按照目标管理的程序来操作的？你认为在实际应用目标管理中还要注意什么问题？

第六章 组织与组织文化

【学习目标】
- 掌握组织的含义
- 理解组织的分类
- 掌握组织结构及其基本类型
- 掌握组织人力资源管理中的计划编制、招聘、培训、绩效考核等关键环节的内容
- 理解组织文化的含义与特征、内容与功能
- 了解组织变革与发展的相关内容

【案例导入】

摩西岳父的建议

《圣经》中"出埃及记"一章记载：摩西事必躬亲，从早忙到晚，结果每天忙得团团转，还搞得百姓怨声载道。他的岳父叶忒罗对摩西说："你这样做不好。你和这些百姓必都疲惫，因为这事太重，你独自一人办理不了。你要从百姓中挑选有才能的人，派他们作千夫长、百夫长、五十夫长、十夫长，管理百姓，叫他们随时审判百姓，大事都要呈到你这里，小事他们自己可以审判。这样，你就轻省些，他们也可以同当此任。"摩西采纳了这个建议，果然管理效果很好。

从管理的角度来看，犹太人发明的这一有效管理制度与分层管理方式和任人唯贤的用人原则是非常科学的。故事揭示了组织的高效运转有赖于科学的组织设计，这给予当今日益庞大、复杂的组织管理工作有益的启示。

第一节 组 织 概 述

一、组织的含义

人们总是在一定的组织中生活和从事各种活动。因此，建立一个良好的组织并使之有效地运转，无论是对个人目标还是组织目标的实现都至关重要。

关于组织的概念，国内外不同行业、不同领域的学者从不同的角度各有不同的解释。许多学者从管理学的角度诠释了组织的含义，巴纳德认为，正式组织是有意识地协调两个以上的人的活动与力量的体系。卡斯特对组织的定义是：一个属于更广泛环境的分系统，并包括怀有目的并为目标奋的人们；一个技术分系统——人们使用的知识、技术、装备和设施；一个结构分系统——人们一起进行整体活动；一个社会心理分系统——处于社会关系中的人们；一个管理分系统——负责协调各分系统，并计划与控制全面的活动。

组织的定义有很多，人们对组织的认识仍处于不断深入的过程中，随着人类实践的向前发展，人们的认识还会进一步演变和深化，但这并不妨碍人们对组织的理解。站在管理

学的角度，可以从静态和动态两个方面来理解组织的含义。

从静态来讲，组织是一个名词，代表一个实体。组织就是指人们为实现一定的目标互相协作结合而成的集体或团体，如党团组织、工会组织、军事组织、学校、医院、企业、政府机构等都是静态的组织实体。

从动态来讲，组织是一个动词，是有目的地安排人或事物，使之具有一定的系统性或整体性，是管理的一项职能，即组织活动和组织工作，也就是人们组成的集体或团体为了达到目标而创建组织结构，为适应环境的变化而维持或变革组织结构并使之发挥作用的活动过程。

综合多方面的分析，我们认为，组织是指在一定的社会环境和历史条件下，人们为了达到共同目标，通过责权分配和结构设置而相互协作所构成的一个完整的有机体。

二、组织的特征

（一）特定的目标

目标是组织存在的前提，因为任何组织都是为了某种目标而存在的。组织成员的一致努力就是为了达到共同的组织目标，如企业的目标是为了满足社会需求与消费者需求并获取利润。

（二）分工与协作

组织成员通过分工而专门从事某项职能工作，又通过协作发挥群体的力量，如企业为了达到获得利润的目标，划分为人事、财务、供应、生产、销售、研发等多个部门。每个部门既要从事专门的工作又要相互配合。

（三）利益共同体

组织在某种程度上能克服个人力量的局限性，实现依靠个人力量无法达到的目标。因此，组织必须通过有关的规则设定成员间、部门间的关系，规范其行为，形成一个利益共同体。

🖋 **趣味链接**

里 甲 制

2700多年前的管仲在他的《管子·立政》中详细介绍了一种"里甲制"的管理模式，其主要内容为：居民每五家编为一伍，设一伍长；五伍为里，设一里长。然后逐级增加户数，并设立相应管理者。这样，从穷乡僻壤直到中央皇帝，都形成了一张巨大的管理网，一切都在管理控制中。这样的"里甲制"，不但可以用于日常的治安管理，还可以用于收取税金的系统，一旦到了战争年代，甚至可以成为征集军队的体系。

启示：中华民族五千多年的发展积累了丰富而卓有成效的组织管理思想、方式和方法，值得我们学习、借鉴。管仲应时创建"里甲制"组织管理模式的创新精神，鼓励我们在日新月异的今天，对组织管理也要实事求是、与时俱进、不断创新，以适应现代组织发展的要求。

三、组织的类型

（一）从组织的规模程度分类

从组织的规模程度分类，可分为小型的组织、中型的组织和大型的组织。比如，同是企业组织，就有微型企业、小型企业、中型企业和大型企业；同是医院组织，就有个人诊所、小型医院和大型医院；同是行政组织，就有小单位、中等单位和大单位。按这个标准进行分类是具有普遍性的，不论何类组织都可以做这种划分。以组织规模划分组织类型，是对组织现象的表面认识。

（二）按组织的社会职能分类

按组织的社会职能分类，可分为文化性组织、经济性组织和政治性组织。文化性组织是一种人们之间相互沟通思想、联络感情，传递知识和文化的社会组织，各类学校、研究机关、艺术团体、图书馆、艺术馆、博物馆、展览馆、纪念馆、出版单位、影视电台等都属于文化性组织。文化性组织一般不追求经济效益，属于非盈利组织。

经济性组织是一种专门以追求社会物质财富的社会组织，它存在于生产、消费等不同领域，工厂、企业、银行、财团、保险公司等社会组织都属于经济性组织。

政治性组织是一种为了某个阶级的政治利益而服务的社会组织，国家的立法机关、司法机关、行政机关、政党、监狱、军队等都属于政治性组织。

（三）按组织内部是否有正式分工关系分类

按组织内部是否有正式分工关系分类，组织可分为正式组织和非正式组织。

1. 正式组织

正式组织是指为了完成组织所规定的目标与特定工作而产生的法定组织结构。这种正式组织结构一般都有明确的目标任务结构、职能以及由此形成的成员间的责权关系，因此，对成员行为具有相当程度的强制力。政府机关、军队、学校、企业等都属于正式组织，工厂里按照职务关系形成一系列的职务等级，如经理（厂长）、车间主任、工段长、班组长、职工等，每个人按其职务都有一定的权利和义务。

正式组织中有以下四个重要概念：

（1）职权，指经由一定的正式程序所赋予某项职位的一种权力。居其位者，可以承担指挥、监督、控制以及惩罚、裁决等工作。这种权力是一种职位的权力而不是某特定个人的权力。

（2）职责，是指某项职位应该完成某项任务的责任。

（3）负责，是反映上下级之间的一种关系。下级有向上级报告自己工作绩效的义务或责任；上级有对下级的工作进行必要指导的责任。

（4）组织系统图，是反映组织内各机构、岗位上下左右关系的一种图表。

2. 非正式组织

非正式组织是正式组织的对称，是人们在交往或工作过程中自然形成的，以感情喜好等情感为基础的、松散的、没有固定的成员，也没有正式的组织制度的群体。非正式组织可以是一个独立的团体，比如学术沙龙、文化沙龙、业余俱乐部等，也可以是一种存在于正式组织之中无名而有实的团体,比如猫咪爱好者团体、美食爱好者团体等。这是一种事实上存在的社会组织,这种组织现在正日益受到重视。

任何正式的组织中都客观存在着非正式组织。非正式组织对正式组织来讲,既有积极的作用,也有消极的影响。

非正式组织的积极作用,主要体现在非正式组织混合在正式组织中容易促进工作的完成,即可以利用非正式组织来弥补组织成员之间能力与成就的差异,可以通过非正式组织的关系与气氛获得组织的稳定,可以运用非正式组织作为正式组织的沟通工具,可以利用非正式组织来提高组织成员的士气等。利用非正式群体的积极因素为实现组织的总体目标服务,是管理者要学会的组织技巧。

当然,企业中的非正式组织对企业生产和经营管理也会产生消极影响,主要表现在以下几个方面:

(1)影响工作效率。非正式组织在生产经营过程中有时会有约定俗成的工作标准,当这一标准与企业的计划相冲突时会阻碍或干扰企业目标的实现。

(2)阻碍企业决策的贯彻执行。企业中的各种裙带关系和群体利益形成一个个独立于正式组织并与其抗衡的力量,影响企业内部稳定,阻碍企业方针、政策、决策的贯彻执行,尤其体现在既得利益集团对组织变革的反作用上。

(3)容易传播流言蜚语。非正式组织成员间交往十分频繁,信息传递十分快捷,易于利用人际交往关系,扩散子虚乌有或者走了样、扩大化的小道消息。

(4)易于形成一种"集体思维"的模式。成员之间对群体内共同认可的规范准则持完全信任的态度,呈现出一种"心理相容"的趋势,并尽力对之做出一致的解释。当这种趋势与组织行为准则、规章制度相悖时,将会有碍于组织的发展。

(5)易于导致小团体主义。对组织内的信息传递、人际交往、功能运作等往往产生阻碍甚至扭曲的反作用。

因此,管理者要在企业内部建立起一种新型的正式组织关系,更加关注组织的人性化和社会成员的个体利益,最大限度消除非正式组织的消极影响。

第二节　组织设计与基本类型

一、组织设计的含义和步骤

(一)组织设计的含义

组织设计是指管理者将组织内各要素进行合理组合,建立和实施一种特定组织结构的过程。组织设计作为有效管理的重要手段,是在组织目标已经确定的情况下,将实现组织目标所需进行的各项业务活动加以分类组合,并根据有效管理幅度原则,划分出不同的管理层次和部门,将监管各类活动所必需的职权授予各层次、各部门的管理人员,以及规定这些层次和部门间的相互配合关系,其目的就是要通过建立一个适于组织成员相互合作发挥各自才能的良好环境,使组织成员都能在各自的岗位上为组织目标的实现做出应有的贡献。

在现实情况下一般有以下几种情况需要进行组织设计:

（1）组建新组织。

（2）当前组织出现较大问题或组织目标发生变化。

（3）组织需要进行局部的调整和完善。

组织设计的内容包括以下四个方面：

（1）根据组织目标设计和建立一套组织机构和职位系统。

（2）确定职权关系，从而把组织上下左右联系起来。

（3）与管理的其他职能相结合，以保证所设计和建立的组织结构有效地运转。

（4）根据组织内外部要素的变化，适时地调整组织结构。

（二）组织设计的步骤

（1）确立组织目标。通过收集及分析资料进行设计前的评估以确定组织目标。

（2）划分业务工作。对组织目标进行分解，根据组织的工作内容和性质以及工作之间的联系，将组织活动组合成具体部门的作业或管理单位，并确定其业务范围和工作量。

（3）形成组织结构的基本框架。按组织设计要求决定组织的层次及部门结构，形成层次化的组织管理系统。

（4）确定职责和权限。明确规定各层次各部门以及每一职位的权限、责任，一般用职位说明书或岗位职责等文件形式表达。

（5）设计组织的运作方式。确定各项管理工作和业务开展的工作程序、工作标准和管理方法，设计各类运行制度规范、各部门沟通与协调手段等。

（6）人员配备。按职务、岗位及技能要求，选择恰当的管理人员和员工。

（7）形成组织结构。对组织设计进行审查、评价及修改，通过职权关系和信息系统把各层次、各部门联结成为一个有机的整体，确定组织结构及组织运作程序并颁布实施。

（8）调整组织结构。根据组织运行情况及内外环境的变化，对组织结构进行调整使之不断完善。

组织设计工作的结果通常体现在两份书面文件上，一是组织机构系统图，也称组织图或组织结构图。它一般是以树形图的形式简洁明了地展示组织内的机构构成及主要职权关系。绘图时常以"方框"来表示职位或部门，方框的垂直排列位置说明该职位或部门在组织层级中所处的位置，而上下两方框间相连的"直线"则体现这两个职位或部门之间的隶属和权力关系。二是职务说明书，有时亦称作职位说明书。它一般是以文字形式规定某须具备的任职条件，如基本素质、学历、工作经验、技术知识、处理问题的能力等职位的工作内容、职责和职权，与组织中其他职位或部门的关系，以及该职位担当者所需具备的任职条件，如基本素质、学历、工作经验、技术知识、处理问题的能力等。

二、组织设计的原则与影响因素

（一）组织设计的原则

组织是一个有机系统，要把许多人组合起来形成一个有机的分工协作体系，需要遵循系列基本的原则，从而确保组织正常运转。

1. 目标导向原则

目标导向原则要求在组织设计和组织形式的选择时必须有利于组织目标的实现。正是因为存在着组织的共同目标，组织成员才会有效地进行分工协作并最终实现共同的目标是维系组织成员的纽带，是组织管理工作的依据。

2. 统一指挥原则

统一指挥原则是指组织的各级机构及个人必须服从一个上级的命令和指挥，只有这样才能保证政令统一，行动一致。因此，在进行组织体制和机构设计时要确保各部门和人员只接受一个上级的命令并对其负责，防止多人领导，相互矛盾，以使下级无所适从并推卸责任。

3. 有效管理幅度原则

由于受个人精力、知识、经验条件的限制，管理者能够有效管理的直属下级人数是有限度的。有效的管理幅度不是一个固定值，它受职务的性质、人员的素质、职能机构健全与否等条件的影响。这一原则要求在进行组织设计时，管理幅度应控制在一定水平以保证管理工作的有效性。由于管理幅度的大小同管理层次的多少呈反比例关系，这一原则要求在确定组织的管理层次时，必须考虑到有效管理幅度的制约。

保持有效的管理幅度也是组织设计精干高效的体现，任何一种组织结构形式都必须将组织工作的精干高效放在重要地位。组织设计应力求减少管理层次，精简管理机构和人员充分发挥组织成员的积极性，提高管理效率，更好地实现组织目标。一个组织的机构精简、队伍精干，效率才会提高。如果组织层次繁多，机构臃肿，人浮于事，则势必导致浪费人力，滋长官僚主义，效率低下。

4. 权责对等原则

所谓权责对等原则也就是权责一致原则，是指一个组织中的成员所拥有的权力应当与其所承担的责任相适应。

责权关系是组织构成要素的核心内容。在组织设计过程中，要明确各部门、各职位与整体组织之间的责权关系，使每个组织成员都明确自己应该干什么，有哪些方面的权力归属谁直接领导，这是保持组织的稳定性和增进组织运行效果的前提条件。

如果组织中的成员担任某个职务或负责某项任务，就应赋予其相应的职权，即授权。授权是为其履行职责所提供的必要条件。权责对等原则要求，在授予管理者责任的同时，必须授予其能自主完成任务所必需的权力，即必须根据其所承担的责任大小授予其相应权力。权力不能过大或过小，必须与职责相适应。有责无权会束缚管理人员的积极性和主动性，而有权无责会助长瞎指挥和官僚主义。管理者完成任务的好坏，不仅取决于主观努力和其具有的素质，而且与上级的合理授权有密切的关系。

5. 集权与分权相结合的原则

组织设计时，既要有必要的权力集中，又要有必要的权力分散，两者不可偏废。集权是大生产的客观要求，它有利于保证组织的统一领导和指挥，有利于人力、物力、财力的合理分配和使用。而分权是调动下级积极性、主动性的必要组织条件。合理分权有利于基层根据实际情况迅速而正确地做出决策，也有利于上层领导摆脱日常事务，集中精力抓重大问题。

因此，集权与分权是相辅相成的，是矛盾的统一。没有绝对的集权，也没有绝对的分权。组织在确定内部上下级管理权力分工时，主要应考虑的因素有组织规模的大小、组织生产技术的特点、各项专业工作的性质、各单位的管理水平和人员素质的要求等。

6. 分工与协作相结合的原则

现代组织的管理，工作量大，专业性强，分别设置不同的专业部门，有利于提高管理工作的质量与效率。在合理分工的基础上，各专业部门只有加强协作与配合，才能保证各项专业管理的顺利开展，达到组织的整体目标。贯彻这一原则，在组织设计中要十分重视横向协调问题，其主要的措施有以下几个方面：

（1）实行系统管理，把职能性质相近或工作关系密切的部门归类，成立各个管理子系统，分别由各副总经理（副厂长、部长等）负责管辖。

（2）设立一些必要的委员会及会议来实现协调。

（3）创造协调的环境，提高管理人员的全局观念，增加相互间的共同语言。

7. 稳定性和适应性相结合的原则

稳定性与适应性相结合原则要求组织结构及其形式既要有相对的稳定性，又必须随着组织内外条件的变化及业务运行的需要做出相应的调整。

一般来说，组织越稳定，效率越高。因此，为保证企业的高效运作，企业的组织结构应保持相对的稳定性。这是由于组织结构的调整和各部门职权的重新划分都会涉及人员分工、职责协调等各方面的调整，所以组织结构不易频繁调整，应保持相对稳定。

但是，由于组织的外部环境、内部条件发生变化时，组织设计必须适应这种变化而做出相应的调整和变革，也就是组织应具有一定的弹性和适应性，这样才会给组织重新带来效率和活力。

为此，需要在组织中建立明确的指挥系统、责权关系及规章制度，同时又要求选用些具有较好适应性的组织形式和措施，使组织在变动的环境中，具有一种内在的自动调节机制。

8. 执行与监督相分离的原则

在组织设计过程中，应将监督人员与执行人员在组织上分开，避免二者在组织上一体化，明确职责权限，形成相互制衡机制。执行与监督机构相分离，但是最终目标是一致的，因此监督机构既要执行监督职能，又要做好服务工作。

（二）影响组织结构设计的因素

组织结构设计与运行，总是发生在一定的环境中，受制于一定的技术条件，并在组织总体战略的指导下进行。因此，组织结构设计必须考虑组织内外环境因素的影响。

1. 战略

战略是关于组织长远目标、发展方向、资源配置的设想与筹划。组织结构必须服从组织所选择的战略的需要。适应战略要求的组织结构，能够为战略的实施、为组织目标的实现提供必要的前提。

战略会在两个层次上影响组织的结构：不同的战略要求开展不同的业务活动，这会影响管理职务的设计；战略重点的改变，会引起组织的工作重点转变，从而各部门与职务在组织中重要程度随之改变，由此要求对各管理职务以及部门之间的关系做相应的调整，以适应组织战略的变化。

2. 环境

任何组织都是在一定的环境之中生存和发展的,组织结构必须适应环境变化,才能与环境动态匹配,在环境中生存下来。如果环境是稳定的,组织就可以采用机械性组织结构。在快速变化的环境中,组织就需要设计有机的组织结构。

外部环境对组织结构的影响可以反映在三个不同的层次上,即职务与部门设计层次、各部门关系层次和组织总体特征层次。这主要是由于组织作为整个社会经济大系统的一个组成部分,它与外部的其他社会经济子系统之间存在着各种各样的联系,所以,外部环境的发展变化必然会对组织结构的设计产生重要的影响。

3. 技术

技术是指组织将输入转化为输出的知识、工具、技能和活动。组织的活动需要利用一定的技术和反映一定技术水平的特殊手段来进行。技术以及技术设备的水平,不仅影响组织活动的效果和效率,而且会作用于组织活动的内容划分、职务设置,会对工作人员的素质提出要求。例如,信息处理的计算机化,改变了组织中的会计、文书、档案等部门的工作形式和性质。

4. 组织的规模与所处的发展阶段

组织的规模不同,与之相适应的组织结构形式亦有很大的差别。一般来说,规模越大的组织,管理层次越多、工作和部门的数量越多、职能和技能的专业化程度越高、组织正规化程度越高、组织分权程度越高、高层领导的比例越小、专业技术支持人员的比例越高、书面沟通的文件越多。

组织的规模往往与其发展阶段相互联系,伴随着组织活动的内容会日趋复杂,人数会逐渐增多,活动的规模会越来越大,组织结构也须随之调整,以适应变化的情况,如创业初期,组织规模小,结构可以相对简单些;在稳定时期,组织规模大,如庞大的专业人员,大量的规章制度、业绩考核、薪酬管理等,组织架构设计相对复杂得多。

趣味链接

帕金森定律

著名历史学家诺斯古德·帕金森在1958年出版一本名叫《帕金森定律》的书。他在书中阐述了机构人员膨胀的原因及后果:一个不称职的官员,可能有三条出路,第一是申请退职,把位子让给能干的人;第二是让一位能干的人来协助自己工作;第三是任用两个水平比自己更低的人当助手。

这第一条路是万万走不得的,因为那样会丧失许多权力;第二条路也不能走,因为那个能干的人会成为自己的对手;看来只有第三条路最适宜。于是,两个平庸的助手分担了他的工作,他自己则高高在上发号施令。两个助手既无能,也就上行下效,再为自己找两个无能的助手。如此类推,就形成了一个机构臃肿、人浮于事、相互扯皮,效率低下的管理体系。

启示:帕金森定律是官僚主义或官僚主义现象的一种别称,被称为20世纪西方文化三大发现之一,也可称之为"官场病""组织麻痹病"或者"大企业病"。帕金森定律说明这样一个道理：不称职的人一旦占据领导岗位，庞杂的机构便不可避免，庸人占据着高位会使整个管理系统形成恶性膨胀，陷入难以自拔的泥潭。

三、组织的纵向结构设计

组织的纵向结构设计，就是确定管理幅度，划分管理层次。

（一）管理幅度

管理幅度也称为管理宽度，是指一名主管人员有效地直接管理下级人员的数目。一般而言，上级管理的下级人员多，称之为管理幅度大；反之，管理幅度小。例如，一个公司经理能领导几个营业部长，一个营业部长能管理多少人等。由于管理者的时间和精力是有限的，其管理能力也因个人的知识、经验、年龄、个性等的不同而有所差异，因而任何管理者的管理幅度都有一定的限度，超过一定限度，就不能做到具体、高效、正确的领导。

1. 影响管理幅度的因素

（1）职务的性质。一般说来，高层职务管理幅度较小，基层职务管理幅度较大。因为高层管理者经常面临的是较复杂困难的问题或涉及方向性、战略性的问题，多为决策性的工作，管理幅度要小一些；基层主要是日常的、重复的工作性质，所以管理幅度要大些。例如，一个厂长领导几个车间主任或部长，而一个车间主任往往领导十几个班组长。

（2）主管人员与其下属双方的素质和能力。凡受过良好训练的下属，工作能力强，技术水平高，经验丰富，则管理者处理上下级关系所需的时间和次数就会减少，这样就可扩大管理面；反之，如果委派的任务下级不能胜任，则上级指导和监督下级的活动所花的时间无疑要增加，这时管理面势必会缩小。同样道理，素质和能力均较强的主管人员，知识、经验丰富，理解能力、表达能力和组织能力强，就可迅速地把握问题的关键，则可以加宽管理幅度；反之，管理幅度就需要缩窄。

（3）工作本身的性质。性质复杂的工作，需要管理者与其下属之间保持经常的接触和联系，一起探讨完成工作共同遇到的问题，因此，应设置较窄的管理幅度；相反，完成简单的工作，允许有较宽的管理幅度。例如，硕士生导师所指导的研究生人数要比一位普通的大学教师负责本科生的人数少得多。

（4）标准化和授权程度。如果领导者善于同下级共同制定出完善的计划和若干工作标准，放手让下级按标准行事，并把一些较次要的问题授权下级处理，自己只负责重大问题、例外事项的决策，其管理幅度自然可以加宽；相反，如果领导者对下属不放心，事必躬亲，又没有一套健全的工作标准，管理幅度太宽，必然精力不及，管理不周，以至贻误工作。

（5）组织沟通渠道的状况。组织沟通渠道畅通，信息传递迅速、准确，所运用的控制技术比较有效，对下属的考核制度比较健全，在这种情况下管理幅度可考虑加大一些

此外，工作对象的复杂性、下属人员的空间分布以及组织的稳定程度等因素也影响着管理幅度。

总之，管理幅度问题存在于各类、各级组织之中，它是研究和具体设计组织结构时要考虑的基本问题。我们知道，管理幅度的确定受许多因素的影响，但这诸方面因素的影响程度不同，决定了管理幅度的弹性是很大的，并没有一个固定的数值。因此，这就要求处于各级主管职位的主管人员应根据本单位的具体情况，因地制宜地考虑各种影响因素，运

用各种方法，来确定自己适宜的管理幅度。

（二）管理层次

1. 管理层次与管理幅度的关系

管理层次的多少与管理幅度的大小密切相关。在一个部门人员数量一定的情况下，一个管理者能直接管理的下属人数越多，那么该部门内的管理层次也就越少，所需要的管理人员也越少；反之，所需要的管理人员就越多，管理层次也越多。

格拉丘纳斯的上下级关系理论也证明，当下属数目以算术级数增加时，主管领导需要协调的关系数呈几何级数增加。这一原则也要求管理组织必须分为数层。

由此可见，管理幅度的大小，在很大程度上制约了管理层次的多少。管理幅度同管理层次成反比关系。管理幅度越大，管理层次就越少；反之，管理幅度越小，管理层次就越多。

2. 扁平结构和锥式结构

按照管理幅度和管理层次的不同，形成了两种组织结构：扁平结构和锥式结构。

扁平结构是指管理幅度大而管理层次少的结构。扁平结构有利于缩短上下级距离，密切上下级之间的关系，信息纵向流通速度快。由于管理幅度大，被管理者有较大的自主性和创造性，也有利于选择和培训下属人员。但由于不能严密地监督下级，这种结构使得上下级的协调较差；管理宽度的加大，也增加了同级间相互沟通联络的难度。

锥式结构就是管理层次多而管理幅度小的结构。锥式结构具有管理严密、分工细致明确、上下级易于协调的特点。但其层次越多，需要的管理人员越多，协调工作急剧增加，互相扯皮的事层出不穷。由于管理严密，也影响了下级人员的积极性与创造性。因此，为了达到有效管理，应尽可能地减少管理层次。

四、组织的横向结构设计

（一）部门化

组织设计的内容之一是部门化，主要解决组织的横向结构问题。

随着组织规模的扩大和生产经营活动的复杂化、高级化，组织业务活动种类越来越多，所涉及的专业领域越来越广。因此，为了提高工作效率，管理者就必须在劳动分工的基础上把各项活动进行归类，使性质相同或相似的工作合并到一起组成单位，这样便形成了一个个专业化的部门，如任务组、部门、科室等。

部门是指组织中主管人员为完成规定的任务有权管辖的一个特殊的领域。部门化是指将工作和人员组合成可以管理的单位的过程。划分部门的目的，是为了以此来明确职权和责任归属，以求分工合理，职责分明，并有利于各部门根据其工作性质的不同而采取不同的政策，加强本部门的内部协调。

（二）划分部门的原则

（1）部门力求维持最少。建立组织机构的目的不是供人欣赏而是为了有效地实现组织目标。因此，部门的划分要避免追求组织结构中的各级平衡或以连续性和对等性为特征的刻板结构，组织结构要求精简，部门必须力求最少。

（2）组织结构应具有弹性。组织中的部门应随业务的需要而增减，其增设、合并或撤销应随组织的目标任务的变化而定。通过设立临时工作部门或工作组来解决临时出现的问题也是一种弹性结构。

（3）确保组织目标的实现。组织结构是由管理层次、部门结合而成的。组织结构要求精简，部门必须力求最少，但这是以有效地实现目标为前提的。因此，不能为精简而精简。企业中主要的职能是生产、营销、财务等。此类职能必须有相应的部门，而且各部门的工作量应平衡，避免忙闲不均。

（4）检查部门与业务部门分设。考核、检查部门的人员属于受其检查的部门，以避免检查人员的"偏心"，真正发挥检查部门的作用。

（三）划分部门的方法

划分部门的常用方法有以下几种：

（1）人数部门化。人数部门化是完全按人数的多少来划分部门，如军队中的师、团、营、连、排即为此种划分方法。这是最原始、最简单的划分方法，它仅考虑的是人的数量。在高度专业化的现代社会，这种划分方法越来越少。因为随着人们文化水平和科学水平的提高，每个人都能掌握某种专业技术，把具备某种专业技术的人组织起来去做某项工作，比单靠数量组织起来的人们有较高的效率，特别是现代企业逐渐从劳动集约化向技术集约化转变，单纯按人数多少划分部门的方法有逐渐被淘汰的趋势。

（2）时间部门化。时间部门化是在正常的工作日不能满足工作需要时所采用的一种划分部门的方法。医院、消防队、航空公司和炼钢厂的基层作业常采用轮班制方式加以组织，所以将人员划分为早班、中班、夜班。这种划分适用于最基层的组织。

（3）职能部门化。职能部门化是按照组织的各项主要业务工作和主要管理职能来划分和设置组织的部门，这是最常见的一种部门化组织形式。例如，组织基本的职能部门一般包括生产、营销、财务、人力资源等。

职能部门化的形式符合专业化分工的原则，可以做到事权专一、职责明确，有利于提高各部门的效率和工作人员的专业技术水平。但它容易形成组织职能的专业性部门分割由此造成部门本位主义，使组织中的综合事务和职能难以落实，也增加了组织统一和协调的难度。另外，由于各部门长期只从事某种专业业务的管理，易导致所谓的"隧道视野"现象，也不利于高级管理人才的培养。

（4）工艺部门化。工艺部门化是以工作程序为基础组合各项活动，从而划分部门方法。例如，在机械制造企业，通常按照毛坯、机械加工、装配的工艺顺序分别设立部门。这种划分方式，在生产工艺复杂、要求严格的情况下是必要的，它有利于加强专业工艺管理，提高工艺水平。

（5）产品部门化。按产品划分部门，就是把某种产品或产品系列的设计、制造、销售等管理工作划归一个部门负责。这种划分在多品种生产经营的大中型企业是十分必要的，它有利于充分利用管理者的专业知识和技能，有利于组织专业化生产和经营，有利于扩大销售和改善售后服务工作。国外大中型企业中的产品事业部，就是典型的按产品划分的部门。

（6）区域部门化。区域部门化是根据地理因素来设立管理部门，把不同地区的经营业务和职责划归不同部门全权负责。对于一个地域分布较广或经营业务涉及区域较广的组织来说，按地区划分部门是必要的。因为不同地区的政治经济形势、文化科学和技术水平、用户对产品的要求、购买习惯等都有很大差别。

按地区划分部门，有利于各部门因地制宜地制定政策、进行决策，提高管理的适应性和有效性，还有利于培养独当一面的管理人才。我国管理组织中的地区性分公司、办事处、国外企业组织中的地区事业部等，都是按地区划分的部门。

（7）顾客部门化。顾客部门化是以被服务的顾客为基础来划分部门。这种划分主要适用于销售部门。不同的顾客对产品及其服务的要求往往有比较明显的差别，为了更好地为顾客服务，促进商品销售，在顾客面较广的企业，可以按顾客的不同类型分别设立不同的销售部门，如企业内设批发部门和零售部门等。

一个组织究竟采用何种方式划分部门，应视具体情况而定，而且这些划分方式往往是结合采用的，如职能或参谋机构一般都按职能划分；生产部门可按工艺或产品划分；销售部门则可根据实际需要按地区或客户划分等。

五、组织结构的基本类型

组织结构是组织内的全体成员为实现组织目标，在管理工作中进行分工协作，通过职务职责及相互关系构成的结构体系。组织结构的本质是成员间的分工协作关系，组织结构的内涵是人们的职责、职权关系，因此组织结构又可称为权责结构。

（一）直线型组织结构

直线型组织结构是一种最简单、最原始的集权式组织结构形式，它最初产生于手工作坊。当时的老板和工厂主都是实行个人管理，对生产、技术、销售、财务等各项事务都要亲自处理。其领导关系按垂直系统建立，不设立专门的职能机构，自上而下形同直线。

其主要优点是：① 结构简单、命令系统单一，直线传递，管理权力高度集，决策迅速，责权关系明确；② 横向联系少，内部协调容易；③ 信息沟通迅速，解决问题及时，管理效率比较高。同时也存在着明显的缺点：① 缺乏专业化的管理分工，经营管理事务依赖于少数几个，要求企业领导人必须是全才；② 当企业规模扩大时，管理工作会超过个人能力所限，不利于集中精力研究企业管理的重大问题。这种形式适用于那些规模小，任务单一，人员较少的组织，或者是初创期的小规模组织。

（二）职能型组织结构

职能型组织结构是在直线型结构的基础上，为各级领导设置职能机构，既协助领导工作，又在自己的职责范围内有权向下级发布命令和指示。因此，下级行政负责人除了接受上级行政主管人指挥外，还必须接受上级各职能机构的领导。

其优点是能够充分发挥职能机构的专业管理作用，并使直线经理人员摆脱琐碎的经济技术分析工作。其缺点是多头领导，不能实行统一指挥。这种组织形式适用于任务较复杂的社会管理组织和生产技术复杂、各项管理需要具有专门知识的企业管理组织。

（三）直线职能型组织结构

直线职能型组织结构又称直线参谋职能型组织结构。它把直接指挥的统一化思想和职能分工的专业化思想结合起来，以直接指挥系统为主体，同时发挥职能部门的参谋作用因此，这种组织形式保持了直线制集中统一指挥的优点，又具有职能分工专业化的长处。但是，这种类型的组织具有职能部门之间横向联系较差、信息传递路线较长、适应环境变化差的缺陷。

直线职能型组织结构适合那些处于较稳定环境的中小企业，它是目前我国绝大多数企业最广泛采用的组织结构形式。

（四）事业部制组织结构

事业部制组织结构也叫联邦分权化，它是一种高层集权下的分权管理体制，是把企业的生产经营活动按产品或地区的不同建立经营事业部，每个事业部在总公司的领导下实行独立核算，自负盈亏。

其优点是组织按地区或所经营的各种产品和事业来划分部门，各事业部独立核算，自负盈亏，适应性和稳定性强；有利于组织的最高管理者摆脱日常事务而专心致力于组织的战略决策和长期规划；有利于调动各事业部的积极性和主动性；有利于公司对各事业部的绩效进行考评；有利于锻炼和培养综合管理人员。其主要缺陷是资源重复配置，管理人员增多，管理费用较高；要求管理者必须具备很高的管理素质，否则会造成事业部管理的困难；且事业部之间协作较差。

这种组织形式主要适用于产品多样化和从事多元化经营的组织，也适用于面临市场环境复杂多变或所处地理位置分散的大型企业和巨型企业。

（五）矩阵型组织结构

矩阵型组织结构是由纵横两套管理系统叠加在一起组成一个矩阵，其中纵向系统是按照职能划分的指挥系统，横向系统一般是按产品、工程、项目或服务组成的管理系统。

这种形式的组织结构最早出现在 20 世纪 50 年代末，被用于完成某些特殊任务。例如，企业要为了研发某项新产品，在研究、设计、试制、生产各个方面，要求有关职能部门派人员参加组成一个专门小组，小组成员既接受原部门主管的领导，又要服从项目主管的管理。

其主要优点是灵活性和适应性较强，有利于加强各职能部门之间的协作和配合，并且有利于开发新技术、新产品和激发组织成员的创造性。其主要缺陷是组织结构稳定性较差，双重职权关系容易引起冲突，同时还可能导致项目经理过多、机构臃肿的弊端。

这种组织主要适用于科研、设计、规划项目等创新性较强的工作或者单位。

（六）多维立体型组织结构

多维立体型组织结构是由美国道—科宁化学工业公司（ Dow Corning ）于 1967 年首先建立的。它是矩阵型和事业部型机构形式的综合发展，又称为多维组织。其在矩阵型结构（即维平面）基础上构建产品利润中心、地区利润中心和专业成本中心的三维立体结构；若再加时间维可构成四维立体结构。

虽然它的细分结构比较复杂，但每个结构层面仍然是二维制结构，而且多维制结构未改变矩阵型结构的基本特征，多重领导和各部门配合，只是增加了组织系统的多重性。因而，其基础结构形式仍然是矩阵型，或者说它只是矩阵型结构的扩展形式。

多维立体型组织结构是由直线职能型、矩阵型、事业部型和地区、时间结合为一体的复杂机构形态。它从系统的观点出发，建立多维立体的组织结构。所谓多维，就是指在组织内部存在三类以上（含三类）的管理机制。这种结构形式由三方面的管理系统组成：

① 按产品划分的事业部，是产品利润中心；② 按职能划分的专业参谋机构，是专业成本中心；③ 按地区划分的管理机构是地区利润中心。通过多维的立体组织结构，可使这三方面的机构协调一致，紧密配合，为实现组织的总目标服务。多维立体组织结构适用于多种产品开发、跨地区经营的公司，可以为这些企业在不同产品、不同地区增强市场竞争力提供组织保证。

（七）网络型组织结构

网络型组织又称虚拟组织，是一种以知识经济为背景，利用现代信息技术而建立和发展起来的一种新型组织结构。网络型组织结构只有很小的中心组织，该组织以契约为基础，通过业务外包进行制造、销售、宣传或其他业务的经营活动。在网络型组织结构中，组织的大部分职能从组织外"购买"，这给管理层提供了高度的灵活性，并使组织集中精力做它们最擅长的事情。

网络型组织结构比较适用于那些相当灵活的行业，以便对市场的不断变化做出迅速反应，也适合于那些制造过程中需要低价劳动力的公司，如服装、玩具制造，它们可以与一些外国或外地的低价供应商签订合同，委托生产和加工产品。

网络型组织结构的优点：一是降低管理成本，提高管理效益；二是实现了企业全世界范围内供应链与销售环节的整合；三是简化了机构和管理层次，实现了企业充分授权式的管理。网络型组织结构的缺点是需要科技与外部环境的支持。

以上介绍的是七种典型的组织结构形式，需要指出的是，这些类型基本上是对实际存在的组织结构形式一定程度的理论抽象，仅是一个基本框架，而现实组织则要比这些框架丰富得多。此外，多数组织的结构并不只是一种类型，而是多种类型的综合体。随着社会生产力的发展和人们对管理客观规律认识的逐步深化，组织结构形式的类型也将得到进一步的完善和发展。

第三节　组织人力资源管理

一、人力资源计划

（一）人力资源计划的任务

编制和实施人力资源计划的目标，就是要通过规划人力资源管理的各项活动，使组织的需求与人力资源的基本状况相匹配，确保组织总目标的实现。

人力资源计划的任务包括以下几个部分：

1. 系统评价组织中人力资源的需求量

人力资源计划就是要使组织内外人员的供给与一定时期组织内部预计的需求相一致。人力资源的需求量主要是根据组织中职务的数量和类型来确定的。职务数量指出了每种类型的职务需要多少人，职务类型指出了组织需要什么技能的人。一个组织在进行了组织设计之后，需要把组织的需求与组织内部现有人力资源状况进行动态对比并找出预计的缺额。

2. 选配合适的人员

组织中的员工总是随着内外环境的不断变化而变动的。为了确保担任职务的人员具备职务所要求的基本知识和技能，必须对组织内外的候选人进行筛选。这就必须研究和使用科学的人力资源管理方法，使组织中所需要的各类人才得到及时的补充。

3. 制定和实施人员培训计划

培训既是为了适应组织内部变革和发展的要求，也是为了提高员工素质，实现员工个人生涯发展的要求。要使组织中的成员、技术、活动、环境等要素更具环境的适应性，就必须运用科学的方法，有计划、有组织、有重点、有针对性地对员工进行全面培训，以培养和储备适应未来要求的各级人才。

趣味链接

自卑的小黑羊

农夫家里养了三只小白羊和一只小黑羊。三只小白羊常常因为有雪白的皮毛而骄傲，而对那只小黑羊不屑一顾："你自己看看身上像什么，黑不溜秋的，像锅底。"

不但小白羊，连农夫也瞧不起小黑羊，常常给它吃最差的草料，时不时还对它抽上几鞭。小黑羊过着寄人篱下的日子，也觉得自己比不上那三只小白羊，常常伤心地独自流泪。初春的一天，小白羊与小黑羊一起外出吃草，走得很远。不料寒流突然袭来，下起了鹅毛大雪，它们躲在灌木丛中相互依偎着……不一会儿，灌木丛和周围全铺满了雪，茫茫一片雪世界。它们打算回家，但雪太厚了，无法行走，只好挤做一团，等待农夫来救它们。

农夫发现四只羊羔不在羊圈里，便立刻上山找，但四处一片雪白，哪里有羊羔的影子哟。正在这时，农夫突然发现远处有一个小黑点，便快步跑去。到那里一看，果然是他那濒临死亡的四只羊羔。

农夫抱起小黑羊，感慨地说："多亏小黑羊呀，不然，羊儿可都要冻死在雪地里了！"

启示：俗语说，十个指头有长短，荷花出水有高低。组织内部，各种类型的员工都会有，作为人力资源管理者，不能一叶障目，厚此薄彼，而应该因人而异，合理配置人力资源，充分调动各类员工的积极性，最大限度地发挥他们的潜能。沟通能力强而富有开拓创新精神者，可以让他从事市场开发工作；墨守成规、坚持原则者，可以让他们搞质量监督检查；善于钻研、勤于思考者，可以让他们搞新产品的研发等。

（二）编制人力资源计划的过程

1. 评估现有的人力资源状况

这一步是通过工作分析法检查现有人力资源状况并做出工作说明书和工作规范。前者说明了员工应做哪些工作、如何做、为什么这样做，反映出工作的内容、工作环境以及工作条件等；后者说明了某种特定工作最低需要具备哪些知识和技能。

2. 评估未来人力资源状况

组织的目标与战略决定了对人力资源的未来需求。要使战略规划转化成具体的、操作性较强的人力资源计划，组织就必须根据组织内外资源的情况对未来人力资源状况进行预测，找出各时期各类人员的余缺分布。

3. 制定一套相适应的人力资源计划

对现状和未来人力资源需求预测做出评估之后，管理者就可以找出人员的数量和种类，制定出一套与组织战略目标及其环境相适应的人力资源计划。

当然，组织还必须对此计划进行跟踪、监督和调整，以正确引导当前和未来的人才需求，另外，这种计划还需要与组织中的其他计划相互衔接。

(三) 人力资源计划中的人员配备原则

合理用人、用好人才是组织生存和发展的重要环节之一，也是衡量人力资源计划是否有效的一个重要标准，因此，在编制和实施人力资源计划过程中必须坚持以下几个重要的人员配备原则：

(1) 公开竞争原则，有利于公开、公正、公平竞争，促使组织能够得到一流的人才。

(2) 因事择人原则，即按工作的不同而选择与之相适应的人员（包括能力与专长）。

(3) 责、权、利一致原则，即指组织的管理人员要保持权力、责任与利益的有机统一，做到在其位，谋其政，行其权，尽其责，得其利，获其荣。

(4) 用人之长原则，即人无完人，要充分发挥人员的长处，使人们能各得其所，各遂其志，人尽其才，才尽其用。

(5) 人事动态平衡原则。所谓人事动态平衡，就是要使那些能力发展充分的人去从事组织中更为重要的工作，同时也要使能力平平、不符合职务需要的人得到识别并进行合理的调整，最终实现人与工作的动态平衡。

🌾趣味链接

木桶定律的人力资源新解

"木桶定律"的原意是指一只木桶盛水的多少，不取决于桶壁上最高的那块木板，而是取决于桶壁上最短的那块木板。

人力资源工作也无法摆脱木桶定律，但在人力资源工作中，木桶定律还可以引申出更广泛的寓意。

在人力资源工作中，木桶可以理解为企业的环境，包括制度环境、流程环境、文化环境、薪酬环境等；水代表的是符合企业要求的人。在"水"这个大概念中，还有一个必不可少却又非常容易被忽略的物质，就是杂质。杂质则代表的是不符合企业要求的人。此处的杂质，并不是单纯指工作能力不足或者欠缺道德品质的人，它还包括不符合企业现状的所有人员。

根据以上的解释，企业的人力资源管理现状可呈现出四种情况：

第一种情况：企业只顾着往木桶里不断地加水，却不关注修补木桶本身，结果木桶的盛水量不变，水不断注入，同时又不断溢出，而水桶里的水量却没有任何增加。很多企业一味地埋怨员工心态浮躁，不稳定；个性强，不服从管理；流动性大等，却从不考虑企业制度是否合理，企业工作环境是否人性化，企业薪酬福利是否有竞争力等企业自身原因，导致形成了招聘——流失—再招聘——再流失的恶性循环，企业却没有与时发展。

第二种情况：企业注重修筑木桶的木板，将木桶越修越高，目的是储存更多的水。但是加注的不是水，而是像寓言故事"乌鸦喝水"一样，用石头或者是沙子将水位线填高。虽然外表看着是水满欲溢，但实际木桶中盛放的东西已经变质。因为企业的快速发展，对人员的需求量也随之增加，只注重人员数量和规模的发展，却忽视了对人员质量的要求，更容易引进一些不符合企业要求的人，这些人在企业短期利益中能产生一定价值，但从长远来看，一定会影响企业的发展。

第三种情况：企业既修筑木桶的木板，也注重加水。随着木桶的增高，储水量也随之增加，水中的杂质也不可避免地越来越多，杂质是沉淀在底部，新加入的水只能将木桶里原有的水挤出木桶，却不能将杂质挤出。于是随着木桶逐渐变大，沉淀的杂质的比例也就越来越大。

企业管理者发现企业不断扩大的同时，却越来越不好管理了。原因何在？原因在于随着社会和产品的发展，部分原有人员已无法胜任岗位要求，但是出于情感等方面的考虑，企业往往不会淘汰现有人员，而是加派人手以弥补原岗位人员能力的不足，于是一个人的工作分成两个人做，不但增加了人工成本，也降低了工作效率。

比较合理的做法是第四种，即企业一边修筑木桶的木板，一边加水，同时还要在桶底开个出水口，将沉在底部的泥沙杂质排出桶外，保持木桶中水的纯洁度。

修筑木板，是人力资源的本职工作，也是企业必修的基本功课。企业应该努力构筑能够留住人才的环境，有责任建立、改善、监督内部各项制度、流程，以保证组织的良性运转。

加水，就是源源不断地引入人才，人才的引进除了可以弥补流失，还能引起"鲶鱼效应"，促进优胜劣汰。因为当水向水桶里添加时，一定会将桶中原有的水搅动起来，那么溢出的水也会将杂质带出，因此企业要有一定的流动性以保持企业的活力。

我们不但要持续改进工作环境，不断引进相关人才，也要在适当的时候，使不符合企业的人员能够合理流出。一位著名的企业家曾经说过："一个组织只要没有新陈代谢，生命就会停止。"这句话也形象地指出，只有逐步完成新老接替，才能使企业保持活力和市场竞争力，保证企业的良性运转。

二、员工的招聘

(一) 职务分析

在制定人员配备计划时，首先需要对空缺职务进行分析，明确职务的性质、要求和标准。职务分析主要包括职务说明和职务规范两部分工作。

职务说明就是要具体明确职务的工作目的、工作内容、技能要求、岗位责任与其他工作岗位的关系以及工作环境等。对职务的方方面面进行科学的界定是一系列人员配备的基础，与招聘、选拔、工资标准和培训等相关。职务说明的具体内容如表6-1所示。

表 6 - 1　职务说明样本

销售代表职位说明
职务名称：销售代表所属部门：销售 直接上级：销售总经理 工作目的：代表公司销售公司产品，完成公司销售目标，开拓产品市场 工作要求：认真负责、工作主动、服从领导 1. 与客户联络、沟通；记录客户资料并归档 2. 配合技术人员进行产品技术展演，接受客户咨询 3. 拟订个人商务（销售）计划；进行商务谈判 5. 负责产品售后服务实施、监督与协调工作 6. 发展潜在客户 7. 完成销售所涉及的各种表格 衡量标准：本人的销售业绩 工作难点：如何提高销售业绩，发展潜在客户 工作禁忌：无法认清客户需求和销售形势 职业发展方向：销售部经理、营销部副总经理

　　职务规范是明确从事某项工作的人员必须具备的资格，具体包括能力要求、教育工作经验等。它体现了岗位上最合适人选应具备的特征，并提出一系列相关性情、资历的衡量尺度。职务规范的具体内容如表 6 - 2 所示。

表 6 - 2　职务规范样本

一、职务类别 职位：档案/邮件专管员 部门：政策服务 生效日期：2012 年 3 月 25 日 二、文化程度 专科及以上文化程度 三、工作经验 必须具备一年以上的档案工作经验，包括开发、监察和维护档案系统。 四、工作技能 熟练掌握计算机使用技术。 五、特殊要求 1. 对组织要求加班加点及工作量的改变应能灵活对待 2. 必须能遵守档案保管制度和组织的各项工作程序 3. 必须能从事一些细节工作（如存档和调档等） 4. 必须能应用系统知识（如预测系统变化及建立新的程序等） 六、行为特征 1. 发现问题后，必须有高度的主动性，能够解决问题并向上级报告 2. 必须具有一定的人际关系技能，能与他人协作配合，并与其他部门搞好合作。

(二)员工招聘的来源

员工招聘的来源可以是多方面的,如内部推荐或者选拔、教育机构推荐、公共就业机构推荐、委托猎头公司物色、参加人才交流会、人才交流中心介绍、在各种媒体上做广告等,从不同招聘渠道进行招聘的优、缺点如表6-3所示。

表6-3　应聘者来源及效用分析

应聘者的来源	优　点	缺　点
员工推荐	对空缺岗位和企业工作条件有周全的了解;推荐可能产生素质较高的候选人;一旦聘用,离职率较低;花费少	容易形成非正式群体;选用人员的面较窄;易造成任人唯亲的现象
教育机构	有大量、集中的候选人;年轻、知识水平较高	缺乏实际工作经验;仅限于较低级别的职位
职业介绍所	应聘者面广;能得到专业咨询和服务;节省时间	花费大;组织对招聘过程没有控制权;有些机构不能遵守机会均等的原则
广告应征	简便易行;辐射面广;针对性强	费用较大;有许多不合格的应聘者;增加了选拔环节的工作量
猎头公司	擅长物色上层管理人才、专业人才;聘用的人员可以立即上岗;效果立竿见影	费用可观;不利于调动本企业员工的积极性;策划难度较高
公共就业机构	正常费用或免费;信息量丰富;有时还提供职业培训	候选人的水平可能较低,如非熟练工人或培训经历很少的人
内部来源	有利于提高员工士气;降低流动率;被提升人员能较快胜任工作;较易形成企业文化;花费少	不利于吸收优秀人才;自我封闭使企业缺乏活力;易导致"近亲繁殖";供应有限

🖋 趣味链接

福特汽车为人才买公司

福特汽车公司是世界上一家大名鼎鼎的公司,该公司有个显著特点,就是非常器重人才。一次,公司有一台马达坏了,公司所有的工程技术人员都未能修好,只好另请高明,请来的这个人叫思坦因曼思,原是德国的工程技术人员,流落到美国后,一家小工厂的老板看重他的才能雇用了他。福特公司把他请来,他在电机旁听了听,之后要了一架梯子,一会儿爬上去,一会儿爬下来,最后在马达的一个部位用粉笔划了一道线,写上几个字:这儿的线圈多了16圈。果然,把这16圈线去掉,电机马上运转正常。亨利·福特因此对这个人非常欣赏,一定要他到福特公司来。思坦因曼思却说:"我所在的公司对我很好,我不能见利忘义跳槽到福特公司来。"福特马上说:"我把你供职的公司买过来,你就可以来工作了。"福特为了得到一个人才,竟不惜买下一个公司。

启示:"千军易得,一将难求",福特求才若渴的举动不难理解,因为市场竞争归根结底就是人才竞争,设备需要人才去操作,产品需要人才去开发,市场需要人才去开发。人才意味着高效率、高效益,意味着企业的兴旺发达。没有人才,即使硬件再好,设备再先进，企业仍然难以支撑长久。

（三）员工招聘的程序与方法

为了保证员工选聘工作的有效性和可行性，应当按照一定的程序并通过竞争来组织工作。具体的步骤如下：

1. 制定并落实招聘计划

当组织中出现需要填补的工作职位时，有必要根据职位的类型、数量、时间等要求确定招聘计划，同时成立相应的选聘工作委员会或小组。选聘工作机构既可以是组织中现有的人事部门，也可以是代表所有者利益的董事会，或由各方利益代表组成的专门或临时性选聘工作机构要以相应的方式，通过适当的媒介，公布待聘职务的数量、类型以及对候选的具体要求等信息，向组织内外公开"招聘"，鼓励那些符合条件的候选人积极应聘。

2. 对应聘者进行初选（面试）

当应聘者数量很多时，选聘小组需要对每一位应聘者进行初步筛选。内部候选人的初选可以根据以往的人事考评记录来进行；对外部应聘者则需要通过将简短的初步面谈，尽可能多地了解每个应聘者的知识水平、兴趣爱好、工作能力、语言表达能力、分析能力、人际关系处理能力、工作动机等信息，观察他们的兴趣、观点、见解、独创性等，及时排除那些明显不符合基本要求的人，表6-4列举了面试提纲所包括的内容和常见的问题。

表 6-4　面试提问的内容提纲

1. 了解应聘者的基本情况
请简单介绍自己。 简述工作经历。 有何兴趣、爱好、特长？ 为什么要应聘本公司、本职位，应聘本职位的优势有哪些？ 个人最大的弱点是什么，对你的职业选择有何影响？
2. 了解应聘者的知识水平和专业技能
大学所学专业是什么？ 接受过哪些专业技能方面的培训或获得了哪些职业证书？ 对哪些课程最感兴趣？ 学得最好的课程有哪些？ 有关专业术语和专业领域的问题。
3. 了解应聘者的工作经验和工作能力
你的第一份工作是什么？ 最让你有成就感的工作成绩是什么？ 谈谈你职务的升迁和收入变化情况。 你认为自己最适合做什么工作？ 是否与上级因为工作分歧发生过争执？举例说明 是否因为工作差错受到过上级的责骂，具体情况是怎样的？ 在工作中最不能忍受同事的哪些行为？为什么？ 如果你获得这个职位，你将如何开展工作？

续表

4. 了解应聘者的工作态度、工作动机和价值观
如何看待加班？ 对薪酬的要求。 离职的原因。 如何处理家庭和事业的关系。 对自己的职业生涯规划。 怎样看待成功与失败。 在以往的人生经历中，最值得你骄傲的成就是什么？ 你受到过上司最好的嘉奖是什么？ 高薪、表彰和晋升之间，你认为哪种形式的奖励最有价值？
5. 了解应聘者的思维能力和应变能力
设计一些具体案例，要求应聘者进行分析判断

案例链接

面　　试

你有"心"吗？

某合资企业想招聘一名办公室人员，负责安排企业的对外联络业务，工作比较繁重，对学历要求可以不高，但人一定要心细，换话说，要有"心"。公司人力资源部想出了这样一个"损招"。

在一间非常宽大的办公室内，桌后坐着几位进行面试的考官，在考官面前约 5 米远处放了一把椅子，供面试人员面试时坐，一张纸"掉"在面试房间门口的旁边。应聘者中不乏名牌大学毕业的本科生和研究生，他们衣着讲究，头脑灵活，面对考官的问题侃侃而谈，显示出名牌大学学生的能力与"素质"。但他们对那张纸都熟视无睹，有的甚至还一脚踏上去。

最后进来一位衣着不如前面任何一位的普通高校学生。当他进门时，发现地上有张纸，连忙把它捡起来，看了看，发现是张空白纸，被踩脏了，就把它放在纸篓里。当看见椅子离考官比较远时，往前挪了挪。面对考官的问题，他的回答虽不尽如人意，但却显得从容不迫。然而，就是这位被众人讥笑为"乡巴佬"的学生被考官们录用了。

3. 对初选合格者进行知识与能力的考核

在初选的基础上，需要对余下的应聘者进行材料审查和背景调查，并在确认之后进行细致的测试与评估，其内容包括以下几个方面：

① 智力与知识测试。该测试是通过考试的方法测评候选人的基本素质，通过问题的回答，测试他的思维能力、记忆能力、应变能力和观察分析复杂事物的能力等。知识测试是要了解候选人是否具备待聘职务所要求的基本技术知识和管理知识，缺乏这些基本知识，候选人将无法进行正常工作。

② 竞聘演讲与答辩。这是对知识与智力测试的一种补充。测试可能不足以完全反映一个人的素质全貌，不能完全表明一个人运用知识和智力的综合能力。发表竞聘演讲，介

绍自己任职后的计划和远景,并就选聘工作人员或与会人员的提问进行答辩,可以为候选人提供充分展示才华、自我表现的机会。

③ 案例分析与候选人实际能力考核。在竞聘演说与答辩以后,还需对每个候选人的实际操作能力进行分析。测试和评估候选人分析问题和解决问题的能力,可借助"情景模拟或称案例分析"的方法。这种方法是将候选人置于一个模拟的工作情景中,运用各种评价技术来考察他的工作能力和应变能力,以判断他是否符合某项工作的要求。

④ 选定录用员工。在上述各项工作完成的基础上,需要利用加权的方法,算出每个候选人知识、智力和能力的综合得分,并根据待聘职务的类型和具体要求决定取舍。对于决定录用的人员,应考虑由主管再一次进行亲自面试,并根据实际工作与聘用者再做一次双向选择,最后决定选用与否。

⑤ 评价和反馈招聘效果。最后要对整个选聘工作的程序进行全面的检查和评价,并且要对录用的员工进行追踪分析,通过对他们的评价,检查原有招聘工作的成效,总结招聘过程中的成功与过失,及时反馈到招聘部门,以便改进和修正。

🖋案例链接

隐藏在招聘启事中的玄机

某地有份报纸曾刊登出这样一份招聘启事:

鑫达高新技术有限公司招聘启事

本公司招聘市场部公关经理 3 名。

工作职责:

1. 组织实施公司的公关活动
2. 建立并维护与新闻媒体的良好关系
3. 组织有利于公司品牌及产品形象的相关报道及传播
4. 对公关活动进行监控
5. 参与处理事件公关、危机公关等
6. 组织实施内部沟通等项目和其他相关工作

应聘要求:

1. 中文、广告或相关专业本科以上学历
2. 3 年以上公关公司或信息类公司从业经验
3. 有良好媒介关系者优先
4. 形象好,善沟通,文字表达能力强
5. 具有良好的媒体合作关系
6. 较强的客户沟通能力及亲和力
7. 各种新闻稿件的媒体发放及传播监控工作能力
8. 具有吃苦耐劳、认真细致、优秀的人际沟通能力

一经录用,月薪 4000 元以上,具体面议。

有意者请将简历于 3 月 23 日之前寄给本公司,公司将对应聘人员统一进行初试和复试。招聘启事登出后,立刻引起众多人员的关注。但是,他们最终发现,在这则启事中,

尽管应聘条件、岗位职责、工资待遇等内容俱全，就是没有应聘的联系方式。多数人认为这是招聘单位疏忽或是报社排版错误，于是，便耐心等待报社刊登更正或补充说明。但有三位应聘者见招聘的岗位适合自己，便马上开始行动。小李通过互联网，找到公司详细信息，将简历发送过去；小强则通过 114 查询台，也很快取得了该公司的联系方式；小孙则通过在某商业区的广告牌，取得了该公司的地址和邮编。

鑫达公司人事主管与他们三人相约面试，当即决定办理录用手续。三人为此颇感蹊跷，招聘启事中不是说要进行考试吗？带着这一疑问，他们向老总请教。老总告诉他们：我们的试题其实就藏在招聘启事中，作为一个现代公关人员，思路开阔，不循规蹈矩是首先应具备的素质，你们三人机智灵活，短时间内迅速找到公司的联系方式，这就说明你们已经非常出色地完成了这份答卷。

（四）选聘工作的有效性分析

员工的选聘必须坚持慎重的原则，必须将错误发生的可能性减至最低，增加正确决策的概率，这是开展组织工作的基本前提。

选聘工作的基础是有效性。所谓有效性是指员工选聘时所选用的各种凭证必须有效，如招聘表、测验、面谈或背景考察，并且这些凭证和员工实际绩效之间要有某种相关性。

选聘工作的有效性要求被选用的凭证具有规范性、客观性和可靠性。选用凭证的内容包括招聘表、书面测试、绩效模拟测验、面谈记录、背景调查和体检。

1. 招聘表

这种表格包括应聘者的姓名、地址、电话、学历、履历、技术类型以及过去的工作经验或成就等。由于表格中的各个项目的重要性权数会随着各个特定的工作发生变化，所以随着时间的推移必须不断地加以调整。

2. 书面测试

书面测试包括智力测验、性格测验、能力测验等。对于组织而言，这些测验可以适度地预测出应聘者是否能够胜任相应的职位，当然，主管人员应更加注意工作绩效的模拟测验。

3. 绩效模拟测验

这种测验以工作分析的资料为依据，由实际的工作行为组成，因此比传统式的任何书面测试都更能证实与工作的相关性。工作抽样法和评估中心法是两种典型的绩效模拟测验，前者适用于一般工作职位，后者适用于管理阶层。

工作抽样法的设计思想是先设计出一种小型的工作样本，然后让应聘者实际去做，看其是否具备必需的才能。工作样本是根据工作分析的资料琢磨出来的，里边含有各个工作所必备的知识、技术与能力。工作样本中的各项要素必须与工作绩效要素相搭配。

评估中心法是由直线主管、监督人和受过培训的心理学者用 2～4 天让应聘者去模拟处理他们将遇到的实际问题，然后由评估中心的人员考核评分。评估中心法所进行的活动包括面谈、模拟解决问题、群体讨论、企业决策竞赛等。

4. 面谈记录

面谈可以对应聘者有一个初步的印象。不过，这种方式和往后的工作绩效并无太大的关系，其有效性比较低，需要克服的缺点是：面试者在初评时容易产生印象偏差，因为固有的模式往往使面试者倾向于和他有同样态度的应聘者，这样，面试者所打的权数比重可能会有偏差。尽管如此，面试对于决定应聘者的智力、勤奋程度以及人际沟通方面的能力还是有一定预测效果的。面试评价量表内容如表 6-5 所示。

表 6-5　面试评价量表

姓名		性别		年龄		编号	
应聘职位				所属部门			
评价要素	评价等级				
	1 差	2 较差	3 一般	4 较好	5 好
个人修养					
求职动机					
语言表达能力					
应变能力					
社交能力					
自我认知能力					
性格					
精神面貌					
进取心					
相关专业知识					
总体评价					
评价	建议录用		有条件录用		建议不录用
用人部门意见： 签字：	人力资源部门意见： 签字：		总经理意见： 签字：		

5. 背景调查

背景调查有两种类型：审评应聘材料和调查一些参考附件。前者提供的信息很有价值，而后者通常只是一种参考。审核的原因是一些应聘者往往会夸大自己以前的经历、成就或隐瞒某些离职的原因，因此向以前的用人单位了解过去的工作情况颇有必要。当然，还可以通过他的朋友等其他渠道来了解其过去的情况。

6. 体检

体检的目的是确定应聘者的一般健康状况，检查其是否有工作职务所不允许的疾病或生理缺陷，以减少员工因生病所增加的费用支出以及由于员工存在生理缺陷或体能不支对今后工作带来的负面影响。

案例链接

招聘中的一次意外

A 企业是远近闻名的大企业，由于缺少基层管理人员，所以进行招聘，报名者有几百人。考试是采用笔试和面试相结合的形式进行的。经过一个多星期的招考，最后通过电子计算机计分，选出 10 名佼佼者。当总经理将录用名单逐一过目时，发现面试给他留下深刻印象、成绩特别出色的一名男青年并不在被录用者之列。他感到非常奇怪，便立即叫人复查考试分数统计情况。

经复查发现，该青年考试综合成绩名列第三，只因计算机出了故障，把分数和名次排错了，才导致他不幸落选。公司立即通知有关人员纠正错误，给这位男青年补发录用通知书。第二天，给这位男青年发通知书的助手回来向总经理报告了一个令人吃惊的消息：这位男青年因没被录用而跳河自杀了。通知书送到时，人已经死去了。听到这里，总经理沉默了。

三、人员的培训

（一）人员培训的目标

培训是指组织通过对员工有计划、有针对性的教育和训练，使其能够改进目前知识和能力的一项连续而有效的工作。培训旨在提高员工队伍的素质，增强组织的发展后劲，从而实现以下四个方面的具体目标。

1. 转变观念，提高素质

每个组织都有自己的文化、价值观念、基本行为准则。员工培训的重要目标就是要通过对组织中各个成员，特别是对新聘管理人员的培训，使他们能够形成价值观念，按照组织中普遍的行动准则来从事管理工作，与组织目标同步

2. 补充新知识，提炼新技能

随着科学技术进步速度的加快，人们原先拥有的知识与技能在不断老化。为了防止组织中各层级人员工作技能的衰退，组织必须对员工进行不断地培训，使他们掌握与工作有关的最新知识和技能。这些知识和技能，虽然可以在工作前的学校教育中获取，但更应该在工作中根据实际情况不断地加以补充和更新，因为它们可以在实践中不断地得到锤炼和提升。

3. 全面发展能力，提高竞争力

员工培训的一个主要目的，便是根据工作的要求，努力提高他们在决策、用人、激励、沟通、创新等各方面的综合能力，特别是随着工作的日益复杂化和非个人行为化，组织内部改进人际关系的能力要求不断提高，这使得组织对合作的培训要求变得愈发重要，这也是衡量组织竞争力的重要体现。

4. 交流信息，加强协作

组织培训员工的基本要求是要通过培训，加强员工之间的信息交流，特别是使新员工

能够及时了解组织在一定时期内的政策变化、技术发展、经营环境、绩效水平、市场状况等方面的情况,熟悉未来的合作伙伴,准确而及时地定位。

(二) 人员培训的需求分析

根据西方国家企业人员培训的经验,可以通过以下三方面的分析确定培训的需求:

第一,机构分析。分析整个组织的目标、计划、资源,以决定未来培训的重点。

第二,工作分析。分析工作要求员工如何操作方能有效地完成,来决定培训的内容。

第三,人员分析。就某一特定职务,分析从业者现有的知识、技术与态度,以决定其应参加的培训发展的方向。

(三) 人员培训的方式

人员培训包括管理者培训与一般员工培训。管理者培训主要有以下几种形式:

1. 专业知识与管理技能培训

专业知识与管理技能培训有助于管理者深入了解相关专业的基本知识及其发展动态,有助于提高管理者的实际管理技能,可以采取脱产、半脱产或业余等形式,如各种短期培训班、专题讨论会、函授、业余学校等。

2. 职务轮换培训

职务轮换是指人员在不同部门的各种职位上轮流工作。职务轮换有助于受训人全面了解整个组织的不同工作情况,积累和掌握各种不同的工作经验,从而提高他们的组织和管理协调能力,为其今后的发展和升迁打好基础。

3. 提升培训

提升是指将人员从较低的管理层级暂时提拔到较高的管理层级上,并给予一定的试用期。这种方法可以使有潜力的管理人员获得宝贵的锻炼机会,既有助于管理人员扩大工作范围,把握机会展示其能力和才干,又能使组织能全面考察其是否适应和具备领导岗位上的能力,并为今后的发展奠定良好的基础。

一般员工培训分为对新职工的培训、在职培训和脱产培训三种形式。

(1) 新职工的培训。

应聘者一旦决定被录用之后,组织中的人事部门应该对他将要从事的工作和组织的情况给予必要的介绍和引导,西方国家称之为职前引导。

职前引导的目的在于减少新来人员在新的工作开始之前的担忧和焦虑,使他们能够尽快地熟悉所从事的本职工作以及组织的基本情况,如组织的历史、现状、未来目标、使命、理念、工作程序及其相关规定等,并充分了解他应尽的义务和职责以及绩效评估制度和奖惩制度等,如有关的人事政策、福利以及工作时数、加班规定、工资状况等。一方面可以消除新员工中那些不切实际的期望,充分预计今后工作中可能遇到的各种困难和问题,了解克服和解决这些困难和问题的渠道;另一方面可以引导新员工了解工作单位的远景目标、同事以及如何进行合作等。组织有义务使新员工的不适应降至最低,并应使其尽快地调整自我,尽早地适应工作环境。

(2) 在职培训。

对员工进行在职培训是为了使员工通过不断学习掌握新技术和新方法,从而达到新的工作目标要求所进行的不脱产培训。工作轮换和实习是两种最常见的在职培训。所谓工作轮换是指让员工在横向层级上进行工作调整，其目的是让员工学习多种工作技术，使他们对于各种工作之间的依存性和整个组织的活动有更深刻的体验和更加开阔的视野。所谓实习是让新来人员向优秀的老员工学习以提升自己知识与技能的一种培训方式。在生产和技术领域，这种培训方式通常称为学徒制度；而在商务领域，则称为实习制度。实习生的工作必须在优秀的老员工带领和监督之下进行，老员工有责任和义务帮助实习生克服困难，顺利成长进步。

（3）脱产培训。

脱产培训是指为使员工能够适应新的工作岗位要求而让员工离开工作岗位一段时间，专心致志于一些职外培训。最常见的脱产培训方式包括教室教学、影片教学以及模拟演练等。教室教学比较适合于给员工们集中灌输一些特殊的信息、知识，可以有效地增进员工在管理和技术方面的认知。影片教学的优点在于它的直观示范性，可以弥补其他教学方式在示范效果方面的不足。而如何在实践中处理好人际关系问题，如何提高解决具体问题的技能，则最适于在模拟演练中学习。这包括案例分析、经验交流、角色模拟以及召开小群体行动会议等。有效利用现代高科技及电脑的模式也属于模拟演练的一种，如航空公司用此方法来培训驾驶员等。

案例链接

西门子是如何培训员工的

是什么造就了西门子150多年的辉煌？高质量的产品、完善的售后服务、不断创业和创新以及高效的人才培训，被认为是西门子成功的关键。在人才培训方面，西门子创造了独具特色的培训体系。西门子的人才培训计划从新员工培训、大学精英培训到员工再培训，涵盖了业务技能、交流能力和管理能力的培育，为公司新员工具有较高的业务能力，大量的生产、技术和管理人才储备，员工知识、技能、管理能力的不断更新和提高提供了保证，因此西门子长年保持着公司员工的高素质，这是西门子强大竞争力的来源之一。

新员工培训

新员工培训又称第一职业培训。在德国，一般15～20岁的年轻人，如果中学毕业后没有进入大学，要想工作，必须先在企业接受三年左右的第一职业培训。在第一职业培训期间，学生要接受双轨制教育：一周工作五天，其中三天在企业接受工作培训，另外两天在职业学校学习知识。这样，学生不仅可以在工厂学到基本的熟练技巧和技术，而且可以在职业学校受到相关基础知识教育。通过接近真刀实枪的作业，他们的职业能力及操作能力都会得到提高。由于企业内部的培训设施基本上使用的是技术最先进的培训设施，保证了第一职业培训的高水平，因此第一职业教育证书在德国经济界享有很高的声誉。由于第一职业培训理论与实践结合，为年轻人进入企业提供了有效的保障，也深受年轻人欢迎。在德国，中学毕业生中有60％～70％接受第一职业培训，20％～30％选择上大学。

西门子早在1992年就拨专款设立了专门用于培训工人的学徒基金，现在公司在全球拥有60多个培训场所，如在公司总部慕尼黑设有韦尔纳·冯·西门子学院，在爱尔兰设有技术助理学院，它们都配备了最先进的设备，每年培训经费近8亿马克。目前共有1万名学徒在西门子接受第一职业培训,大约占员工总数的 5%,他们学习工商知识和技术,毕业后可以直接到生产一线工作。

在中国,西门子与北京市国际技术合作中心合作,共同建立了北京技术培训中心,西门子投资 4000 万马克。合同规定,中心在合同期内负责为西门子在华建立的合资企业提供人员培训,目前该中心每年可以对 800 人进行培训。

第一职业培训(新员工培训)保证了员工一正式进入公司就具有很高的技术水平和职业素养,为企业的长期发展奠定了坚实的基础。

大学精英培训

西门子计划每年在全球接收 3000 多名大学生,为了利用这些宝贵的人才,西门子也制定了专门的计划。

进入西门子的大学毕业生首先要接受综合考核,考核内容既包括专业知识,也包括实际工作能力和团队精神,公司根据考核的结果安排适当的工作岗位。此外,西门子还从大学生中选出 30 名尖子进行专门培训,培养他们的领导能力,培训时间为 10 个月,分三个阶段进行。第一阶段,让他们全面熟悉企业的情况,学会从因特网上获取信息;第二阶段,让他们进入一些商务领域工作,全面熟悉本企业的产品,并加强他们的团队精神;第三阶段,将他们安排到下属企业(包括境外企业)承担具体工作,在实际工作中获取实践经验和知识技能。目前,西门子共有 400 多名这种精英,其中 1/4 在接受海外培训或在国外工作。

大学精英培训计划为西门子储备了大量管理人员。

员工五级别在职培训

西门子人才培训的第三个部分是员工在职培训。西门子公司认为,在世界性的竞争日益激烈的市场上,在颇具灵活性和长期性的商务活动中,人是最主要的力量,知识和技术必须不断更新、换代,才能跟上商业环境以及新兴技术的发展步伐,所以公司正在努力走上一个学习型企业之路。为此,西门子特别重视员工的在职培训,在公司每年投入的 8 亿马克培训费中,有 60%用于员工在职培训。西门子员工的在职培训和进修主要有两种形式,即西门子管理教程和在职培训员工再培训计划,其中管理教程培训尤为独特和成效卓著。

西门子员工管理教程分五个级别,各级培训分别以前一级别培训为基础,从第五级别到第一级别所获技能依次提高,其具体培训内容大致如下。

第五级别:管理理论教程。

培训对象:具有管理潜能的员工。

培训目的:提高参与者的自我管理能力和团队建设能力。

培训内容:西门子企业文化、自我管理能力、个人发展计划、项目管理、了解及满足客户需求的团队协调技能。

培训日程:与工作同步的一年培训,分别为为期三天的两次研讨会和一次开课讨论会。

第四级别:基础管理教程。

培训对象:具有较高潜力的初级管理人员

培训目的:让参与者准备好进行初级管理工作。

培训内容:综合项目完成、质量及生产效率管理、财务管理、流程管理、组织建设及团队行为、有效的交流和网络化。

培训日程：与工作同步的一年培训，为期五天的研讨会两次和为期两天的开课讨论会两次。

第三级别：高级管理教程。

培训对象：负责核心流程或多项职能的管理人员。

培训目的：开发参与者的企业家潜能。

培训内容：公司管理方法、业务拓展及市场发展策略、技术革新管理、西门子全球机构、多元文化间的交流、改革管理、企业家行为及责任感。

培训日程：一年半与工作同步的培训，为期五天的研讨会两次。

第二级别：总体管理教程。

培训对象：必须具备下列条件之一

① 管理业务或项目并对其业绩全权负责者。② 负责全球性、地区性的服务者。③ 至少负责两个职能部门者。④ 在某些产品、服务方面是全球性、地区性业务的管理人员。

培训目的：塑造领导能力。

培训内容：企业价值、前景与公司业绩之间的相互关系、高级战略管理技术、知识管理、识别全球趋势、调整公司业务、管理全球性合作。

培训日程：与工作同步的培训两年，每次为期六天的研讨会两次。

第一级别：西门子执行教程。

培训对象：已经或者有可能担任重要职位的管理人员。

培训目的：提高领导能力。

培训内容：根据参与者的情况特别安排。

培训日程：根据需要灵活掌握。

培训内容：根据管理学知识和西门子公司业务的需要而制定，随着二者的发展变化，培训内容需要不断更新。

四、绩效考评

员工在进入组织、并得到必要的知识和技能的培训之后，能否有效地完成工作，达成组织目标，在很大程度上取决于组织的激励制度是否合理。绩效考评是公平合理的激励制度的基础工作。

绩效考评是指按员工所从事的职务的要求，据以鉴定其成绩和资格的过程。从员工进入本组织起，他们的上司就有责任对其工作业绩、工作能力和工作态度进行评价，以确保符合组织标准。

（一）绩效评估的作用

绩效评估的作用包括：

（1）绩效评估的结果反映了员工工作的完成情况。绩效评估给组织做出新一轮的工作任务安排提供了依据。必要时，组织需要重新进行工作分析，修订工作说明书，完善员工招聘工作。

（2）绩效评估是人事调整决策的重要依据。绩效评估有助于人员配备部门较快地发现和掌握员工与工作岗位不相适应的情况，并通过进一步的分析与考察，做出是否进行绩效岗位调整的决策；而对工作有成就者和潜力较大者给予工作晋升或者工作轮换。

（3）绩效评估为组织的人员配备培训提供了直接的要求。通过绩效评估，组织对于员工的情况有了比较全面、深入的了解，掌握了员工的优缺点，特别是根据员工的薄弱环节，有针对性地确定培训需要和制订培训计划。此外，绩效评估对于分析探讨培训工作的成效、改进及探讨培训质量具有重要作用。

（4）绩效评估是确定合理劳动报酬的基础。在很多组织的工资结构中，效益工资所占比重较高，而效益工资的衡量标准应以绩效评估的结果作为基础。

（5）绩效评估是激励员工的重要手段。绩效评估本身是一种激励因素。通过考察，一方面肯定成绩、指出优点、鼓舞斗志、坚定信念；另一方面发现问题、找出差距、明确努力的方向、对后进者产生鞭策作用，促其进取。

（6）绩效评估可以反映组织的效率情况。评价一个组织的生产率情况，除了利润、成本等指标外，绩效评估可以作为一个评价指标，对员工绩效评估结果可以反映出整个组织的效率情况。

（7）绩效评估可以作为组织发展、诊断的一个有力措施。

（二）绩效评估的形式与方法

常用的绩效评估方法主要有以下几种。

1. 排序法

排序法是指按照某一标准，对一定范围内的员工进行由高到低进行排列的方法。具体有以下三种方式：一是直接排序法。直接排序法是指根据某一标准，将被评人按照由高到低的顺序依次排序。二是交替排序法。交替排序法是指在被评人中先挑出最好的和最差的员工，然后在剩下的员工中再挑选出最好的和最差的。依此类推，直到所有被评估的员工按一定顺序排列出来。这种方法十分方便，但评估标准的选择主观性较大。三是两两比较法。两两比较法是指将被评估员工两两进行比较，从而使每个员工都与其他员工进行一次比较，得出最终结果。这种方法工作量较大，但结果比较客观、准确。

2. 强制分配法

强制分配法是由评估人员事先制定一些类别，并强制每个员工按其实际绩效归入每一类，如表 6-6 所示。

表 6-6　强制分配法

等级	最差 5%	较差 15%	中等 60%	较好 15%	最好 5%
员工数目	10	30	120	30	10

3. 关键事件法

绩效评估的关键事件法是依据工作分析中的关键事件分析方法之上的。通过工作分析确定了工作者应在岗位上完成的关键事件(指影响工作目标的达成与否的行为)。在评估期内，上级管理人员对下级员工的各种杰出表现或者不良的行为都需记录在案。关键事件法强调评定人的注意力应集中关键或主要的行为，区分有效的或无效的工作绩效。

4. 评语法

评语法是指由考评人撰写一段评语来对被考评人进行评价的一种方法。评语的内容包括被考评人的工作业绩、工作表现、优缺点和努力方向。评语法在我国应用得非常广泛。由于该考评方法主观性强，最好不要单独使用。

5. 等级评估法

等级评估法是绩效考评中常用的一种方法。根据工作分析，将被考评岗位的工作内容划分为相互独立的几个模块，在每个模块中用明确的语言描述完成该模块工作需要达到的工作标准。同时，将标准分为几个等级选项，如"优、良、合格、不合格"等，考评人根据被考评人的实际工作表现，对每个模块的完成情况进行评估。总成绩便为该员工的考评成绩。

6. 目标考评法

目标考评法是根据被考评人完成工作目标的情况来进行考核的一种绩效考评方式。在开始工作之前，考评人和被考评人应该对需要完成的工作内容、时间期限、考评的标准达成一致。在时间期限结束时，考评人根据被考评人的工作状况及原先制定的考评标准来进行考评。目标考评法适合于企业中试行目标管理的项目。

案例链接

腾讯：年轻人乐园

从刚走出校园的程序员到产品经理，Eddie 只用了三四年时间。

他可不是在那种初创时期只有几个人的互联网公司，负责的也不是那种默默无闻的产品。Eddie 就职于腾讯公司，负责的 QQ 会员已经大名鼎鼎，产品覆盖千万级别用户，每年为腾讯创造超过亿元的收入。腾讯强大的平台和庞大的会员数量，是他背后不可或缺的支持。

Eddie 的成长样本并非腾讯的孤例，许多重要产品或部门的负责人都是 Eddie 这样的年轻人。腾讯许多产品和部门都要面对细分领域的激烈竞争，其中既有快速崛起的创业公司，也有产品成熟的知名公司。在腾讯，这些产品或部门负责人必须具备高度的战略思考和管理能力，例如明确战略定位、制定业务策略、团队建设和人才培养，所有与产品相关的问题都要全盘负责。腾讯高级副总裁奚丹对《中国企业家》说，一个本科生短短几年就能带领团队做好一款产品，为几千万用户服务，Eddie 是"腾讯式"成长的典型样本。

Eddie 经校园招聘进入腾讯，面试时奚丹就对他印象深刻，成绩不是最优秀的，但人很聪明，特别是对腾讯、互联网的热情打动了所有面试官。始于 2002 年的校园招聘一直是腾讯最重要的吸收员工的渠道。除了高校毕业生可塑性强、创造力强、忠诚度高外，当年腾讯重视校园招聘也是不得已而为之——公司急需扩张时人力资源太少，人才只能自己培养。

　　奚丹说，快速培养优秀人才、甚至是未来互联网的领军人物必须先选对人。相比学习成绩那些硬性指标，腾讯更看重毕业生的"内驱力"，"如果一个人热爱互联网，自身又有很高的自我成就要求，你不推动他，他也会自己寻求途径学习和提升"。显然，Eddie 就是这样的人。他曾说，能快速成长是因为在腾讯工作很有挑战，每天都能做最有兴趣的事。

　　挑战同样会给 Eddie 带来压力，但他不是"一个人在战斗"。除了有腾讯用户研究与体验中心等部门的专家随时提供的专业支持，Eddie 遇到问题时还可以迅速向腾讯两位精通行业产品技术相关领域的副总裁请教。得到反馈后，Eddie 会立即进行新的尝试和推动，将前辈的经验和自己的实践融会贯通。

　　其实，腾讯 2004 年上市前后才开始发力人才培养和公司领导力培养，期间也面临过层级多、决策复杂的困惑，因此在 2006 年进行过大幅度的管理架构调整，但从单一一款 QQ 到数百款产品、从创业公司到万人公司，腾讯既没产生公司政治等"大公司病"，也没出现上市后高管成批套现出走，团队的稳定程度在中国互联网堪称"异类"。

　　开始参与重量级产品的管理时，Eddie 只是个刚毕业不久的学生，能得到公司两位高管的直接辅导，不是腾讯对 Eddie 的"特殊待遇"。在腾讯，任何一位员工只要有意愿学习就能从身边得到最直接的帮助，有些反馈甚至来自 CEO 马化腾。每天他都留出固定的时间体验腾讯产品，将意见直接反馈给业务部门。一次深夜两点，马化腾打来电话提醒，在腾讯网站首页上发现了一个错别字。各种信息（尤其是用户体验）的快速反馈分享，是腾讯创始团队携带的基因，"敏捷、迭代"的产品策略正是由此派生而来。

　　"首席体验官"的反馈并不是 CEO 的命令。"小马哥"和腾讯高管团队经验再丰富也不能像产品负责人那样花费大量时间和精力研究每一项产品。最终还是由产品负责人综合各种意见做出决策。

　　奚丹说，任何一家公司的领导力都没有固定模型，它的核心就是员工从公司管理者和周边感受到的公司文化。马化腾的关怀成就了腾讯另一个基因，每个人都主动投入对"人"的培养。

　　对每个年轻人来说，像腾讯这样随时能得到成长机会的平台都极具吸引力。但让他们愿意在腾讯发展的另一重要因素，是腾讯完善的员工成长体系。腾讯有一支庞大的人力资源团队，仅深圳总部就有 100 多人，除了日常人力资源工作，他们还负责帮助员工完善职业路径。

　　TTCP（技术职业发展通道管理委员会）就像腾讯的"黄埔军校"，保证其技术能力以一直处于业内前沿。它是腾讯全公司的技术人员管理职业发展通道，由人力资源部负责体系的日常管理和运作。在 TTCP，技术人才被分为六个级别，从 T1（工程师）到 T6（首席科学家），每个级别的职员都会得到详细有效的提升培训计划。TTCP 还负责打造腾讯的秘密武器——T4 专家。T4 就是专家工程师，必须做过亿次级用户的产品才能当选。T4 是腾讯的技术攻坚部队，如果有产品遇到重大技术难题，由 T4 组成的特别技术小组就会介入。

　　当然，技术不是腾讯员工的唯一选择，除了 TTCP 外，腾讯还为员工提供技术之外的职业通道体系。每个员工可以根据自己的特长和兴趣自由选择，既可选择管理，也可选择技术、设计、产品、市场等专业发展通道。

　　对腾讯高度认同的不仅限于那些毕业生，还包括那些职业经理人。每年，腾讯都会到美国纽约、硅谷等地寻找人才，而融入的成功率高达 90%。

奚丹说，腾讯从来不会因为短期需要去招聘。一旦招一个人，就假设他能一辈子和团队共事，所以面试成功率非常高。

第四节　组织文化

案例链接

"有生于无"与"以柔克刚"

有一次，海尔集团首席执行官张瑞敏出访日本一家大公司。该公司董事长一向热衷于学习中国至理名言。在这位董事长介绍该公司经营宗旨和企业文化时，阐述了"真善美"，并引述老子思想，张瑞敏也发表了自己看法：《道德经》中有一句话与"真善美"语义一致，这就是"天下万物生于有，有生于无。"张瑞敏以这句话诠释了海尔文化的重要性，他说，企业管理有两点始终是我铭记在心的：第一点是无形的东西往往比有形的东西更重要。当领导的到下面看重的有形东西太多，而无形东西太少。一般总是问产量多少，利润多少，没有看到文化观念、氛围更重要。一个企业没有文化，就是没有灵魂。第二点是老子主张的为人做事要"以柔克刚"。张瑞敏说："在过去，人们把此话看成是消极的，实际上它主张的弱转强、小转大是个过程。要认识到作为企业家，你永远是弱势；如果你真认识到自己是弱势，你就会朝目标执著前进，也就会成功。"

有一次，一位记者问张瑞敏："一位企业家首先应懂哪些知识？"张瑞敏想了想说："首先要懂哲学吧！"张瑞敏联系企业实际，从老子思想中悟到"无"比"有"更重要，"无"生"有"的道理，也悟出柔才能克刚，谦逊才能进取的为人做事之理。人的成熟，在于思想的成熟。企业家的成熟在于实践经验基础上形成的理念体系。著名经济学家艾丰为《张瑞敏如是说》一书写序，题目就是"不用哲学看不清海尔。"艾丰用哲学恰到好处地评价了张瑞敏。实践证明，无形胜有形，一切成功的企业家都是经济哲学家。从长远看，企业文化的优劣，决定着企业的生死存亡。

一、组织文化的内涵与组成要素

（一）组织文化的内涵

广义上说，文化是人类社会历史实践过程中所创造的物质财富与精神财富的总和，从狭义上说，文化是社会的意识形态以及与之相适应的组织结构与制度。

组织文化又称企业文化或公司文化，企业领导者把"文化"的功能应用于企业，以解决现代企业管理中的问题，就产生了企业文化。企业文化与文教、科研、军事等组织的文化性质不同，但又是相通的，是可以相互借鉴的。

现代企业文化的实践始于日本，而理论源于美国。因此，关于企业文化的概念众说纷纭。

威廉·大内在 Z 理论中说，"传统和气氛构成一个企业的文化。同时，文化意味着一个企业的价值观，如进取、保守或灵活，这些价值观成为企业员工活动、建议和行为的规范，管理人员以身作则，把这些规范灌输给员工，再一代一代地传下去。"

美国学者赫尔雷格尔（Hellreigel）等人于 1992 年给出定义是：企业文化是企业成员共有的哲学，意识形态、价值观、信仰、假定、期望态度和道德规范。

清华大学教授、著名经济学家魏杰先生在其所著《企业文化塑造》一书中给出的定义是：所谓企业文化，就是企业信奉并付诸实践的价值理念，也就是说，企业信奉和倡导并在实践中真正实行的价值观念就是企业文化。

《辞海》（上海辞书出版社，1988 年）对企业文化定义是：企业文化是企业在生产经营实践中形成的一种基本的精神和凝聚力，以及企业职工共同的价值观念和行为准则。

多数研究把企业文化定义为：企业文化是理念、习俗、传统方式、企业价值观和意义分享的综合体，企业文化引导每一位员工确立符合规范的行为。

综合以上观点，结合我国企业文化实际，我们认为，组织文化是指在一定的社会历史条件下，组织在长期发展过程中逐步形成和培育起来的、独特的、为组织全体员工所持有并遵循的价值观念、组织精神、价值标准和行为准则。

（二）组织文化的组成要素

组织文化是由理念文化、制度文化和标志文化三个要素组成。

1. 理念文化

理念文化是企业文化的精髓，它是企业组织在从事各类活动时用来解决各种问题的价值观、深层意识和基本品质。理念文化从根本上决定了企业组织其他文化的走向，是一种深层文化。理念文化形成的氛围对企业组织成员起着长远的熏陶作用，它包含以下内容：

（1）价值观。价值观是企业组织理念文化的核心，其作用有三个方面：第一，任何企业组织要想取得成功，就必须有一套健全的信念，作为该企业一切政策和行动的出发点；第二，公司成功的最重要因素是严守这一套信念；第三，一个企业在其生命过程中，为了适应不断改变的世界，必须准备改变自己的一切，但不能改变自己的信念。

（2）组织道德。组织是社会的细胞，每种具体的组织行为是否符合社会认定的规范，都由标准进行评判，组织道德就是企业组织活动及行为的规范。

（3）组织基本观念。在技术迅速发展的今天，企业组织何以立足当前，面向未来，实现长远发展目标？这是企业组织必须正视和解决的问题。成功企业的经验证明，企业谋求生存和发展，需要树立一系列基本观念，并不断赋予其新的内容。

2. 制度文化

制度文化是企业组织文化的重要媒介，它把理念文化落实到实处，落实在日常工作中。制度文化包括企业组织体制、规章条例、奖惩制度、管理方式及意识习俗、人际关系形式等。制度文化可以强化理念文化在人们心目中的地位，对企业组织起着潜移默化的作用。

3. 标志文化

标志文化是企业组织面向社会，反映到社会，并提供给社会和市场满足自己服务对象某种欲望或需求的一切有形实体，它是企业理念文化和制度文化的最终综合体现。它包括企业组织的面貌、产品实体和服务等方面。

二、组织文化的基本特征

（一）客观性

组织文化不但是组织生产经营、行政管理概念和经验的科学反映和凝结，也是社会文化和组织实践的融合。它在企业长期生产经营实践中逐步形成，反映了企业基本的精神面貌。无论人们对其认识与否，认识到何种程度，它都是一种客观存在，而且直接关系着企业的成败兴衰。

（二）时代性

组织不但存在于一定社会条件这一空间环境中，而且同时也处在一定时间环境这一时代条件下。所以，组织文化中必然反映特定的时代精神，例如，50 年代鞍钢的"孟泰精神"，60 年代的大庆"铁人精神"，雷锋精神等。当今信息时代，开拓进取、竞争、效益、"零距离"服务、速度决定企业命运等观念已成为企业文化的主旋律，时代特点影响着企业文化，企业文化业反映着时代风貌，如海尔集团的作风是"迅速反应，马上行动"。

（三）人本性

组织文化本质上是人本文化，是以人为中心的管理发展中的新阶段、新思想，它高度重视人的作用，将其视为组织生产经营诸要素的首要一条，以及其他一切管理行为的基础和出发点。组织文化理论通过以共同的价值观念、行为规范、思想情操、道德标准来统一和指导员工的言行，使个体行为融入整体行为之中，增强企业的凝聚力和向心力。使员工的行为和组织目标保持最大可能的一致，促进企业目标的达成。

（四）独特性

组织文化存在于各种因素构成的社会环境之中，同时也是自身多种构成因素和条件的综合表现。由于这些环境和条件的不同，每个组织都有独特的文化积淀。因此，组织文化也必然显示出其独特的个性与自身特点，反映出本组织独特的精神面貌，这是由组织的生产经营、管理特色、组织传统、组织目标、员工素质以及内外环境不同所决定的。

（五）系统性

组织文化是一个由多因素、多方面、多层次形成的相互关联、相互依赖、相互作用的有机整体，像任何一个自然或社会系统一样，组织文化中某一部分的变动，也都会影响和牵扯到其他方面的发展和变化。

（六）民族性与区域性

任何组织都必然存在于特定的国家、地理区域和民族聚居范围内。因此，组织文化总会受到特定国家历史、民族传统和区域习俗的影响，它们会从各方面给组织文化打上自己的烙印，形成某种组织文化特定的优点与遗憾。跨国企业在不同的国家、地区都强调其文化要落地生根，否则再优秀的企业文化也会水土不服。

🖋 **案例链接**

处于两难境地的经理

全世界的驻外经理都不约而同地发现他们处于一个两难境地，夹在总公司和当地办事处之间不知所从。一家全球性化妆品公司驻吉隆坡的地区经理华生所处的困境就是一例。

总公司要求他将新产品系列摆上货架，但马来西亚的消费者并不热衷于这类产品。他们不喜欢它们的香皂的气味，又嫌唇膏太贵。

华生承担的压力还不止这些。马来西亚政府更感兴趣的是引进技术，而不是进口消费品。吉隆坡的同事们都对他说，公司应该在马来西亚开一家合资企业。但至少在 2 年内，公司不会走这一步。那么在这段时间里，华生该怎么管理？迫于"一仆侍二主"的境况，许多驻外经理不再太过偏重于对某一方的忠诚，以免给自己和公司带来严重后果。

跨国公司需要"双重公民"式的驻外经理，这种经理既高度服从总公司和地方办事处双方之所需，又能统一两者的目标。然而，令人遗憾的是，现实中往往会出现以下两种情况：

一种情况是我行我素。保罗所任职的银行派他去香港工作 3 年。他及家人享受到的外派待遇使他们生活得很舒适。但保罗对总公司和香港公司都不怎么忠心。他工作勤奋，但从不忘记留心有没有更好的职位和薪水。外派 2 年后，他在另一家公司找到了更好的职位。"我完成工作，而且完成得很好。"保罗说，"我就像自由职业棒球手，或者像美国西部旧时的雇佣枪手。只要收入和工作都足够好，我就会丢开现职，或许可以说，我身怀国际技能，立志走遍天下。"他们往往不辞而别，结果公司为了补缺不得不付出昂贵的代价。

一些我行我素的人都将自己的短期事业目标凌驾于公司的长远利益之上，他们中几乎没人愿意再回国内。这样，要想将他们的跨国工作经验融合到公司的全球战略中去，可能性微乎其微。

另一种情况是入乡随俗。加里已在一家大型计算机公司工作了 15 年，现任公司设在新加坡的仪器分厂地区经理，并已在那里干了 4 年。他说，总公司接连不断地出台一些要么和当地分厂的目标相抵触、要么就是在当地不可能有效进行的计划。然而，加里照样非常热爱新加坡，并已申请延期。

对于长期在外的经理来说，他们对总公司的认同感似乎越来越少，无论在实际距离上还是在心理距离上，总公司都变得疏远了。由于没有一定的机制，如安排一个负责人专门与驻外经理保持联系，结果导致驻外经理与总部缺乏正式交流。

驻外经理对当地文化、业务种类和市场状况了解深入，这对于总公司而言极具价值。他们能随时调整工序、产品或管理方法去适应当地情况。但是，他们可能会令总公司难以协调全球业务。他们对总公司的忠诚度也不够，不能在总公司的战略规划中充分利用其知识和经验。

（七）继承与发展性

组织在一定的时空条件下产生、生存和发展。组织文化是历史的产物，组织文化的继承性体现在三个方面：一是继承优秀的民族文化精华；二是继承组织的文化传统；三是继承外来的组织文化实践和研究成果。组织文化的继承与发展性是指批判地继承传统文化，不断推陈出新。文化在继承的基础上发展，在发展的过程中继承。文化的发展、进步离不开继承、批判，变革并不意味着割断与一切文化遗产的联系，而必然是与继承相联系。正如马克思所说，人们在创造自己的历史，但是他们并不是随心所欲地创造，而是在直接碰到的、既定的、从过去继承下来的条件下创造。

"实事求是"源于《汉书》的"修学好古，实事求是"，本意是指严谨的治学态度。后来毛泽东推陈出新，把它改造成"从客观事实中引出其固有的规律以指导我们的行动"。孟子说的"富贵不能淫，贫贱不能移，威武不能屈"，曾激励了一代又一代的仁人志士安身立命，修身齐家治国平天下。而孟子的"民为贵，社稷次之，君为轻"的民本思想对我们树立和落实"以人为本"的管理思想富有启迪。世界各国的老字号企业无不是其优秀企业文化继承与发展的典范。

案例链接

海尔的文化整合

当海尔美国南卡工厂的员工一边听收音机，一边工作的时候，海尔管理人员遇到了用什么企业文化整合这支队伍的难题。

6S(整理、整顿、清扫、素养、安全)是海尔本部实行多年的"日事日毕，日清日高"管理办法的主要内容。每天工作表现不佳的员工要站在"6S大脚印"上反省自己的不足。这套在海尔本部行之有效的办法在美国却遇到了法律和文化的困难，美国员工说："如果我排在第一名，倒是愿意站上讲讲。"于是，美国海尔就让每天优秀典型站在"6S大脚印"上讲经验。"负激励"变成了"正激励"，争强好胜的欧美员工们很乐意站在大脚印上介绍自己的工作经验，当站在大脚印上的演讲者越来越多后，车间里的烟卷和收音机也逐渐消失了踪影。

6S班前会的欧美做法很快又传回了海尔本部，现在每天站在青岛"6S大脚印"上的也是表现优异的员工，海尔文化的主要内容就这样经过了移植、改造、再移植、再改造的过程，在不同文化的熔炉中，海尔文化的内涵得到了极大的丰富。

启示：组织文化的国际化，就是组织文化的本土化，文化的内涵不变，但传播的方式可以入乡随俗，因地制宜。只有本土化的文化才能被本地员工接受并发挥文化的作用。

三、组织文化的形式

(一) 显性组织文化

所谓显性组织文化就是指那些以精神的物化产品和精神行为为表现形式的，人通过直观的视听器官能感受到的，又符合组织文化实质的内容，它包括组织的标志、工作环境、规章制度和经营管理行为等几个部分。

(1) 组织标志。组织标志是指以标志性的外化形态，来表示本组织的文化特色，并且和其他组织明显地区别开来的内容，包括厂牌、厂服、厂徽、厂旗、厂歌、商标、标志性建筑等。

(2) 工作环境。工作环境是指职工在组织中办公、生产、休息的场所，包括办公楼、厂房、俱乐部、图书馆等。

(3) 规章制度。并非所有的规章制度都是组织文化的内容，只有那些以激发职工积极性和自觉性的规章制度，才是组织文化的内容，其中最主要的就是民主管理制度。

(4) 经营管理行为。再好的组织哲学或价值观念，如果不能有效地付诸实施，就无法被职工所接受，也就无法成为组织文化。组织在生产中以"质量第一"为核心的生产活动，在销售中以"顾客至上"为宗旨的推销活动，组织内部以"建立良好的人际关系"为目标的公共关系活动等，这些行为都是组织哲学、价值观念、道德规范的具体实施，是他们的直接体现，也是这些精神活动取得成果的桥梁。

（二）隐形组织文化

隐形组织文化是组织文化的根本，是最重要的部分。隐形组织文化包括组织哲学、价值观念、道德规范、组织精神等几个方面。

（1）组织哲学。组织哲学是一个组织全体职工所共有的对世界事物的一般看法。组织哲学是组织最高层次的文化。它主导、制约着组织文化其他内容的发展方向。从组织管理史角度看，组织哲学经历了"以物为中心"到"以人为中心"的转变。

（2）价值观念。价值观念是人们对客观事物和个人进行评价活动在头脑中的反映，是对客观事物和人是否具有价值以及价值大小的总的看法和根本观念，包括组织存在的意义和目的，组织各项规章制度的价值和作用，组织中人的各种行为和组织利益的关系等。

（3）道德规范。组织的道德规范是组织在长期的生产经营活动中形成的。人们自觉遵守的道德风气和习俗，包括是非的界限、善恶的标准和荣辱的观念等。

（4）组织精神。组织精神实质组织群体的共同心理定势和价值取向。它是组织的组织哲学、价值观念、道德观念的综合体现和高度概括。反映了全体职工的共同追求和共同认识。组织精神是组织职工在长期的生产经营活动中，在组织哲学、价值观念和道德规范的影响下形成的。

四、组织文化的结构

组织文化的结构，是指组织文化系统内各个要素之间的时空顺序、主次地位和结合方式，它表明了各个要素如何联系起来，形成组织文化的整体模式。

企业文化的机构，可以分为物质、行为、制度、精神四个层次，第一层是企业文化的表层，即物质文化；第二层是慢层，也叫浅层，即企业行为文化；第三层是中层，即制度文化；第四层是核心层，即精神文化。

（一）物质层

企业文化的物质层，即企业的物质文化，是由企业职工创造的产品和各种物质设施等构成的器物文化，以物质形态为主要表现的表层企业文化，包括企业生产环境、企业建筑、企业广告、产品包装与设计等。

（二）行为层

企业文化的行为层，即企业的行为文化，是企业员工在生产经营、学习、娱乐活动中产生的，包括企业经营、教育宣传、人际关系活动、文娱活动等，从人员结构上划分，包括企业家行为、企业模范人物的行为、企业一般员工的行为。组织行为文化是组织经营作风、精神风貌、人际关系的动态体现，也是组织精神、核心价值观的折射。

（三）制度层

企业文化的制度层，即企业的制度文化。制度文化是指具有组织特色的各种规章制度、道德规范和员工行为准则的总和。制度文化把物质文化和精神文化有机地结合成一个整体，对组织和成员的行为产生了规范性、约束性影响；它集中体现了组织文化的物质层和精神层对成员的组织行为要求，规定组织成员在共同的生产经营活动中应当遵守的行为准则，它主要包括组织领导体制、组织结构和组织管理制度等三个方面。

制度文化是人与物、人与企业经营制度的结合部分，是一种约束企业和员工行为的规范性文化，是一定精神文化的产物，它必须适应精神文化的要求。制度文化是精神文化的基础和载体，企业文化总是沿着精神文化——制度文化——新的精神文化的轨迹不断发展、丰富和提高；物质文化是制度化存在的前提，制度文化是企业行为文化得以贯彻的保证。

（四）精神层

企业文化的精神层，即企业的精神文化，它是组织在长期实践中所形成的员工群体心理定势和价值取向，是组织的道德观、价值观，即组织哲学的综合体现和高度概括，反映全体员工的共同追求和共同认识。组织精神文化是组织价值观的核心，是组织优良传统的结晶，是维系生存发展的精神支柱，其主要是指组织的领导和成员共同信守的基本信念、价值标准、职业道德和精神风貌，精神文化是组织文化的核心和灵魂，在整个组织文化系统中处于核心地位。

五、组织文化的内容

（一）经营哲学

经营哲学即企业经营成功之道，它是指企业在生产经营过程中形成的世界观和方法论，它是企业人格化的基础，企业形成独特风格的源泉，是企业文化遗传的"基因"，是企业进行总体信息选择的综合方法。企业哲学一般具有系统观念、物质观念、效益观念、市场观念、竞争观念、信息观念、人才观念等。实践表明，企业只有自觉地运用辩证唯物主义哲学方法作指导，经过艰苦的努力，才能创造出具有本企业特色的企业哲学。企业经营哲学是指企业在经营管理过程中提升的世界观和方法论，是企业处理人与人、人与物关系上形成的意识形态和文化现象。

（二）组织精神

组织精神是代表或反映企业的追求、志向和决心的总体倾向，是企业内部把全体员工的力量统一于共同的目标之下的一种价值观和行为规范，是增强企业全体成员的内聚力、向心力和持久力的意识形态的总和。它是通过企业内全体成员普遍接受的一种价值体系，是以含义确切、词义清晰、语言具体的表达方式，强化员工意识，以追求企业最佳的整体精神优势，形成一致的目标感、责任感、使命感，对员工的企业行为进行柔性控制和约束。

因此，组织精神具有强大的凝聚力、感召力和约束力，是组织成员对组织的信任感、自豪感和荣誉感的集中体现。企业精神在一定层次上讲，是企业文化各方面内容的概括和抽象，是实现企业价值的中介和桥梁，是全面建设企业文化的关键环节。

组织因自己的历史传统、管理风格、员工状况的不同，受社会潮流、民族精神的影响，必然会形成自己独特的组织精神。这种独特的组织精神一般应包括组织成员对目标的追求，组织和组织成员强烈的命运共同体意识，组织所肩负的崇高使命，组织正确的价值观和方法论以及有效的激励机制等。

（三）组织价值观

组织价值观，是指企业在追求经营成功过程中所推崇的基本信念和奉行的宗旨，是企业经营管理者和企业员工共享的群体价值观念，它决定和影响着企业存在的意义和目的，是企业各项规章制度价值和作用的评判标准，为企业的生存和发展提供基本的方向和行动指南，决定了全体员工的行为取向。从哲学上来说，价值观是关于对象和主体有用性的一种观念，企业价值观是企业文化的核心，是企业全体或大多数员工一致赞同的关于企业意义的终极判断。

（四）组织道德

组织道德是调整组织与社会、组织与组织、组织与组织成员之间关系的行为规范的总和。组织道德是一种特殊的行为规范，它是企业法规的必要补充，是协调企业与国家、企业与企业、企业与员工之间经济利益关系的准则。它以善良与邪恶、正义与非正义、公正与偏私、诚实与虚伪、勤奋与懒散等相互对立的道德范畴为标准来评价企业与员工的各种行为。企业伦理的养成，一方面通过舆论和教育方式，影响员工的心理和意识；另一方面又通过舆论、习惯、规章、制度等形式来约束员工的行为。

组织道德反映了组织一种内在的价值观念和企业意识，是社会道德在组织行为中的具体体现。组织道德作为组织文化的重要内容，对塑造良好的组织形象、营造积极健康的组织气氛和促进企业社会主义精神文明建设等有着重要的作用。

（五）组织风尚

组织风尚是指企业、员工所表现出来的行为特点。它是一个职工的愿望、趣味、情感、传统、习惯等心理和道德观念的表现，是受企业精神和企业道德制约影响而形成的，是构成企业形象的主要因素。企业风尚又分为传统风尚和习惯风尚，企业的传统风尚形成时间比较长，往往成为职工的行为支柱，具有权威性；而企业习惯风尚一般指企业的一些惯例和行为方式等，也具有一定的约束性。

（六）组织目标

组织目标是组织观念形态的文化，具有对组织的全部活动和各种文化行为的导向作用。每一个组织为了自己存在的目的和所要达到的任务，都会制定相应的目标，确定组织的使命与宗旨，激发员工动力，集中意志向目标前进。

（七）组织制度组

组织制度是组织文化的重要内容，是组织文化中一种量化的存在形式。从组织文化建设的角度看，必须把制度建设纳入到组织文化的范围内，使之成为文化管理中的一个组成部分。同时，组织在进行组织文化建设的过程中会产生一定的文化成果，如质量文化、经营文化、市场文化等，这些成果也需要以制度的方式巩固下来，这就使组织制度建设成为组织文化建设不可缺少的组成部分。

任何组织的规章制度都与一定社会文化相联系，但并不意味着任何组织的规章制度都代表着组织制度文化，它强调的是在组织活动中，应该建立一种能够使广大组织成员的自觉性、能动性得以充分发挥的制度机制，在这种制度下才能促使组织成员实施自我管理。

（八）组织形象

组织形象是指人们通过组织的各种标志（如产品的特点、行销策略、人员风格等）而建立起来的对组织的总体印象。组织形象是组织精神文化的一种外在表现形式，它是社会公众与组织接触和交往过程中所感受到的总体印象。组织形象反映的是组织个性文化的形象，组织的特有形象是由组织的思想、信念、策略、方针、准则、价值等构成的。其基本内容有组织理念形象、组织环境形象、组织领导者形象、组织成员形象、组织目标形象、组织公共关系形象等。

组织文化和组织形象是内容和形式的统一，没有良好的组织文化，就不可能有良好的组织形象。组织形象不仅由组织内在的各种因素决定，而且需要得到社会的广泛认可。

（九）组织环境

组织环境是组织文化的一种象征，它体现了组织文化的个性特点，每个组织都生存于一定的环境之中，在环境中发展，同时又改造和创造着环境。

组织环境包括组织的内部环境和外部环境，不同的内部和外部环境，是使组织文化具有个性的重要原因。一般来讲，组织的内部环境是构成组织文化的重要因素；组织与外部环境的关系，体现了组织的基本信念、价值观、道德风貌和经营哲学。

组织环境是组织生存和发展的最基本条件。组织一方面要能适应外部环境，使其积极因素用于企业，促进企业形成良好的小环境；而另一方面要搞好内部环境，如组织环境、心理环境、人文环境、经营环境，以良好的小环境，促进大环境的改善，为大环境质量的改善做贡献。

（十）组织文化活动

组织文化活动是指组织根据其发展的需要，结合组织成员的需求和特点所开展的各种文化活动，主要包括以下几点：① 为提高员工的文化素质和劳动技能开展的学习培训活动；② 为培养员工的创造性和成就感而开展的技术创新活动；③ 为培养和提高员工艺术审美水平和艺术创造能力而开展的文学艺术活动；④ 为丰富员工的精神生活、陶冶员工情操的娱乐活动；⑤ 为培养员工勇于拼搏的精神和增强体质而开展的体育竞技活动；⑥ 为使员工增强对企业的感情，加强对组织福利环境和文化氛围的依恋而开展的福利性活动；⑦ 为使员工树立起主人翁意识，强化和确立共同理想和组织意识而开展的思想性活动等。

（十一）组织民主

组织民主是指职工对组织决策、生产经营等各项工作有发表建议的权利。它包括职工的民主意识、民主权利、民主义务等，还包括一些作为生产中的人的人格尊严、参与意识等非社会性、非政治性的因素，是企业的政治文化问题。企业民主的作用主要有四个方面：一是有利于确定企业职工的主人翁地位；二是有利于改善干群关系；三是有利于提高企业在市场竞争中的应变能力；四是有利于企业精神的培育。

（十二）组织礼仪

组织礼仪是企业有系统、有计划的日常例行事务所构成的动态文化。一个企业的传统习惯，主要通过企业仪式、典礼等活动方式表现出来。国内许多企业都比较注重企业形式及典礼，力求在这方面形成自己的特色。

狄尔和肯尼迪在《企业文化》一书中是这样写的："企业文化的老英雄注重工作，生活上各种仪式的配合——从招募、雇佣、解雇、奖赏、会议到文书风格、演说形式及主持退休餐会的方式等。他们了解这些仪式的重要性，因此，他们给文化一个有形的、有向心力的外貌。"仪式及典礼反映着一个企业的文化及作风,一个企业想要建立良好的作风,贯彻自己的文化,就必须注重仪式及典礼的科学性、多样性和象征性。

六、组织文化的功能

组织文化的功能是指组织文化发生作用的能力,也就是组织这一系统在组织文化导向下进行生产、经营、管理的作用,但是任何事物都有两面性,组织文化也不例外,它对于组织的功能可以分为正功能和负功能。组织文化的正功能在于提高组织承诺,影响组织成员,有利于提高组织效能,同时,不能忽视的是潜在的负效应,它对于组织是有害无益的,这也可以看作是组织文化的负功能。

(一) 组织文化的正功能

具体来说,组织文化有以下六种正功能。

1. 组织文化的导向功能

组织文化的导向功能,是指组织文化对组织整体和组织每个成员的价值取向及行为取向起引导作用,使之符合组织所确定的目标。组织文化一旦形成,就产生一种定势,这种定势就自然而然地把职工引导到组织目标上来。组织提倡什么、抑制什么、摒弃什么,职工的注意力也就转向什么。当组织文化在整个组织内成为一种强文化时,其对员工的影响力也就越大,职工的转向也就越自然。

2. 组织文化的约束功能

组织文化的约束功能,是指组织文化对每个组织员工的思想、心理和行为具有约束和规范作用。组织文化的约束不是制度式的硬约束,而是一种软约束,组织文化的约束功能是通过职工自身感受而产生的认同心理过程而实现的。它不同于外部的强制机制,强制性的机制是组织管理的基本法则,而组织文化则是通过内省,产生自律意识,自觉遵守那些成文的规定,自觉接受文化的规范和约束,并按价值观的指导进行自我管理和控制。

3. 组织文化的凝聚功能

组织文化的凝聚功能,是指组织文化可以向人们展示某种信仰与态度,它不但影响着组织成员的处世哲学和世界观,而且影响着人们的思维方式。当一种价值观被该组织员工共同认可之后,它就会起到"黏合剂"的作用。良好的组织文化同时意味着良好的组织气氛,它能够激发组织成员的士气,并且产生本职工作的自豪感、使命感、归属感,从而使组织产生强大的向心力和凝聚力。

4. 组织文化的激励功能

组织文化的激励功能,是指组织文化具有使组织成员从内心产生一种高昂情绪和发奋进取精神的效应,它能够最大限度地激发员工的积极性和首创精神。组织文化强调以人为中心的管理方法,以理解人、尊重人、合理满足人们各种需要为手段,以调动广大员工的积极性、创造性为目的。它对人的激励不是一种外在的推动,而是一种内在的引导;它不是被动消极地满足人们对实现自身价值的心理需求,而是通过对组织文化的塑造,使每个组织员工从内心深处产生为组织拼搏的献身精神。

5. 组织文化的辐射功能

组织文化的辐射功能,是指组织文化一旦形成较为固定的模式,它不仅会在组织内发挥作用，对本组织员工产生影响，而且也会通过各种渠道把自己组织的经营理念、组织精神和组织形象昭示于社会，对社会产生影响。组织文化向社会辐射的渠道是很多的，但主要可分为利用各种宣传手段和个人交往两大类。一方面，组织文化的传播对树立组织在公众中的形象有帮助；另一方面，组织文化对社会文化的发展有很大的影响。

6. 组织文化的调适功能

组织文化的调适功能，是指组织文化可以帮助新进成员尽快适应组织，使自己的价值观和组织相匹配。在组织变革的时候，组织文化可以帮助组织成员尽快适应变革后的局面，减少因为变革带来的压力和不适应。

趣味链接

同 仁 堂

同仁堂是我国中药行业著名的老字号，创立于清康熙八年，至今已经有345年的历史，"同仁堂"商标也伴随着它走过了多年的风雨历程。数百年来，历代同仁堂一直恪守"炮制虽繁必不敢省人工，品味虽贵必不敢减物力"的古训，树立"修合无人见，存心有天和"的自律意识，制药过程严格依照配方，选用地道药材，从不偷工减料，以次充好，确保了"同仁堂"金字招牌长盛不衰，其产品以"配方独特，选料上乘，加工精湛，疗效显著"而享誉海内外。

随着时代的发展，同仁堂在继承传统文化精髓的基础上，不断融入新的文化内涵，确立了与新时代发展相适应的经营观、义利观、质量关、激励观、发展观和人本观，始终坚持"同修仁德，济世养生"的企业宗旨。优秀的企业文化培育指导着同仁堂人不断创新进取，使得同仁堂在市场竞争中不断发展壮大。

启示：长寿的企业各有不同的经验，但也有共同点，这就是优秀的企业文化。因此，企业要基业长青，创业者就要塑造其独有的、优秀的企业文化，后来者要加以继承与发展。

(二) 组织文化的负功能

组织文化也具有对组织潜在的负面作用。主要表现在以下三个方面：

1. 变革的障碍

如果组织的共同价值观与进一步提高组织效率的要求不相符合时，它就成了组织的束缚。这是在组织环境处于动态变化的情况下，最有可能出现的情况。当组织环境正在经历迅速的变革时，根深蒂固的组织文化可能就不合时宜了。

因此，当组织面对稳定的环境时，行为的一致性对组织而言很有价值。但组织文化作为一种与制度相对的软约束更加深入人心，极易形成思维定势，这样，组织有可能难以应付变化莫测的环境。当问题积累到一定程度，这种障碍可能会变成组织的致命打击。

2. 多样化的障碍

由于种族、性别、道德观等差异的存在，新聘员工与组织中大多数成员不一样，这就产生了矛盾，管理人员希望新成员能够接受组织的核心价值观，否则，这些新成员就难以适应或被组织接受，但是组织决策需要成员思维和方案的多样化，一个拥有强势文化的组织要求成员和组织的价值观一致，这就必然导致决策的单调性，抹杀了多样化带来的优势，从这点来说，组织文化成为组织多样化、成员一致化的障碍。

3. 兼并和收购的障碍

以前，管理人员在进行兼并或收购决策时，所考虑的关键因素是融资优势或产品协同性。近几年，除了考虑产品的协同性和融资方面的因素外，更多的则是考虑文化方面的兼容性。如果两个组织无法成功地整合，那么组织将出现大量的冲突、矛盾乃至对抗。所以，在决定兼并和收购时，很多经理人往往会分析双方文化的相容性，如果差异极大，为了降低风险，则宁可放弃兼并和收购行为。

组织文化一旦形成，就会成为约束组织成员行为的非正式控制规则，而使组织成员放弃一些不符合组织期望的行为和利益取向。

七、组织文化建设的影响因素

（一）组织的创始人

有人说，组织文化其实就是"老板文化"，在某种程度上是有一定道理的，一个企业在初创时期与成长时期，其创始人的行为风格会直接影响组织文化的特点，部分特征将贯穿于企业的整个生命周期，特别是一些优秀的组织文化特点更加容易得到传承与发展。

（二）组织自身的发展

一个组织在成长过程中会依次呈现不同的成长特点，组织文化中优秀的部分一般会得以继承发展，而阻碍组织发展的部分会消亡，但这种"消亡"是需要一定的外力——变革——推动的。当组织文化不适合组织发展需求的时候，就必须进行变革。也就是说，组织文化也是变革的一部分，也要随组织的不断发展而进行优化，否则会影响组织运作，甚至影响组织的生存。

（三）组织员工

组织员工受组织文化的影响，同时也能反作用于组织文化，例如，高层管理人员的综合素质、行为举止要以组织文化保持相对的一致性，这样才能使文化得以传播与发展，否则组织文化会在高层管理人员的影响下慢慢发生变化，并演变成新的组织文化类型。全体员工要认可组织文化本身的精髓，文化才能发展，否则，组织文化可能会发生变化，要么员工改变了文化，要么导致人员流失、运营艰难、企业倒闭。

（四）企业对文化的传播力度

组织文化得以沉淀，还有赖于企业对其进行内外部宣传，这样才能得以强化发展。

八、组织文化建设的原则

（一）领导者率先垂范树立正确的价值观

第一，领导者是组织文化的缔造者。组织的主导价值观是组织创始人个人价值观的延伸、扩展和最终实现群体化。就实质来说，组织文化是组织成员对组织创始人的个人价值观认同的结果。领导者一方面要对已有文化进行总结和提炼，保留积极因素，去除消极因素；另一方面要对提炼的文化进行加工，加入自己的信念和主张，再通过一系列活动，将其内化为员工的价值观，外化为员工的行动。

第二，领导者是组织文化更新的推动者。组织文化向哪个方向变和怎样变，有其客观的规律性，但形成什么样的特色和个性，则在很大程度上取决于领导者的价值标准。

第三，领导者是组织文化建设的指挥者。组织文化建设是组织文化不断优化的过程，必须有意识地发扬其积极的、优良的组织文化，克服消极的、劣性的文化。通过哪些渠道，采用什么手段，树立什么标兵等，都由领导者进行决策，从而影响到组织文化建设的方向、力度和深度以及效果。

第四，领导者的价值观决定组织文化的基调。领导者本人的价值取向、理想追求、文化品位等对组织核心价值观的影响是决定性的。如果领导者的价值观发生边偏差，组织文化的发展就将脱离正确的轨道。

第五，领导的示范作用关系到组织文化建设成效。新组织文化的形成是一个学习过程，下属有意无意地效仿领导者的言行，这时领导者言行就具有了示范性、引导性，领导者在组织文化建设中起示范和表率作用，若其进行的是错误示范，将给组织文化带来巨大的灾难。

领导者要率先树立正确的价值观，明确自己的角色定位，承担起应负的责任，善于集中群众的智慧，调动起全体员工的积极性、创造性，依靠全员的力量建设优秀组织文化。

趣味链接

从 自 己 做 起

在思科，广泛流传着这样一个故事。一位思科总部的员工看到他们的总裁钱珀思先生大老远地从街对面小跑过来，这位员工停下来看到底是怎么回事，原来钱珀思先生看到公司门口的停车位已满，就把车停到街对面，但又有几位重要的客人在等着他，所以他只好小跑着回公司了。

因为在思科，最好的停车位是留给员工的，管理人员哪怕是全球总裁也不能享有特权。

启示：很多企业在进行企业文化建设时，喜欢大张旗鼓地开展一些活动、培训和研讨，其实企业文化的精髓更集中在企业日常管理的点点滴滴上。作为企业管理者，不管是高层还是中层，都应该首先从自己的工作出发，改变自己的观念和作风，从小事做起，从身边事做起。

（二）系统运作

组织文化建设作为一项战略性、长期性的合作，它是一项庞大的、复杂的系统工程。它的建设是一个渐进过程，必须运用系统论的方法，搞好整体设计，分步推进，分层次落实；组织成员必须明确总体目标和阶段性目标，明确应该做什么，怎么做；齐心协力，协调运作，把组织文化建设落实到实际工作中。

（三）以人为本

建设优秀的组织文化必须尊重人性，尊重人性是所有优秀组织文化的核心和基础。优秀的组织文化应该以人为本，以人为本就是把人视为管理的主要对象和组织最重要的资源，尊重每一位员工，平衡相关者的利益，组织文化模式必须以人为中心，充分反映人的思想文化意识。通过组织全体人员的积极参与，发挥首创精神，提倡团队精神，鼓励创新，充分发挥人的积极性，组织才能有生命力，组织文化才能健康发展。

组织文化作为一种管理文化，需要强调对人的管理，并把强调"人"的重要性有机地融合到追求组织的目标中去。员工不仅是组织的主体，还是组织的主人，组织要通过尊重人、理解人来凝聚人心；组织文化要通过激发人的热情，开发人的潜能来极大地调动人的积极性和创造性，使组织管理更加科学，更有凝聚力。

在组织文化建设过程中，要正确地处理组织领导倡导与员工积极参与的关系。必须做到每一个环节都有员工参与，每一项政策出台必须得到广大员工的认可，自始至终形成一个全员参与、相互交融的建设局面，从而实现员工价值升华与组织蓬勃发展的有机统一。

（四）讲求实效

进行组织文化建设，要切合组织实际，符合组织定位；不搞形式主义，必须制定切实可行的组织文化建设方案；借助必需的载体，建立规范的内部管控体系和相应的激励约束机制，逐步建立起完善的组织文化体系，使物质、行为、制度、精神四大要素协调发展、务实求效，真正使组织文化建设能够为组织的科学管理和发展目标的实现服务。

（五）突出特色

组织文化是在一定社会文化背景下的管理文化，工作中必须运用创新的方法思考与实践。组织文化建设关键在于突出组织的鲜明个性，追求与众不同的特色、优势和差别性，培育出适应时代要求的，能够促进组织整体素质提高、健康发展，具有自身鲜明特色的组织文化。

趣味链接

虾 的 模 仿

虾见到螃蟹身上有时呈现出好看的红色，很是羡慕。螃蟹告诉虾，它常常跑到陆地上晒太阳，当强烈的阳光照耀它时，身上便呈现出好看的红色。虾听后兴奋不已，一跃跳到了岸上，也学着晒起了太阳，结果却被太阳晒死了。

启示：虾没有充分认识到自身的生活习性，盲目跳到岸上去晒太阳。可见，迷失自我的过程，也就是酿造悲剧的过程，适合自己的才是最好的。

九、组织文化建设的步骤

组织文化建设的步骤包括准备阶段、诊断阶段、设计阶段和实施阶段。

（一）准备阶段

1. 确定组织文化建设的共识

只有对组织文化建设有透彻的认识并具备建设的坚定决心，才有成功的可能，取得共识的基本流程是：① 取得组织的基本资料；② 访谈组织负责人与高层主管，以了解组织目前遭遇的问题类型，并确认组织目前的改善需求与期望；③ 沟通组织文化建设的观念、做法与应有的认识；④ 了解高层主管对进行组织文化建设的意愿；⑤ 取得高层支持的承诺等。

2. 创建组织文化项目小组

达成共识之后应立即成立组织文化项目小组，以切实负责从诊断到实施的具体事宜。小组是否精干得力是项目质量的关键。

3. 拟定组织文化建设计划

组织文化项目小组成立后的首要工作应当是拿出一个工作计划。一个完整的组织文化建设计划应包括组织文化建设的目的、组织文化建设专案计划书、组织文化建设专案管理等内容。

4. 组织文化建设动员大会

光有领导者的行动承诺是不够的，没有员工的积极参与，组织文化无法落实到每一天，每个人的每一件工作上去，组织文化建设必须发动群众，走群众路线。

（二）文化诊断（文化盘点）阶段

文化诊断的目的是通过深入的调查研究，把组织目前现实存在的问题搞清楚。

1. 组织文化现状调查

周密的内外部调查能够让我们掌握第一手资料，从而对企业文化所面临的问题有透彻的、清晰的了解。

2. 诊断内容

诊断的主要内容包括以下几个方面：① 对经营战略的诊断主要是考察组织是否有真正的战略，是什么样的战略，该战略是否有利于本组织的长远发展；② 组织结构诊断：着重考察现行组织结构是否合理、部门划分是否适当、是否适应组织规模的扩张以及应做如何变革等；③ 制度体系诊断：主要是考察组织基础管理中的规章制度是否完善、是否存在于组织目标相冲突的地方，以及如何进一步提高制度体系运行效率；④ 管理流程诊断：主要是考察组织的职能管理部门内部及其相互之间的管理运作是否有效率、是否需要改进以及如何改进；⑤ 业务流程诊断：针对组织的关键业务部门的运作流程加以考察，以诊断业务流程是否存在问题、是否需要进行业务流程再造。

文化诊断的方法主要有访谈、座谈、问卷调查和典型案例解剖等，文化诊断的成果是组织文化现状况调研报告。

（三）文化设计阶段

文化设计是根据组织发展战略，兼顾组织历史传统和现实文化，设计出包括观念层、制度层、器物层等完整的组织文化体系。这个步骤十分关键，其中关键环节有四个方面：一是对组织发展战略的整体把握，目标文化应体现组织的战略方向；二是对组织传统的正确识别，目标文化不能割断历史；三是对组织现实文化的清晰确认（深入剖析），目标文化应以现实文化为基础；四是组织未来文化的科学展望，目标文化是面向未来的，考虑的是历史的走向和组织的必然发展。

文化设计中对设计者的战略眼光、哲学头脑、管理知识和文学功底是有比较严格的要求，文化设计可以由内部专家承担，也可请外部专家来担当。

（四）文化实施阶段

文化实施是实现由现实文化到目标文化的过渡，实质上是组织文化的变革和更新，而文化实施的关键则是通过人格化、行为化等方式的抽象的设计理念具象为具体的行为方式。同时，通过宣传和具体制度的实施，将个人的观念和行为为群体所了解和认同，并内化为自身的行为习惯。文化实施包括解冻、变革、再冻结三个阶段。

1. 解冻（导入阶段）

破坏现有文化格局，批判陈旧过时的观念、制度以及物质载体，大造舆论，说明变革的必要性。

2. 变革（变革阶段）

制度的创新与变革，行为习惯的破旧立新，观念的变革与更新，以及组织器物层的更新和建设。

3. 再冻结（固化阶段）

使新的观念、新的制度、新的行为规范以及新的物质环境固定下来，成为新的习惯、新的标准，形成新的意识、新的组织风气，亦即使新的价值体系占统治地位。

一般而言，一个完整的组织文化实施方案包括：① 建立组织文化的领导体制和实施机构；② 编写"组织文化手册"，以此对员工进行培训；③ 建立组织文化建设责任制度，责成各级经理人员切实负起本单位的组织文化建设的责任，并实施严格考核；④ 搞好组织文化的传播网络，办好相应的报纸、刊物和有线电话业务；⑤ 建立组织文化的奖励和惩罚制度；⑥ 制定完整的组织文化活动计划和预算，并付诸实施；⑦ 完善组织文化建设的配套措施。

十、组织文化建设的误区

（一）目标定位上的误区

认为建设组织文化仅是组织实现其目标的手段，而不是组织应该达到的目标；把建设组织文化的目标定位为塑造员工，就是按照领导者的组织的意图改造员工的观念、习惯和行为方式，使员工的行为习惯、价值观念、思想观念甚至道德取向与组织领导同质化、统一化等。

就组织文化的内涵来看，塑造员工的确是一项重要工作，但组织文化的根本方面是要在促进员工发展的同时塑造组织本身，有些组织文化建设目标存在"文化理想"现象，提出的其所谓远大抱负、历史使命等"大而空"的宏伟目标，而缺乏脚踏实地的组织文化目标定位。

（二）主客体关系上的误区

认为组织文化就是领导者或"老板"所倡导的，由专家策划、指导、设计的文化，是自上而下的；组织文化建设中员工只是被动的接受者，而不是主动的参与者和创造者，一些组织的组织文化建设往往采取自上而下的方式，缺乏自下而上的沟通；就是老板定个纲，再找专家设计组织文化体系，然后在全体员工中宣读，这里组织文化建设的主体就是企业家，客体就是全体员工。

应当看到，组织文化应是一个组织全部或大多数成员所共有的信念和期望的模式。虽然组织领导者的文化素养和对组织文化建设的认知程度等，对一个组织的文化建设，尤其是对组织核心文化的构架起着十分重要的作用，但不能把组织文化等同于"老板文化"，而必须让全体员工参与组织文化建设，因为组织成员是组织文化建设的主体，只有把组织领导者的战略思考、主导作用与广大员工参与的基础作用、主体作用结合起来，才能真正创造出有生命的组织文化。

（三）内容上的误区

把组织文化的内容，要么简单为"组织"＋"文化"，用空洞的口号、铺排的文字、华丽的说辞使组织文化口号化。认为只要把一些形形色色的口号上墙，就是组织文化。这些口号是否能真实地反映本组织的价值取向、经营哲学、行为方式、管理风格；能否在全体员工中产生共鸣，得到员工的认同；能否真正地起到强烈的凝聚力和向心力的作用；是否有本组织的特色，恐怕连组织的决策者和管理者本身都说不清楚。组织文化表象化，"纸上谈兵"，或只注重美化厂容厂貌；简单等同于思想政治工作，认为组织文化就是协助党组织做好员工的思想政治工作；等同于精神文明建设，认为组织文化建设就是搞活动、树典型、唱赞歌；等同于组织精神，认为组织文化建设就是概括几句响亮的口号；等同于文体活动，认为组织文化就是组织工开展业余文体活动；等同于 CIS（企业形象识别系统），认为组织文化就是包装组织形象等。

（四）方法上的误区

组织文化建设的方法上存在两种错误倾向：一是缺乏理论判断的自然主义倾向，认为组织文化（包括组织理念等）是组织在长期的实践活动中自然形成的，组织没办法，也不应该进行人为的策划、设计和建设；二是缺乏实证分析的主观主义倾向，认为组织文化（包括组织观念等）就是根据组织领导者的意图，人为地策划、设计出来的。前者导致组织文化建设中的"无作为"现象，一切任其自然发展，缺乏明确的理念指导；后者导致组织文化建设中的形式主义，"突击"现象，不少企业盲目效仿别人的组织文化建设，急功近利，机械地照搬照套，缺乏特色和个性。这两种倾向都造成了一个共同的后果，就是员工对组织文化的理念，认知都是空白的，组织文化建设也就无从谈起。

🖋 案例链接

宝洁公司的企业文化

2014 年 1 月 24 日，宝洁（P&G）公司发布的财报显示，截至 2013 年 12 月 31 日的第二财季，营业收入为 222.8 亿美元，与去年同期的 221.8 亿美元基本持平，净利润为 34.3 亿美元。有人说，一流的品质，上乘的服务，再加上出色的广告宣传和推广销售活动，是 P&G 公司制胜的秘诀，P&G 公司的经营策略使成千上万的人认识了它的星星和月亮标志。但认真研究该公司的发展历程会使人感到，P&G 公司的制胜秘诀背后有一股神奇的力量，这种神力不是别的，就是它那卓越的企业文化。

1. 保洁公司的办公环境

在广州宝洁的办公楼中，每层楼都根据功能的不同被装饰成橙、蓝、绿三种主题颜色，以职能为准设定办公环境颜色的公司着实很少，而橙、蓝、绿三种颜色也确实能给人一种精神焕发的感觉，当员工置身其中顿感神清气爽之时，保洁独特的视觉文化展露无遗。

2. 宝洁公司的经营理念

宝洁奉行消费者至上原则。宝洁深信，顾客是最终决定谁是市场赢家的仲裁者，他们相信消费者的评价来自于其本身，消费者对品牌价值与品质的认知，将决定宝洁的未来。

3. 宝洁人的价值观

宝洁承诺为现在和未来提供优质超值的品牌产品和服务，美化世界各地消费者的生活；为完成使命，宝洁不仅提供优质的服务，更履行构建和谐社会的责任；宝洁大中华区公益项目关注重点是青少年的基础教育，宝洁希望小学项目是宝洁大中华区公益的旗舰项目；宝洁公司和中国青少年发展基金会从 1996 年开始合作至今，风雨同舟，共同为农村贫困地区基础教育事业添砖添瓦。

4. 宝洁员工

宝洁非常重视每位员工的职业发展，并为此建立了一整套工作绩效评估、目标设定及审核、职业生涯规划的体系。宝洁希望能够最大限度地发挥每个人的潜力，通过培训体系和教练辅导等方式为员工提供有力的支持，帮助他们达到自己的事业目标。宝洁推行"早期责任"制度，即从加入公司的第一天起，就让新人开始承担起真正的责任，并迅速进入状态。

宝洁坚信，"早期责任"会让新人获得宝贵的实践经验、更快的成长。宝洁不断调节薪酬系统，公司每年都做工资市场调查，以确保宝洁的工资和福利是具有绝对竞争力的，令表现优秀的员工得到相应的回报。除了为员工购买各种品类齐全的保险外，宝洁还在中国推出"宝洁奖励股"及其他项目，以创造一种鼓励承担风险、提倡主人翁意识、激发创造性思维的宝洁新文化氛围。

第五节　组织变革与发展

组织是一个系统，是处在一定的外部环境中由多个要素组成的相互联系、相互作用的，为实现一定目标而构成的有机整体。组织作为一个有机体，与其他有机体一样经历着产生、成长、成熟和衰退的过程。组织作为一个开放系统，为了能够继续生存和发展，在与外部环境进行物质、能量、人员和信息的交流过程中，不断地变革，使自身不断地适应组织内外环境的变化。

一、组织变革与发展概述

(一) 组织变革概述

组织变革是指对组织功能方式的转换或调整。所有的组织都会不断地进行一定的变革。组织管理部门需要不断地调整工作程序，录用新的干部和员工，设立新的部门和机构，改革原有的规章与制度，实施新的信息技术等。组织总是面临各方面的变革压力，有来自竞争对手的、信息技术的以及客户需求的。因此，组织变革已经成为管理的重要任务之一。

组织变革可以大致分为以下三类：

(1) 适应性变革。引入已经经过试点的、比较熟悉的管理实践，属于复杂性程度较低、确定性较高的变革，适应性变革对员工的影响较少，潜在的阻力较小。

（2）创新性变革。引入全新的管理实践，例如，实施"弹性工时制"或股份制，往往具有较高的复杂性和不确定性，因而容易引起员工的思想波动和担忧。

（3）激进性变革。实行大规模、高压力的变革和管理实践，包含高度的复杂性和不确定性，变革的代价也很大。

（二）组织发展概述

组织发展是指以人员优化和组织气氛协调为思路，通过组织的长期努力，改进和更新企业组织的过程，实现系统的组织变革。组织发展往往要在一些专家的指导和帮助下，运用管理心理学和其他学科的理论和技术，实现预定的组织变革计划和目标。

组织发展比较强调正式的工作群体的作用，它的主要对象是工作群体，包括管理人员和员工。这一点不同于传统方式的组织改进活动，传统的办法集中于个别管理人员，而不是群体。全面的组织发展还包括群体间的相互关系以及整个组织系统的问题。

组织变革与组织发展有十分密切的关系，组织发展可以看成实现有效组织变革的手段。与组织变革和组织发展密切相关的另一个概念是组织创新，这是指运用多种技能和组织资源，创造出所在行业或市场上全新的思路、产品或服务。通过在人力资源管理、管理机构和体制等方面有计划地组织干预活动，帮助管理人员计划变革，组织和促进各级干部员工形成高度的承诺、协调和岗位胜任力，从而增强组织效能和员工综合胜任力。

（三）组织发展思路与方法的演变

组织发展的理论与方法，主要是从两个方面演变而来：一是对工业组织任用了实验室训练方法；二是用调查反馈方法了解并改进企业和组织成员的态度。

（1）实验室训练方法。这个方法主要从1940年开始采用全体讨论和案例研讨等方式认识和改变各个管理层次的工作行为。例如，举办群体人际关系训练班逐步发展成了"群体训练实验室"，从事群体训练，这种训练方法成为组织发展的基本手段之一。

（2）调查反馈方法。组织发展的另一来源，是在群体人际关系训练的同时，运用态度调查和结果反馈方法进行详细的多层次态度调查，然后对所搜集和整理的材料进行分析，并把结果反馈给参加训练的人。

从上述两个方面逐步发展成目前的系统，多样的组织发展技术及迅速而广泛地在各类企业和组织中得到应用。

（四）组织发展的基本特征

组织发展是提高全体员工积极性和自觉性的手段，也是提高组织效率的有效途径。组织发展有以下几个显著的基本特征：

（1）组织发展意味着需要深层次和长期性的组织变革，包含高度的价值导向。例如，许多企业为了获取新的竞争优势，计划在组织文化的层次实施新的组织变革，这就需要采用组织发展模型与方法。由于组织发展涉及人员全体和组织文化，这里包含着明显的价值导向，特别是注重合作协调而不是冲突对抗，强调自我监控而不是规章控制，鼓励民主参与管理而不是集权管理。

（2）组织发展是一个诊断—改进周期。组织发展的思路是对企业进行"多层整顿""全面配方""行动干预"和"监控评价"，从而形成积极健康的诊断—改进周期。因此，组织发展强调基于研究与实践的结合。组织发展的一个显著特征是把组织发展思路和方法建立在充分的诊断、裁剪和实践验证的基础之上。组织发展的关键部分之一就是学习和解决问题,这也是组织发展的一个重要基础。

（3）组织发展是一个渐进过程。组织发展活动既有一定的目标,又是一个连贯的不断变化的动态过程。组织发展的重要基础与特点是强调各部分的相互联系和相互依存。在组织发展中,组织中的各种管理与经营不是孤立的,而是相互关联的;一个部门或一方面所进行的组织发展,必然影响其他部门或方面的进程,因此,应从整个组织系统出发进行组织发展,既要考虑各部分的工作,又须从整个系统协调各部分的活动,并调节其与外界的关系。

组织发展着重于过程的改进,既解决当前存在的问题,又通过有效沟通、问题解决、参与决策、冲突处理、权力分享和生涯设计等过程,学习新的知识和技能,解决相互之间存在的问题,明确群体和组织的目标,实现组织发展的总体目标。

（4）组织发展是以有计划的再教育手段实现变革的策略。组织发展不只是有关知识和信息等方面的变革,而更重要的在态度、价值观念、技能、人际关系和文化气氛等各方面的更新。组织发展理论认为,通过组织发展的再教育,可以使干部员工抛弃不适应于形式发展的旧规范,建立新的行为规范,并且使行为规范建立在干部员工的态度和价值体系优化的基础之上,从而实现组织的战略目的。

（5）组织发展具有明确的目标与计划性。组织发展活动都是订立和实施发展目标与计划的过程,并且需要设计各种培训学习活动来提高目标设置和战略规划的能力。大量的研究表明,明确、具体、中等难度的目标,更能够激发工作动机和提高工作效能。

目标订立与目标管理活动,不但能够最大限度地利用企业的各种资源,发挥人和技术两个方面的潜力,而且还能产生高质量的发展计划,提高长期的责任感和义务感,因此组织发展的一个重要方面就是让组织设立长远学习目标和掌握工作计划技能,包括制定指标和计划,按照预定目标确定具体的工作程序以及决策技能等。

二、组织变革的作用与目标

(一)组织变革的作用

组织变革对组织生存和发展具有重大的影响和作用。通过组织变革,组织的目标更加明确,组织成员的认可程度和满意程度都会得到提高,使组织更加符合社会发展的要求;通过组织变革,组织的任务更加明确,组织完成任务的方法更加明确;通过组织变革,组织机构的管理效率得以提高,组织做出的决策更加合理、准确;通过组织变革,组织更具有稳定性和适应性;通过组织变革,组织的信息沟通渠道畅通无阻,信息传递更加准确,通过组织变革,组织的自我更新能力加强。

(二)组织变革的目标

组织变革的目的是促进组织的发展。因此,组织变革的目标与组织发展的目标协调一致,组织变革应努力实现以下目标:

1. 提高组织适应环境的能力

适应环境是组织生存的前提,当组织的外部环境或内部环境发生了变化,组织也必须随之而变。但是这种变化不是盲目地跟随,不是急功近利的变革,而是在对环境变化做出正确认识的前提下，审时度势，认真思考后进行的。组织变革要通过建立健全组织运行机制，改造组织结构和流程来增加组织对环境的适应性。

2. 提高组织的工作绩效

通过组织变革提高组织的适应能力，仅是组织变革的基础目标。在提高使用能力的基础上，促进组织的自我创新能力，提高组织运作效率和效益，使组织不断发展壮大，这才是组织的最终目标。

3. 承担更多的社会责任

在现代社会中，单个组织的生存和发展从根本上来说取决于它同社会的关系。任何组织都不能只追求自身利益，而不顾社会责任，因此每个组织所承担的社会责任，它所树立的社会形象都成为组织运作的必要前提。组织的社会责任要求组织不断地进行调整与变革，这也是组织变革的最高目标。

趣味链接

森林里的变色蜥蜴

森林里住着三只蜥蜴。其中一只看一看自己的身体和周围的环境大不相同，便对另外两只蜥蜴说："我们住在这里实在太不安全了，要想办法改变环境才可以。"说完，这只蜥蜴便开始大兴土木起来。另一只蜥蜴看了说："这样太麻烦了，环境有时不是我们能改变的，不如我们另外找一个地方生活。"说完，它便拎起包袱走了。第三只蜥蜴也看了看四周，问道："为什么一定要改变环境来适应我们，为什么不改变自己来适应环境呢？"说完，它便借着阳光和阴影，慢慢改变自己的肤色，不一会儿，它就渐渐在树干上隐没了。

启示：在不断变动的环境中，不同的组织有不同的方法，有的主动改变环境，有的逃离环境，也有的主动改变自己，从而适应环境。那些以自我为中心，不肯改变自己的组织只能被市场淘汰。

三、组织变革的理论模型

组织变革是一个复杂、动态的过程，需要有系统的理论指导。管理心理学对此提出了行之有效的理论模型，适合于不同类型的变革任务，其中影响最大的是勒温变革模型。

勒温提出一个包含解冻、变革、再冻结等三个步骤的有计划组织变革模型，用以解释和指导如何发动、管理和稳定变革过程。

（1）解冻。这一步骤的焦点在于创设变革的动机，鼓励员工改变原有的行为模式和工作态度，采取新的适应组织战略发展的行为与态度。为了做到这一点，一方面需要对旧的行为与态度加以否定；另一方面，要使干部、员工认识到变革的紧迫性，可以采用比较评估的办法，把本单位的总体情况、经营指标和业绩水平与其他优秀单位和竞争对手加以比较，找出差距和解冻的依据，帮助干部、员工"解冻"现有态度和行为，迫切要求变革，愿意接受新的工作模式。此外，应注意创造一种开放的氛围和心理上的安全感，减少变革的心理障碍，提高变革成功的信心。

（2）变革。变革是一个学习过程，需要给干部、员工提供新信息、新行为模式和新的视角，指明变革方向，实施变革，进而形成新的行为和态度，这一步骤中应该注意为新的工作态度和行为树立榜样，采用角色模范、导师指导、专家演讲、群体培训等多种途径。勒温认为，变革是个热认知的过程，它由获得新的概念和信息得以完成。

（3）再冻结。在再冻结阶段，利用必要的强化手段使新的态度与行为固定下来，使组织变革处于稳定状态。为了确保组织变革的稳定性，需要注意使干部、员工有机会尝试和检验新的态度与行为，并及时给予正面强化；同时，加强群体行为的稳定性，促使形成稳定持久的群体行为规范。

四、组织变革的动力

从组织变革的实践来看，促使组织变革的动力主要来自于组织内部和外部两个方面。

（一）组织内部力量

组织变革的内部推动力，包括组织结构、人力资源管理和经营决策等方面的因素。

（1）组织结构。组织变革的重要内部推动力是组织结构。由于外部的动力带来组织的兼并与重组，或者因为战略的调整，要求对组织结构加以改造，这样会影响到整个组织管理的程序和工作的流程。

（2）人员与管理特征。由于劳动人事制度的改革不断深入，干部、员工的来源和技能背景构成更加多样化，企业组织需要更为有效的人力资源管理，管理无疑成为组织变革的推动力。为了保证组织战略的实现，需要对企业组织的任务做出有效的预测、计划和协调，对组织成员进行多层次的培训，对企业不断进行积极的挖潜和创新等。这些管理活动是组织变革的必要基础和条件。

（3）团队工作模式。各类企业组织日益注重团队建设和目标价值观的更新，形成了组织变革的一种新的推动力。组织成员的士气、动机、态度、行为等的改变，对于整个组织有着重要的影响。

（二）组织外部力量

组织是从属于社会大环境系统的一个子系统，它必须适应外部环境。适者生存是市场竞争的自然法则。当外部环境发生了变化，组织也要进行相应的改变。只有以变应变，组织才能生存下去，才能获得新的发展机遇。

引发组织变革的外部力量，主要有以下几方面因素：① 科学技术的进步；② 国家有关法律法规的颁布与修订；③ 国家宏观经济调控手段的改变；④ 国家产业政策的调整与产业结构的优化；⑤ 国内外经济形势的变化；⑥ 国内政治形势及政治制度的变化；⑦ 国际外交形势及本国外交政策的变化；⑧ 国内外市场需求的变化与市场竞争激烈程度的加剧。

五、组织变革的阻力及其减小方法

组织变革，意味着打破原有状态，建立新的组织状态。面对变革，组织中的一些人必须放弃自己原有的观念和行为方式，以适应新的方式，因此组织变革不可能一帆风顺，势必遇到来自各个方面的阻力。充分认识这些阻力，并设法排除阻力是保证组织变革取得成功的基本条件。

（一）组织变革的阻力

组织变革作为战略发展的重要途径，总是伴随着不确定和风险，并且会遇到各种阻力。常见的组织变革阻力可以分为以下三类：

（1）组织因素。在组织变革中，组织惰性是形成变革阻力的主要因素。这是指组织在面临变革形势时表现得比较刻板，缺乏灵活性，难以适应环境的要求或者内部的变革需求。造成组织惰性的因素较多，例如，组织内部体制不顺、决策程序不良和陈旧文化等，都会使组织产生惰性。此外，组织文化和奖励制度等、组织因素以及变革的时机也会影响组织变革的进程。

（2）群体因素。组织变革的阻力还会来自群体方面，研究表明，对组织变革形成阻力的群体因素主要有群体规范和群体内聚力等。群体规范具有层次性，边缘规范比较容易改变，而核心规范由于包含着群体的认同，难以变化。同样，内聚力很高的群体也往往不容易接受组织变革。

（3）个体因素。人们往往会因为过于担心组织变革的后果而抵制变革。一是职业认同与安全感。在组织变革中，人们需要从熟悉稳定和具有安全感的工作任务，转向不确定性较高的变革过程。其"职业认同"受到影响，产生对组织变革的抵制。二是地位与经济上的考虑。人们会感到变革影响他们在企业组织中的地位，或者担心变革会影响自己的收入，或者由于个性特征、职业保障、信任关系、职业习惯等方面的原因，产生对于组织变革的抵制。

（二）减小组织变革阻力的方法

（1）参与和投入。研究表明，人们对某事的参与程度越大，就越会承担工作责任，支持工作的进程。因此，当有关人员能够参与有关变革的设计的讨论时，参与会产生承诺，抵制变革的情况就显著减少。参与和投入的方法，在管理人员所得的信息不充分或者岗位权力较弱时使用比较有效。但是这种方法常常比较浪费时间，在变革计划不充分时有一定风险。

（2）教育和沟通。加强教育和沟通，是克服组织变革阻力的有效途径。这种方法适用于信息缺乏和面对未知环境的情况。通过教育和沟通，分享情报资料，不仅带来相同的认识，而且在群体成员中形成一种感觉，即他们在计划变革中起着作用，会有一定的责任感。同时，在组织变革中加强培训和信息交流，对于成功实现组织变革是极为重要的。这既有利于及时实施变革的各个步骤，也使得决策者能够及时发现实施中产生的新问题、新情况，以获得有效的反馈。这样才能随时排除变革过程中遇到的抵制和障碍。

（3）组织变革的时间和进程。即使不存在对变革的抵制，也需要时间来完成变革，管理者和员工需要时间去适应新的制度，排除障碍。如果领导觉得不耐烦，加快速度推行变革，对下级会产生一种压迫感，从而发生抵制，因此，管理部门和领导者是否懂得人际关系将影响着变革的速度。

（4）群体促进和支持。创造强烈的群体归属感；设置全体共同的目标，培养群体规范，建立关键成员威信，改变成员态度价值观和行为等方法，在人们由于心理调整不良而产生抵制时使用比较有效。

六、组织变革的内容与程序

（一）组织变革的内容

组织变革的内容包括组织结构变革、技术变革和人事变革三类。

1. 结构变革

结构变革是对组织的构成要素、整体布局和运作方式所做的较大调整。结构所涉及的内容，主要有权利分配、结构调整、工作设计、绩效评估、报酬制度和控制系统设计等，对于这些内容进行具体分析，能帮助我们更好地理解结构变革的内涵。

(1) 权力重新分配。结构变革，首先要考虑的问题就是组织的集权与分权问题。组织所处的环境不同，组织发展的阶段不同，组织正规化的程度，都会影响组织的集权和分权的程度。因此，组织的管理者要根据形式的变化，对组织权力进行重新分配。

(2) 结构再设计。它包括对结构要素的调整(如合并或增设部门、增减管理层次等)和整个结构的重新设计(如从直线制结构到直线职能制结构)，以及组织整体的结构扩张(如通过兼并、收买、控股等方式扩张)或缩减(如通过卖出或取消分支机构等形式收缩)。

(3) 工作再设计。管理者可以通过重新设计职位体系、工作程序、修订职位说明书、丰富职务内容、实行弹性工作制等方式来变革组织结构。

(4) 绩效评估和奖励制度的改变。组织发展的不同阶段，对员工的要求会有很大差别，同时员工的需要也会发生较大的变化，因此管理者必须及时改变对员工评价和奖励制度，以适应变化的要求。

(5) 控制系统的改变。素质的控制系统，包括对财务、人力资源、生产过程、产品质量、投资计划等方面的控制。组织控制系统要随技术市场内部资源情况做出相应的调整。

2. 技术变革

一个组织的技术水平标志着该组织将投入转化为产出的能力。组织的技术变革是指管理人员通过改变从原料的投入到转变成为产品的整个过程所使用的技术，促使人们的工作内容、工作顺序、工艺程序得以改变，以达到影响人的行为、提高工作绩效的目的。改变技术，意味着运用各种新技术去提高工作效率。具体形式有设备更新和工艺流程的变革。

不同类型的技术对组织结构和下级员工的工作行为会产生不同的影响，这些影响包括：① 影响工作分工与工作内容；② 影响下级的社会关系；③ 影响工作环境；④ 影响管理者所需要的技能；⑤ 影响工作的类型；⑥ 影响员工工资；⑦ 影响工作时间。

因此在考虑技术变革问题时，不仅要考虑新技术可能带来的效益，而且还要考虑新技术可能对组织结构和下级员工的行为带来的影响。

3. 人事变革

人事变革是管理者着重于改变人员的态度、价值观和需要的种类与层次，通过转变人员的工作态度促使人们修正自己的行为，从而达到改进工作绩效的目的。

人事变革是围绕人力资源进行的变革，具体包括组织变动和组织发展两部分内容。组织变动，涉及人员流动、人员选择和人员培训；组织发展涉及人员态度、观念、行为和关系的改变。一般来说，人事变革更加强调组织发展。人事变革的目的是努力创造一种良好的组织气氛，促进组织成员之间相互关系的改变，使组织中个人和群体更加有效地工作。

(二)组织变革的程序

关于组织变革程序，不同的组织行为学家有不同的看法。一般认为，组织变革须经过以下八个步骤。

1. 确定变革的问题

组织必须结合自身的实际情况来确定是否需要变革以及所要变革的内容。当一个组织出现以下几种情况时，表明需要进行改革：① 组织决策效率低或经常做出错误的决策；② 组织内部沟通渠道阻塞，信息传递不灵或失真；③ 组织技能失效，如生产任务不能按时完成、产品质量下降、成本过高等；④ 组织缺乏创新，没有活力。

这些现象表明组织的现状也不尽如人意，如不进行及时的变革，组织的发展将受到严重的影响。因此，组织有必要对出现的问题进行认真的分析，找出引发问题的主要原因，以确定变革的方向。

2. 组织诊断

为了准确地掌握组织需要变革的方面，组织诊断要先进行。首先要采取行之有效的方式将组织现状调查清楚，然后对所掌握的材料进行科学分析，找出期望与现状的差距，以便进一步确定需要解决的问题和所要达到的目标。

3. 提出方案

一般来说，变革方案要有几个，以便进行选择。在各备选方案中必须明确问题的性质和特点，解决问题需要的条件、变革的途径、方案实施后可能造成的后果等内容。

4. 选择方案

这项工作就是在提出的方案中，通过对比分析，选出一个最优的方案，对于选出的方案要考虑到它的针对性、可行性，也要考虑到方案实施后能够带来的综合效益。

5. 制订计划

在选定方案的基础上，必须制订出一个较为具体、全面实施的计划，包括时间安排、人员的培训、人员的调度、物力和财力的筹备等内容。

6. 实施计划

在实施变革计划时既要注意选择发起变革的适当时机，又要恰当选择变革的范围，以便取得较好的效果。

7. 评价效果

评价效果就是检查计划实施后是否达到了变革的目的，是否解决了组织中存在的问题，是否提高了组织的效能。

8. 反馈

反馈是组织变革过程中关键的一环，也是一项经常性的工作。反馈的信息所揭示的问题较为严重时，需要根据上述步骤再循环一次，直到取得满意的结果。

七、组织发展的类型

组织发展大体分为两大类，即技术与结构方面的组织发展、个人与群体方面的组织发展。

（一）技术与结构方面的组织发展

1. 社会技术系统思路

技术系统与社会心理系统的交互影响比各自系统的效应更为重要。在组织发展中，应该把社会与技术这两个方面的协调作为重要的任务，以便使组织在技术、组织结构和社会相互作用诸方面达到最佳的配合。

社会技术系统要求在改革工作环境和管理制度的同时，注重在群体、个体以及上下级之间建立积极的合作关系，并且满足公司组织的长远需要。

2. 任务设计和工作内容丰富化

技术与结构方面组织发展的另一种方法是改革任务设计和加强工作内容丰富化程度，同时增强整个任务的多样性、完整性和意义，提高岗位责任授权和自主性，加强各种工作结果信息的及时反馈，从而利用工作的内在机理因素，提高工作满意度和工作效能。

3. 结构服从战略，创造支撑环境

组织结构的改变需要服从组织战略的要求，从而成为组织战略发展的支撑环境。因此，技术与结构方面的组织发展，还在战略层面上进行。根据组织战略的变化，需要及时调整和设计相适应的组织结构，通过组织重新设计，包括划分和合并新的部门、协调各部门工作调整管理幅度与管理层次，以及给基层单位一部分自主权等，有可能实现组织变革和组织发展。这种方法比较直接，见效快，常常可以使组织发生根本性的转变。

4. 调节与控制外部环境，实现组织变革

组织不但要适应外部环境的迅速变化，而且需要主动调节和控制环境，从而在最大程度上有利于组织目标的实现。因此，除了改革组织结构和内部管理制度及规范等以适应环境以外，还应重视调节和创造新的组织环境，例如，开辟新的市场，加强外部经营信息的获取、加工和整合等。

综上所述，技术与结构方面的组织发展涉及组织的各个方面。对于提高工作效率、增强管理效能和推动组织战略发展都起着重要的作用。

（二）个人与群体方面的组织发展

个人与群体方面的组织发展，着重于组织成员和群体活动的整个过程。这类组织发展的基本假设是通过一些专门的组织发展程序，提高组织成员的心理素质和人际过程质量、人际知觉、人际关系等，进而改进组织绩效。这些方法是以早期，所采用的实验室训练方法为基础，以后被广泛应用于组织发展活动，其中比较重要的技术是"敏感性训练"和"管理方格图"训练方法。这两种技术和调查反馈方法都广泛应用于组织发展方式。

1. 敏感性训练

个人与群体方面的组织发展方法中，比较流行的是敏感性训练。这是通过面对面的"无结构式"的小组互动，使参加者深入地了解和认识自己及他人的情感和意见，从而增强自我意识和认证能力，提高对人际互动的敏感性。

时间证明，敏感性训练，注重诚实、开放、分享、交流，可以提高群体关系意识，促进个人价值观念。敏感性训练的主要对象包括一般员工和管理人员。在你感兴趣的训练中，参加人员可以自由地讨论感兴趣的问题、表达意见并接受他人的反馈意见。

2. 管理方格图训练

领导行为的管理方格图训练是从领导行为的管理方格理论发展而来的组织发展方式。罗伯特·布莱克和简·莫顿等的管理方格图是一张纵轴和横轴各九等分的方格图。如图

6－1所示，纵轴表示企业领导者对人的关心程度（包含了员工对自尊的维护、基于信任而非基于服从来授予职责、提供良好的工作条件和保持良好的人际关系等）；横轴表示企业领导对业绩的关心程度（包括政策决议的质量、程序与过程，以及研究工作的创造性、职能人员的服务质量、工作效率和产量），其中，第1次格表示关心程度最小，第9格表示关心程度最大。

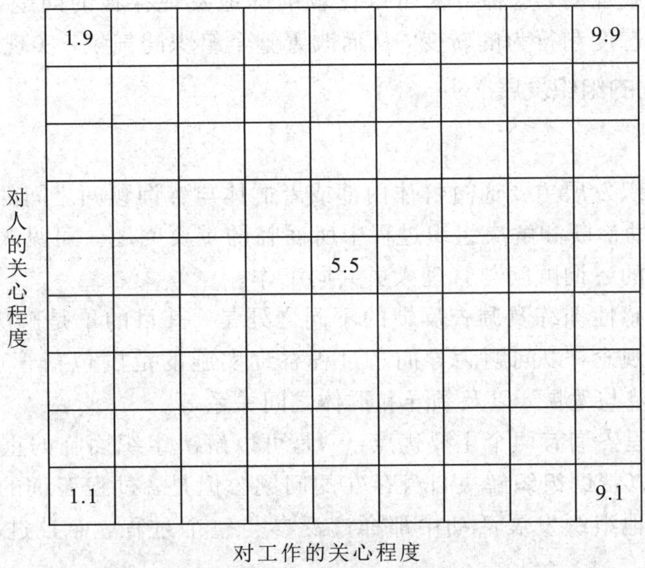

图 6－1　管理方格图

管理方格图中"9－9"的位置表示对人员和任务都表现出最大的关心，因此"9－9"管理方式成为方格训练的一项目标。

管理方格图训练与敏感性训练的不同之处在于：敏感性训练是组织发展的一种工具或手段；管理方格图训练则不只是工具或手段，而且更适用于管理发展的一项全面计划。管理方格图训练包括六个阶段：

（1）实验室讨论会式的训练。介绍训练用的资料和几种领导作风的概念。

（2）小组发展阶段。同一部门的成员在一起讨论打算如何达到方格中"9－9"的位置，把上一阶段学到的知识运用于实际情景。

（3）群体间发展阶段。这个阶段开始了整个组织的发展，确定和分析群体之间的冲突和问题。

（4）订立组织目标阶段，讨论和制定组织的重要目标，增强参加者的义务感。

（5）达成目标阶段。参加者设法完成所订立的目标，并一起讨论主要存在的问题。

（6）稳定效果阶段。对思想和行为方面的训练结果做出评价。

这六个阶段所需要的时间因实际情况而异，有的可以几个月，有的需要进行三到五年。实际研究表明，这种训练对于提高组织效率有显著作用，并得到广泛应用。方格训练成为最流行的组织发展方式之一。

3. 调查反馈

调查反馈是组织发展的基本方法，是由独立的评价机构或委托有关单位，运用专门设计的问卷表评估和分析员工的态度与组织气氛,从而系统地识别可能存在的问题,收集解决问题的意见和方法,并把调查结果反馈给各个层次的干部员工,也可以举行调查反馈会议,运用所得到的资料,诊断所存在的问题,制定解决问题的行动计划。

调查反馈所采用的问卷表是由密执安大学社会研究所设计与开发的。问卷表包括三个方面的内容:领导行为评价,组织沟通、决策、协调与激励情况,以及员工对组织中各方面工作的满意感。实践证明,这种方法可以比较准确地发现存在的问题,找到解决的方法,并且促进参加者的态度和行为的转变,从而改善整个组织的气氛,实现组织发展的目标。

(三)其他方式的组织发展

1. 过程咨询

过程咨询的组织发展主要通过群体内部或者群体与咨询顾问之间的有效交流与工作过程而进行,从而帮助诊断和解决组织过程中所面临的重要问题。可见,过程咨询的显著特点是有内部和外部的咨询顾问与管理人员共同工作。

过程咨询与敏感性训练及调查反馈的不同之处是,其目的不是解决组织存在的问题,而是帮助大家改变观念,以问题为导向。过程咨询实施的范围包括管理沟通、群体角色、群体决策、群体规范与发展,以及领导和群体之间关系等。

实践表明,过程咨询有两个主要优点:一是可以解决组织面临的重要人际协调工作和群体问题;二是可以帮助组织解决自身存在的问题。但是,过程咨询的不足之处在于,组织成员不能像在其他组织发展活动中那样广泛参与整个过程,而且过程咨询一般时间较长,费用较大。

2. 团队建设

组织发展中,把相当大的注意力集中于团队建设,团队是指目标协调、职能整合的班组或工作部门及群体。团队建设的目的是以全体成员的相互作用来协调群体工作的步调与规范,提高群体的工作效率。

3. 目标管理

在组织发展中,目标管理已成为一个重要内容。通过设置和实施具体的、中等难度目标的过程,提高员工积极性和工作效率。目标管理的参加者已由早先的只限于管理人员,发展到可以由工作群体或个人参与,成为组织发展的有效手段之一。

本 章 小 结

组织设计是以组织结构安排为核心的组织系统的整体设计工作。组织结构可以用复杂性、正规化和集权化三种特性来描述。组织设计的主要内容包括职能与职务设计、部门设计、层级设计。组织设计遵循劳动分工原则、统一指挥原则、权责对等原则、管理层次和管理幅度适当原则、部门化原则等。组织设计受环境因素、战略因素、技术因素、组织规模的影响。组织设计模式主要包括职能制结构、事业部制结构、矩阵制结构、团队结构和动态网络制结构等。

组织职权分为直线职权、参谋职权和职能职权三种类型。集权是指决策权在组织系统中较高层次的一定程度的集中。分权是指决策权在组织系统中较低管理层次的分散程度。

授权是管理者将分内的某些业务工作委托给下属（或他人）代为履行，并授予被委托人完成工作所必要的权力。组织变革的动因来自外部和内部环境的变化。组织成长发展有创造、指令、授权、协调与监督、协作、外部组织解决方案等六个必经阶段。组织变革的方式主要包括组织结构变革、技术变革、人的变革、文化变革四个方面。组织变革过程有解冻、变革和重新冻结三个阶段。任何组织变革都可能会遇到来自个人和组织的阻力，为确保组织变革顺利进行，需要采取在策划变革上多花时间讨论和商议、参与等一些具体管理措施。

人力资源是指人所具有的对价值创造起贡献作用，并且能够被组织利用的体力和脑力的总和。人力资源具有能动性、双重性、时效性、社会性和再生性等特征。人力资源管理是指运用现代化的科学方法，对与一定物力相结合的人力进行合理的培训、组织和调配，使人力、物力经常保持最佳比例，同时对人的思想、人力资源管理的基本职能包括获取、整合、激励、调控和开发。人力资源管理的基本流程是人力资源规划、工作分析、员工招聘、员工培训、绩效评估和薪酬管理等。

★ 知识结构图

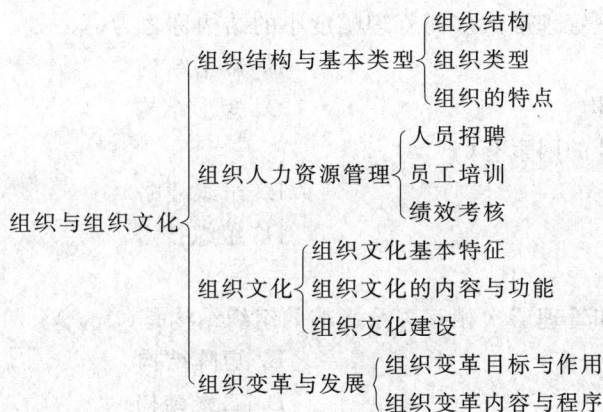

思　考　题

1. 组织设计应遵循哪些原则？
2. 影响管理幅度的因素有哪些？简述管理幅度与管理层次的关系。
3. 试述事业部制的优缺点及其适用条件。
4. 什么是组织文化？组织文化具有哪些基本特征？
5. 研究和建设组织文化有何作用？
6. 组织文化的结构和内容包括哪些方面？
7. 组织文化有哪些功能？
8. 组织文化建设应遵循哪些原则？
9. 组织文化建设有哪几个步骤？
10. 简述员工招聘的程序与方法？
11. 员工培训的主要方式有哪些？
12. 什么是组织变革？组织变革的目标是什么？

13. 简述组织变革的内容及程序。

14. 简述组织发展的含义。

15. 针对你所了解的一个需要变革的组织，假设你是该组织的管理者，谈谈你的变革思路。

练 习 题

1. 组织结构中，既有职能划分的垂直领导系统，又有按项目划分的横向领导系统的结构是（　　　）。

    A. 职能制组织结构　　　　　　　　　B. 矩阵制组织结构

    C. 事业部制组织结构　　　　　　　　D. 直线职能制组织结构

2. 管理幅度按算术级数增加时，主管人员和下属的关系将以（　　　）。

    A. 等比级数增加　　　　　　　　　　B. 等比级数减少

    C. 几何级数增加　　　　　　　　　　D. 几何级数减少

3. 组织理论上把管理层次多而管理幅度小的结构称之为（　　　）。

    A. 高耸结构　　　　　　　　　　　　B. 扁平结构

    C. 事业部结构　　　　　　　　　　　D. 矩形结构

4. 影响组织设计的因素有（　　　）。

    A. 组织环境　　　　　　　　　　　　B. 组织战略

    C. 组织规模　　　　　　　　　　　　D. 组织技术

    E. 权力体制

5. 受管理幅度和管理层次相互关系影响的组织结构是（　　　）。

    A. 高耸结构　　　　　　　　　　　　B. 矩阵结构

    C. 扁平结构　　　　　　　　　　　　D. 直线结构

    E. 职能结构

6. 打破了组织的统一指挥原则，使一个员工属于两个甚至两个以上的部门，这种特点的组织结构属于（　　　）。

    A. 直线制组织　　　　　　　　　　　B. 直线职务制组织

    C. 矩阵制组织　　　　　　　　　　　D. 职能制组织

7. 职能型组织结构形式明显的缺点是（　　　）。

    A. 背离了统一指挥原则　　　　　　　B. 加重了上层主管人员的负担

    C. 不利于发挥职能机构的作用　　　　D. 不适应管理专业化的要求

8. 组织设计的原则中不包括（　　　）。

    A. 专业分工原则　　　　　　　　　　B. 统一指挥原则

    C. 控制幅度原则　　　　　　　　　　D. 重要性原则

9. 关于非正式组织下面陈述正确的是（　　　）。

    A. 非正式组织对企业起主导作用　　　B. 企业内部存在非正式组织

    C. 非正式组织是企业设立的正规部门　D. 非正式组织和正式组织是冲突的

10. 由两套管理系统组成：其中一套是在组织职能基础上形成的部门，另一套是在组织特定业务基础上形成的部门，这两个部门在组织中以纵横两个方向设置所构成的状态称为（　　）。

A. 事业部制组织结构   B. 职能制组织结构

C. 直线制组织结构   D. 矩阵制组织结构

案例分析

美的组织结构调整

1968 年，美的创业；1980 年，美的正式进入家电业；1981 年，注册美的品牌；2013 年 9 月 18 日，美的集团在深交所上市。

目前美的集团员工总数 12.6 万人，旗下拥有美的、小天鹅、威灵、华凌、安得、美芝等十余个品牌集团，在国内建有 15 个生产基地，辐射华南、华东、华中、西南、华北五大区域；在越南、白俄罗斯、埃及、巴西、阿根廷、印度等六个国家建有生产基地。美的现拥有中国最完整的空调产业链、冰箱产业链、洗衣机产业链、微波炉产业链和洗碗机产业链；拥有中国最完整的小家电产品群和厨房家电产品群；在全球设有 60 多个海外分支机构，产品远销 200 多个国家和地区。

为了更好地适应激烈的竞争，美的积极推进结构调整，构建顾客导向的敏捷型企业，2012 年 8 月 25 日，美的集团正式宣布集团创始人何享健不再担任集团董事长；方洪波接替何享健担任集团董事长，并担任上市公司美的电器董事长和总裁，这家资产超过千亿元的家电巨头，全面迈入职业经理人的时代。

何享健推崇沃尔玛和杜邦等公司的治理，经常对欧美、日韩著名企业的治理结构进行研究。他会仔细比对那些著名企业的治理方式，包括分配制度、对职业经理人的授权等。在方洪波担任董事长前，美的集团治理已实现所有权、经营权、监督权三权分立。

在调整人事的同时，美的集团也在进行组织架构调整，2012 年取消二级集团，整合美的集团总部和二级产业集团部分管理职能，建立十大事业部，目的是实现扁平化管理，加快反应速度，提升运营效率，深化战略转型。

2012 年，美的集团整体实现销售收入达 1027 亿元，其中外销收入达 72 亿美元，2013 年"中国最有价值品牌"评比中，美的品牌价值达到 653.36 亿元，名列全国最有价值品牌第 5 位。

问题：

1. 2012 年，美的集团为什么要进行组织结构的调整？

2. 请查阅相关资料，绘制美的集团的组织结构图。

第七章　领导与领导力培养

【学习目标】
- 理解领导的含义，掌握领导职能的内容
- 了解领导与管理的关系以及领导特质理论
- 掌握领导者权力的来源，为领导者建立影响力提供方法
- 了解领导理论的发展过程，掌握领导权变理论
- 掌握培养和提高领导力的主要方法
- 掌握各种激励理论在现实中的应用

【案例导入】

张瑞敏与海尔集团

海尔集团（Haier）是中国最大、也是世界上十大综合家电厂商之一，拥有白色家电、黑色家电在内的 96 大门类、15100 多个规格的产品群，出口世界 160 多个国家和地区，已成为在海内外享有较高美誉的大型国际化企业集团，在中国的市场占有率高达 33%。

谁会想到，海尔以前只是一副烂摊子。1984 年，两个濒临倒闭的集体小厂合并成立了青岛电冰箱总厂，由当时担任青岛市家电公司副经理的张瑞敏出任厂长。当张瑞敏第一次踏进这家亏损 147 万元、几乎一半人想调走的集体企业时，印象最深的就是满车间臭气熏天的大小便，以至于他上任后制定的第一条规章制度就是"不准在车间随地大小便"。

就是在这样的条件下，张瑞敏审时度势，抢抓机遇，带领全体员工无私奉献，追求卓越，创造了中国家电史上一个又一个辉煌。

青岛电冰箱总厂刚成立的 20 世纪 80 年代，国内电冰箱生产企业林立，国外产品蜂拥而入，各种牌号的电冰箱挤满了市场，其中不乏"省优"、"部优"产品。以张瑞敏为首的厂领导，分析市场形势时发现：尽管市场上的冰箱品牌不少，但并没真正意义上的"名牌冰箱"。张瑞敏果断提出："要么不干，要干就要争第一，创名牌。"这样，"名牌战略"和"争第一"的竞争观念便在海尔诞生了，并由此确立了走质量效益型发展的道路——决定引进国外高水平的生产技术，以"起点高"的优势来弥补"起步晚"的劣势。1985 年，琴岛——利勃海尔牌、亚洲第一代四星级电冰箱投放市场，很快便以高技术、高质量赢得了广大消费者的信任。海尔在家电行业第一家通过 ISO9001 国际认证和美国 UL 认证、德国 VDE 认证、加拿大 CSA 认证等 10 余项认证，被公认为中国家电第一名牌。

如今的海尔集团，在总裁张瑞敏提出的"名牌战略"思想指导下，通过技术开发、精细化管理、资本运营，兼并控股及国际化，已从亏空 147 万元的企业成长为国家特大型企业。

资料来源：海尔发展史. http://zhidao.baidu.com/question/76651602. html.

从海尔集团的成功可以看出，一个组织的成功在一定程度上得益于有一个好的领导者和领导集体。在整个管理过程中，离不开对组织中的人和人、人和事的协调工作，以保证

人始终以热情积极的状态投入工作，朝着正确的目标前进，这也是实现组织目标的关键。这就是领导职能。

第一节　领导与领导者

一、领导的含义

如前所述，领导的基本功能是如何协调好人和人之间的关系、人和事之间的关系，保证下属始终以热情积极的状态投入工作，朝着正确的目标前进。所以，领导的本质就是影响力，就是带领下属实现组织目标。更准确地说，领导就是在社会共同活动中，具有影响力的个人或集体，在特定的结构中通过某些方法和手段，动员和带领下属实现群体目标的过程。这一界定包含如下含义：

第一，领导活动是存在于群体之中的，群体生活成为领导得以诞生的前提。

第二，领导活动的主体包括两个要素：一是领导者，二是被领导者。领导活动必须依赖于被领导者积极地执行决策和实现目标，被领导者的积极性和意愿是领导者争取的目标。

第三，领导活动的手段和途径是领导者如何调动和激励下属的方式。

第四，领导职能实施的最终目的是完成组织任务和达成组织目标。

二、领导者与管理者的联系和区别

关于领导者与管理者概念的争论由来已久，一直以来，二者常常被混淆。我们可以从以下几个方面去分析二者之间的异同。

1. 概念

领导者是一种社会角色，特指领导活动的行为主体，即能实现领导过程的人。

管理者是指在组织中从事管理活动、担负管理职能的人，即负担对他人的工作进行计划、组织、领导和控制等工作，以期实现组织目标的人。

管理者是被任命的，他们拥有合法的权力进行奖励和处罚，其影响力来自于他们所处的职位和组织所赋予的正式权力；领导者则可以是任命的，也可以是从一个群体中产生出来的，领导者可以不运用正式权力而以自身影响力和魅力来影响他人的活动。

2. 联系

领导者和管理者都是在组织中拥有权力的个体，在组织中处于举足轻重的位置，他们工作的最终目标都是为了组织发展，他们的工作对组织的发展产生重大影响，二者之间没有根本的利益冲突，只有二者无间合作才能使组织更好的发展。在理想情况下，管理者应该同时就是领导者。

3. 区别

在理解领导含义中，很多学者提出"一定要注意区分领导与管理的关系"。之所以提出"领导与管理的区别"，是因为在实践工作中，很多管理者过于着重于维持管理秩序，而对组织战略方向的规划、对员工的主动引导方面做得不够，导致领导效果不佳。

　　著名企业家杰克·韦尔奇就曾经说过："多一些领导，少一些管理。"他提出这句话是源于很久以来美国企业界存在着一种传统认识，那就是管理者只要能通过监视、监管、监控方式监督部下工作就行了。由高层和低层经理们组成的整个公司管理层只是互相交谈，互相发出便函，到处举办高层会议，确信工厂里和其他地方运行正常，那就是经理们应该做的一切，而不是激励，不是给基层经理们提供自己做决策的机会，不是直接接触那些真正生产出产品的人们。杰克·韦尔奇认为正是这些官僚管理者造成了管理的拖沓、推诿和战略失误。所以，他认为这些管理者所做的工作只是管理，而不是领导。但是，这个问题存在逻辑关系上的"纠结"：一方面，领导是管理学的重要职能之一，是和计划、组织和控制并列的职能；另一方面，领导又是区别于管理的。

　　实际上，提出领导和管理区别的出发点是因为一些管理者没有正确地做好领导职能，"管得多"，"领导得少"，导致管理效果不佳。至于说"领导主要是促进变革，管理是一种程序化的控制工作"，这种表述在逻辑上是不严谨的，因为从事领导及其他管理活动的管理者在所有这些活动中既要注意变革（领导），又要注意秩序的建立和维持（管理）。也就是说，管理者既要进行管理创新，激励员工，还需要进行秩序的控制。创新的重要性自不必说，"维持"可能是管理最原初的目的，因为要保证组织活动有效率地进行，首先是要有序；在这种秩序需要打乱重建时，就是领导者的创新了。所以，一个组织中既需要"领导"，也需要"管理"。只是在组织的不同发展阶段和领导者所处的层次不同，领导和管理的内容所占的比例不同而已。比如，对于中层管理人员，对下要更多承担领导的作用，对上要更多承担管理的角色；高层管理者要更多承担领导的作用。

　　所以，针对这个问题，通常认为，领导和管理是同时并存的，领导者和管理者应该是统一的。从现实来看，应该是使更多的管理者成为领导者。

　　领导和管理的区别如表 7-1 所示。领导者和管理者的区别如表 7-2 所示。

表 7-1　领导和管理的区别

领　　导	管　　理
关注未来	关注现在
引起变化	维持现状和稳定
通过勾画愿景、创建共同的价值观来吸引下属	实施政策和程序，增强控制性和预见性
建立与下属的情感纽带	对下属冷静、客观和公正
注重运用个人权力	注重使用职位权力

表 7-2　领导者和管理者的区别

领　导　者	管　理　者
做出正确的决策与判断	正确顺利地完成任务和工作
注重对未来发展的洞察力、目标和前景	重视生产率和效率
现状的挑战者，鼓励创造性	现状的维系者
通过与下属的情感纽带保持良好关系	通过对下属冷静、客观和公正的评价赢得好感
注重运用个人魅力	注重使用职位权力
激发他人自己找到解决问题的方法	管理者解决问题以便他人完成工作

领导者和管理者有着如下区别：

（1）工作范围不同。

领导者提供的是方向性的内容，需要从宏观上把握组织的发展方向，为组织制定长期规划，而且要时刻思考如何打破固有秩序，不断创新，通过进行创新型活动来进行组织变革。领导者要解决的是本组织发展中的根本性问题，同时还要对组织的未来进行一定程度的预见，总的来说，其工作要具有概括性、创新性和前瞻性。

管理者要做的是具体化的内容，需要在已有的规划指导下做好工作，为组织日常工作做出贡献。管理者要研究的不是变革，而是如何维持目前良好的状态并使之稳定保持，因此有时管理者会进行一些重复性的工作，管理者对待问题不需要过分追本溯源，他们要做的是将已出现的问题很好地解决，总体来说，其工作具有具体性、重复性和现实性。

（2）素质要求不同。

领导者在活动中主要运用的是个人魅力，好的领导者用个人魅力影响下属，使下属愿意听从领导者，愿意遵照领导者说的去做；而管理者似乎更倾向于运用组织上赋予的权力去做事，管理者用权力树立威严，让下级"惧怕"，不得不听从其指挥，按其指示去做事。

领导者要求做正确的事情，习惯从外向内看事情，喜欢深入第一线，知道如何去做，对生活充满热情，受目标驱动，关注对的事情；管理者要求正确地做事情，知道做什么，有对任务的看法，习惯从里向外看世界，喜欢高高在上，知道说什么，喜欢得过且过，行动保守，受约束驱动。

领导者积极、大胆，具有拓展创新精神，喜欢讨论且性格随和，善于搞好人际关系和安抚员工；认为工作是一种乐趣，对待工作主观性较强。管理者相对于领导者而言较为保守、冷静，喜欢守成多于开拓，独立自主性较强；管理层与员工泾渭分明，管理者把工作看做是完成任务的过程，为工作而工作，工作似乎成为一种负担，对待工作冷静、理智、客观，较少随意性。

一个好的管理者是可以通过学习来培养；而好的领导者更倾向于天赋。

（3）工作侧重点和工作方法不同。

在工作侧重点方面，领导者看重的是结果是否符合他的预计，不过多关注过程；而管理者强调的是达成目标的过程是否符合要求，有无偏差。

虽然都对效率和效益有追求，但手段不同。领导者是通过人与文化的运作，因此是柔和而温暖的；管理者则是以阶层和系统运作为主，所以是刚硬而冷酷的。

领导者关注人，管理者关注生产；领导者提出问题，管理者解决问题；领导者强调"有机的情感非逻辑"，管理者强调"机械的效率逻辑"。

领导者倾向于运用激励，"通过调动组织成员积极性来达成目的"；管理者倾向于运用控制，"按照给定条件和预定的目标，对受控对象施加主动影响"。

综上所述，领导者与管理者虽有相同之处，但绝不可以混为一谈，正确认识两者的区别与联系，有助于对日常的管理活动进行更好地把握，从而促进组织的发展。

趣味链接

《西游记》中唐僧为什么可以领导孙悟空？

读西游记总有一个疑问——那个唐僧那么无能，为什么孙悟空还要听他的领导？如果孙悟空自己去取经,不就麻烦少多了么?究竟是什么因素让唐僧是一个领导而孙悟空只是一个被领导者呢?

1. 出身好

唐僧的前生就是释迦牟尼的弟子,现世还是唐王李世民的拜把兄弟,人神两界的高层关系他都有了,而且西天取经是唐王钦定的,具有很好的合法权。

2. 共同的坚定信念

唐僧一直坚持"到西天取得真经"的崇高信念,面临各种诱惑、甚至去掉性命都痴心不改,并且时时用这种理念教育徒弟们不要忘了目标。这种信念是师徒四人历尽七十一难能够坚持下来的思想基础。没有信念的人,就不能给别人以信心和动力,就不能给别人以鼓励。

3. 仁德之心

唐僧因为有仁德之心对妖怪都会怜悯性命,自然不会恶意算计自己的下属,唐僧虽然利用三个徒弟保护自己,但是绝没有恶意剥削他们的意思,而是带领他们一同努力,共同成长,一起成功。最后,唐僧的三个徒弟也都有了自己的成就。正是这种个人魅力,使得他的三个徒弟能够团结。

4. "无能"也是一种领导者的财富

唐僧那么无能,于是他就会欣赏有本事的人,能够包容能人们的缺点,才能找到三个有本事的徒弟来保护自己。正是因为唐僧无能,所以孙悟空就有了用武之地,就使得他可以充分实现自己的价值。

5. 能念紧箍咒惩罚捣蛋鬼

领导总是会遇到"捣乱"的员工。怎么办?唐僧有法宝,就是如来佛所赐的"紧箍咒"。一旦孙悟空这样的能人"胡作非为",他就念起紧箍咒来约束和提醒孙悟空,让他纠正自己的行为。唐僧拥有惩罚权。

唐僧因为比孙悟空多了这些东西,所以可以做领导,从这个意义上看,唐僧才是英雄,至少应该是我们企业家崇拜的英雄。

资料来源:http/www.jpww8.com/success/2010/330/103301336390d7a91hce0k4aalh9c0b.htmL

三、领导的权利与影响

领导的本质是影响力,也就是激励和带领下属朝着某方向前进的能力。那么这种影响力来源于哪儿呢?领导者如何建立自己对别人的影响力,使得下属心甘情愿地追随自己呢?"影响"意味着使他人的态度和行为发生改变。一个领导者要成功扮演其领导角色,实现其领导功能,就必须具备领导者的权力。

(一)领导权力

领导的影响力来源于权力,权力是领导的基础,也是领导者发挥领导效能的基本条件。

对于权力,人们曾有不同的分类。被誉为"组织理论之父"德国社会学家马克斯·韦伯曾将权力设想为三种:法理的权力、传统的权力和虔信的权力。美国管理学者弗兰奇(John R. P. French)和雷文(Bertram Raven)认为,领导者的影响力(或权力)基础可分为五种。

（1）强制权力（Coercive Power）。强制权力指领导者通过惩罚他人不合规则和制度的行为来影响行为的能力。领导者可借助职权，通过棘手的工作指派、严厉的监管、严格的规章制约以及解雇等手段威胁或惩罚下属，以令下属屈从他的指示。

（2）奖赏权力（Reward Power）。奖赏权力指领导者通过奖赏他人的行为来影响他人行为的能力，或者说是指领导者可以决定是否给予下属所期望的精神或物质上的奖酬的权利。例如，领导者可借助提高薪资、发放奖金、推荐晋升、指派优越的工作等手段换取下属的服从和顺从。

（3）合法权力（Legitimate Power）。合法权力指领导者通过他在组织层次系统中的法定地位来影响下属的能力。合法权力是由组织等级体系中的职位来体现的，如经理、销售处长等，他们要履行他们所在职位的职责，就必须被授予一定的权力，这种权力是他们推行决策、指挥部署行动的根据。

（4）专家权力（Expert Power）。专家权力指领导者依靠自身高超的技术、丰富的经验与杰出的判断力来影响下属行为的能力。这种权力所产生的影响的大小同领导者的专长被下级所看重的程度有很大关系。如果下属佩服领导者的专长，那么领导者就会对下属有权威和影响力；如果下属不认可或者认为领导者的专长没有什么用处，那么领导者就不会对下属形成佩服并听从的效果。

（5）参照权力（Referent Power）。参照权力指领导者借他人对自身的个人魅力、背景权和感情权等的喜爱或崇拜来影响他人行为的能力。下属因敬重、爱戴或崇拜某位德高望重的领导者，把这位领导者作为自己参照的楷模，而要仿效该领导者的领导风格，以取得该领导者的认同，领导者就获得了参照权力，可以影响下属按其旨意办事。

在大多数组织之中，组织成员之所以听从领导者的指挥，是基于上述五种权力的综合运用。其中强制权力、奖赏权力和合法权力主要源于领导者已经取得的合法地位，属于职位权力；而专家权力和参照权力则更多地属于个人权力，虽然表面上没有那种正式明显的约束力，但实际上却能发挥出合法权力所不能发挥的约束作用。这是因为在一个组织中，人们服从于具有合法地位的领导人时，并不是对这个人服从而是服从于他的组织地位，一旦领导者脱离组织地位就可能丧失影响力。因此，加强专家权力和参照权力的影响力，有助于使下级不仅服从于领导人的合法地位；同时，也服从于他本人，这种综合领导影响力要大得多。

（二）领导的影响方式

在领导活动中，领导者运用权力的目的是对被领导者施加影响，以使其心理和行为发生预期的改变。根据权力性质的不同，以权力为基础的影响可分为两类：外在影响和内在影响。

1. 外在影响

以领导的外在性权力为基础，对被领导者的影响带有强迫性和不可违抗性，相应地，被领导者的心理和行为表现为消极、被动的服从。

外在影响的具体方式有传统观念的影响、利益满足的影响、恐惧心理的影响。

2. 内在影响

以领导者的内在性权力为基础，主要着眼于以领导者的良好素质和行为吸引、感化被领导者，通过激化内在动力，使下属心理和行为发生改变。相应地，受到内在影响的被领导者多以积极、主动、自觉的态度接受领导。

内在影响的具体影响方式有理性崇拜的影响、感情的影响。

3. 外在影响与内在影响的区别

外在影响表现为领导与服从的关系，被领导者仅在无差别圈内被动地受影响。所谓无差别圈，是指被领导者忍受和服从命令的界限与范围。在此界限和范围内，下级可以不问原因和价值地服从命令，而一旦超出，命令就会失去效力。

而内在影响表现为领导者与被领导者的双向沟通过程。被领导者以主动自愿的态度接受影响，并自觉内化于个人的思想和行为之中，这就突破了无差别圈的限制，大大地扩展了影响的深度和广度。因此，在领导的影响构成中，具有决定意义的是内在影响。

四、领导的作用

领导者的作用具体表现在以下四个方面：

1. 指挥作用

在人们的集体活动中，需要有头脑清醒、胸怀全局、能高瞻远瞩、运筹帷幄的领导者，帮助成员认清所处的环境和形势，指明组织活动的目标和达到目标的途径。

2. 协调作用

在组织系统中，即使有了明确的目标，但由于组织成员中个人的才能、理解能力、工作态度、进取精神、性格、地位等不同，人们在思想认识上会发生各种分歧，行动上就会出现偏离目标的现象。同时，在一个组织内经常有不同的工作小组或任务执行单位，存在"本位观念"和"团体意识"，因而不免会与其他单位发生竞争，产生冲突在所难免。因此，就要求领导者来协调人与人之间、部门和部门之间的关系和活动，把大家团结起来，朝着共同的目标前进。

3. 激励作用

激励员工是领导的重要功能。在组织管理实际中，尽管大多数人都具有积极工作的愿望和热情，但是这种愿望并不能自然地变成现实的行动，这种热情也未必自动地长久保持下去。在复杂环境中，企业的每个员工都有各自不同的经历和遭遇，怎样才能使每一个员工都保持旺盛的工作热情、最大限度地调动他们的工作积极性呢？这就需要有通情达理、关心群众的领导者来为员工排忧解难、激发和鼓舞他们的斗志，发掘、充实和加强他们积极进取的动力。

4. 培养作用

作为领导者，还需要承担对下属的培养职责。因为只有指导和培养出优秀的下属，才能保证下属的工作高效，独当一面，出类拔萃，领导者才可以从繁琐的事务中解脱出来，集中精力做战略筹划工作。

趣味链接

神 偷 请 战

楚国将领子发爱结交有一技之长的人，并把他们招揽到麾下。有个其貌不扬，号称"神偷"的人，也被子发待为上宾，众人不解。有一次，齐国进犯楚国，子发率军迎敌。交战三次，楚军三次败北。子发旗下虽不乏智谋之士、勇悍之将，但在强大的齐军面前却无计可施。这时"神偷"请战。他在夜幕的掩护下，将齐军主帅的帷帐偷了回来。第二天，子发派使者将帷帐送还给齐军主帅，并对他说："我们出去打柴的士兵捡到您的帷帐，特地赶来奉还。"当天晚上，"神偷"又去将齐军主帅的枕头偷来，再由子发派人送还。第三天晚上，"神偷"连齐军主帅头上的发簪子都偷来了，子发照样派人送还。齐军上下听说此事，甚为恐惧，主帅惊恐地对幕僚们说："如果再不撤退，恐怕子发要派人来取我的人头了。"于是，齐军不战而退。

启示：作为一个领导者，要有容人之量，也许说是容人之智更恰当。工作就是工作，千万不能夹杂自己的个人喜好。也许你今天看不起的某个人，他日正是你事业转机的得力之臣。

第二节　领导方式与行为

在影响人的过程中，领导者对权力的运用方式称作领导方式或领导风格。自 20 世纪 30 年代起，西方学者即开始着手研究领导者的行为，并对领导行为的基本倾向提出了许多不同的理论模式。按形成时间的先后，其大致可分为三种：领导特质理论、领导行为理论和领导权变理论。

一、领导特质理论

20 世纪初期至 20 年代，心理学家们从个人的个性心理特征出发，试图通过观察、调查等方法，找出领导者与被领导者在心理特质方面的区别。其主要目的是企图制定一种有效的领导者的标准，以此作为选拔领导者和预测其领导有效性的依据。他们往往认为领导者的个人品质特征是决定领导者工作成效的主要因素。特质理论也称伟人理论，侧重研究领导者个人特性对领导有效性的影响，最初是心理学家开始研究的。该理论认定优秀的领导者具备某些特质，组织可以通过对这些特质的识别来选拔"正确"的领导。

（一）领导特质理论的内容

1. 领导者特质含义

领导者特质，是指领导者所具有的在领导活动中经常起作用的基本条件或内在因素。特质是一个外延很广的概念，它包含人的品德、能力、智力、性格、特点、风度、气质、心理等。

关于领导者特质的研究主要集中在三个方面：① 身体特征，如领导人的身高、体重、体格健壮程度以及个人容貌和仪表等；② 个性特征，如领导人的魄力、自信心和感觉力等；③ 才智特征，如领导人的判断力、口才和聪敏程度等。

2. 领导特质理论的内容

领导特质理论包括传统领导特质和现代领导特质两种理论。

（1）传统领导特质理论。传统领导特质理论认为领导者的品质和性格是天生的、超人的，是遗传因素决定的。

（2）现代领导特质理论。现代领导特质理论认为领导者的品质和性格是在实践中逐步形成的，是可以通过教育训练加以培养和改造的。

（二）领导特质理论的错误评价

该理论认为领导者是先天的，这有一定的片面性；对有效领导者所应具备特质的内容及相对重要性的认识很不一致甚至相互冲突。而且研究人员在研究方法上忽略了领导行为发生作用的环境和条件，孤立地研究企业领导人的性格。例如，忽略了被领导者和企业管理的环境，因此，很难对领导者能力及其效能做出确切的分析和比较。另外，在研究思想上，该理论有意无意地认为领导者的各种性格特征都是天赋的，而研究的任务仅是按一定的标准挑选出天才来。因此，自 20 世纪 40 年代开始，人们就开始放弃从特性、特征方面研究领导的有效性问题。

二、领导行为理论

这是集中研究领导者工作作风和领导行为对领导效能的影响的理论。其研究主要集中在两个方面：一是领导者关注的重点是什么，是工作绩效，还是群体维系？二是领导者的决策方式，是集权还是分权，即下属的参与程度如何？其代表性成果包括领导风格或方式理论和领导行为理论两类。

（一）领导方式或风格理论

1. 勒温的领导方式理论

领导方式最早是由心理学家勒温开始研究的，他通过试验研究不同的工作作风对下属群体行为的影响，认为存在以下三种极端的领导方式：

（1）专制型。其特点是领导者独断专行，喜欢命令别人并要求别人无条件地服从；完全靠奖惩来控制下属。这种方式有时在短期内可以生效，但却无法为连续不断地取得成功奠定坚实的基础，因为它不能使被领导者长期感到满意。

（2）民主型。其特点是领导者不仅依靠自身的才能，而且还善于听取下属的意见，鼓励和允许他们参与管理。这种领导方式有利于在企业内促成一种合作精神，并使下属的创造性和管理才能得到施展。

（3）放任型。其特点是领导者很少使用自己的权力，在企业活动中给予下属高度的独立性和自由放任。在这种领导方式下，由于组织成员可以自行其是，因而很容易导致各自为政。

专制型和民主型领导是利弊并存的，而放任型领导在通常情况下往往弊多利少，不宜采用。

2. 领导连续统一体理论

早期研究一般都认为领导者或者是独裁的，或者是民主的，但美国学者坦宁伯姆和施密特在 1958 年提出的"连续统一体理论"却认为，领导者既可以是独裁的，也可以是民主的，还可以是两者的综合。如果以职权运用的程度为依据，从左到右，沿着一条"以领导者为中心"到"以下属为中心"的连续流去观察，则至少可以看到七种较为典型的领导方式，即① 经理做出决定宣布；② 经理说服下级接受决定；③ 经理提出计划，征求意见；④ 经理提出初步的决策方案，交换意见；⑤ 经理提出问题，征求意见；⑥ 经理规定界限，请小组决定；⑦ 经理允许下级在上级规定的界限内行使职权。

坦宁伯姆和施密特认为，没有哪一种领导风格总是正确的或错误的，也没有哪一种领导风格是最好的或最坏的，在不同的领导者、下属和情景之中，有不同的最适合的领导风格。此外，组织环境和社会环境也会对领导风格产生影响。

因此，一个成功的领导者不一定是专权的人，也不一定是放任自由的人，而应当是能够针对不同环境采取恰当措施的人。

（二）领导行为理论

1. 领导行为四分图理论

1945 年，美国俄亥俄州立大学商业研究所在归纳了一千多种领导行为因素的基础上，概括出"关心工作"和"关心人"两大类因素。"关心人"是指以人为重，重视人际关系的领导行为；"关心工作"是指以工作为重，重视工作任务的完成。把"以工作为重"作为横坐标，将"以人为重"作为纵坐标，建立了领导行为四分图理论，如图 7-1 所示。

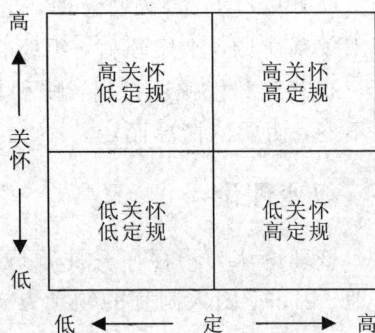

图 7-1 领导行为四分图

2. 管理方格理论

管理方格理论是布莱克和穆顿在四分图理论的基础上提出的。他们用纵坐标表示对生产的关心程度，用横坐标表示对人的关心程度，并且每个坐标轴均分为九等分，这样，纵横交错，形成 9×9＝81 个方格，每个方格均代表一种领导方式，如图 7-2 所示。

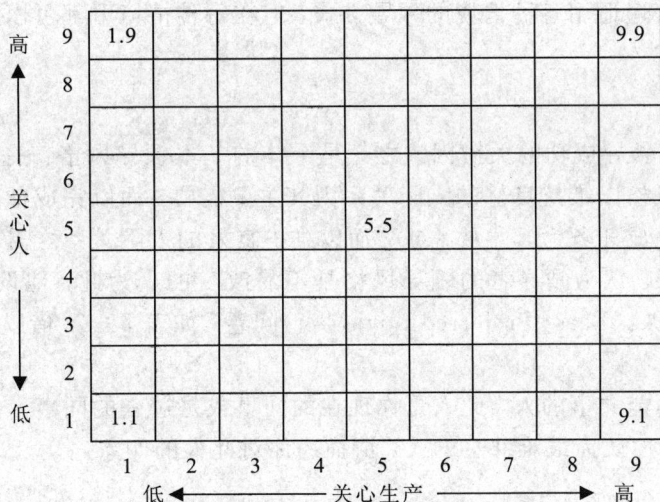

图 7-2 管理方格图

在图 7-2 中，布莱克和穆顿还特别列出了五种典型的领导方式：

（1）1.1 型：贫乏型管理，这种方式用最少的努力来完成任务和维持人际关系，对生产和职工都关心得很差，实质上是放弃了领导职责，无疑会导致组织的失败。

（2）9.1 型：任务型管理，领导者只关心工作，不关心人。人被看做完成任务的工具，领导者要求严格和全面地控制以便有效地完成任务，认为创造性和人际关系不重要。

（3）1.9 型：乡村俱乐部型管理，领导者对员工特别关心，却很少甚至不关心任务。他们用很大的精力创造和谐的组织气氛，甚至不惜以任务为代价。对他们来说，友好的人际关系比完成任务重要，他们的目标是使人愉快。

（4）5.5 型：中庸之道型管理，这种方式对人和生产都有适度的关心。他们依赖可靠的技术和先例，避免去冒未经检测的风险。他们的目标是将与员工的关系和工作的绩效保持在一个安全的界限之内，用妥协的方法来处理冲突。这种领导方式追求平衡，但不追求卓越，从长远看，可能使组织落伍。

（5）9.9 型：团队型管理，这种方式对人和生产的关心都到了最高点。在这种方式下，职工关系协调，士气旺盛，组织目标与职工利益紧密结合，能够上下一心地完成任务。

布莱克和穆顿还指出，哪种领导风格最有效要看实际工作，最有效的领导风格并非一成不变，而要依情况而定。

三、权变理论

该理论认为不存在一种普遍适用、唯一正确的领导方式，只有结合具体情景，因时、因地、因事、因人制宜的领导方式，才是有效的领导方式。其基本观点可以反映为：

$$有效领导＝F（领导者，被领导者，环境）$$

即有效的领导是领导者自身、被领导者与领导过程所处的环境的函数。

权变理论两种典型的模型为菲德勒模型和领导生命周期理论。

（一）菲德勒模型

菲德勒模型是 1951 年由美国伊利诺大学心理学和管理学家菲德勒提出的。菲德勒认为并不存在一种普遍适用各种情境的领导方式，但在每种情境下都可以找到一种与之相适应的有效领导方式。

1. LPC 问卷

菲德勒相信，领导成功的关键因素之一是个体的基本领导风格：关系导向型和任务导向型。前一领导风格以维持良好的人际关系为其主要需要，而以完成任务之需要为辅。后一领导风格则以完成任务为其主要需求，而以维护良好的人际关系之需求为辅。

在这里，费德勒认为领导者的领导风格是不易改变的。为此，他设计了一种名叫"最难共事者"问卷 LPC（Least Preferred Coworker）问卷，如表 7-3，借以判断领导者最基本的领导风格。

设想一个最不能共事的人，此人是你现在的同事或是过去的同事。这人不一定是你最不喜欢的人，而是你认为最难共事的人，请描述你对此人的印象。

表 7－3　**LPC 问卷**

快 乐——	8	7	6	5	4	3	2	1	——不快乐
友 善——	8	7	6	5	4	3	2	1	——不友善
拒 绝——	1	2	3	4	5	6	7	8	——接 纳
有 益——	8	7	6	5	4	3	2	1	——无 益
不热情——	1	2	3	4	5	6	7	8	——热 情
紧 张——	1	2	3	4	5	6	7	8	——轻 松
疏 远——	1	2	3	4	5	6	7	8	——亲 密
冷 漠——	1	2	3	4	5	6	7	8	——热 心
合 作——	8	7	6	5	4	3	2	1	——不合作
助 人——	8	7	6	5	4	3	2	1	——敌 意
无 聊——	1	2	3	4	5	6	7	8	——有 趣
好 争——	1	2	3	4	5	6	7	8	——融 洽
自 信——	8	7	6	5	4	3	2	1	——犹 豫
高 效——	8	7	6	5	4	3	2	1	——低 效
郁 闷——	1	2	3	4	5	6	7	8	——开 朗
开 放——	8	7	6	5	4	3	2	1	——防 备

　　根据以上问卷对"你认为最难共事的同事"打分，如果 LPC 大于或等于 64 分，此人是关系导向型的领导者；如果 LPC 大于等于 58，小于等于 63 时，此人的领导风格还需要根据具体情况来分析；如果 LPC 小于 58，此人的领导风格是任务导向型领导。

2. 环境因素

　　菲德勒分析了环境因素，他认为影响领导效果的"情境因素"主要有以下三个方面：

　　（1）上下级关系，主要是指下级对上级的支持与拥护的程度和上级对下级的信任与依赖的程度。一般认为，下级对上级越拥护，上级对下级越信任，表明领导者所面临的领导环境越好。

　　（2）任务结构，主要是指任务结构的明确程度。任务结构越明晰，领导环境越有利。

　　（3）职位权利，主要是指领导者所处地位的权利以及取得各方面支持的程度。很显然，职位权力越大，领导环境越有利。

3. 菲德勒模型

　　菲德勒将三种主要的环境因素加以组合，得出八种不同的环境类型，并在广泛调查的基础上，找出了不同环境类型下最适应、最有效的领导类型，如表 7－4 所示。

表 7 - 4　菲德勒模型

影响因素	有　利			中　　等			不　利	
	1	2	3	4	5	6	7	8
上下级关系	好	好	好	好	差	差	差	差
任务结构	明确	明确	不明确	不明确	明确	明确	不明确	不明确
职位权力	强	弱	强	弱	强	弱	强	弱
领导方式	任务导向型			关系导向型			任务导向型	

根据菲德勒的研究,在有利和不利的环境类型下,采用任务导向型效果较好,而在环境条件一般时,采用关系导向型较有效。

另外,由于个体的领导风格是由领导者的个性决定的,基本无法改变,因此,提高领导有效性的基本途径实际上只有两条:一是替换领导者以适应环境;二是改变环境以适应领导者。

(二) 领导生命周期理论

该理论又被称为领导情境理论,它由美国学者科曼于 1966 年首先提出,后由赫西和布兰查德进一步予以发展。这一理论认为,"高组织"和"高关心人"的领导并不一定经常有效,而"低组织"和"低关心人"的领导也不一定经常无效,这里还应引入第三个因素——下属的成熟程度。

1. 下属的成熟度

(1) 不成熟(M1):下属缺乏接受和承担任务的能力和愿望,既不能胜任又缺乏自信。

(2) 初步成熟(M2):下属愿意承担任务,但缺乏足够的能力,有积极性但缺乏技能。

(3) 比较成熟(M3):下属有完成任务的能力,但没有足够的动机和愿望。

(4) 成熟(M4):下属有能力而且愿意完成任务。

2. 领导方式

(1) 指示型(低关系——高任务):领导者决策,强调指挥和控制,不重视人际关系和激励。

(2) 推销型(高关系——高任务):领导者决策,但重视人际关系,采用激励手段调动下属积极性。

(3) 参与型(高关系——低任务):领导者与下属共同参与决策,同时采用激励手段,鼓励群体积极性。

(4) 授权型(低关系——低任务):领导者授权给下属,由其独立自主开展工作,完成任务。

3. 有效领导方式的选择方法

(1) 当下属成熟程度为 M1 时,选择指示型领导方式。

(2) 当下属成熟程度为 M2 时,选择推销型领导方式。

(3) 当下属成熟程度为 M3 时,选择参与型领导方式。

(4) 当下属成熟程度为 M4 时,选择授权型领导方式。

总之,需要对不同的对象采取不同的领导方式,只有这样才能取得良好的效果。领导情景理论如图 7-3 所示。

领导类型

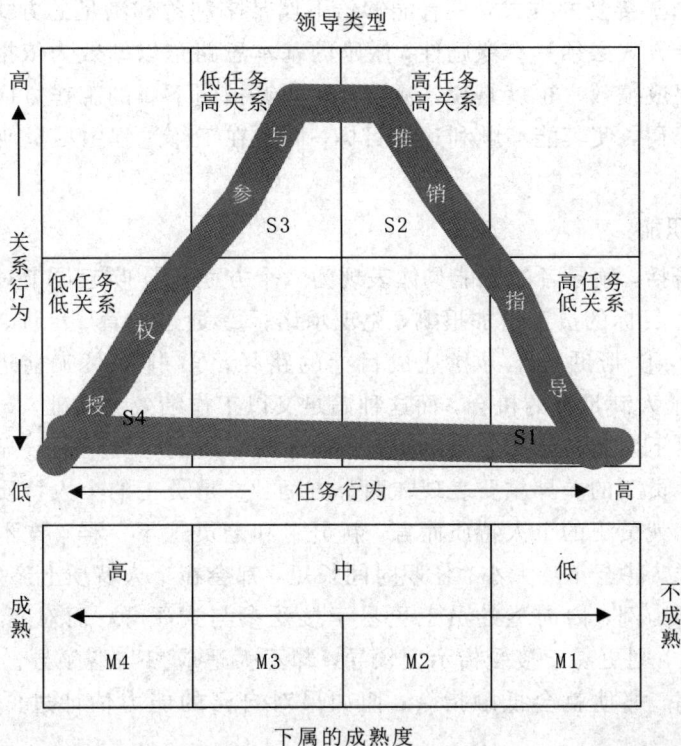

图 7-3　情境领导理论图

（三）路径—目标理论

1. 什么是路径目标理论

领导方式的路径—目标理论是权变理论的一种，由多伦多大学的组织行为学教授罗伯特·豪斯（Robert House）最先提出，后来华盛顿大学的管理学教授特伦斯·米切尔（Terence R. Mitchell）也参与了这一理论的完善和补充，目前已经成为当今最受人们关注的领导观点之一。

路径—目标理论来源于激励理论中的"期待学说"。"期待学说"（即期望理论，这一理论以弗罗姆的研究最有代表性）认为，个人的态度，取决于他的期望值的大小（目标效价）以及通过自己努力得到这一期望值的概率高低（期望几率）。该理论认为，领导者的工作是帮助下属达到他们的目标，并提供必要的指导和支持，以确保各自的目标与群体或组织的总体目标相一致。"路径—目标"的概念来自于这种信念，即有效领导者通过明确指明实现工作目标的途径来帮助下属，并为下属清理各项障碍和危险，从而使下属的执行更为容易。

2. 路径—目标理论的基本原理

路径—目标理论同以前各种领导理论的最大区别在于，它立足于下属，而不是立足于领导者。在豪斯眼里，领导者的基本任务就是发挥下属的作用，而要发挥下属的作用，就得帮助下属设定目标，把握目标的价值，支持并帮助下属实现目标。在实现目标的过程中提高下属的能力，使下属得到满足。这样，就形成了这一理论的两个基本原理：一是领导方式必须是下属乐于接受的方式，只有能够给下属带来利益和满足的方式，才能使他们乐于接受。二是领导方式必须具有激励性，激励的基本思路是以绩效为依据，同时以对下属的帮助和支持来促成绩效。也就是说，领导者要能够指明下属的工作方向，还要帮助下属排除实现目标的障碍，使其能够顺利达到目标，同时在工作过程中尽量使职工的需要得到满足。

3. 领导者的职能

按照豪斯的概括，领导者的职能具体表现为六个方面：① 唤起员工对成果的需要和期望；② 对完成工作目标的员工增加报酬，兑现承诺；③ 通过教育、培训、指导，提高员工实现目标的能力；④ 帮助员工寻找达成目标的路径；⑤ 排除员工前进道路上的障碍；⑥ 增加员工获得个人满足感的机会，而这种满足又以工作绩效为基础。

要实现这种以下属为核心的领导活动，必须考虑下属的具体情况。显然，现实中的下属是千差万别的。员工的差异主要表现在两个方面：一是员工的个人特质；二是员工需要面对的环境因素。就员工的个人特质而言，新员工和老员工不一样，技术高低不一样，责任心的强度不一样，甚至年龄大小、任职时间长短，都会在个人特质上产生不同的反应。

仅以性格差异为例，内向型的员工更易于接受参与式领导，而对指示型领导有所抵触；而外向型员工，则更易于接受指示型领导，却不大适应参与型领导。如果一个人对自己的能力估计过高，那他就会抵触指令；而如果对自己的能力估计过低，那他就会害怕授权。

就员工面对的环境因素而言，不同企业、不同岗位的工作任务不一样，企业组织的权力系统不一样，基层的工作群体不一样。如果面对的是明确清晰的工作任务、有效得力的权力系统和友好合作的工作群体，那么，强化控制明显属于多事，还会伤害员工的满足感；而如果情况相反，放松管制就会出现偏差，同样会招来员工的抱怨。单纯以工作任务而论，如果完成任务不能使员工得到满足，那么领导者越加强规章制度，越施加任务压力，员工的反感就越大。所以，路径—目标理论强调，领导方式要有权变性。

4. 领导行为类型

按照路径—目标理论，领导者的行为被下属接受的程度，取决于下属是将这种行为视为获得满足的即时源泉，还是作为未来获得满足的手段。领导者行为的激励作用在于：它使下属的需要满足与有效的工作绩效联系在一起；它提供了有效的工作绩效所必需的辅导、指导、支持和奖励。

为了考察这些方面，豪斯确定了四种领导行为：

（1）指导型领导（Directive Leadership）：领导者对下属需要完成的任务进行说明，包括对他们有什么希望，如何完成任务，完成任务的时间限制等。指导型领导能为下属制定出明确的工作标准，并将规章制度向下属讲得清清楚楚。指导不厌其详，规定不厌其细。

（2）支持型领导（Supportive Leadership）：领导者对下属的态度是友好的、可接近的，他们关注下属的福利和需要，平等地对待下属，尊重下属的地位，能够对下属表现出充分的关心和理解，在下属有需要时能够真诚帮助。

（3）参与型领导（Participative Leadership）：领导者邀请下属一起参与决策。参与型领导者能同下属一道进行工作探讨，征求他们的想法和意见，将他们的建议融入到团体或组织将要执行的那些决策中去。

（4）成就导向型领导（Achievement-Oriented Leadership）：领导者鼓励下属将工作做到尽量高的水平。这种领导为下属制定的工作标准很高，寻求工作的不断改进。除了对下属期望很高外，成就导向型领导还非常信任下属有能力制定并完成具有挑战性的目标。在现实中究竟采用哪种领导方式，要根据下属特性、环境变量、领导活动结果的不同因素，以权变观念求得同领导方式的恰当配合。

5. 路径—目标理论的应用

和菲德勒不同，豪斯主张领导方式的可变性。他认为，领导方式是有弹性的，上述四种领导方式可能在同一个领导身上出现，因为领导者可以根据不同的情况斟酌选择，在实践中采用最适合于下属特征和工作需要的领导风格。豪斯强调，领导者的责任就是根据不同的环境因素来选择不同的领导方式。如果强行用某一种领导方式在所有环境条件下实施领导行为，必然会导致领导活动的失败。

如果下属是教条的和权力主义的，任务是不明确的，组织的规章和程序是不清晰的，那么，指导型领导方式最适合。

对于结构层次清晰、令人不满意或者是令人感到灰心的工作，那么，领导者应该使用支持型方式。当下属从事机械重复性的和没有挑战性的工作时，支持型方式能够为下属提供工作本身所缺少的"营养"。

当任务不明确时，参与型领导效果最佳，因为参与活动可以澄清达到目标的路径，帮助下属懂得通过什么路径和实现什么目标。另外，如果下属具有独立性，具有强烈的控制欲，参与型领导方式也具有积极影响，因为这种下属喜欢参与决策和工作建构。

如果组织要求下属履行模棱两可的任务，成就导向型领导方式效果最好。在这种情境中，激发挑战性和设置高标准的领导者，能够提高下属对自己有能力达到目标的自信心。事实上，成就导向型领导可以帮助下属感到他们的努力将会导致有效的成果。

四、关于领导的最新理论

（一）领导的归因理论

1. 领导的归因理论概述

这种理论指出，领导者对下级的判断会受到领导者对其下级行为归因的影响。但领导者对下级行为的归因可能有偏见，这将影响领导者对待下级的方式。同样，领导者对下级行为归因的公正和准确也将影响下级对领导者遵从、合作和执行领导者指示的意愿。领导者典型的归因偏见是把组织中的成功归因于自己，把失败归因于外部条件，把工作的失败归因于下级本身，把工作的成功归因于领导者。

因此，克服领导者的归因偏见是有效领导的重要条件之一。领导归因理论的主要贡献在于提醒领导者要对下级的行为做出准确"诊断"，并"对症下药"，才能达到有效管理的目的。

2. 领导归因理论产生的背景

领导归因理论是在领导特质理论的基础上发展起来的。学者发现，有的领导在他的下属中威信很高，大家心悦诚服地称他为上司或者领导，心悦诚服地接受他布置的任务，愿意跟着他前进。在整个团队的工作中，在公司的工作中，大家会密切配合这种类型的领导者。然而，还有一部分领导者，他们虽然有职权，是组织正式任命的领导者，但是，他们在下属心目中的位置不高，下级对他们并不服气。这种不服气可能是不服上级的能力、人品或者领导风格等。总之，对于这部分领导者来说，他们的工作很难得到下属真正的支持。实际上，在下属的心目中，这一部分领导者不是真正意义上的领导者。

于是，学者们就反思，为什么会有这种现象呢？

心理学中有一种很重要的理论，叫做归因理论，它研究的是人们对外部事件进行分析，推测原因的内在心理规律。一个人无论是对他自己的所作所为，还是对别人的所作所为都有一种探究原因的倾向性，只是不同的人的归因风格或者说是归因的内容不同。有的人把事件成功或失败的原因归结于自己，或者说这部分人喜欢先从自己找原因。比如，如果这次考试考得很好，他会认为是由于自己前一段时间努力的成效；如果销售额没有如期完成，他会分析是因为自己前一段时间没有尽全力。这部分人被称为是内归因的人。与之相反，另一部分人喜欢把事件成功或失败的原因归因为外部。比如，对员工来说，绩效考评分低，是因为人力资源部门的考评标准不公平，而不是自己工作不努力。还有一部分人和同事的关系不融洽，他认为之所以这样是因为同事们太差劲，而不是自己的原因。这就是外归因。

3. 领导归因理论的主要观点

（1）先期领导归因理论的主要工作和观点。先期领导归因理论的主要工作是观察下属对领导者的反映，观察下属在什么情况下才对领导者进行归因。

运用归因理论的框架，研究者们发现人们倾向于把领导者描述成具备如下一些特质的人：智慧、个性随和、语言表达能力很强；具有进取心、理解力、勤奋。并且，人们发现双高（结构与关怀双高）领导者与人们对好的领导者的归因一致。不管情境如何，人们都倾向于将双高领导者视为最佳。他们认为那些在任务安排、工作分配方面被员工信服，与员工关系和谐、关心下属、善于协调与下属关系的领导者，即那些既关心人又关心事情的领导者被认为是好的领导者。

（2）后期领导归因理论的主要工作和观点。在组织层面上，归因理论的框架说明了为什么人们在某些条件下使用领导来解释组织结果。

学者们发现，员工对领导的归因并不总是存在。当公司正常运营、业绩平稳时，人们并不习惯于把公司的结果归结为领导者。而当企业做得特别好、在业界声名远扬时，员工会把这个成就归结为领导者。当公司绩效非常差、一文不名的时候，人们也倾向于将这种失败归因于领导者。也就是说，当组织绩效极高或者极低时，人们都倾向于将结果归因于领导者。

（二）魅力型领导理论

1. 魅力型领导理论概述

20世纪初，德国社会学家韦伯（Max Weber）提出"charisma"，即"魅力"这一概念，意指领导者对下属的一种天然的吸引力、感染力和影响力。但从20世纪70年代后期开始，一些学者对这一概念做了重新解释和定义，并进行了深入的研究，充实了新的内容。

豪斯(Robert House)于 1977 年指出，魅力型领导者有三种个人特征，即高度自信、支配他人的倾向和对自己的信念坚定不移。随后，本尼斯(W. Bennis)在研究了 90 名美国最有成就的领导者之后，发现魅力型领导者有四种共同的能力：有远大目标和理想；明确地对下级讲明这种目标和理想，并使之认同；对理想贯彻始终和执著追求；知道自己的力量并善于利用这种力量。

魅力型领导理论从 20 世纪 80 年代起，日益受到研究者的重视。这是因为随着经济全球化的发展，市场竞争日趋激烈，各类组织尤其是企业组织迫切需要魅力型领导者的改革和创新精神，以对应环境的挑战。

但一些学者的研究也指出，魅力型领导者也可能有消极方面。如果魅力型领导者过分强调个人需要高于一切，要求下级绝对服从，或利用其高超的说服能力误导或操纵下级，则可能产生不良结果。

目前，多数研究者还是采用面谈、传记、观察等描述性方法对魅力型领导者进行定性研究。不少研究者正在探索研究魅力型领导者的定量方法。

2. 魅力型领导的定义

根据德国社会学大师韦伯的定义，魅力型领导(Charismatic Leadership)就是"基于对一个人的超凡神圣、英雄主义或者模范性品质的热爱以及由他揭示或者颁布的规范性形态或者命令"的权威。在这种权威类型下，具有"charisma"的领袖的魅力超出了人们的日常生活，他将这种魅力(charisma)定义为"存在于个体身上的一种品质，超出了普通人的品质标准，因而会被认为是超自然所赐，具有超凡的力量，或者至少是一种与众不同的力量与品质"。这些品质普通人难以企及，往往被视为超凡神圣和具有模范性质，或者至少他们会将具有这种魅力品质的人视为领袖。由于这种魅力超出了人们的正常生活，所以它难以用理性、美学或者别的观点加以解释。

3. 表现特征

1987 年，麦克基尔大学(McGill University)的康格(J. A. Conger)与卡纳果(R. N. Kanimgo)对魅力型领导者进行了系统的研究，概括出魅力型领导者区别于无魅力领导者的特征：

(1) 他们反对现状并努力改变现状。

(2) 设置与现状距离很远的目标前景。

(3) 对自己的判断力和能力充满自信。

(4) 能深入浅出、言简意赅地向下级说明自己的理想和远大目标，并使之认同。

(5) 采取些新奇、违背常规的行为，他们成功时，会引起下级的惊讶和赞叹。

(6) 对环境的变化非常敏感，并采取果断措施改变现状。

(7) 经常依靠专长、权力和参照权力，而不仅只用合法权利。

(8) 经常突破现有秩序的框架，采用异乎寻常的手段达到远大的目标。

(9) 被认为是改革创新的代表人物。

(三) 变革型领导理论

1. 变革型领导的概念

变革型领导(Transformational Leadership)是继领导特质论、领导行为论、领导权变论之后，在上个世纪 80 年代由美国政治社会学家詹姆斯·麦格雷戈·伯恩斯在他的经典著作《领袖论》中提出的一种领导类型。

伯恩斯认为传统的领导可以称为一种契约型领导，即在一定的体制和制度框架内，领导者和被领导者总是进行着不断的交换，在交换的过程中领导者的资源奖励（包括有形资源奖励和无形资源奖励）和被领导者对领导者的服从作为交换的条件，双方在一种"默契契约"的约束下完成获得满足的过程。整个过程类似于一场交易，所以传统领导也被称为交易型领导。交易型领导鼓励追随者诉诸他们的自我利益，但是交换的过程以追随者对领导者的顺从为前提，并没有在追随者内心产生一股积极的热情，其工作的内在动力也是有限的，因此，交易型领导不能使组织获得更大程度的进步。

2. 理论内容

该理论具有很大的包容性，它对领导力的作用过程进行了广泛的描述，包含了领导过程中多层次、多角度并具有广泛基础的观点，是一门很有理论和实践意义的领导学理论。

总的来说，变革型领导理论把领导者和下属的角色相互联系起来，并试图在领导者与下属之间创造出一种能提高双方动力和品德水平的过程。拥有变革型领导力的领导者通过自身的行为表率和对下属需求的关心来优化组织内的成员互动，同时通过对组织愿景的共同创造和宣扬，在组织内营造起变革的氛围，在富有效率地完成组织目标的过程中推动组织的适应性变革。

"变革型领导"作为一种重要的领导理论是从政治社会学家伯恩斯（Burns）的经典著作《领导力》开始的。在著作中，伯恩斯将领导者描述为能够激发追随者的积极性，从而更好地实现领导者和追随者目标的个体，进而将变革型领导定义为领导者通过让员工意识到所承担任务的重要意义和责任，激发下属的高层次需要或扩展下属的需要和愿望，使下属为团队、组织和更大的政治利益超越个人利益。

Bass 等人最初将变革型领导划分为六个维度，后来又归纳为三个关键性因素，阿维罗在其基础上将变革型领导行为的方式概括为四个方面，即理想化影响力（idealized influence）、鼓舞性激励（inspirational motivation）、智力激发（intellectual stimulation）、个性化关怀（individualized consideration），具备这些因素的领导通常具有强烈的价值观和理想，他们能成功地激励员工超越个人利益，为了团队的伟大目标而相互合作、共同奋斗。

趣味链接

鹦 鹉 老 板

一个人去买鹦鹉，看到一只鹦鹉前写着：此鹦鹉会两门语言，售价二百元。另一只鹦鹉前则写道：此鹦鹉会四门语言，售价四百元。该买哪只呢？两只都毛色光鲜，非常可爱。这人转啊转，拿不定主意。结果突然发现一只老掉了牙的鹦鹉，毛色暗淡散乱，标价八百元。这人赶紧将老板叫来：这只鹦鹉是不是会说八门语言？店主说：不。这人奇怪了：那为什么又老又丑，又没有能力，会值这个数呢？店主回答：因为另外两只鹦鹉叫这只鹦鹉老板。

启示：领导就是你不做事，但能让别人心甘情愿地去做你自己想做的事情。

第三节　领导方法与艺术

领导方法和领导艺术是领导科学的主要内容。要实行有效的领导，创造性地完成各项任务，达到预期目的，领导者不仅要掌握基本的领导方法，而且要有高超的领导艺术，讲究、掌握、运用领导方法和艺术是提高领导效能的有效途径。

一、领导方法

（一）领导方法的内涵

领导方法一般是指领导者为实现领导目标，在工作中解决实际问题的基本规则和途径。

领导方法可分为两个层面：一是思想方法和工作方法，思想方法也就是认识世界的方法，它着重解决"怎么想"的问题；工作方法是改造世界的方法，它着重解决"怎么做"的问题。二是基本领导方法和特殊领导方法，基本领导方法反映了领导工作的基本矛盾和基本规律，贯穿于一切领导工作中，主要有一般与个别相结合；领导者与群众相结合、全局与局部相结合。特殊方法则是现代科学技术成果在领导方法中的运用与创新，如系统方法、信息方法、控制方法等。

（二）领导方法的特征

1. 客观性

领导方法的客观性是领导方法的所有规定性之中最为首要的。之所以如此，是因为客观事物和方法自身的客观性是不可改变的，但是领导活动中的主体却是领导者，最终实现领导目标的程度取决于领导者自身对待和运用领导方法的态度和技巧，因此，领导方法的客观性在领导实践当中主要落实在领导者主观态度的客观性方面。

2. 动态性

领导系统的不断发展变化，会自然地影响领导者对领导方法的选择和应变，即"随时而变，因势而动"，不断适应变化了的新的时空条件下的领导系统。就是在同一个领导系统发展过程中的不同阶段，也要及时采用不同的领导方法，这就是领导方法的动态性。

领导方法的动态性使领导活动协调和谐，最大限度、最有效地实现领导目标。缺乏动态性的领导方法，会最终失去对环境的应变能力，导致领导活动的失效。当然，领导方法的动态性并不排斥它在某些方面、环节和特定历史阶段的相对稳定性。它要求领导者要通过动态的领导方法来实现领导活动的稳步进行。领导者对这种动态性的把握以及运用自如的感悟能力，体现了领导科学与个人魅力和风格融合之后的艺术性质。

3. 条件性

领导方法的条件性是指领导方法的产生与使用要受一定条件的影响和制约，如领导者本身的特点、被领导者的状况、客观物质条件、环境因素等。一个知识内容丰富、知识结构合理、领导经验广博的领导者与一个知识贫乏、结构失衡、经验不多的领导者共同面对一个对象，使用相同的领导方法，其效果不会是一样的。

领导方法的条件性，表明有些方法所作用的对象相似时，它们之间可以通用，或稍加改造而相互适用。这种条件性要求领导者不能生搬硬套，要具体问题具体分析，灵活变通，综合运用。

4. 目的性

领导方法要为一定的领导目标服务，要达到一定的目的，这就是领导方法的目的性。领导方法的选择取决于领导的目的，具体表现为领导者使用某种领导方法的自觉性；很少有人不知所以然地使用某种方法。在相同的条件下，领导者选用这种而不是那种方法，表明领导方法的目的性通过人们使用它的自觉性体现出来。但要注意的是，领导方法一般都是综合运用或几种方法相互配合使用。因此，实现同一目标可以有多种方法，同一方法可以实现多种目标。这也说明不存在一种十全十美的万能领导方法。

5. 时效性

如果用经济学上的术语来说，这是指一种领导方法的边际效益。新方法的采用往往会在最初的实施过程中取得较大的成果，但是这种效果会随着时间的推移呈下降的趋势。例如在领导方法中，经常会采用奖酬激励的方法来激发下属的积极性。最初实施这种奖酬的时候，人们会产生一定的积极性，工作的热情和业绩也自然会提高。但是当这成为一种常规时，就逐渐失去了对人们的激励作用。并且，在奖酬数量不断增加的情况下，人们所提升的热情和取得的工作业绩与奖酬的提升呈反比。这就是说，领导方法往往存在时间上的"保鲜期"，因此"方法供给"在领导活动中也是一个至关重要的因素。

（三）领导方法的重要性

方法是完成任务的手段。在任何工作的过程中，要完成一项任务，办好一件事情，都必须采用一定的方法。毛泽东曾经用"过河要有桥或船"的生动形象比喻，深刻说明了领导方法的重要性。他指出："我们不但要提出任务，而且要解决完成任务的方法问题。我们的任务是过河，但是没有桥或没有船就不能过。不解决桥或船，过河就是句空话。不解决方法问题，任务也只是瞎说一顿。"无数实践证实，凡属正确领导，总是同运用正确的工作方法相联系。从一定意义上说，能不能实施正确有效的领导，取决于领导者有没有科学的领导方法。

在领导工作中，领导者会运用各类方法去解决问题，只不过有的方法好，有的不好；有的是科学的，有的是不科学的。领导方法不同，其工作效果就不同。方法不对头，事与愿违；方法得当，事半功倍。从一定意义上讲，能不能实现正确有效的领导，取决于领导者是否有科学的领导方法，这对工作的好坏至关重要。

二、领导艺术

（一）领导艺术的概念

领导艺术就是领导者在一定知识、经验和辩证思维的基础上，富有创造性地运用领导原则和方法的才能。

"领导艺术"既然称为"艺术"，就意味着它与领导方式、领导方法是不同层面的东西，它应该是一种超越了一般化领导方式和方法的、具有创造性的、达到完美程度的、技巧性的领导方式，或者说是具有艺术性的领导方式。领导工作一旦达到艺术的高度，就会产生质的飞跃。因此，提高领导艺术，对于搞好领导工作具有重要意义。

（二）领导艺术的特点

1. 创造性

领导艺术之所以为艺术，关键在于创造。《孙子兵法》中谈到，"实以虚之，虚以实之。"正是军事领导带兵打仗的艺术。"虚以实之"指己方处于不利形势时，要故意伪装成实力雄厚的样子，威慑对手，使其不敢贸然进攻，这是一种以假隐真、迷惑敌人的策略。而"实则虚之"刚好相反，在自己兵力雄厚的情况下，故意做出空虚的样子或露一些破绽，引诱敌人来攻从而上当。《三国演义》中诸葛亮唱的"空城计"退掉魏军的典型案例就是"虚以实之"。而解放战争时期（大决战），毛泽东转战陕北，却又"实以实之"在自己进山的路上插上"毛泽东由此上山"的标牌。结果，胡宗南扯去标牌，带着队伍偏要向另一个路口追击。可以说，领导艺术的本质和核心就是创造性。或者在思路的选择上，别出心裁，反其意而为之；或者在判断的结论上，独辟蹊径，发人之所未发；或者在行为方式上，选择机动、迂回的方式，在没有路的地方走出一条新路。

2. 非模式性

领导艺术主要是个人经验、智慧的积累、提炼和升华，具有鲜明的个性。领导艺术可以借鉴，但绝无现成的模式可以机械地照抄照搬，也很难单纯从书本上套用。

领导艺术是领导者个人素质的综合反映，是因人而异的。黑格尔说过，"世界上没有完全相同的两片叶子"，同样也没有完全相同的两个人，没有完全相同的领导者和领导模式。有多少个领导者就有多少种领导模式。钱锦国（儒学领导力创始人）教授认为，任何一种管理模式的运用，不可能是要求下属们依葫芦画瓢就可以了，而是需要自上而下使每位负有不同管理责任的人都能对该管理模式融会贯通，在不同环境下为同一个目标而因时制宜、不断改善。

3. 灵活性

领导艺术不是永恒不变的，领导者必须从实际出发，根据具体情况灵活运用，以适应不断变化的情况。因此，领导者必须从实际出发，根据具体情况灵活运用，以适应不断变化的情况。1987年6月，大兴安岭发生新中国成立以来的最大火灾，发生火灾的林场场部烧得只剩一个。事后调查，这个林场场长是个退伍军人，性格暴躁，很专制，职工告状，上级正准备撤销他的职务，火灾发生时他只让老弱病残撤走，其他人员按战时管理，砍伐隔离带，事后上级、职工都要求他继续当场长。

（三）领导艺术的内容

1. 用人艺术

对一个企业来说，最为宝贵的财富是人才。人才不管是对一个国家，还是一个企业，都是一笔宝贵的财富。这就要求领导者在用人上要讲求艺术。主要体现在以下几个方面：

（1）知人善任。

知人善任的意思是善于认识人的品德和才能，才能最合理地举用他。汉朝开国皇帝刘邦说过，"夫运筹帷幄之中，决胜千里之外，吾不如子房；镇国家，抚百姓，给饷馈，不绝粮道，吾不如萧何；连百万之众，战必胜，攻必取，吾不如韩信。""此三人者皆人杰也，吾能用之，此吾所以取天下也。"这就说明刘邦很清楚下属的优缺点，能够合理地安排他们为自己所用。一个企业的领导者要了解熟悉下属的长处和短处，用其所长，避其所短，把他们安排到合适的岗位上去。

（2）爱才惜才。

爱才，就要有"求贤若渴"的深厚感情。领导者只有深怀爱才的真情，才能从思想认识、根本态度、感情深处视人才为"宝贝"，千方百计地做好发现、选拔、引进、培养人才的工作。刘备"三顾茅庐"去请诸葛亮，就是爱才惜才的典型写照。刘备再开明，如果没有诸葛亮的辅佐、参谋，没有关羽、张飞、赵云等一帮将领出生入死、冲锋陷阵，也就难以与曹操、孙权三分天下，成鼎足之势。

趣味链接

失败的项羽

楚汉战争中的项羽，自幼熟读兵法，力大过人，自封西楚霸王。但他刚愎自用，没有爱才之心，容不下贤能之士，放走了韩信，赶走了陈平，逼走了范增，此后，他任命了一批和他沾亲带故的人。结果兵败垓下，乌江自刎。

启示：领导者要爱才惜才，要善于利用贤才的力量，只有这样才能成就自己的一番事业。

有的单位留不住人才，领导者往往说是"单位待遇低，没有吸引力"造成的。这方面的因素不能说没有，但更重要的是一些领导者爱才之心不诚，对人才的关心、尊重不够。古人曰："士为知己者死"。一般来说，有发展潜力的优秀人才不会太多地计较待遇的高低，他们所看重的是待人的态度、干事业的环境，尤其是否得到尊重和重视。因此，领导者一定要有爱才之心，真正把人才当做"宝贝"，带着感情去呵护他们，支持他们，充分发挥他们的作用。在这个问题上，不能当好龙的叶公，成天喊人才好，人才少，却拿身边的人才不当回事；也不能当齐宣王，好坏不分，让南郭先生滥竽充数。

（3）用人不疑。

管理者在"疑人不用"的前提下，既用人，则不疑，应给予应有的信任，以激发下属的工作热情和献身精神。如果"任"而不信，边用边疑，明用暗疑，长此以往，就会妨害上司与部属之间建立正确的信任关系，也会使部属精神压力增大，疑神疑鬼，互有提防，人心涣散，失去凝聚力和向心力。所以，管理者务求信任部属，这是取信于部属所必须注意的。

（4）敢用比自己强的干部。

美国的钢铁大王卡内基的墓碑上刻着"一位知道选用比他本人能力更强的人来为他工作的人安息在这里"。卡内基之所以成为钢铁大王，并非由于他本人有什么了不起的能力，而是因为他敢用比自己强的人。那些生怕下级比自己强，怕别人超过自己、威胁自己，并采取一切手段压制别人、抬高自己的人，永远不会成为有效的领导者。敢用比自己强的能人不仅是一个肚量问题，也是一个信心与能力的问题。楚汉相争中，不会打仗的刘邦能得天下，是因为他有张良的谋略，萧何的内助，韩信的善战；卖草鞋的刘备能在三国鼎立中独占一席，是因为三顾茅庐请得诸葛亮出山相助。

2. 人际关系艺术

（1）如何处理与上级的关系。

① 摆正自己的位置，不越位。明确自己的职、权、责，遵守角色规范，出力而不"越

位"。在决策上不要越位，在重大问题上坚持请示汇报，还要注意在公共场合上不要越位。

② 尊重上级，维护上级威信。对待上级的指示，一要态度坚决，二要认真负责，这是下级应尽的职责，是尊重上级、维护上级威信的具体表现，令行禁止，落实到位。

③ 理解上级，支持上级工作。当上级决策出台时、当上级工作出现失误时、当受到上级批评时，要设身处地地站在上级的位置上，进行换位思考，理解上级的难处和出发点。

④ 要主动调适与上级的冲突。若在工作中和上级发生分歧或冲突，我们要能做到顾大局、识大体、求大同，以对上级忠诚、服从、尊重的态度主动调适与上级的冲突。

（2）如何处理与下级的关系。

① 平易近人。领导者要尊重下级。古人云："敬人者，人恒敬之。"要得到下级的拥护和支持，就必须尊重自己的下级。作为领导者，要经常换位思考，充分认识到虽然在领导体系中下级处于从属的被动地位，但在真理面前和人格上，下级和上级是平等的，应该相互尊重。

对下级要真诚相待。对下级在政治上要支持，工作中要配合，生活上要关心，让下级有安全感；对自己授权的工作，要敢于为下级负责，当下级工作出现失误时，只要不是原则性的错误，要勇于把责任揽过来，给下级改正的机会，让下级工作有依赖感；只要是对工作有利的，要鼓励下级提出不同意见甚至反对意见；对自己在工作中存在的问题，要正视错误，勇敢纠正。

② 关爱下级。上级要了解下级的性格、特长、爱好、生活状况等基本情况。这是上级与下级相处的前提和基础。比如，有的下属郁郁不乐，有什么心思？有人脾气暴躁，气总是不顺，是怎么回事？有人未能提拔，有何想法？有人子女就业问题解决不了，怎能帮助一下？有人生了病，是不是关照一下？这些问题，既是实际困难，又属于思想政治工作，管理者应该及时了解群众情绪，把握下级思想脉搏，既要力所能及地帮助部属解决具体问题，又要及时进行思想工作，体贴人，关心人，沟通思想，理顺情绪。关心下级，重要的不是说，而是做，让下级感觉到你真正在为他们的期待而努力。

同时，要正确对待下级的要求。对待下级的合理要求，应该以积极的态度，尽快地予以满足，不能久拖不决。"又要马儿跑，又要马儿不吃草"是行不通的。对下级的不合理要求也应耐心答复，若采取不理会的态度，则会产生不良的效果。下级提出了不合理要求，在他自己看来可能认为是合理的，如果上级置之不理，他就会有意见，闹情绪，影响工作，甚至造成上级与下级关系的隔阂和紧张。所以，对待下级的不合理要求，务必向他讲清楚为什么不能解决的道理，做好思想工作。

③ 一视同仁。凡事"不患寡而患不均"，这是下级与上级产生离心力机会最多的环节。这就要求上级在处理与下级的关系时做到一视同仁，不搞"圈子""带子"，避免资历、关系、感情产生的负效应；赏罚公平，避免有功不赏、有过不罚。要使下级处于一种公平的工作竞争环境中。

第四节 领导力培养与开发

一、领导力的评价要素

领导力并不是天生的，后天可以培养，在理论和实践中已经达成共识。但是领导力如何评价，对领导者来说从哪些方面提高领导力，却没有达成共识。

从现有的研究来看，大多数学者认为科学决策的能力、激励他人的能力和团队合作精神是企业领导力的核心要素。领导力的构成要素一般概括为能力、品格、行为三个方面。

1. 能力方面

学者们提到的企业领导力构成要素可以归纳为五类：一是基本能力，主要有记忆、应变、表达、预见、学习、自信、自控、想象、判断等；二是战略管理能力，主要有知识、远见、评估、计划、决策、市场洞察、资源配置能力等；三是沟通协调能力，主要有感染、号召、合作、吸引、谈判、激励、人际交往能力等；四是创新能力，主要有创造、直觉、理想、冒险、变革、心态开放、突破性思维能力等；五是执行能力，主要有魄力、从容、引导、绩效考核、目标任务分解、业务能力等。

2. 品格方面

学者们提到的企业领导力构成要素可以归纳为两类：一是基本道德品质，主要包括诚信、正直、负责、真诚、谦虚、宽容、信任、尊重、使命感等；二是专业精神，主要包括敬业精神、职业道德、牺牲精神、奉献精神、率先垂范、团队精神等。

3. 行为方面

一是培养和造就人才，主要包括带领团队、尊重人才、充分授权、激励下级、开发人才、了解员工行为、为员工搭建舞台等；二是营造良好的企业文化，主要包括促进团队活力、调动组织能动性、保证制度的持续性、信奉变革、善于接受意见、建立合理的竞争与合作机制、明确发展方向、保持学习的热情与动力等。

✒ 案例链接

摩托罗拉的领导力 4E

摩托罗拉公司根据长期经营实践中摸索总结的经验，制定了独特的领导力衡量标准和行为规范，这就是著名的摩托罗拉的领导力 4E。Envision——前瞻，即要有远见与创新精神；Execute——执行，要迅速行动和实施，以结果为导向；Energize——激励，要能够激励自己和领导团队达到目标；Edge——果断，在复杂的情境中勇于决策，敢于冒险。除此之外，摩托罗拉还在所有的经营活动中着重强调永恒的 Ethics，即道德，对他人的尊重和对自我的诚信。

二、领导力的培养和开发

一个组织确定各种领导力发展项目的具体内容和目标时，会受到多种因素影响。在通常情况下，领导效果取决于三个因素：一是追随者，领导者之所以可以成为领导者的必要条件是有大批自愿的追随者，实际上是指企业内部的追随者；二是环境的复杂性，领导者必须适应组织内部和外部复杂环境的变化；三是领导者素质，有效的领导者必须在组织内外环境、追随者之间寻求配合。所以，对一个特定的组织来说，什么样的领导者胜任工作并没有一个通用的标准，每个企业都应当根据自身所面临的市场背景及实际需求做出选择。应当首先分析企业自身文化、企业所面临的市场背景以及企业自身的创新要求，与此同时还应考虑追随者的情况：他们想要什么样的领导者？他们的工作动机是什么？总之，领导者、追随者和企业内外环境三者之间如何协调和平衡是非常重要的。对于领导者个人来说，从以下方面培养和开发自己的领导力是必不可少的。

1. 提升自我素质

领导者的魅力一部分源于领导者的素质（特质），这些素质有些是天生的，有些则是后天长期努力所获得的素养。天生素质难以改变（如聪明），改后天素养却可以通过个人努力而获得（如沟通协调能力）。领导力的提升要从自我素养的提升开始，领导者应该提升些什么内容呢？西方领导理论中的领导特质理论或许可以为我们提供些许参考。这些特质或许不是领导力的决定性因素，但却有助于领导力的实现，如果领导者具备这样的一些特质将有助于领导魅力的提升、领导目标的实现。所以，领导者应想方设法不断提升自己的某些特质，通过自身素质的改善提升领导力。

自我素质的提升主要通过书本学习、自我反思、实践锻炼等方式进行。西方领导学研究中提出了"自我驾驭"、"自我领导"的概念，这些概念为领导力的自我提升指明了方向。

2. 明确角色定位

台湾管理学者林正大认为，领导力不仅是个人的能力，它与组织的系统能力是密不可分的。对不同层级的领导者，需要不同的领导力。对于个体的领导，着重点在于对下级的意愿、能力、个性了解的基础上的指导和激励。对于团队层级的领导，应该着重于塑造目标、理顺人际关系和工作关系以及掌握工作方法。对于企业层级的领导，也有三个关键点：方向、结构和制度。方向是指企业愿景、企业战略、企业文化；结构包括产权关系、公司治理、组织架构；制度主要是指核心流程、人力资源管理等。林正大教授提出来的这个观点对于领导者认清自己的角色定位、提高领导力具有很强的针对性。

3. 培养追随者

没有追随者就没有领导者。领导者在培养追随者的过程中体现领导力，同时也提升领导力。换言之，培养追随者的过程，是实现用人艺术的过程，也是领导者提升领导力的过程。

领导者获得追随者的认同，包括三个方面：理念得到追随者感情上的认同，行为得到追随者的充分理解，愿景符合追随者的期望值，三者必居其一。为获得情感认同，领导者必须以人为本，给予追随者以充分的尊重与关怀。为获得认知、认同，领导者不仅要给予追随者相适应的认知，而且要具备高出追随者的认知，不断提升追随者的认知，成为他们认知提升的引导者，成为他们的"精神领袖"。为获得价值认同，领导者要特别注重对追随者进行价值引领与愿景构建。领导者要掌握宣传、演讲、交流等追随者培养方式，利用一切机会与场合展现自己的魅力、才智，展现组织目标、勾画组织愿景，同时给予追随者有效的价值引领。

4. 提高决策力

美国麻省理工学院一位著名的管理学专家认为，作为企业家，在其综合素质上，有三方面是属于核心能力的，即决策、用人、专业。而这三方面侧重点又各不相同：对于企业家来说，最重要的是决策，占 47%；其次是用人，占 35%，专业只占 18%。市场就如同一个没有硝烟的战场，同行业之间的竞争已经发展到了白热化的程度。谁在经营管理决策上善于筹谋、具有前瞻性，谁就有可能在市场上领先一步，抢占制高点，并保持永不落后市场的结局。

决策力的技能建立在以下基础之上：知识基础、经验积累、对环境变化时刻保持关注和思考、快速的辨别力。所以，领导者可以通过以下途径提高决策力。

（1）掌握科学决策的理论，提高决策思维能力，掌握正确的决策原则，制定并遵循科学决策的程序，避免盲目决策。

（2）提高心理素质。领导者的决策思维所要解决的问题，往往带有预测的性质，特别是对一些重大问题的决策，还需要承担一定的风险。因此，领导者要承受比常人更为沉重的心理压力，更加需要强心理素质的锻炼和培养，使其具备敏锐的观察力、坚强的性格、强烈的责任感、果断性、顽强性和自制力。

（3）提高领导的创新意识。领导者的决策，尤其是高层管理者的决策，往往是在信息不充分、情况复杂、环境多变的条件下进行的，既没有现成的经验可以套用，也没有固定的模式可以照搬，就要寻求新思路、设计新方案。要创新，不仅要有敢试敢闯的精神，还要有缜密的科学态度。只有把敢作敢为同求真务实的精神结合起来，具备前瞻性和预见性，才能稳步发展。

5. 提高时间管理能力

对于企业领导者来说，因为公司事务繁多，战略决策责任重大，所以，很多领导者都非常繁忙，总觉得时间不够用。但实际上是有很多领导者不会利用时间，把大量的时间用于无效的工作上。

为了有效地利用时间，必须掌握以下基本原则：

1）诊断自己的时间

诊断自己的时间，目的在于知道自己的时间是如何耗用的。

2）分析无效的和浪费的时间

应该确定哪些事根本不必做，没有效果或者不归自己职责范围的事儿，要坚决地排除在外。产生时间浪费的原因很多，如一个单位的制度不健全、环节过多、信息不灵、人浮于事、相互扯皮等都会造成时间上的惊人浪费，那就改革管理制度，减少内耗造成的时间浪费。

3）掌握科学的时间管理方法

一般来说按照组织事务的重要性和紧迫性来进行分类。

（1）紧急且重要，包括与客户洽谈业务、未按时交货、设备出故障、产品质量出现问题等。如果这些事情属于领导者的工作范围，那么对这类燃眉之急的事不能马虎，须花整天的时间来处理，直到解决为止。

（2）重要但不紧急，包括远景规划、产品创新、人才培养、组织协调等。这类事务看起来一点都不急迫，可以从容地去做，但却是领导者的第一要务，在这类事务上要花最多的时间，否则就是"不务正业"了。

（3）紧急但不重要，包括批阅日常文件、工作例会、接打电话等，也需要赶快处理，但不宜花过多的时间。

（4）不紧急也不重要，包括可不去的应酬、冗长而无主题的会议等。对于这类事务，领导者可先想一想，是否需要立刻且必须解决。

人的精力总是有限的，如果能够很好地利用时间，便能提高管理工作的有效性。

6. 扩展全球视野

"地球村"的提法很形象地指出了全球化的趋势，任何一个组织都面临着全球化的影响和挑战。即使一个企业不是跨国公司，其产品或服务仍然会受国际局势的影响。所以，企业领导者不能把自己的视野只局限在国内，还要有激情去积极面对新的挑战。在经验中积累，在积累中获得经验，不断地开拓企业的国际视野，学习国际上最新的领导方法，逐步提高中国企业领导者的领导能力。

领导者能力的培养，不仅取决于领导者个人的修炼，而且离不开相应的环境制度的配合。真正的领导者不是被人为地造就出来的，而是他们自己成长起来的。因此，如果企业需要培养领导者，就必须首先着眼于未来，将领导者培养纳入到企业发展战略中，创造培养领导者的环境，让他们有发展的空间。

第五节　员 工 激 励

趣味链接

不 完 整 的 圆

一位著名的企业家在做报告。当听众咨询他最成功的做法时，他拿起粉笔在黑板上画了一个圈，只是并没有画圆满，留下一个缺口。他反问道："这是什么？"零、圈、未完成的事业、成功……台下的听众七嘴八舌地答道。他对这些回答未置可否："其实，这只是一个未画完整的句号。你们问我为什么会取得辉煌的业绩，道理很简单，我不会把事情做得很圆满，就像画个句号，一定要留个缺口，让我的下属去填满它。"

从上面的小故事可以看出，事必躬亲是对员工智慧的扼杀，往往事与愿违。长此以往，员工容易形成惰性，责任心大大降低，把责任全推给管理者。情况严重者，会导致员工产生逆反心理，即便工作出现错误也不愿向管理者提出。何况人无完人，个人的智慧毕竟是有限而且片面的。

为员工画好蓝图，给员工留下空间，发挥他们的智慧，他们会画得更好。多让员工参与公司的决策事务是对他们的肯定，也是满足员工自我价值实现的精神需要。赋予员工更多的责任和权利，他们会取得让你意想不到的成绩。

由此可以看出，要想管理好一个组织，就必须对组织员工进行适当方式的激励，适当满足员工的需要，使其发挥最大限度的潜能，创造性地为组织做好各项工作，从而实现员工和组织的目标。由此可见，在现代管理中，激励已经成为管理组织的有效手段中不可缺少的一部分。

一、激励的含义

（一）激励的概念

1. 激励的定义

"激励"一词来源于心理学。心理学家认为，人类的一切行动都是由某种动机引起的，动机是人类的一种精神状态，对人的行动起激发、推动和加强的作用，因此称之为激励。心理学认为，激励就是持续激发人的行为动机的心理过程。

"激励"对应的英文是"Motivation"，它有两层含义：① 提供一种行为的动机，即诱导、驱使之意；② 通过特别的设计来激发学习者的兴趣；③ 激励的含义既包括激发、鼓励、以利益来诱导之意，也包括约束和规范之意。

在管理学中，激励是指组织通过设计适当的外部奖励形式和工作环境，以一定的行为规范和惩罚性措施，借助信息沟通来激发、引导、保持和归化组织成员的行为，以有效地实现组织及其成员个人目标的系统性活动。

2. 激励的三要素

激励包含了激发、导向和保持三要素。

（1）激发：激发人的活力，导致一定力度的某种行为出现——努力的总量。

（2）导向：将人的行为引导到组织希望的目标或方向——努力的方向。

（3）保持：使激发出的行为得到保持与延续——努力的持续性。

趣味链接

渔夫与蛇

一天，渔夫看见一条蛇咬着一只青蛙，渔夫为青蛙感到难过，便决定救这只青蛙。他靠近了蛇，轻轻地将青蛙从蛇口中拽了出来，青蛙得救了。但渔夫又为蛇感到难过：蛇失去了食物。于是渔夫取出一瓶威士忌，向蛇口中倒了几滴，蛇愉快地游走了，青蛙也显得很快乐，渔夫满意地笑了。可几分钟以后，那条蛇又咬着两只青蛙回到了渔夫的面前。

启示：激励是什么？激励就是让人们很乐意去做那些他们感兴趣的又能带来最大利益的事情。当然，关键是要用合适、正确的方法去引导，并让他们做好。

（二）激励原理

激励是一种复杂的现象，它涉及人的行为动因的分析，而动因又是看不见的、无法测量的。人的行为中只有极少数是本能性、反射性、无动机的。激励用于管理中，是指激发员工的行为动机，也就是说，用各种有效的方法去调动员工的积极性和创造性，改变员工的行为方式，使员工奋发努力，从而完成组织的任务与目标。激励过程也称动机—行为过程，如图7-4所示。

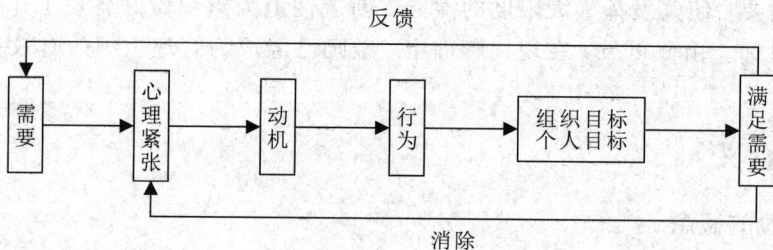

图7-4　激励过程

在现代组织管理中，激励的心理过程为"源于需要→始于动机→引起行为→指向目标"具体来说就是员工个体因为自身内在或者外在的需要和动机而产生了一系列的需求，随后又由动机支配引导自己的行为，而这些行为都是个体为了达到某个目标的活动，借此满足自己的需要，而这一行为刺激和强化了其原来的动机，从而形成一个闭合的循环。

趣味链接

拿破仑与小男孩

拿破仑在一次打猎的时候，看到一个落水的男孩一边拼命挣扎，一边高呼救命。这河面并不宽，拿破仑不但没有跳水救人，反而端起猎枪，对准落水者，大声喊道："你若不自己爬上来，我就把你打死在水中。"那男孩见求救无用，反而增添了一层危险，便更加拼命地奋力自救，终于游上岸。

启示：对待自觉性比较差的员工，一味地为他创造良好的软环境去帮助他，并不一定让他感受到"萝卜"的重要，有时还离不开"大棒"的威胁。偶尔利用权威对他们进行威胁，会及时制止他们消极散漫的心态，激发自身的潜力。自觉性强的员工也有满足、停滞、消沉的时候，也有依赖性，适当的批评和惩罚能够帮助他们认清自我，重新激发新的工作斗志。

（三）激励在管理活动中的作用

对激励的研究在于回答人类行为的原因，例如，为什么有的人坚持按时完成工作，而有的人则必须在督促下才勉强达到工作的最低要求？管理者对这些问题是非常关心的。因为管理的目标就是实现组织的目标，而实现组织目标要靠组织中所有成员的积极努力，而激励则对激发人们的动机、鼓励干劲、调动人们内在的潜力去实现组织目标有着举足轻重的影响。具体地说，科学的激励制度至少具有以下几个方面的作用：

1. 激励有利于充分发挥员工的潜在能力

美国哈佛大学心理学家威廉·詹姆士在对员工激励的研究中发现，按时计酬的分配制度仅能让员工发挥 20%～30% 的能力，因为只要做到这一点，就足以使自己保住饭碗。如果受到充分激励的话，其能力可以发挥出 80%～90%，即能完成相当于原来三、四个人的工作量。两种情况之间的 60% 的差距是有效激励的效果，可见激励对人潜能的挖掘和利用是多么重要。

2. 激励有利于为组织广泛吸引人才和留住人才

美国的《幸福》杂志每年都要请企业专家评选本国的"500 家大公司"，过去的评价指标主要是那些表明公司经营成果的财务指标，后来则非常重视企业活力中的"软"指标，包括领导班子的素质，产品和服务的质量，吸引、培养和留住优秀人才的能力等。这样就把能否吸引、培养和留住优秀人才的能力放在与财务指标同样重要的位置，并且人力资源管理方面的指标逐渐被认为是终极指标。评价指标的变化，从侧面说明了激励在企业管理中的重要性。

3. 激励有利于实现组织目标，增强组织的凝聚力

如能使每个员工在企业中的发展得到关怀，生活得到关注，员工就会时刻感受到企业的温暖，就会主动地为企业的发展献计献策，这便大大地增强了职工的凝聚力和组织的向心力，进而使职工自觉自愿地为实现组织目标而奋斗终生。

4. 激励有利于营造良性的竞争环境

科学的激励制度包含竞争精神，它的运行能够创造出一种良性的竞争环境，进而形成良性的竞争机制。在具有竞争性的环境中，组织成员就会受到环境的压力，这种压力将转变为员工努力工作的动力。正如麦格雷戈所说："个人与个人之间的竞争，才是激励的主要来源之一。"在这里，员工工作的动力和积极性成了激励工作的间接结果。

趣味链接

梅 花 鹿 与 狼

国外一家森林公园曾养殖几百只梅花鹿，尽管环境幽静，水草丰美，又没有天敌，但几年以后，鹿群非但没有发展，反而病的病，死的死，竟然出现了负增长。后来他们买回几只狼放置在公园里，在狼的追赶捕食下，鹿群只得紧张地奔跑以逃命。这样一来，除了那些老弱病残者被狼捕食外，其它鹿的体质日益增强，数量也迅速增长。

启示：人天生有种惰性，没有竞争就会故步自封，躺在功劳簿上睡大觉。竞争对手就是追赶梅花鹿的狼，时刻让梅花鹿清楚狼的位置和同伴的位置。跑在前面的梅花鹿可以得到更好的食物，跑在最后的梅花鹿就成了狼的食物。按照市场规则，给予"头鹿"奖励，让"末鹿"被市场淘汰。

二、激励理论

管理的核心问题是人的问题，如何搞好对人的管理，充分调动人的积极性和创造性，更好地实现组织目标，这始终是管理的一项基本功能。因此，无论是理论界还是企业界，人们对激励问题都给予了极大的关注。学者对激励理论的研究主要是从两个不同的思路展开的：一是在经验总结和科学归纳的基础上形成的管理学激励理论；二是在人的理性假设基础上，通过严密的逻辑推理和数学模型获得的经济学激励理论。按照研究激励侧面的不同与行为的关系不同，根据理论史上的上述差异，可以把管理激励理论归纳和划分为内容型激励理论、过程型激励理论和行为改造型激励理论。

（一）内容型激励理论

内容型激励理论主要研究行为产生的原因以及如何激发需要、引导行为、实现目标。最常见的内容型激励理论有马斯洛的需要层次理论、赫茨伯格的双因素理论和麦可利兰的成就需要理论。

1. 马斯洛的需要层次论

马斯洛（Abraham Maslow）是美国著名的心理学家和行为科学家，是人本主义心理学的创始人之一。他在 1943 年发表的"人类动机论"一文中首次提出了需要层次理论，并于1954 年在《动机与人格》中做了进一步阐述。如今，这个理论是最著名的激励理论之一，被许多行为学家和管理者所认可，并被运用到实践中去。

马斯洛把人类的各种需要按照它们之间的依赖关系分为五种层次，如图 7-5 所示。

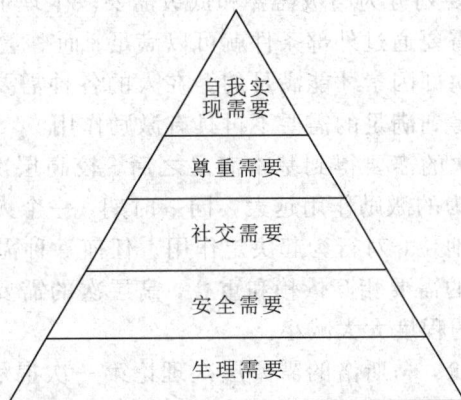

图 7-5　马斯洛的需要层次论

各层次需要的基本含义如下：

（1）生理需要（physiological needs）。

生理需要是人类维持自身生存的最基本要求，包括饥、渴、衣、住、行等方面的要求。如果这些需要得不到满足，人类的生存就成了问题。从这个意义上说，生理需要是推动人们行动的最强大的动力。正如马斯洛本人所指出："如果一个人所有的需要不能得到满足，这个人就会被生理需要所支配，而其他需要都要退到隐蔽的地位。"

（2）安全需要（safety needs）。

安全需要是人类要求保障自身安全、摆脱事业和丧失财产威胁、避免职业病的侵袭、接触严厉的监督等方面的需要。它包括防止意外事故、保障不失业、保障老有所养、安全的工作环境、安全良好的社会。

（3）社交需要（social needs）。

社交需要包括爱和归属的需要。爱的需要，即人都希望伙伴之间、同事之间的关系融洽，保持友谊和忠诚，人人都希望爱别人，也渴望得到别人的爱。归属的需要，即人有一种归属感，都有一种要求归属于一个集团或群体的感情，希望成为其中的一员，并得到相互的关心和照顾。

（4）尊重需要（esteem needs）。

人人都希望自己有稳定的社会地位，要求个人的能力和成就得到社会的承认。尊重需要分为内部和外部两部分。内部尊重就是人的自尊，是指一个人希望在各种不同情境中有实力、能胜任、充满信心、能独立自主。外部尊重是指一个人希望有地位、有威信，受到别人的尊重、信赖和高度评价。马斯洛认为，尊重需要得到满足，能使人对自己充满信心，对社会满腔热情，体验到自己活着的用处和价值。

（5）自我实现需要（self-actualization needs）。

自我实现需要是最高层次的需要，它是指实现个人理想、抱负，发挥个人的能力到最大程度，达到自我实现，接受自己也接受他人，解决问题能力增强，自觉性提高，善于独立处事，要求不受打扰地独处，完成与自己的能力相称的一切事情的需要。也就是说，人必须干称职的工作，这样才会使他们感到最大的快乐。马斯洛提出，为满足自我实现需要所采取的途径是因人而异的。

马斯洛将以上五种需要划分为高级需要和低级需要。生理上、安全上和社交上的需要都属于低级的需要，这些需要通过外部条件就可以满足；而尊重的需要和自我实现的需要是高级需要，它们是通过内部因素才能满足的。在人的各种需要中，只有尚未满足的需要才能影响人的行为，已经得到满足的需要不再具有激励作用。

此外，只有当较低层次的需要得到基本满足之后，较高层次的需要才会变得更迫切，越是迫切的需要对引导行为的激励作用越大。同一时期，一个人可能有几种需要，但每一时期总有一种需要占支配地位，对行为起决定作用。任何一种需要都不会因为更高层次需要的发展而消失。各层次的需要相互依赖和重叠，高层次的需要发展后，低层次的需要仍然存在，只是对行为影响的程度大大减小。

对需要层次理论的评价，马斯洛的需要层次理论第一次揭示了人类行为动机的实质。在一定程度上反映了人类行为和心理活动的共同规律。马斯洛从人的需要出发，探索人的激励和研究人的行为，抓住了问题的关键；指出了人的需要是由低级向高级不断发展的，这一趋势基本上符合需要的发展规律。因此，需要层次理论对企业管理者如何有效地调动人的积极性有启发作用。

但是，马斯洛是离开社会条件、离开人的历史发展以及人的社会实践来考察人的需要及其结构的。其理论基础是存在主义的人本主义学说，即人的本质是超越社会历史的，抽象的"自然人"，由此得出的一些观点就难以适合实际情况。此外，他对需要层次的分析也过于简单、机械，没能充分反映需要之间的关系，没有考虑人的心理因素及社会因素，如经济发展水平、教育程度等对需要的影响。

在管理实践中，管理者要正确认识被管理者需要的层次性。片面看待下属的需要是不正确的，应进行科学分析并区别对待。要结合本组织的特点，同被管理者的各层次需要联系起来，经过科学分析，找出被管理者需要及差别，然后，有针对性地满足被管理者的需要，才能取得良好的激励效果。需要层次在企业中的应用如表 7-5 所示。

表 7-5　需要层次在企业中的应用

需要层次	激励因素（追求的目标）	应　　用
生理需要	工资和奖金、各种福利和工作环境	较高的薪金、舒适的工作环境、合理的工作时间、住房和福利设施、医疗保险等
安全需要	职业保障、防止意外事故	雇佣保证、退休养老金制度、意外保险制度、安全生产制度、危险工种营养福利制度
社交需要	友谊、团体的接纳、组织的认同	建立和谐的工作团队、建立协商和对话制度、互助金制度、联谊小组、教育培养制度
尊重需要	名誉和地位、权力和责任	人事考核制度、职衔、表彰制度、责任制度、授权
自我实现需要	能发挥个人特长的环境、具有挑战性的工作	决策参与制度、提案制度、破格晋升制度、目标管理、工作自主权

2. 赫茨伯格的双因素理论

双因素理论（Two Factor Theory）又叫激励保健理论（Motivator-Hygiene Theory），是

美国的行为科学家弗雷德里克·赫茨伯格(Fredrick Herzberg)提出来的,也叫"双因素激励理论"。

1) 双因素理论的基本内容

20世纪50年代末期,赫茨伯格和他的助手们在美国匹兹堡地区11家工商企业机构中对200名工程师、会计师进行了调查访问。调查中他设计了许多问题,例如,"什么时候你对工作特别满意?""什么时候你对工作特别不满意?""原因是什么?"等。赫茨伯格以对这些问题的回答为材料,着手去研究哪些事情使人们在工作中快乐和满足,哪些事情造成不愉快和不满足。结果他发现,使职工感到满意的都是属于工作本身或工作内容方面的;使职工感到不满的,都是属于工作环境或工作关系方面的。他把前者叫做激励因素,后者叫做保健因素,如表7-6所示。

表7-6　保健因素与激励因素

保健因素	激励因素
金钱 监督 地位 安全 工作环境 政策与行动 人际关系	工作本身 赏识 进步 成长的可能性 责任 成就

保健因素是指造成员工不满的因素。保健因素不能得到满足,易使员工产生不满情绪、消极怠工,甚至引起罢工等对抗行为;但在保健因素得到一定程度的改善以后,无论再如何进行改善往往也很难使员工感到满意,因此也就难以再激发员工的工作积极性,所以就保健因素来说,"不满意"的对立面应该是"没有不满意"。保健因素包括公司政策、管理措施、监督、人际关系、物质工作条件、工资、福利等。当这些因素恶化到人们认为可以接受的水平以下时,就会产生对工作的不满意。但是,当人们认为这些因素很好时,它只是消除了不满意,并不会导致积极的态度,这就形成了某种既不是满意、又不是不满意的中性状态。

激励因素是指能造成员工感到满意的因素。激励因素的改善使员工感到满意的结果,能够极大地激发员工工作的热情,提高劳动生产效率;但即使管理层不给予激励因素的满足,往往也不会使员工感到不满意,所以就激励因素来说,"满意"的对立面应该是"没有满意"。激励因素包括成就、赏识、挑战性的工作、增加的工作责任,以及成长和发展的机会。如果这些因素具备了,就能对人们产生更大的激励。

双因素理论强调,不是所有的需要得到满足都能激励起人的积极性。只有那些被称为激励因素的需要得到满足时,人的积极性才能最大限度地发挥出来。因为缺乏激励因素,并不会引起很大的不满。而保健因素的缺乏,将引起很大的不满,然而具备了保健因素时并不一定会激发强烈的动机。赫茨伯格还明确指出,在缺乏保健因素的情况下,激励因素的作用也不大。

根据双因素理论,导致工作满意的因素与导致工作不满意的因素是有区别的,因此,管理者消除了工作中的不满意因素只能带来不抱怨,而不一定对员工有激励作用。多年来，管理人员一直困惑不解，为什么他们所设想的人事政策和福利制度不能很有效地提高员工的激励水平。赫茨伯格的双因素理论对于回答这个问题大有帮助，因为依照赫茨伯格的理论，管理人员设计的福利制度和人事政策主要属于保健因素，而不是激励因素。

2）双因素理论的评价

赫茨伯格的双因素理论同马斯洛的需要层次论有相似之处，他提出的保健因素相当于马斯洛提出的生理需要、安全需要、感情需要等较低级的需要；激励因素则相当于受人尊敬的需要、自我实现的需要等较高级的需要。当然，他们的具体分析和解释是不同的。但是，这两种理论都没有把"个人需要的满足"同"组织目标的达到"这两点联系起来。赫茨伯格及其同事所做的试验，被有的行为科学家批评为是他们所采用方法本身的产物：人们总是把好的结果归结于自己的努力而把不好的结果归罪于客观条件或他人身上，问卷没有考虑这种一般的心理状态。

另外，被调查对象的代表性也不够，事实上，不同职业和不同阶层的人，对激励因素和保健因素的反应是各不相同的。实践还证明，高度的工作满足不一定就产生高度的激励。许多行为科学家认为，不论是有关工作环境的因素或工作内容的因素，都可能产生激励作用，而不仅是使职工感到满足，这取决于环境和职工心理方面的许多条件。但是，双因素激励理论促使企业管理人员注意工作内容因素的重要性，特别是它们同工作丰富化和工作满足的关系，因此是有一定的积极意义的。

趣味链接

一条腿的烤鸭

某王爷手下有个著名的厨师，他的拿手好菜是烤鸭，深受王府里的人喜爱，尤其是王爷，更是倍加赏识。不过这个王爷从来没有给予过厨师任何鼓励，使得厨师整天闷闷不乐。

有一天，王爷有客从远方来，在家设宴招待贵宾，点了数道菜，其中一道是王爷最喜爱吃的烤鸭。当王爷夹了一条鸭腿给客人时，却找不到另一条鸭腿，他便问身后的厨师说："另一条腿到哪里去了？"厨师说："禀王爷，我们府里养的鸭子都只有一条腿！"王爷感到诧异，但碍于客人在场，不便问个究竟。饭后，王爷便跟着厨师到鸭笼去查个究竟。时值夜晚，鸭子正在睡觉。每只鸭子都只露出一条腿。厨师指着鸭子说："王爷您看，我们府里的鸭子不全都是只有一条腿吗？"王爷听后，便大声拍掌，吵醒鸭子，鸭子当场被惊醒，都站了起来。王爷说："鸭子不全是两条腿吗？"厨师说："对！对！不过，只有鼓掌拍手，才会有两条腿呀！"

启示：要使人们始终处于施展才干的最佳状态，卓有成效的方法之一就是表扬和奖励，没有比受到上司批评更能扼杀人们积极性的了。在下属情绪低落时，激励奖赏是非常重要的。

3. 麦克利兰的成就需要理论

美国哈佛大学教授戴维·麦克利兰（David C. McClelland），是当代研究动机的权威心理学家。他从 20 世纪 40~50 年代起就开始对人的需求和动机进行研究，提出了著名的

"三种需要理论"，并得出了一系列重要的研究结论。麦克利兰认为个体在工作环境中有三种重要的动机或需要，即权力需要、亲和需要和成就需要。

1）权力需要（the need for authority and power）

权力需要是指影响或控制他人且不受他人控制的需要。不同人对权力的渴望程度也有所不同。权力需要较高的人喜欢支配、影响他人，喜欢对别人"发号施令"，注重争取地位和影响力。他们喜欢具有竞争性和能体现较高地位的场合或情境，他们也会追求出色的成绩，但他们这样做并不像高成就需要的人那样是为了个人的成就感，而是为了获得地位和权力与自己已具有的权力和地位相称。权力需要是管理成功的基本要素之一。

2）亲和需要（Need for affiliation）

亲和需要是指建立友好亲密的人际关系的需要，即寻求被他人喜爱和接纳的一种愿望。高亲和需要的人更倾向于与他人进行交往，至少是为他人着想，这种交往会给他带来愉快。高亲和需要者渴望友谊，喜欢合作而不是竞争的工作环境，希望彼此之间的沟通与理解，他们对环境中的人际关系更为敏感。有时，亲和需要也表现为对失去某些亲密关系的恐惧和对人际冲突的回避。亲和需要是保持社会交往和人际关系和谐的重要条件。

3）成就需要（Need for achievement）

成就需要指个人对成功的努力追求和对成就的强烈愿望的需要。有高度成就需要的人有极强的事业心，他们总是寻求能够独立处理问题的工作机会，并且希望及时地了解自己工作的成效。

麦克利兰的成就需要理论在企业管理中有很大的应用价值。首先，在人员的选拔和安置上，通过测量和评价一个人动机体系的特征对于如何分派工作和安排职位有重要的意义。其次，由于具有不同需要的人需要不同的激励方式，了解员工的需要与动机有利于合理建立激励机制。再次，麦克利兰认为动机是可以训练和激发的，因此可以训练和提高员工的成就动机，以提高生产率。

（二）过程型激励理论

过程型激励理论着重研究个体从动机的产生到采取行动的心理过程，并且认为行为是行为后果的函数，可以通过改变行为的后果来改变行为。过程型激励理论主要包括公平理论和期望理论。

1. 公平理论

公平理论又称社会比较理论，由美国心理学家约翰·斯塔希·亚当斯（John Stacey Adams）于1965年提出。该理论侧重于研究工资报酬分配的合理性、公平性及其对职工产生积极的影响。

1）公平理论的内容

公平理论指出，人的工作积极性不仅与个人实际报酬多少有关，而且与人们对报酬的分配是否感到公平更为密切。人们总会自觉或不自觉地将自己付出的劳动代价及其所得到的报酬与他人进行比较，并对公平与否做出判断。公平感直接影响职工的工作动机和行为。因此，从某种意义上来讲，动机的激发过程实际上是人与人进行比较，做出公平与否的判断，并据以指导行为的过程。公平理论研究的主要内容是职工报酬分配的合理性、公平性及其对职工产生积极性的影响。

亚当斯认为，职工的积极性取决于他所感受的分配上的公正程度（即公平感），而职工的公平感取决于一种社会比较或历史比较。所谓社会比较，是指职工对他所获得的报酬（包括物质上的金钱、福利和精神上的受重视程度、表彰奖励等）与自己工作的投入（包括自己受教育的程度、经验、用于工作的时间、精力和其他消耗等）的比值与他人的报酬和投入的比值进行比较。所谓历史比较是指职工对他所获得的报酬与自己工作的投入的比值同自己在历史上某一时期内的这个比值进行比较。

每个人都会自觉或不自觉地进行这种社会比较，同时也要自觉或不自觉地进行历史比较。当职工对自己的报酬作社会比较或历史比较的结果表明收支比率相等时，便会感觉受到了公平待遇，因而心理平衡，心情舒畅，工作努力。如果认为收支比率不相等时，便会感觉自己受到了不公平的待遇，随之产生怨恨情绪，影响工作积极性。

2）公平关系式

公平理论可以用公平关系式来表示。设当事人 p 和被比较对象 x，则当 p 感觉到公平时，其表达式为

$$Q_p/I_p = Q_x/I_x$$

式中：Q_p—— 自己对所获报酬的感觉；

$\quad\quad$ Q_x—— 自己对别人所获报酬的感觉；

$\quad\quad$ I_p—— 自己对所投入量的感觉；

$\quad\quad$ I_x—— 自己对别人所投入量的感觉。

当上式为不等式时，可能出现以下两种情况：

（1）$Q_p/I_p < Q_x/I_x$。

在这种情况下，他可能要求增加自己的收入或减少今后的努力程度，以便使左式增大，趋于相等；第二种办法是他可能要求组织减少比较对象的收入或者让其今后加大努力程度以便使右式减小，趋于相等。此外，他还可能另外找人作为比较对象，以便达到心理上的平衡。

（2）$Q_p/I_p > Q_x/I_x$。

在这种情况下，他可能要求减少自己的报酬或在开始时多做些工作，但久而久之他会重新估计自己的技术和工作情况，直到他觉得确实应当得到那么高的待遇，于是产量便又会回到过去的水平了。

除了横向比较之外，人们也经常做纵向比较，只有相等时才会认为公平，即

$$Q_p/I_p = Q_H/I_H$$

式中：Q_H—— 对自己过去报酬的感觉；

$\quad\quad$ I_H—— 对自己过去投入的感觉。

当上式为不等式时，也可能出现以下两种情况：

（1）$Q_p/I_p < Q_H/I_H$。

当出现这种情况时，人也会有不公平的感觉，这可能导致工作积极性下降。

（2）$Q_p/I_p > Q_H/I_H$。

当出现这种情况时，人不会因此产生不公平的感觉，但也不会觉得自己多拿了报酬，从而主动多做些工作。调查和试验的结果表明，不公平感的产生，绝大多数是由于经过比较认为自己报酬过低而产生的。

2. 期望理论

期望理论(Expectancy Theory)又称作"效价—手段—期望理论",是北美著名心理学家和行为科学家维克托·弗鲁姆(Victor H. Vroom)于 1964 年在《工作与激励》中提出来的激励理论。

1) 期望理论的内容

期望理论认为,人们之所以采取某种行为,是因为他觉得这种行为可以有把握地达到某种结果,并且这种结果对他有足够的价值。换言之,激励水平取决于人们认为在多大程度上可以期望达到预计的结果,以及判断自己的努力对于个人需要的满足是否有意义。这种需要与目标之间的关系用公式表示即

激励力(工作动力)＝期望值(工作信心)×效价(工作态度),公式用字母表示为

$$M = E \times V$$

式中:激励力(M):是指通过期望值和效价的相互作用,某一事物对个体所起到激励作用的大小。

期望值(E):是指个体对某个目标能否实现的概率的估计,也可以理解为被激励对象对目标能够实现的可能性大小的估计。在日常生活中,人们往往根据以往的经验来判断一定行为能够导致某种结果或满足某种需要的概率。

效价(V):是个人对于某一特定结果的评价的一种量度。效价可以是正值,也可以是负值,这取决于结果所造成的影响如何,以及个人对这一结果的感觉。在现实生活中,由于个人需要不同、所处环境不同,从而导致每个人对同一目标的效价评价也不相同。

根据期望模型,如图 7-6 所示,要有效地激发员工的工作动机,调动员工的积极性,需要处理好以下三种关系:

努力 —取得→ 绩效 —受到→ 奖励 —满足→ 需要

图 7-6　期望模型

(1) 努力与绩效的关系。

人总希望通过努力达到预想的结果。如果他认为通过努力自己有能力达到目标,就会有信心、有决心,就会激发出强大的力量,反之就会失去内部的动力。

(2) 绩效与奖励的关系。

员工期望在达到预期的绩效后能得到适当的、合理的奖励。如果只要求人们对组织做出贡献,而组织却没有行之有效的物质或精神奖励制度进行强化,时间一长,人们被激发的内部力量会逐渐消退。

(3) 奖励与满足个人需要的关系。

人们希望奖励能满足个人的需要,由于人与人之间在年龄、性别、资历、社会地位、经济条件等方面存在着差别,在需要上也有明显的个别差异,因此对同一种奖励,不同的人体验到的效价不同,它所具有的吸引力也不同。

2) 期望理论的评价

弗鲁姆的期望理论对于有效地调动人的积极性,做好人的思想政治工作,具有一定的启发和借鉴意义。因为期望理论是在目标尚未实现的情况下研究目标对人的动机影响。一

个好的管理者，应当研究在什么情况下使期望大于现实，在什么情况下使期望等于现实，以更好地调动人的积极性。弗鲁姆的模型虽然看到和探讨了工作激励的复杂性，但把它具体地应用于管理实践还比较抽象，因而有人认为从理论的角度讲，这个理论似乎有助于阐明激励的复杂过程，但对解决具体的激励问题并无多大帮助。尽管这样，不少人认为这一模型还是有它的实践价值。

（三）行为改造型激励理论

行为改造型激励理论从另一个角度对激励行为做出了有益的探讨和研究，这类研究的代表理论有强化理论和归因理论等。

1. 强化理论

强化理论是美国的心理学家和行为科学家斯金纳、赫西、布兰查德等人提出的一种理论。斯金纳最初把它应用于训练动物上，后来又将它进一步发展并用于人的学习上。现在，强化理论又被广泛地应用于激励人和改造人的行为。和其他的激励理论不同，斯金纳的强化理论几乎不涉及主观判断等内部心理过程，而只讨论刺激和行为的关系。

强化理论在管理学上属于行为主义学派，强化理论主要的观点是：人的行为是对其所获刺激的函数，如果刺激对他有利，他的行为就可能重复出现；如果刺激对他不利，则他的行为就可能减弱甚至消失。根据强化的性质和目的，强化可被分为正强化和负强化两种基本类型。

（1）正强化。

正强化就是奖励那些符合企业目标的行为，以便使这些行为得以进一步加强、重复地出现，从而有利于企业目标的实现。正强化的方法包括奖金、对成绩的认可、表扬、改善工作条件和人际关系、提升、安排担任挑战性的工作、给予学习和成长的机会等。正强化的科学方法是：应使其强化的方式保持间断性，强化的时间、数量也不固定，即管理人员应根据企业的需要和职工的行为状况，不定期、不定量地实施强化。

（2）负强化。

负强化是惩罚那些不符合企业目标的行为，以便使这些行为削弱，甚至消失，从而保证企业目标的实现。负强化也包括物质处罚和精神处分，如减薪、扣奖、罚款、批评、降级等都是可用的方法。在有些情况下，不进行正强化往往也是一种负强化。与正强化相反，负强化应主要采用连续方式，即对每次不符合组织目标的行为都及时予以负强化，以做到及时纠偏。

强化理论只讨论外部因素或环境刺激对行为的影响，忽略人的内在因素和主观能动性对环境的反作用，具有机械论的色彩。但是，许多行为科学家认为，强化理论有助于对人们行为的理解和引导。因为，一种行为必然会有后果，而这些后果在一定程度上会决定这种行为在将来是否重复发生。那么，与其对这种行为和后果的关系采取一种碰运气的态度，就不如加以分析和控制，使大家都知道应该有什么后果最好。这并不是对职工进行操纵，而是使职工有一个最好的机会在各种明确规定的方案中进行选择。因而，强化理论已被广泛地应用在激励和人的行为的改造上。

趣味链接

南 风 法 则

北风和南风比威力，看谁能把行人身上的大衣脱掉。北风首先刮起了一股凛冽刺骨的寒风，想把大衣吹掉，结果行人反而把大衣裹得更紧。

南风则徐徐吹动，顿时风和日丽，行人感到很暖和，于是解开纽扣，继而脱掉大衣。南风获得了胜利。

启示：南风法则说明了一个道理——温暖胜于严寒。管理者在管理中运用南风法则，就是要尊重和关心下属，多点人情味，从而使下属丢掉包袱，激发他们的积极性。这样，效果往往比不断地批评好。

2. 归因理论

"归因"指的是根据人的外在表现对其内在心理状态做出解释和推论。归因理论侧重于研究个人的知觉与其行为之间的关系。换言之，它主要在于研究人的行为受到激励是"因为什么"的问题。

1958年，海德(Fritz Heider)在他的著作《人际关系心理学》中，从通俗心理学的角度提出了归因理论，该理论主要解决的是日常生活中人们如何找出事件的原因。海德认为事件的原因无外乎有两种：一是内因，比如情绪、态度、人格、能力等；二是外因，比如外界压力、天气、情境等。一般人在解释别人的行为时，倾向于性格归因；在解释自己的行为时，倾向于情景归因。

20世纪70年代初，美国心理学家韦纳(B. Weiner)尝试用归因解释成就动机，从而创造性地将这两者有机地结合在一起，形成了至今仍颇有影响力的动机归因理论。

韦纳认为，人们对自己的成功和失败主要归结于四个方面的因素：能力、努力、任务难度和运气。能力即评估个人对该项工作是否胜任；努力即个人反省检讨在工作过程中是否尽力而为；工作难度即凭个人经验判定该项工作的困难程度；运气即自认为此次各种成败是否与运气有关。这四种因素可按内外因、稳定性和可控制性三个维度分类：从内外因方面来看，能力和努力属于内部原因，而任务难度和运气则属于外部原因；从稳定性来看，能力和任务难度属于稳定因素，努力与运气则属于不稳定因素，从可控制性来看，努力是可以控制的因素，而任务难度和运气则超出个人控制的范围。

韦纳的研究进一步指出，人们对成功与失败的归因，对以后的工作积极性有很大影响。

(1) 如果把成功归结于内部原因，即努力和能力，就会使人感到满意和自豪；而如果把成功归因于外部原因，即任务难度、运气，会使人产生惊奇和感激的心情。

(2) 如果把失败归于内部原因，就会使人产生内疚和无助的感觉；而如果把失败归于外部原因，就会产生气愤和敌意。

(3) 如果把成功归因于稳定因素，即任务难度或能力，就会提高以后的工作积极性；把成功归功于不稳定因素，如运气或努力，那么以后的工作积极性可能提高也可能降低。

(4) 如果把失败归因于稳定因素，如任务难或能力弱，就会降低以后的工作积极性；而把失败归于不稳定因素，如运气不好或努力不够，则可能提高以后的工作积极性。

综上所述，可以看到归因理论指出了人的行为的复杂性。掌握了人的行为归因的规律，就可以根据已有的归因模型，对理解和解释人的行为的归因倾向进行引导，从而更好地激发人的工作动机，调动人的工作积极性。

三、激励的模式与方法

（一）波特—劳勒(Porter and Lawler)的综合激励模式

1968 年，美国管理学家波特(Lyman W. Porter)和劳勒(Edward E. Lawler)在弗鲁姆模型的基础上，又增加了反馈路线，补充了几种影响因素，而导出一种更加合理的激励过程模型，被称作波特—劳勒模型。从内容上看，该模型实际上是前述多种激励理论研究成果的综合，其特点是将激励看成是一个循环的完整过程。

波特—劳勒激励模式的基本过程可以概括为以下几个方面。

1. 个人的努力程度

它综合地取决于某项奖酬(精神或物质奖酬)对个人的价值以及个人对努力是否会导致这一奖励的可能性(即概率)的主观估计。努力导致奖酬的可能性受过去经验和实际绩效的影响。如果有把握完成任务，并对奖酬的概率更加清楚，他将乐意做出努力。

2. 通过努力取得的工作绩效

工作绩效是个人的工作表现和实际成果，它取决于个人完成特定任务的能力与素质、个人努力程度以及自己对所需完成任务的了解程度。个人完成特定任务的能力与素质主要表现为完成特定任务所需的必要业务知识和技能等。个人对所需完成任务的了解程度，包括对完成特定任务所需从事的活动以及影响任务完成的其他因素的理解和掌握。

3. 得到的奖励

波特和劳勒将得到的奖励分为外在奖酬和内在奖酬。外在奖酬指的是工资、提升、地位、安全感等，按照马斯洛的需求层次论，它主要是满足一些低层次的需要。内在奖酬是指一个人由于工作成绩良好而给予自己的报酬和奖励，如感到完成了一件有意义的工作，对社会做出了贡献等，它对应的是一些高层次的需要的满足，与工作成绩直接相关。

当然，这两种奖酬还不能就决定个人需要是否得到了满足，其间还要经过"期望的公平奖酬"来调节。也就是说，个人要把自己所得报酬同自己认为应该得到的报酬相比较。若认为相符，就会获得满足，并激励自己在今后的工作中更加努力；若得到的报酬低于"期望的公平奖酬"，即使得到的绝对量不少，个人也会感到不满足、失落，工作兴趣则会受到影响。

4. 得到满足

满足是个人完成某项特定任务或实现某个特定目标时所体验到的满足感觉。激励措施是否满意，取决于受激励者认为获得的报酬是否公平。长期以来一直存在着对满足和工作绩效之间关系的争论，但是波特和劳勒认为，激励、工作绩效和满足都是独立的变量，满足取决于工作绩效甚于工作绩效取决于满足。波特—劳勒根据收集到的资料认为，传统的观念是满足导致工作绩效，但实际上可能是工作绩效导致满足。

5. 满足程度的反馈

满足程度的反馈影响下一次的努力程度。个人如果得到满足会导致进一步的努力，如若感到不满足则会导致努力程度的降低甚至离开工作岗位。

　　和前面的激励理论相比，波特—劳勒的激励模型是个比较动态的模型，它描述了激励员工的一个完整的过程。而且，它恰当地吸收了公平理论和弗鲁姆的期望理论的内容，引入了更多的影响激励效果的变量，从而显得更加合理和符合实际。但是，它是一个非常复杂的模型，正由于牵涉到很多变量，这使得它应用于实践比较困难。

趣味链接

鹰的蜕变

　　一个人在高山之巅的鹰巢里，抓到了一只幼鹰，他把幼鹰带回家，养在鸡笼里。这只幼鹰和鸡一起啄食、打闹和休息。它以为自己是一只鸡。这只鹰渐渐长大，羽翼丰满了，主人想把它训练成猎鹰，可是由于终日和鸡混在一起，它已经变得和鸡完全一样，根本没有飞的愿望。主人试了各种办法都毫无效果，最后把它带到山顶上，一把将它扔了出去。这只鹰像块石头似的，直掉下去，慌乱之中它拼命地扑打翅膀，就这样，它终于飞了起来！

　　启示：每个人都希望用自己的能力来证明自身价值，下属也不例外。给他们更大的空间去施展自己的才华，是对他们最大的尊重和支持。不要害怕他们失败，给予适当的扶持和指点，放开你手中的"雄鹰"，让他们翱翔于更宽阔的天空。

（二）有效激励的方法

1. 物质激励法

　　物质激励是激励的主要形式之一。物质激励是指运用物质的手段使受激励者得到物质上的满足，从而进一步调动其积极性、主动性和创造性，具体形式有发放奖金、提高工资、员工持股和股票期权等。

　　物质激励还分为个人激励和团体激励。由于物质需要是人类的第一需要，也是基本需求，所以物质激励是激励的主要模式，在我国，由于职工收入较低，所以更是我国企业内部使用得非常普遍的一种激励模式。物质激励主要是改善薪酬福利分配制度，使其具有激励功能。

2. 精神激励法

　　精神激励即内在激励，是指精神方面的无形激励，包括向员工授权、对他们的工作绩效的认可，提供公平、公开的晋升制度，提供学习和发展的机会，实行灵活多样的弹性工作时间制度，以及制定适合每个人特点的职业生涯发展道路等。精神激励是一项深入细致、复杂多变、应用广泛，影响深远的工作，它是管理者用思想教育的手段倡导企业精神，是调动员工积极性、主动性和创造性的有效方式。

　　精神激励的方式主要包括以下几种：

　1）情感激励法

　　情感是影响人们行为最直接的因素之一，任何人都有渴望各种情感的需求。这就要求领导者要多关心群众生活，关心群众的精神生活和心理健康，提高员工的情绪控制力和心理调节力，努力营造一种相互信任、相互关心、相互体谅、相互支持、互敬互爱、团结融洽的氛围。

2）领导行为激励法

有关研究表明，一个人在报酬引诱及社会压力下工作，其能力仅能发挥 60％，其余的 40％有赖于领导者去激发。

3）榜样典型激励法

人们常说，榜样的力量是无穷的。绝大多数员工都是力求上进而不甘落后的。如果有了榜样，员工就会有努力的方向和赶超的目标，从榜样成功的事业中得到激励。

4）奖励惩罚激励法

奖励是对员工某种良好行为的肯定与表扬，以使员工获得新的物质和心理上的满足。惩罚是对员工某种不良行为的否定和批评，以使员工从失败和错误中汲取教训，以克服不良行为。奖励和惩罚得当，有利于激发员工的积极性和创造性。

5）信任激励法

要建立起和谐、积极的上下级关系，信任是一个基本法宝。上下级之间的相互理解和信任是一种强大的精神力量，它有助于人与人之间的和谐共振，有助于团队精神和凝聚力的形成。管理者可以适当向下属授予相应权力，以增强下属的责任意识和自主性，也有助于下属实现自身价值。

6）支持激励法

支持员工的工作，支持员工的创新，支持员工的提案等对员工是很大的激励。例如，"我支持你这样做"比"我命令你这样做"好得多；"你放心去实施，我保障条件"等，员工从中看到自己的价值。

除此之外，还有尊重激励法、职务激励法等。精神激励层次较高，深度较大，效果较好，维持时间也较长，是一种"不花钱"的有效激励手段。

3. 目标激励法

目标是人们通过努力所要达到的满足需要的预期结果。通过设置一定的目标作为诱因，刺激人们未满足的需要，激发起人们实现目标的欲望，这是激励的基本过程。因此，通过设置目标激励人的积极性，是激励的基本原则。激励的目标可以是物质的，也可以是精神的。根据激励的理论和激励的原则，要使目标为职工所认同，并激发员工更大的积极性，需要把握以下几点：

1）正确选择目标方向

这是管理学中首先强调"做什么"而非"怎么做"的原因。如果方向错误，不仅会劳而无功，甚至会给组织带来更大的损失。目标应该明确具体，不要过于抽象笼统。应将员工的工作目标与奖励挂钩，明确员工完成工作目标后将给予什么物质或精神奖励。明确而具体的目标本身就是一种内部激励因素。

2）目标的价值

即让被激励者意识到实现目标对集体、对自己有多大意义。目标价值越大，人们的投入程度越高。

3）目标的难度要适中，成功概率要大

要遵循步步为营的原则，可以把一个大目标分为几个阶段、几个小目标，以便逐步实现。目标激励法特别适用于那些需要层次较高、工作独立性较强而工作规范性较弱的人员。

4. 参与激励法

职工参与决策这一方法，日益得到人们的认同和运用。应该看到，在一个组织工作一段时间后，大多数员工都能发现问题的症结出在了何处，也考虑过该如何解决此项问题，并能够找出解决的办法。因此，让职工适当地参与管理，既能激励职工，又能为组织的成功获得有价值的意见。员工参与决策可通过工会、顾问团体等形式进行。

让员工参与管理、参与决策具有以下优点：可以提高员工的工作投入程度，增强其责任感，容易使他们把个人目标同集体目标统一起来，把员工的专业知识应用于决策过程；管理部门可获得员工关于日常工作的反馈意见，及时调整经营管理策略；可以提高员工在集体中的自我价值，感到自己是集体的重要一员，当其意见被采纳时，便会产生心理上的满足；密切领导与群众的关系，增强民主气氛，产生内聚力和向心力。

5. 成就激励法

随着社会的发展，人们生活水平的提高，越来越多的人在选择工作时已经不仅是为了生存。特别是对知识型员工而言，工作更多是为了获得一种成就感，所以成就激励成为员工激励的一种重要方式。根据作用不同，可以细分为组织激励、榜样激励、荣誉激励、绩效激励和理想激励五个方面。

1）组织激励

在企业组织的制度上为员工参与管理提供方便，这样更容易激励员工，提高工作的主动性。管理者首先要为每个岗位制定详细的岗位职责和权利，让员工参与到制定工作目标的决策中来。在工作中，让员工对自己的工作过程享有较大的决策权。这些都可以达到激励的目的。

2）榜样激励

榜样激励法是通过组织树立的榜样使组织的目标形象化，实际上是通过号召组织内成员向榜样学习，达到提高绩效的目的。运用榜样激励法首先要树立榜样，榜样不能人为地拔高培养，要自然形成。当然，必要的引导扶持还是需要的。选择榜样时要注意，树立的榜样应确实是组织中的佼佼者，这样才能使人信服，还要注意榜样的群众关系要好，否则难以有号召力。

榜样激励法在实际运用中，可以是领导以身作则，也可以树立员工成功典范，例如，成功的业务员、成功的客户经理等。为员工树立榜样，让他们看到自己通过努力可以得到的荣誉和报酬，从而形成努力向上的风气。

3）荣誉激励

为工作成绩突出的员工颁发荣誉称号，代表企业对这些员工工作的认可。让员工知道自己是出类拔萃的，以便激发他们的工作热情。

4）绩效激励

在绩效考评工作结束后，让员工知道自己绩效考评的结果，有利于员工清醒地认识自己。只有员工了解企业对他工作的评价，才会对他产生激励作用。

5）理想激励

每位员工都有自己的理想，如果他发现自己的工作是在为自己的理想而奋斗，就会焕发出无限的热情。因此，管理者应该了解员工的理想，并努力将公司的目标与员工的理想结合起来，实现公司和员工的共同发展。

6. 能力激励法

为了更好地顺应竞争趋势，每个人都有发展自己能力的需求，具体可以通过以下两种途径来满足员工这方面的需求：

1）培训激励

培训激励对青年人尤为有效。通过培训，可以提高员工实现目标的能力，为承担更富挑战性的工作及提升到更重要的岗位创造条件。

2）工作激励

这是通过给员工以挑战性的工作，让员工看到并分享自己的努力和劳动成果，以满足其个人成长需要和成就感，从而达到激励的目的。工作激励主要有以下三种形式：

（1）工作轮换。

一些研究者认为，工作中的不同任务会激励人们做出更好的业绩。在事先确定的基础上，员工可在组织内几种相关工作之间进行轮换。他们在不同的工作岗位上从主管人员那里获取工作知识和经验。在制定轮换方案时，需要仔细计划，必须记住"由简到难"原则。该方法在培训工作中能够有效地激励员工，有助于员工的成长和发展。

（2）工作扩大化。

该方法是通过对工作的再设计，把相关活动纳入到现行工作中来。它容许员工在规定的范围内决定自己的工作节拍，通过给予他们质量控制的责任进行自我监督，改正自己的错误。

这个方法通过提出具有挑战性而有意义的工作来激励员工。工作的范围可从横向和纵向两个方面扩大。横向扩大指把相似的职责注入工作之中。例如，当一个零件或产品的装配或者一个作业过程涉及三四个操作工序时，员工就可以接受所有操作的培训，并在每个操作中进行轮换。工作范围扩大的另一方式是纵向扩大。在这种方式下，工作将被注入另外的职责。例如，除了分配给一个员工制造产品的职责外，还让他负责质量检查以及对工作的自我检查等。

（3）工作丰富化。

工作丰富化的意思是给员工分配更难的工作。工作目标被制定得较高，需要做出额外的决策，期望员工运用更高的技术，花费更大的努力。工作丰富化的精髓在于为人们提供更多的责任感、完成一项完整任务的自由以及对其绩效的及时反馈。工作丰富化创造出一种自我管理式的工作，员工对其工作任务从计划到控制阶段全面负责，因此，员工生产积极性也就高。

本 章 小 结

所谓领导就是指挥、带领、引导和鼓励部下为实现目标而努力的过程。在指挥、带领、引导和鼓励部下为实现组织目标而努力的过程中，领导者要具体发挥指挥、协调和激励三个方面的作用。从行为方式看，领导和管理都是在组织内部通过影响他人的协调活动，实现组织目标的过程；从权力的构成看，两者都与组织层级的岗位设置有关。领导理论研究的初期集中于领导特质的研究，人们往往认为领导者的个人品质特征是决定领导者工作成效的主要因素，不同研究者对于领导者应该具有的特质提出了各自不同的观点。领导行为理论的研究者们力图对不同的领导行为风格进行分类，试图找出最为优秀、最行之有效的领导风格。领导权变理论认为不存在一种"普遍存在"的领导方式或领导风格，领导工作强烈地受到领导者所处的客观环境的影响。

　　激励就是管理者运用各种管理手段，刺激被管理者的需要，激发其动机，引导并促进被管理者产生有利于管理目标行为的过程。激励过程就是一个由需要开始到需要得到满足为止的连锁反应。激励理论包括内容型激励理论和过程型激励理论。内容型激励理论中具有代表性的理论是需要层次理论、双因素理论、成就需要理论。过程型激励理论中具有代表性的理论是期望理论、公平理论和强化理论。在管理实践中不存在对任何人都适用的激励模式。管理者只有深刻理解激励理论的精髓，真正把握员工的需要，才能真正激发员工努力工作的热情。激励是管理者需要掌握的最具有挑战性的技能，它既要建立在科学理论的基础上，又要具有强烈的艺术性。

　　★ 知识结构图

```
                              ┌ 领导的含义
                  ┌ 领导与领导者─┤ 领导者与管理者的联系和区别
                  │           │ 领导的权利与影响
                  │           └ 领导的作用
                  │           ┌ 领导特质理论
                  │ 领导方法与艺术─┤ 领导行为理论
                  │           │ 权变理论
领导与领导力培养─┤           └ 最新理论
                  │ 领导方法与艺术─┤ 领导方法
                  │           └ 领导艺术
                  │ 领导力培养与开发─┤ 领导力的评价要素
                  │             └ 领导力的培养与开发
                  │      ┌ 激励的含义
                  └ 员工激励─┤ 激励理论
                         └ 激励的模式与方法
```

思 考 题

1. 领导的含义是什么？
2. 领导与管理有何区别与联系？
3. 如何理解领导在管理中的地位与作用？
4. 领导者的权力来源有哪些？如何正确地使用这些权力？
5. 菲德勒领导权变理论的主要内容是什么？
7. 从所学的领导方式及其理论中，你得到了哪些启示？
8. 常用的激励方法有哪些？

练 习 题

一、单项选择题

1. 领导的实质是指（　　）
   A. 决策　　　　　　　　　　　　B. 指挥
   C. 对被领导者施加影响力　　　　D. 管制、监督下属

2. 领导者有权对组织内部的一些违纪行为给予一定的处分或惩罚，指的是（　　）
   A. 法定权　　　　B. 强制权　　　　C. 奖赏权　　　　D. 处分权

3. 在布莱克的方格理论中，属于战斗集体型的管理是（　　）
   A.（1，9）型　　B.（9，1）型　　C.（9，9）型　　D.（5，5）型

4. 根据布莱克的方格理论，最为有效的管理应是（　　）
   A.（1，9）型　　B.（9，1）型　　C.（9，9）型　　D.（5，5）型

5. 在领导理论研究中，最先提出领导周期理论的是（　　）
   A. 赫塞　　　　　B. 布兰查德　　　C. 费德勒　　　　D. 科曼

6. 对于较不成熟的下属，较为有效的领导风格是（　　）
   A. 指导型　　　　B. 推销型　　　　C. 参与型　　　　D. 授权型

7. 对于高度成熟的下属，较为有效的领导风格是（　　）
   A. 指导型　　　　B. 推销型　　　　C. 参与型　　　　D. 授权型

8. 将领导者分为事务型领导者和战略型领导者是以（　　）为标准来分的。
   A. 领导者权力运用方式
   B. 领导者在领导过程中进行制度创新的方式
   C. 领导者在领导过程中的思维方式

9. 俄亥俄州立大学队领导方式的研究发现，（　　）的领导者一般更能使下属达到高绩效和高满意度。
   A. 高关怀－高定规　　　　　　　B. 高关怀－低定规
   C. 低关怀－高定规　　　　　　　D. 低关怀－低定规

10. 下列理论（　　）不属于领导情景论。
    A. 权变理论　　　　　　　　　　B. 路径－目标理论
    C. 领导生命周期理论　　　　　　D. 管理方格论

11. （　　）认为各种领导方式都有可能在一定环境内有效，这种环境是多种外部与内部因素的综合作用体。
    A. 权变理论　　　　　　　　　　B. 路径－目标理论
    C. 领导生命周期理论　　　　　　D. 管理方格论

12. 管理方格论中，表示领导者只重视任务效果而不重视下属发展和士气的是（　　）。
    A. 乡村俱乐部　　　　　　　　　B. 贫乏型
    C. 中庸之道　　　　　　　　　　D. 团队型
    E. 任务型

13. 乡村俱乐部型领导方式位于管理方格图的（　　）格。

A. 9.1　　　　B. 1.9　　　　C. 5.5　　　　D. 9.9　　　　E. 1.1

14. 根据权变理论，在环境较差的情况下，采用（　　）的方式比较有效。
    A. 高 LPC 型领导方式　　　　　　　B. 低 LPC 领导方式
    C. 团队型领导方式　　　　　　　　D. 任务型领导方式

15. 如果追随者的独立性较强，工作水平高，那么采取（　　）的领导方式是不适宜的。
    A. 专权型领导　　　　　　　　　　B. 民主型领导
    C. 魅力型领导　　　　　　　　　　D. 事务型领导

16. 在菲特勒模型中，下列哪种情况属于较好的领导环境（　　）。
    A. 人际关系差，工作结构复杂，职位权力强
    B. 人际关系差，工作结构简单，职位权力强
    C. 人际关系好，工作结构复杂，职位权力弱
    D. 人际关系好，工作结构复杂，职位权力强

17. 下列理论中属于领导行为理论的是（　　）。
    A. 权变理论　　　　　　　　　　　B. 路径—目标一致理论
    C. 领导生命周期理论　　　　　　　D. 管理方格论

18. （　　）领导者关心每个下属的日常生活和发展需要，帮助下属用新观念分析老问题，进而改变他们对问题的看法，能够激励、唤醒和鼓舞下属为达到组织或者群体目标而付出加倍的努力。
    A. 民主型　　　　B. 魅力型　　　　C. 变革型　　　　D. 事务型

19. （　　）领导认为下属是实现目标或任务绩效的工具，群体任务的基本完成情况是领导行为的中心。
    A. 集权型　　　　B. 专制型　　　　C. 工作导向型　　　D. 民主型

20. 关于领导者必须具备的要素，不正确的有（　　）。
    A. 有部下或追随者　　　　　　　　B. 拥有影响追随者的能力或者力量
    C. 具有明确的目的　　　　　　　　D. 没有上级

二、多项选择题

1. 领导职位的权力包括（　　）
    A. 奖赏权　　　　　　　　　　　　B. 强制权
    C. 法定权　　　　　　　　　　　　D. 感召权
    E. 专长权

2. 领导的非职位权力包括（　　）
    A. 奖赏权　　　　　　　　　　　　B. 强制权
    C. 法定权　　　　　　　　　　　　D. 感召权
    E. 专长权

3. 构成非职位权力的影响因素主要有（　　）
    A. 领导者个人的品格　　　　　　　B. 领导者个人的才能
    C. 领导者个人的知识　　　　　　　D. 领导者个人的感情
    E. 传统的观念

4. 费德勒的权变理论认为，影响领导行为的因素有（　　）

A. 上下级关系　　　　　　　B. 任务结构

C. 外部环境　　　　　　　　D. 员工素质

E. 职位权力

5. 四分图理论把领导行为归纳为(　　)

A. 积极因素　　　　　　　　B. 消极因素

C. 体制因素　　　　　　　　D. 体谅因素

E. 职位权力因素

6. 管理方格图设计的维度包括(　　)

A. 对生产的关心　　　　　　B. 对人的关心

C. 对文化的关心　　　　　　D. 对岗位的关心

E. 对目标的关心

7. 领导应包括以下要素(　　)

A. 了解人有各种激励的能力　B. 鼓舞别人的能力

C. 善于沟通的能力　　　　　D. 创造激励气氛的能力

E. 协调个人与组织目标

8. 运用指挥手段应注意以下几个方面(　　)

A. 防止主观和长官意志　　　B. 适当选择指挥形式

C. 把指挥与民主结合　　　　D. 把权威与下属合作井绳结合

E. 贯彻"例外原则"

9. 领导方式主要理论类型有(　　)

A. 领导品质理论　　　　　　B. 领导行为理论

C. 期望理论　　　　　　　　D. 领导权变理论

E. 激励强化理论

10. 利克特指出,基本领导方式有(　　)

A. 专制—权威式　　　　　　B. 开明—权威式

C. 协商式　　　　　　　　　D. 群众参与式

E. 仁慈式民主领导

11. 领导行为理论主要有以下理论(　　)

A. 领导连续带　　　　　　　B. 四分图

C. 领导行为　　　　　　　　D. 领导生命周期

E. 期望理论

12. 较有代表性的权变理论有(　　)

A. 管理方格图　　　　　　　B. 领导生命周期

C. 领导—参与模型　　　　　D. 菲德勒权变理论

E. 途径—目标理论

13. 魅力型领导者的影响力来自哪些方面(　　)

A. 有能力陈述一种下属可以识别的、富有想象力的未来远景

B. 有能力提炼出一种每个人都坚定不移赞同的公司观系统

C. 领先下属并获得他们充分的信任回报

    D. 提升下属对新结果的意识，激励他们为了部门或组织而超越自身的利益

    E. 用战略思维进行决策

14. 领导生命周期理论认为，根据职工成熟度不同则可供选择的典型领导方式有（　　　）

    A. 民主式　　　　　　　　　　　B. 说服式

    C. 命令式　　　　　　　　　　　D. 授权式

    E. 参与式

15. 在途径—目标理论模型中，领导应做以下工作（　　　）

    A. 阐明要求下属进行的工作　　　B. 扫清通道

    C. 及时检查工作　　　　　　　　D. 给职工满足需要的机会

    E. 让职工自己决策

16. 领导工作的指挥行为有以下特点（　　　）

    A. 强制性　　　　　　　　　　　B. 时效性

    C. 直接性　　　　　　　　　　　D. 间断性

    E. 连续性

17. 领导行为论的代表研究包括（　　　）

    A. 管理方格理论　　　　　　　　B. 密执安大学的研究

    C. 俄亥俄州大学的研究　　　　　D. 激励强化理论

18. 领导者权力的来源有（　　　）

    A. 法定性权力　　　　　　　　　B. 奖赏性权力

    C. 惩罚性权力　　　　　　　　　D. 感召性权力

    E. 专长性权力

19. 下列能使领导拥有模范权的领导特质是（　　　）

    A. 无私工作、刚正不阿　　　　　B. 开拓创新、不畏艰险

    C. 关心群众疾苦　　　　　　　　D. 保护下属利益

    E. 主持正义、清正廉洁

20. 菲德勒所确定的对领导的有效性起影响因素的三个维度是（　　　）

    A. 职位权力　　　　　　　　　　B. 任务结构

    C. 上下级关系　　　　　　　　　D. 领导者性格

    E. 管理跨度

案 例 分 析

逐渐巩固领导地位的总经理

    凯申计算机公司和上海张江高科技园区的许多高科技公司一样，以超常规的速度发展，但也面临着来自北京中关村高科技园区、广东深圳地区等大公司的激烈竞争。凯申公司刚开张时，高层管理人员穿着T恤衫和牛仔裤来上班，谁也分不清他们与普通员工有什么区别。然而公司财务上出现了困境，局面开始有了大改变。原先那个自由派风格的董事长虽然留任，但公司聘任了一位新的总经理李伟良。李伟良来自一家办事古板的老牌公司，他照章办事，十分传统，与凯申公司过去的风格相差甚远。公司管理人员对他的态度

是：看看这家伙能待多久？看来冲突、矛盾是不可避免的了。

第一次公司内部危机发生在新任总经理首次召开高层管理会议时，会议定于上午8点半开始，可有一个人9点钟才跌跌撞撞地进来。西装革履的李伟良眼睛瞪着那个迟到的人对大家说："我再说一次，本公司所有的日常公事要准时开始，你们中间谁做不到，今天下午5点之前向我递交辞职报告。你们应该忘掉过去的那一套，从今以后，就是我和你们一起干了。"到下午5点，10名高层管理人员只有2名辞职。此后1个月里，公司发生了一些重大变化。李伟良颁布了几项指令性政策，使已有的工作程序做了较大的改变。一开始，他三番五次地告诫公司副总经理张忠，一切重大事务向下传达之前必须先由他审批。他抱怨下面的研究、设计、生产和销售等部门之间缺乏合作。在这些面临着挑战的关键领域，凯申公司一直没能形成统一的战略。李伟良还命令全面复审公司的福利待遇制度并做修改，随后将全体高层管理人员的工资削减15%，这引起公司一些高层管理人员向他提出辞职。研究部主任这样认为："我不喜欢这里的一切，但我不想马上走，开发计算机对我来说太有挑战性了。"生产部经理也是个不满总经理做法的人，可他的一番话颇令人惊讶："我不能说我很喜欢总经理，不过至少他给我那个部门设立的目标能够达到。当我们圆满完成任务时，李伟良是第一个感谢和表扬我们干得棒的人。"事态发展的另一方面是，采购部经理牢骚满腹。他说："李伟良要求我把今年原料成本削减15%，他还以年终奖引诱我，说假如我能做到的话就给我丰厚的年终奖。但干这个活简直就不可能，从现在起，我另找出路。"

李伟良对销售部的态度却令人不解。蒋华是负责销售的副经理，被人称为"爱哭的孩子"。以前，他每天都到总经理的办公室去抱怨和指责其他部门。李伟良采取的办法是，让他在门外静等，冷一冷他的双脚，见了他也不理会任其抱怨，直接谈公司在销售上存在的问题。过了不多久，蒋华开始更多地跑基层而不是总经理的办公室了。随着时间的流逝，凯申公司在李伟良的领导下恢复了元气。公司管理人员普遍承认李伟良对计算机领域了如指掌，对各项业务的决策无懈可击。李伟良也渐渐地放松了控制，开始让设计和研究部门更放手地去干事。然而，对生产和采购部门，他仍然勒紧缰绳。凯申公司内再也听不到关于李伟良去留的流言蜚语了；人们对他形成了这样的评价：李伟良不是那种对这里情况很了解的人，但他确实领我们上了轨道。

问题：

李伟良进入凯申公司时所采取的领导风格和留任的董事会主席的领导风格有什么不同？

立达公司如何更有效地激励员工？

立达公司地处中关村，是高强博士在1998年创建的。目前，公司每年的销售额达1.7亿元人民币，并计划10年内达到5亿元人民币。面对外界激烈的竞争环境，高强在充分发挥自己管理天赋的基础上创造了一套有效而独特的激励方法，人们一直认为该公司的管理是极为成功的。

高强为职工创造了极为良好的工作环境。公司总部设有网球场、游泳池，还有供职工休息的花园和宁静的散步小道。他规定每周五下午免费为职工提供咖啡，公司还定期举办酒会、宴会及各种体育比赛活动。除此之外，他还允许员工自由选择机动灵活的工作时间。他注意用经济手段来激励员工。例如，他每年都会拿出一部分公司股份用于奖励优秀员工，目前，部分员工已拥有公司股份的 30％了，这极大地激发了员工为公司努力工作的热情。高强还特别注重强化员工的参与管理意识。他要求每个员工都要为公司长远发展提出自己的设想，以加强对公司的了解进而提高他们对公司强烈的责任心和感情，自觉地关心公司的利益。高强本人又是一个极为随和、喜欢以非正式身份进行工作的有才能的管理者。由于他在公司内对管理人员、技术人员和员工都能平等地采取上述一系列措施，公司的绝大多数人员极为赞同他的做法。公司员工都把自己的成长与公司的发展联系起来，并为此感到满意和自豪。当然，高强深知，要长期维持住这样一批忠实工作的群体确实不是件容易的事。随着公司的快速发展，它的增长速度自然会放慢，也会出现一个更为正式而庞大的管理机构。在这种情况下，该如何更有效地激励员工呢？这自然是人们所关心的问题。

问题：

立达公司采取了哪些激励方法？

第八章 沟通与沟通艺术

【学习目标】

- 了解沟通的过程
- 了解不同沟通方式的特点
- 理解正式沟通和非正式沟通之间的差异
- 掌握沟通的主要障碍
- 掌握克服沟通障碍的方法

【案例导入】

原子弹之父罗伯特·奥本海默如何说服罗斯福总统

1941 年 12 月，第二次世界大战的战火正在熊熊燃烧。美国首都华盛顿的街头滴水成冰，夜已经很深了，美国原子弹之父罗伯特·奥本海默一个人在空落落的街上踟蹰。

经过几年的努力，全世界一流的科学家包括爱因斯坦，都被搜罗在他的麾下，实施曼哈顿计划，研制出可供实战使用的原子弹。但是，要开发并制造出能投入到战争中去的原子弹，需要百亿美元的庞大经费和至少 10 万人的投入，这一切，没有总统的支持是不可能的。为了向罗斯福总统说明什么是原子弹，什么是原子核，什么是核裂变，他今天整整讲了 4 个小时，口干舌燥，但这位伟大的总统在核物理方面的知识为零。如果不说服总统的话，想要总统支持他的曼哈顿计划绝无可能。明天早上，他将与总统共进早餐，这也许是最后的机会。

天渐渐亮了，突然，一个想法从他的心头掠过，他一阵窃喜，有救了。在与罗斯福总统共进早餐时，奥本海默给他讲了一个故事。1804 年 12 月，拿破仑加冕为法兰西皇帝，史称拿破仑一世，并以其赫赫战功，成为欧洲大陆霸主。然而法兰西帝国在大陆战场上所向披靡，却在海上屡战屡败。法国的海军被英国海军打得丢盔卸甲、浮尸满海。就在拿破仑在海战中几乎输得精光、一筹莫展的时候，一位工程师求见，他向拿破仑建议，将木质的战舰改成钢制的铁甲舰，将布帆全部卸去，换成蒸汽机涡轮发动机。这位世界战争史上罕见的天才统帅听后，不以为然地一笑：木板改成钢板，船还能漂在水面上吗？卸了布帆，船靠什么前进？就靠那把大茶壶吗？他下令，把这个喋喋不休的疯子轰出去。拿破仑可能永远都不知道，他犯下的是一个什么样的错误。如果他听了这个聒噪不休的"疯子"的话，历史将因此被改写。

听完这个小故事，总统一声未坑。半晌，就在奥本海默完全绝望的时候，总统看着他的公文包说：我不会下令把你这个聒噪不休的疯子轰出去，把你的报告拿出来吧。

资料来源：http://blog, ifeng. com/article/10686810. html.

通过这个故事，可以看到沟通力量的强大，沟通技巧的重要。应该注意到，每天滋生的许多烦恼和问题皆是因为人与人的沟通过程中某个环节出了这样或那样的问题。也许更让人费解的是，沟通不就是简单的对话吗？为什么还会产生这么多误会？是什么原因导致的？如何进行有效的沟通？

通过本章内容的学习，应明确沟通是如何产生的，涉及哪些影响因素，沟通过程中可能出现哪些障碍，以及如何排除这些障碍来提高沟通的效果。

第一节　沟通概述

一、沟通的概念

沟通（communication）一词源于拉丁语的动词"communicare"，意为"分享、传递共同的信息"。英文的"沟通"一词也可以译为"交际"或"社交"，是指社会上人与人之间使用语言等媒介进行思想、观念、感情等的交往、联系和相互作用的一种行为。简单来讲，就是人与人之间进行信息交流的活动。

在管理学家的眼中，沟通则是一种功能。丹尼尔·卡茨（D. Katz）和罗伯特·卡恩（R. Kahn）认为：信息沟通，即交流信息情况和传达意图，是一个社会系统或组织的重要组成部分。而孔茨（H. Koontz）则将沟通解释为信息从发送者转移到接收者那里，并使后者理解该项信息的含义。西蒙则认为，信息沟通是指一个组织成员向另一个组织成员传递决策前提的过程。斯蒂芬·罗宾斯（Stephen P. Robins）则把沟通看做是"意义的传递和理解"。

从管理学角度出发，我们把沟通定义为是信息或思想在两人或两人以上的人群中传递并理解的过程。

沟通包含以下三层含义：

（1）沟通是意义的传递，缺乏信息接收者或发送者的沟通是不存在的。发送者和接收者既可以是个人，也可以是群体或组织。

（2）沟通是一个传递和理解的过程。如果信息没有被传递到对方，则意味着沟通没有发生。沟通会出现障碍，这种障碍包括信息渠道的失真或错误，也包括人特有的心理障碍等。例如，使用语言沟通时，即便是同一语言，由于说话者的口气、语速、神态等不同，人们也会诠释出不同的含义。所以，良好的沟通不等于沟通双方达成一致的意见，更重要的是应准确地理解沟通中信息的含义，最大限度地避免主观偏见。

（3）沟通要有信息内容。这种信息内容不像有形物品那样，信息的传递是通过一些符号来实现的，例如语言、身体动作和表情等，这些符号经过传递往往都附加了发送者和接收者一定的态度、思想和情感。

二、沟通的过程

从沟通的定义中我们了解到，沟通过程中涉及沟通主体（发送者和接收者）和沟通客体（信息）的关系。沟通的起始点是信息的发送者，终结点是信息的接收者。当终结点上的接收者做出反馈时，信息的接收者又转变为信息的发送者，最初的起始点上的发送者就成了信息的接收者。沟通就是这样一个轮回反复的过程，如图8-1所示。

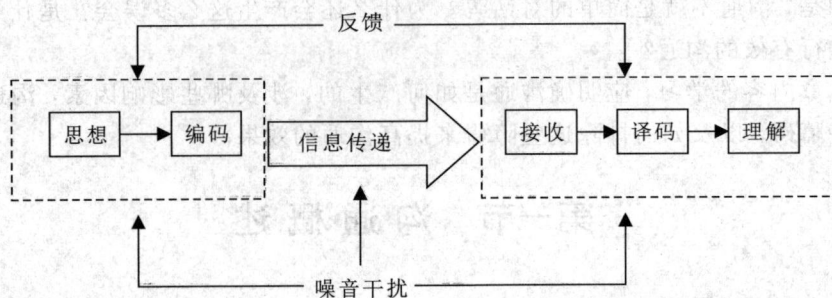

图 8-1　沟通过程

当人们之间需要进行沟通时，沟通的过程就开始了。人与人之间的交流是通过信息的互相传递及了解进行的，因此人际信息的沟通实际上就是互相之间的信息沟通。

1. 信息发送者

信息沟通过程开始于需要沟通的主动者，即信息的发送者。信息发送者把自己的思想、观念、情报、意见、要求转换为自己与接收者双方都能理解的共同"语言"或"信号"，这一过程就叫编码。没有这样的编码，人际信息沟通是无法进行的，就像中国人不会讲英语就无法与只会讲英语的人进行沟通一样。一个组织中，如果组织的成员没有共同语言，也就使组织成员之间的有效沟通失去了良好的基础，除非通过翻译，不过翻译会导致原来信息的失真。

2. 信息传递渠道

渠道是指信息传递的方式或媒介。编码后的信息必须通过一定的信息传递渠道才能传递到接收者那里，没有信息传递渠道，信息就不可能传递出去，沟通也就成了空话。信息传递渠道有很多，其中最常见的人际沟通渠道主要有四种：口头沟通、非语言沟通、书面沟通和电子媒介沟通渠道。各种常见的人际沟通渠道的比较如表 8-1 所示。

表 8-1　各种常见的沟通渠道比较

沟通方式	举　　例	优　　点	缺　　点
口头沟通	交谈、讲座、讨论会、电话	快速传递、快速反馈；信息量很大	传递中经过层次越多，信息失真越严重，核实越困难
书面沟通	报告、备忘录、信件、文件、内部期刊、布告	持久、有形、可以核实	效率低、缺乏反馈
非语言沟通	体态、动作、表情、语调	信息意义十分明确，内涵丰富，含义隐含灵活	传递距离有限，界限模糊；只能意会，不能言传
电子媒介沟通	传真、网络、闭路电视、电子邮件	快速传递、信息容量大、廉价，同时传递多人	单向传递，可以交流，但看不见表情

选择什么样的信息传递渠道，既要看信息沟通场合、双方所处环境的条件等，也与选择所用渠道的成本有关。各种信息沟通渠道都有利弊，信息的传递效率也不尽相同。因此，选择适当的渠道对实施有效的信息沟通是极为重要的。

3. 信息接收者

信息接收者先接收到传递而来的"共同语言"或"信号"，然后按照相应的办法将此还原为自己的语言，即"译码"，这样就可以理解了。当信息接收者需要将他的有关信息传递给原先的信息发送者时，此时他自己变为了信息的发送者。

在接收和译码的过程中，由于接收者的教育程度、技术水平以及当时的心理活动不同，均会导致在接收信息时发生偏差或疏漏，也会导致在译码过程中出现差错，这样就会使信息接收者发生一定的误解，就不利于有效的信息沟通。实际上，即使上述情况不发生，也会因为信息接收者的价值观与理解力导致理解信息发送者真正想法的误差。

趣味链接

风 声 鹤 唳

公元 383 年，符坚组织八十万大军，南下攻打东晋。东晋王朝派谢石为大将，谢玄为先锋，带领八万精兵迎战。

符坚认为自己兵多将广，有足够的把握战胜晋军。他把兵力集结在寿阳（今安徽寿县）东的淝水边，等后续大军到齐，再向晋军发动进攻。

为了以少胜多，谢玄施出计谋，派使者到秦营，向秦军的前锋建议道：贵军在淝水边安营扎寨，显然是为了持久作战，而不是速战速决。如果贵军稍向后退，让我军渡过淝水决战，不是更好吗？秦军内部讨论时，众将领都认为，坚守淝水，晋军不能过河，待后续大军抵达，即可彻底击溃晋军，因此不能接受晋军的建议。但是符坚求胜心切，不同意众将领的意见，说：我军只要稍稍后退，等晋军一半过河，一半还在渡河时，用精锐的骑兵冲杀上去，我军肯定能大获全胜！

于是，秦军决定后退。符坚没有料到，秦军是临时拼凑起来的，指挥不统一，一接到后退的命令，以为前方打了败仗，慌忙向后溃逃。谢玄见敌军溃退，指挥部下令快速渡河杀敌。秦军在溃退途中，丢弃了兵器和盔甲，一片混乱，自相践踏而死的不计其数。那些侥幸逃脱晋军追击的士兵，一路上听到呼呼的风声和鹤的鸣叫声，都以为晋军又追来了，于是不顾白天黑夜，拼命地奔逃。就这样，晋军取得了"淝水之战"的重大胜利！

启示：在沟通进行中，信息接收者往往比信息传送者居于更重要的地位，以决定沟通能否顺利进行。

4. 噪声与反馈

人们之间的信息沟通还经常受到"噪声"的干扰。无论是发送者方面，还是接收者方面。"噪声"就是指妨碍信息沟通的所有因素，常见的"噪声"有以下几个方面：

（1）价值观、伦理道德观、认知水平的差异会阻碍相互了解。

（2）健康状况、情绪波动以及交流环境会对沟通产生显著影响。

（3）身份地位的差异会导致心理落差和沟通距离。

（4）编码与解码所采用的信息代码差异会直接影响理解与交流。

（5）信息传递媒介的物理性障碍。

（6）模棱两可的语言。

（7）难以辨认的字迹。

（8）不同的文化背景。

反馈是检验信息沟通效果的再沟通。反馈对于信息沟通的重要性在于它可以检查沟通效果，并迅速将检查结果传递信息发送者，从而有利于信息发送者迅速修正自己的信息发送，以便达到最好的信息沟通效果。

通常，信息沟通的过程都被描述成一个静态不变的过程。而实际上，在信息沟通中所有的事物都处于连续不断的运动过程中。另外，沟通过程不仅存在信息的交流，也包括情况、思想、态度、观点的交流，沟通双方对信息的理解和接受程度，受到专业水平、知识水平、工作经验以及社会文化背景等诸多因素的影响，人们对同一个信息会有不同的看法，从而造成信息传递上的失真和编码、译码、释义上的失误。因此，有必要深入地了解和研究信息传递沟通中的复杂性和动态性。

三、沟通在管理活动中的作用

通俗地说，沟通的作用就是在适当的时间，将适当的信息用适当的方法传递给适当的组织或个人，以形成一个迅速有效的信息传递系统，从而有助于组织目标的实现。具体而言，沟通有以下几个作用：

1. 沟通为科学决策奠定基础

组织内外存在着大量模糊、不确定的信息，沟通可以澄清事实、交流思想、倾诉情感，从而降低信息的模糊性，为科学决策奠定基础。如企业管理中问题的提出、各种解决方案的比较都需要组织内外大量的信息。"知己知彼，百战不殆"说的就是这个道理。

2. 沟通为组织创造和谐的氛围

一个组织是否吸引人，组织的员工在企业是否乐得其所，甘愿为之奋斗，并不仅在于有一个宏伟诱人的愿景，还在于这个企业组织内部是否具有一种和谐的人际氛围。所谓和谐的人际氛围就是指人际关系和谐，即组织成员间友好相处，彼此和气敬重，即便产生一些矛盾，也妥善处理。

人际关系的和谐尽管首先与组织成员的素质修养有很大关系，但没有良好的信息沟通渠道和沟通方式，组织内和谐的氛围也难以维持。通过信息沟通使员工互相了解，进而调整自己的行为，就容易友好相处、共同工作。中国古代管理思想的"和为贵"虽然有一点化敌为友的含义，但更多的则是告知人们，人际关系和谐是企业组织工作效率的关键。

3. 沟通协调组织员工行为

当组织的领导机构做出某一决策或制定出某一政策时，由于组织内部成员或部门之间所处的位置不同，利益不同，掌握的信息不同，因而对决策或政策的态度一般是不一样的，产生的行为也存在一定的差异。这种差异性有的与组织的目标一致，工作产生高效率；有的则会给组织员工的工作造成障碍，完不成组织交代的任务。为使组织成员及部门明确目标和任务，就要时刻保持组织成员的行为协调一致，就必须进行充分而有效的沟通，以交换意见，统一思想，明确任务的一致性，以最有效的方式完成组织任务。

4. 沟通架起组织与外部环境之间的联系桥梁

企业组织必然要求和顾客、政府、公众、供应商、竞争者发生各种各样的关系，它必须要按照顾客的要求调整产品结构，遵守国家的法律、法规，担负自己应尽的社会责任，获得适用且廉价的原材料，并且在激烈的竞争中取得一席之地，这使得组织不得不和外部环境进行有效信息沟通。而且，由于外部环境永远处于变化之中，组织为了生存就必须适应这种变化，这就要求组织不断地与外界保持持久的信息沟通，以便把握成功的机会，避免失败的可能。

第二节 沟通的方式和类型

一、沟通的方式

按照不同的角度，可以将沟通划分为不同的方式，如按信息沟通是否存在反馈，可将沟通分为单项沟通和双向沟通；按沟通方式的不同，可将沟通分为口头沟通、书面沟通、非语言沟通和电子媒介沟通等。

1. 口头交谈

人们最常采用的信息传递方式是通过口头交谈，包括开会、面谈、电话、讨论等形式。它的优点是用途广泛、交流迅速，有什么问题可以直接得到反馈；缺点是事后无据，也容易忘记，当一个信息要经过多人传递时，由于每个人以自己的方式传递信息，使得最后的信息发生过滤和歪曲。

2. 书面文字

以书面文字形式沟通信息往往显得比较正规和严肃。它的优点是有文字依据，信息可长久地被保存，若有关此信息的问题发生，可以进行检查核实，这对于重要信息的沟通是十分必要的。另外，通过文字准备，可斟字酌句，以更准确地表达信息内容，它可使许多人同时了解到信息，提高了信息反馈机制。但是，书面传递难以确知信息是否送达，接收者是否能正确理解。

3. 非语言和文字形式

有一些沟通既不是通过口头交谈，也不是通过书面文字形式进行的，它们采取的是非语言或文字的方式。例如，交通道口的红绿灯通过灯光的变换方式告诉人们可不可以通过道口；对不遵守课堂纪律的学生，教师经常通过目光予以制止。

人们在沟通中常用的非语言和文字形式有手势、面部表情、身体姿势、衣着等。但是一般来说，非语言形式只能是一种辅助的沟通方式，必须和其他方式结合起来。

很多时候，非言语沟通虽然很重要，但是对于沟通双方来说，需要了解各种非言语沟通的含义，这样才能让发送者明白自己该怎么表达、接收者明白对方表达的是什么意思。

🖋 **趣味链接**

你知道以下的非语言表达方式的含义吗？

进行直接的目光接触	友好、诚挚、自信、肯定
避开视线接触	焦虑不安、被动、害怕、紧张
摇头	不同意、震惊、不相信

打呵欠	厌倦
拍背	鼓励、祝贺、安慰
挠头	困惑、不相信
微笑	满足、理解、鼓励
咬嘴唇	紧张、害怕、焦虑
用脚点击地面	紧张、不耐烦
交臂抱在胸前	气愤、不同意、自卫、好斗
扬起眉毛	反感、气愤、不赞成
鼓起鼻孔	气愤、沮丧
绞紧双手	紧张、焦急、害怕
身体前倾	专心、有兴趣
没精打采地坐着	厌烦、轻松自在
坐在座位边缘	焦急、担心
在座位上挪来挪去	焦躁不安、厌烦
弓着身子往前倾	焦虑不安、被动
坐姿端正	自信、肯定

4. 电子媒体

随着电子技术的发展，电子媒介在当今世界信息传递过程中充当着越来越重要的角色。除了电信和邮政系统外，人们还可以通过闭路电视、计算机网络、录像等传递或保存、处理信息。通过电子媒体，可以迅速提供准确信息；计算机和录像还可以用很小的空间保存大量的信息。电子媒体的缺点是成本高。另外，某些电子媒介如录像等不能提供接收方的信息反馈。

案例链接

视频会议让企业沟通、管理更高效

在传统商业模式面临严峻挑战的今天，现代企业需要更先进的管理方法、更有效的沟通平台和更快速的响应机制，以降低运营成本、提高决策效率、打造核心竞争力。

恒安集团在全国各地都设有分公司，为了解决众多分支机构因为分散给企业带来的沟通难题，集团选择视频会议作为其营销体系的快速沟通决策工具。利用视频会议系统，恒安集团把整个营销网络整合到一个视讯平台，通过各分公司及时反馈的竞争情报信息，快速制定全局销售策略和区域促销推广方案，并发布到整个销售网络。

全球最大汽车公司之一的上海通用，虽然没有遍布各地的分公司，但由于其在上海的厂区很大，各种部门之间的沟通需要在厂区各办公楼及不同厂区之间频繁进行，由此造成与会人员在各个会议室之间疲于奔命。为了解决这个问题，公司2007年就在每个部门的会议室都部署了视频会议终端，这样各部门不用出楼就可以顺利召开沟通会议，从而大大节省了时间，提高了工作效率。

二、沟通类型

根据人数和对象不同，沟通分为自我沟通、人际沟通和组织沟通。

（1）自我沟通。自我沟通是指信息的发送者和接收者的行为是由一个人来完成的，如通过各种方式进行的自我肯定、自我反省等。

（2）人际沟通。人际沟通是指人和人之间的沟通，这些沟通的发送者和接收者可以是上下级关系，也可以是同事关系，还可以是员工和相关利益者（顾客、政府、社区等）之间的关系；可以是人与人之间的正式沟通，也可以是非正式沟通。

（3）组织沟通。组织沟通可分为两种情况：① 组织的内部沟通，这是指在群体内部进行的信息交流、联系和传递活动。在一个组织内部，既存在着员工与员工之间、上级与下级之间的沟通，也存在着部门与部门之间的沟通。虽然，部门与部门之间的沟通也是通过部门的人来实现的，但沟通的内容和形式是由组织规范及沟通渠道来决定的，所以，群体的内部沟通更偏重于强调组织内的沟通规则和沟通渠道。② 组织的外部沟通，这是指群体和外部进行的沟通，如记者招待会、电视访谈、商务谈判等。

另外，还可以根据信息是否以语言为载体进行传播，将沟通分为语言沟通和非语言沟通；根据沟通中信息的传播方向，可以将沟通分为上行沟通、下行沟通、平行沟通和斜向沟通；按照组织管理系统和沟通体制的规范程度，可将沟通分为正式沟通和非正式沟通。

以下主要按照自我沟通、人际沟通和组织沟通三种类型进行具体介绍。

（一）自我沟通

1. 自我沟通的过程和特点

沟通者的自我认知（我是谁？）和自我定位（我在什么地方？我能往哪儿去？）以及沟通目标和沟通策略的确定，都是在沟通行为发生前需要解决好的问题。而自我认知和自我定位，即要根据自身的特点、身份背景、地位、素质等分析，采取相应的策略去实现沟通的目标，才能达到有效的沟通。所以，自我沟通是前提。

自我沟通就是所谓的"与自己的心灵对话"，自我认知、自我反省、自我开导、自我激励。例如，当你正在做一个比较复杂和难度比较大的工作时，往往会比较投入，常常自言自语：应该怎么做呢？这样行不行？不行，难度更大……这就是典型的自我沟通。

自我沟通相对于人际沟通和组织沟通过程来说，最大的不同是沟通中信息的发送者和接收者是同一个人。

自我沟通有以下几个特点：

（1）主体和客体的同一性。"我"同时承担信息编码和解码功能。

（2）自我沟通的目的是说服自己。自我沟通常在面临自我原来认知和现实外部需求出现冲突时发生。

（3）沟通过程反馈来自"我"本身。信息输出、接收、反应和反馈几乎同时进行。

（4）沟通媒体也是"我"自身。沟通渠道可以是语言，文字，也可以是自我心理暗示。例如，记日记、自言自语、心里默念、暗下决心等都是自我沟通的形式。

2. 自我沟通的作用

（1）"要说服他人，首先要说服自己"、"己所不欲勿施于人"等，说明只有自己从内心深处认同沟通的内容和说服别人的理由，才能保证自己在和别人沟通时"理直气壮"。

（2）自我沟通技能的开发与提升是成功管理的基本素质。一个不了解自己的人也无法了解别人，更无法进行换位思考；同样，一个无法同自己进行沟通的人也不可能做好同别人的沟通。因此，自我沟通对于管理沟通来说至关重要。

（3）可以用内在沟通解决外在问题，自我沟通是内在和外在得到统一的联结点。当个人的先验性判断（如领导怎么能因为迟到这么点小事就扣我一个月奖金）和外部要求（如领导批评你不应该迟到）不一致，发生矛盾时，冲突就出现了。为了使自己的心态得到恢复，就必须不断说服自己，调整自己的判断标准、价值观，或者是处理问题的方式。有时候人们不得不承认自己才是问题所在。

🖋 趣味链接

自我沟通，良好心境

英国有位哲人，单身时，和几个朋友一起住在一间只有七八平方米的小房子里，但他每天总是乐呵呵的。别人问："那么多人挤在一起，有什么值得开心呢？他说："朋友们住在一起，随时可以交流思想、交流感情，难道这不是值得高兴的事吗？"

过了一段时间，朋友们都成了家，先后搬了出去，屋内只剩下他一个人，但他每天仍然非常快乐。又有人问："一个人孤孤单单，有什么好高兴的？"他说："我有这么大的空间，还有那么多的书可以看，悠然闲适，怎不令人高兴？"

数年后，经济条件好了起来，他搬进了楼房，住一楼，仍是每天乐呵呵的，有人说："住一楼烦都不够烦的呢！"哲人却说："一楼，进门就是家，还可以在空地上养花、种草。这多好呀！"又过了一年，这位哲人把一楼让给一位家里有偏瘫老人的邻居，自己搬到顶楼。朋友又问："先生，住顶楼有哪些好处？"他说："好处多了！每天上下楼几次，有利于身体健康；看书、写文章光线好；没有人在头顶上干扰，白天黑夜都安静。"

正如柏拉图所说："决定一个人心情的，不在于环境，而在于心境。"这位哲人无论在何种环境中，都能够乐观积极，保持良好的心境，就是跟自己保持良好自我沟通的结果。心里想的什么样子，看到的就是什么样子，这就是自我信息的传送。同时，正确积极的认识和信息的摄入又会通过自我反馈促进良好心境的形成，最终形成自我沟通和心境的良性循环。

3. 自我沟通的主要障碍

自我沟通的障碍主要体现在以下方面：

1）缺乏自我认知

自我沟通的内容之一是"我是谁"，自我认识包括对自己的身心状态的认识、体察和监控。有研究证明，人们对自我认识存在盲区和未知区，即人们对自我的认识是不完整的，如自己有哪些优点和缺点？自己有哪些特长和爱好？自己适合做什么工作？自己具有什么样的个性等。每个人的盲区和未知区是不同的，如果对自己没有一个正确的认知，过高或过低估计自己，都会造成自我认知的偏差，从而在沟通定位及以后的沟通策略的选择和确定中做出错误的决策。

2）人生没有目标

设置目标是自我沟通、自我激励的一个重要环节。人生目标的树立与追求是认识自我、激励自我的内在驱动力。如果一个人在自己的职业生涯中既没有志向也没有目标，得过且过，做一天和尚撞一天钟，很难想象这个人会对生活和事业充满激情。人生没有目标，胸中缺乏激情，是自我沟通中最大的障碍。

3）疏于理性思考

自我沟通也是一个自我反省的过程，通常需要独处静思，需要对自我认知进行梳理。只有保持头脑冷静，自我沟通才能见效。然而有的人生性急躁，或者身处感情的漩涡无法自拔，难以摆脱压抑的心理状态，对外界的正面信息持逆反心理，表现得急躁冲动或内向孤僻，不愿进行理性思考。显然，要做好自我沟通，先要克服这种情绪。

4. 自我沟通艺术

正如自我发展是一个认识自我、提升自我、超越自我的过程，自我沟通技能的提高也需要这样的过程，如图 8-2 所示。

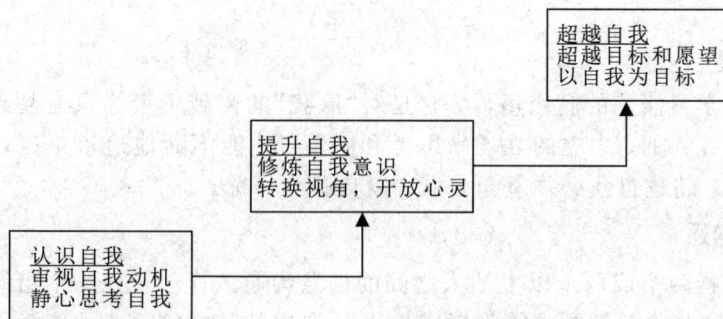

图 8-2　自我沟通的艺术

1）认识自我

认识自我是对自己的主观和客观世界、自己和周围事物关系的认识。它包含自我观念（反映评价、社会比较、自我感知）、自我体验、自我评价等。

自我认知三要素：物质自我、社会自我、精神自我。① 物质自我是主体对自身、仪表、家庭资产等方面的认知；② 社会自我是主体对自己在社会活动中的地位、名誉、财产及与他人相互关系的认知；③ 精神自我是主体对自己的智慧能力、道德水准等内在素质的认知。

管理者要提高自己的沟通技能，关键是从社会自我认知和精神自我认知两个方面解剖自己，审视自己在社会中所处的地位，以及自身行为的道德水准和价值观念、需要和动机。真正地认识自我意味着一个人能够对自身给出正确的、实事求是的评价，能够使人既不在别人的溢美之词中忘乎所以，也不因别人的否认而自暴自弃。管理者如果不能摆正自身在组织和社会中的位置，不能树立社会认可的道德规范，必然会导致沟通的失败。管理者如果处理事情往往从自身的需要出发而不考虑下属的感受，不尊重下属，不遵守社会认可的道德规范，那么沟通的结果只能是越沟通越失败。

要做到自我认知，必须善于接纳他人对自己的中肯的评价；以他人为镜，时刻反省自己是不是也会犯这样的错误；必须精心思考自我。管理者必须有时间静下心来解剖自己、反省自己，才能很好地认识自己。但是管理者往往认为，因为事务的繁忙而没有时间休息、娱乐、与家人相处、与朋友聊天，哪儿还有时间给自己找时间清静地独处呢？管理者若没有独立思考的空间，便不能很好地反省自我，从而更好地决策。

管理者要把自己从烦琐的事务中解脱出来，与自然保持接触，创造适宜的、属于自己的空间，营造与自然、人类和自我共鸣的环境，正确看待一切得失成败，内心平静，胸怀开阔，接纳一切；要挤出时间进行思考，物质自我、社会自我和精神自我相结合，批评和自我批评相结合，审视自我、反省自我。

2) 提升自我

要提升自我，需要从以下方面修炼自己：① 从社会认同和社会道德的高度来修炼自我价值，要把自我价值的实现建立在他人和社会利益满足的基础上；② 转换视角，从他人角度思考问题，打破心智模式，如"三人行，必有我师"，"海纳百川，有容乃大"，必须意识到与你的信念、态度、想法和价值观相矛盾的信息并不都是对自己的威胁、侮辱或抵触；③ 遇到困难和烦恼，要学会转变视角，全面看待问题和得失；④ 理念转变，从"己所欲，施于人"转为"人所欲，施于人"和"己所不欲勿施于人"，利用积极的自我暗示进行自我激励和自我调适。

3) 超越自我

超越自我是学习修炼的高级境界，它是对"原我"的突破。个体只有超越自我，才能心无旁骛地以一个纯粹的、中立的立场来思考和决策，才能不断地追求卓越，不断地学习和创造。但是注意，超越自我必须基于自我，以自我为目标。

（二）人际沟通

人际沟通是指两个或两个以上的人之间的信息沟通。管理者在一个组织中充当着各种不同的角色，而这些角色都要求管理者掌握人际沟通的技能。例如，作为下级，管理者要向上级汇报情况、接受指示；作为上级，管理者要指导下级开展工作，要了解员工的工作情况，激励员工努力工作；作为一个组织或部门的管理者要了解外界的情况，并沟通组织与外界的联系；作为同事，管理者要协调好与其他管理人员之间的关系等。为了提高人际沟通技能，有必要了解和掌握人际沟通的影响因素，以及人际沟通中可能发生的障碍，从而探寻有效沟通的方法。

1. 影响人际沟通的因素

人际沟通涉及两个或两个以上的人，沟通效果与所进行沟通的人之间的思维能力、情感、动机、精神状况和态度密切相关。

1) 态度

态度是指对人、事、关系等的评价性陈述，包括认知、情感和行为倾向三种要素。当一位员工说"我真的很喜欢我的工作"时，他所表达的是他对工作的态度：我的工作很重要很有意思，我喜欢我的工作，我要努力做好它。每个人都会有由其价值观、信念、立场和偏好等构成的对某一特定事物的某种特定倾向。这种倾向会影响人际沟通。如果两个人有共同关心的话题，而且观点很一致，那么一般而言，这两个人会建立一个比较亲近的关系，沟通更多一些；如果两个人"话不投机"就会显得"半句多"，人际沟通就会终止。

2) 个性

每个人都有不同的个性特点，个性是人的一种相对稳定的、有别于他人的心理特征的集合，该心理特征决定个人在不同情况下的行为表现。它包括个体的需要、价值观、兴趣、气质、性格和能力等。一个人的个性会影响其沟通的方式和效果。例如，权力欲比较强的人在与他人沟通的过程中所考虑的重点往往是如何制服对方，总想通过各种沟通渠道施展各种技巧去控制与支配对方；性格自负的人常常刚愎自用，无视客观事实和逻辑分析，听不进别人的意见；比较刻板的人则常常不允许哪怕是很小程度的含糊不清，不能容忍在沟通中出现诸如"大概"、"可能"之类使人感到模糊的状况，对每件事都要求有精确的表述；自尊心强的人有时会为了维护自尊而采取"顺我者昌，逆我者亡"的沟通方式。

3）情绪

当人的内心情感和外在的客观事实发生矛盾时，就会产生对结论的困惑。当这种困惑严重到相当程度时，人的自卫机制就会发生作用：对于事实证明是错误的或不合适、但内心无法接受的事物，竭力寻找一些理由并做出"合理化"的解释；或者坚持己见，用发牢骚等办法拒绝接受信息；或者被迫接受那些自己不愿意接受的信息，带着情绪故意偏激地执行命令；或者竭力控制自己的不满和"无法接受的心态"。这些行为都会使人对外界的信息接收打折扣，从而影响沟通的效果。

例如，同事 A、B 因为曾经闹过别扭而关系紧张，其中同事 A 为了缓和关系，在看到同事 B 为了处理一个紧急事务而手忙脚乱时，有心上去帮忙，说："我能帮你干点什么?"，而 B 认为 A 是在看自己的笑话，没好气地说："不用你管，和你没有关系！"这样就使双方的关系更加紧张，从而堵塞了沟通通道。

4）知觉

知觉是指个体通过对周围环境的认识而组织和表达其对周围环境的整体印象的过程。知觉力则表现为个人认识周围客观事物的能力。影响一个人知觉结果的因素既包括其个性、职业、专长、角色、经验等个体因素，也包括被观察目标的特征和认知时所处的环境与感知的方式。所以，由于多种因素的影响，对同样的事物，不同的人有不同的看法，导致了知觉的差异，从而根据知觉所采取的行为也是有差异的。

在信息沟通过程中，接收者的个性、发送者的行为、传递的方式、信息传递时所处的环境都会影响接收者对信息的知觉，从而又在很大程度上影响接收者接收信息后所采取的行为。例如，当高层管理人员强调"要千方百计地提高经济效益"时，部分管理人员理解为"要千方百计地多赚钱"，因而在生产过程中以次充好、偷工减料，这就是由于理解上的不一致而导致的差异。

5）性别

在现实交往中发现，男女两性的沟通模式是存在差异的。社会语言学家德博拉·坦嫩（Deborah Tannen）在《男女亲密对话》中提出了男女沟通模式的差异，如表 8-2 所示。

表 8-2　男性与女性在沟通上的差异

女　性	男　性
私下场合谈话数量较多，强调亲密性	公开场合谈话数量较多，强调树立权威和地位
喜欢咨询和讨论，以此寻求支持和联系	不喜欢咨询和寻求帮助，维护自己强大的手段
给予说话者赞美及意见，批评比较温和	多命令语句及主动提供资讯
好谈论人际关系的细节	好谈论自己的英雄故事及政治人物
谈话中重叠现象较多，表达比较委婉	谈话中重叠现象较少，表达方式直截了当

因为这种沟通方式的差异，导致男女两性在他们之间的沟通中存在障碍和冲突。畅销书《男人来自火星，女人来自金星：职场沟通你学得会》就是解析两性之间沟通差异的书。

2. 人际沟通中的主要障碍

根据对信息沟通模式和个体行为对沟通影响的分析，人际沟通中的障碍主要来自以下几个方面：

1）沟通双方语言不通

语言不通是人们相互之间难以沟通的原因之一。当双方都听不懂对方的语言时，尽管也可以通过手势或其他动作来表达信息，但其效果将大为削弱。特别是在国际环境中，由于各国的文化不同，沟通更容易受阻。即使双方使用的是同一语言，有时也会因一词多义或双方理解力的不同而产生误解。

另外，任何语言都有适合的情境，如果这个情境被错用也会造成沟通障碍。例如，"你可真够坏的"这句话，如果是在亲密朋友或爱人之间可能存在一种戏谑、欣赏的意味；如果对陌生人、上级或领导这样说，就会造成误会。

2）接收方的理解问题

语义曲解是另一个问题，由于一个人的知觉过程往往受长期累积形成的思维方式的影响，使得人们对同一事物会有不同的理解。人们常常认为别人也会像自己那样来理解这个世界，一旦对方的理解与自己不一样时，就会感到奇怪。事实上，当人们面对某一信息时，是按照自己的价值观、爱好、经验、专长来选择、组织和理解这一信息的含义的。一旦理解不一致，信息沟通就会受阻。例如，当上级信任你，欣赏你的能力，分配你去从事一项富有挑战性的新工作时，你可能会误解为上级对你原有的工作业绩不满意而重新给你分配工作。

3）发送的信息含糊、混乱、不对称

信息模糊主要是指信息发送者没有准确表达所要传递的信息的含义，导致接收者难以正确理解信息。这可能与发送者的表达能力有关，也可能是由于受时间等因素的限制，而未能很好地表达清楚。在这种情况下，接收者不知所措，就会按自己的理解行事，以至于可能发生与信息发送者原意大相径庭的后果。

信息混乱则是指同一事物有多种不同的信息。例如，管理者朝令夕改，言行不一，再三强调必须严格执行的制度，实际上却没有执行，或者信息发送自己首先就没有执行。所有这些，都会使信息接收者不知所措、无所适从。

信息不对称是指沟通双方对所沟通信息的掌握程度不同，导致沟通受阻。例如，两位女士在一次朋友的聚会上认识并聊了起来，其中一个女士大聊特聊单位一个女同事离婚后的"凄惨状况"，并带点幸灾乐祸的意味，没有看到对方已经黑了脸，原来对方也刚刚离婚。

4）发送渠道不正确

如果信息发送者用错误的渠道发送信息，也会导致人际沟通的失败。例如，张同事结婚请李同事参加，按照中国的传统习惯，张同事应该亲自给李同事发请柬并当面邀请，但是张同事只是给李同事发了一个短信，告知结婚的时间和地点，结果李同事认为怠慢了自己，以没有接到短信为由，没有出席张同事的婚礼。所以，选择恰当的信息发送渠道也是非常重要的。

5）环境干扰

环境干扰是导致人际沟通受阻的重要原因之一，是主要的噪声。嘈杂的环境会使信息接收者难以全面、准确地接收（听清或记住）信息发送者所发出的信息。诸如交谈时相互之间的距离、所处的场合、当时的情绪、电话等传送媒介的质量等都会对信息的传递产生影响。环境的干扰往往造成信息在传递中的损失和遗漏，甚至歪曲变形，从而造成错误或不完整的信息传递。

另外，还有很多影响有效沟通的因素，如成见、聆听的习惯、气氛等都会影响人际沟通，但以上几方面是影响人际沟通的主要因素。

3. 改善人际沟通的方法

人际沟通效果的提高有赖于那些影响人际沟通障碍的消除。为此，信息发送者和信息接收者都要努力提高自己的沟通水平。

1）提高表达能力

对于沟通双方来说，无论是口头交谈还是采用书面交流形式，都要力求准确地表达自己的意思。为此，要了解信息接收者的文化水平、经验和接收能力，根据对方的具体情况来确定自己表达的方式和用词等；选择准确的词汇、语气、标点符号；注意逻辑性和条理性，对重要的地方要加上强调性的说明；借助于手势、动作、表情等来帮助思想和感情上的沟通，以加深对方的理解。

2）注重双向沟通

由于信息接收者容易从自己的角度来理解信息而导致误解，因此信息发送者要注重其双向沟通，请信息接收者重述所获得的信息，或者表达其对信息的理解，从而检查其准确程度和偏差所在。为此，信息发送者要善于体察别人，鼓励他人，注意倾听反馈意见。

3）善于倾听

组织是双向交流的过程，信息发送者说（或写），接收者听（或读）和响应。在一个组织中，管理者不善于听会导致相互间沟通受阻，使发送者不能很好地知道接收者是否理解了自己的意图。因此，作为管理者要学会倾听的艺术。

趣味链接

倾 听 的 技 巧

倾听是一种完整地获取信息的方法。倾听包含了四层内容，即听清、注意、理解记住。

（1）听清内容。要注意控制自己的情绪，保持耐心，认真地听。

（2）注意要点。在听清内容的同时，信息接收者要能抓住要点。

（3）理解含义。信息接收者不仅要完整地接受信息，还要能正确地加以理解。"理解"要求对信息进行准确的综合和评价，注意对方的语气和身体语言，理解对方真正的含义。这要求设身处地地考虑对方的看法，客观地加以归纳；对不清楚的信息，及时向对方查对，或者扼要地向对方重述要点，以保证理解准确。

（4）记住要点。在理解对方的意思后，为了据此采取正确的行为，就要记住对方传递过来的信息。"记住"是指记住要点，为了防止遗忘，还要学会记笔记，并能很好地加以分类和整理，以便需要时查用。

4）采取积极的态度消除成见

由于每一个人都有自己的情感，为了使对方接收信息，并按发送者的意图行动，信息发送者常常有必要进行积极的劝说，从对方的立场加以开导，有时还需要通过反复的交谈来协调，甚至采取一些必要的让步或迂回。为此，交谈时间应尽可能充分。以免过于匆忙而无法完整地表达意思；要控制自己的情绪，不要采取高压的办法，而导致对方的对抗；尽可能开诚布公地进行交谈，耐心地说明事实和背景，以求得对方的理解；耐心地聆听对方的诉说，不拒绝对方任何有益的建议、意见和提问。

5）注意选择合适的时间和地点进行沟通

由于所处的环境、气氛会影响沟通的效果，所以信息交流要选择合适的时机。对于重要的信息，在办公室等正规的地方进行交谈，有助于双方集中注意力，从而提高沟通效果；而对于思想上或感情方面的沟通，则适宜于在比较随意且可独处的场合下进行（如两人聚餐或喝茶，比较私密和放松），这样便于双方消除隔阂；为避免负面情绪的影响，要选择双方情绪比较冷静时进行沟通；当大家都理解，但感情上不愿意接受时，信息发送者身体力行可能是最好的沟通方式。

例如，2006 年零点调查公布的《中国居民沟通指数》总结了中国人的社交趋向，其中，"饭局社交"仍是中国人最为普及的社交方式，选择聚餐这种社交方式的人达到 46％，比以 13％排在第二位的体育活动高出 33 个百分点。

此外，节假日也是管理者与被管理者进行沟通的一个契机，节假日的一次集体旅游、一次联欢、一次小礼物的发放、一次亲切的问候，都比往常更具有魔力。因此，现代的管理者都对节假日十分重视。他们会给自己的下级安排丰富的节假日活动，这也是一种非正式的良好沟通渠道，也是一种提升上下级关系的大好时机。

6）加强联系，促进了解

要促进更好的人际沟通，就要加强人际间的联系，促进相互了解，可以用乔哈里窗口（Johari Window）来解释说明。

乔哈里把人的内心世界比作一个窗子，分为以下四个区域。

第一区域：公开区（Open Area）。自己知道，别人也知道的资讯。例如，你的名字、发色，以及你有一只宠物狗的事实。人与人之间交往的目的就是扩大公开区，实现这一目的的主要做法有利于提高个人信息的曝光率、主动征求反馈意见。

第二区域：盲点区（Blind Spot Area）。自己不知道，别人却知道的盲点。例如，你的处事方式，别人对你的感受。

第三区域：隐秘区（Hidden Area）。自己知道，别人不知道的秘密。例如，你的秘密、希望、心愿，以及你的好恶。

第四区域：未知区（Unknown Area）。自己和别人都不知道的资讯。未知区是尚待挖掘的黑洞，它对其他区域有潜在影响。

真正而有效的沟通只能在公开区内进行，因为在此区域内，双方交流的资讯是可以共享的，沟通的效果会令双方满意。为了获得理想的沟通效果，就要通过提高个人信息曝光率、主动征求反馈意见等手段，不断扩大自己的公开区，增强信息的真实度、透明度。在沟通的策略上，可以在隐藏区内选择一个能够使沟通双方都容易接受的点来进行交流，这个点被称做"策略资讯开放点"。当双方的交流进行了一段时间，"策略资讯开放点"会慢慢向公开区延伸，从而实现公开区的逐渐放大。需要注意的是，选择"策略资讯开放点"时要避免过于私人的问题，如心理健康、严重的过失等。

案例链接

乔哈里资讯窗在南方李锦记公司的运用

南方李锦记有限公司是百年民族企业——香港李锦记集团——旗下专门从事中草药健康产品开发与销售的独资子公司。自 1992 年成立以来，公司取得了快速发展，荣获了由国际权威的人力资源咨询机构翰威特咨询公司颁发的"2005 亚洲最佳雇主"和"2005 中国最佳雇主"两项殊荣。

南方李锦记有限公司在企业中很好地应用了乔哈里资讯窗，公司的各级领导，包括老总、副总、总监、部门主管都会开一个会，在这个会议上不谈工作，有 30% 的时间用来玩。在玩的过程中，大家互相介绍自己的背景，从自己的出生开始介绍，介绍自己的人生历程，自己的坎坷，甚至梦想。经过几次人员背景介绍后，管理团队之间明显增进了相互理解，友谊也增进了。不仅如此，南方李锦记有限公司在员工有效沟通的基础上，建立了开诚布公的企业文化，加强了员工的凝聚力。

资料来源：乔哈里资讯窗．http://baike.baidu.com/view/834318.htm．

理论链接

有效沟通的 7C 原则

Credibility：可信赖性，即建立对传播者的信赖。

Context：一致性，是指传播应与物质的、社会的、心理的、时间的、环境等相协调。

Content：内容的可接受性，是指传播内容应与受众有关，必须能引起他们的兴趣。

Clarity：表达的明确性，是指信息的组织形式应简洁明了，易于公众接受。

Channels：渠道的多样性，是指应有针对性地运用传播媒介，以达到向目标公众传播信息的作用。尽量选择对方习惯的、熟练使用的信息沟通渠道。

Continuity and Consistency：持续性与连贯性。沟通是一个没有终点的过程，必须对信息进行重复，但又需要在重复中不断补充新的内容，这一过程应持续地坚持下去。

Capability of Audience：受众能力的差异性。这是说沟通必须考虑沟通对象能力的差异，采取不同方法实施传播才能使传播易为受众理解和接受。

（三）组织沟通

由于管理是存在于组织中的，管理离不开组织，所以我们重点从组织角度讨论沟通的类型。

组织是一个由各种各样的人所组成的群体，又是一个由充当着不同角色的组织成员所构成的整体。在一个组织中，既有非正式的人际关系，又有正规的权力系统。因此，从组织的角度来看，沟通可以分为正式沟通和非正式沟通两大类。

1. 正式沟通

所谓正式沟通，一般是指在组织系统内，依据组织明文规定的原则和程序进行信息的传递与沟通。例如，组织与组织之间的公函来往，组织内部的文件传达，召开会议，上下级之间的定期情报交换等。

根据信息传递的方向，正式沟通可以分为自上而下的沟通、自下而上的沟通和交叉沟通。

1) 自上而下的沟通

自上而下的信息沟通，又叫下行沟通，是指在组织的管理层次中，信息从高层管理者朝低层的员工方向的流动。这种自上而下的沟通主要目的是使员工了解企业组织的经营目标，改变员工的态度，以形成与组织目标一致的观点并加以协调，从而消除员工的疑虑和不稳定的心理。

从人际关系研究的角度看，自上而下的沟通是非常重要的，因为它为员工提供指导和控制，还可以协调企业各层次组织之间的活动，进而加强组织之间的联系。自上而下的沟通也有许多不足之处：① 易形成一种权力气氛，影响士气；② 对下级员工是一种负担；③ 逐级传递信息有曲解、误解和搁置的现象。

特别注意的是，当命令下达时，由于人们需要对它进行解释，而使它的内容膨胀。在自上而下的口头沟通中，中转环节的数量时常决定信息被曲解的程度。沟通过程中的人数越多，信息膨胀和曲解的可能性就越大。为了解决这个问题，企业管理者必须缩短与执行命令者之间的沟通距离（减少环节），并辅以适当的自上而下的沟通。

最典型的自上而下的沟通是口头沟通和书面沟通。

（1）自上而下的口头沟通是最有效的沟通方法，可以更多地了解影响员工及其工作的问题，是一种迅速的、经济的手段。在口头沟通过程中，员工可以提出问题，澄清问题，因此他们很喜爱这种沟通方式。

但是，口头沟通也存在缺点，例如，语言信息常被人们误解，遗忘也很快；在传递过程中，可能会丧失某种信息的原意；许多人沟通能力差，不能清楚地表达自己的意思；管理者可能在口头沟通时按自己的理解说明企业的意图，增加个人情感因素或者有意对员工隐瞒信息。

因此，组织往往通过扩音系统、电话信息系统、座谈会、闭路电视系统等加强组织内部的口头沟通。提高口头沟通技巧也成为管理人员提高管理技能的重要组成部分。

（2）组织管理者也可以利用书面沟通来加强同员工的交流，常用的方式包括部门员工的信件、员工刊物、布告栏、员工手册和指南及阅览书架等。这些沟通媒介费用不高，可以在较短的时间内向较多的人传递信息，能进行更有条理、更完整的描述。但是，这种沟通缺乏口头沟通的个人感染力、直接性、灵活性和反馈，有时不细心还会出错，所以综合运用口头沟通和书面沟通可以提高沟通效果。

2) 自下而上的沟通

自下而上的沟通，又叫上行沟通，是指在组织的管理层次中，信息从低层的员工流向高层管理者。这种信息沟通的常见目的是提供对正在进行的工作的信息反馈。它可使员工有机会在与其工作、组织政策等有关问题上表明自己的意见。

自上而下的沟通通常导致信息的膨胀，而自下而上的沟通则倾向于压缩信息。当信息沿着沟通渠道向上传递时，它主要经过编纂、检查和删减，然后上报。这种压缩的结果就是好消息常常上报，而坏消息则被滤去。特别是当管理者不愿意从下级那里听到坏消息时，尤其如此。

此时，下级就干脆删去或减少他们上报的坏消息的数量，这经常导致高层管理者不了解下情，从而做出错误决定。克服这个问题的唯一办法是确保所有的信息不管好坏都能被传递上去。另外，高层管理者必须防止对下级送给他们的反馈信息进行挑剔，因为一旦管理者明显地表现出不喜欢坏消息，有选择的筛选就会发生。

员工与管理部门之间的上行沟通方法主要包括员工态度调查、建议制度、申诉请求程序、控告制度、调解会议、员工参加管理、信访等。有效地进行自下而上的信息沟通，需要有一个使下级感到可以自由沟通的环境，而这个环境实际上主要由上层管理者来创设。

3）交叉沟通

交叉沟通包括两个方面：横向沟通与斜向沟通。

（1）横向沟通。

这是发生在同级同层次成员之间的信息沟通，能够有效地协调同一部门不同科室之间，同一层次不同部门之间的行动，增强他们的全局观念，减少矛盾和摩擦，提高管理效率。这种沟通方式主要是用来加速信息流动，促进理解，并为实现组织的目标而协调各方面努力的行为。但横向沟通往往和现有的指挥系统相矛盾，有时甚至会削弱纵向指挥的有效性。因此，在那些实行集权化管理的组织中，横向沟通受到很大的限制。

（2）斜向沟通。

这是指发生于不同部门、不同层次的成员之间的信息沟通。这种方式主要是以加速不同部门、不同层次之间的信息流动，使管理者能够掌握更多的情况，降低管理成本，提高组织的灵敏度，消除层级组织所固有的部门分割、各自为政、死板教条的弊端。

与横向沟通相同，斜向沟通也同样可能导致组织管理系统的紊乱。因此，一些管理者认为，在组织的管理过程中，斜向沟通应予以制止。但我们应该看到，从组织管理发展的趋势来看，外部环境变化越来越快，要使组织对外部变化更加敏感、行动更加灵活，除了结构扁平化以外，还需要强化组织内部以及对外部的横向和斜向沟通。

但是，横向和斜向沟通毕竟不是按组织指挥系统规定的流动渠道进行的，对纵向指挥系统会产生一定程度的干扰。所以，在进行横向及斜向沟通的时候，当事人都应向主管上级及时汇报，使上级管理者及时了解情况的变化。

2. 正式沟通网络

由组织正式沟通的三种形式可组合成组织信息传递的多种模式，这些模式称为组织信息沟通网络，它表明了在一个组织中，信息是怎样传递或交流的。正式沟通网络的基本形式有五种，即链式、轮式、Y式、环式和全通道式，如图8-3所示。

（1）链式。

链式是信息在沟通成员间进行单线、顺序传递，形成链条状的沟通形态。这是一个平行网络，其中居于两端的人只能与内侧的一个成员联系，居中的人则可分别与两人沟通信息。信息可自上而下

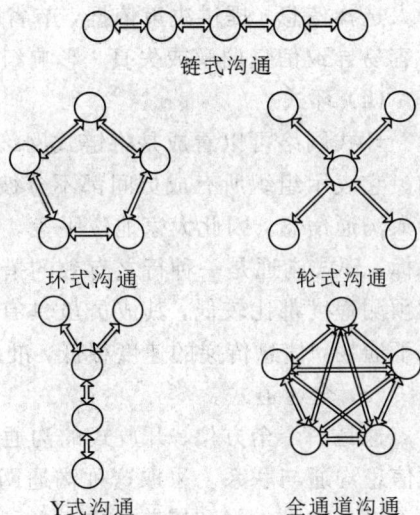

链式沟通

环式沟通　　　　　轮式沟通

Y式沟通　　　　　全通道沟通

图8-3　组织正式沟通网络

或自下而上进行传递。在一个组织系统中，它相于一个纵向沟通的网络。

由于是单线串联连接，所以在这种沟通网络中，成员间联系面很窄，平均满意度较低。信息经层层传递、筛选，容易失真。此外，这种网络还可表示组织中主管人员和下级部属之间管理者的组织系统，属控制型结构。在现实企业中，严格按照直线职权关系和指挥链系统在各级主管间逐级进行的信息传递就属于链状沟通网络的应用。这在中小企业中尤为常用。

（2）轮式。

轮式属于控制型网络，这种网络中的信息是经由中心人物向周围多线传递的。在组织中，大体相当于一个主管领导直接管理几个部门的权威控制系统，该领导人物是各种信息的汇集点与传递点，其他成员之间没有相互交流，所有信息都通过他们共同的领导者来交流，故而信息沟通准确度很高，解决问题速度快，有利于领导者的控制。

但该网络形式会导致组织员工满意度低，而领导者也可能面临信息超载或因协调沟通时间占用过多以致挤占宝贵的用于决策的时间。这种沟通形式适用于处理紧急任务，是加强组织控制，争时间、抢速度的一个有效方法。如果组织接受紧急攻关任务，要求进行严密控制，则可采取这种网络。

（3）Y式。

Y式是轮式和链式相结合的纵向沟通网络。与轮式网络一样，Y式网络中也有一个成员位于沟通网络的中心，成为网络中因拥有信息而具有权威感和满足感的人，但是这个人并不一定是最高级别的成员。在组织中，这一网络大体相当于从组织领导到秘书班子再到下级主管人员或一般成员之间的纵向关系。例如，主管、秘书和几个下属构成的倒Y式网络，位于沟通网络中心地位的是秘书。这是现实中经常看到的一个实例，由此我们不难理解为何秘书的职位不高却常拥有相当大的权力。

与轮式网络相比，Y式网络结构由于增加了中间的过滤和中转环节，沟通的准确性受到一定的影响，而秘书"举足轻重"的地位可能造成其他成员牢骚满腹而士气比较低落，但领导者却不必面对信息超载的危险。此网络适用于主管人员的工作任务十分繁重，需要有人选择信息，提供决策依据，节省时间，而又要对组织实行有效的控制的情况。但此网络容易导致信息曲解或失真，影响组织中成员的士气，阻碍组织提高工作效率。

（4）环式。

环式网络可以看成是将链式网络上下两头沟通环节相连接而成的一种封闭式的控制结构。它表示组织所有成员间都不分彼此地依次联络和传递信息。每个成员都可同时和两侧的人沟通信息，因此大家地位平等。如果在组织中需要创造出一种高昂的士气来实现组织目标，环式沟通是一种行之有效的措施。实施这种沟通形式的组织，集中化程度和领导人的预测程度都比较低，其成员虽具有较高的满意度，但由于沟通的渠道窄、环节多，渠道并不通畅，信息传递的速度很低，准确度也难以保证。

（5）全通道式。

这是一个全方位、开放式的沟通网络系统，所有成员之间都能进行相互的、不受限制的信息沟通与联系。采取这种沟通网络的组织，集中化程度低，成员地位差异小，所以有利于提高成员士气和培养合作精神。这种网络具有宽阔的信息沟通渠道，成员可以直接、自由而充分地发表意见，有利于提高沟通的准确性和解决复杂问题。但由于这种网络沟通的渠道太多，容易造成混乱，沟通过程通常耗费大量时间，因而缺乏效率。委员会方式就是全通道式沟通网络的应用实例。

3. 非正式沟通

组织中除了正式沟通之外，还存在着非正式沟通。非正式信息沟通是指不按照正式的、组织所规定的沟通渠道与沟通方式，或不以工作职务的身份所进行的对组织内、外部的人际沟通。非正式沟通传递的信息有时又称为小道消息，意即非正式的信息，不可完全当真，也不可完全当其为假。

1）非正式沟通的原因

相对于正式沟通，非正式沟通需要的产生是由于正式沟通方面有一定的沟通障碍。组织中有一些人热衷于小道消息传播，虽然有这些人本身的原因，但也与组织正式沟通渠道的不良有关。非正式沟通的产生大约有以下五个主要的原因。

（1）如果人们缺少有关某一势态的信息时，他们就会千方百计地通过非正式渠道来填补这一空白。有时这些活动甚至会导致歪曲事实或编造谣言。比如，一名负责新产品开发的经理被总经理突然召见，而且走时神情严肃，那么他刚离开，小道传播可能马上活跃。如果他迟迟未归，那么谣言会越传越广，如有人说该新产品已遭遇失败，该经理将被调职等。同时，与该产品有关的生产、销售人员也非常担心他们的命运。

🌾**趣味链接**

三 人 成 虎

古时候，有一个人说街市上出现了一只老虎，国王表示不相信。过了一会儿，又有一个人说街市上出现了老虎，国王表示将信将疑。最后，有第三个人对国王说街市上出现了一只老虎，国王表示深信不疑。其实国王再清楚不过，街市上不可能出现老虎，但由于三个人都说有老虎，国王就深信有老虎了。

启示：管理者要注意不要相信谣传，而要注重事实。

（2）当人们感到在某一势态中不安全时，他们也会积极参与小道消息。接着上面的例子，与新产品有关的人员所做的第一件事，就是向知情人去打听流言是否属实。如果得到的回答是新产品推出后非常畅销，该经理被召见是总经理想了解新产品的情况并接受总经理的奖励。于是他们又把这一信息带回到小道消息中，至此真相大白，有关这件事的非正式沟通也就停止了。

（3）如果人们同某件事有个人利害关系的话，就会导致小道消息传播。如果某人和上级就某项工作发生争执，那他的朋友很可能是小道消息传播者。同样，如果管理者决定解雇 15 名推销员，其余的推销员就会对此事发生兴趣，因为事态的发展和他们的利益相关，人们总想分享对他们来说是至关重要的、发生在世界上的任何信息。

（4）当人们得到的是最新信息，而不是旧闻陈迹时，他们就更加热心于小道消息传播。研究表明，当某个消息刚被人知道时，小道消息传播得最快；一旦大多数人都知道了这个消息，小道消息传播活动也就慢下来了。

（5）有时当一些正式信息不便于在正式渠道中沟通传递时，组织的领导或其他成员就有可能利用非正式渠道来传递这些信息,使之起到正式渠道起不到的作用。例如,当领导者把一些重要的正式信息通过非正式渠道私下传递给某些下级时,下级可能会感到领导对他的信任,可能会感激涕零。又如,一些不便于正式沟通的信息(如公众对当事人的不良印象等),可能通过非正式沟通更易使之接受,所以非正式沟通有时对于正式组织来说是十分重要的。

2) 非正式沟通的形式

一般而言,任何一个正式组织中都会存在非正式组织。非正式组织不是官方即组织认可的组织,说它是组织也不完全对,因为非正式组织实际上不能称之为组织。它们通常没有目标、没有组织规则、也没有固定的场所,它们只是组织中某些有共同志趣、性格、爱好的成员在工作中逐步形成在某一方面有效而一致的看法和特点的人群。由于这些成员平常有共同的志趣或看法,使这些成员有另外一种凝聚力,使他们经常在一起,类似一个组织。

非正式组织中也有信息沟通,这种一方面是非正式组织成员之间的需要,另一方面也组织中正式沟通难以传递的信息的私下传递的需要。从组织角度来看,就是所谓的小道消息传递的需要。

通过非正式组织的沟通,实际上是指通过非正式组织的沟通渠道进行正式组织沟通渠道不能起到的沟通效用。非正式沟通渠道主要有单向传递、闲谈传递、概率传递和群体传递渠道,如图 8-4 所示。

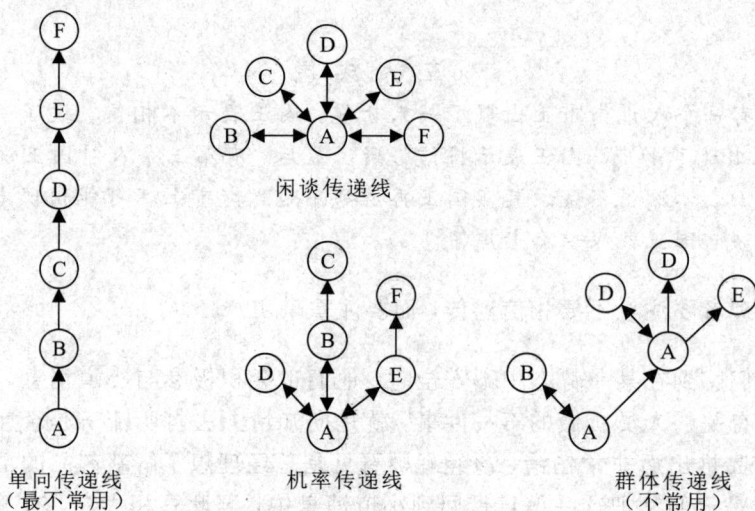

图 8-4 非正式沟通网络

(1)单项传递。

有些学者认为非正式组织中用于传递非正式消息(即小道消息)时主要运用单向传递渠道,即由非正式组织的成员中前一个人将小道信息传递给后一人,后一人再传给另外一个人。这类渠道传递的信息最容易失真但最适宜传递那种不宜公开的信息。

(2)闲谈传递。

非正式组织常常有非正式的聚会,在聚会中往往通过闲谈来沟通。此时正好是传播小道消息的时机,因此有人就把此称为闲谈传递渠道。此渠道中有一个信息发送者,多个信息接收者,信息发送者不一定是该非正式组织的领导,可能只是信息率先获得者或喜欢传递各种消息的人。

（3）概率传递。

概率就是随机概率的意思，这里是指随机或随意的意思。概率传递是说非正式信息在非正式的组织中传递时没有刻意安排，完全是随意碰到一个人便沟通，将信息传递给他（她）的一种方式。这种方式通常是非正式组织中最常用的一种沟通方式，也是传递非正式信息最常用的一种渠道。

（4）群体传递。

所谓群体传递是一个人告诉了两三个人，这些人或是保密，或是告诉另外的人，结果一传十，十传百，最后是组织内外几乎所有的人都知道了此消息。群体传递的速度极快，俗语说"好事不出门，坏事传千里。"坏事如何能一下子传千里呢？就是因为群体传递。

在群体传递渠道中，处于节点的传播者被称为联络员，因为他们起着连接有消息的人和没有消息的人的作用。联络员对他们所选择的沟通渠道是非常挑剔的。他们把信息传递给某些人，而对另一些人则回避不谈。但回避一些人并不总是意味着对他们不信任，而是认为该信息不应该让他们知道而已。所以，群体传播是一种选择性的传播网络。

3）非正式沟通在管理上的意义

从前面非正式信息沟通的讨论来看，非正式信息沟通的优点是：沟通形式不拘，直接明了，速度很快。其缺点是：非正式信息沟通难以控制，传递的信息不确切，容易失真，而且它可能导致小集团、小圈子，影响组织的凝聚力和人心稳定。

非正式沟通的特点：① 消息越新鲜，人们谈论得就越多；② 对人们工作有影响，最容易招致人们谈论；③ 最为人们所熟悉者，最多被人们谈论；④ 在工作上有关系的人，往往容易被牵扯到同一传闻中去；⑤ 在工作中接触多的人，最可能被牵扯到同一传闻中去。

在传统的管理及组织理论中，并不承认这种非正式沟通的存在。即使发现有这种现象，也认为要将其消除或减少到最低程度。但是，当代的管理学者知道，非正式信息沟通现象的存在是根深蒂固、无法消除的。所以，企业管理者在工作中要了解、掌握非正式信息沟通的规律，利用非正式信息沟通在组织中积极作用的良好的人际关系，杜绝非正式信息沟通中起消极作用的"小道消息"，使非正式信息沟通为达到组织目标服务。

第三节 有效沟通策略

一、有效沟通及其特征

有效沟通，简单地说就是传递及交流信息的可靠性和准确性高，它表明了信息的发送者和接收者对噪声的抵抗能力。一个有效的沟通不仅要求信息发送者清晰地表达信息的内涵，以便信息接收者能确切理解，它还要求信息发送者重视信息接收者的反应，并根据其反应及时修正信息的传递，免除不必要的误解，两者缺一不可。

有效沟通一般具备以下特征：

（1）有效沟通的信息具有真实性。有效沟通必须是有意义、真实的信息被传递，如果传递的信息是无意义的、不真实的，会浪费大量的人力物力资源，甚至有可能带来负面影响。

（2）有效沟通的信息具有完整性。有效沟通的信息在传递过程中是完整无损的，信息既没有被任意添加也没有被任意减少或扭曲。

（3）有效沟通的主体具有共识性。有效沟通的信息是由适当的主体发出，并通过适当的渠道传递给适当的客体接收，这两者缺一不可。此外，信息接收者必须真正了解、体验或理解信息发送者所发出信息的真正含义或意义。

（4）有效管理沟通的代码具有相同性。有效管理沟通的主体传递信息时，使用的是相同的信息代码系统，即信息在发送者是以何种代码被编码的，在接收者那里也必须以相同的代码系统来对接收到的信息代码进行解码。

（5）有效沟通的及时性。有效的沟通要求沟通的主客体及时的传递信息并给予及时的反馈，提高沟通的效率。任何信息传递和反馈的延迟都会影响沟通的效果。

（6）有效沟通的渠道是适当的。有效的沟通需要将信息通过适当和必要的沟通渠道进行传递。不同的信息对于传递渠道的选择是有要求的。正确地选择适当的沟通渠道有助于理想地进行沟通，而错误的渠道选择则会产生信息遗失、误读或信息扭曲，导致管理沟通受挫或失败。

（7）有效沟通方式具有灵活性。同一个问题可以用不同的方式进行沟通，不同的时间、地点和场合，沟通方式不是固定不变的，适当的沟通方式会带来更好的沟通效果。

（8）有效沟通的结果和目标具有一致性。最终评价沟通的有效性应该看沟通的结果是否与沟通的目标相一致，即沟通应该能够解决组织所面临的现实问题，促进组织的高效运转。

二、影响有效沟通的因素

在组织的沟通中，影响有效沟通的因素主要来自于四个方面：个体因素、人际因素、结构因素、技术因素。

（一）个体因素

个体因素对沟通的影响主要表现在沟通者的沟通技能、情绪、选择性知觉和对信息的过滤四个方面。

1. 沟通技能

沟通者缺乏一定的沟通技能会造成沟通上的障碍，主要体现在他们在知识、经验方面的不足和沟通技巧的缺乏两个方面。

由于知识、能力、经验、语言等方面的不足，信息发送者可能无法对自己的想法、观点等信息进行准确的编码，从而造成接收者无法真正理解发送者的真实想法。例如，在信息传递过程中，发送者存在一些措辞不当、语句结构不连贯等情况，导致语义表达得含混不清或晦涩难懂，这往往会导致接收者在理解上的歧义。而缺乏相关知识、经验和一定语言表达能力的接收者，则可能导致在信息解码、逻辑推理、理解等方面出现问题。例如，由于接收者不具备相当的知识水平或经验，会对发送者传递的信息产生理解上的偏差。或者双方在知识、经验水平上的差距过大时，也会拉大彼此理解的差距，造成沟通障碍。

另外，信息发送者和接收者缺乏一定的沟通技巧，也会导致信息沟通上的障碍。例如，信息发送者在参与某项正式会议时着装随意、不拘礼节、措辞粗鲁等；信息接收者在听别人讲话时，常常走神，或被讲话激怒而不能够耐心听清全部讲话内容；或总是打断别人讲话，而自己滔滔不绝地去讲等，都会影响沟通的有效性。

趣味链接

不欢而散的生日聚会

有个人为了庆祝自己 40 岁生日，特别邀请了四个朋友在家中吃饭庆祝。三个人准时到了，只剩一人，不知何故，迟迟没有来。

这人有些着急，不禁脱口而出："急死人了！该来的怎么还没来呢？"其中有一人听了之后很不高兴，对主人说："你说该来的还没来，意思就是我们是不该来的，那我告辞了，再见！"说完，就气冲冲地走了。

一人没来，另一人又气走了，这人急得又冒出一句："真是的，不该走的却走了。"剩下的两人，其中有一个生气地说："照你这么讲，该走的是我们啦！好，我走。"说完，掉头就走了。

又把一个人气走了。主人急得如热锅上的蚂蚁，不知所措。最后剩下的这一个朋友交情较深，就劝这人说："朋友都被你气走了，你说话应该留意一下。"

这人很无奈地说："他们都误会我了，我根本不是说他们。"最后这朋友听了，再也按捺不住，脸色大变道："什么！你不是说他们，那就是说我啦！莫名其妙，有什么了不起。"说完，铁青着脸走了。

启示：说话是一门艺术，不同的词汇组合，不同的语气都会收到不同的效果。人际交往中，一定要注意说话的艺术。

2. 情绪

沟通者会因不同的情绪对输出或接收的同一信息做出不同的处理，从而影响沟通的效果。如果沟通者的情绪激动、紧张，思维将处于抑制或紊乱状态，编码、解码过程就会受到干扰。如果沟通双方彼此敌视或关系淡漠，沟通过程则常常由于偏见而出现偏差，双方都较难以准确理解对方的思想。

此外，一些人在沟通中会经历过度的情绪紧张与不安，这称之为沟通焦虑。典型的例子是害怕在人群面前讲话。高度口头沟通焦虑的人往往会扭曲其工作的沟通需求，以使沟通的需求减至最少。例如，口头沟通的焦虑者可能会发现自己很难与其他人面对面交谈，或当他们需要使用电话时极为焦虑。因此，他们将会很少使用口头沟通，并且告诉他人自己不需要太多的沟通就能有效地从事工作，从而使自己的行动合理化。

3. 选择性知觉

选择性知觉是指人们根据自己的心理结构及需求、意向系统，有选择性地接收信息。换句话说，在沟通过程中，接收者会基于自己的需要、动机、经验、背景及其他个人特质来有选择地接收传递给他的信息。有人曾做过这样一个试验：请一家公司的 23 位主管回答"假如你是公司总裁，你认为哪个问题最重要，"结果每个主管都认为从全公司的角度自己所负责的部门最重要。销售经理说营销是个大问题，生产经理认为产品是生命，人事经理则回答说在现代管理才是中心。

　　此外，接收者在解码的时候，还会把自己的兴趣和期望带到信息之中理解所接收的信息。例如，一位面试主考官认为，女性总是把家庭放在第一位，那么无论女性求职者是否真有这种想法或表现，他均会在这些女性求职者中有这样的判断。由此可见，无论有意还是无意，这种选择性知觉也阻碍了有效的沟通。

4. 过滤

　　过滤是指发送者出于某些主观动机，对发送的信息进行有意识地筛选的现象，以使信息显得对接收者更为有利或更容易接受。例如，有一种自然的倾向，当员工向上级汇报工作时，员工常常只汇报他们认为上级想要听的内容，这就是过滤信息。

（二）人际因素

　　人际因素主要包括沟通双方的相互信任、相似度和信息来源的可靠度。

1. 沟通双方的信任度

　　沟通是发送者与接收者之间"给"与"收"的过程。信息沟通不是单方，而是双方或多方的事情，因此，沟通双方的诚意和相互信任至关重要。上下级间的猜疑只会增加抵触情绪，减少坦率交谈的机会，也就不可能进行有效的沟通。

2. 沟通双方的相似度

　　沟通的准确性与沟通双方间的相似性有着直接的关系。沟通双方特征的相似性影响了沟通的难易程度和坦率性。沟通一方如果认为对方与自己很接近，那么他将比较容易接受对方的意见，并且达成共识。相反，如果沟通一方视对方为异己，那么信息的传递将很难进行下去。

3. 信息来源的可靠性

　　信息来源的可靠性由下列四个因素所决定：诚实、能力、热情、客观。有时，信息来源可能并不同时具有这四个因素，但只要信息接收者认为发送者具有即可。可以说，信息来源的可靠性实际上是由接收者主观决定的。就个人来说，员工对上级是否满意，很大程度上取决于他对上级可靠性的评价。就组织而言，可靠性较大的工作单位或部门能公开、准确和经常地进行沟通，它们的工作成就也相应地较为出色。

（三）结构因素

　　结构因素主要包括地位差异、组织沟通渠道的有效性和空间约束。

1. 地位差异

　　这种障碍是由于在组织结构中上下级所处的相对地位不同所引起。例如，员工往往对上级领导存在某种惧怕心理，不敢主动与上级沟通或沟通时有所顾忌；而有些上级在潜意识里轻视员工的意见，倾向于减少与员工沟通接触的机会，或沟通时无所顾忌。由此，上级领导就会失去一些充分而有价值的信息。特别是领导者不愿听取不同意见时，会导致堵塞言路，使下级保持沉默。

　　此外，接收者在接收信息时不仅会判断信息本身，而且还要判断发送者。似乎地位高的人传递的信息可信度和准确性越高，而地位低的人发送的信息则会打折扣。信息发送者的组织地位越高，其传递的信息越倾向于接受。

2. 组织沟通渠道的有效性

组织沟通渠道常见的有纵向沟通、横向沟通等。在管理中，合理的组织结构往往可以保证沟通渠道的畅通和有效，从而有利于沟通。但是，如果组织机构过于庞大，管理层次太多，那么信息从最高决策层传递到下属单位或从下属单位自下而上的传递过程中不仅容易产生信息的失真，还会浪费大量时间，影响信息的及时性。一项研究表明，企业董事会的决定经过五个管理层次的传递后，信息损失平均达80%。这种情况也会使信息的提供者望而却步，不愿提供信息。

因此，如果组织机构臃肿，机构设置不合理，各部门之间职责不清，分工不明，形成多头领导，或因人设事、人浮于事，导致沟通渠道过长或沟通渠道不通畅，就会影响沟通的效果。

3. 空间约束

由地理位置所造成的沟通困难也是不可忽视的。在管理中，由于组织规模庞大，地理位置分散所造成的信息传递失真或延误并不在少数。企业中的工作常常要求员工只能在某一特定的地点进行操作。这种空间约束的影响往往在员工单独于某位置工作或在数台机器之间往返运动时尤为突出。一般而言，两人之间的距离越短，他们之间的沟通越频繁。

（四）技术因素

技术因素主要包括语言、非语言暗示，沟通方式的有效性和信息过量。

1. 语言、非语言暗示

大多数沟通的准确性依赖于沟通者赋予字和词的含义。由于语言只是个符号系统，本身没有任何意义，它仅作为我们描述和表达个人观点的符号或标签。每个人表述的内容常常是由他的独特经历、个人需要、社会背景所决定的。因此，相同的语言和文字极少对发送者和接收者双方都具有相同的含义。另外，当人们进行交谈时，除了语言本身常常伴随着一系列有含义的非语言暗示。这些非语言暗示包括身体姿势、头的偏向、手势、面部表情、眼神、说话的音调、语速等。这些非语言的信号又使所传递的信息更为复杂，所以很容易影响沟通的有效性。

2. 沟通方式的有效性

沟通方式不同，沟通效果也不同。不同的沟通方式有着不同的优缺点，例如书面沟通常常用于正式的场合，传递篇幅长、内容详细的信息，但缺乏反馈。口头沟通则适用于传递感情和非语言暗示的信息，传递速度快，反馈也较快，但很难核实。如果对于重要信息的传递，采用口头沟通的方式可能会使接收者认为"口说无凭""随便说说"而不加重视，因为人们习惯认为，只有用文件等书面形式传递的信息才是重要的信息。

3. 信息过量

当今是一个信息爆炸的时代，高层管理者普遍面临"信息过量"的问题。信息超负荷也会导致一系列问题：第一，人们可以无视某些信息；第二，一旦人们被信息过载所困扰，在处理中就会出差错；第三，信息过量，可能会降低人们的工作效率，无限期地拖延处理信息；第四，人们会对信息进行过滤，很可能忽略了关键性的信息；第五，人们会干脆从沟通中脱身以对待信息超负荷的情况。信息过量的情况使高层管理者没有时间、精力去处理，也难以向同事和下级提供必要和有效的信息，沟通也随之变得困难重重。

三、沟通的改善策略

（一）正确对待沟通

组织中，一些管理人员往往十分重视计划、组织、领导和控制等管理职能，而忽略了沟通在组织管理的重要性。他们通常认为，信息在组织系统中能够上传下达就可以了，对非正式沟通中的"小道消息"常常采取压制或不闻不问的极端态度，这些都反映出沟通没有得到应有的重视。因此，促进组织的有效沟通，首先必须要求组织成员重视沟通、正确对待沟通。

（二）提高沟通技能

1. 培养"听"的艺术，做到积极倾听

信息沟通通常是沟通双方互动的过程。在这一过程中，沟通双方或数方能够认真倾听对方所述问题和意见，就能减少许多由于不够认真倾听而导致的误解，从而减少沟通过程中的障碍。一些积极倾听的要点是：要表现出兴趣；全神贯注；该沉默时必须沉默；选择安静的地方；留适当的时间用于辩论；注意非语言暗示；当你没有听清楚时，请以疑问的方式重复一遍；当你发觉遗漏时，直截了当地问。

2. 简洁用语

实际上，要把自己的想法、观点等用语言明确地表达出来，并使接收者从传递的语言中得到所期待的理解，并非容易。因此，发送者在发出信息时要慎重地选择用语，尽量做到言之有物，有针对性，语意清楚明确、通俗易懂，尽量不要使用笼统含混的语言，以免引起误解，更不要讲空话、套话和废话。此外，如果发送者熟悉接收者所习惯使用的语言。用这种语言进行沟通是最理想的做法。如在群体内使用行话，有助于促进理解，但是，在该群体之外使用行话可能会造成很多问题。

🖋 趣味链接

话在适宜不在多

有一次，子禽问他的老师墨子道："多说话有好处吗？"墨子回答他："蛤蟆、青蛙、苍蝇，日日夜夜不停喊叫，嘴巴干了，嗓子也喊哑了，却没有得到人们的欣赏。"

启示：话不在多，在精。好文章不在长短，在简要。人们言论的价值在于是否言之有物，否则说得再多也是枉然。我们说话、写文章及行事都必须抓住要点，才能事半功倍。

3. 重视非语言沟通

在沟通过程中，除了注重语言的简洁性外，还要重视非语言沟通手段的运用，即通过身体动作、体态、语气语调等方式进行信息沟通。有时，应用这些非语言沟通会产生意想不到的积极效果。通过非语言沟通可以加深对方的印象，使语言表达更为准确、有力、生动和具体。

4. 充分利用反馈机制

在沟通时要避免出现"只传递而没有反馈"的状况。一个完整的沟通过程必须包括信息接收者对信息所做出的反应，只有确认接收者接收并理解了信息传递者所发送的信息，沟通才算完整与完成。信息传递者只有通过获得接收者的反馈，才能检验沟通是否达到目标。信息传递者可采用提问、倾听、观察、感受等方式来获得信息接收者的反馈。

5. 控制情绪

情绪可能导致信息传递受阻或失真，从而影响沟通的有效性。控制情绪需要平时训练，力求做到以下五点：一是学会放松，二是学会转移，三是学会宣泄，四是学会自我安慰，五是学会幽默。总之，控制情绪需要长期修炼内心力量。此外，还需要注意的是，在沟通中不仅要控制自己的情绪，也要控制别人的情绪，以保证沟通的效果。

（三）改善沟通环境，创造和谐氛围

沟通的效果受到参与沟通各方情感和情绪的影响。因此，应当创造一个相互信任、真诚相待、平等对话的沟通环境，以充分调动参与者的积极情绪提高沟通效果。

（四）选择恰当的沟通方法

选择恰当的沟通方法对增强组织沟通的有效性十分重要，因为组织沟通的内容千差万别，针对不同的沟通需要，应该采取不同的沟通方式。例如，如果向多人传递重要信息，可选择书面沟通中的发放通知的方式；如要求及时了解对方的反馈信息，应选择口头交谈、双向沟通的方式。另外，组织还应该尽可能地给员工提供良好的办公设施，充分发挥现代化的信息技术给沟通带来的种种便利。

（五）优化组织沟通渠道

合理顺畅的沟通渠道是组织中维系人与人之间良好工作关系的关键因素，是组织沟通活动的"血管"。为实现有效的组织沟通，应结合正式沟通渠道和非正式沟通渠道的优缺点，通过对组织结构的调整，设计一个包含正式和非正式沟通渠道的信息传递网络，同时缩短信息传递的链条，以便使组织的信息沟通更加迅速、及时并有效。组织沟通渠道的设置必须与组织的结构、管理模式相匹配相适合，才能有利于组织整体目标的完成。

第四节　冲　突　与　谈　判

一、冲突管理

冲突是指由于某种差异而引起的抵触、争执或争斗的对立状态。人与人之间在利益、观点、掌握的信息或对事件的理解上都可能存在差异，有差异就可能引起冲突。不管这种差异是否真实存在，只要一方感觉到有差异就会发生冲突。冲突的形式可以从最温和最微妙的抵触到最激烈的罢工、骚乱和战争。

（一）冲突产生的原因

行为学家杜布林（Andrew J. Dublin）提出的冲突系统分析模型包括三个要素：输入、

干预变量和输出。输入是指冲突产生的根源；输出是指冲突的结果；干预变量是指处理冲突的手段。杜布林认为冲突来源于八个方面。

1. 人的个性

群体或组织内部的不同个体之间的个性差异使得他们解决问题的作风和做事方式不同。群体内部个体的个性差异越大，共性越小，组织成员合作的可能性就越小，存在的分歧和矛盾就越普遍，在工作和交往中出现争执和冲突的可能性越大。

2. 有限资源的争夺

资源总是有限的，企业之间相互争夺有限的资源，组织内部的不同部门之间也会为了获得资金或人力资源以及其他资源展开激烈竞争。如果资源相对稀缺，或者组织发展缓慢甚至根本不发展时，这种对资源的争夺带来的冲突将会更加激烈。

3. 价值观和利益冲突

引起组织冲突的个人或群体价值观的差异，包括组织内部的个人之间、群体之间、个体与群体之间价值观的差异，以及整体的价值观与外部环境的个人或社会群体价值观的不同。此外，组织中不同群体和个人价值观的不同步变化也会引起冲突。

4. 角色冲突

组织内部的个人和群体由于承担的角色不同，要完成的工作任务和职责不同，从而产生不同的需要和利益，因此不可避免地出现冲突。

5. 追逐权力

在任何群体或组织中，权力和追逐权力都是自然现象。个体及群体对权力的追逐会产生各种冲突。

6. 职责不清

个体或部门工作职责不明确会使个体之间及部门之间对工作互相推诿，对责任各执己见，从而引起冲突。

7. 组织变革

组织变革，比如机构精简和并购，使原来组织内部的平衡被打破，局部的利益受到威胁，各种利益群体之间的冲突在所难免。公司并购或重组，必然导致组织内部的双方在权力和其他方面的冲突。

8. 组织风气

冲突与组织风气有关。如果组织风气正，组织内部的冲突以建设性冲突居多，而且冲突程度能够得到控制；如果组织风气不正，组织内部的冲突多表现为破坏性冲突，而且冲突程度失控。因此，组织风气对组织内部冲突起着潜移默化的作用。

总之，冲突产生的根源既可能来自于非常微观的个人层面，也可能来自于群体层面或组织层面。冲突根源的复杂性增加了组织内部冲突的复杂性。

（二）冲突观念的演变

学术界对于组织内部冲突的认识有一个变化过程，大致经历了三个阶段。这三个阶段的观点分别是传统观点、人际关系观点和相互作用观点。

1. 传统观点

干扰组织正常运行，导致组织整体功能下降，在许多人看来冲突就是暴力、破坏和非理性的同义词。

由于冲突是有害的，因此，组织应该尽可能避免冲突。组织管理者有责任在组织中清除冲突和抑制冲突。

2. 人际关系观点

这一观点在20世纪40年代末到70年代中期一直占据冲突理论的主体地位，该理论认为冲突是任何组织都不可避免的产物，冲突并不一定会导致对组织的危害，有时甚至可能成为有利于组织工作的积极动力。冲突不可能被消除，因此，组织应该接纳冲突，而管理者需要正视冲突的客观存在，接纳冲突并使冲突的存在合理化，使冲突转化为有利于组织发展的程序。

3. 相互作用观点

这是当今冲突管理的观点。这种观点更加积极地鼓励冲突，认为冲突不仅可以成为有利于组织工作的积极动力，而且其中有些冲突对于组织或组织单元的有效运作是必要的，冲突可以转化为组织发展的动力，是组织保持活力的有效手段。因而管理者应当维持一种冲突的最低水平，以使组织保持创新的激发状态，善于自我批评和不断创新，使组织单位保持旺盛的生命力。冲突水平与组织特征、组织绩效的相互影响关系如表8-3所示。

表8-3 冲突水平与组织特征、组织绩效

冲突水平	冲突类型	组织内部特征	组织绩效
过低或无	功能失阔	冷漠、迟钝、对变化不敏感、缺乏创新精神	低
适当或最佳	功能正常	有创造力、自我批评、不断变革、活力旺盛	高
过高	功能失调	混乱无序、分崩离析、关系紧张、不合作	低

该观点认为冲突的好坏取决于它对组织绩效的影响，不能一概而论，并根据冲突对组织绩效的影响将冲突分成两种类型：一是促进组织绩效提升的功能正常的冲突或者叫建设性冲突；二是阻碍组织绩效的功能失调的冲突或者叫破坏性冲突。

该观点还认为组织需要维持一定的冲突水平。冲突水平过高或过低，对组织绩效都会造成不利影响。冲突达到最佳水平时，可以使组织激发创造力，充满活力，不断革新。过高的冲突会带来组织中的混乱秩序，分崩离析；过低水平的冲突则会使组织反应迟钝，对变化不敏感，组织容易产生自我满足和乏味。过高或过低的冲突水平都会阻碍组织的健康发展，导致员工流动率和缺勤率提高，组织工作的有效性和组织成员的满意度降低，生产率下降。

（三）冲突管理策略

既然冲突的存在既可以给组织带来益处，也有很多不良的影响，那么，如何对冲突进行管理，发挥它对组织的有益作用，避免或消除它的不良影响，就是一件重要的事情。

组织中常常会有各种各样的冲突。有些冲突是具有破坏性的，有些冲突是具有建设性的。同时，冲突也会表现出不同的水平。在对冲突进行管理时，一方面要将那些冲突水平较高、具有破坏性的冲突有效地降低，并促使冲突向建设性冲突的方向发展；另一方面针对组织中冲突水平过低的状况，可以适当考虑激发一些建设性的冲突。

1. 解决冲突的策略

当冲突出现后，如果觉得冲突的水平过高或过于激化，有可能带来破坏性，则需要着手解决冲突。解决冲突的方法大体上可以分为两类：一是由冲突双方自己解决冲突，这类方法主要是协商与谈判的方法；二是由第三方介入帮助冲突双方解决冲突，主要是调解和仲裁的方法。

1）协商与谈判

协商与谈判是解决冲突或管理冲突的最普遍的方法和策略。所谓协商与谈判，就是指冲突双方进行公开的交流，讨论彼此的分歧，进行讨价还价或者做出让步。协商与谈判可以使冲突双方直接进行，也可以派代表进行。如果经过协商与谈判，冲突双方找到了共同可以接受的方案，那么冲突就得到了解决。而且，成功的协商与谈判还可能使双方增进了解，使彼此之间的关系变得更为融洽。但是，协商和谈判也有失败的可能性，有时协商和谈判的失败常常导致冲突的加剧或升级。当双方的冲突比较尖锐时，协商和谈判往往不是一次能够成功的，而是需要多次反复的协商与谈判才能解决冲突。

2）调解或仲裁

在有些情况下，冲突双方无法直接解决冲突，因此需要有第三方介入帮助解决冲突。所谓第三方，就是指与冲突没有直接关系的人。由于第三方特定的身份、地位或能力等因素，他的介入会有助于冲突双方化解矛盾。第三方介入解决冲突主要有两种形式：调解和仲裁。

（1）调解。

所谓调解，是指第三方通过各种方式努力促使发生冲突的双方自愿达成一致意见，化解冲突。作为调解人的第三方，在组织中没有正式的权威，无法强迫冲突双方达成一致意见。事实上，他们所起到的作用是帮助冲突双方澄清问题，促进冲突双方进行沟通。在有些情况下，调解人会为冲突双方达成一致意见提出一些具体建议；但在其他一些情况下，他们仅是为冲突双方自己解决冲突提供一些原则性的指导，并不提供具体的解决方案。因此，大体上来说，调解人的角色就是一个冲突解决的促进者的角色，帮助冲突双方向着达成共同可以接受的解决方案的方向前进。

（2）仲裁。

仲裁是第三方介入解决冲突的另一种方式。仲裁的方式与调解比较起来具有更高的强制性。仲裁通常是由有权威的人（例如职权较高的人）在分析冲突现状的基础上，强制性的或者至少通过强烈建议的方式促进冲突双方达成协议。

🌾**案例链接**

富士康罢工风波

2013 年 1 月，位于北京大兴区亦庄经济开发区的富士康电子厂的员工再度罢工，抗议不发年终奖金以及薪资不涨，截止 22 日，罢工员工达到近 1.5 万人。富士康自 1988 在深圳建厂以来，就迅速成为世界级的电子制造产品以及代工企业。作为全球最大的代加工企业，富士康的盈利依靠的就是规模生产，利用廉价的劳动力，为其带来巨大的效益。但近年来"绯闻"不断，跳楼、群殴、罢工等事件层出不穷，富士康代工模式在中国已走到了末路。

启示：调查表明，企业经理要花费 20％的时间用于处理冲突，冲突管理能力因此被认为是管理者事业成功的关键因素之一。

2. 激发冲突策略

由于组织中保持适度的建设性的冲突水平会使得组织的运作更为有效，因此，必要的时候应该设法创造这样的冲突环境。

1）需要激发冲突的组织状态

要想有效地激发冲突，首先应该识别组织中目前的状态是否需要增加冲突的水平。通常认为，当组织中出现下列状况中的一种或几种时，可以考虑适当激发冲突。

（1）组织缺乏创造性的新思想。

（2）下属对管理者点头称是，不敢承认自己的无知与疑问。

（3）人们过分注重不伤害他人的感情。

（4）决策者过分偏爱折中方案，追求决策意见的一致。

（5）人们不喜欢变革。

（6）人们不愿表达不同见解。

（7）管理者的最大乐趣是维持和睦与合作。

（8）人缘好比高绩效和能力强更容易得到奖励。

2）激发冲突的方法

激发冲突的方法主要有以下几种：

（1）改变冲突观念和组织文化。

要想激发冲突，首先要让人们对冲突有正确的认识，看到冲突的积极作用。这样就使得冲突在组织中有了合法的地位。管理者应该努力营造一种鼓励建设性冲突的组织文化，这种文化鼓励人们提出新的观点甚至是反对的意见，鼓励人们进行创造性的思维，同时用奖励的手段对这样的行为加以强化。

（2）引进异质的组织成员。

有时，一个群体或组织中缺乏活力的状态是由于成员的同质性过高，大家具有高度一致的态度、观念、价值观，因此冲突水平过低。如果引进与原有成员的态度、观念、价值观不同的外来者，则可能会带来一些新的活力。因此，很多时候在一些团队的构成上往往要考虑成员具有不同的背景。

（3）引入竞争机制。

在组织中建立竞争性的工资、奖金等报酬体系，使得组织成员之间有适当的竞争，这样有利于增强组织的生产力和创造力。

（4）委任比较民主的领导者。

在有些情况下，组织或群体中的冲突水平过低，往往是由于领导者比较专制，搞"一言堂"，这容易引起群体思维，不同的见解得不到表达，而且人们也惧怕表达出不同的见解。如果领导者比较民主，则能够鼓励人们提出不同的想法。

（5）组织的重新建构。

在现有的组织结构中，已经形成了一些固有的规则和习惯，使得组织缺乏活力。如果对组织结构进行调整，改变群体的构成、沟通的路线等，打破固有的习惯，就有可能形成新的冲突。

（6）引入检查者的角色。

如果认为有必要的话，可以在群体中指定一名或几名检查者，或者叫批评者、吹毛求疵者等。这些人可以提出反对意见或者大家考虑不到的问题，利用意见冲突使大家的思维都活跃起来，增加创造性思维。

二、谈判技巧

谈判有广义与狭义之分。广义的谈判是指除正式场合下的谈判外，一切协商、交涉、商量、磋商等，都可以看做谈判。狭义的谈判仅是指正式场合下的谈判。

（一）谈判的特征

谈判的特征主要包括以下几个方面：

（1）谈判总是以某种利益的满足为目标，是建立在人们需要的基础上的，这是人们进行谈判的动机，也是谈判产生的原因。交换意见、改变关系、寻求同意都是人们的需要。当需要无法仅通过自身得到满足，而需要他人的合作才能满足时，就要借助于谈判的方式来实现，而且需要越强烈，谈判的要求越迫切。

（2）谈判是两方以上的交际活动，只有一方无法进行谈判活动，并且只有参与谈判的各方的需要有可能通过对方的行为而得到满足时，才会产生谈判。

（3）谈判是寻求建立或改善人们社会关系的行为。谈判的目的是满足某种利益，要实现所追求的利益，就需要建立新的社会关系，或者巩固已有的社会关系，而这种关系的建立和巩固是通过谈判实现的。

（4）谈判是一种协调行为的过程。谈判的开始意味着某种需求希望得到满足、某个问题需要解决或某方面的社会关系出了问题。由于参与谈判各方的利益、思维及行为方式不尽相同，存在一定程度的冲突和差异，因而谈判的过程实际上就是寻找共同点的过程，是一种协调行为的过程。

（5）任何一种谈判都选择在参与者认为合适的时间和地点举行。这是区分狭义的谈判和广义的谈判的一个很重要的依据。谈判时间与地点的选择实际上已经成为谈判的一个重要组成部分，对谈判的进行和结果都有直接的影响。尽管某些一般性的谈判不一定对此非常苛求，但至少企业之间、团体之间乃至国家之间的谈判是这样的。

（二）谈判的分类

谈判可按照性质和主题进行划分。

（1）按照谈判的性质划分，可以分为一般性谈判、专门性谈判和外交性谈判等。一般性谈判是指一般人际交往中的谈判。例如，家庭成员间讨论何时去郊外游玩，同学们之间协商晚上熄灯睡觉时间等。一般性谈判是随意的、非正式的，双方无须进行过多的准备，日常生活中几乎到处存在。专门性谈判是指各个专门领域中的谈判，如原材料供应谈判、产品开发合作谈判、产品销售谈判等。外交性谈判是指国与国之间就政治、军事、经济、科技、文化等方面的问题而进行的谈判。

（2）按照谈判的主题划分，可以分为单一型谈判和统筹型谈判。单一型谈判是指谈判的主题只有一个。这种谈判，双方对谈判的主题必须确定某个能共同调节的"变量值"，如买卖双方只针对价格进行谈判，这个价格应是双方均可调节的变量，否则谈判将难以进行下去，因为，卖方期望这个值高，而且越高越好；而买方则期望这个值低，且越低越好。这种差异只能通过谈判来调节，以取得双方都能接受的水平。统筹型谈判的主题由多个议题构成。这种谈判的双方已不再是单一型谈判中的激烈竞争对手，他们可以以某方面的妥协获取另一方面的利益，从而实现总利益的最大化。例如，甲、乙双方正在进行谈判，一个是关于商品价格的问题，甲方要求至少2万元才能成交，而乙方则坚持最多只能考虑1.5万元，双方不存在达成协议的可能；另一个是交货时间问题，甲方提出最早6个月才能交货，而乙方则要求最晚不超过4个月交货，双方同样不存在达成协议的可能。在很难找到双方都可以接受的妥协方案时，用统筹型谈判，协议就有可能达成，即如果乙方愿意在价格上接受2万元的成交价，那么甲方也愿意在交货时间上接受乙方不超过4个月的时间，双方彼此接受这个折中方法，就可达成协议。

（三）谈判过程及谈判技巧

谈判过程分为四个阶段：准备和计划阶段、开局阶段、实质阶段和谈判达成阶段。

1. 准备和计划阶段

准备和计划阶段是这四个阶段最关键的，至少一个典型的谈判其结果如何，有50%在谈判之前就已经决定了。因此，在每一次谈判之前做好充分的计划与准备，是取得良好谈判结果的基石。

谈判的准备和计划阶段涉及以下几项内容：

1）确定谈判目标

知道自己需要什么，能接受什么，不能接受什么，确定自己的谈判底线；知道自己为什么需要它，得到的结果有什么用，掌握这个信息才能在谈判桌上游刃有余、纵横捭阖。如果没有实现自己的目标，可能发生的最坏的事情是什么，自己如果能够接受，或者说当明白会发生什么时，或许就能找到解决问题的其他方法；知道自己首要考虑的事，将自己在谈判中想要得到的全部目标分解成若干组成部分，考虑一下哪一部分首先考虑，哪一部分第二考虑，哪一部分最后才考虑；为自己设定谈判的顶线目标、现实目标、底线目标。

2）认真考虑对方的需要

谈判的准备工作不是仅考虑自己的要求和需要，同时也要考虑谈判的对方可能需要什么。这时需要一个换位思考，站在对方的位置来考虑问题。如果你是对方，你为什么需要它；你需要得到这个结果背后的原因可能是什么；什么问题对你来说最重要；你首要考虑的是什么；什么问题你不能作出丝毫让步；你的顶线、现实、底线目标是什么；你准备拿来交换的是什么；你的立场可能会提出哪些问题；你是否有足够的事实数据等，虽然有可能不能准确地回答上述问题，但经过仔细考虑和推测，就能更好地把握谈判的进程与方向。

3）评估相对实力和弱点

可能做出的让步和能够交换的项目取决于在谈判中的实力与弱点。实力是指可以对对方的行动施加的支配力和影响力。

4）制定谈判策略

制定谈判策略的重点是第一次会面时，应当提出哪些问题；对方可能会提哪些问题，应如何回答这些问题；是否有足够的事实数据和信息来支持我方的立场；如果没有，应增加哪些信息；我方应当采取什么样的谈判风格、选择什么谈判地点和时间，以及如何开局，以前的谈判对这次谈判产生怎样的影响；谈判所在地的习惯、风俗可能会怎样影响彼此。

2. 开局阶段

开局阶段是指谈判双方进入具体实质性谈判之前的那段时间和经过，其主要包括建立谈判气氛、交换意见和陈述方案三个内容。

1）建立洽谈气氛策略

在开局阶段，谈判人员的任务之一就是要为谈判建立一个合适的气氛，为以后各阶段的谈判打下良好的基础。更多的谈判气氛是热烈当中包含着紧张，对立当中存在着友好，严肃当中有着积极。一般来说，通过谈判气氛，可以初步感受到对方谈判人员谈判的气质、个性、对本次谈判的态度和采取的谈判方针。

2）交换意见策略

谈判人员在谈判最初的几分钟，建立了谋求一致的谈判气氛，接着双方将就本次谈判交换意见，意味着谈判的正式开始。

3）开场陈述方案策略

开场陈述有两个目的：一是陈述各方立场；另一个是探测对方意图。因而，开场陈述应把握以下几点：陈述的内容、陈述的方式和对方对建议的反应。

开场陈述的内容是指谈判人员要巧妙地应用策略，明白无误地阐述己方的立场和观点。这时，必须把彼此的观点向对方阐明。一般来说，开场陈述有以下内容：己方对问题的理解，即认为这次会谈应涉及的问题；己方的利益，即希望通过洽谈所取得的利益；己方的首要利益，即阐明哪些方面对己方来说是至关重要的；己方可向对方作出让步的事情，己方可以采取何种方式为双方获得共同利益做出贡献；己方的立场，包括双方以前合作的结果，己方在对方所享有的信誉，今后双方合作可能出现的机会和障碍。

3. 实质性阶段

谈判的实质性阶段是指谈判双方依据所提的交易条件进行广泛磋商的阶段。这个阶段是谈判双方开始真正根据对方在谈判中的所作所为来不断调整各自策略的过程，也是一个信息逐渐公开、筹码不断变化、障碍不断清除、努力走向成交彼岸的过程。

这个过程的实质是通过对交易条件的讨价还价，从分歧、对立、差距到协调一致，包括对谈判双方的分析、施加压力、提出要求与让步、形成僵局和打破僵局等复杂内容，从而决定谈判的速决、拖延或是决裂。因此，对这一阶段的把握情况，对能否达到预期的目标，取得谈判的成功，起着决定性的作用。

4. 签约阶段

当谈判到了快结束的阶段时，为了能使结果圆满，选择结束谈判的方式是至关重要的。只是一旦决定结束洽谈，主谈人一定要讲明原因，为继续开谈留有后路。

整个洽谈的结束有两种可能：一是洽谈破裂；二是达成协议而成交。

当谈判可能破裂时，主谈人在把握整个洽谈结束时，要充分注意洽谈的气氛和转机。

当对方主谈人宣布其最后立场和观点后，己方主谈人应设身处地为对方分析其立场的利弊，并言辞友好、态度诚恳，使对方感到己方的诚意。

当谈判成交时，双方应热情握手以结束谈判。最后，应将所有谈判的结果形成文字，包括技术附件和合同文本，并约定好签约的时间和方式等具体操作性问题。

本章小结

沟通是人和人之间进行信息传递的一个过程。沟通是协调各个体、各要素，使企业成为一个整体的凝聚剂；是领导者激励下属，实现领导职能的基本途径；是企业与外部环境之间建立联系的桥梁。沟通的过程包括发送信息、传递信息、接收信息、噪声干扰、反馈五个步骤。按照所借助的媒介或手段划分，沟通可分为口头沟通、书面沟通、非语言沟通和电子媒介沟通。信息在组织中有多个流向，既有自上而下的流动，也有自下而上的流动，还有水平或交叉的流动。按照组织系统正式与否，沟通可分为正式沟通和非正式沟通。按照是否进行反馈，沟通可分为单向沟通和双向沟通。正式沟通一般指在组织系统内，依据组织明文规定的原则进行的信息传递与交流。正式沟通网络的基本形式有链型、轮型、Y型、环型和全通道型五种。非正式沟通是指组织在正式沟通渠道之外进行的沟通活动，是基于组织成员各种各样的社会交往需求而产生的。妨碍有效沟通的因素主要有个人因素、人际因素、结构因素和技术因素。改善组织中的沟通的措施主要有方法性措施和制度性措施。方法性措施主要涉及表达、倾听、设身处地、换位思考、双向沟通、例外与须知原则等方面；制度性措施主要涉及建立常用的沟通形式、召开职工会议、建立建议制度等方面。

★ **知识结构图**

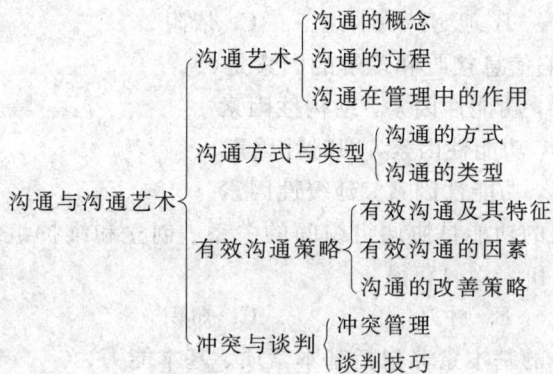

思考题

1. 如何理解沟通的概念和沟通的过程？
2. 正式沟通网络的基本形式有哪些？它们各自的优缺点是什么？
3. 影响有效沟通的障碍有哪些？
4. 如何实现有效沟通？

练 习 题

一、单项选择题

1. 人际沟通的障碍包括语言障碍、习俗障碍、观念障碍、（   ）、个性障碍、心理障碍、情绪障碍。

   A. 角色障碍　　　B. 文化障碍　　　　C. 地域障碍　　　　D. 时间障碍

2. 管理沟通的构成要素包括（   ）。

   A. 沟通者　　　　B. 信息符号　　　　C. 沟通目标　　　　D. 反馈

3. 不属于人际沟通的动机是（   ）。

   A. 支配动机　　　B. 实用动机　　　　C. 探索动机　　　　D. 归属动机

4. 提出需求层次理论的心理学家是（   ）。

   A. 马斯洛　　　　B. 麦克利兰　　　　C. 赫茨伯格　　　　D. 弗洛姆

5. 沟通的目的是为了（   ）。

   A. 获得知识　　　　　　　　　　　　B. 做出最优决策

   C. 获得更多新的信息　　　　　　　　D. 取得沟通对象的认同

6. 在约瑟夫·亨利图表中"自知，他知"属于人际沟通的（   ）区域。

   A. 开放　　　　　B. 盲目　　　　　　C. 隐蔽　　　　　　D. 未知

7. 人际沟通的四个阶段分别是：定向阶段、探索情感交换阶段、情感交换和（   ）阶段。

   A. 稳定心情　　　B. 稳定感情　　　　C. 稳定关系　　　　D. 稳定角色

8. 在人际关系形成的过程中最后的表现形式是（   ）。

   A. 注意　　　　　B. 吸引　　　　　　C. 依附　　　　　　D. 适应

9. 沟通过程中影响信息接收和理解的因素是（   ）。

   A. 选择性因素，功能性因素，结构性因素

   B. 选择性因素，功能性因素，即时性因素

   C. 选择性因素，功能性因素，延缓性因素

10. 组织对外沟通的功能是协调组织间的关系、创立和维护组织形象、为顾客提供服务、信息获取和（   ）获得。

    A. 能力　　　　　B. 财力　　　　　　C. 知识　　　　　　D. 盈利

11. 管理沟通主体的基本素养包括基本素质、基本能力、（   ）。

    A. 自我管理　　　B. 沟通时机　　　　C. 价值观念　　　　D. 沟通意识

12. 换位思考是建设性沟通的（   ）。

    A. 原则　　　　　B. 本质　　　　　　C. 特征　　　　　　D. 含义

13. 根据约哈里窗的分析维度可将管理者分为双盲型、（   ）、强制型和平衡型。

    A. 被动型　　　　B. 主动型　　　　　C. 命令型　　　　　D. 主观型

14. 听话者的类型大致可分为漫听型、（   ）技术型和积极型。

    A. 浅听型　　　　B. 专听型　　　　　C. 深听型　　　　　D. 激动型

15. 事实导向定位（描述性原则）是属于建设性沟通的（   ）。

    A. 信息组织原则　　　　　　　　　B. 合理定位原则

    C. 尊重他人原则　　　　　　　　　D. 认同性原则

16. 个人或组织信息、知识、思想和情感等的交流与反馈的过程就是(　　)。

    A. 沟通　　　　　B. 人际沟通　　　　　C. 有效沟通　　　　　D. 沟通的原则

17. 演讲的目的主要是传递信息、说服听众、激励听众和(　　)。

    A. 感动听众　　　B. 讨好听众　　　　　C. 服务听众　　　　　D. 娱乐听众

18. 简报的格式由报头、(　　)、报尾三部分组成。

    A. 报表　　　　　B. 报导　　　　　　　C. 报核　　　　　　　D. 报文

19. 有研究表明,在听、说、读、写四种沟通形式中,倾听占了沟通时间的(　　)。

    A. 31%　　　　　B. 15%　　　　　　　C. 11%　　　　　　　D. 40%

20. 人际沟通的三个层次有(　　)。

    A. 信息层次、情感层次、行为层次　　B. 信息层次、认知层次、情感层次

    C. 信息层次、认知层次、行为层次　　D. 认知层次、接触层次、情感层次

21. 如果你是一个新上任的部门经理,你和公司的董事长一同走进了电梯,但董事长
不认识你,此时,你该如何和董事长沟通?(　　)

    A. 找茬搭话

    B. 目光礼貌交流后互不打扰

    C. 主动自我介绍,向董事长汇报工作情况

    D. 不理睬,装作不认识

22. 爱德华·霍尔提出了社会交往中的空间距离理论,并提出了四种距离:其中亲密
距离大约在(　　)米以内。

    A. 1.22　　　　　B. 0.45　　　　　　　C. 0.5　　　　　　　D. 0.46

23. 在谈判的准备阶段,首先要进行的一项工作是(　　)。

    A. 确定谈判目标　　　　　　　　　B. 确定参加谈判的人员

    C. 调查研究,知己知彼　　　　　　D. 确定谈判的场所

24. 谈判活动的基本要素包括谈判主体、谈判客体、(　　)和谈判的结果。

    A. 谈判目标　　　B. 谈判方式　　　　　C. 谈判战略　　　　　D. 谈判目的

25. 据学者统计,高达93%的沟通是非语言沟通,其中(　　)是通过面部表情、形体
姿态和手势传递的,38%通过音调。

    A. 55%　　　　　B. 45%　　　　　　　C. 65%　　　　　　　D. 35%

26. 沟通渠道包括(　　)。

    A. 横向沟通和纵向沟通　　　　　　B. 口头沟通、书面沟通和非语言沟通

    C. 小组沟通和会议沟通

27. 以下不属于非语言沟通的一项是(　　)。

    A. 身体语言沟通　　　　　　　　　B. 副语言沟通和物体的操纵

    C. 发短信和电子邮件

28. 不全是说话时控制语言的要点的一项是(　　)。

    A. 委婉含蓄、辞雅语美、发音准确　　B. 用词标准、话语尖锐、辛辣犀利

    C. 情理相融、简洁精炼、遣词准确

29. 表示双方是在处理公务，比如商务谈判，双方之间的距离是（　　　）。

    A. 私人空间   B. 社交空间   C. 公共空间

30. 要突出某人的身份地位，与此人保持的距离称为（　　　）。

    A. 私人空间   B. 社交空间   C. 公共空间

二、多项选择题

1. 非语言与语言的关系有（　　　）。

    A. 重复   B. 矛盾

    C. 代替   D. 回避

    E. 强调

2. 说话时选择话题的要点是（　　　）。

    A. 能充分显示自己才华   B. 了解自己说话的目标

    C. 寻找双方的共同点   D. 为自己争取最大的利益

    E. 话题有高雅的格调

3. 非言语沟通分为（　　　）。

    A. 身体语言沟通   B. 非正式沟通

    C. 组织沟通   D. 副语言沟通

    E. 物体的操纵

4. 提高倾听的效果的要点有（　　　）。

    A. 保持目光交流   B. 捕捉内容要点

    C. 沉默无声地倾听   D. 揣摩词语，体味言外之意

    E. 注意对方的表情、动作

5. 演讲者要分析听众心理，听众的心理特点有（　　　）。

    A. 对信息的接受具有选择性   B. 首因效应

    C. 直观性理解   D. 独立意识和从众心理的矛盾统一

    E. "自己人"效应

6. 管理沟通策略中的信息策略原则是（　　　）。

    A. 从客观情况描述入手，引出一般看法，再就问题提出自己的具体看法

    B. 站在间接上司的角度来分析问题

    C. 就事论事，对事不对人

    D. 不对上司的人身作评论

7. 非正式沟通包括（　　　）。

    A. 小道消息，私下交谈   B. 网上聊天

    C. 小组会议   D. 通知

8. 关于德鲁克沟通的四项基本原则有（　　　）。

    A. 沟通是一种受众期望的满足   B. 沟通能够激发听众的需要

    C. 沟通对象能感受到沟通的信息内涵   D. 所提供的信息必须是有价值的

    E. 沟通可以是单向也可以是双向

9. 在人际沟通中，心理障碍是由（　　　）等造成的判断失误、沟通困难等。

    A. 知觉偏差   B. 情感失控   C. 观念不同   D. 态度不端

10. 人际沟通强调沟通是在（　　）。

    A. 沟通者与沟通对象之间进行的　　B. 沟通双方有共同的沟通动机

    C. 沟通双方都是积极的参与者　　　D. 沟通双方有相同的沟通能力

案 例 分 析

杨 岚 的 困 惑

杨岚是一个典型的北方姑娘，在她身上可以明显地感受到北方人的热情和直率，她喜欢坦诚，有什么说什么，总是愿意把自己的想法说出来和大家一起讨论，正是因为这个特点她在上学期间很受老师和同学的欢迎。今年，杨岚从西安某大学的人力资源管理专业毕业，她认为，经过四年的学习自己不但掌握了扎实的人力资源管理专业知识而且具备了较强的人际沟通技能，因此她对自己的未来期望很高。为了实现自己的梦想，她毅然只身去广州求职。

经过将近一个月的反复投简历和面试，在权衡了多种因素的情况下，杨岚最终选定了东莞市的一家研究生产食品添加剂的公司。她之所以选择这家公司是因为该公司规模适中、发展速度很快，最重要的是该公司的人力资源管理工作还处于尝试阶段，如果杨岚加入她将是人力资源部的第一个人，因此她认为自己施展能力的空间很大。但是到公司实习一个星期后，杨岚就陷入了困境中。

原来该公司是一个典型的小型家族企业，企业中的关键职位基本上都由老板的亲属担任，其中充满了各种裙带关系。尤其是老板给杨岚安排了他的大儿子做杨岚的临时上级，而这个人主要负责公司研发工作，根本没有管理理念更不用说人力资源管理理念。在他的眼里，只有技术最重要，公司只要能赚钱，其他的一切都无所谓。但是杨岚认为越是这样就越有自己发挥能力的空间，因此在到公司的第五天，杨岚拿着自己的建议书走向了直接上级的办公室。

"王经理，我到公司已经快一个星期了，我有一些想法想和您谈谈，您有时间吗？"杨岚走到经理办公桌前说。

"来来来，小杨，本来早就应该和你谈谈了，只是最近一直扎在实验室里就把这件事忘了。"

"王经理，对于一个企业尤其是处于上升阶段的企业来说，要持续企业的发展必须在管理上狠下功夫。我来公司已经快一个星期了，据我目前对公司的了解，我认为公司主要的问题在于职责界定不清；雇员的自主权力太小致使员工觉得公司对他们缺乏信任；员工薪酬结构和水平的制定随意性较强，缺乏科学合理的基础，因此薪酬的公平性和激励性都较低。"杨岚按照自己事先所列的提纲开始逐条向王经理叙述。

王经理微微皱了一下眉头说："你说的这些问题我们公司也确实存在，但是你必须承认一个事实——我们公司在赢利，这就说明我们公司目前实行的体制有它的合理性。"

"可是，眼前的发展并不等于将来也可以发展，许多家族企业都是败在管理上。"

"好了，那你有具体方案吗？"

"目前还没有，这些还只是我的一点想法而已，但是如果得到了您的支持，我想方案只是时间问题。"

　　"那你先回去做方案，把你的材料放这儿，我先看看然后给你答复。"说完，王经理的注意力又回到了研究报告上。

　　杨岚此时真切地感受到了不被认可的失落，她似乎已经预测到了自己第一次提建议的结局。

　　果然，杨岚的建议书石沉大海，王经理好像完全不记得建议书的事。杨岚陷入了困惑之中，她不知道自己是应该继续和上级沟通，还是干脆放弃这份工作另找一个发展空间。

　　问题：

　　请你分析杨岚困惑的原因？

第九章 控制与控制方法

【学习目标】
- 理解控制的基本概念和基本原理
- 熟悉常见控制类型,理解按控制点划分的三类控制的关系、特点和适应性
- 掌握有效控制系统的特征、构成,以及构建原则与措施
- 能结合实际分析有效控制的原则和要求
- 了解常见的控制方法及其适用性

【案例导入】

小交易员造成大损失

2012年5月10日,摩根大通银行因交易错误而损失20亿美元。报道称,损失是由摩根大通首席投资办公室一位被称为"伦敦鲸"的交易员在债券CDS交易中造成的。首席执行官杰米·戴蒙称,"造成损失20亿美元的交易是一个可怕的、惊人的错误。""这是非常离谱的失误,是自己造成的。损失额在本季度及以后很容易进一步扩大。""我们知道,在这件事上,我们有些马虎,我们做出了错误的判断,我们冒了很大的风险,没有对策略进行很好的审视和监督,这样的事情根本就不应该发生。"

市场人士透露,摩根大通银行的交易损失将可能高达70亿美元(45亿欧元),该行董事长兼首席执行官杰米·戴蒙进而宣布暂停150亿美元的股票回购计划。5月13日,针对这巨亏,惠誉宣布,将摩根大通信贷评级由A＋调降至AA－。其他一些机构也已开始下调摩根大通的股价目标。5月14日,公司接受首席投资官的辞职要求,另外两名高管也将被追究所犯的错误。曾在华尔街担任监管人员,如今为法学院教授的葛林伯格说:"这类交易的复杂性和风险性都很大,人们很难了解究竟是怎么回事,我觉得,最终连交易员自己都不知道事情是怎么发生的,这些交易员在没有受到适当监督的情况下,却拥有很大的自主权,最终给公司造成巨额损失。"

第一节 控制职能

一、控制的定义

控制就是控制主体向控制对象施加一种主动影响或作用,使控制对象保持稳定状态或者由一种状态向另一种状态转变的过程。其基本前提是系统未来状态有几种可能性并且系统可以改变其输入参数而影响其运行。

控制是管理活动中一个非常重要的环节,是对计划和实际行动进行衡量评估,以便在必要时采取纠正行动,完成整个管理活动的周期。组织中的任何活动都应受到应有的控制,否则这些活动的绩效就很难保证,甚至会给组织带来灾难性的后果。在上面的案例中,就因为

对一个交易员的操作缺乏有效的控制，造成了摩根大通公司的巨额亏损，并引发了一系列负面的结果，极大地影响了摩根大通公司的未来发展。通过计划虽然明确了组织的目标和途径，但在执行计划、实现组织目标的过程中，由于存在各种各样的影响因素，发生"偏离"几乎是不可避免的。这就意味着作为管理者，必须随时随地检查计划的执行情况，如果发生偏离，就要及时进行纠正，即实施控制。因此，控制工作在管理活动中起着非常重要的作用。

（一）控制的定义

控制的定义包含以下两层意思：

1. 控制是一种有目的的主动行为

有无目的是控制行为的一个重要特征，如价值规律是经济活动中的客观规律，它自发地调节市场的供求关系，但因其本身是无目的的过程，故这种自发调节就不是控制。但是，如果人们利用价值规律来调节市场供求关系，达到供求平衡的目的，这就是控制活动，因此，控制就是为了达到目的，否则就失去了存在的意义。控制的目的是控制活动的出发点，又是它的归宿。

2. 控制的实质是保持或改变控制对象的某种状态

如果对象没有状态变化则无需控制。但现实生活中万事万物都在变化，有的是对象自己在变，有的是对象为适应环境需要而变，即不变是相对的，变是绝对的。正因为如此，在变化的世界里控制就有了普遍意义。

控制一词原意为驾驭、支配。一般意义上的控制是任何系统都必须具备的职能。组织作为一种社会系统，在组织管理中也普遍应用控制的原理，并逐渐形成控制学科的一个独立分支——管理控制。因此，要更加深入地理解控制的概念，就需要从管理的"控制职能"与控制论中的"一般控制"的比较开始。

（二）控制的类型

控制包括一般控制和管理控制。

1. 一般控制

自 1948 年美国数学家、生物学家、通信工程师诺伯特·维纳（ Norbert wiener）创立"控制论"以来，"控制"作为一个专门术语，其应用越来越广泛。在控制论中，为了"改善"某个或某些受控对象的功能或发展方向，需要获取并使用信息，进而选择并施加于受控对象上的作用，就称控制。

控制系统既是信息反馈系统，又是个自组织系统，如图 9-1 所示。控制机制将反馈信

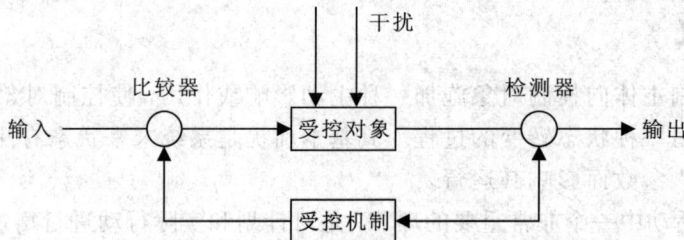

图 9-1　控制系统示意图

息与原定的标准或目标值进行比较,发现偏差后及时发出控制信息,以纠正偏差,调节输出。在此,"控制"作为一种活动,它要达到的目的是依靠信息反馈,维持(这往往是自动进行的)一个系统的原有状态,并在发生偏差时,设法使它复原。

2. 管理控制

在管理工作中,所谓控制,是指为了确保组织的目标,以及为此而拟订的计划能够得以实现,各级管理人员根据事先确定的标准或因适应发展的需要而重新拟定的标准,对下级的工作进行衡量和评价,并对出现的偏差进行纠正,以防止偏差继续发展或今后再度发生的过程。简单地说,就是监督各项活动,以保证它们按计划进行并纠正各种重要偏差的过程。该过程可用图 9-2 表示。

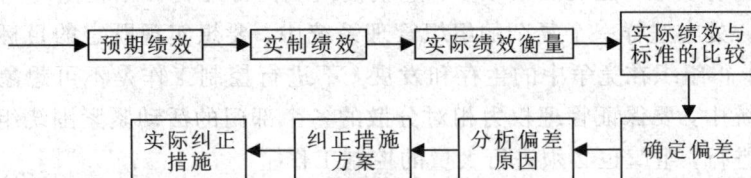

图 9-2　管理控制反馈回路图

从控制的概念可以清楚看到以下三点:① 控制有很强的目的性,即控制是为了保证组织中各项活动按计划进行;② 控制是通过"监督"和"纠偏"来实现的;③ 控制是一个过程。

1)管理控制的必要性及其特征

根据管理控制的定义可知,控制职能的基本作用是保证组织活动的过程和实际绩效与计划目标及计划内容相一致,以保证组织目标的实现,即确保管理的各项职能朝着既定的目标前进。控制工作完成得好,就能给管理工作起到协助作用。图 9-3 显示了控制的基本作用在管理系统中,人、财、物、信息等要素的组合关系是多种多样的、动态的,受环境影响很大,有时内部运动和结构变化也很大,随机因素很多,因此,控制职能是任何组织、任何活动都必需的。法约尔曾指出,控制必须施之于一切的人、事和工作活动。

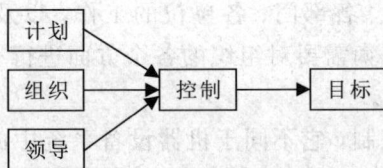

图 9-3　控制的基本作用

(1)授权中责任的体现。

对个人和组织活动进行控制是"责任"这一基本概念的体现。组织的目标是要由人来实现的,对人员进行控制就是要保证各阶层管理者及员工能够按照计划的要求来认真落实。

要使员工按要求完成既定的工作,就必须明确其职责是什么,绩效是如何考核的,评估中有效的绩效标准是什么,并进而予以奖励或纠偏。因此,在管理者授权的过程中应建立一个有效的控制系统以对员工的工作进展进行控制,如果没有一个有效的控制系统,管理者就无法检查下属的工作进展和结果,就可能失控。

（2）组织环境的不确定性。

任何组织的目标和计划都是在特定的时间、环境下制定的，但是由于现代组织所面临的经济、政治、自然、社会等环境大都是复杂多变和不确定的，因此，即使组织内部各项因素运行正常，同样也会造成计划执行的实际过程和结果与计划目标不相符合。例如，银行贷款利率的变动会影响一项融资计划，汇率的波动可能要影响原来制定的出口计划等。管理者需要及时了解环境变化的程度和原因，不断地对组织的战略、战术进行再评估，通过建立控制系统准确把握计划方案和实际结果之间差异的程度与原因，调整和修正行动。

（3）组织活动的复杂性。

随着现代各种组织规模的日趋庞大，组织中人、财、物等要素的组合关系更加多样化，使得组织关系错综复杂，随机因素很多，这就使组织内部运行和结构随时空与环境变化显现更大的变动。处在这样一个复杂的组织管理系统中，要想实现既定的目标，执行为此而拟订的计划，求得组织在竞争中的生存和发展，不进行控制工作是不可想象的。同时，在复杂的管理系统中，要保证管理权力相对分散的各个部门的活动紧紧围绕组织目标，保证每项工作顺利进行，组织也必须进行大量的控制工作。

（4）管理失误的不可避免性。

任何组织在其发展过程中，犯一些错误或出现一些失误都是不可避免的。虽然小的偏差和失误不会立即给组织带来严重的损害，但随着小差错的积少成多和积累放大，最终就可能对组织的正常运行造成威胁，甚至给组织酿成灾难性的后果。防微杜渐，及早发现潜在的错误和问题并进行处理，有助于确保组织按预定的轨迹运行下去。通过对组织实际活动的反馈，管理者可以及时发现失误，从而采取一定的措施，纠正偏差，防止大错的酿成。

2）管理控制的特点

（1）管理控制具有整体性。

管理控制需要把整个组织的活动作为一个整体来看待，使各方面的控制协调一致，达到整体优化。管理控制的整体性包括多重含义：① 管理控制是组织全体成员的职责，完成计划是组织全体成员的共同责任，参与管理控制是全体成员共同的任务；② 控制的对象是组织的各个方面，包括各层次、各部门、各单位的工作，以及组织生产经营的各个不同阶段等。组织各个方面的协调平衡需要对组织的各个方面进行有效的控制。

（2）管理控制具有动态性。

管理控制是动态演化的控制，它不同于机器设备系统中的自动控制，这种控制是高度程序化的，具有固定的特征。管理控制是在有机的社会组织中进行的，外部环境和内部条件都在不断发生变化，从而决定了管理控制的动态性，以提高管理控制的适应性和有效性。

（3）管理控制具有目的性和反馈性。

管理控制的意义是使组织活动朝着计划目标前进，因此管理控制具有明确的目的性特征。管理控制无论是着眼于纠正执行中的偏差还是适应环境的变化，都紧紧地围绕组织的目标进行，受到一定目标的指引，服务于达成组织特定目标的需要。而管理控制的这种目的性要得以实现，离不开信息反馈。没有信息反馈，就没有赖以判断对错的对象和依据。管理控制系统中的信息是通过管理信息系统来实现的。

（4）管理控制具有人本性。

管理控制不可忽视其中的人性方面因素。人是组织各项活动的执行者，组织中的各项活动都要靠人来完成。归根结底，管理控制是对人的控制，同时本身又必须由人来执行。这就要求充分注意到人才是管理控制的关键，既要使人遵守控制的准则，又要努力使控制符合人的特性。控制不仅是监督，更为重要的是指导和帮助，使人在被动接受控制的同时，还能充分理解控制的必要性与方法，从而端正自身态度，提高工作与自控能力。

（5）管理控制具有创新性。

控制不等于管、卡、压。控制不仅要保证计划完成，并且还要促进管理创新。施控过程要通过控制活动调动受控者的积极性，这是现代控制的特点。例如，在预算控制中实行弹性预算就是这种控制思想的体现，特别是在具有良好反馈机制的控制系统中，施控者通过接收受控者的反馈，不仅可以及时了解计划执行的状况，纠正计划执行中出现的偏差，还可以从反馈中受到启发，激发创新。

3）管理控制的内容

美国管理学家斯蒂芬·罗宾斯将控制的内容按照控制的对象，归纳为对人员、财务、作业、信息和组织的总体绩效等五个方面的控制。

（1）对人员的控制。

管理者是通过他人的工作来实现其目标的，为了实现组织的目标，管理者必须依靠其下属员工。因此，保证员工按照管理者制定的工作方式和计划去做显得非常重要。为了做到这一点，就必须对人员进行控制。通过评估，对绩效好的员工予以奖励，使其维持或加强良好的表现；对绩效差的员工采取相应的措施，纠正出现的行为偏差。

（2）对财务的控制。

为保证企业获取利润，维持企业的正常运作，必须要进行财务控制，这主要包括审核各期的财务报表，以保证一定的现金存量，保证债务的负担不致过重，保证各项资产都得到有效的利用等。预算是最常用的财务控制衡量标准，也是一种有效的控制工具。

（3）对作业的控制。

组织提供的产品或服务质量在很大程度上是由组织中的作业质量决定的。所谓作业，是指从劳动力、原材料等资源到最终产品和服务的转换过程。典型的作业控制包括监督生产活动，以保证其按计划进行，即生产控制；评价购买能力，以尽可能低的价格提供所需的质量和数量的原材料，即原材料购买控制；监督组织的产品或服务质量，以保证满足预定的标准，即质量控制；保证所有设备得到良好的维护，即设备管理控制。

（4）对信息的控制。

随着人类步入信息社会，信息在组织运行中的地位越来越高，不精确的、不完整的、不及时的信息会大大降低组织效率。因此，在现代组织中对信息的控制显得尤为重要。对信息的控制就是要建立一个管理信息系统，使它能在正确的时间，以正确的数量，为正确的人提供正确的数据信息。例如，管理信息系统是一个由人、计算机结合的对管理信息进行收集、传递、存储、加工、维护和使用的系统。它以大容量数据库为支持、以数据处理为基础，从系统的观点出发，把分散的信息组织成比较完整的信息系统，大大提高了信息处理的效率，也提高了管理水平。

（5）对组织绩效的控制。

组织绩效是组织上层管理者的控制对象，组织目标的达成与否都从这里反映出来。无论是组织内部的人员，还是组织外部的人员和组织，如证券分析人员、潜在的投资者、贷款银行、供应商，以及政府部门都十分关注组织的绩效。因此，为了维持或改进一个组织的整体效果，管理者应该关心控制。但是一个组织的效果很难用一个单一的指标来衡量，生产率、产量、市场占有率、员工福利、组织的成长性等都可能成为衡量指标，关键是看组织的目标取向，即要根据组织完成目标的实际情况并按照目标所设置的标准来衡量。

3. 管理控制与一般控制的关系

管理控制与一般控制的共同之处在于以下几点：

（1）同是一个信息反馈过程。通过信息反馈，发现管理活动中存在的不足，促进系统进行不断的调整和改革，使其逐渐趋于稳定、完善、直至达到优化状态。

（2）都有两个前提条件，即计划指标在控制工作中转化为控制标准；有相应的监督机构和人员。

（3）都包含三个基本步骤，即拟订标准、衡量成效和纠正偏差。

（4）都是一个有组织的系统。

管理控制与一般控制的不同之处在于以下几点：

（1）一般控制所面对的往往是非社会系统，如机械系统。其衡量成效和纠正偏差过程往往可以按照给定程序而自动进行。其纠正措施往往是在接受到反馈信息后即刻就付诸实施的。而在管理控制中，主管人员面临的是一个社会系统，其信息反馈、识别偏差原因、制定和纠正措施的过程比较复杂。

（2）一般控制的目的在于使系统运行的偏差不超出允许范围，维持系统活动在某平衡点上。管理控制活动不仅要维持系统活动的平衡，而且还力求使组织活动有所前进、有所创新，使组织活动达到新的高度和状态，或者实现更高的目标。

二、控制职能与管理学其他职能的关系

（一）控制与计划

控制与计划既有区别又相互紧密联系，通过对二者的比较可以进一步加深对控制的理解。

（1）计划为控制提供衡量的标准，没有计划，控制就成为无本之木；同时，控制又是计划得以实现的保证，没有控制，计划就等于是一纸空谈。

（2）计划和控制的效果分别依赖于对方，计划越明确、全面和完整，控制工作就越好进行，效果也就越好；而控制越准确、全面和深入，就越能保证计划的顺利执行，并能更多地反馈信息以提高计划的质量。

（3）一切有效的控制方法首先就是计划方法，如预算、政策、程序和规则等，选择控制方法和设计控制系统时必须要考虑计划本身的特点。

（4）计划工作本身也必须要有一定的控制，如对计划的程序、计划的质量等实施控制；控制工作本身必须要有一定的计划，如对控制的程序、控制的内容等，都必须进行一定的计划。

（二）控制与组织

组织职能为组织计划的贯彻执行提供了合适的组织结构框架，还为控制职能的发挥提

供了人员的配备和组织机构，同时，组织结构的确定也规定了组织中信息联系的渠道，所以也为组织的控制提供了信息系统。

控制职能则通过对计划执行过程中产生的偏差的原因进行分析，对由于组织职能的原因造成的偏差采取措施进行纠正，如调整组织结构，重新确定组织中的权责关系和工作关系。控制并不意味着只在事情发生后做出反应，还意味着将组织保持在正常的运行轨道，并预测可能发生的事情。

（三）控制与领导

领导职能的发挥影响到组织控制系统的建立和控制工作的质量。相应地，控制职能的发挥又有利于改进领导者的领导工作，提高领导者的工作效率。控制职能使管理过程成为完整的过程，控制职能的发挥是其他各项职能的再运用过程。控制职能是与其他职能交错重叠的。

三、控制的目的和作用

（一）控制的目的

对于经常发生迅速变化的而又直接影响组织活动的"急症问题"，控制应随时将计划的执行结果与标准进行比较，若发现有超过计划允许范围的偏差时，则及时采取必要的纠正措施，使组织内部系统活动趋于相对稳定，实现组织的既定目标。

对于长期存在着的影响组织素质的"慢性病症"，控制要根据内外部环境变化对组织新的要求和组织不断发展的需求，打破执行现状，重新修订计划，确定新的目标和管理控制标准，使之更先进、更合理。

控制是对组织内部的管理活动及其效果进行衡量和校正，以确保组织的目标以及为此而拟定的计划得以实现的过程。控制是一项重要的管理职能。由于环境的变化、分权管理、组织成员工作能力的差异等原因，没有有效的控制，实际工作就有可能偏离计划，组织目标就有可能无法实现。

1. 环境的变化

外界环境是不断变化的，产业结构、市场供求、资源条件、技术水平、国家的方针政策以及人的思想意识都是在不断发生变化的。这一系列的变化，必然会导致已定的计划与执行计划的活动不完全一致，需要采取一系列的控制手段与措施，对活动及时进行调整，保证目标的实现。

2. 分权管理

只要企业经营达到一定规模，企业主管就不可能直接地、面对面地组织和指挥全体员工的活动。时间与精力的限制要求他委托一些助手代理部分管理事务，即授权。企业分权程度越高，控制就越有必要。下级掌握着较多的管理与决策的权利，如果控制失效，管理人员无法完全准确或及时地了解下级的工作情况，可能会出现权利的滥用或活动不符合计划的现象，会导致组织管理内部成本提高，严重地会危及到组织的生存。

3. 组织成员工作能力的差异

组织成员由于个人背景、学识和经历的不同，对信息的接收能力和判断能力存在差异，对计划的理解就难以完全一致；个人的工作能力的差异，完成工作的数量和质量不会完全相同。由于组织成员的认识能力和工作能力存在差异，会导致其实际工作的结果可能会与计划不符。某个环节可能产生的这种偏离计划的现象，就会对整个企业活动造成冲击。因此，加强对这些成员的工作控制是非常必要的。

（二）控制的作用

一方面控制起到检验作用，检验各项工作是否按预定计划进行，同时也检验计划的正确性和合理性；另一方面起调节作用，在计划执行的过程中，对原计划进行修改，并调整整个管理过程。

四、控制的类型

在组织中，由于控制的内容、性质、范围、时间的不同，控制工作可以根据不同的标准，划分为不同的类型。了解控制的各种类型及其分类标准，对于在管理实践中，根据实际情况选择合适的控制类型，从而达到有效控制是非常有帮助的。表 9－1 中列举的是较为常见的几种控制类型及其分类标准。

表 9－1　控制的类型及其分类标准

分类标准	控制类型	分类标准	控制类型
按控制活动的性质划分	预防性控制 更正性控制	按控制范围划分	全面控制 局部控制
按控制的侧重点划分	前馈控制 现场控制 反馈控制	按控制主体划分	内部控制 外部控制
按控制来源划分	正式组织控制 群体控制 自我控制	按控制有无信息反馈划分	开环控制 闭环控制
按采样的手段划分	直接控制 间接控制	按控制的业务范围划分	作业控制 质量控制 成本控制 资金控制

下面对其中四种主要控制标准划分的控制类型进行介绍：一是根据控制的侧重点不同，划分为前馈控制、现场控制和反馈控制；二是根据主管工作人员采用的手段不同，划分为直接控制和间接控制；三是根据控制时间不同，控制分为事前控制、事中控制和事后控制；四是根据控制主体的不同，划分为正式组织控制、群体控制和自我控制。

（一）根据控制的侧重点不同来划分

根据控制的侧重点不同来划分为前馈控制、现场控制和反馈控制等三种控制。

控制实质上是"信息反馈"过程，根据反馈信息采取纠正措施，无疑会存在"时间延迟"，这不利于实现控制的目的。为了克服这个问题，人们寻求采用实时信息，乃至超前性的预测信息实施控制。这样纠正措施可以在组织运行过程的不同阶段来实现，相应地出现了不同的控制模式。这三种类型控制之间的关系如图 9－4 所示。

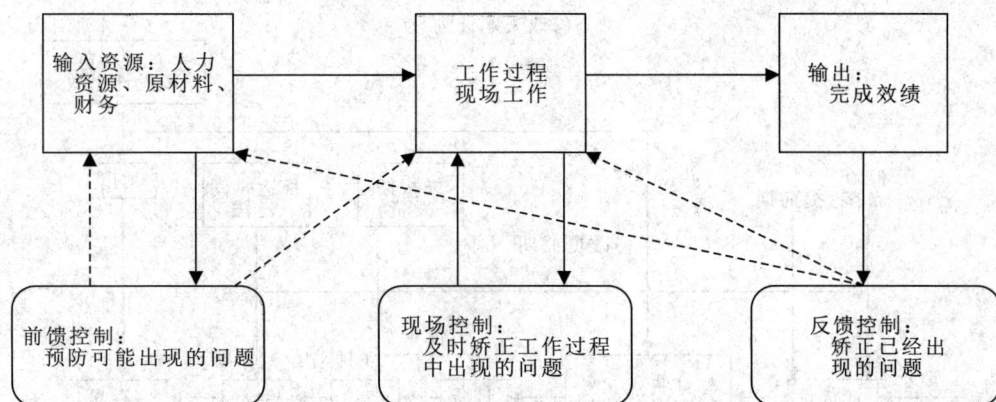

图 9-4　三种控制类型的关系

1. 前馈控制

前馈控制(Feedforward Control)也称预先控制或事前控制,是指管理人员在工作正式开始前对工作中可能产生的偏差进行预测和估计并采取预防措施的控制。前馈控制的控制作用发生在行动之前,其特点是将注意力放在行动的输入端上,使得一开始就能将问题的隐患排出,"防患于未然"。例如,当麦当劳在莫斯科开设第一家分店时,为了确保其质量,公司派质量控制专家去帮助俄罗斯农民学习种植高质量马铃薯的技术,派面包师去传授烤制高质量面包的方法。前馈控制的优点:首先,相对于事后纠偏,前馈控制的效果正是管理者追求的目标,能避免预期问题的出现,可以"防患于未然",以避免事后控制对已铸成的差错无能为力的弊端;其次,前馈控制是在工作开始之前,针对某项计划行动所依赖的条件进行控制,不针对具体人员,因而不易造成面对面的冲突,易于被员工接受并付诸实施。但是,由于未来的不确定性,要实现切实的前馈控制不是一件容易的事。具体地说,要进行有效可行的前馈控制,必须满足以下几个必要条件。

(1)必须对计划和控制系统进行透彻、仔细的分析,确定重要的输入变量。

(2)必须为这个系统建立清晰的前馈控制系统模型。

(3)必须要确保这个模型的动态性,定期检查模型以便了解已确定的输入变量及其相互关系是否仍能反映实际情况。

(4)必须经常收集系统输入量的数据并输入控制系统。

(5)必须定期评估实际输入量和计划输入量之间的差异,并评估这些差异对预期最终结果的影响。

(6)必须采取行动,不但应指出问题,还应采取措施来解决它们。

从现实来看,要做到这些是十分困难的,因此,组织也必须依靠其他方式的控制。

案例链接

简化的企业原材料库存控制系统

管理中应用前馈控制的例子有很多。下面是一个简化了的企业原材料库存控制系统,应用的便是前馈控制,如图 9-5 所示。

修改采购计划

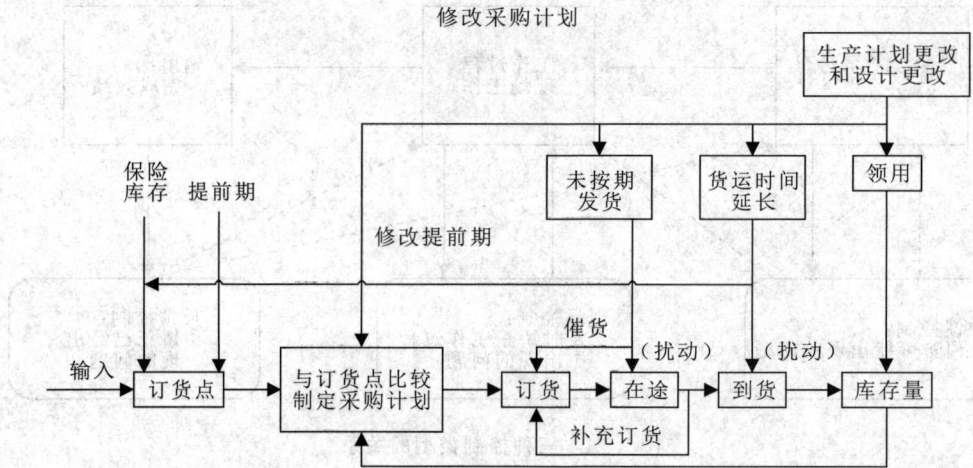

图 9-5　企业原材料库存复合控制系统

　　该企业的原材料库存控制系统是一个复合控制系统,其中有两个反馈回路,一个用于将库存量的信息与订货点进行比较,当库存水平降低至订货点以下时,就制定采购计划并开始订货,该反馈回路起着维持库存水平的作用;另一个局部反馈回路用于将到货情况与采购计划比较,以便对偏离计划的情况及时采取纠正措施,保证采购计划的实现。除此之外,系统还受到一些主要外部干扰的影响,如生产计划变更或设计改动引起的车间领用量的变化、货运时间延长造成不能按期到货,以及供货方未履行合同按期发货等。由于系统存在的时间延迟,因此若等到这些干扰因素影响库存后再采取纠正措施就会为时已晚。所以,必须针对这些干扰因素采取前馈控制,如在制定采购计划时,就将生产计划变更和设计改动要求考虑进去;当货运时间出现延长趋势时就修订订货提前期,重新计算订货点;同时,应定期检查对方是否按期发货,必要时派人催货等。

2. 现场控制

　　现场控制(Concurrent control)是指在工作进行中所施予的控制,也称为同步控制或同期控制。其控制作用发生在行动之中,即与工作过程同时进行。其特点是在行动过程中,一旦发生偏差,马上予以纠正;它需要主管人员亲自深入现场。现场控制的实质是进行实时控制,而进行实时控制的关键条件是网络、通信技术的发展使实时信息成为可能,从而更进一步扩大了控制的适用范围。例如,一些航空公司把飞机班次、旅行地点和日期输入计算机,从而对机舱座位的利用情况进行实时控制。又如,一些超市实行计算机联网,能将商品的库存信息马上反映到供应商那里,以及时得到货源的补充。

　　现场控制通常包括两项职能:① 指导,即对下属的工作方法和程序等进行指导;② 监督,即确保下属完成任务。在现场控制中,控制的有效性取决于现场管理者的个人素质、作风、指导方式,以及下属对这些指导的理解程度,其中管理者的"言传身教"具有很大的作用。

　　现场控制也同样存在很多不足。首先,运用这种控制方式容易受到管理者的时间、精力和业务水平的制约。管理者不能时时、事事都进行现场控制,只能偶尔或在关键项目上使用这种控制方式。其次,现场控制的应用范围受到一定限制。一般来说,简单劳动或是标准化程度很高的工作便于计量，较易实现现场控制；而对一些难以计量的工作就很难进行现场控制。最后，容易在控制者与被控制者之间形成对立，伤害被控制者的工作积极性。

3. 反馈控制

反馈控制(Feedback control)又称事后控制，是一种最主要也是最传统的控制方式，是指在工作结束或行为发生之后进行的控制。这种控制把注意力主要集中于工作或行为的结果上，通过对已形成的结果进行测量、比较和分析，发现偏差情况，依此采取措施，对今后的活动进行纠正。例如，企业根据业绩对管理人员实施的奖惩，发现不合格产品后追究当事人的责任且制定防范再次出现质量事故的新规章，发现产品销路不畅而做出减产、转产或加强促销的决定等，这些都属于反馈控制。反馈控制的过程可用图9－6表示。控制的过程首先从预期和实际工作成效的比较开始，指出偏差并分析原因，然后制定纠正的计划并进行纠正，纠正的结果将可以改进此次实际工作的成效，或者改变对下一次工作成效的预期。由此可见，在评定工作成效与采取纠正措施之间有着很多的重要环节，每个环节的工作质量，都对反馈控制的最终成果有着重大的影响。

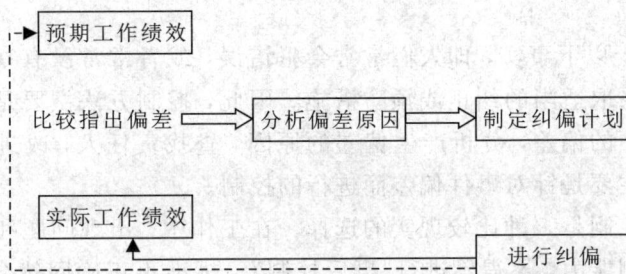

图9－6　反馈控制回路

反馈控制的优点：在周期性重复活动中，可以避免下一次活动发生类似的问题。

（1）可以消除偏差对后续活动过程的影响，如产品在出厂前进行最终的质量检验，剔除不合格品，避免这些产品流入市场后对品牌信誉和顾客使用造成的不利影响。

（2）人们可以总结经验教训，了解工作失误的原因，为下一轮工作的正确开展提供依据。

（3）反馈控制可以提供员工奖惩的依据。因此，在实际工作中，反馈控制得到了相当广泛的应用。

但反馈控制存在明显的弊端，就是它只能在事后发挥作用，对已经发生的对组织可能的危害无能为力，它的作用类似于"亡羊补牢"；而且在反馈控制中，偏差发生和发现并得到纠正之间有很长一段时滞，这必然对偏差纠正的效果产生很大的影响。例如，营销部门可能在8月份的报表中发现了上一季度中分销渠道存在的一些问题，需要采取纠正措施，但是这是两个月以前的问题，现在究竟有何发展却无从知晓，这必然要影响控制的效果。虽然在日常管理中反馈控制仍然是管理者采用最多的控制方式，但是，由于存在着上述缺陷，在一般情况下管理者应该优先采用其他两种控制方式。

上述三种控制方式互为前提、互相补充。在现实中，很少有组织只采取唯一的控制类型，而是综合使用三种控制，对各种资源的输入、转换和输出进行全面和全过程的控制，以提高控制效果。控制的循环过程如图 9-7 所示。

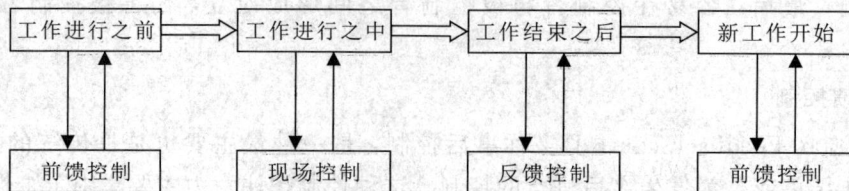

```
┌──────────┐   ┌──────────┐   ┌──────────┐   ┌──────────┐
│ 工作进行之前 │──▶│ 工作进行之中 │──▶│ 工作结束之后 │──▶│ 新工作开始 │
└──────────┘   └──────────┘   └──────────┘   └──────────┘
     │              │              │              │
     ▼              ▼              ▼              ▼
┌──────────┐   ┌──────────┐   ┌──────────┐   ┌──────────┐
│  前馈控制  │   │  现场控制  │   │  反馈控制  │   │  前馈控制  │
└──────────┘   └──────────┘   └──────────┘   └──────────┘
```

图 9-7　控制的循环过程

（二）根据主管工作人员采用的手段不同来划分

根据主管工作人员采用的手段不同,可将控制划分为间接控制和直接控制。

控制工作所依据的事实是计划执行的结果,这必然要受到人及其行为的影响,管理过程中偏差的出现,其责任往往是那些决策不当和行为不力的人。因此,控制管理过程质量的关键应该是采取措施和办法(如进一步培训、修改计划或实施新的方法等),使相关的主管人员改进未来的工作。

1. 间接控制

间接控制是基于以下事实,即人们常常会犯错误,或者常常没有察觉到将要出现的问题,因而未能及时采取适当的纠正或预防措施。因此,控制方法主要是根据计划的执行情况,发现计划执行中的偏差,分析产生偏差的原因,查找责任人,改进下一步的工作。由此可见,间接控制主要是针对事件偏差而进行的控制。

实际上,间接控制是一种比较现实的选择。在工作中,出现问题和产生偏差的原因很多,限于人们的预测能力,不得不进行"事后控制"。标准不正确固然会造成偏差,但即使是标准正确,由于管理人员的知识、经验和判断力等的不足,以及其他一些不确定性因素的存在,也同样会导致计划的失败。对于这些不确定性因素造成的管理失误是无法避免的,因此出现这种情况时,不得不依赖于间接控制的补正作用。此外,对于由于主管人员的因素造成的偏差,运用间接控制进行纠正的同时,还可以帮助主管人员总结经验教训,增强他们的知识水平、经验和判断力,提高他们的管理水平。

间接控制存在较大的局限性,除了它是事后进行控制,存在时滞外,间接控制所需要的几个假设条件也往往影响控制效果。因为要实施间接控制,必须满足下列条件:

(1) 工作绩效是可以计量的。

(2) 人们对工作成效具有个人责任感。

(3) 追查偏差原因所需要的时间是有保证的。

(4) 出现的偏差可以预料并能及时发现。

(5) 有关部门或人员将会采取纠正措施。

在实际管理工作中,上述假设条件有时不能成立。首先,管理工作中的许多工作绩效是难以计量的;其次,个人责任感是难以衡量的指标,有许多工作的绩效不高,但与个人责任感无关或关系不大;再次,实际中存在主管人员不愿花费时间和精力去调查偏差原因的事实,这往往会影响或阻碍调查的结果;最后,有许多偏离计划的误差并不能预先估计或及时发现,而往往是发现太迟以至难以采取有效的措施;甚至是有时虽然能够发现偏差并能找出原因，但却没人愿意采取纠正措施，大家互相推诿，导致措施无法落实。由此看来，间接控制并不是普遍有效的控制方法，还存在许多不完善的地方。

2. 直接控制

直接控制是相对于间接控制而言的，其所依据的事实是计划的实施结果，取决于执行计划的人。他们主要是对执行计划的人采用一定的控制方法和手段，使其能够有效地执行计划，从而保证计划完成。直接控制是一种对人的控制，人的素质越高，偏差产生的可能性越小。由此可见，这是一种对偏差产生源头的控制。

直接控制的指导思想认为，合格的主管人员出的差错最少，其能察觉到正在形成的问题，并能及时采取纠正措施。所谓"合格"，是指能熟练地应用管理的概念、原理和技术，能以系统的观点来进行管理工作直接控制有其合理性，这可以用以下几个比较可靠的假设为依据：

（1）合格的主管人员所犯的错误最少。

（2）管理工作的绩效是可以计量的。

（3）在计量管理工作绩效时，管理的概念、原理和方法是一些有用的判断标准。

（4）管理的基本原理的应用情况是可以评价的。

以上的假设条件，在管理工作中，基本上是可以满足的。因此，直接控制表现出以下四个优点：

（1）采用直接控制，在对个人委派任务时能有较大的准确性。同时，为使主管人员合格，对他们经常不断地进行评价，实际上也必定会揭露出工作中存在的问题，并为消除这些缺点而进行专门培训提供依据。

（2）直接控制可以促使主管人员主动地采取纠正措施并使其更加有效。直接控制鼓励用自我控制的方法进行控制。由于在评价过程中会揭露出工作中存在的缺点，就能促使主管人员努力去确定其应当负的职责并自觉地纠正错误。

（3）直接控制还可以获得良好的心理效果。一方面，主管人员从上级对其的信任中能获得满足和激励；另一方面，主管人员的素质提高后，他们的威信随之提高，下属对他们的信任和支持也会增加，从而有利于整个计划目标的顺利实现。

（4）直接控制可以节约开支。由于提高了主管人员的素质，减少了偏差的发生，也就有可能减轻间接控制造成的负担，节约经费开支。

（三）根据控制的时间不同来划分

按照控制的时间不同，控制可分为事前控制、事中控制和事后控制。

1. 事前控制

事前控制也称预先控制或前馈控制。它是以未来为导向，在工作开始之前对工作中可能产生的偏差进行预测和估计，并据此采取防患措施的一种控制方法。

事前控制有很多优点。首先，事前控制是在工作之前进行的控制，因而可防患于未然，避免事后控制对已经铸成的差错无能为力。其次，事前控制是针对某项计划行动所依赖的条件进行的控制，不针对具体人员，易于被员工接受并付诸实施。事前控制的局限性也较多，比如它要求拥有大量准确可靠的信息，并清楚地了解计划行动过程，懂得计划行动本身的客观规律性，并随着行动的进展及时了解新情况和新问题，否则就无法实施事前控制。

2. 事中控制

事中控制也称为现场控制、过程控制或同步控制，即在企业生产或经营过程中，对活动中的人和事进行指导和监督，以便管理者在问题出现时及时采取措施纠正偏差。

事中控制中的监督和控制应该遵循计划中所确定的组织方针、政策与标准，控制的内容应该和被控制对象的工作特点相适应。而控制的有效性取决于主管人员的个人素质、个人作风、指导的表达方式以及下属对指导的理解程度。因为事中控制中，组织机构将权利授权于主管人员，使他们能够使用经济和非经济手段来影响下属。

事中控制具有指导职能，有助于提高工作人员的工作能力和自我控制能力。但是事中控制容易受到管理者的时间、精力、业务水平的限制。管理者不能时时对事事都进行过程控制，只能偶尔使用或在关键项目上使用，并且事中控制的应用范围较窄，对生产工作容易进行事中控制，而对那些问题难以辨别、成果难以衡量的工作，如科研、管理工作等，几乎无法进行过程控制。事中控制容易在控制者与被控制者之间形成心理上的对立，容易损害被控制者的工作积极性和主动性。

3. 事后控制

事后控制是最常见的控制类型。当系统最后阶段输出产品和服务时，来自系统内部对产生结果的总结和系统外部顾客与市场的反应，都是在计划完成后进行的总结和评定，具有滞后的特点，但是可为未来计划的制定和活动的安排，以及系统持续的运作提供借鉴。

事后控制把注意力主要集中在结果上，通过对工作结果进行测量、比较和分析，采取措施，进而矫正今后的行动。它的最大弊端是在采取纠正措施之前，活动中出现的偏差已在系统内造成无法补偿的损失。

🖋**趣味链接**

扁 鹊 治 病

魏文王问名医扁鹊说："你家兄弟三人，都精于医术，到底哪一位最好呢?"扁鹊答："长兄最好，中兄次之，我最差。"文王再问："那么为什么你最出名呢?"扁鹊答："长兄治病，是治病于病情发作之前。由于一般人不知道他事先能铲除病因，所以他的名气无法传出去；中兄治病，是治病于病情初起时。一般人以为他只能治轻微的小病，所以他的名气只及本乡里。而我是治病于病情严重之时。一般人都看到我在经脉上穿针放血、在皮肤上敷药等大手术，所以以为我的医术高明，名气大，因此响遍全国。"

启示：事后控制不如事中控制，事中控制不如事前控制。

(四) 根据控制主体来划分

根据控制主体来划分，可分为正式组织控制、群体控制和自我控制。

1. 正式组织控制

正式组织控制是指根据组织明文规定的政策、程序并通过正式的组织机构进行控制，如规划、预算和审计部门等。正式组织系统使得管理者能够利用正式组织机构的结构，使组织成员遵循和执行这些政策和程序，而这些组织结构、政策和程序的正式文件又帮助组织成员实施他们的职责。

2. 群体控制

群体控制是指基于非正式组织的价值观念和行为准则，有员工组成参与并采取的控制行动。非正式组织的行为规范，虽然没有明文规定，但成员都十分清楚它的内容，都知道如果自己遵循这些规范就会得到奖励，获得其他成员的认可，可能会强化自己在非正式组织中的地位；如果违反这些规范就可能遭到惩罚，这种惩罚可能是遭到排挤、讽刺，甚至威胁自己在组织中的地位。

3. 自我控制

自我控制是指个人有意识地去按某一行为规范进行活动。自我控制的能力取决于个人的素质。具有良好修养的人一般自我控制力较强，顾全大局、有高层次需求的人有较强的控制能力。

（五）根据控制方式来划分

根据控制方式来划分，可分为集中控制区、分散控制和分层控制。

1. 集中控制

在组织中建立一个控制中心，由它来对所有信息进行统一的加工、处理，并由这一控制中心发出指令，操纵所有的管理活动。

2. 分散控制

当信息量极大时，适宜采用分散控制方式。它的缺点是难以保证各分散系统的目标和总体目标的一致性，从而危及整体的优化，严重的甚至会导致失控。

3. 分层控制

分层控制是把集中控制和分散控制结合起来的控制方式。

（六）按照控制性质来划分

1. 预防性控制

这种控制的目的是为了避免产生错误和尽量减少今后的纠正活动，防止资金、时间和其他资源的浪费。如规章制度、工作程序和上岗培训等起着预防控制的作用。

2. 纠正性控制

在实际管理工作中使用得更普遍。采用纠正性控制往往是由于管理者没有预见到问题，其目的是，当出现偏差时采取措施使行为或活动返回到事先确定的或所希望的水平。

（七）按照控制对象划分

根据控制对象划分，可分为人员控制、财务控制、作业控制、信息控制和组织绩效控制。

1. 人员控制

组织人员是组织活动的主体，是组织计划的执行者和组织目标的实现者，所以管理控制首要的是对组织活动的相关人员进行有效的控制。人员的有效控制要求管理人员首先要了解员工行为的驱动力，既有内在的动力，如知识技能、需要和动机、情感态度等，也有外在的动力，如家庭、社会环境、组织文化等。对人员控制最常用的方法是直接巡视和实施评估。管理者深入工作岗位直接观察员工的工作并纠正工作中出现的问题。管理者对员工的工作进行系统化的评估是一种非常正规的方法，通过评估来了解每一位员工的工作绩效。在实践中，管理者用各种各样的具体方法来影响和控制员工的行为，增大员工按计划去工作的可能性，如甄选聘用人员、实施目标管理、技能培训、制定相应制度政策、实施绩效评估、运用强化手段、宣扬组织文化等。

2. 财务控制

财务控制是为了实现企业预期财务目标，对企业财务活动的各个环节、各个方面，以及影响和制约公司财务绩效的各因素实施约束，并对脱离预算或适度的偏差进行调节的一种管理活动。企业为了追求利润，保持企业的正常运作，必须进行财务控制，财务控制是通过审核各期的财务报表，把现金流量和债务负担控制在一个合理的水平，进而保障各项资产得到有效的利用。财务控制是企业财务管理的重要内容，也是当今企业需要解决的重要问题。许多企业因为财务控制薄弱导致经济效益低下，甚至导致企业破产。在财务管理活动中常用一些财务比率指标来考察组织在利用资产、负债和库存等方面的效率，如流动比率、速动比率、资产负债率、存货周转率、总资产周转率、销售利润率和投资收益率等。财务控制渗透到了管理控制的其他方面，如人员控制、生产控制等都涉及了一些财务指标，因此我们可以把它看作是管理控制的核心内容。

3. 作业控制

将劳动力、原材料、资本等资源转化成最终产品和服务提供给顾客，这是一个由此及彼、由内到外的有序集合体，这个有序的集合体就是组织的作业链。作业控制的目的是通过实施作业管理来优化企业的作业链，即尽量地去提高每个作业所创造的价值和降低该作业所消耗的资源。它通常包括订货控制，即以尽可能低的价格提供生产所需的质量和数量的原材料；存货控制，即保持合理的库存水平，以较低的存货成本保证组织生产经营的顺利进行；质量控制，通过建立质量标准，进行质量检查，对产品或服务出现的问题进行纠正；还有对生产设备、设施的控制；此外，对员工的控制，既是作业控制的一项重要内容，也是人员控制的一个方面，只是控制的对象根据工作性质变得更加具体化了。

4. 信息控制

信息遍布于组织活动的每个环节，是组织的一项重要资源，也是现代化管理的依据和基础，及时、准确、全面的信息是管理者做出正确决策的前提。因此，组织应该建立一个信息管理系统，对信息进行管理和控制，使其能在正确的时间，以正确的数量，为正确的人提供正确的数据信息。以计算机为工具的管理信息系统（MIS）在目前组织的信息管理活动中应用广泛。

5. 组织绩效控制

一般而言，我们可以从五个方面来衡量组织绩效，即组织的生产率、组织财务状况、客户对组织的满意度、组织核心业务流程、组织学习成长和创新能力。对于组织绩效的控制是种综合控制，它在很大程度上是通过对组织的财务活动进行控制来实现的，如总预算、损益控制及投资回收率等。

第二节　控 制 过 程

无论是在什么类型的组织中，无论控制对象是人，还是财和物，管理控制的基本过程都可分为三个步骤，即确立标准、衡量绩效、采取纠偏措施。管理控制的工作过程如图9－8所示。

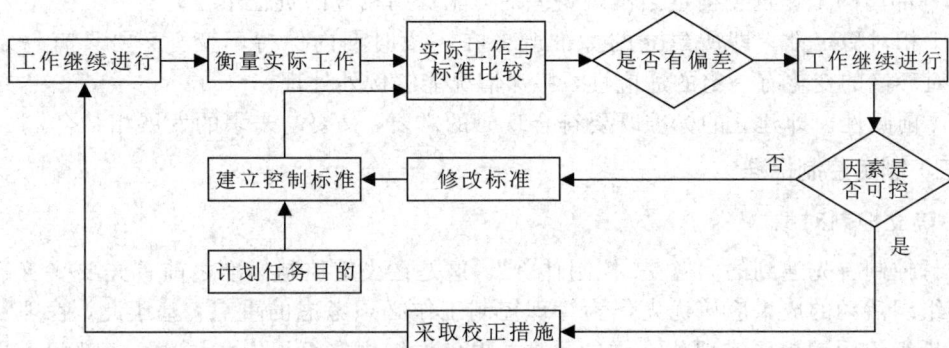

图 9－8　管理控制的工作过程示意图

一、确立标准

一般来说，计划目标并不可能直接作为控制的标准。组织中的计划是各种各样的，而各种计划在详尽程度上又各不相同，同时主管人员往往不可能注意到计划的每一个细节，如果直接用计划作为控制标准并对全部计划内容进行控制，就会因这种标准的实际无效而导致控制工作的随意性和盲目性。因此，需要将制定专门的控制标准作为管理控制过程的开始。

（一）标准的含义

所谓标准，是一种作为模式或规范而建立起来的测量单位或具体的尺度，是从整个计划方案中选出的对工作成效进行评价的关键指标。标准的设立应当具有权威性。最理想的标准是以可考核的目标直接作为标准，但更多的情况则往往需要将某个计划目标分解为一系列的标准，如将利润率目标分解为产量、销售额、制造成本、销售费用等。

1. 标准的两种控制作用

标准有以下两种控制作用：

（1）为执行提供明确的规范和指标，使计划在执行者心中具体明确，以便按标准行动。

（2）为监测实际执行情况是否正常提供判别标准，以便及时发现问题。

2. 控制标准的基本要求

要确立合理的控制标准，必须满足以下要求：

（1）简明性。简明性，即对标准的量值、单位和可允许的偏差范围要有明确的说明，对标准的表述要通俗易懂，便于理解和把握。

（2）适用性。建立的标准要有利于组织目标的实现，要对每一项工作的衡量都明确规定具体的时间幅度和具体的衡量内容等要求，以便能准确地反映组织活动的状态；

（3）一致性。建立的标准应尽可能地体现协调一致、公平合理的原则。管理控制工作覆盖组织活动的各个方面，制定出来的各项控制标准应该彼此协调，不可相互冲突。同时，控制标准应在所规定的范围内保持公平性；

（4）可行性。控制标准的建立必须考虑工作人员的实际情况，即标准不能过高也不能过低，要使绝大多数员工经过努力后可以达到；

（5）可操作性。即标准要便于对实际工作绩效的衡量、比较、考核和评价；要使控制便于对各部门的工作进行衡量当出现偏差时，能找到相应的责任单位；

（6）相对稳定性。即所建立的标准既要在一段时期内保持不变，又要具有一定的弹性，能对环境的变化有一定的适应性，特殊情况能够例外处理；

（7）前瞻性。即建立的标准既要符合现时的需要，又要与未来的发展相结合。

（二）制定控制标准

1. 确立控制对象

进行控制首先遇到的问题是"控制什么"，这是在决定控制标准之前首先要妥善解决的问题。组织活动的成果应该优先作为管理控制工作必须考虑的重点，基于此，管理者需要明确分析组织活动想要实现什么样的目标，提出详细规定组织中各层次、各部门人员应取得什么样的工作成果的完整目标体系。

然而，对活动成果的考核评价仅是一种事后控制。为了使组织实现预期的活动成果具有可靠的保障，从现实及经济的角度考虑，管理控制中人们通常选择那些对实现组织目标成果有重大影响的因素进行重点控制。这样，为了确保管理控制取得预期的成效，管理者在选择控制对象时就必须对影响组织目标成果实现的各种要素进行科学的分析研究，然后从中选择出重点要素作为控制对象。一般影响组织目标成果实现的主要因素如下：

（1）环境特点及其发展趋势。组织在特定时期的管理活动是根据决策者对经营环境的认识和预测来计划与安排的。如果预期的市场环境变化没有出现，或者企业外部环境发生了某种无法预料和无法抗拒的变化，则原来计划的活动就可能无法继续进行，从而难以为组织带来预期的结果。因此，制订计划应将所依据的对经营环境的认识、把握的各种因素作为控制对象，列出"正常"与"非正常"环境的具体测量指标或标准。

（2）资源投入。组织成果是通过对一定资源的加工转换而得到的。没有或缺乏这些资源，组织的经营活动就会成为无源之水、无本之木。投入的资源不仅会影响组织活动能否按期限、数量、质量和品种的要求完成经营任务指标，而且在获取资源的成本费用方面也会影响经营活动的经济效果指标。因此，必须对资源投入进行控制，使之在各方面都符合预期经营成果的要求。

（3）活动过程。输入到生产经营中的各种资源不可能不经过任何加工处理就自动转换成产品。组织的经营成果是组织活动过程转化的结果，是通过全体员工在不同时间和空间上利用一定技术与设备对不同资源进行不同内容的加工劳动而最终达到的。企业员工的工作质量和数量是决定经营成果的重要因素，因此，必须使企业员工的活动符合计划和预期结果的要求。为此，必须建立员工的工作规范，明确各部门、各单位、各人员在不同时期的阶段成果指标，以便于对他们的活动进行切实有效的控制。

2. 选择关键控制点

重点控制对象确定下来后，还必须选定具体控制的关键点，才能够制定控制标准。例如，啤酒酿造企业中，啤酒质量是控制的一个重点对象。尽管影响啤酒质量的因素很多，但只要抓住了水的质量、酿造温度和酿造时间，就能保证啤酒的质量。基于此，企业就要对这些关键控制点制定出明确的控制标准。俗话说，"牵牛要牵牛鼻子"，企业控制住了关键点，实际上也控制了全局。

对关键控制点的选择，一般应统筹考虑以下三个方面的因素：

（1）影响整个工作运行过程的重要操作与事项，它们当然是管理者应该予以关注的领域。

（2）能在重大损失出现之前显示出差异的事项。这点意味着并不是所有的重要问题都作为控制的关键点。通常情况下，管理者应该选择那些易于检测出偏差的环节进行控制，这样才有可能对问题做出及时、灵敏的反应。

（3）若干能反映组织主要绩效水平的时间与空间分布均衡的控制点，因为关键控制点数量的选择应足以使管理者对组织总体状况形成一个比较全面的把握。

良好的控制来源于关键控制点的准确选择，因而这种选择或决策的能力也就成为判断管理者控制工作水平的一个重要标准。

案例链接

选择关键点的艺术

孔茨教授建议管理者应不时地问自己这样一些问题，这些问题的答案正是应选择的关键点。

- 什么能最佳地反映本部门的目标？
- 当没有达到这些目标时什么能最佳地表明其情况？
- 最能表明偏差情况的是什么？
- 能向主管表明谁应对此负责的是什么？
- 哪些标准最省钱？
- 经济适用的信息标准是什么？

3. 制定控制标准

制定控制标准最简单的情况是可以把计划过程中形成的可考核目标直接作为控制标准，但在现实中更多的是需要通过一些科学的方法将某一计划目标分解为一系列具体可操作的控制标准。

控制标准可分为以下几类：

（1）实物标准。实物标准是非货币衡量的标准，在耗用原材料、雇用劳力、提供服务及生产产品等操作层中运用。例如，单位产品工时数、货运吨数及公里数、轴承的硬度、纤维的强度等，它们可以反映数量，也可以反映品质。

（2）成本标准。成本标准是货币衡量的标准，像实物标准一样，也适用于操作层。这些标准以货币价值形式表示经营费用，如每小时的人工成本、每百元销售额的销售费用等。

（3）资本标准。资本标准是以货币形式衡量实物。这些标准与投资于公司的资本有关而与经营成本无关，所以它们主要是同资产负债表有关，而同损益表无关，对于一笔新的投资和总体控制而言，使用最为广泛的标准就是投资报酬率。

（4）收益标准。收益标准是以货币衡量的销售额，如企业每销售一件产品的收入，在一定市场范围内的人均销售额等。尽管在评估计划的执行绩效时难免会运用一些主观判断，但还是可以运用时间和其他因素作为客观标准。

（5）计划标准。计划标准是以管理者编制的计划质量作为衡量标准，如计划的完成时间、可行性程度和实际执行情况的吻合程度等。

（6）无形标准。无形标准是指难以确定的既不能以实物又不能以货币来衡量的标准。例如，广告计划是否能满足长期目标、有助员工潜力的发挥、提高员工的忠诚度，以及一项公关活动计划受欢迎的程度等。对这些问题建立清晰的定量和定性标准存在很大困难，只能反复试验、设想、判断，必要时甚至以纯粹的预感为依据判断，在各级管理部门建立一个指标标准的整体网络，以实施有效控制。

制定控制标准常用的方法有以下三种：① 统计方法，相应的标准称为统计标准。它是根据企业的历史数字或对比同类企业的水平，运用统计方法来确定企业经营各方面工作的标准。制定该类标准所使用的数据可以使来自本企业的历史数据，也可能是来自其他企业的统计数据。常用于拟定企业的经营活动和经济效益有关的标准。② 经验估计法，相应的标准称为经验标准。在现实中，并不是所有工作的质量和成果都能用统计数据来表示的，也不是所有的企业活动都保存着历史统计数据。对于新近从事的工作或缺乏统计资料的工作，企业可以根据有经验的管理人员或对该工作熟悉的人员凭借经验、判断和评估来为之建立标准。③ 工程方法，相应的标准称为工程标准。它是指以标准的技术参数和实测的数据为基础而制定的标准。这种方法主要用于生产定额标准的制定。例如，机器的产出标准是其设计者计算出来的在正常情况下被使用的最大产出量等。严格地说，工程标准也是一种用统计方法制定的控制标准。

案例链接

控 制 的 误 区

控制的构成基础是要有一套合适的控制标准。控制标准对人们的行为起着指挥棒的作用，如果控制标准不合适，就会误导人的行为，从而影响组织目标的实现。对于这一点，在现实管理活动中，人们存在着很多的误区。这些误区多数是控制标准与实际情况相悖的问题。在制定控制标准的时候，人们希望的是一回事，但是实际用标准来调整和鼓励却是另外一回事。

◆ 常常宣称期望的是长期增长，但是在考评的时候，却着重于短期的业绩。在这种情况下，再强调希望长期增长，对人们的行为也是无济于事的，人们仍然会把行为集中到短期业绩上。

◆ 管理当局经常说鼓励团队合作，但是实际上考评指标却常常是鼓励人们各行其是，鼓励排出名次，选出冠军，这样怎么能促使人们进行团队合作？

◆ 经常说要缩减规模、优化结构、要减少层次等，但是在现实生活中，却是增加人员、增加预算等。

◆ 口号喊的是要重视质量，但是现实中要求的却是按时交货，哪怕有缺陷也在所不惜。

◆ 鼓励人们说真话，鼓励人们正直，但是现实中的考核机制却是在促使人们做假，报告好消息，赞同上司，做各种唯唯诺诺的事情。

二、衡量绩效

（一）通过衡量成效，检验标准的客观性和有效性

衡量工作成效是以预定的标准为依据来进行的，这就出现了一个问题：偏差到底是执行中出现的问题还是标准本身存在的问题？如果是前者，当然需要纠正；如果是后者，则要修正预定的标准。这样，利用预定标准去检查各部门、各阶段和每个人工作的过程，同时也是对标准的客观性和有效性进行检验的过程。

检验标准的客观性和有效性，是要分析对标准执行情况的测量能否取得符合控制需要的信息。在为控制对象确定标准的时候，人们可能只考虑了一些次要的非本质因素，或者只重视了一些表面的因素，因此，利用既定的标准去检查人们的工作，有时候并不能达到有效控制的目的。衡量过程中的检验就是要辨别并剔除那些不能为有效控制提供信息及容易产生误导作用的不适宜标准，以便根据控制对象的本质特征制定出科学合理的控制标准。

（二）确定适宜的衡量方式

1. 衡量的项目

什么是衡量工作中最为重要的方面，管理者应该针对决定实际工作成效好坏的重要特征项进行衡量。但实际中容易出现一种趋向，即侧重于衡量那些衡量的项目，而忽视那些不易衡量、较不明显但实际相当重要的项目。实绩衡量应该围绕构成好绩效的重要特征来进行，而不能偏向那些易衡量的项目。

2. 衡量的方法

管理者可通过亲自观察、利用报表和报告、抽样调查等几种方法来衡量员工们做得好坏，有时可以通过某些现象做出推断。例如，从员工的合理化建议增多或许可推断企业的民主化管理有所加强，员工工作热情下降现象增多可推断出管理工作也许存有不当之处等。在衡量实际工作成效过程中必须多种方法结合使用，以确保所获取信息的质量。

3. 衡量的频度

衡量的频度即衡量成效的次数或频率，通俗地说，就是间隔多长时间衡量一次成效，是每时、每日、每周，还是每月、每季度或每年，有效的控制要求确定适宜的衡量频度。对控制对象或要素的衡量频度过高，不仅会增加控制的费用，而且还会引起有关人员的不满，影响他们的工作态度，从而对组织目标的实现产生负面影响。但是，衡量和检查的次数过少，则有可能造成许多重大的偏差不能及时被发现，不能及时采取纠正措施，从而影响组织目标和计划的完成。

4. 衡量的主体

衡量实际工作成效的人是工作者本人，还是同一层级的其他人员，抑或是上级主管人

员或职能部门的人员。衡量实绩的主体不一样，控制工作的类型也就形成差别。例如，目标管理之所以被称为是一种"自我控制"方法，就是因为工作的执行者同时成为了工作成果的衡量者和控制者。相比之下，由上级主管或职能人员进行的衡量和控制则是种加强的、非自主的控制。衡量的主体不同，会对控制效果和控制方式都产生影响。

（三）建立有效的信息反馈系统

对实际工作情况进行衡量的目的是为控制提供有用的信息，为纠正偏差提供依据。然而，并不是所有衡量实绩的工作都直接由负责制定纠偏措施的主管人员或部门进行，这样就有必要建立有效的信息反馈系统，使反映实际工作情况的信息既能迅速地收集上来，又能适时地传递给恰当的主管人员，并且能够将纠偏指令迅速地传达到有关人员以便对问题进行处置。

三、纠正偏差

对实际工作成效加以衡量后，下一步就应该将衡量结果与标准进行对比。"比较"这一步骤决定了与实际工作成效与标准之间的差异程度。在所有的活动中，都可以预料到会存在一定的偏差，所以虽然已经确定了参照标准值，但在比较时，还需要确定可接受的偏差范围，如图 9-9 所示。凡是在这一范围之内的，便认为偏差是可以接受的；而应该引起管理者关注的是那些超过这一范围的、显著的偏差。

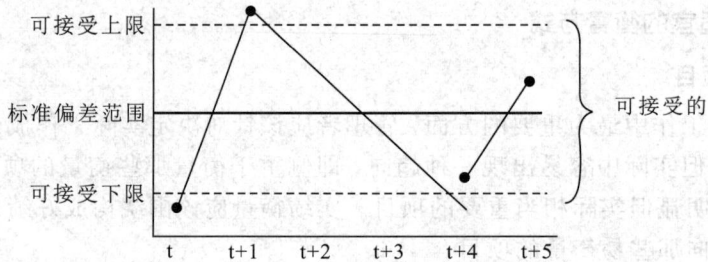

图 9-9　定义可接受的偏差范围

如果出现显著的、较大的偏差，如图 9-9 中的 t+1 点，就要分析造成偏差的原因并采取纠正措施；如果没有偏差，则应首先分析控制标准是否有足够的先进性。在认定标准水平合适的情况下，将之作为成功经验予以分析总结并用于指导今后的或其他方面的工作。偏差的原因可能比较复杂，必须花大力气找出真正原因，切忌头痛医头、脚痛医脚。对偏差原因判断不准确，纠偏措施就会无的放矢，不可能奏效。查明原因后，纠偏工作可能涉及一些主要的管理职能，如重定计划、修改目标、调整组织机构、改善领导方式等，纠偏的具体操作体现了管理活动的统一性。

在采取纠偏行动前，管理人员应记住，某项工作产生偏离标准的原因是多种多样的，并非所有偏离标准的情况均需采取纠偏行动，有时需要个人的判断。假如一名员工偶尔迟到了 15 分钟，当经理了解到迟到是不得已发生的，因而原谅了他，也属正常。

通常产生偏差的原因主要有以下方面：

（1）因标准本身是基于错误的假设和预测，从而使该标准无法达成。

（2）从事该项工作的员工不能胜任此项工作，或者是由于没有给予适当的指令。

因此，采取纠偏行动的第一步是分析事实，以确定产生偏差的原因。只有对问题进行彻底的分析后，管理人员才能采取适当的纠偏行动。然后，管理人员需决定采取何种补救措施，以便在将来得到较好的结果。通常纠偏行动可分别采取两种不同的措施：一种为立即执行的临时措施（应急措施）；另一种是永久性的根治措施。

解决急性问题，大多是为了维持现状，而要打破现状，就必须解决根本问题。急性问题的影响是显而易见的，因此容易被人们发现、承认和解决。但人们往往只注意解决急性问题而忽视解决大量存在的根本性问题。这是因为人们对其存在已经习以为常，以至适应了它的存在，不可能发现或即使是已经发现了也不愿意承认和解决由于根本性问题所带来的对组织素质的影响。而要使控制工作真正起作用，就要像医生治病一样，标本兼治，重点解决根本性问题，即使它需要一定的时间和过程。

对于某些"症状"可能会迅速地、直接地影响组织正常活动的"急性问题"，多数应立即采取行动。例如，某一特殊规格的部件一周后要交货，否则其他部门会受其影响而出现停工待料。一旦该部件的加工出现了问题，此时不应考虑追究什么人的责任问题，而是必须按计划如期完成任务。凭借管理者的权力，一般可采取以下行动：要求工人加班加点；增添个人和设备；派专人负责指导完成；请求个人努力抓紧；短期"突击"；如仍不能解决，只得重新设计程序，变更整个生产线等。

四、有效控制系统

（一）控制系统的构成

组织中的控制系统主要由以下几个要素构成：

1. 控制的目标系统

目的性是管理控制的基本特征，任何控制活动都是有一定的目标取向的。在一个组织中，控制服从于组织发展的总体目标。而总目标派生出来的分目标也是控制的依据。控制的目标体系与组织的目标体系是相辅相成的。

2. 控制的主体

组织中控制的主体是各级管理者及其所属的职能部门。控制主体的控制水平是控制系统层管理者主要实施例行的、程序性的控制；高层管理者主要实施非例行的、非程序性的控制。

3. 控制的客体

组织中的控制对象是整个组织的活动，横向包括各类资源，纵向包括各个层次。将组织中的活动当作一个整体实施全面控制，使整个协调一致，以便达到整个优化的结果。

4. 控制的机构、方法和手段

实施控制必须要有一定的机构及相应的方法和手段。控制机构从纵向看包括不同管理层次，从横向看包括不同性质的职能专业部门。控制的方法和手段是多种多样的，组织应视具体情况选择采用。

（二）有效控制系统的特征

经过总结，有效控制系统多倾向于一些共同的特性，尽管在不同情况下各特性的重要性会有所区别。因此,遵循基本原则建立的组织控制系统是否有效,还应看是否具备以下几项特征。

1. 精确性

有效控制系统能够提供准确、及时的数据。在实施管理的过程中,难免有许多主观因素影响管理人员的判断和评价,但如果有一套严密的客观控制系统,则其效果要好得多。同时,由于标准准确、客观,操作人员也有明确的目标和行为准则。例如,银行将原来的服务标准"热情欢迎,周到服务"进一步精确化,要求每笔业务处理时间不能超过 3 分钟,超时 1 分钟罚款 1 元钱,这样对储蓄员的业务熟练程度和上岗要求有了客观准确的衡量标准,储户也有了准确的判断标准,新服务举措因此受到广大储户的欢迎。

2. 经济性

控制系统必须在经济上是合理的,要做到控制所支出的费用必须要有所值,即控制产生的利益应大于其发生的成本。控制系统的相对经济性在很大程度上决定了管理人员只能在其认为是重要的问题中选择一些关键因素加以控制。

3. 灵活性

有效的控制系统应当能够在出现未预见到的情况,甚至计划会全盘错误时,报告失常情况,并且有充分的灵活性保持对失常情况下运行过程的管理控制。一般来说,灵活的计划有利于灵活的控制。

4. 标准合理性

控制的标准必须是合理并可达到的,如果标准太高或不合理就不能起到激励作用,因为大多数员工都不愿冒着被视为无能的风险,去指责上级要求得过高,他们可能会转而求助于不道德或不合法的捷径,因而控制标准应该是一套富有挑战性的、能激励员工表现得更好的标准

5. 可理解性

无法被人理解的控制系统是没有价值的,所以有时有必要用简单一些的控制来代替复杂的控制方法。

6. 战略高度

管理层不可能控制组织中的每一件事,即使可以,控制产生的利益也无法弥补其成本。有效控制系统就是控制那些对组织行为有战略性影响的因素,包括组织中关键的活动、作业和事件,即控制应集中在最可能出现偏差或偏差会造成最大损害之处。

7. 强调例外

由于管理者不可能控制所有的活动,所以有效控制系统应该强调对例外事件的关注。例外系统能够保证管理者不会被过多的偏差信息淹没,从而在出现偏差时管理层不至于不知所措。

8. 纠正措施

有效控制系统除了能揭示哪些环节出了差错、谁应当对此负责外,还应能确保采取适当的纠正措施,通过适当的计划、组织、人员配备、指导与领导等方法,纠正已显示出的或

所发生的偏离计划的情况。这说起来简单，但在实际工作中往往有人只重视计划、重视检查，而不重视落实。

案例链接

海尔集团有效控制的实施

海尔集团从一个亏损企业发展为年销售额过百亿元的中国特大型家电企业，其成功很大程度上取决于其独特的控制方式，这就是以全方位优化管理法为核心的管理思想。

OEC 管理法坚持每天都要分析总结，要对所管的干部及工作评出 A、B、C，从而做到：事事有人管，人人都管事，管事凭效果，管人凭考核。这样，企业内的所有人员，上至总经理，下到普通员工，都十分清楚自己每天应该干什么、干多少，按什么标准干，要获得什么结果，将得到什么样的奖罚，以保证企业各项工作的目的性和有效性，从而减少浪费和损失。

在质量管理上，海尔集团提出了"质量管理零缺陷"。海尔集团对质量的认识是从 60 年代美国航天局倡导的"零缺陷"标准开始的。他们的提法是"高标准、零缺陷、精细化"。针对一般企业在质量上存在的问题是质量指标不能分解到人，由于不能分解到人就无法及时激励，员工就有懈怠心理，质量就不能保证始终如一。为此，海尔集团采取相应措施，如在冰箱生产线上，把所有工序质量分解为 1960 项标准，编制成《质量手册》，每个岗位、每个人对自己的工作质量负什么责任，违反了质量标准应承担怎样的经济责任，都写得一清二楚，人手一册，责任到人。违反质量标准的，按章受罚；做得好的，及时奖励。他们编有红、黄券，用于生产现场激励，好的就奖红券，月底红券领奖金；有质量问题的就给黄券，按规定扣罚。这样一来，质量不再是一种口号，不再仅是事后处理，质量贯穿于生产的每一环节、每一个人，高质量得到了落实。

目前，海尔集团在质量上有一个观念，即"有缺陷的产品就是废品"，不存在一等品、二等品、三等品、等外品的说法，这样从意识上就把住了质量的标准。

（三）构建有效控制系统的前提条件

任何组织的控制系统都离不开上述几个组织部分，但这并不能保证由此构成的组织系统都是合理有效的。一般来说，构建一个适合组织自身特点的有效控制系统，需要一定的前提条件。

1. 应有一个科学合理、切实可行的计划

这是由计划与控制的关系决定的。由于再科学合理的计划也是主观的产物，再稳定的环境也不可能一成不变，计划是"先天不足"的，因此控制是必需的。但是，越是完善、科学、可行的计划，就越容易实现，从而起保证和协助作用的控制也就越容易实施。

2. 应有专门的控制机构和人员

在一个组织中，如果没有专门的控制机构和相关的人员，而由各部门自行监督、自行管理、自行控制，那就可能由于各个部门出于对自己的切身利益或本位主义的考虑，出现弄虚作假等人为因素造成的无序状况，也可能因为忙于贯彻指令，无暇顾及调查研究、分析评价，而难以反映真实情况。因此，控制机构与相应的规章制度越健全，控制工作也就越能取得预期的效果。

3. 应对整个控制活动

组织中控制系统的控制对象应该是整个组织的活动。无论是横向的人、财、物、时间和信息等资源，还是纵向的各个层次、各个部门以及各个管理阶段，都应纳入控制系统。因此，组织控制应该是全面的控制、整体的控制、统一的控制是优化的控制，只有这样，组织实施的控制才是有效的控制。

4. 应有畅通的信息反馈渠道

控制工作中的一个重要环节是要将计划执行情况及时反馈给管理者，以便管理者对已达到的目标水平与预期目标进行比较分析。信息反馈的速度与准确性是至关重要的，它直接影响控制指令的准确性和纠正偏差措施的及时性、准确性。因此，必须设计良好的信息反馈渠道，并保证信息反馈渠道的畅通无阻。只有这样，控制工作才能比较顺利地进行下去。

(四) 构建有效控制系统的原则

要对组织中各项控制对象实现有效控制，除了要满足以上几点有效控制的前提外，构造一个有效控制系统还应该遵循以下基本原则：

1. 反映计划要求原则

控制的目标是实现计划，控制是实现计划的保证，因此，计划越明确、全面、完整，控制系统越能反映计划，则控制越有效。所以，在设计控制系统时，每个管理者都必须紧紧围绕计划进行，要根据计划的特点确定控制标准、衡量方法和纠偏措施。

2. 控制关键点原则

控制关键点是控制工作的一条重要原理，主管人员要将注意力集中于计划执行中的一些主要影响因素上，控制住了关键点，也就控制住了全局。选择关键点除了要有丰富的经验、敏锐的洞察力和决策能力外，还可以借助现有的方法。例如，在任何有着众多作业的大型项目中控制整个工期的时间进度，都可用计划评审技术来确定关键路线和关键作业，这样，控制关键作业的进度就可以控制整个工期。例如，美国的北极星导弹研制工程和杜邦化工厂的建造就是由于运用了计划评审技术使工期大大缩短。

3. 控制趋势原则

对控制全局的主管人员来说，重要的不是现状本身，而是现状所预测的趋势。由于趋势往往被现象所掩盖，不易察觉，因此，控制变化的趋势比仅改变现状要困难得多。当趋势可以明显地描绘成一条曲线，或者可以描述为某种数学模型时，再控制就为时已晚了。控制趋势的关键是从现状中揭示趋势，特别是在趋势显露苗头时就明察秋毫。例如，在美国汽车市场上，日本汽车的市场份额是在美国几大汽车厂商的眼皮底下慢慢蚕食的，等到他们回过神来，日本汽车在市场上已经占有了一席之地，不容易被打败了。

4. 例外原则

主管人员不可能控制所有活动，而应把控制的主要精力集中于一些重要的例外偏差，以取得更高的控制效能和效率。需要指出的是，仅注意例外情况是不够的，对它们也要区别对待。有些例外情况，如利润的下降、产品废品率的上升、市场投诉的增加等必须引起重视；而像春节期间福利费用超出预算 15％等情况，则可以不必紧张。实践中，例外原则必须与控制关键点原则相结合，集中精力于关键点的例外情况控制上。控制关键点原则强调控制点选择，而例外原则强调观察这些点上所发生的异常偏差。

5. 直接控制原则

直接控制是相对间接控制而言的。间接控制着眼于发现工作中的偏差，分析产生的原因之后才采取措施，代价较大。而直接控制原则的含义是：主管人员及其下属的工作质量需要进行间接控制，从而减少偏差的发生及进行间接控制的费用。

（五）影响有效控制的因素及措施

掌握了有效控制系统的要素并不能保证控制有效，必须针对有效性的影响因素采取措施，消除这些影响因素，才能使控制系统发挥应有的作用。斯蒂芬·P·罗宾斯将这些影响因素概括为组织规模、个人在组织层次的地位、分权程度、组织文化和活动的重要性等几个权变因素，并提出了相应的控制建议。设计控制系统时应考虑和权变因素，如表 9 - 2所示。

表 9 - 2　设计控制系统时应考虑的权变因素

权 变 变 量		控 制 建 议
组织规模	小	非正式的、亲自的、走动式管理
	大	正式的、非亲自的、广泛使用的规则和规定
职位与层次	高	多重标准
	低	较少、易衡量的标准
分权程度	高	增加控制数目和控制幅度
	低	减少控制数目和控制幅度
组织文化	开放与支持性	非正式的、自我控制
	威胁性	正式、来自外部的强行控制
活动的重要性	高	详尽、全面的控制
	低	松散、非正式的控制

1. 组织规模

根据有效控制系统经济性特点的要求，组织规模大小不同，其控制系统也应有所区别。小企业依靠非正式和更个人化的控制，通过直接监督进行同步式控制（如现场控制）可能是最经济的。当组织规模扩大时，监督控制就应由一个相对更加正式的系统来支持。非常大的组织会采用高度正式且非个人化的前馈式控制和反馈式控制。

2. 职位和层次

职位和层次的高低影响控制系统标准的制定。个人在组织层次中职位越高，越需要对其采取多重控制标准。这是因为当个人沿着组织层次往上升迁时，其工作成效衡量的模糊性将提高。相反，低层工作的工作成效定义更为明确，允许对其进行范围更窄的理解。例如，对于一线的加工工人，其考核可以用完成计件成品的数量、出勤率等，但是对于一个生产部门经理而言，仅以完成产出量的多少为标准来考核，显然是不准确的。

3. 分权程度

分权与控制之间存在着因果关系，分权是控制的原因之一，控制是分权的保障。分权程度越高，权力失控的可能性就越大，管理者也就越需要与员工绩效有关的反馈信息。因为，授权的管理者需要对被授权人的行动负最终责任，所以，前者有必要采取措施以保证员工工作效果。

4. 组织文化

正如应考虑领导风格、激励技巧、组织结构、冲突管理技巧和组织成员参与决策的程度等因素一样，控制的类型和范围也应与组织文化相一致。以鼓励创新、信任和开放为特征的组织文化通常对应于非正式的自我控制，而厌恶风险、墨守成规的组织文化则需要通过正式的、外部强加的控制系统来确保业绩符合标准。

5. 活动的重要性

活动本身的重要性影响其是否应受到控制和实施控制的程度。若控制成本高昂，而错误产生的影响又很小，就不必使用详尽的控制系统。但若错误会严重阻碍组织目标的实现甚至危及到组织的生存和发展，就必须实施广泛的控制，即便控制成本很高。

第三节　控 制 方 法

管理实践中运用到很多控制方法，管理员除了利用现场巡视、监督或分析下属依组织路线传送的工作报告等手段进行控制外，还经常借助于预算控制、生产控制、审计控制、综合控制等方法。

一、预算控制方法

预算控制是根据预算规定的收入与支出标准检查和监督各个部门的生产经营活动，以保证各种活动或各个部门在充分达成既定目标、实现利润的过程中对经营资源的利用，从而使费用支出受到严格有效的约束。预算作为一种传统控制手段，在管理控制中使用得非常广泛。可以说，企业未来几乎所有活动都可以利用预算进行控制。

（一）预算的定义与作用

所谓预算，是一种用数字特别是财务数字形式编制的反映组织在未来某一个时期活动的综合计划。通过预算，企业可以预估在未来时期的经营收入或现金流量等指标，同时也为各个部门或各项活动规定了在资金、劳动、材料、能源等方面支出的限定额度。

预算的作用可以概括为以下三个方面：

（1）预算是保证计划顺利完成的有效控制手段。预算是"数字化"或"货币化"的计划，它通过财务形式将组织未来一定时期的经营收入、支出、现金流量数字化，并将其分解落实到组织的各层次和各部门，使各级主管人员能清楚地了解计划所涉及的部门和人员范围，资金的使用权限及数量，各部门的资金、收入、费用，以及用实物计量的投入量和产出量额度等。从而使主管人员以预算标准检查和监督各项活动，发现偏差并及时采取纠正措施，保证计划规定目标的实现。

（2）预算有助于改进主管人员的工作态度和工作作风。预算能使主管人员更好地了解组织内外环境的现状和未来，从而更准确地确立工作重点，改善组织内部的信息沟通，改进对下属的指导与领导方式，并激发下属的工作热情。同时，在执行预算时，有可能使他们能预先发现可能出现的问题并及时采取纠正措施，改进组织的活动。

（3）预算可以帮助组织的各个部门和组织成员了解自己未来的工作任务与职责，明确工作内容和权限，并增进部门和成员间的相互了解，形成意见沟通的网络，更好地协调组织内部的活动。

（二）预算的形式及内容

预算从编制工作角度，可以分为分预算和全面预算。

分预算是按照部门和项目编制的，主要控制相应部门和项目的收支水平。分预算详细地说明相应部门的收入目标或费用支出水平，规定在生产活动、销售活动、采购活动、研究活动或财务活动中筹措和利用劳力、资金等生产要素的标准全面预算是对组织整体工作的收支情况进行全面控制，是在部门分预算或项目分预算的基础上，通过综合平衡方法编制而成的，它概括了组织相互联系的各个方面在未来时期的总体目标。

分预算与全面预算是相互联系的。各部门和项目的分预算是编制全面预算的基础，而只有编制了全面预算，才能进一步明确组织各部门的任务、目标、制约条件，以及各部门在活动中的相互关系，从而为正确评价和控制各部门的工作提供客观的依据，也为进一步修正分预算提供了依据。图9-10反映了各分预算和在综合平衡基础上构成的全面预算体系的关系。

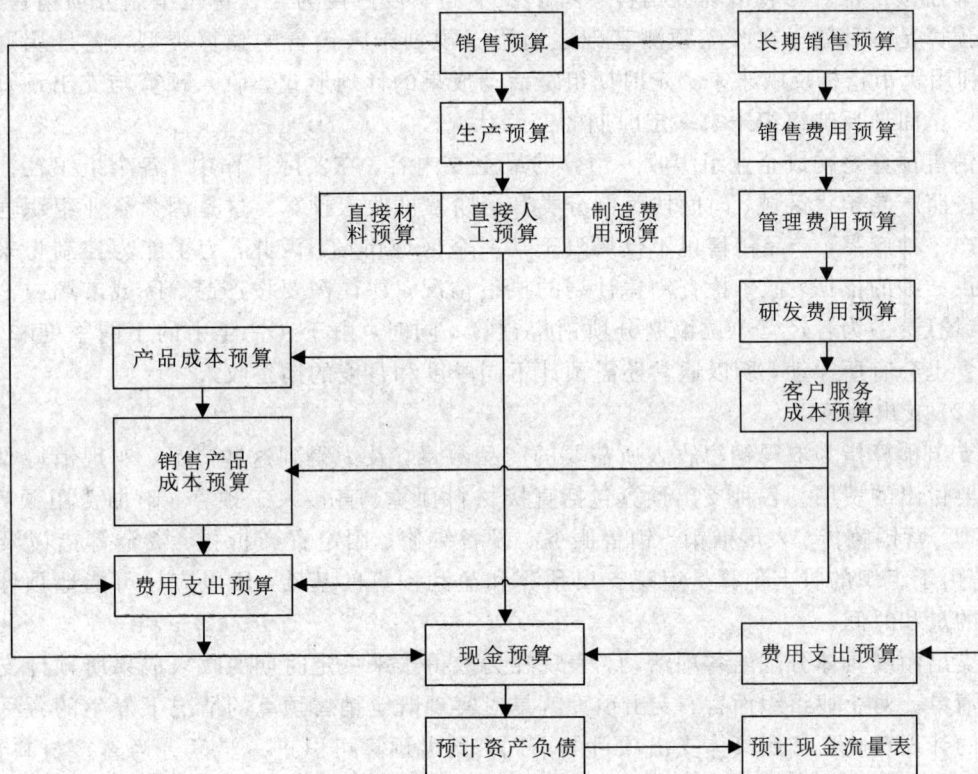

图 9-10 全面预算体系图

全面预算与分预算的区别主要表现在以下方面：

（1）从反映的内容看，全面预算概括了组织在未来时期的总体目标，从根本上明确了各部门的具体目标和任务，并通过数字形式体现出各部门在组织活动中的相互关系；而分预算则为正确控制和评价各部门的工作质量与活动进程提供了客观依据。

（2）从衡量单位来看，虽然所有预算都需要用数字形式来体现，但全面预算必须用统一的货币单位来衡量；而分预算则不一定用货币单位计量。因为，对于一些具体的项目，用时间、长度或重量等单位来表达（如原材料预算可能用千克或吨等单位来计量；劳动预算可能用用工数量或人工小时来计量）能提供更多、更准确的信息。例如，用货币金额来表达原材料预算，则就只能知道原材料消耗的总费用标准，而不知道原材料使用的确切种类和数量，也难以判断价格变动会产生何种影响。当然，无论以何种方式表达的各部门或项目的分预算，在进行综合平衡以编制组织的全面预算时，必须转换成用统一的货币单位来表达。

除了上述的预算形式，预算控制如果对计划的结果衡量和确定计划期间费用的支出情况来看分为以下几种：

1. 收支预算

（1）收入预算。

企业收入主要来源于产品销售，因此收入预算的主要内容是销售预算。销售预算是在销售预测的基础上编制的，确定企业在未来时期内实现目标利润必须达到的销售水平。收入预算需按产品、区域市场或销售者群以及不同季度月度为经营单位编制分项销售预算。收入预算是一种建立在收入预测基础之上用于规划未来销售的预算类型，它是从财务角度、利用货币指标反映未来一定时期组织活动成果的计划形式。收入预算与支出预算相结合可以全面地反映组织未来一定时期的经营状况。

销售预算是构成企业组织收入预算的最主要内容，在实际工作中，各个组织往往根据需要按照产品销售区域、时间段编制分类和分阶段的收入预算。这是因为企业组织通常不止生产一种产品，产品销售也不仅局限于某一个区域市场，因此，为了能为控制将来的活动提供详细的依据，便于检查销售计划的执行情况，往往需要按产品、区域市场或消费者群（市场层次）为各经营单位编制分项销售预算；同时，由于在一年中的不同季度和月度，销售量也会有所浮动，所以通常还需预计不同季度和月度的销售收入。

（2）支出预算。

支出预算指为取得销售收入所需要的产品数量，及为得到这些产品、实现销售收入水平需要付出的费用。各种支出预算包括直接材料预算、直接人工预算、附加费用预算、行政管理、营销宣传、人员推销、销售服务、设备维修、固定资产折扣、资金筹措以及税金等）。由于组织的收支预算是组织支出预算和盈利预算的基础，所以应尽可能地预计各项收支的量和时间。

支出额度具体分配给各项活动，表现在为取得未来一定时期的收入成果所预计支付的项目清单。对企业组织而言，支出预算就是对实现既定销售预算的情况下发生的各种支出额度的计划反映。按照具体支出项目的不同，支出预算可以进一步区分为直接材料预算、直接人工预算和附加费用预算。

（1）直接材料预算。直接材料预算是根据实现销售收入所需产品种类和数量编制的。

在这一过程中，企业需要详细分析为了生产这些产品，必须利用的原材料种类和数量（通常以实物单位表示），以及企业的库存情况等。直接材料预算可以为采购部门编制采购预算、为组织采购活动打好基础。

（2）直接人工预算人员种类、工时数量和直接成本的估计。

（3）附加费用预算。附加费用预算是指企业除了直接材料和直接人工之外的其余经营费用的预算，包括企业的行政管理、营销宣传、人员推销、销售服务、设备维修、固定资产折旧、资金筹措等所耗费的资金。

2. 现金预算

现金预算实际上是一种对于现金收支的预测。其基本内容是预测组织的现金余缺，通常由财务部门编制。

对企业组织未来生产与销售活动中现金的流入与流出进行预算，对于企业控制来说非常重要。因为，企业现金预算只包括那些实际发生现金收支的项目，赊销、赊购等在未收到和未支付现金的情况下不能列入现金预算。因此，通过现金预算可以直观准确地显示计划期内企业可用的多余现金或现金不足的情况，使企业能够及早安排、确定过剩资金的用途，或者预先筹措所需资金。

3. 资本支出预算

资本支出预算又称投资预算，是与企业的战略及长期发展计划紧密联系在一起的预算，通常涉及经营过程的多个阶段。与上述只涉及某一个经营阶段的短期预算相比，资本支出预算属于长期预算。

资本支出预算的项目是用于更新改造或扩充包括厂房、设备在内的生产设施的支出；用于增加品种、完善产品性能或改进工艺的研究与开发支出；用于提高职工和管理队伍素质的人事培训与发展支出；用于广告宣传、寻找顾客的市场发展支出等。

4. 资产负债预算

资产负债预算是组织会计年度末的财务状况的预测。它通过将各部门和各项目的分预算汇总在一起，表明在组织各项活动达到预定的目标和标准的情况下，在财务期末组织的资产、负债的状况。

资产负债预算可用于预测将来某一特定时期的资产、负债及资本等账户的情况。同时，管理人员通过对资产负债预算表的分析，可以逆推出现有分预算存在的问题，从而有利于采取及时的调整措施。例如，通过分析流动资产与流动债务的比率，可能发现企业未来的财务安全性不高、偿债能力不强，可能要求企业在资金的筹措方式、来源及其使用计划上做相应的调整。

5. 实物预算

实物预算是一种以实物为计量单位的预算。由于以货币量来表示的收支预算会受到商品价格波动的影响，从而造成收支预算和实物量投入产出之间的不一致，因此在计划和控制的某个阶段，要有实物数量单位加以补充和印证。实物预算范围很广，如产量预算、人工预算、机时及工时预算、原材料消耗预算、燃料消耗预算、库存预算等。

6. 投资预算

投资预算是一个企业在特定的时间内固定资金运用的情况。投资预算包括投资于厂房、机器设备等各项设施以及增加固定资产的各项支出。由于投资支出的数额一般比较大，且短期内难以收回，因此一定要慎重地进行预算，应用预定的时间做调查和论证工作，并列出专项预算，尽量与长期计划工作紧密地结合起来。

7. 零基预算

由美国德州仪器公司首创的零基预算的基本精神是在每一个预算制定时，对每项费用都予以重新核查，必须以目前公司的需求和发展状况作为实际核查基准。其基本原理是：对任何一个预算期，任何一种项目费用的开支都不是从原有的基数出发，即根本不考虑各项目基期的费用开支情况，而是一切都以零为基础，从零开始重新考虑各项费用开支的必要性及预算的规模，以目前的需要和发展趋势作为预算基准。

1）零基预算的主要做法

（1）把每一项支援性活动描述为一个决策的组件，每个组件都包含目标、行动及所需资源。由组织的高层管理者要求下属各部门根据计划期内的战略目标和具体任务，详细讨论各自所需的项目费用，并要求对每一项目编写具体方案，提出项目费用开支的目的及需要开支的数额。

（2）对每一个组件或活动用成本—效益分析的方法进行评价和安排顺序。由高层管理者对每一费用项目方案进行成本—效益分析，对每一项目所需的费用和可能的收益进行比较，在此基础上进行费用项目的分析、评价，并根据各费用开支项目的轻重缓急分成若干层次与顺序。

（3）在上一步的基础上，对拥有的资源按照每种职能对于实现组织目标所做的贡献大小来进行分配。由此可见，零基预算法的精髓在于把管理控制的重点从传统的现场控制和反馈控制转向了预先控制。它强调"做正确的事"，而不是"正确地做事"，突出了组织目标对全部管理活动的指导作用以及计划职能与控制职能间的联系，以求更集中和更有效地使用资源，使组织的目标与实现达到事半功倍的效果。

2）零基预算法的优点

（1）零基预算避免了预算控制中只注重前段时期变化的普遍倾向，它迫使主管人员重新安排每个项目计划，这样做可以从整体出发连同新计划及其费用一起来考察所确定的计划及其费用。

（2）准确全面地计算出各种数据，为计划的决策和控制标准的确定提供精确的资料，减少了盲目性。

（3）它使计划和控制富有弹性，增了组织的应变能力。

（4）当管理决策出现失误时，便于及时纠正。

（5）零基预算还能充分调动和发挥各层管理者的积极性和创造性。但由于其编制工作量很大，成本比较高，这种方法一般应用于一些辅助性生产和服务性企业，而不适用于实际生产性企业。

3）在实施零基预算法时应注意的问题

（1）负责最后审批预算的主要领导人员必须亲自参加对活动和项目的评价过程，使他真正清楚地了解该项预算的由来以及判断它是否合理。

（2）在对各项管理活动和具体项目进行评价和编制预算的过程中，要求所涉及的重要管理人员必须对组织有透彻的了解和理解，只有这样，他才能对哪些活动是必要的，哪些活动虽然必要，但在目前是可有可无的，以及哪些活动是完全不必要的进行正确的判断和取舍。

（3）在编制预算时，资金按重新排出的优先次序进行分配，应尽可能地满足排在前面的活动的需要，如果资金有限，分配到最后时，对于那些可进行但不是必须进行的活动和项目，可暂时放弃。

8. 弹性预算

实行弹性预算的方法主要有两种，一种是变动预算，另一种滚动预算。

（1）变动预算。即一部分费用与产量大小无关，是固定要发生的，称为固定成本；另一部分费用则随产量的变化而变化，称为变动成本。根据不同的预期产量，编制变动成本不同的预算，这就是一种变动预算的方法。

（2）滚动预算。滚动预算是指先确定一定时期的预算，然后每隔一定时间，就要定期修改以使其符合新的情况，从而形成时间向后推移一段的新预算。

（三）传统预算控制的局限性及改进

1. 传统预算控制的局限性

预算是一种普遍使用的、行之有效的计划和控制方法，但是传统预算方法过于强调全面、详细和控制的严肃性，使其在编制和执行工作中有一些使预算控制失效的潜在危险倾向，具体体现在以下方面：

（1）制定过于繁琐，控制过细。在部门预算和项目预算中，组织往往不仅为各部门和项目制定具体的利润指标，而且也限定了其具体的开支费用额度，有的甚至制定得非常细。由于对极细微的支出也做了详细的规定，结果有可能造成各级主管人员对本部门管理自主权的丧失，使得对管理者的授权名存实亡。

（2）预算目标可能取代组织目标，发生目标置换。各种预算标准，特别是费用支出限度的规定可能使主管们在活动中精打细算，小心翼翼地遵守本部门的费用不得超过支出预算的准则，而忽视了部门活动的本来目的，忘却了自己的首要职责是千方百计地去实现企业的目标。例如，为了不超出预算要求的支出规模，销售部门不得不放弃一些必要的产品宣传和推广工作，使产品销售受阻。

（3）存在道德风险，造成效率低下。预算通常是在以往基础上编制的，并且具有按先例递增的趋势，而某项支出是否必要及增长是否合理常常被忽视。同时，主管人员知道在预算的审批过程中，申请的预算金额被削减的可能性较大，因此预算申报数往往被有意扩大，远远大于实际需要。所以，必须采取更有效的管理手段，防止预算变成掩盖懒散和效率低下的主管人员的保护伞。

（4）缺乏灵活性，适应性差。组织活动的外部环境是在不断变化的，这些变化会改变组织的资源配置方法，从而使预算变得不合时宜，需要相应调整预算方案。因此，缺乏弹性、过于具体，特别是涉及较长时期的预算可能会过度束缚决策者的行动，使企业经营缺乏灵活性和适应性。

2. 预算方法的改进

缺乏灵活性是传统预算方法的主要缺陷，为了克服这一不足，使预算在控制中更加有效，有必要采取可变的或灵活的预算方案。下面介绍两种预算形式：

（1）弹性预算。弹性预算是在编制费用支出预算时，考虑计划期内业务量可能发生的变动，编制一套能适应多种业务量的费用预算，以便分别反映各业务量所对应的费用水平。由于这种预算是随业务量的变化做机动调整，本身具有弹性，故称为弹性预算。

编制弹性费用预算时，按照与业务量关系的不同，可以把费用分为固定费用和变动费用。固定费用在相关范围内不随业务量的变化而变化，在 1 个月、半年或 1 年的短期内更是如此。而变动费用是随着业务量的变化而变化的费用。变动费用包括原材料、燃料、动力等费用。然后在给定各部门一定资金作为固定费用外，再在预算执行过程中，定期根据其业务量的变动趋势来计算可变费用的金额。根据弹性预算的编制方法，能够提前半年或 1 年编制一个基本预算，然后只需要按业务量的变动调整费用总额即可，不需重新编制整个预算。

（2）零基预算。零基预算（Zero-Base budgeting，ZBB）是由美国得克萨斯仪器公司的彼得·A. 菲尔（Peter A. Pyhrr）于 1970 年提出的，最早由美国佐治亚州政府采用，并取得成效。

所谓零基预算，是以零为基础编制的预算，即在每个预算年度开始时，将所有的还在进行的组织管理活动都看作重新开始。根据组织目标，重新审查各项活动对实现目标的意义和效果，重新排出优先次序，并据此重新分配资金和其他资源，而不是采用那种传统的外推法，从而避免了预算控制中只注意前段时间变化的倾向。

这种方法的优点是能促使主管人员根据目前组织目标及实际需要重新安排每项活动计划，这样可以从整体出发确定费用额度。零基预算特别适用于公共组织和一些辅助性业务领域而不适用于实际生产性企业。这是因为在辅助生产部门，包括销售、人事、计划、财务和研究与发展等，对各项费用的安排都拥有一定的自主权。

二、生产控制方法

生产控制是生产系统的主要组成部分。生产控制的目的是以最低成本及时生产出数量和质量都符合于要求的产品。生产控制包括订单计划生产批量、安排产品的生产顺序、监督生产完成以及协助管理控制等，其最重要的就是在生产活动中监督和指导工人。

生产控制的工具主要有甘特图、CPM（关键路径法）、PERT（计划评审技术）等。其中，甘特图是以图的形式来说明生产作业计划和对各类生产部门或机器设备工作控制。从这些图中，我们很容易看出哪个部门或机器是按照作业计划工作的，哪些计划是落后于作业计划的。

PERT（计划评审技术）是以箭头描绘的图形来表示各类活动机器之间的联系、这些活动所占用的时间及成本因素。计划评审法是传统的生产进度控制方法的发展，也是甘特图的发展。该方法是由美国海军特别项目局所开发的，现在已成为大项目计划和控制的必要工具。计划评审法可以节省控制成本，指出计划路径，但是其成功与否取决于工序时间长短的判断、工序之间相互关系的判断准确度。

生产控制的对象主要有以下三个方面：

（一）对供应商的控制

供应商为企业提供了所需的原材料或零部件，根据波特的竞争模型，供应商也是本企业的竞争力量之一。供应商供货及时性、质量的好坏性以及价格的高低等都对企业最终产品产生重大影响，因此，对供应商的控制可以说是控制企业运营的源头，能够起到防微杜渐的作用。

对供应商控制主要有以下两种方法：

1. 改变竞争关系，加强合作

很多大型企业选择在全球范围内选择供应商，这样能够保障获得高质量、低价格的原材料，同时可避免只选择少数几个供应商可能构成的威胁。重要的是很多企业试图改变许多企业与供应商之间的竞争关系，而是建立一种长期的、稳定的、合作的双赢关系。一旦选择供应商就会和他们建立长远的、稳定的联系，并且帮助供应商提高原材料的质量，降低成本。这时企业和供应商之间就会形成相互依赖、相互促进的新型关系，双方都降低了风险，提高了效益，真正做到双赢。

2. 参股供应商

参股供应商就是由企业持有供货商一部分或是全部的股份，或是由企业系统内部的子企业供货。这种方法主要是跨国公司为了保证货源而采用的做法。

（二）库存控制

对库存进行控制主要是为了减少库存，提高经济效益。

1. 经济订购批量模型（EOQ）

经济订购批量模型主要是通过计算最优订购批量，使所有费用达到最小。该模型主涉及三种成本：一是订购成本，即每次订货需要的费用；二是保管成本，即储存原材料或零部件所需要的费用；三是总成本，即订购成本和保管成本之和。

一定时期内，企业的总需求量或订购量一定时，如果每次订购量越大，订购次数就会越少，订购成本较低，但是保管成本最低。如果每次订购量小，保管成本低，但是所需订购次数多，订购成本就高。通过经济计量模型计算，总成本最小时的订货量就是最优订货量。

2. 准时制库存系统

准时制库存系统的基本思路是企业不储备原材料库存，一旦需要时立即向供应商提出，由供应商保质保量按时送到，实现零库存，将生产继续进行下去。准时制库存系统可以减少库存，降低成本，提高效益。但是这种方法对供应商以及供应商的选择提出了很高的要求。供应商必须在规定的时间内，按照规定的数量和质量，将原材料或零部件生产出来，并且准确无误地运输到规定的地点。这样库存带来的风险就转嫁给了供应商，供应商所做的是自己消化或是转嫁给自己的供应商。

（三）质量控制

狭义的质量指产品的质量，即产品的使用价值，满足消费者需要的功能和性质。广义的质量涵盖了产品质量，还包括工作质量，即生产过程中围绕保障产品质量而进行的质量管理工作的水平。

质量管理和控制已经经历了三个阶段，即质量检验阶段、统计质量管理阶段和全面质量管理之后的质量检查。统计质量管理阶段主要发生在 20 世纪 40 至 50 年代，管理人员主要采用统计方法作为工具，对生产过程加强控制，提高产品质量。全面质量管理阶段是在 20 世纪 50 年代开始以保证产品质量和工作质量为中心,企业全体员工参与的质量管理体系。它具有多指标、全过程、多环节和综合性的特征,现已形成一整套管理理念。

三、审计控制方法

审计是对一个组织的财务往来和经营活动进行检查审核,一般分为外部审计和内部审计。

(一)内部审计

内部审计是部门、单位实施内部监督,依法检查会计账目及其相关资产,监督财政收支和财务收支真实、合法、效益的活动。内部审计由企业内部组织人员进行审核,其目的是通过审计,评审各财务程序是否符合规定,组织的有关规定是否贯彻执行,管理工作是否有效等,找出存在的问题并提出有关改进措施。

内部审计是一种积极有效的控制手段,使管理人员能够了解整个组织的真实运行情况,避免盲目乐观或妄自菲薄。我国国务院各部门和地方人民政府各部门、国有的金融机构和企事业组织,以及法律、法规、规章规定的其他单位,依法实行内部审计制度,加强内部管理和监督,遵守国家财经法规,促进廉政建设,维护单位合法权益,改善经营管理,提高经济效益。

(二)外部审计

外部审计是指独立于政府机关和企事业单位以外的国家审计机构所进行的审计,以及独立执行业务会计师事务所接受委托进行的审计。其目的是检查该组织的财政财务收支以及经营组织的控制手段。

由于这种审计是由本部门、本单位以外的审计组织以第三者身份独立进行的,所以具有公证、客观的可能,因而具有公证的作用。外部审计虽然能不受干扰地进行彻底审查,具有较大的强制性,但不够及时,在大多数情况下均属于事后审计。

(三)管理审计

管理审计是以企业的管理活动为审计检查的内容,对其组织机构、计划、决策的科学性、可行性、效益性等进行审核检查,从而评价其管理素质的审计行为。相对于外部审计和内部审计,管理审计的对象和范围更广,它是一种对企业所有管理工作及其绩效进行全面系统的评价和鉴定的方法。管理审计虽然也可以由组织内部的有关部门进行,但为了保证某些敏感领域得到可观评价,企业通常聘请外部专家来进行。

管理审计的方法是利用公开记录的信息,从反映企业管理绩效及其影响因素的若干方面将企业与同行业其他企业或其他行业的著名企业进行比较,以判断企业经营与管理的健康程度。

反映企业管理绩效及其影响的因素主要有以下几个方面:

(1)经济功能。检查企业产品或服务对公众的价值,分析企业对社会和国民经济的贡献。

(2)企业组织结构。分析企业组织结构是否能有效地达到企业经营目标。

(3)收入合理性。根据盈利的数量和质量(指盈利在一定时期内的持续性和稳定性)来判断企业盈利状况。

(4)研究与开发。评价企业研究与开发部门的工作是否为企业的未来发展进行了必要的新技术和新产品的准备,管理当局对这项工作的态度如何。

（5）财务政策。评价企业的财务结构是否健全合理，企业是否有效地运用财务政策和控制来达到短期和长期目标。

（6）生产效率。保证在适当的时候提供符合质量要求的必要数量的产品，这对于维持企业的竞争能力是相当重要的。因此，要对企业生产制造系统在数量和质量的保证程度以及资源利用的有效性等方面进行评估。

（7）销售能力。销售能力影响企业产品能否在市场上顺利实现，这方面的评估包括企业商业信誉、代销网点、服务系统以及销售人员的工作技能和工作态度。

（8）对管理当局的评估。这指对企业的主要管理人员的知识、能力、勤奋、正直、诚实等素质进行分析和评价。

管理审计可以为指导企业在未来改进管理系统的结构、工作程序和结果提供有用的参考。

（四）内部审计与外部审计的区别

内部审计和外部审计总体目标是一致的，两者均是审计监督体系的有机组成部门。内部审计具有预防性、经常性和针对性，是外部审计的基础，对外部审计能起辅助和补充作用。而外部审计对内部审计又能起到支持和指导作用。由于内部审计机构和外部审计机构所处的地位不同，它们在独立性、强制性、权威性和公证作用方面又有较大的差别。

四、综合控制方法

随着企业经营活动复杂性的提高，现代企业需要进行控制的组织层面越来越多，所要控制的活动范围越来越广，这就需要企业采用综合的方法对经营的整个过程进行控制。下面介绍几种代表性的控制方法。

（一）标杆控制法

标杆管理（Benchmarking）产生于20世纪70年代末至80年代初美国企业"学习日本经验"的运动中，由施乐公司首开标杆管理先河，随后西方企业群起跟风，形成了"标杆管理浪潮"。据统计，全球500强企业中有近90％的企业应用了标杆管理，如施乐、AT＆T、Kodak、Ford、IBM等行业领袖，那些通过标杆管理取得了系统突破的企业其投资回报在五倍以上，在西方管理学界掀起了巨大的波澜，它与企业再造、战略联盟一起并称为20世纪90年代三大管理方法。如今标杆管理的使用范围已经超出了企业，很多非营利单位也开始积极采用。

1. 标杆控制的内涵

根据大多数学者的观点，标杆控制是以在某一项指标或某一方面实践竞争力最强的企业或行业中的领先企业或组织内某部门作为基准，将本企业的产品、服务管理措施或相关实践的实际情况与这些基准进行定量化的评价、比较，在此基础上制定、实施改进的策略和方法，并持续不断反复进行的一种管理方法。标杆控制的心理学基础在于人的成就动机导向，认为任何人与组织都应设定既富有挑战性又具有可行性的目标，只有这样，个人和组织才有发展的动力。

2. 标杆控制的步骤

第一阶段：标杆准备

（1）明确标杆管理目标。明确标杆管理的目标需要经过二重决策：是否需要导入标杆管理？是否需要现在就导入标杆管理？并非所有的情况都需要导入标杆管理，只有在产生持续性的竞争劣势的情况下导入标杆管理才有必要性；导入的时机常常取决于共识的程度，只有企业内部对持续性的竞争劣势有透彻的认识并具备导入标杆管理的坚定决心，标杆管理才能提上日程，否则宜于从缓。

（2）组建标杆小组。由于导入标杆管理是一个持续性的过程，同时也是一个涉及企业变革的过程，所以组建一个强有力的标杆小组以切实负责其后所有的从准备到实施的具体事宜是必需的。为了便于开展标杆管理，应当由企业的主要领导负责。在整个工作期间应当引进团队管理工具，以确保小组成员各有明确的角色及责任，处理作业中产生的问题，提升集体绩效。

（3）形成标杆管理计划。一个通盘的工作计划必不可少，确认标杆的使用者及其需求、界定标杆的明确主题、确认并争取需要的资源（如时间、资金、人员）等，使未来的工作形成纲领性计划。

第二阶段：标杆规划

（1）确定标杆管理的范围。标杆管理的运用范围十分广泛（了解市场和消费者、设计产品和服务、推销产品和服务、提供产品和服务、向客户提供服务、确立公司远景和战略、开发和管理人力资源、管理各种信息、管理财务资源、管理物质资源等），但是企业并没有必要在所有的经营管理领域都运用标杆管理，企业必须识别目前标杆。

（2）确定内外部标杆。内外部标杆是指作为标杆对象能够为公司提供值得借鉴信息的单位，标杆单位可以是企业内部的，即在企业内部两个相似部门进行标杆比较，也可以是外部的，以下以外部标杆展开。一般而言，外部标杆应具备两大特征：首先应具有卓越的绩效，应是行业中具有最佳实践的领先企业；其次应与本企业有相似的特点，要具有可比性，并且管理实践是可以模仿的确定标杆的信息来源。选定产业及组织最佳作业典范需要确定标杆管理的信息来源，这些来源包括标杆组织的员工、管理顾问、分析人员、政府消息来源、商业及同业文献、产业报告和计算机化的资料库等。然而，尽管临时性的资讯收集是标杆管理中的常态，但持续性的标杆管理资讯源需要企业建立竞争情报系统。竞争情报系统的信息来源有三个层面：人际层面信息源、资料层面信息源和活动层面信息源。

第三阶段：标杆比较

（1）信息的收集整理。标杆小组依据既定的规范搜集资讯、分析资讯摘要、分析标杆学习资讯，从而为后续的标杆比较创造数据基础。资讯的收集整理主要是从内部（了解本公司业务实践）和外部（研究最佳实践公司）两方面进行的。

（2）确定绩效差距。所谓绩效差距，是自己目前的做法与最好的做法之间的绩效差异其具体包括综合绩效差距和关键绩效差距。

（3）绩效差距成因分析。明确绩效差距之后，就要判明其产生的原因。

第四阶段：标杆实施

（1）拟定未来的改进目标。通过标杆比较借鉴最佳操作典范，其最终目的是创建属于自己的最佳实践，以赶上并超过标杆对象。

（2）构建关键绩效指标（Key Performance Indicator，KPI）体系。要实现未来的最佳实践，就必须构建 KPI 体系。KPI 体系能够找出自身的问题所在，具体 KPI 体系能够制定可行的学习目标，把学什么细化、量化。

（3）制定改革计划并实施。仅制作一份报告或发表成果是不够的，必须提出一整套建议和具体落实一些变革行动才是标杆管理的真实意图。制定和实施改革计划要确认是否有必要采取的步骤或适当的后续活动，以实施那些最佳实践。计划应包含以下基本要素：人事、预算、培训、所需资源、评估方法等。计划应能反映小组成员关于哪个实践活动应最先进行、哪个活动最适于在本公司开展等的判断。

（4）评估与重新校标。评估与重新校标是对革新所产生的长远结果进行定性和定量的评估，并重新进入下一轮标杆管理循环。重新检查和审视标杆研究的假设、标杆管理的目标和实际效果，分析差距，为下轮改进打下基础。标杆管理不是一个单纯的项目，而是一项持续性的系统工程（将成为企业的一项日常活动）。因此，标杆管理将在新的管理态势下第二轮进行。

3. 标杆控制的缺陷 与其他控制方法一样，标杆控制也存在不足

（1）标杆管理和控制容易导致企业的竞争战略趋同。标杆控制法鼓励企业相互学习模仿，因此在奉行标杆控制的企业中，可能所有的企业都企图通过采取类似行动来改善绩效，在竞争的某个关键方面超过竞争对手。模仿可能使企业之间的相对效率差距日益缩小，这会导致各企业在战略上趋向一致，各企业的产品、质量、服务甚至供应销售渠道大同小异，在企业运作效率提升的同时，利润可能会下降。

（2）标杆控制容易使企业陷入"落后——标杆——又落后——再标杆"的"标杆管理陷阱"之中。如果标杆控制活动不能使企业跨越与领先企业之间的"技术鸿沟"，单纯为赶超先进而继续推行标杆控制，反而会使企业陷入"标杆管理陷阱"。

（二）时间网络分析法

时间网络分析法是一种非常重要的控制方法，通常也称为计划评审法（Program evaluation and Review Technique，PERT），是指用来观察在时间和项目的推移过程中，如何把总体计划的各个局部妥善地、有机地结合在一起，从而达到节约资源、提高效率的目的的方法。这种方法属于程序控制，对于研究和开发进度的控制最有效，因此在建筑行业、交通部门等的建设项目上应用比较广泛。

在时间网络分析法中，主要应用网络图形式来反映和表达一项计划中的任务、活动过程、工序和费用的先后顺序、相互关系和进度安排，通过计算确定关键路线，选出最优方案。因此，其主要工作便是绘出由活动（即每计划或任务）、事件（即节点，标志前一活动的结束和后一活动的开始）和线路（计划进行的顺序路线）三要素构成的网络图，通过分析网络图，找出"关键线路"。图9-11给出了PERT的简单示意图。

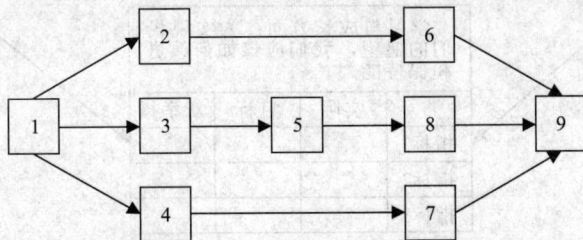

图9-11　PERT流程示意图

首先，借助一定的计算方法，估计出每项局部计划或任务所需要的时间。采用的计算方法有加权平均法等，即分别给乐观的时间、通常的时间和悲观的时间赋予不同的权重

（如分别定为1、6、1），通过权重系数计算出每项计划或任务的具体时间。

　　其次，确定关键线路。这是在完成总计划或总项目中，需要时间最长、宽裕时间最少的一条路径。在图9-11表示的PERT流程中，假若时间单位为工作周，箭头上方的数字，表示完成子计划或分项目的时间，则关键路径由子计划或分项目系列1-3-5-8-9组成，这条路径的总的作业时间是80个工作周。

　　时间网络分析法因其显示全貌、突出关键、目标明确、便于控制，从而得到广泛应用。它能够促使主管人员对于工作任务进行计划安排，特别是在时间分配和项目进展中需要综合分析，并通过项目时间加强控制工作，而且可以大大节约总计划的完成时间。这种控制方法的缺点是对子计划或分项目的时间分配存在主观性，对于费用的关注程度不高。

（三）平衡记分卡

　　在过去的几十年中，以财务衡量为主的、面向企业内部的、注重战术性反馈的传统业绩衡量系统发挥了积极的作用。然而，面对今天的企业经营环境逐渐显得不合时宜。1992年，罗伯特·卡普兰（Robert Kaplan）教授和戴维·诺顿（Dave norton）针对传统的财务评价的缺陷，创制了"平衡记分卡"（Balance score card，BSC），这是一种对组织全面绩效进行评价的方法。之所以取名为"平衡记分卡"，是因为它要平衡兼顾战略与战术、长期目标和短期目标、财务和非财务衡量方法、滞后和先行指标以及外部和内部的业绩等诸多方面。平衡记分卡如图9-12所示。

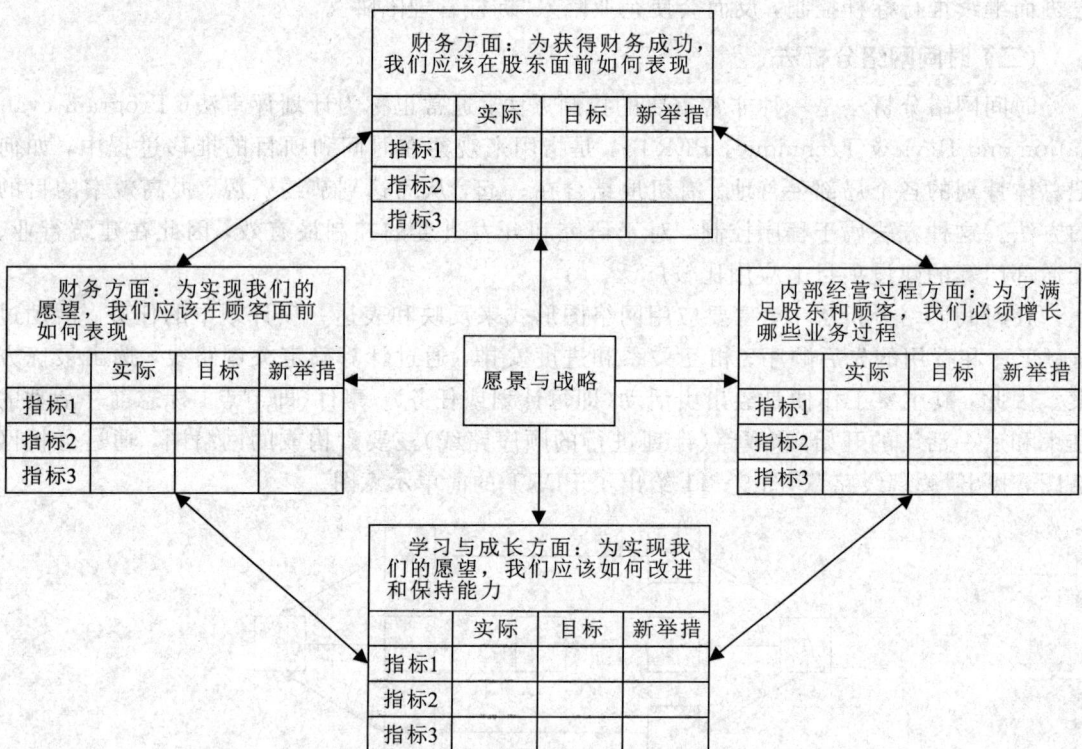

图9-12　平衡记分卡

1. 平衡记分卡的原理

　　由图9-12可以看出，平衡记分卡的出发点是组织的愿景和战略，即这四大类指标实际上是对愿景和战略的分解。为什么要构造这四类考核指标？这四类指标之间又有什么内在联系？其实这四个方面的指标是基于一定逻辑关系的，如图9-13所示。

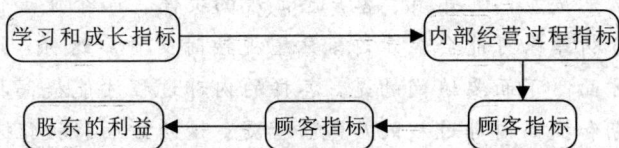

图9-13　四类指标的逻辑图

财务方面关注的是股东的利润。利润在一定意义上构成了组织的血液，没有它，组织将很难存在。但是，要取得财务方面的指标就必须能够为顾客创造价值。假如顾客不买你的产品，不欣赏你的服务，就谈不上财务方面的业绩。所以，要重视顾客满意方面的考核指标。

如果企业为了取悦顾客而不惜代价，那么最终结果可能会使自己垮掉，所以必须确保要以一种有效果、有效率的方式来满足顾客的要求。这就意味着企业内部要有一个高效的过程，所以对于内部的经营过程要加强考核。

实现股东和顾客的价值不是一蹴而就的事情，要做长久的事业，还需要考核企业在学习和成长方面的能力。只有具备了学习和成长的能力，才能持久地、长期地为股东和顾客提供价值。

正是基于这样一种逻辑，平衡记分卡从财务、顾客、内部经营过程、成长和学习四个方面构造了企业的考评体系。这种方式可以全面地衡量企业的绩效，全面地引导管理者和员工的行为，以保证组织能够朝着预定的长期目标前进

案例链接

卡普兰的战略地图卡

平衡记分卡的四个方面具有一定的因果关系，其中用图9-14表示的是一种垂直的因果关系，被卡普兰教授称为战略地图(Strategy Map)。

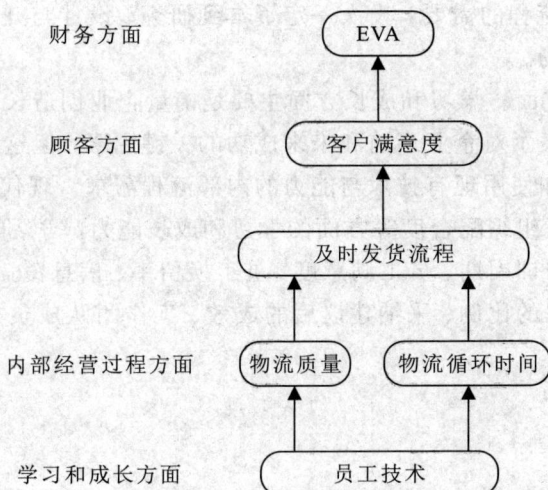

图9-14　战略地图

这一因果关系的表述如下:

某企业希望提高财务方面资本回报率的水平,如何实现这一目标?这就需要客户重复购买和增加客户每次购买量,这有赖于客户忠诚度的提高。而企业如何才能赢得顾客忠诚度呢?客户偏好的分析结果可能会显示,客户重视按时交货。这样,按时交货也将被记入平衡记分卡的客户方面。下面要追问的是,怎样的内部过程才能提高按时交货率呢?这将有赖于缩短经营周期和提高内部过程的质量。于是,这两方面将被记入平衡记分卡的内部经营过程方面。那么,公司如何来提高内部经营过程的质量及缩短经营周期呢?应该通过培训雇员,提高他们的能力,于是这个目标可以记在学习与成长方面。

2. 平衡记分卡的内容

(1) 财务方面。在平衡记分卡中,通过一系列财务衡量指标可以对过去已采取的行动所产的结果做出评价。财务衡量作为一个单独的衡量方面,是其他几个衡量方面的出发点和落脚点。一套平衡记分卡应该反映企业战略的全貌,其分析过程都是从财务目标开始,然后同一系列活动相联系(这些行动包括顾客、内部经营过程、学习和成长方面),而对这些活动的指标化(如质量、客户满意度、生产率等)又会成为未来财务绩效的驱动器,依此,最终实现长期经营目标。例如,销售额的增加、营业费用的减少、资产报酬率的增加等都是财务衡量的指标。

(2) 顾客方面。顾客方面的衡量指标主要是为了测评顾客满意度及忠诚度,并找出差距,以不断巩固并扩大自己的目标市场。任何企业都必须确定自己的目标市场,它既包括现有的顾客,也包括潜在的顾客。然后,管理者设计一些衡量指标来追踪企业在目标市场创造客户满意度和忠诚度的能力。核心的衡量指标包括市场份额、老客户回头率、新客户获得率、客户满意度和从客户处所获得的利润率。

(3) 内部经营过程方面。企业内部经营过程方面的衡量目标主要是要找出核心的工作流程作为持续改进的主要目标,从而达到股东与目标市场顾客的期望。平衡记分卡从提高企业的组织内部绩效要求出发,在监督与注意营运流程的成本、质量、时间与绩效特性的同时还必须考虑创新流程的需要,投入一定资本到研究、设计与开发流程的管理上以期建立新的产品与目标市场。

(4) 学习和成长方面。学习和成长方面主要是衡量企业创造长期成长的能力。顾客和内部经营过程虽然定义了对企业当前和未来成功的关键因素,但这些业务可能并不能满足目标客户的长期需求和使用现有技术与能力的内部流程需求。现代竞争要求企业必须具备来自于员工、系统以及组织配合度等方面的学习和成长能力。学习和成长能力方面的衡量指标包括培训支出、培训周期、员工满意度、员工换留率、信息覆盖比率、每个员工提出建议的数量、被采纳建议的比例、采纳建议后的成效、工作团队成员彼此的满意度等管理新视野。

案例链接

互联网时代的控制

美国联合包裹快递公司(UPS)是世界上最大的包裹空运和陆运配送公司,每年都要在美国及 185 个以上的其他国家间运送 30 万件包裹。公司成功的关键是它于 20 世纪 90 年代中期在信息技术上投资了 18 亿美元。每位 UPS 的司机都使用一台名为"运输信息获取器（Delivery Information Acquisition Device）"的掌上电脑来获取货物收取、交寄和计时卡等信息及客户签名，并且通过蜂窝电话网络自动向总部传送这些信息。

通过自动包裹跟踪系统"Total-Track"，UPS 可以在整个运输过程中对包裹进行控制而通过自己的 UPS-net（全球通信网络），UPS 不仅可以对包裹进行跟踪，而且还可以在货物到达之前直接向海关官员发送有关装运情况的电子文件。因此，货物达到海关时就可以直接获准入境或做好检查标记。

现在，UPS 使用互联网来帮助自己和客户对数以百万计的包裹进行监控。例如，UPS 基于互联网的跟踪系统允许每位客户存储多达 25 个跟踪数字并对每件包裹的运送过程进行监控。这不仅让客户和 UPS 能掌握包裹的进程，同时对客户而言也是一项"增值"服务，因为其可以让客户清楚地了解自己包裹的运送过程。

五、其他控制技术和方法

网络技术，是指用网络图等方式，把一项任务的有关活动有机地组成一个整体，通过分析和计算，寻求最佳规划与控制的一种方法或技术。网络技术一般包括计划评审法和关键线路法：① 计划评审法，是一种计划和控制技术，用来分析在时间和项目的推移过程中如何把计划的各个局部恰当地结合在一起。这种方法重视计划和控制的时间因素。② 关键线路法，关键线路是一条从项目开始直至项目结束的整个过程中，由若干不间断任务组成的任务链。关键线路上任何一项任务的延迟都会威胁整个项目的如期完工。因此，这些任务被称为关键任务。关键任务在资源分配和管理精力投入上享有优先权，是项目管理和监督的重点。

甘特图（进度表）是 20 世纪初由甘特首创的一种计划控制工具，它简明地表示出每项任务的预计时间与实际使用时间，使管理者对哪些活动提前、哪些活动正好、哪些活动被拖延一目了然。

管理人员通过对过去的资料或未来的预测进行统计分析，从中发现规律，对比自己企业的经营实绩，实行有效的控制，这种控制方法被称为统计分析。该方法的优点是简单明了，例如用曲线、图表画出的趋势图或历史资料使人一目了然。

制度和规范也是组织普遍使用的一种控制方法，即组织通过建立健全各种制度和规范来约束员工的行为，达到控制的目的。

事实上最简单常常也是最有成效的控制方法是亲自观察，即主管人员到车间或办公室进行实地观察。这种方法有利于主管人员获得来自第一线的信息，且可以给予现场指导与控制。

六、控制方法实施的保障

内部控制是为了保证企业实现经营管理目标，在分工负责的前提下，组织内部经营活动而建立的各职能部门之间对业务活动进行组织、制约、考核和调节的方法、程序和措施，用以明确单位内部各职能部门的职责和权限，形成一个完整、严密的相互联系、相互协调、相互制约的控制系统。内部控制体系主要由内部环境、风险评估、控制活动、信息与沟通和内部监督五项要素构成，企业应结合自身特点，将理论控制体系与企业实际融会贯通，建立符合本单位的内部控制体系，提升企业管理效益。

（一）营造良好的内部环境

内部环境是影响制约企业内部控制建立与执行的各种内部因素的总称，是实施内部控制的基础，它对控制措施、程序及方法有着重要的影响。大量的管理实践证明：一个企业没有一个良好的环境氛围，一切控制就流于形式，形同虚设，就不能发挥应有的职能作用，就不能取得预期效果。

内部环境主要包括以下因素：

1. 领导重视程度

企业领导要大力支持内部控制工作，宣传内控对企业发展的重要性。要克服法律法规意识淡薄、管理随意性大、规章制度缺失等不利现象，采取相应的管理政策与措施来保证内控制度的认真执行及科学评价。

2. 内控管理者的态度和素质

内部控制是全面、全员、全过程和全方位的四全控制，上自领导，下至普通职工，都对实施内部控制负有责任，要保持积极支持的态度参与内控管理；同时要加强素质教育，提高参与者思想及业务知识，对重要岗位的人员要求思想正、品德好、有责任感，确保内部控制管理顺利进行。

3. 完整的控制体系

建立与企业性质、规模相适应的企业目标、管理制度、组织机构、企业文化、反舞弊机制等，它们相互联系、相互制约，构成一个完整的控制体系。

（二）及时做好风险评估

风险评估是及时识别、科学分析和评价影响企业内部目标实现的各种不确定因素并采取应对策略的过程，是实施内部控制的重要环节。

1. 科学合理设定控制目标

目标要符合企业自身发展特点，对所应达到的具体目标要逐层分解落实，要将细化指标细分至有关负责人，使其了解、督促和落实指标内容。

2. 对目标进行风险评估

企业生产经营总是处于不断变化发展之中，要用动态的观点去参与内控管理，应组织相关部门或中介机构对目标进行风险评估，研究制定重大风险防范和解决方案。当实际与计划出现偏差时，不能轻易容忍差距，而应认真分析控制过程，寻找原因，对存在的控制缺陷及时修改，进一步补充完善，使企业的风险降到最低。

（三）严格落实控制措施

控制措施是确保企事业内控目标得以实现的方法和手段，企业应根据风险评估结果，应用控制手段，保证控制措施有效、到位，将风险控制在企业可承受范围之内。

1. 职责分工控制

不相容职务分离控制，以明确各职能部门、各岗位职责和权限，不得超越职权办理相关事项，对货币资金、物资采购、成本控制等岗位应实行不相容的分离措施，形成各施其责、各负其责的相互制约机制。实施货币资金不定期盘点，重要岗位定期轮岗，印章分离等控制措施，杜绝舞弊行为。

2. 授权、审核、批准控制

明确审批人的授权范围及审核批准方式、权限、程序与责任，对越权事项，经办人有权拒绝并及时上报，形成相互牵制、监督的内控机制。

3. 预算和财产保全控制

企业年初编制预算，预算应符合企业发展战略、经营目标和其他重大决定。预算以上年度经营的实际状况为基础，综合考虑诸多因素，如市场竞争、产品发展前景等。预算指标应逐层分解与落实，并加以考核，做到考核有结果，结果要透明，奖优罚劣。建立财产保全内部控制，不定期进行财产清查，落实责任人，严禁限制未经授权人员对财产直接接触与处置，对财产处置要建立相应处置程序，确保财产安全、完整。

4. 会计系统控制

根据《会计法》等法律法规，制定适合企业特点的会计制度，确保企业及其内部机构及人员全面落实和实现财务预算的过程，保证财务报告真实、可靠、完整。企业领导作为财务第一责任人，一要提高认识，二要加强财经法律法规学习，以实际行动支持会计系统控制。

（四）信息与沟通及时有效

及时、准确、完整地收集与企业经营管理相关的各种信息，并使这些信息以适当的方式在企业有关层级之间进行及时传递、有效沟通和正确应用。对在内控中发现的问题，及时听取相关人员的意见，加以沟通、协调，在一定范围内披露并修改控制目标，确保控制目标的实现。收集符合企业发展的先进管理信息，结合特点加以修改、完善。加强同外部审计等部门的联系、沟通和协调，查找差距，弥补不足。

（五）内部监督落到实处

内部监督是企业对内部控制的健全性、合理性和有效性进行监督、检查、评估，形成书面报告，并做出相应处理的过程。目前内部监督主要为企业内审机构。企业内审机构在企业主要负责人领导之下开展工作，是对企业的生产、采购、成本等实施有效监督，是一项持续性的控制。企业内审机构是相对独立的，它可以利用对企业内部经营比较熟悉的优势，发挥参谋咨询作用，进一步规范企业治理行为，对检查出的问题要认真剖析，提出改进措施，堵塞漏洞，促进企业发展。

以上五要素，企业不能一味照抄照搬，应结合实际，开拓创新，建立自己的控制体系，促进企业全面、可持续发展。

案例链接

豪华水晶灯之谜

2001年8月8日，星龙湾大酒店在鲜花的簇拥和鞭炮的喧嚣中正式对外营业了。这是一家集团公司投资成立的涉外星级酒店，该酒店不仅拥有装潢豪华、设施一流的套房和标准客房，下设的老宁波餐厅还经营特色传统宁波菜和海派家常菜肴，为中外客商提供各式专业和体贴的服务。由于集团公司资金雄厚、实力强大，因此在开业当天，不仅社会各界知名人士到场剪彩庆祝，更吸引了大批新闻媒体竞相采访报道。一时之间，星龙湾大酒店门前是人头攒动，星光熠熠。

最让星龙人感到骄傲和夸耀的是酒店大堂里的一盏绚丽夺目、熠熠生光的水晶灯。这盏水晶灯是公司王副总经理亲自组织货源，最终从奥地利某珠宝公司高价购回的，货款总价高达120万美元。这样的超级豪华水晶灯不仅在全国罕见，即使在国外，也只有少数几家五星级大酒店里能见到。开业当天，来往宾客无不对这盏豪华的水晶灯赞不绝口。尤其是经过媒体报道，更成为当天的头条新闻，星龙湾大酒店在这一天也像那盏水晶灯一样，一举成名，当天客房入住率就达到了80％以上。

王副总经理也因此受到了公司领导的高度赞扬，一连几天，王总的脸上都洋溢着快乐而满足的笑容。

然而，好景不长。两个月后，这盏高规格高价值的水晶灯就出了状况。首先是失去了原来的光泽，变得灰蒙蒙的，即使用清洁布使劲擦拭都不复往日光彩。其次，部分金属灯杆出现了锈斑，还有一些灯珠破裂甚至脱落。人们看到这破了相的水晶灯，议论纷纷，这就是破费数百万美元换回的高档水晶灯吗？鉴于情况严重，公司领导责令王副总经理在限期内对此事做出合理解释，并停止了他的一切职务。这个时候，王副总经理再也笑不出来了。

事件真相很快就水落石出，原来这盏价值近千万元人民币的水晶灯根本不是从奥地利某珠宝公司购得的，而是通过南方某地的 W 公司代理购入的赝品水晶灯。王副总经理在交易过程中贪污受贿，中饱私囊。虽然出事之后，王副总经理不无例外地受到了法律的严惩，然而星龙湾大酒店不仅因此遭受了数千万元的巨额损失，更为严重的是酒店声誉蒙受重创，成为同行的笑柄。这对于一个新开业的公司而言，不啻是个致命的打击。

那么，星龙湾大酒店怎么会发生这样的悲剧，在以后的企业经营中又如何防范呢？

评析：这个案例其实并不复杂，却很有代表性。星龙湾大酒店在未经过公开招标的情况下，即与南方 W 公司签订了价值为120万美元的代购合同。依照合同规定，南方 W 公司必须提供奥地利某著名珠宝公司出产的水晶灯，并由 W 公司向星龙湾大酒店出具该公司的验证证明书，其中200万元为支付给 W 公司的代理费。然而，交易发生后，W 公司并未向星龙湾大酒店出具有关水晶灯的任何品质鉴定资料，星龙湾大酒店也始终没有同 W 公司办理必要的查验手续。

经查实，这笔交易都是由王副总经理一人操纵的，从签订合同到验收入库到支付货款都是由他说了算，而他之所以会这样做，正是因为收受了 W 公司的巨额好处费。

这样简单的过程和手法，却真实地发生了，这里面的教训是深刻和发人深省的。一笔采购业务，特别是金额较大的业务通常涉及采购计划的编制、物资的请购、订货或采购、验收入库、货款结算等。因此，应当针对各个具体环节的活动，建立完整的采购程序、方法和规范，并严格依照执行。只有这样，才能防止舞弊，保证企业经营活动的正常进行。

根据这个案例涉及的环节，应做如下控制：

首先，要做到职务分离，采取集体措施。诸如采购申请必须由生产、销售部门提出，具体采购业务由采购部门完成，而货物的验收又应该由其他部门进行。在本案例中，采购大权由王副总经理一人独揽，反映出该公司控制环节中权责不明；货物的采购人不能同时担任货物的验收工作，以防止采购人员收受客户贿赂，购买伪劣材料影响企业生产乃至整体利益；付款审批人和付款执行人不能同时办理寻求代理商和索价业务。付款的审批通常经过验货或验单后执行(预付款除外),以保证货物的价格、质量、规格等符合标准。

其次,要做好入库验收控制。应根据购货单及合同规定的质量、规格、数量以及有关质量鉴定书等技术资料核查收到的货物,只有两者相符时才予以接受;对于所有已收到的货物,应定期完整填写收货报告,将货物编号并登记明细账簿,对验收中所出现的问题要及时向有关部门反映;货物入库和移交时,经办人之间应有明确的职责分工,要对所有可能接触货物的途径加以控制,以防调换、损坏和失窃。本案例中王副总经理同时主管验货,那么验货查假自然只是走走过场了。

最后,还必须做好货款支付控制。发票价格、运费、税费等必须与合同符合无误,凭证齐全后才可办理结算、支付货款,如有部分退货,则注意要从原发票中扣除后再办理结算;除了向不能转账支付和不足转账金额的单位、个人支付现金外,货款一般应办理转账。货款支付前应由企业授权人签字,支票签章时应仔细审核有关票据;在购货发票以外增加的费用如装卸、搬运以及在途损耗等,支付前必须经会计部门进行审核,有关部门进行耗损原因分析,以确定其合法性和合理性;付款凭证要连续编号,付款业务及时准确记录;与供货商定期联系,了解未付款情况,追查耽误原因。

本 章 小 结

控制是指为了确保组织的目标实现,根据事先确定的标准,对下级的工作进行衡量和评价,并对出现的偏差进行纠正的过程。控制按照不同的划分标准,可分为前馈控制、现场控制和反馈控制,以及直接控制和间接控制;控制的过程包括确立标准衡量绩效和纠正偏差三个步骤;有效的控制系统包括控制的目标系统、控制的主体、控制的客体、控制的机构和控制的方法手段;有效控制应反映计划要求,通过关键控制点控制,并注意趋势的发展和例外原则。组织规模、职位与层次、分权程度、组织文化及活动的重要性是影响控制的重要因素;控制的方法可分为预算控制法、财务控制法和综合控制法。

★ 知识结构图

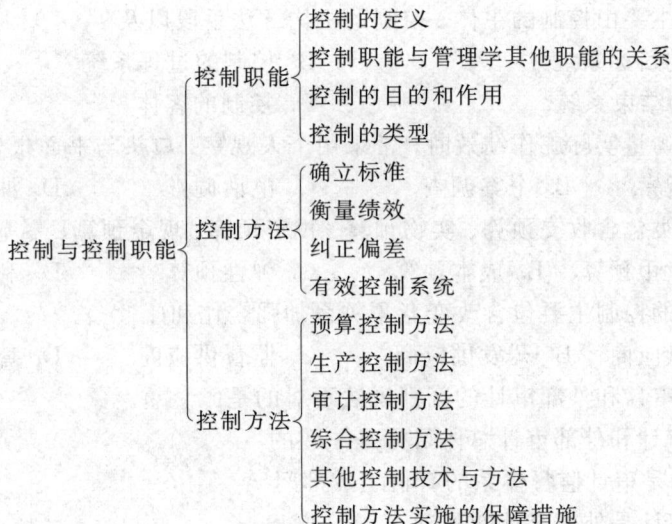

思 考 题

1. 简述管理控制的含义？
2. 前馈控制、现场控制和反馈控制各自的优缺点及适用条件是什么？
3. 划分间接控制和直接控制的标准是什么？两类控制分别具有哪些优缺点？
4. 简述控制过程？
5. 控制系统的构成要素有哪些？
6. 构建有效控制系统应遵循什么原则？具有哪些特征？影响有效控制的因素有哪些？
7. 实践管理中有哪些控制方法？各自适用的范围是什么？
8. 什么是控制？控制对于整个组织管理的意义何在？
9. 简述控制的基本过程？
10. 谈谈组织如何利用目标管理实现有效控制？
11. 联系实际谈谈组织如何做到有效控制？
12. 简述构建有效控制系统的前提条件？

练 习 题

一、单项选择题

1. 要理解控制的概念，就需要从"管理控制"与（　　　）的比较开始。
   A. 一般控制　　　　B. 特殊控制　　　　C. 个案控制　　　　D. 总体控制
2. 根据控制的侧重点不同，分为前馈控制、现场控制与（　　　）。
   A. 反馈控制　　　　B. 间接控制　　　　C. 直接控制　　　　D. 短期控制
3. 通过衡量成效，检验标准的客观性和（　　　）。
   A. 主观性　　　　　B. 有效性　　　　　C. 及时性　　　　　D. 完整性
4. 控制系统主要由控制的主体、控制的机构方法手段以及（　　　）构成。
   A. 控制的目标系统　　　　　　　　　B. 控制的过程系统
   C. 控制的结束系统　　　　　　　　　D. 控制的客体
5. 管理者在衡量实际工作绩效时，常采用个人观察、口头与书面报告和（　　　）。
   A. 集体观察　　　　B. 个案调查　　　　C. 电话调查　　　　D. 抽样调查
6. 预算的种类包含收支预算、实物预算、投资预算、现金预算、零基预算以及（　　　）。
   A. 电子货币预算　　B. 成本预算　　　　C. 弹性预算　　　　D. 利润预算
7. 对供应商的控制主要包含改变竞争关系加强合作和（　　　）。
   A. 参股供应商　　　B. 开发供应商　　　C. 监督供应商　　　D. 替换供应商
8. 下列内部审计和外部审计的区别说法不对的是（　　　）。
   A. 内部审计和外部审计总体目标是一致的
   B. 两者均是审计监督体系的有机组成部门
   C. 内部审计是外部审计的基础
   D. 内部审计对外部审计起到了支持和指导作用

9. 组织活动分析中常用的比率分为财务比率和(　　)。

    A. 经营比率　　　　B. 人事比率　　　　C. 个人比率　　　　D. 组织比率

10. 以下不属于控制的原则的是(　　)。

    A. 个案性　　　　B. 例外　　　　　　C. 及时准确性　　　D. 灵活性

二、多项选择题

1. 管理控制的必要性包括(　　)。

    A. 授权中的责任体现　　　　　　　B. 组织环境的不确定性

    C. 组织活动的复杂性　　　　　　　D. 管理失误的不可避免性

    E. 授权后的责任体现

2. 管理控制的特点(　　)。

    A. 整体性　　　　　　B. 动态性　　　　　　C. 目的性

    D. 反馈性　　　　　　E. 人本性

3. 管理控制的内容有(　　)。

    A. 人员　　　　　　　B. 财务　　　　　　　C. 作业

    D. 信息　　　　　　　E. 组织绩效

4. 管理控制的基本过程有(　　)。

    A. 确立标准　　　　　B. 衡量业绩　　　　　C. 采取纠偏措施

    D. 决策　　　　　　　E. 计划

5. 制定控制标准包括(　　)。

    A. 实物标准　　　　　B. 成本标准　　　　　C. 资本标准

    D. 无形标准　　　　　E. 指标标准

6. 有效控制系统的特征(　　)。

    A. 精确性　　　　　　B. 经济性　　　　　　C. 灵活性

    D. 标准合理性　　　　E. 战略高度

7. 影响有效控制的因素有(　　)。

    A. 组织规模　　　　　B. 职位和层次　　　　C. 分权程度

    D. 组织文化　　　　　E. 活动的重要性

8. 控制方法包含(　　)。

    A. 预算控制　　　　　B. 生产控制　　　　　C. 综合控制

    D. 审计控制　　　　　E. 生产控制

9. 由于环境的变化和(　　)的差异等原因，没有有效的控制，实际工作就有可能偏离计划，组织目标就有可能无法实现。

    A. 分权管理　　　　　B. 组织成员工作能力　C. 政策的变化

    D. 公司组织机构　　　E. 运营方案

10. 下列控制与计划的关系正确的是(　　)。

    A. 计划为控制提供了标准　　　　　B. 控制是完成计划的保证

    C. 计划与控制互相依存，互相依赖　D. 控制是计划工作得以实现的重要一环

    E. 控制为计划提供了标准

案 例 分 析

客户服务质量控制

美国某信用卡公司的卡片分部认识到高质量客户服务的重要性。客户服务不仅影响公司信誉，也和公司利润息息相关。例如，一张信用卡早到客户手中一天，公司可获得 33 美分的额外销售收入，这样一年下来，公司将有 140 万美元的净利润。及时地将新办理的和更换的信用卡送到客户手中是客户服务质量的一个重要方面，但这还远远不够。

决定对客户服务质量进行控制来反映其重要性的想法，最初是由卡片分部的一个地区副总裁凯西·帕克提出来的。她说，"一段时间以来，我们对传统的评价客户服务的方法不大满意。向管理部门提交的报告有偏差，因为它们很少包括有问题但没有抱怨的客户，或者那些只是勉强满意公司服务的客户。"她相信，真正衡量客户服务的标准必须基于和反映持卡人的见解。这就意味着要对公司控制程序进行彻底检查。第一项工作就是确定用户对公司的期望。对抱怨信件的分析指出了客户服务的三个重要特点：及时性、准确性和反应灵敏性。持卡者希望准时收到账单、快速处理地址变动、采取行动解决抱怨。

了解了客户的期望，公司质量保证人员开始建立控制客户服务质量的标准。所建立的 180 多个标准反映了诸如申请处理、信用卡发行、账单查询反应和账户服务费代理等服务项目的可接受的服务质量。这些标准都基于用户所期望的服务的及时性、准确性和反应灵敏性，同时也考虑了其他一些因素。

除了客户见解，服务质量标准还反映了公司竞争性、能力和一些经济因素。例如，一些标准因竞争引入，一些标准受组织现行处理能力影响，另一些标准反映了经济上的能力。考虑了每一个因素后，适当的标准就成形了，因此开始实施控制服务质量的计划。

计划实施效果很好，如处理信用卡申请的时间由 35 天降到 15 天，更换信用卡从 15 天降到 2 天，回答用户查询时间从 16 天降到 10 天。这些改进给公司带来的潜在利润是巨大的。例如，办理新卡和更换旧卡节省的时间会给公司带来 1750 万美元的额外收入。另外如果用户能及时收到信用卡，他们就不会使用竞争者的卡片了。

该质量控制计划潜在的收入和利润对公司还有其他的益处，该计划使整个公司都注重客户期望。各部门都以自己的客户服务记录为骄傲。而且每个雇员都对改进客户服务做出了贡献，使员工士气大增。每个雇员在为客户服务时，都认为自己是公司的一部分，是公司的代表。信用卡部客户服务质量控制计划的成功，使公司其他部门纷纷效仿。无疑，这对该公司的贡献将是非常巨大的。

问题：

1. 该公司控制客户服务质量的计划是前馈控制、反馈控制还是现场控制？

2. 找出该公司对计划进行有效控制的三个因素？

3. 为什么该公司将标准设立在经济可行的水平上，而不是最高可能的水平上？

麦当劳公司的控制

麦当劳金色的拱门允诺：每个餐厅的菜单基本相同，而且"质量超群，服务优良，清洁卫生，货真价实"。它的产品、加工和烹制程序乃至厨房布置，都是标准化的，严格控制的。它撤销了在法国的第一批特许经营权，因为它们尽管盈利可观，但在快速服务和清洁方面未达到相应的标准。

麦当劳的各分店都是由当地人所有和经营管理。鉴于在快餐饮食业中维持产品质量和服务水平是其经营成功的关键，因此，麦当劳公司在采取特许连锁经营这种战略开辟分店和实现地域扩张的同时，特别注意对连锁店的管理控制。如果管理控制不当，使顾客吃到不对味的汉堡包或受到不友善的接待，其后果就不仅是这家分店将失去这批顾客及其周遭人光顾的问题，还会波及影响到其他分店的生意，乃至损害整个公司的信誉。为此，麦当劳公司制定了一套全面、周密的控制方法。

麦当劳公司主要是通过授予特许权的方式来开辟连锁分店。其考虑之一，就是使购买特许经营权的人在成为分店经理人员的同时也成为该分店的所有者，从而使其在直接分享利润的激励中形成了对其扩展中的业务的强有力控制。麦当劳公司在出售其特许经营权时非常慎重，总是通过各方面调查了解后挑选那些具有卓越经营管理才能的人作为店主，而且事后如发现其能力不符合则撤回这一授权。

麦当劳公司还通过详细的程序、规则和条例，使分布在世界各地的麦当劳分店的经营者和员工们都进行标准化、规范化的作业。麦当劳公司对制作汉堡包、炸土豆条、招待顾客和清理餐桌等工作都事先进行翔实的动作研究，确定各项工作开展的最好方式，然后再编成书面的规定，用以指导和规范各分店管理人员和一般员工的行为。公司在芝加哥开办了专门的培训中心——汉堡包大学，要求所有的特许经营者在开业之前都接受为期一个月的强化培训。回去之后，还要求他们对所有的工作人员进行培训，确保公司的规章条例得到准确的理解和贯彻执行。

为了确保所有特许经营分店都能按统一的要求开展活动，麦当劳公司总部66位管理人员还经常走访、巡视世界各地的经营店，进行直接的监督和控制。例如，有一次巡视中，公司总部管理人员发现某家分店自作主张，在店厅里摆放电视机和其他物品以吸引顾客，这种做法因与麦当劳的风格不一致，立即得到了纠正。除了直接控制外，麦当劳公司还定期对各分店的经营业绩进行考评。为此，各分店要及时提供有关营业额、经营成本和利润等方面的信息，这样总部管理人员就能把握各分店经营的动态和出现的问题，以便商讨和采取改进的对策。

麦当劳公司的另一个控制手段，就是要求所有经营分店都塑造公司独特的组织文化，这就是大家所熟知的由"质量超群，服务优良，清洁卫生，货真价实"口号所体现的文化价值观。麦当劳公司共享价值观的建设，不仅在世界各地的分店及其上上下下的员工中进行，而且还将公司的一个主要利益团体——顾客也包括进这支队伍中。麦当劳的顾客虽然要自我服务，但公司特别重视满足顾客的要求，如为他们的孩子们开设游戏场所，提供快乐餐和生日聚会等服务，以形成家庭式的氛围，这样既吸引了孩子们，也增强了成年人对公司的忠诚感。

问题：

1. 麦当劳公司所创设的管理控制系统，具有哪些基本构成要素？

2. 该控制系统是如何促进了麦当劳公司全球扩张战略实现的？

3. 麦当劳的控制方法对你有什么启发？

第十章 创 新

【学习目标】
- 了解创新的内涵及其重要性
- 掌握创新的分类
- 理解组织创新、技术创新及其相互关系
- 掌握技术创新、文化创新、制度创新与管理创新的关系

【案例导入】

创 新 的 中 集

1980 年，中国国际海运集装箱（集团）股份有限公司（简称中集）还是一个面临破产的合资企业，1995 年成为干货集装箱生产和销售冠军，2006 年销售收入超过 300 亿元，集装箱市场占有率保持在 50% 以上，稳坐世界集装箱行业的头把交椅，是全球唯一能提供干货集装箱、冷藏集装箱、罐式集装箱、特种集装箱等全系列产品的，规模最大、品种最齐全的集装箱制造商，并已成功进入道路运输车辆领域。中集 27 年来的高速发展，离不开以全要素创新、全员创新、时空创新为主要特征的全面创新管理。全面创新促使中集创造了卓越的业绩。

全方位的要素创新是中集创新的第一个特点。如战略创新——从"产销量世界第一"到"全方位的世界第一"的战略转型，打造世界级"全能冠军"；观念与文化创新——"创新无限"与"以客户为中心"；技术创新——高起点模仿、高速度吸收、高水平超越；管理创新——基于成本的精细化管理，以成本为核心，建立了一套严格、科学的内部管理制度；组织流程创新——独具特色的分布式研发与生产体系。

中集创新的第二个特点是全员创新。中集倡导使人人都成为创新者。中集通过各种有效手段，努力弘扬"创新无限"的价值观，营造全员创新的浓厚氛围，并从制度上确保了全员创新的开展。自 2005 年起集团设立了卓越中心，广泛开展"3＋1"全员创新工程，要求集团中级以上管理人员和全体技术人员结合集团业务发展目标，每年提出三项有效创新提案完成一项有价值的创新成果。各企业随时收集创新提案，并组织评审和下达实施指令，总部的技术管理部则定期收集创新提案和组织评审。

在动态环境中运行的企业系统，本质上是一个开放系统，如果只有维持是远远不够的，企业管理者必须能够对内外环境变化带来的机会和威胁有清醒的认识，并且能够动态地调整企业经营活动的内容和目标，以适应内外环境的变化，这就是管理的创新职能。

美国管理学家戴尔在《管理的理论和实践》一书中指出："如果管理人员只限于继续做那些过去已经做过的事情，那么，即使外部条件和各种资源都得到充分的利用，其组织充其量也不过是一个墨守成规的组织。这样下去，很有可能造成衰退，而不仅是停滞不前的问题，在竞争的情况下尤其是这样。"

资料来源：敬勤，洪勇，吕一博. 创新与变革管理. 北京：清华大学出版社，2010.

第一节　创 新 职 能

创新是管理的基本职能之一，是组织活力的源泉，是组织生存和发展的基本因素。在21世纪科技迅速发展时代，无论是企业生存的外部环境还是内部机制，都发生着日新月异的变化。

一、创新概念的提出

1912年，美籍奥地利经济学家熊彼特（Schumpeter）在其《经济发展概论》中首度提出：创新是指把一种新的生产要素和生产条件的"新结合"引入生产体系。它包括五种情况：引入一种新产品、引入一种新的生产方法、开辟一个新的市场、获得原材料或半成品的一个新的供应来源。熊彼特的创新概念包含的范围很广，既涉及技术性变化的创新也包括非技术性变化的组织创新。

（一）创新的内涵

熊彼特所描绘的五种创新，大致可归纳为三大类：

（1）技术创新，包括新产品的开发、老产品的改造、新生产方式的采用、新供给来源的获得以及新原材料的利用；

（2）市场创新，包括扩大原有市场的份额及开拓新的市场；

（3）组织创新，包括变革原有组织制度及建立新的组织形式。在这些创新形式中，包含了技术创新与管理创新的内容。熊彼特的创新理论影响了后来的经济、管理及工程等领域的创新研究与实践，随后也有很多学者定义了创新的概念。

之后，许多研究者对创新的内涵进行了定义，但基本上都是对上述五个方面的拓展和延伸。总体认为，创新包括观念创新、产品（服务）创新、技术创新、组织与制度创新、管理创新、文化创新。值得注意的是，创新并不一定是全新的东西，作为管理的重要职能，无论学者从什么角度对创新进行定义，无论赋予创新多么丰富的内容，创新最重要的特征是创新给经济主体发展的过程、要素、结构、形式等方面带来了新的变化（独特性），并且带来了新的绩效（目的性）。所以，从抽象意义上说，创新就是一种改善经济主体某方面绩效的创造性活动。

（二）变革的内涵

组织变革（Organization Change）的概念来自于组织行为学。组织行为学把社会性的组织视为具有生命的有机体，为了在环境中生存，任何组织必须要不断进行局部或整体的调整，以适应环境的变化，从而获得组织的稳定成长，提升组织绩效。组织变革是指运用行为科学和相关管理方法，对组织的权力结构、组织规模、沟通渠道、角色设定、组织与其他组织之间的关系，以及对组织成员的概念、态度和行为等进行有目的的、系统的调整和革新，以适应组织所处的内外环境、技术特征和组织任务等方面的变化，提高组织效能，增强组织生命力。

（三）创新与变革

创新与变革有很多相同之处，在现实中常常被等同起来。首先，二者都是组织为了适应内外部环境变化的需求而产生的一种组织活动；其次，二者的目标都是为了改善组织绩效。正是因为这些相同之处，很多时候它们都被认为是同一个意思，但仔细区分，创新与变革之间还是有特定差异的，具体体现在以下两点：

（1）创新与变革都强调变化，但变化的形式或内容有所差别。创新强调的变化主要是创造性的变化，突出全新的和独特性的改变；而变革所强调的变化，仅是为了适应内外部环境变化需求所做的一种改变，并不一定是全新的和独特性的改变。

（2）创新与变革的目标都是为了改善组织绩效，但二者对结果的强调是不一样的。创新一般都强调带来组织绩效的实际改善；变革则并不强调结果与目标的一致性，变革的结果可能并没有改善组织绩效甚至恶化了绩效，也可能会改善组织绩效。

因此，变革的内涵比创新的含义更为宽广，两者之间的关系相辅相成，创新也是一种变革，但其含义比变革要窄得多。创新是具有创造性变化，并带来组织绩效改善的变革过程。通常创新强调的全新的变化是相对其他组织而言的，是一个相对的"新"的概念，一种情况是，这种变化是相对其他组织而言是新的，但另一种情况是，相对于本组织的历史而言是新的。因此，本书的创新内涵为通过给予组织的流程、要素、结构、形式等方面一定程度的变化，而给组织带来新绩效的行为或过程，而这种变化相对于本组织或其他组织来说是一种新的变革。

案例链接

商业模式创新(Business model Innovation)

在微利时代，企业经营环境的竞争性越来越大，顾客购买决策更加复杂，并且顾客的购买需求也在不断发展变化。

商业模式创新作为一种新的创新形态，是指企业价值创造提供基本逻辑的创新变化，它既可能包括多个商业模式构成要素的变化，也可能包括要素间关系或动力机制的变化。通俗地说，商业模式创新就是指企业以新的有效方式赚钱。其具体包括以下特征。

（1）商业模式创新更注重从客户的角度，它逻辑思考的起点是客户的需求，如何从根本上为客户创造更多的价值。其视角更为外向和开放，更注重和涉及企业经济方面的因素。

（2）商业模式创新表现得更为系统和根本，不是单一因素的变化，常常涉及商业模式多个要素的同时变化，需要企业组织较大的战略调整，是一种集成创新。商业模式创新也常体现为服务创新，表现为服务内容、方式及组织形态等多方面的创新变化。

（3）从绩效表现看，商业模式创新如果提供全新的产品或服务，则其可能开创了一个全新的可盈利的产业领域，能给企业带来更持久的盈利能力和更大的竞争优势。由于它更为系统和根本，涉及多个要素的同时变化，因此，它也更难以被竞争者模仿。

二、创新的价值

（一）创新是经济增长和社会发展的根本源泉

纵观人类文明的进步，从古代的钻木取火到今天的计算机及网络技术，创新一直扮演着重要的角色。18 世纪中叶，以纺织、机械和蒸汽机为主的工业革命使人类进入到了机器生产时代；19 世纪以电磁感应理论为基础的电气技术革命使人类进入到了电气时代；20 世纪爱因斯坦的"相对论"，形成以核技术、半导体技术、计算机技术等为代表的第三次科学技术革命，带领人类进入了信息时代。创新在国家经济中的主导作用越来越明显，已成为国家、行业、企业获取竞争优势的关键因素。

（二）创新是企业获得竞争优势的关键

企业要在竞争中占据有利位置，必须把创新放在突出地位。只有创新，企业才能不断向市场推出新产品，不断提高产品中的知识含量和技术含量。企业的竞争优势越来越多地建立在利用知识、技术和经验开发新产品、新工艺和提供新的服务方面。

创新的出现既给某一个企业的销售额、利润、影响力带来了积极的变化，也为全行业乃至整个产业链上下游带来成体系、可持续、正向的价值和意义。致力于以创新为导向的组织，应该最终把创新能力带来的成功体现在业务增长和长期盈利的增长。

趣味链接

赤 脚 鞋 店

在英国伦敦的一条大街上新开了一家叫"罗毕"的鞋店，鞋子款式丰富，质地也不错但这条街上鞋店实在太多，同质化现象严重，竞争非常激烈，因此，这家鞋店的生意一直都平平淡淡。

一天，店里进来两位时尚女性，她们试穿了一次又一次，付账时老板听到她们说："一次一次地换鞋累死了。"店老板心想，若能让顾客赤脚进店，就少了不必要的麻烦，购起物来就轻松多了。

但如何能让顾客赤脚进店呢？店老板从一些重要场合铺红地毯得到了启发，他决定在店内铺放名贵地毯。铺好地毯后，他将店名改为"赤脚鞋店"，又在门口设置鞋架，并贴出一份告示：店内铺有名贵地毯，顾客须脱鞋进店购物，本店代为免费擦鞋。

告示公布后，客流大增。顾客进店后感觉既随便又亲切，而且又有人给擦鞋，结果鞋店销售额大增。成功往往取决于另辟蹊径的细节。

美国创新研究专家詹姆士·奎因等人总结了创新的八大特征：

（1）概率性。创新具有随机的偶然性特征。

（2）复杂性。创新具有不确定性与风险。创新活动需要个人、团队，组织之间的智力协同，内外环境之间的互动作用，创新过程是一个复杂的系统过程，必须运用系统方法才能提高创新效应。

（3）耗时性。创新具有不可预见性，因此，其时间周期难以确定。

（4）非线性。创新过程极少是线性的。创新会出现急进、倒退和不可预见的延迟等现象，并夹杂着随机相互作用，从而导致创新发展的不平衡。例如，对创新变革持敌意和反对的声音会影响创新过程

（5）需求导向性。经典研究表明，大约 70% 的重大创新是由已被认识到的市场需求驱动的。

（6）风险性。创新会遇到多方面的阻力，任何重要创新都将对现有的权力结构构成冲

击，都会遭到内外部的阻挠。

（7）直觉与意会知识。新思想的出现没有一定的逻辑通道，隐性知识对创新具有重要影响。

（8）执著性。创新需要坚持不懈的努力。

上述基本特征表明，创新是个复杂的过程，创新系统是一个复杂系统。研究、理解并实践创新，需要以复杂性理论为基础，需要以创新系统方法论作指导。

三、创新与维持的关系

作为管理的基本内容，维持与创新对系统的存在都是非常重要的。

维持是保证系统活动顺利进行的基本手段，也是系统中大部分管理者，特别是中层和基层的管理者要花大部分精力从事的工作。根据物理学的熵增原理，原来基于合理分工、职责明确而严密衔接起来的有序的系统结构，会随着系统在运转过程中各部分之间的摩擦而逐渐地从有序走向无序，最终导致有序平衡结构的解体。

管理的维持职能是要严格地按预定的规划来监视和修正系统的运行，尽力避免各子系统之间的摩擦，或减少因摩擦而产生的结构内耗，以保持系统的有序性。但是，仅有维持是不够的。

任何社会系统都是一个由众多要素构成的，与外部不断发生物质、信息、能量交换的动态、开放的非平衡系统。系统的外部环境是在不断地发生变化的，这些变化必然会对系统的活动内容、活动形式和活动要素产生不同程度的影响；同时，系统内部的各种要素也是在不断发生变化的。

系统内部某个或某些要素在特定时期的变化必然要求或引起系统内其他要素的连锁反应，从而对系统原有的目标、活动要素间的相互关系等产生一定的影响。系统若不及时根据内外变化的要求，适时进行局部或全局的调整，则可能被变化的环境所淘汰，或为改变了的内部要素所不容。这种为适应系统内外变化而进行的局部和全局的调整，便是管理的创新职能。

综上所述，作为管理的两个基本职能，维持与创新对系统的生存发展都是非常重要的，它们是相互联系、不可或缺的。创新是维持基础上的发展，而维持则是创新的逻辑延续。维持是为了实现创新的成果，而创新则是为更高层次的维持提供依托和框架。

任何管理工作都应围绕着系统运转的维持和创新而展开。只有创新没有维持，系统会呈现无时无刻、无所不变的、无序的混乱状态；而只有维持没有创新，系统则缺乏活力，犹如一潭死水，适应不了任何外界变化，最终会被环境淘汰。卓越的管理是实现维持与创新最优组合的管理。

趣味链接

创新艰难，守成亦不易

唐太宗即帝位之后，有一次与大臣讨论"是创业难？还是守成难？"因唐太宗是大唐开国元勋之一的帝王，亲身经历创业、守成两个阶段，在群臣的几番论辩之后，他的结论是"创业维艰，守成亦不易"。他以大秦帝国为例，远交近攻，纵横捭阖，辛苦经营了四五百年之后，秦才统一六国；但是，一统天下之后十五年，这个帝国就灰飞烟灭了。

启示：创业成功之后，绝对不能稍有懈怠，守成所费的心血绝不亚于创业；守成不是守旧的维护不变，在企业经营中，守成的基础在创新，用新产品、新制造法、新市场或新组织，才能变守为攻，才是保持竞争优势的不二途径。

四、创新与管理创新

无论是技术创新还是制度创新，都要经过组织的管理职能来实施，通过管理的各个层级来执行，因为任何创新活动都需要通过组织的管理活动来实现。管理创新是指组织通过引进有效的管理方法或资源组织形式，从而在要素不变的情况下，提高产出水平，或者在用较少的要素投入条件下，获得同样高产出水平。管理创新是一种更有效的资源整合模式，它既可以是对组织全部资源的重新有效整合，以达到组织目标和责任的全过程管理，也可以是指对具体资源的新的整合及具体目标制定等方面的细节管理。管理创新是企业的生命线，它揭示了组织不断为创新和适应环境、优化市场要素的变革规律。管理创新包括管理方法创新、管理工具创新、管理模式创新、组织创新和管理制度创新等方面的内容。

熊彼特提出技术创新的概念之后，创新理论并没有立即得到学术界和企业界的重视，30年后，由于经济危机导致的世界性的经济衰退，西方学者意识到技术创新对于经济复苏的重要性，因此恢复了对技术创新理论的研究。1980年，熊彼特去世后，创新理论在西方沿着两个方向发展，即技术创新理论和组织创新理论。

组织创新包括文化创新和制度创新，而文化创新和制度创新又是技术创新的源泉与保障。因此，文化创新、制度创新与技术创新具有密切的相互关系。

创新能力是企业的生命基因，是企业核心竞争力的主要源泉。企业的创新能力根植于其优秀而独特的企业文化。企业要有杰出的创新能力，必须拥有创新的企业文化。企业文化创新对提升企业创新能力具有重要的驱动作用。同时，适时的制度创新能够使企业"趋利避害"、"起死回生"。并且，制度创新是搞好企业各种管理的基础，是技术创新、市场创新、产品创新的基础。在知识经济时代，企业竞争的关键是人才竞争，而发挥人才积极性的关键是企业的制度创新。

第二节 创 新 主 体

一、创新的类别

根据不同的划分标准，创新分为不同类别。本书以研究目的的不同、创新的对象不同以及创新成果资源的来源的不同三个划分标准来阐述不同的分类方法。

（一）根据研究目的划分

1. 局部创新与整体创新

从创新的规模与创新对组织的影响大小对创新进行分类，可将其分为局部创新与整体创新。局部创新指的是在组织的目标与性质不变的前提下，对组织内部的某些内容、某些生产要素的组合方式、某些技术进行的创新或改造。这种创新对组织的整体发展影响不是太大，只对组织的某个方面产生影响，并且规模也相对较小。

而整体创新则不同，这种创新指的是对组织的整体进行的改革，对组织的目标有较大的影响，或者是对组织发展起决定性作用的技术方面的创新。整体创新的特点是对组织的影响较大，创新本身的规模也较局部创新大，对组织的发展具有十分重大的意义。

2. 自发创新与有组织的创新

这主要是从创新的组织程度所做的分类。自发创新包括两方面的含义：一方面是指组织自发地应对组织所处的环境，并对环境的变化做出自发的反应，因而进行的创新；另一方面是指组织内部的团体或个人根据自己的意愿进行的创新，主要是指没有受到组织的指令而进行的创新。从自发创新的这两种情况来看，这些创新最终仍需要得到组织的认可，否则就不可能进行下去。

与自发创新相对应的是有组织的创新。有组织的创新包含两层意思：一层是指组织的管理人员根据组织发展的需要，积极主动地寻求创新的机会与办法，计划和组织创新活动，以创新来促进组织的发展；另一层是指组织的管理人员积极加强对自发创新的引导，使之与组织的发展目标相一致，为组织的发展服务。应当注意，有计划、有目的、由组织出面主导的创新对于组织发展的推动要远远大于自发创新对组织发展的推动，其成功的机会也较自发创新要大。

🖋 趣味链接

把流水的声音变成商品

费涅克是一位美国商人，他每次休假旅游都要去有瀑布、有流水的地方，因为在这种地方，他可以享受到大城市里所没有的恬静。在潺潺的流水声中，他可以忘却生意场上紧张的角逐，使自己的神情松弛下去。在瀑布声中，他可以忘掉烦恼，领略大自然的豪爽，使自己和自然融为一体。

瀑布的水声忽然激发出了他的灵感。城市中辛苦了一天的人们回到家中，听一听这令人舒心的流水声，也是一种享受。于是，他带上立体声录音机，专门到一些人烟稀少的地方游逛。他录下了许许多多条小溪、小瀑布、小河流水的声音，以及小鸟鸣叫的声音，然后把这些磁带带回到城里加以复制，再高价出售。

费涅克的产品一炮打响，收到了意想不到的效果，生意兴隆，前来购买"水声"的顾客川流不息。从此，费涅克靠流水声而成了大富翁。

启示：费涅克的成功在于他思路灵活，想常人所没有想到的。有时候生意和商业的策划成功就往往来自一个看似微小的创意和灵感，企业应该多多积累这样的点子。

3. 被动创新与积极创新

从组织应对环境的态度来看，被动创新是指组织的管理者或内部员工在组织的生存与发展面临威胁的情况下，为了避免损失的进一步扩大而进行的应对性创新。而积极创新是指组织的管理者在管理组织的过程中，以敏锐的眼光观察到社会发展给组织提供的机会，从而主动地调整组织的战略与技术，而进行的创新活动。

（二）根据创新的对象划分

按照创新的对象划分，创新主要括观念创新、制度创新、技术创新和文化创新。

1. 观念创新

创新要以观念创新作基础，没有观念创新，一切创新都无从谈起。"不破则不立"是观念创新的实质。观念创新具有先导作用，只有不断打破原有的观念，拓展思维，才能进行持久的创新。企业作为创新的主体，要做到观念创新，必须提高整个企业组织成员的学习能力。组织成员只有不断吸收、处理外界知识和信息，调整自己的知识结构，才能不断转变观念。

2. 制度创新

制度是组织为约束主体效用最大化行为而制定的规则和程序，是组织运行的原则规定。企业制度创新就是通过企业制度变革，调整和优化企业所有者、经营者和劳动者之间的关系，使各个方面的权利和利益得到充分体现。企业的制度创新主要包括产权制度创新、经营制度创新和管理制度创新三方面的内容。

3. 技术创新

技术创新是新产品或新工艺从设想产生，经过研究、开发、工程化、商业化生产，到市场应用的完整过程的一系列活动的总和。技术创新是企业创新的重要内容，因为企业创新的内容大部分都与技术创新有关。但技术创新要与技术发明相区别，技术发明只是创新中的一部分。发明是新知识、新理论基础上创造的全新技术；而技术创新既可指全新技术的开发，也可指原有技术的改变，甚至是几种原有技术的简单组合。其具体包括材料创新、产品创新、工艺创新、设备创新等。

4. 文化创新

企业文化是企业成员共有的价值和信念体系，代表着组织成员所持有的共同观念。企业文化在很大程度上决定了企业成员的行为方式，在企业发展中起导向、维系和约束的作用，具有很强的维持现有组织模式的作用。

企业文化创新是指为了使企业的发展与环境相匹配，根据本身的性质和特点形成体现企业共同价值观的企业文化，并不断创新和发展的活动过程。企业文化创新的实质是打破与企业经营管理实际脱节的文化理念和观点的束缚，实现向新型经营管理方式的转变。

（三）根据创新成果资源的来源划分

根据创新成果资源的来源划分，创新可分为原始性创新、改进性创新、模仿性创新和合作创新。

1. 原始性创新

原始性创新是创新度最高的一种创新活动，具有潜力和首创性特征，每一次原始性创新活动都会对社会引起广泛的示范效应。原始性创新提出一种新理论或是制造一种全新产品或提供一种全新服务等方面的一种全新性活动。原始性创新前期投入高、风险大，进行原始性创新时一定要考虑各种因素的影响，选择适当的时机和方式。对于处于市场领先地位的企业来说，要想保持自己的市场领先地位，就必须不断进行原始性创新。

2. 改进性创新

改进性创新是对已有的创新进行改造和再改造，属于一种中等程度的创新活动，它充分利用自己的优势，对他人或自己的原始性创新进行改造，从而使这种创新更适应市场，推动市场不断发展壮大。例如，微软集团的操作系统，就是在上一代产品的基础上不停地进行改进，从而使它拥有了在操作系统中独一无二的垄断地位。

3. 模仿性创新

模仿性创新是指创新主体通过学习模仿率先创新者的方法，通过引进、购买或破译率先者的核心技术和技术机密，并以此为基础进行改进，基本的特征是模仿性，其创新程度最低。由于模仿性创新具有投入少、风险低、市场适应性强的特点，因此，一些研发能力较弱的中小企业在起步阶段基本上都采用这种模式。但是，由于模仿性创新是对原创的仿制，在技术上往往处于从属地位，特别是在知识产权保护日益加强的情况下，模仿者面临着市场壁垒和技术壁垒的双重制约。

4. 合作创新

合作创新是企业与企业或企业与科研机构、高等院校之间联合进行创新的组织活动。由于创新活动投入巨大，成果转化生产力时间较短，技术更新较快，许多企业意识到合作创新的重要性。合作创新是以合作伙伴的共同利益为基础，以优势互补为前提，各方共同投入、共同参与、共享成果、共担风险的合作形式。

合作创新有利于不同主体之间实现资源共享、优势互补，能有效加快创新的进程，增强企业的竞争优势。合作创新还有利于分摊成本、分散创新风险。合作创新的形式及其优劣势如表 10-1 所示。

表 10-1　合作创新形式及其优劣势

合作形式	典型周期	优势	劣势（交易成本）
分包/供应商关系	短期	降低风险和成本，降低研制周期	搜索成本，产品性能和质量
许可证交易	固定周期	技术获取	合约成本和技术约束
合作	中期	专门技术、标准、共享基金	知识泄露，随后的差别化
战略联盟	灵活	低投入，市场进入	锁定潜能，知识泄露
合资企业	长期	互补性技术、专业管理	战略偏离，企业文化不协调
网络合作	长期	动态性、具有学习潜力	静态无效性

二、创新的过程与组织

（一）创新的过程

要有效地组织创新活动，就必须研究和揭示创新的规律。创新有无规律可循？对这个问题是有争议的。美国创新活动非常活跃，3M 公司的一位常务副总裁在一次讲演中甚至这样开头："大家必须以一个坚定不移的信念作为出发点，这就是'创新是一个杂乱无章的过程。'"

是的，创新在本质上是杂乱无章的，因为创新是对旧事物的否定，对新事物的探索。否定旧事物，创新必定要突破原先的制度，破坏原先的秩序，不遵守原先的章程；探索新事物，创新者只能在不断的尝试中去寻找新的程序、新的方法，在最终的成果取得之前，可能要经历无数次反复，无数次失败。因此，它看上去必然是杂乱的。但这种"杂乱无章性"是相对于旧制度、旧秩序而言的，是相对于个别创新而言的。就创新的总体来说，它们必然依循一定的步骤、程序和规律。

总结众多成功企业的经验,成功的创新要经历"寻找机会、提出构想、迅速行动、坚持不懈"几个阶段的努力。

1. 寻找机会

创新是对原有秩序的破坏。原有秩序之所以要打破,是因为其内部存在着或出现了某种不协调的现象。这些不协调对组织的发展提供了有利的机会或造成了某种不利的威胁。创新活动正是从发现和利用旧秩序内部的这些不协调现象开始的。不协调为创新提供了契机。

旧秩序中的不协调既可存在于组织的内部,也可产生于对组织有影响的外部。就组织的外部说,有可能成为创新契机的变化主要有以下几个方面:

(1) 技术的变化,从而可能影响企业资源的获取、生产设备和产品的技术水平。

(2) 人口的变化,从而可能影响劳动市场的供给和产品销售市场的需求。

(3) 宏观经济环境的变化。迅速增长的经济背景可能给企业带来不断扩大的市场,而整个国民经济的萧条则可能降低企业产品需求者的购买能力。

(4) 文化与价值观念的转变,从而可能改变消费者的消费偏好或劳动者对工作及其报酬的态度。

就组织内部来说,引发创新的不协调现象主要有以下几个方面:

(1) 生产经营中的瓶颈,可能会影响劳动生产率的提高或劳动积极性的发挥,因而始终困扰着企业的管理人员。这种卡壳环节,既可能是某种材料的质地不够理想,且始终找不到替代品,也可能是某种工艺加工方法的不完善,或是某种分配政策的不合理等。

(2) 企业意外的成功和失败,如派生产品的销售额的利润贡献出人意料地超过了企业的主营产品,老产品经过精心改进后,结构更加合理、性能更加完善、质量更加优异,但并未得到预期数量的订单……这些出乎企业意料的成功和失败,往往可以把企业从原先的思维模式中驱赶出来,从而成为企业创新的一个重要源泉。

企业的创新,往往是从密切地注视、分析社会经济组织在运行过程中出现的不协调现象开始的。

趣味链接

石 英 表

1967 年,瑞士纳查特研究实验室首先发明石英表,并将此创新发明介绍给当时瑞士钟表业者,结果从业者因为石英表没有发条,不算手表的观念而加以排斥。不久,日本人取得石英表专利,以其比传统需要上紧发条的机械表准确了一千倍的特色,掠夺了大半原本瑞士占有的全世界钟表市场。

启示:阻碍进步的是老旧陈腐的观念。改变观念,命运则跟着改变。

2. 提出构想

敏锐地观察到不协调现象的产生以后,还要透过现象究其原因,并据此分析和预测不协调的未来变化趋势,估计它们可能给组织带来的积极或消极影响,并在此基础上,努力利用机会或将威胁转换为机会，采用头脑风暴、德尔菲、畅谈会等方法提出多种解决问题、消除不协调、使组织在更高层次实现平衡的创新构想。

3. 迅速行动

创新成功的秘密主要在于迅速行动。提出的构想可能还不完善，甚至可能很不完善，但这种并非十全十美的构想必须立即付诸行动才有意义。"没有行动的思想会自生自灭"，这句话对于创新思想的实践尤为重要，一味追求完美，以减少受讥讽、被攻击的机会，就可能坐失良机，把创新的机会白白地送给自己的竞争对手。

T·彼得斯和 W·奥斯汀在《志在成功》一书中介绍了这样一个例子：20 世纪 70 年代，施乐公司为了把产品搞得十全十美，在罗彻斯特建造了一座全部由工商管理硕士（MBA）占用的 29 层高楼。这些 MBA 们在大楼里对第一件可能开发的产品设计了拥有数百个变量的模型，编写了一份又一份的市场调查报告……然而，当这些人继续不着边际地分析时，当产品研制工作被搞得越来越复杂时，竞争者已把施乐公司的市场抢走了 50% 以上。创新的构想只有在不断的尝试中才能逐渐完善，企业只有迅速地行动才能有效地利用"不协调"提供的机会。

4. 坚持不懈

构想经过尝试才能成熟，而尝试是有风险的，是不可能"一打就中"的，是可能失败的。创新的过程是不断尝试、不断失败、不断提高的过程。因此，创新者在开始行动以后，为取得最终的成功，必须坚定不移地继续下去，绝不能半途而废，否则便会前功尽弃。要在创新中坚持下去，创新者必须有足够的自信心，有较强的忍耐力，能正确对待尝试过程中出现的失败，既为减少失误或消除失误后的影响采取必要的预防或纠正措施，又不把一次"战役"（尝试）的失利看成整个"战争"的失败，知道创新的成功只能在屡屡失败后才姗姗来迟。

伟大的发明家爱迪生曾经说过：我的成功乃是从一路失败中取得的。这句话对创新者应该有所启示。创新的成功在很大程度上要归因于"最后五分钟"的坚持。

（二）创新的组织

系统的管理者不仅要根据创新的上述规律和特点的要求，对自己的工作进行创新，而且更主要的是组织下属的创新。组织创新，不是去计划和安排某个成员在某个时间去从事某种创新活动——这在某些时候也许是必要的，但更要为部属的创新提供条件、创造环境，有效地组织系统内部的创新。

1. 正确理解和扮演"管理者"的角色

管理人员往往是保守的，他们以为组织雇用自己的目的是维持组织的运行，因此自己的职责首先是保证预先制定的规则的执行和计划的实现，"系统的活动不偏离计划的要求"便是优秀管理的象征。因此，他们往往自觉或不自觉地扮演现有规章制度的守护神的角色。为了减少系统运行中的风险，防止大祸临头，他们往往对创新尝试中的失败吹毛求疵，随意惩罚在创新尝试中遭到失败的人，或轻易地奖励那些从不创新、从不冒险的人等。

在分析了前面的关于管理的维持与创新职能的作用后，再这样来狭隘地理解管理者的角色，显然是不行的。管理人员必须自觉地带头创新，并努力为组织成员提供和创造一个有利于创新的环境，积极鼓励、支持、引导组织成员进行创新。

2. 创造促进创新的组织氛围

促进创新的最好方法是大张旗鼓地宣传创新，激发创新，树立"无功便是有过"的新观念，使每一个人都奋发向上、努力进取、跃跃欲试、大胆尝试。要形成一种人人谈创新、时时想创新、无处不创新的组织氛围，使那些无创新欲望或有创新欲望却无创造行动、从而无所作为者感觉到在组织中无立身之处，使每个人都认识到组织聘用自己的目的不是要自己简单地用既定的方式重复那也许重复了许多次的操作，而是希望自己去探索新的方法，找出新的程序，只有不断地去探索、去尝试才有继续留在组织中的资格。

3. 制定有弹性的计划

创新意味着打破旧的规则，意味着时间和资源的计划外占用，因此，创新要求组织的计划必须具有弹性。创新需要思考，思考需要时间。如果把每个人的每个工作日都安排得非常紧凑，对每个人在每时每刻都实行"满负荷工作制"，则创新的许多机遇便不可能发现，创新的构想也没有条件产生。美籍犹太人宫凯尔博士对日本人的高节奏工作制度就不以为然，他说："一个人成天在街上奔走，或整天忙于做某一件事，没有一点清闲的时间可供他去思考，怎么会有新的创见？"他认为，每个人"每天除了必需的工作时间外，必须抽出一定时间去供思考用。"

美国成功的企业，也往往让职工自由地利用部分工作时间去探索新的设想。据《创新者与企业革命》一书介绍，IBM、3M以及杜邦公司等都允许职工利用15％的工作时间来开发他们的兴趣和设想。同时，创新需要尝试，而尝试需要物质条件和试验的场所。要求每个部门在任何时间都严格地制定和执行严密的计划，则创新会失去基地，而永无尝试机会的新构想就只能留在人们的脑子里或图纸上，不可能给组织带来任何实际的效果。因此，为了使人们有时间去思考、有条件去尝试，组织制定的计划必须具有一定的弹性。

4. 正确地对待失败

创新的过程是一个充满着失败的过程。创新者应该认识到这一点，创新的组织者更应该认识到这一点。只有认识到失败是正常的，甚至是必需的，管理人员才可能允许失败。当然，支持尝试、允许失败，并不意味着鼓励组织成员去马马虎虎地工作，而是希望创新者在失败中取得有用的教训，学到一点东西，从而使下次失败到创新成功的路程缩短。美国一家成功的计算机设备公司在它那只有五六条的企业哲学中甚至这样写道："我们要求公司的人每天至少要犯10次错误，如果谁做不到这一条，就说明谁的工作不够努力。"

5. 建立合理的奖酬制度

要激发每个人的创新热情，还必须建立合理的评价和奖酬制度。创新的原始动机也许是个人的成就感、自我实现的需要，但是如果创新的努力不能得到组织或社会的承认，不能得到公正的评价和合理的奖酬，则继续创新的动力会渐渐失去。促进创新的奖酬制度至少要符合下述条件。

首先，注意物质奖励与精神奖励的结合。奖励不一定是金钱的，精神上的奖励有时比物质报酬更能满足人们创新的心理需要。而且，从经济的角度来考虑，物质奖励的效益要低于精神奖励，金钱的边际效用是递减的，为了激发或保持同等程度的创新积极性，组织不得不支付越来越多的奖金。对创新者个人来说，物质上的奖酬只在一种情况下才是有用的：奖金的多少被视作衡量个人工作成果和努力程度的标准。

其次，奖励不能视作"不犯错误的报酬"，而应是对特殊贡献、甚至是对希望做出特殊贡献的努力的报酬，奖励的对象不仅包括成功以后的创新者，而且应当包括那些成功以前、甚至是没有获得成功的努力者。就组织的发展而言，也许重要的不是创新的结果，而是创新的过程。如果奖酬制度能促进每个成员都积极地去探索和创新，那么对组织发展有利的结果是必然会产生的。

最后，奖励制度要既能促进内部之竞争，又能保证成员间的合作。内部的竞争与合作对创新都是重要的。竞争能激发每个人的创新欲望，从而有利于创新机会的发现、创新构想的产生，而过度的竞争则会导致内部的各自为政、互相封锁；协作能综合各种不同的知识和能力，从而可以使每个创新构想都更加完善，但没有竞争的合作难以区别个人的贡献，从而会削弱个人的创新欲望。

要保证竞争与协作的结合，在奖励项目的设置上，可考虑多设集体奖，少设个人奖，多设单项奖，少设综合奖；在奖金的数额上，可考虑多设小奖，少设甚至不设大奖，以给每一个人都有成功的希望。

三、企业创新主体——企业家

企业家是个特殊的群体，通常掌握着企业生存、发展的命脉，是企业组织中的灵魂人物。他需要具备敏锐的触觉和嗅觉，需要具备对一切变革做出及时的反应、捕捉任何契机的能力。

(一) 企业家的概念

关于企业家的概念，至今尚无完整定论。有些人将那些创建新企业的人称为企业家；而另一些人则从企业家工作的目的出发，认为那些不断创造社会财富的人才是真正的企业家。大多数人在提到企业家时往往喜欢将其与"大胆""创新""投机""冒险"等词相联系。其实，企业家在《大英百科全书》中的解释是：经济学中的术语，指对企业承担风险和管理的人士。

早期的经济学家通常把生产要素分成土地、劳动力和资本，并以此来划分经济学上的阶级——地主、工人和资本家。资本家为企业提供资本，而且也指挥企业。他们因这些活动而收取利息和利润。利润包括了专业管理人士和企业主的所得，也包括了他们承担风险的报酬。假如他们开创一家风险企业，开辟一个新市场，采用一种新工艺及引入一种新产品获取成功，就会得到利润收益。正是最后的那层含义，资本家才称得上真正的企业家。

法国经济学家萨伊早在 1800 年就曾说过，"企业家能把经济资源从生产率较低和产量较少的领域转移到生产率较高和产量较大的领域"，但萨伊并设有告诉我们企业家究竟是谁。

德文中的"企业家"指的是拥有资产又负责经营的人，相当于英语中的"业主经理"。这里拿权力和财产作标准，同样不是我们讲的企业家，企业家必须要有创新精神。彼得·德鲁克在《企业前沿》一书中曾谈及企业家定义，认为"企业家就是赋予资源的生产财富能力的人。"

根据以上种种阐述，可见"企业家"是指那些不断寻觅机会，通过创新满足需要，赋予资源以生产财富能力的人。

最近，管理理论界又产生了一个使用较为普遍的新术语——内企业家。它是指那些试图在大型企业组织中激发企业家精神的管理者。内企业家不可能像企业家那样自主决策和承担风险，这是因为内企业家产生于大型企业组织内部，所有的财务风险都由企业承担。

（二）企业家的心智模式

所谓心智模式，是指由于过去的经历、习惯、知识素养、价值观等形成的基本固定的思维认识方式和行为习惯。心智模式一旦形成，将使人自觉或不自觉地从某个固定的角度去认识和思考发生的问题，并用习惯的方式予以解决。任何一个人都有自己特殊的心智模式，这既是教育的功劳也是个人在特定生活、工作环境中逐步形成的。

作为企业家当然也有其特殊的心智模式，他正是在这种独特的心智模式下产生创意，产生创新的冲动和行为，最终完成企业的创新。经过考察许许多多的优秀企业家，其心智模式表现在以下三个方面。

1. 远见卓识

远见卓识反映了企业家的思维方式和价值观念，使企业家通常对某个问题能有超越一般人的看法，它恰恰是产生创意的基础。远见卓识作为企业家特征，其表现形式主要有以下几点。

（1）随时掌握当代最新的管理、科技成果、知识和信息。能够不断地掌握当代最新的管理理论知识、最新的科技动态、最新的文化发展，并且能够将这些内容在自己的脑海中加以融会贯通，这是产生对某一问题有超越常人看法或认识的基础。因为这些新的知识和信息是对过去体系的一种冲击和发展，可以使人们过去久思不解的问题得到新的启迪。例如，倘若你不知道企业流程改革创新的基本知识，当然也就不会产生本企业流程变革的思路和对策。你不知道市场营销过程中将会发生交易成本，就不可能提出如何通过改革现有的销售渠道，设计新的销售网络，从而达到降低交易成本的目的，不能实现扩大市场占有率及产品迅速售出的目标。

随时掌握最新的知识和信息，并能够将其融会贯通，这是企业家具备较高的思维起点的关键，也是形成一种良好心智模式的重要方面

（2）系统的思维方式。一般人的思维方式是一种线性的思维方式，即通常用一种固定的模式遵循1加1必然等于2的思路来思考问题，对于1加1为什么等于2，1加1是否不一定等于2通常不会去想。在线性思维条件下，一般人对某个问题的看法，通常都是大同小异的，因为其思维方式大致相同。

能够成为企业家的人，其思维方式不同于一般人，他们通常采取一种系统的全方位思维方式，即从系统的具体构造到系统的综合，从局部到全局，从现象到原因的思考方式。系统的思维方式也可以说是辩证的思维方式，看问题通常涉及两个不同的方面，不仅看其现象还究其原因。不仅如此，系统思维还是一种发散式的思维，对任何思考对象的相关方面都可能去想一番，事实上许多管理上的创意就是这样诞生的。

（3）奋发向上的价值取向。作为企业家，其价值取向虽然与当时社会的价值观格格不入，但依然有其特殊的一面，这就是追求事业成功和永不满足的价值观。一般的人对事业也有追求，但他们易于满足，而那些会有所作为的人对事业的追求绝无止境。也正是在这样的价值取向的心智状态下，才使得他们去勇攀管理的高峰，企业成功的高峰。

2. 健全的心理

心理素质,也称为心理品质,指的是一个人的心理活动过程和个性方面表现出的持久而稳定的基本特点。心理现象是每一个人都具有的一种精神活动,按其性质可以分为心理活动过程和个性心理特征两部分。前者包括人的认识活动、情感活动和意念活动,这三种活动相互影响、密切联系,构成人的心理活动过程。后者包括人的态度、信念、兴趣、爱好、气质、性格、能力等心理特点,这些心理特征的综合,就是人们常说的个性,也就是个性心理特征。

作为企业家其心智模式的构成中就有心理健全的要求,因为心理因素对成就、创新都会有重要影响。企业家的心理素质应该如何,从众多优秀企业家、企业创新成功者的个性心理来看,以下几组心理特征是非常重要的。

1) 自知与自信

自知,即自知之明,善于自知是企业家的重要心理特征,因为只有时时能够自知,才能准确判断自己的长处和短处,才能准确地了解自己所处的地位,扬长避短,充分发挥自己的特长。没有自知的人即使有创意的产生,也不能将其有效地付诸实践。

2) 情感和情绪

情感是人对现实中事物或现象的态度体验。由于这是人的主观体验,因而它会随着每个人的观念、爱好、习惯和需要而转移,由此产生诸如愉快、忧愁、憎恶、激愤、欢乐等不同形式的情感。企业家应有良好的情感和情绪。这主要表现在以下几点:

(1) 理智感,即企业家在智力活动和追求真理中所产生的情感体验,与创新主体的认知活动、求知欲望和兴趣以及对真理的追求相联系。一个有理智感的企业家,就会有一种锲而不舍、追求真理的精神,而这是创新成功的重要因素。

(2) 道德感,即企业家根据一定的行为规范,在评价他人或自己的思想言行是否合乎道德标准时所产生的一种情感。道德感有社会的内容,也有伦理内容。企业家通常对企业发展、企业的员工有强烈的责任心,有约束自己行为的道德责任等。

(3) 美感,即企业家的审美快感。这种情感是在审美活动中逐渐培养起来的,只有在审美过程中,创造性才能得到提高,因为追求美好的东西会促使人产生新的创意,从而去创造出美好的东西。创新本身是一种很有美感的事情,许多伟大的创新者常常把自己的创新工作看作是一种追求至善至美的工作,看作是一种最大的美的享受。

3) 意志和胆识

从心理学上讲,意志是意识的调节方面,是个体自觉地确立目标,并根据目标来支配、调节行为,从而实现预定目标的心理过程。企业家的意志具体表现为坚定性、果断性、顽强、自制、独立精神以及有勇有谋、恪守纪律、坚持原则等。企业家的意志坚强首先表现在"非从众主义"的特征,有较强的个性。在多元多变的现代社会,面对竞争激烈的市场,不迷惘、不随波逐流,有自己坚定的目标,有知难而进的顽强精神,即使困难重重也始终不放弃目标,这样才能取得企业创新的成功。

所谓胆识,是指做出决断时的胆略气魄。企业创新是一件具有较大风险的冒险型事业,其失败的可能性很大,如果企业家没有胆识,是很难让自己投身于企业创新这一颇具挑战性的工作的。企业创新在未取得成功时,很可能不为大多数人所理解,甚至形成舆论,从而对企业家产生非常大的压力。如果此时他没有胆识,不能顶住各种压力,创新工作就可能半途而废。因此，胆识和意志是保证一个企业家能够坚定自己的信念，坚持走自己的路，从而走向成功的重要条件。

4）宽容和忍耐

宽容和忍耐是企业家必备的心理素质。宽容不仅是一种美德，也是一种技巧，它体现了企业家理智、自信的心理品质。宽容有两层意思：一是对有过失误的人或反对过自己的人要宽容；二是对比自己能力强的人不嫉妒，不搞"武大郎开店"，因为企业创新需要众多人员的配合与协调才有可能取得成功。

宽容主要表现在对人方面，忍耐更多地表现为企业家对创新事业、创新工作，以及对条件、局势、时间等因素的心理承受。当一项企业创新必须花费较长时间的努力才可能成功时，当其屡次失败前途未卜时，当众多人给予批评不予支持时，当没有人理解你的工作性质时，企业家应该表现出忍耐的心理素质。唯有忍耐力能持之以恒，才能获得最终的成功。所以，作为一名企业家没有良好健全的心理素质，是很难成功的，这反过来也证明，企业创新不易。

3. 优秀的品质

优秀的品质是形成一个人良好行为习惯的重要因素和基础，这就是所谓"品行不端则行为不轨"的道理。企业家的良好心智模式的形成离不开其优秀品质的养成。企业创新对企业家品质也有要求，企业家品质应包括勇于开拓、使命感、勤奋好学、乐观热情几个方面。

1）勇于开拓

勇于开拓是企业家应具备的最基本的品质。这种品质表现为不断进取的精神、胸怀大志的气质、敢于拼搏的勇气、不怕失败的韧劲。企业创新是一种开拓性的工作，不能开拓的人是无法成为企业家的。因为即使他有创新意识，也会因缺乏勇气失去行动的决心。勇于开拓意味着改革创新，也就意味着向风险挑战，不怕失败，善于在失败中探索，将失败转化为成功。

2）使命感

企业家如果没有迫切希望改变现有企业的管理面貌，促使企业以及自己所管理的领域取得更大业绩的使命感，企业创新就不大可能成为其努力从事的工作。许多成功的企业家有强烈的使命感，日本企业中为什么会有大量的员工投入管理及技术方面的创新呢？除了企业有良好的创新文化氛围外，还因为日本企业的员工通常把企业看作自己的家，看作自己生命的一部分，因而具有强烈的使命感。

3）勤奋好学

勤奋好学是企业家的优秀品质之一，不断地学习新东西，不断使自己站在最新的知识高峰，才会看得更远、更贴切，看出一般人看不出的问题，这样才可能产生更多的创意。

4）乐观热情

乐观是一种超脱豁达的心态。为人乐观，对人、对事业必然热情，这种品质是企业家所必备的品质。企业创新的过程绝非一帆风顺，困难、挫折和失败的时常伴随，不为人理解或遭到他人嘲笑也时有发生，在这种条件下，企业家如果没有乐观热情的品质，很可能丧失信心，从而使创新的工作中断。反之，乐观与热情可使企业家在创新过程中始终能做到干劲十足，充满信心，创新成功的可能性也就增大。

（三）企业家的能力结构

企业家必然是具备一定的能力才能完成企业创新过程，这种能力是各种能力的集合，是具有多种功能、多个层次的综合体。尽管企业家应具备各方面的能力，但关键的是要具备以下四种能力。

1. 创新能力

创新能力基于一个人的创新意识，是企业家最重要的能力，没有这种能力则企业创新无从谈起。创新能力表现为企业家在企业或自己所从事的管理领域中善于敏锐地观察旧事物的缺陷，准确地捕捉新事物的萌芽，提出大胆新颖的推测和设想（即创意），继而进行周密的论证，拿出可行方案来付诸实施。"人无我有""出奇制胜"等，都是创新能力运作的产物。企业家的创新能力是其内在心智模式和社会、企业等因素相互影响产生的一种效应。

趣味链接

烛 光

有一位富商在退休前将三个儿子叫到跟前，对他们说："我要在你们三个人之中找一个最有生意头脑的人来继承我的事业。现在我各给你们一万元钱，谁能拿这笔钱把一间空屋填满，谁就能赢得我全部的财产。"

大儿子买了一棵枝叶茂盛的大树拖回空屋里，把屋子占了大半空间；二儿子买了一大堆草，也把空屋填了大半。小儿子只花了二十五元，买回来一根蜡烛，等到天黑了，他把父亲请到空屋来，点燃了那支蜡烛，说："爸爸，您看看这屋子还有哪个角落没有被这支蜡烛的光照到？"

富商看了非常满意，遂让小儿子继承了事业。

启示：当我们执著于表象，习惯用旧有的思考模式而无法摆脱时，不妨换个角度来看，为自己的惯性思考加些创新，或许能走出一段新路来。

2. 转化能力

转化能力是指企业家将创意转化为可操作的具体工作方案的能力，就好像产品创新过程中，将新产品设计构想转化为现实的工艺制造方案与步骤，并能够按此进行操作的那种能力。许多有创意的人具有创新的能力，但往往缺乏这种转化能力，从而不能成为企业家。企业家既是企业创新的提出者，又是企业创新的"工艺师"。

转化能力与企业家的心智模式有很大的相关性，与企业家以往的工作经验与工作技能的掌握程度也有很大的相关性。因为这种转化不仅需要进一步的创意，而且还需要切实可行，或者起步时可行。企业家没有实际的工作经验就不可能有这方面的技能，最终也不可能成为真正的企业家。

3. 应变能力

应变能力是企业家能力结构中非常重要的一部分。企业创新本身就是应变的产物。没有应变，一些好的创意就不会产生，企业创新实施的成功也会有问题。应变是主体思维的一种"快速反应能力"，是企业家创造能力的集中表现。环境的变化导致企业管理本身在许多情况下是一个非程序性的问题，解决非程序性问题就要有创新，而这就是一种应变。企业家应变能力表现在三个方面：一是企业家能在变化中产生应对的创意和策略；二是企业家能审时度势，随机应变；三是企业家在变动中辨明方向，持之以恒。

4. 组织协调能力

只有企业家具备较强的组织协调能力，才能够有效组织所需投入的资源，能够在改变原来的管理模式、推进新的管理方式之时，使企业或企业局部组织依然能够有序地运转，才能使企业创新行为更加容易进行，才能使企业在创新失败后还能进行新的尝试。换句话说，企业家如果没有较强的组织协调能力，就会给企业创新过程带来更多的不确定性，成功的可能性就会变小。

第三节 制 度 创 新

经济学家认为，制度实质上就是个人或社会的一般思想习惯。今天的制度，也就是当前公认的某种生活方式；另一种观点认为，制度无非是以集体行动控制个人行动。这些经济学家初步明确了制度的基本内涵，即制度是一种行为规范。而新制度学的基本思想是：制度是内生的，对经济发展至关重要。在此基础上提出了交易成本概念，并从"交易成本"的角度说明，提出追求某种最大化行为是家庭及企业内部制度的选择，这一选择受交易成本结构的影响等。

对经济增长起着决定性作用的是制度性因素，而非技术性因素。经济制度可以被认为是人类降低交易成本所作的努力。制度也是决定企业发展的重要因素，而企业制度与整个社会经济制度紧密相连。

一、企业制度的内涵及其创新

（一）企业制度概述

企业制度属于经济制度，它是一定历史条件下形成的企业经济关系及其法律表现。对企业来说，企业制度不是指具体的规章制度，而是以企业产权制度为基础和核心的企业组织与管理的制度，包括企业筹资设立的资本合形式、企业的法律地位、管理制度和分配制度等。其中，企业的资本组合形式或者说企业的产权制度，是企业制度的核心。企业制度有丰富的内涵，包含相当广泛的内容，既包括企业同外部的各种经济关系，特别是同国家的关系、用户、供应者的关系；又包括企业内部的各种经济关系。按财产关系与法律地位的不同，企业制度可分为业主制、合伙制和公司制；按制度本身的内容，企业制度又可分为产权制度、经营制度、组织制度、领导制度、管理制度等，企业本身可以看作是由很多制度组成的制度集合。

（二）现代企业制度

随着经济发展水平和社会化程度的提高，企业的组织形式也逐渐发生了变化，从业主制、合伙制到公司制，这些不同的企业形式与企业的性质、财产关系相对应，同时并存。公司制越来越成为现代经济社会中占主要地位的企业形式，这种组织形式又被称为现代企业制度。

现代企业制度就是能够适应市场经济运行、促进市场经济发展的企业制度。市场经济既是现代企业制度得以存在的客观条件，又是现代企业制度产生的动因。市场经济是高度社会化和市场化的商品经济，市场机制是推动生产要素流动和优化资源配置的基本运行机制。市场经济体制的性质，决定了企业必须成为自主经营、自负盈亏、自我发展、自我约束的商品生产者和经营者，如果不是这样，市场经济体制就无法建立。

总之，现代企业制度是适应市场经济客观要求的产权清晰、两权分离、责权明确、政企分开、公平竞争、机制完善、管理科学的企业制度。以股份制为产权关系基础和以有限责任制为重要特征的公司制是具有代表性的现代企业制度。

🏺 理论链接

现代企业制度的基本特征

现代企业制度正是强调企业行为自主化、经营管理法制化的企业制度，体现了经济关系的市场化、市场体系的统一化。现代企业制度具有以下五个基本特征：

（1）产权明晰。就我国而言，企业拥有包括国家在内的出资者投资形成的全部法人财产权，成为享有民事权利、承担民事责任的法人实体。

（2）企业以全部法人财产，依法自主经营、自负盈亏、照章纳税，对出资者承担资产保值增值的责任。

（3）出资者按投入企业的资本额享有所有者的权益，即资产受益、重大决策和选择管理者权利。企业破产时，出资者只以投入企业的资本额对企业债务负有限责任。

（4）企业按照市场需求组织生产经营，以提高劳动生产率和经济效益为目的，政府不直接干预企业的生产经营活动。企业在市场竞争中优胜劣汰，长期亏损、资不抵债应依法破产。

（5）建立科学的企业领导制度和组织管理制度，调节所有者、经营者和职工之间的关系，形成激励和约束相结合的经营体制。

（三）企业制度创新体系

制度创新的过程是以最小成本获得较大外在利润的制度安排过程。企业制度创新中最根本的制度创新是企业的产权制度创新。合理的企业制度安排，对激励企业内部员工具有重要作用，但要真正实现制度创新，需要企业产权制度、组织制度、管理制度和非正式制度安排等各个方面共同作用，形成完善的企业制度创新体系。

首先，在企业产权制度方面，要从形成有效率的企业产权结构的角度，分析企业股权激励效应。通过企业产权制度改革，完善企业产权结构，使企业经营者、员工的个人利益与企业的长远发展有机结合起来，形成对企业员工创新发展的持久的动力系统。

其次，在企业组织制度方面，要善于运用组织设计理论，对企业组织结构进行科学选择和安排。企业内部组织结构的不同设计，决定了企业内部不同部门的联系方式，从而会影响企业各部门活动的成功和绩效，因此，要通过企业组织制度的完善，使企业内部组织的形式、规模和结构适应环境变化，通过不断创新，提高创新资源的利用效率。通过组织制度安排，创造良好的组织结构，以协调各部门的行动，加强企业内研发、生产、营销等部门之间的沟通和交流，形成企业内部创新的大协作。

再次，在管理制度方面，应该通过各项企业管理制度的规范和设计，加强界面管理，协调各部门行动，保持企业界面管理过程的有效性和效率，对发展、创新过程中的冲突和合作进行调节与控制。要加强企业人力资源管理，既要激发创新人员的创造性，又要使其服从创新活动的整体要求，促使企业技术创新资源得以发挥最大效应。通过企业管理制度创新，提高企业的技术创新管理能力，建立高效的创新机制，形成人尽其才、沟通顺畅、合作有效的创新环境。

在非正式制度安排方面，要明确正式制度与非正式制度在激励员工方面的关系，通过构建激励创新的企业文化，形成促进企业技术创新的良好氛围，实现企业的可持续发展。

二、企业制度创新的动因

（一）外部利润增加与企业制度创新

由外部因素产生的利润称为外部利益，正是这种收益促进企业制度的创新与变革。以下四个方面是导致外部利润增加的主要因素。

1. 规模经济

实现规模经济需要大量资本，而获得资本的多少与企业的组织形式密切相关。对于个人所有制企业和合伙制企业，因其有限的寿命和无限的责任，使其负债经营颇为困难，因此这类企业获得长期外部融资的能力很低。相反，作为企业制度创新类的公司，由于具有无限寿命和有限责任，使获得资本的能力大大提高，从而可以获得规模经济带来的利润。

2. 外部成本和收益

如果潜在利益或成本不是由决策单位获取或支付的，那么就存在外部性问题。正是由于外部性问题的存在，才促使制度创新。对所有收益和成本综合计算的制度创新会增加社会总净收益，创新者则获得外部收益。

3. 抗风险能力

风险是削弱经济活动的因素，因此，克服风险的制度创新也会导致收益增加。创新一些保险方面的制度，常常也能使总利润增加。

4. 交易费用

交易费用的重要组成部分之一是信息费用。如果信息没有成本，那么所有市场上的价格差别则只是交易费用。事实上，信息是有成本的。因此，减少信息成本的组织制度创新便应运而生。

（二）预期收益提升与企业制度创新

影响人们对企业制度创新预期收益提升的因素也会促进或阻碍企业制度变革的发生。

1. 制度创新的预期收益

由于制度创新导致企业利润增加，从而引起相对价格的变革和偏好的变化。相对价格的变化是指生产要素价格比率的变化、信息成本的变化、技术的变化等。相对价格的变化改变了人们之间的激励结构，提升了对制度创新收益的预期。

2. 制度创新成本

企业制度创新本质上是企业各种利益关系调整的过程，这一过程是否发生，成本利益的比较是主要的决定因素，但其只提供了制度创新的必要条件而不是充分条件。由于企业制度多是企业当事人以自愿协议的形式达成的制度安排，因此在制度创新之前必须在企业内部形成一致的意见或某种共识，从而必须考虑组织成本。随着企业规模的扩大和复杂性的增加，达成共识的成本会急剧增加，过高的组织成本常常使企业制度创新无法实施。

3. 企业文化偏好的变化

企业在不同发展阶段，随着内外环境的变化，企业的文化偏好会产生不同程度的变化，即有的制度可能会不再适合利益最大化的需求，这就引起了对制度创新的需求。由于企业员工对制度创新的认识常常受到其所在的社会文化传统和意识形态的影响，因此，企业制度创新方向应与一个社会固有习惯和传统相一致，这就是制度创新成本最小的方向。企业文化和意识形态等是企业制度设计的基本内容，它们通常都能起到节约交易成本的作用，因此企业文化是企业制度创新的根本变量。

4. 社会的法律制度环境

企业的制度创新必须遵守特定社会的法律制度，这样才能保证制度创新的有效性。与特定社会的法律制度不相容的企业制度必定会受到相应法律的限制和制裁而得不到有效实施。企业制度创新的悖论：有人认为，社会法律制度越健全，企业制度创新的阻力可能会越小，因为实施这些制度创新的成本会越小；但如果社会的法律制度太完善，则可能抑制企业制度创新。大量案例表明，相对宽松的法律环境更能推动企业制度创新。

三、企业制度创新与技术创新的关系

企业作为一个完整的系统，各部分的联系是有机的，其中任何一个子系统的变化，都会引起企业系统功能紊乱，任何一个系统功能的发挥都离不开其相关系统的支持、协调和配合。因此，在探讨企业创新体系时，应该强调技术创新、制度创新的相互关系及整体功能的发挥。

（一）企业制度创新为企业技术创新提供前提条件

技术创新所要实现的是"生产要素的重新组合"，它不仅涉及人与自然的关系，还涉及人与人的关系。技术创新的目的是提高企业的"生产力"，它必然会受到旧的"生产关系"的制约，因此，需要建立某种新的"生产关系"与之相匹配。对企业来说，这种"生产关系"表现为"制度"的因素。如果没有必要的制度保证，技术创新将难以持续进行。

1. 企业制度为企业员工进行技术创新提供相应的激励

技术创新的最大特点在于它的创造性。只有依靠这种智力创造活动，才能最大限度地调动和最为有效地组合各种资源和条件。所以，对企业来说，人与人的创造才能，以及如何使这种才能得到最大限度的发挥，才是最重要的。而要激发企业员工的创新意识和创新行为，就需要有特定的制度。

2. 企业制度创新为技术创新提供了自由空间

由于技术创新存在较大的不确定性，这就需要通过相应的制度安排，为创新主体提供充分的自由空间。

3. 企业制度安排为创新行为提供保险和约束机制

要应对创新的风险和失败，企业需要建立合理的制度和机制，对创新主体提供保险和约束。技术创新是高风险的创造性活动，应该允许失败。当然，允许失败绝不是放任不负责任的行为，所以还要通过制度约束，引导人们尽可能减少失败并最终达到成功。

4. 企业制度为企业技术创新过程提供整合机制

企业技术创新是全体员工都要参与的企业全程活动，单靠企业家或技术骨干的个人才智是远远不够的。只有通过包括企业化（一种非正式安排）在内的企业制度安排，形成一种杠杆效应和放大机制，才能推动全体员工，形成人力资源的互补格局与整合效应，保证在创新过程中各部门间的密切交流和职能匹配，进而使新增的技术含量切实落实到每件产品和每道工序上。

（二）企业技术创新要求进行不同层面的制度创新

不同类型的技术创新要求不同层面的制度创新。而通过特定层次上的制度创新建立起来的相关制度安排，都将为企业技术创新的持续性提供其所需要的各种边界条件，在激励、约束、信息、整合等方面为技术创新提供更大的可能性。

（1）企业技术创新要求进行职能部门层次的制度创新。这种针对特定职能部门做出的新的制度安排，是技术创新得以进行的基础平台。

（2）企业技术创新要求企业整体结构层次的制度创新。因为根本性技术创新往往要求带来全新的组织变革，它将打破企业发展战略、改进企业组织结构、改变企业文化和员工之间原有的一致性，要求企业在整体上进行相应的制度创新和文化创新。

（3）企业技术创新要求企业间层次的制度创新。企业间层次的制度创新可以有不同的协调机制，它主要包括市场协调、政府协调和企业集团协调，以促进企业技术创新的实现。

（三）企业技术创新为制度创新提供支持条件

在技术创新过程中产生的技术知识和制度知识，是企业进行后续创新的源泉，是企业增强其核心竞争力的保证。技术创新活动本身有助于在整个企业中营造一种创新的文化，有助于培育新的企业家精神。

激励创新人员的制度安排，有助于形成企业崇尚创新的文化，能有力地推动企业技术创新，促进员工建立学习理念，不断追求新知识，从而提高企业的学习能力。

（四）企业技术创新和制度创新保证了企业的成长

企业现有的技术基础和制度基础体现着企业的特性，是企业核心竞争力的来源，也是企业持续创新的基础。面对市场环境和技术环境的变化，企业只有通过持续的技术创新和制度创新，才能保持其持续的生命力。因此，企业技术创新和制度创新是相互依赖、共同进化的。

第四节　技术创新

在技术竞争激烈的当今世界，技术创新与知识产权保护成为促进企业发展的两个重要方面。企业通过技术创新来获取、配置和创造技术与知识资源，并且同时培育和提升自身的核心技术与核心能力，以构建竞争优势。

一、技术创新的内涵

熊彼特认为，发明的首次利用就是技术创新。技术创新理论不断发展，并逐渐渗透到政治、经济、社会、教育、艺术、文化等各个领域，不同的学者，尤其是经济学家、管理学家和科技政策学家等，从不同的角度赋予了技术创新不同的内涵。

（一）国外学者的观点

美国学者曼斯菲尔德认为，"一项发明，当它被首次应用时，可以称之为技术创新。"

英国科技政策研究专家、经济合作与发展组织（OECD）经济顾问克里斯托夫·弗里曼教授认为，技术创新是指在第一次引进某项新的产品、工艺的过程中，所包含的技术、设计、生产、财政、管理和市场活动的诸多方面。

经济合作与发展组织（OECD）指出，技术创新包括新产品和新工艺，以及产品和工艺的显著技术变化。创新包括技术创新和科学、技术、组织、金融及商业的一系列创新活动。

（二）国内学者的观点

傅家骥教授认为，"简单地说，技术创新就是技术变为商品并在市场上销售得以实现其价值，从而获得经济效益的过程和行为。"

贾蔚文（中国科技促进发展研究中心副理事长）等认为，"技术创新是一个从新产品或新工艺设想的产生，经过研究、开发、工程化、商业化生产，到市场应用的完整过程的一系列活动的总和。"

国内、学者专家普遍认为，技术创新是指企业运用创新的知识和新技术、新工艺，采用新的生产方式和经营管理模式，来提高产品质量，开发生产新的产品，提供新的服务，占据市场，并实现市场价值的过程。

可以看出，学者们对技术创新概念的界定并不完全一致，但一般可分为狭义的技术创新和广义的技术创新。应该说，狭义的技术创新继承了熊彼特的创新思想，主要是指产品创新和工艺创新等；而广义的技术创新，不仅包括产品创新和工艺创新，还包括产品和工艺创新过程中开展的技术改进及相关的研究与发展活动等。

案例链接

概 念 辨 析

技术创新与创新，既有交叉，又有不同。技术创新主要是指"产品创新、工艺创新、产品和工艺的明显技术改变"；创新是一个更广泛的概念，可以涉及科学发现、技术发明、技术创新、市场创新、管理创新、组织创新、制度创新、思想和观念创新等。

技术创新与技术发明不同。技术创新一般是指"一项专利的首次商业应用"，是企业或个人的一种经济行为，技术创新的结果往往是经济利益；技术发明一般是指创造一个新技术，既可以是一种经济行为，也可以是一种非商业目的的个人爱好，技术发明的结果可以申请获得专利。

研发活动与技术创新。在技术创新过程中，需要的技术改进涉及研究与发展活动，这种研究与发展活动是以商业应用为目的，以某个或某类产品或工艺的引进、改进和生产为导向的，也可称之为技术创新。

本章对技术创新采用狭义的定义，认为技术创新是学习、引进、开发和应用新技术并产生经济效益的过程；技术创新过程中，可以涉及研究与发展活动，但这种研究与发展是围绕某个产品或工艺创新开展的。一个新产品或新工艺可以由一项技术创新决定，也可以包含许多个单项技术创新。

二、技术创新的类型

从不同角度，可以对技术创新进行不同的分类。

(一) 按照技术创新的程度划分

根据技术创新及影响程度的不同，可以将技术创新分为根本性(重大)技术创新和渐进性技术创新。

1. 根本性技术创新(Radical Innovative)

根本性技术创新是指基于全新概念和重大技术突破的技术创新，又被称为突破性创新。该创新涉及一系列产品创新与工艺创新，以及企业的组织创新，甚至导致区域产业结构的变革，能够真正对产业发展和用户体验带来革命性的变化，探索性或前瞻性研究是实现突破性创新的必要条件。例如，计算机网络技术的应用就属于人类突破性的技术创新。

2. 渐进性技术创新(Incremental Innovative)

渐进性技术创新是基于技术的局部改进而产生的技术创新，又被称为累积性创新。例如，对手机功能的改进，使手机不仅具有一般的通话功能，还可以拍照、上网、播放音乐等。这类技术创新在人类经济生活中更具有普遍性，包括产品系列的发展、质量改进、原材料与能源的节约、企业资金周转速度的提高、组织与管理的改进等各个方面，这种渐进性的技术创新同样带来了组织绩效的提高。

(二) 按照技术创新的对象划分

根据创新的对象不同，技术创新分为产品创新和工艺创新。

1. 产品创新(Product Innovative)

产品创新是以产品技术变化为基础，以提高产品设计与性能的独特性，满足客户不断变化的需求为目的的。由于技术变动的范围很广，产品创新既可以是对产品技术进行重大改变而推出新产品，也可以是通过产品的局部改进而推出改进型产品。由于广义的产品还包括企业向客户提供的服务，因此产品创新也包括服务创新。

2. 工艺创新(Process Innovative)

工艺创新是以生产或服务过程的技术变化为基础的技术创新，又被称为过程创新。工艺创新的结果是对产品的加工过程、工艺路线或设备的改进，从而提高产品质量、降低生产成本、改善工作环境。同样，工艺创新既包括采用全新工艺的创新，也包括对原有工艺的改进性创新。

(三) 按技术变动的方式划分

技术变动方式包括两种：一种是结构性变动(Architectural Change)；另一种是模式性

变动(Modular Change)。结构性变动是指技术(产品或工艺)要素结构或连接方式的变动；模式性变动是指技术原理的变动。例如，有线电话到无线电话的变化就是通信技术的结构性变动，从模拟通信技术到数字通信技术的改进就是通信技术的模式变动。

按照技术变动方式的不同，技术创新又可划分为以下四种：

(1) 局部创新。局部创新又被称为渐进性创新，是在技术结构和技术模式都没有变动的情况下的局部技术改进，如图 10 - 1 中第Ⅰ区所示。例如，手机书写方式由按键式变为手动触摸式的创新就是一种局部性创新。

(2) 模式创新。模式创新是指在技术原理变动基础上的技术创新，如图 10 - 1 中第Ⅱ区所示。例如，通信技术中从模拟交换到数字交换的创新就是模式创新。

(3) 结构创新。结构创新是指由于技术结构的变动而形成的创新，如图 10 - 1 中第Ⅲ区所示。例如，无绳电话的创新，在一定程度上改变了通信连接方式，但原理并未发生变化。

(4) 全面创新。全面创新是技术结构和模式都发生变化而形成的创新，如图 10 - 1 中第Ⅳ区所示。例如，从有线通信技术到无线通信技术的变化就是全面创新。

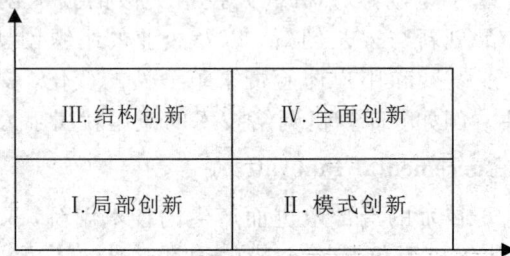

Ⅲ.结构创新	Ⅳ.全面创新
Ⅰ.局部创新	Ⅱ.模式创新

图 10 - 1　技术变动方式

(四) 按产品生产过程划分

技术创新按照产品生产过程分析，可分为要素创新、要素组合创新和要素组合结果创新。

1. 要素创新

从生产的输入看，要素创新包括材料创新和手段创新。

(1) 材料创新。材料是构成产品的物质基础和生产工艺与加工方法作用的对象，是产品成本构成的主要部分，其性能在很大程度上影响着产品质量。材料创新主要是寻找和发现现有材料、特别是自然提供的原材料的新用途，满足生产需求；同时，随着科学技术的发展，利用新知识和新技术制造合成材料，以降低成本、提高质量。

(2) 手段创新。手段创新是指生产的物质手段的改造和更新。任何产品的制造都要借助一定的工艺装备等物质生产条件，生产手段的创新对于保证产品质量、降低材料消耗、提高劳动生产率都具有重要意义。手段创新主要包括两个方面：一是将先进的科学技术成果用于改造和革新原有的工艺装备，以延长其技术寿命、提高性能或机械化、自动化程度；二是用更先进、更经济的生产手段取代陈旧、落后、过时的工艺装备，提高装备水平。

2. 要素组合创新

从生产的过程看，要素组合创新包括生产工艺创新和生产过程组织创新。

（1）生产工艺创新。生产工艺创新包括技术工艺的改革和操作方法的改进。生产工艺是企业制造产品的总体流程和方法，操作方法是劳动者利用生产设备在具体环节对原材料、零部件或半成品的加工方法。生产工艺和操作方法的创新既要求在手段创新的基础上改变产品制造的工艺过程，也要求不断地研究和改进具体的操作技术，使得生产过程更加合理。

（2）生产过程组织创新。生产过程组织包括设备、工艺装备、在制品以及劳动分别在空间上的布局和时间上的组合。空间布局影响人机配合和生产效率，时空组合影响生产成本和生产周期，不断优化生产过程组织有利于提高生产效率、降低生产成本、缩短生产周期。

3. 要素组合结果创新

从生产的输出看，要素组合结果创新就是产品创新。产品创新是指新产品的开发和对老产品的改造，是对原有产品的结构、性能、技术特征等方面进行改造、提高或独创，可分为改进型新产品、新用途新产品、换代新产品和全新新产品。

在技术创新中，要素创新、要素组合创新和要素组合结果创新是相互区别、相互联系和相互促进的，其中产品创新是核心。

三、技术创新的模式

20 世纪 60 年代以来，国际上先后出现了以下五种具有代表性的技术创新过程模式。

（一）技术推动创新过程模式

二战后，英国经济学家阿罗（Arrow）提出了线性模式。该模式是指由于创新主体拥有新的技术发明或发现，并利用其开展的技术创新活动，是由技术成果引发的一种线性过程，如图 10-2 所示。基于认识自然现象、揭示自然规律，获取新知识、新原理、新方法的技术推动创新过程模式是突破性创新。尽管创新周期都非常长，但是一旦获得成功，就会产生新的技术革命，如出现了数控技术，才有了数控机床。

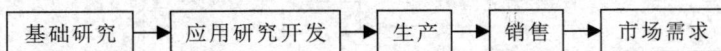

$$\boxed{\text{基础研究}} \rightarrow \boxed{\text{应用研究开发}} \rightarrow \boxed{\text{生产}} \rightarrow \boxed{\text{销售}} \rightarrow \boxed{\text{市场需求}}$$

图 10-2　技术推动创新过程模式

（二）需求拉动创新过程模式

倡导这一模式的代表人物是施穆克勒（Schmookler）。该模式是指由客观存在的市场需求而引发创新主体开展技术研究，并应用技术成果从事技术创新活动。该模式强调市场是 R&D 构思的来源，市场需求为产品和工艺创新创造了机会，并激发为之寻找可行的技术方案的研究与开发活动。创新是市场需求引发的结果，如图 10-3 所示。基于市场和生产需求的创新过程模式是渐进型创新，具有低风险、低成本和重大商业价值等特征。

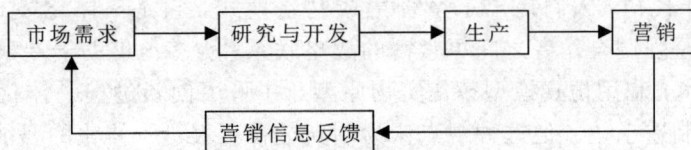

图 10-3　需求拉动创新过程模式

（三）技术与市场交互作用创新过程模式

20 世纪 70 年代至 80 年代初期，提出了第三代创新过程模式，即技术推动和市场需求相互作用而引发的双重推动模式。该模式是指创新主体在拥有或部分拥有技术发明的条件下，在社会和市场需求的拉动下开展的技术创新活动。创新是技术和市场交互作用共同引发的，如图 10-4 所示，技术推动或需求拉动的过程创新模式只是技术与市场交互作用的创新过程模式的特例。

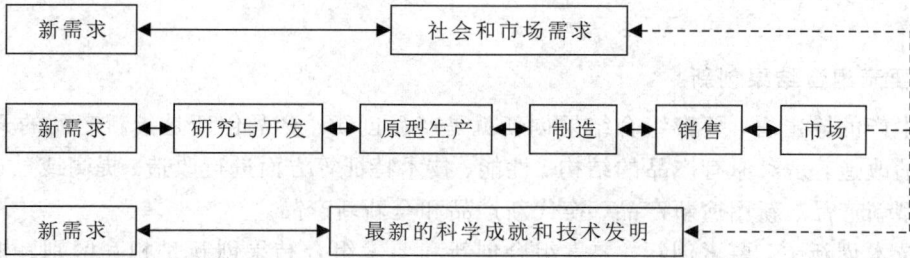

图 10-4　技术与市场交互作用创新过程模式

（四）一体化创新过程模式

一体化创新过程模式是 20 世纪 80 年代后期提出的第四代创新过程模式。此种模式不是将创新过程看做是序列性过程，而是看作涉及创新构思的产生、研究与开发、设计制造和市场营销的并行过程，如图 10-5 所示，它强调研究与开发部门、生产设计部门，供应商和用户之间的联系、沟通和密切合作，大大缩短了研制生产周期。我国在两弹一星的研制中就采用了这种创新模式。

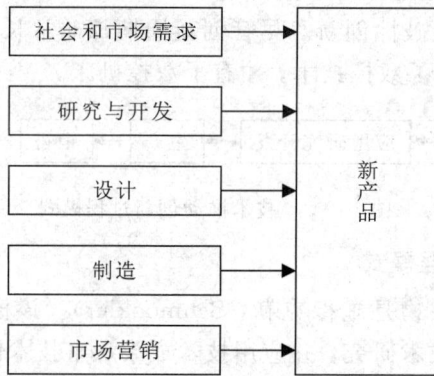

图 10-5　一体化创新过程模式

（五）系统集成网络模式

20 世纪 90 年代初，人们提出了系统集成网络模式，它是一体化模式的进一步发展。其最显著的特征是强调合作者之间更紧密的战略联系，更多地借助于专家系统进行开发研究，借助信息技术，利用仿真模型替代实物原型，并采用创新过程一体化的计算机辅助设计与计算机集成制造系统。他这种观点认为创新过程不仅是一体化的职能交叉过程，也是多机构系统集成网络链接的过程。

🐚**案例链接**

基于产品技术链的发展中国家技术创新

从产品视角来看，技术可以理解为由支撑终端产品发明和改进的关键技术环节构成的产品技术链，涵盖了主导设计（技术标准）、核心元件技术和产品架构技术三个技术环节。在发展中国家，企业的技术追赶需要经历由低端产品架构技术向高端主导设计（技术标准）发展的技术链构建，这一技术发展过程，依次表现为终端产品的集成创新、核心元件的渐进式追赶和主导设计变迁的技术超越，也就是指产品创新、渐进性创新和根本性创新。

后进国家的技术创新与产业升级

随着技术扩散与渗透，以及全球经济一体化的发展，跨国公司把其产业价值链延伸到全球范围，实现了基于全球平台的技术资源整合与利用，催生了基于产业技术跨界配置的全球技术链。领导企业控制全球技术链的高端核心环节，利用研发优势不断提高产业的技术标准和进入壁垒。后进国家产业升级的关键是本土的产业技术系统要与发达国家的技术体系对接，融入全球产业技术链，积极进行渐进性创新，实现产业技术的链内渐进式升级；并能监测产业技术的走势与变化，准确把握产业技术的极限，及早感知产业技术变革的到来，适时研发产业替代技术，进行技术范式和技术轨道的根本性变革。从全球技术链视角，后进国家可以通过链内升级、链间升级、跨链升级三种模式实现产业升级。

第五节　企业文化创新

企业文化作为企业制度和经营战略在人的价值理念上的反映，一方面要作为企业活力的内在源泉而存在，成为规范企业和员工行为的内在约束力；另一方面要与时俱进，不断在理念、观念等方面进行创新，以彰显其强大的生命力。企业文化建设与企业竞争力关系密切，企业文化所形成的文化氛围和价值导向作为一种精神激励，能够调动与激发组织成员的积极性、主动性和创造性，把员工潜在的力量和智慧激发出来，使员工的能力得到全面发展，以创造出企业更强的竞争力。正如管理大师彼得·德鲁克所说，"管理不只是一门学问，还是一种文化，它有自己的价值观、信仰、工具和语言"。

一、企业文化的内涵

（一）企业文化的内涵

不同企业有着不同的企业文化，企业文化以无形的"软约束"力量构成组织有效的驱动力，这种力量被称为"管理之魂"。20 世纪 80 年代初，美国哈佛大学教育研究院的教授泰伦斯·迪尔和麦肯锡咨询顾问爱伦·肯尼迪在《企业文化：企业生存的习俗》中指出，杰出而成功的企业都有强有力的企业文化，正是企业文化这一非技术、非经济的因素，带来了这些企业的基业常青。

企业文化是指组织在长期实践活动中所形成的，并且为组织成员普遍认可和遵循的，具有本组织特色的价值观、团体意识、行为规范和思维模式的总和。对企业文化的评价一般包括主导特征、领导风格、员工管理类型、组织凝聚力、战略重点和成功的标准。企业在不同生命周期阶段具有不同的文化特征，体现了企业不同时期的文化导向，如图 10 - 6 所示。

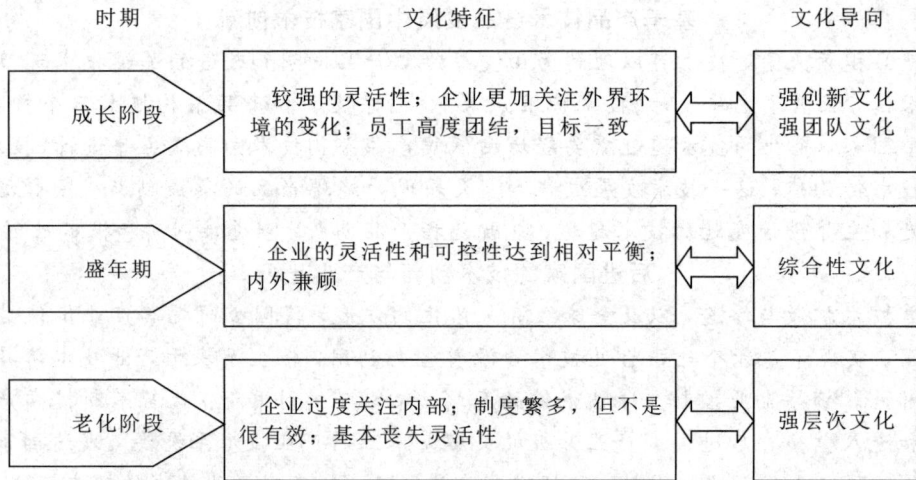

时　期	文化特征	文化导向
成长阶段	较强的灵活性；企业更加关注外界环境的变化；员工高度团结，目标一致	强创新文化 强团队文化
盛年期	企业的灵活性和可控性达到相对平衡；内外兼顾	综合性文化
老化阶段	企业过度关注内部；制度繁多，但不是很有效；基本丧失灵活性	强层次文化

图 10 - 6　企业不同时期的文化特征与文化导向

（二）企业文化的功能

企业文化不仅具有传统管理功能，而且还有很多传统管理不能替代的功能，主要包括以下几个方面。

1. 凝聚功能

企业文化的凝聚功能主要表现在企业文化所体现的"群体意识"，能把员工个人的追求和组织的追求紧密联系在一起。这种强烈的"群体意识"，可以改变过去从个人角度建立价值观的一盘散沙状态。因此，企业文化比企业外在的硬性管理方法更加具有内在凝聚力和感召力，使每个员工产生浓厚的归属感、荣誉感和目标一致性。

2. 导向功能

企业文化的导向功能主要表现在企业价值观对组织的主体行为，即企业管理者和员工的行为引导上。强势的企业文化是建立在企业多数人的"共识"基础上，这对组织大多数人来说，是建立在自觉基础之上的，使他们能够自觉地把自己的一言一行经常对照组织的要求进行检查，纠正偏差，发扬优点，改正缺点，使自己的行为符合组织的价值观要求。对少数没有取得"共识"的人来说，这种导向功能带有某种强制性，促使他们修正自己的行为，向组织目标、组织制度、企业文化靠拢。

3. 激励功能

企业文化的激励功能主要表现在企业文化所强调的信任、尊重、理解每一个人，凡事都以企业的共同价值观为尺度，而不是只以管理者的意图为出发点。管理者在管理中重视员工的需求、重视员工的参与，使员工形成强烈的主人翁责任意识和归属承诺，以主人翁的姿态去关心企业的发展，贡献自己的聪明才智。因此，企业文化具有激励功能。

4. 提高员工素质的功能

企业文化具有提高员工素质的功能，主要体现在企业文化在企业中营造一种追求卓越和创新的氛围,这种氛围对员工素质的提高提供了较好的环境和条件。"近朱者赤"说的就是用良好的、积极向上的企业文化去影响员工,为员工积极进取创造良好的学习、实践环境和条件,员工在这样的环境下,无形中会感受到一种积极向上的压力和动力,不学习、不进步就不会被企业文化所接纳,努力学习和进步就受到组织的欢迎与奖励,这种压力和动力的双重力量使员工素质提高成为可能。

5. 塑造企业形象的功能

企业文化作为企业"管理之魂",使企业在与外界接触的过程中,无时无刻不展示着企业的管理风格、员工的精神风貌。可以说,企业文化就是企业形象。企业文化比较集中地概括了企业的基本宗旨、经营哲学和行为准则,优秀的企业文化在与外界接触中,其业务往来、新闻发布以及广告宣传等各个方面都在展示着企业文化。良好的企业文化有利于提升企业形象,因此,必须在组织创新中重视企业文化创新。

(三)知识经济时代对企业文化的影响

正在到来的知识经济将改变企业文化的基础,因此企业文化需从以下四个方面进行调整。

(1)企业文化将成为知识经济条件下企业管理重要的且主要的手段。"文化"将成为保证和促进网络化组织结构条件下企业组织活动一体化的黏合剂。

(2)企业文化将是人们自觉创造的结果,而不是企业生产经营中的一种副产品。

(3)企业文化在强调主导价值观与行为准则的同时,允许异质价值观和行为准则的存在。

(4)学习型的企业文化必然是多元的。实际上,一定时期的主导价值观体现了组织的记忆。如果没有对不断出现的异质价值观的容忍,就不可能有企业文化的创新。

(四)知识经济时代企业文化面临的挑战

企业文化的发展变化受许多因素的影响,这与企业所处的生命周期阶段紧密相关。企业文化能否与时代特色相匹配,关系到企业能否持续成长和健康发展。

1. 知识经济对企业文化的挑战

知识经济是中国乃至世界经济发展面临的新课题。展望 21 世纪,科技进步将比 20 世纪更为显著,信息技术的革命性变革给人类经济和社会的发展带来巨大的变化。例如,在对产业结构的影响方面,将会使今后 20 年的工业结构受到前所未有的冲击,某些企业将会彻底改头换面(如出版印刷业),有些行业可能会爆炸性地增长(如软件业)。随着全球性的产业结构重组,数以万计的职业将会消亡,同时,数以万计的新职业会应运而生。生物技术也将迅速崛起,生物革命的浪潮必将带来一场产品形态和思想观念的重大革命,这种态势给企业文化带来的挑战将是十分严峻的。

2. 世界经济一体化对企业文化的挑战

近年来,世界各国经济相互依存、相互渗透不断加深,经济区域化和全球化成为一股不可阻挡的潮流,这股潮流也使企业风险更趋于国际化。随着外商投资规模的扩大,投资领域的拓宽,以及投资方式的多样化,使中国企业在"家门口"就将面临极其残酷的国际市场竞争。文化的冲撞已在所难免,如果没有强有力的文化支撑,必然会被外来文化的潮水吞没。

案例链接

通用电气的文化变革

1981 年，通用电气公司(GE)在生产的增长方面远远落后于日本同类企业，同时不再具有技术方面的领先地位。为了应对危机，总裁琼斯任命韦尔奇接替他的位置。韦尔奇提出，在不断变化的全球环境中，GE 必须不断变革，认清形势、认清自我，才能改变自我，掌握命运。随后在他的领导下，GE 从文化变革入手，开始了整个公司的改革，创建了一整套企业文化管理模式。最有名的就是韦尔奇提出的著名的"煮青蛙"理论：如果你将一只青蛙丢进滚烫的热水中，它会立即跳出来；但是，如果把青蛙放进冷水中逐渐加热，则青蛙不会跳起来，而是在不知不觉中被慢慢烫伤，直到死亡。冷水被加热到难以忍受的温度时，青蛙已失去了跳起的力量。韦尔奇告诫员工，GE 绝不能像冷水中的青蛙，面临危机而得过且过，必定会在市场中衰落直至消失。

韦尔奇发起的文化变革历时 5 年，在这 5 年中，韦尔奇承受了来自各方面的压力，最终解决了通用电气的公司危机。其成功的关键并非找出更好的控制员工的方法，而是营造出可以快速适应市场动态和团队合作的文化机制，赋予员工更多的权利与责任，实现了员工与管理者的互动。美国康柏计算机公司董事长本杰明·罗森认为，正是由于韦尔奇对通用电气公司成功的文化变革，使 GE 成为在全球环境变化中依然生机勃勃的企业奇迹。

二、企业文化变革的动因

企业文化变革是指企业文化的重塑。为了适应企业内外部环境的变化和企业发展战略的调整，企业对其原有文化进行整体性的革新。企业文化变革的根源是企业赖以生存和发展的客观条件发生了根本性变化。一方面，它是社会文化变革在企业内的反映；另一方面，它是企业生存发展的必然要求。企业文化变革是企业文化发生飞跃的重要契机。

按照影响企业文化变革的因素来源，可以分为外部环境和内生因素两个方面。

(一) 企业文化变革的外部环境因素

1. 政策和法规的变化

国家经济政策的转变，法律、法规的调整，可能会对企业的文化产生影响，某些情况下甚至强制性地推动企业文化变革。

2. 经济发展环境的变化

全球一体化的深化发展，使企业对经济环境的变化越来越敏感。全球性的经济事件、国家税率、利率、汇率等方面的调整都可能通过市场对企业的文化产生影响。

3. 科技发展的变化

科学技术的发展不仅提升了企业的劳动生产率，也对企业的工作方式产生影响。特别是当前以网络技术为主要推动力的生产自动化和办公自动化的迅猛发展，推动了企业管理思想的变革，也对企业文化产生了深远的影响

4. 劳动力供给的变化

随着企业的跨国发展和高素质人才的流动性增强,企业招募员工的年龄、教育程度、民族、技能水平、出生地等方面的差异越来越大,给企业文化管理带来了新的挑战。针对合资企业和跨国公司的跨文化管理热潮正在兴起。此外,竞争对手、供应商、代理商的某些方面变化也可能引发企业的文化变革。

(二)企业文化变革的内生因素

1. 企业经营的危机

一旦企业陷入经营危机,在排除了系统性环境变动的影响和战略决策失误之后,管理者通常会深入思考危机是否因为企业文化的不适而出现。企业经营危机所带来的后果也会促使员工认识到企业发展与个人职业发展的密切关系,为企业文化的变革提供心理基础。

2. 企业成长的推动

企业成长的生命周期性表明,企业在成长的不同阶段需要不同的文化牵引、规范和支撑,企业文化发展的落后会制约企业财务和组织的成长,所以需要企业及时变革文化;否则,昨日的成功经验和制胜法宝将成为今天的陷阱。

3. 企业战略的转变

企业文化服务于企业整体战略,所以企业战略的转变必然要求企业文化随之变革,否则,滞后的企业文化制约企业战略变革的实施。

4. 企业领导人的更替

企业领导人是企业的缔造者和管理者,企业文化是企业领导人的人格和思想的外在表现,不同类型的领导人可能会需要和创造不同的企业文化。

🌾案例链接

惠普公司企业文化变革的内伤

1999 年 7 月,惠普公司高新聘请朗讯女将卡莉·菲奥莉娜任 CEO。2000 年 9 月,惠普公司董事会任命卡莉为董事长、总裁兼 CEO。2001 年 9 月,卡莉宣布并购 PC 巨头——康柏公司,目标是超过 IBM 公司,成立新惠普。2002 年 3 月,惠普公司进行全球股东公决,支持派以微弱的优势险胜反对派,新惠普诞生。2003 年 5 月,新惠普的业绩超过了预期目标,似乎预示着改革的成功。但是一年后,2004 年 8 月,惠普公司季度业绩连续低于预期目标,卡莉认为是管理层的问题,因此直接解雇 3 位高管,期望公司业绩能够有所回升,可是,奇迹并没有发生,面对连续下滑的公司业绩,2005 年 2 月,惠普公司召开紧急董事会,罢免了卡莉在惠普公司的所有职务。

回顾新惠普的改革之路,可以看到,卡莉带领惠普公司进行的企业文化变革并不完美。起初,卡莉希望改变有口皆碑的"惠普之道",卡莉积极推动了惠普公司的改名,将原来带有明显创业者印记的英文标识"Hewlett-Packard"(两位创业者惠列特和普卡德的名字)压缩成"HP",极力淡化了惠普公司的家族色彩。

接下来,卡莉又一改老惠普公司"平民"、"低调"的作风,俨然一个演艺明星,在惠普公司 CEO 历史上破天荒地自己购买了专机,格调之张扬令人望而生畏……这一切都在惠普公司内部引起了很多不满。起初出于对卡莉提升业绩的期待,大多数惠普人选择了观望。

于是,问题出现了。卡莉发现自己的变革进展缓慢、阻力很大。对于卡莉的说教,大家嘴上虽然不"反对",但心里却"不信"。特别是在惠普公司这样以知识员工为主的企业,当员工目视计算机时,唯一能决定其去积极思考的是工作而不是走神儿的,这就是内心所笃信的文化。

这时,初步领教了老惠普文化的卡莉,意识到自己对于惠普文化变革的失误。她也曾寄希望于通过培训给大家"洗脑",希望大家跟她一起不厌其烦地" change"(改变),但很显然,不被"相信"的变革思想不可能深入人心,更不可能产生实效。卡莉没有意识到员工对"惠普之道"的忠诚,忽视了她所面对的这群沉淀了 60 年惠普文化的人。

卡莉寄希望于用新文化来带动业绩增长。"惠普之道"确实受到了冲击,但公司的业绩增长却并没有实现,市场份额反而在缩。原来仅康柏公司就能压倒戴尔公司,而并购康柏公司的新惠普,却在完成并购的次年就将冠军宝座让给了戴尔公司。问题的症结在于老惠普文化与它坚实的运营创新机制是相一致的,而新惠普文化却在不伦不类中找不到经营的根基,呈现出的只是一种"看似紧张的低效状态"。

三、企业文化创新的建议

企业文化建设是一项长期的系统工程,要做好企业文化创新,主要应做好以下各方面工作。

(一)确定正确的价值标准

组织价值观是整个企业文化的核心,选择好企业的价值观是企业文化创新的首要战略问题。在这方面可以遵循以下两个前提:一要立足于本企业的具体特点。不同的企业有不同的目的、环境、习惯和组成方式,由此构成千差万别的组织类型,只有把握好本企业特点,选择适合自身的企业文化模式,才会取得广大员工的认同。二要把握住组织价值观和组织文化各要素之间的相互协调,只有各要素间进行科学组合和匹配才能实现整体系统优化。为此,需要在选择价值观上遵循以下四个原则:

(1)员工共同参与制定核心价值观。企业的核心价值观要得到员工认可,首先必须让员工理解,而取得员工理解的根本途径是和员工一起制定。只有员工感知到自己的贡献,深刻理解企业的价值观与自己的相关性,才会激发出高度的主人翁责任意识,并为之努力。

(2)确保使用简单易懂的语言表述企业价值观。价值观应当很容易理解,并很快为人所掌握。

(3)确保组织价值观的各要素能明白无误地转换成行为。员工应能了解他们的所作所为是否符合组织的使命和价值观,并能设想符合组织价值观的种种行为实例。如果价值观与他们的日常经验相差太大,他们就无法应用,也就没有实际作用。

(4)组织价值观必能激励人心。一个好的组织价值观必须能起到激励员工的作用。员工会在这一价值观指引下焕发出无穷动力去努力实现它,如果价值观缺乏激励效应,肯定不是一个有效的价值观。

（二）以人为本进行企业文化定位

企业文化的主调是"以人为中心，尊重人的价值，重视人的作用"。通俗地理解企业文化，就是企业与职工互爱而共同发展。在企业文化创新，尤其是对企业文化进行定位的时候，大方向一定不能出错，那就是以人为本，建设以人为中心的管理体系。企业文化定位要具备长久性、稳定性、全局性，避免急功近利。定位准确的企业文化会很快被接受和实施，否则其推行将受到很大的阻力。这个定位必须经过企业各阶层的深入分析和讨论，请专家批评论证，最后争取企业领导层的赞同和企业员工的一致承认，才有实施的可能性。

企业文化定位一般有以下几个类型可以选择：竞争型企业文化、目标型企业文化、创新型企业文化、务实型企业文化、团队型企业文化、传统型企业文化。给企业文化进行定位时，要根据企业的实际情况，选择合适的类型。同时，也需要清楚地知道，企业文化的定位不是一劳永逸的，而是动态的，需要根据企业在不同的发展阶段确定企业文化的定位。在给企业文化定位过程中，不可忽视人的作用，要考虑员工的意见反馈和经验总结，只有以人为本定位企业文化，才能定位准确，保障企业文化的建设实施。

（三）企业文化创新应坚持的原则

企业文化创新不是一朝一夕就能完成的，也不是靠冲动和意气用事就能实现的，而是需要以下一些共同的原则来遵守。

1. 前瞻性原则

克服急功近利的企业文化建设思想，应充分认识企业文化的系统性、长期性、艰巨性，立足长远，要站在未来看企业文化，而不能站在现在看企业文化。

2. 感性理性化原则

企业文化建设是感性思维与理性思维相结合的过程，在发挥感性思维的同时，必须充分结合人本和企业自身的特点，实现企业文化的理性制度管理。凡是能形成切合实际的量化指标的、能形成切合实际的制度规范的，必须确定量化指标并进行制度化管理。

3. 行先于知原则

必须使企业文化不断动起来，必须在实践中体现企业文化。

4. 层层分解原则

无论是可量化的指标还是难以量化的指标，都必须落实层层分解的原则。企业文化不是人力资源一个部门的事情，而是上下一体的工作，必须加大中层管理干部对企业文化执行能力的培养、提升与考核。

5. 表格化原则

企业文化运行过程中，必须尽量使用表格与图形，强化理性思维模式。在逐步摸索适合企业文化实施办法的同时，建立一整套企业文化的管理工具。

6. 敏锐性原则

企业文化在规划的过程中，需要实操者培养敏锐的视觉，要学会"以小见大"，有助于细节中见深度的操作能力。敏锐视觉的培养，需要企业文化实际操作者深刻理解企业的文化，并不断挖掘企业的生动案例。

创新能力是企业的生命基因，是企业核心竞争力的主要源泉。创新是企业文化的灵魂，企业文化必须创新。企业文化创新具有丰富的内涵，是企业创新的精神支柱。企业文化创新将成为企业组织创新的重要组成部分，组织创新的有效实施，必须结合其文化的创新。企业的创新能力根植于其优秀而独特的文化，企业文化创新对提升企业创新能力具有重要的驱动作用。

本 章 小 结

创新是管理的一种基本职能，管理创新着眼于更加有效地运用资源以实现目标，不仅注重新颖，也注重预期效益的实现。管理的四大职能与创新是相互联系、相互补充的。创新是管理四大职能在维持原有基础上的发展，而管理的四大职能多是创新的逻辑延续；文化创新和制度创新是组织创新的基础与保障，具备了较高的管理效率，企业的技术创新才有了更加可靠的支撑。因此，要在理解创新与管理的四大职能相互关系的基础上，掌握技术创新、文化创新、制度创新和组织创新的内涵与相互关系。

★ 知识结构图

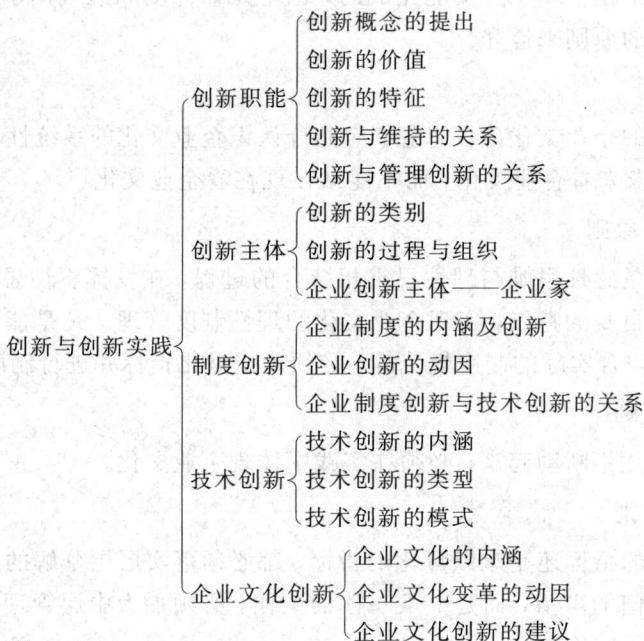

思 考 题

1. 怎样才能使企业员工甘冒风险而投身于企业的管理创新？

2. 人们从清晨起床到晚上睡觉，99％的动作纯粹是下意识的、习惯的。习惯是人们已经熟练掌握的、不假思索的、自动调节的反应行为和适应性行为。将这些现象与企业管理进行类比，你认为习惯对管理创新有哪些影响？

3. 什么是创新？创新与维持的关系是什么？

4. 创新的过程是什么？

5. 如何组织创新？

6. 什么是管理创新？管理创新有哪些具体内容？

7. 什么是技术创新？技术创新的内容和模式有哪些？

8. 什么是企业家？企业家具有哪些心智模式？

9. 企业文化具有哪些功能？

10. 为什么知识经济时代企业文化面临着巨大的挑战？

11. 企业文化变革的外部环境因素有哪些？

12. 企业文化变革的内生因素有哪些？

练 习 题

一、单项选择题

1. 熊彼特描绘的五种创新，大致可归纳为技术创新、市场创新和（   ）等三大类。

   A. 管理创新　　　　B. 组织机构创新　　　C. 管理者创新　　　D. 推广创新

2. （   ）是指运用行为科学和相关管理方法，对组织的权力机构、组织规模、沟通渠道、角色设定、组织与其他组织之间的关系，以及对组织成员的概念、态度和行为等进行有目的、系统的调整和革新。

   A. 组织变革　　　　B. 组织创建　　　　　C. 组织管理　　　　D. 组织控制

3. 下列关于创新和变革说法不对的是（   ）。

   A. 二者都是组织为了适应内外部环境变化的需求而产生的一种组织活动

   B. 二者的目标都是为了改善组织绩效

   C. 创新与变革都强调变化，但是变化的形式和内容有所差别

   D. 二者对结果强调的也是一样的

4. 下列关于创新价值说法错误的是（   ）。

   A. 创新是经济增长和社会发展的根本源泉

   B. 创新是企业获得竞争优势的关键

   C. 创新决定了企业生命力的长短

   D. 创新为整个产业链上下游带来了成体系、可持续、正向的价值和意义。

5. 在技术竞争激烈的当今世界，技术创新与（   ）成为促进企业发展的两个重要方面。

   A. 知识产权保护　　B. 管理创新　　　　　C. 制度创新　　　　　D. 文化创新

6. 按照技术创新的对象划分为产品创新和（   ）。

   A. 设备创新　　　　　　　　　　　　B. 人力资源管理创新

   C. 工艺创新　　　　　　　　　　　　D. 营销创新

7. 技术变动的方式包括结构性变动和（   ）。

   A. 非结构性变动　　B. 模式性变动　　　　C. 非模式性变动　　D. 细节性变动

8. 制定正确的价值标准要遵循立足于本企业的具体特点和（   ）。

A. 要把握住经营者的经营思路

B. 要把握住组织价值观和组织文化各要素之间的相互协调

C. 最根本的考虑本企业的人事情况

D. 最核心的考虑本企业的运用模式

9. 以人为本进行企业文化定位主要强调"以人为中心,尊重人的价值和(　　)"。

　　A. 重视人的作用　　　　　　　　　B. 重视制度与人的协调统一

　　C. 尊重市场发展规律　　　　　　　D. 重视领导者的作用

10. 以下不属于控制的原则的是(　　)。

　　A. 个案性　　　　B. 例外性　　　　C. 及时准确性　　　D. 灵活性

11. 对经济增长起着决定性作用的是(　　)。

　　A. 制度性因素　　　　　　　　　　B. 政策性因素

　　C. 社会性因素　　　　　　　　　　D. 企业性因素

　　E. 自然环境性因素

12. 不将创新过程看做是序列性过程,而是看作同时涉及创新思构思的产生、研究与开发、设计制造和市场营销的并列过程,称呼为(　　)。

　　A. 一体化创新过程模式

　　B. 需求拉动创新过程模式

　　C. 技术与市场交互作用创新过程模式

　　D. 技术推动创新过程模式

　　E. 系统集成网络模式

二、多项选择题

1. 创新的特征有(　　)。

　　A. 概率性　　　　　　　　　　　　B. 复杂性

　　C. 需求导向性　　　　　　　　　　D. 直觉与意义知识

　　E. 执著性

2. 按照创新对象划分为(　　)。

　　A. 观念创新　　　　　　　　　　　B. 制度创新

　　C. 技术创新　　　　　　　　　　　D. 文化创新

　　E. 管理创新

3. 根据创新成果资源来划分,(　　)。

　　A. 原始性创新　　　　　　　　　　B. 改进性创新

　　C. 模仿性创新　　　　　　　　　　D. 信息合作创新

　　E. 组织创新

4. 合作创新的形式有(　　)。

　　A. 供应商关系　　　　　　　　　　B. 许可证交易

　　C. 合作　　　　　　　　　　　　　D. 战略联盟

　　E. 网络合作

5. 分包的优势有(　　)。

　　A. 降低风险　　　　　　　　　　　B. 降低研制周期

C. 降低成本   D. 增强市场禁入

E. 互补性技术

6. 合资企业的劣势有（   ）。

A. 战略偏离   B. 企业文化不协调

C. 业态无效性   D. 知识泄露

E. 锁定潜能

7. 产品的生命周期分为（   ）。

A. 引入期   B. 成长期

C. 成熟期   D. 衰退期

E. 螺旋增长期

8. 按照技术创新的程度划分为（   ）。

A. 根本性技术创新   B. 渐进性技术创新

C. 浅表性技术创新   D. 深层次技术创新

E. 全面性技术创新

9. 企业老化阶段的文化特征有（   ）。

A. 企业过度关注内部   B. 制度繁多

C. 缺乏灵活性   D. 内耗太大

E. 人力管理无效

10. 以下（   ）是导致外部利润增加的主要因素。

A. 规模经济   B. 外部成本和收益

C. 抗风险能力   D. 交易费用

E. 内部成本和收益

11. 下列企业制度创新与技术创新的关系说法正确的有（   ）。

A. 企业制度创新为企业技术创新提供前提条件

B. 企业技术创新要求进行不同层面的制度创新

C. 技术创新为制度创新提供支持条件

D. 技术创新和制度创新保证了企业的成长

E. 企业技术创新为企业制度创新提供前提条件

案 例 分 析

香雪抗病毒口服液

2003年，无私无畏的中国医护人员赢得了世界的尊敬，同时，也把中医药带到了世界的面前。这场突如其来的"SARS"病毒，让一个抗病毒中成药——香雪抗病毒口服液成为全国疫区的"抢手货"。非典之后十年，随着大气污染、人们交流频繁，不断有新的病毒性传染病出现。尽管无大的疫症，但流感、手足口病、禽流感等病毒性传染病依然不时"来犯"，香雪制药针对这些情况，开展多项临床专项试验，研究抗病毒口服液在更多病毒性传染病上的防治作用，成为中药抗病毒的领导者。

"十里梅花浑似雪，萝岗香雪映朝阳。"诗人郭沫若赋诗赞赏羊城八景之一的"萝岗香雪"，正是香雪制药的发祥地。1986 年萝岗制药厂成立，1997 年改制为广州市香雪制药股份有限公司，2010 年在中国深圳证券交易所挂牌上市。作为国家级高新技术企业，香雪制药秉承"厚生、臻善、维新"的经营理念，把发展中药和实现中药现代化作为长远发展战略，经多年发展，现已成为拥有自主知识产权、自主品牌、自主创新能力的中药现代化的领军企业，形成中药资源开发、中药先进制造、现代物流配送、新药创制的完整产业链。香雪制药致力于中药现代化的研究和实践，在中药现代化的关键技术——中成药质量控制技术、现代制剂技术、中药给药途径创新等研究取得丰硕成果及突破，建立了以"现代中药指纹图谱质量控制技术"为核心的现代中药集成创新系统：率先应用指纹图谱质控技术，通过计算机相似度分析系统使得成分复杂的中药质量得到有效控制；应用中药临床循证医学评价方法，通过大样品、多中心的大规模临床数据评价使中药疗效准确与经济。

香雪制药引进全球先进的信息管理系统，使中药生产、经营、销售、服务过程实现全面信息资源管理，对企业资源、供应链、客户关系、节能环保、智能办公等方面进行高度集成，使中药企业管理与大数据时代接轨。

香雪制药还积极"走出去"，在英国剑桥成立了中药研究中心，在香港大学成立研究室，希望用最先进的理念推动企业研发。现在香雪制药的小核苷酸广谱抗病毒药物研究已领先世界。其抗病毒口服液全国销量领先，2013 年半年报显示，香雪制药上半年实现营业收入 4.53 亿元，同比增长 3205%；实现净利润 552 347 万元，同比增长 29.54%。

问题：

1. 香雪制药在创新方面表现出什么特点？
2. 结合案例分析创新对企业的重要性。

参 考 文 献

[1] 周三多，陈传明，等．管理学：原理与方法[M]．5 版．上海：复旦大学出版社，2011.

[2] 周三多．管理学[M]．4 版．北京：高等教育出版社，2014.

[3] 戴淑芳．管理学教程[M]．4 版．北京：北京大学出版社，2013.

[4] 张玉利．创业管理[M]．2 版．北京：机械工业出版社，2011.

[5] 罗宾斯，库尔特．管理学[M]．11 版．李原，孙健敏，黄小勇，译．北京：中国人民大学出版社，2012.

[6] 焦叔斌，杨文士．管理学[M]．4 版．北京，中国人民大学出版社，2014.

[7] 陈春花．经营的本质[M]．北京：机械工业出版社，2013.

[8] 李春波．企业战略管理[M]．北京：清华大学出版社，2011.

[9] 杨跃之．管理学原理[M]．北京：人民邮电出版社，2012.

[10] 马仁杰，王荣科，左雪梅，等．管理学原理[M]．北京：人民邮电出版社，2013.

[11] 雷恩，贝德安．管理思想史[M]．6 版．孙健敏，黄小勇，李原，译．北京：中国人民大学出版社，2012.

[12] 冯光明．管理学[M]．北京：北京邮电大学出版社，2011.

[13] 李金静．现代企业管理[M]．长春：吉林大学出版社，2013.

[14] 于喜展，陈春晓，李忱．管理学[M]．长春：吉林大学出版社，2011.

[15] 赵文明，黄成儒．百年管理思想精要[M]．北京：中华工商联和出版社，2003.

[16] 郭咸纲．管理思想史[M]．北京：经济管理出版社，2005.

[17] 吴照云．中国管理思想史[M]．北京：经济管理出版社，2012.

[18] 德鲁克．动荡时工的管理[M]．姜文波，译．北京：机械工业出版社，2009.

[19] 龚荒．企业战略管理[M]．徐州：中国矿业大学出版社，2009.

[20] 宋福根．现代企业决策与仿真[M]．北京：科学出版社，2010.

[21] 樊建芳，张炜，黄琳．组织行为学[M]．3 版．大连：东北财经大学出版社，2011.

[22] 陈树文．组织管理学[M]．大连：大连理工大学出版社，2006.

[23] 罗珉．组织管理学[M]．北京：机械工业出版社，2006.

[24] 刘光明．企业文化[M]．北京：经济管理出版社，2001.

[25] 石伟．组织文化[M]．上海：复旦大学出版社，2004.

[25] 马红宇，王斌．组织文化与领导力[M]．北京：中国人民大学出版社，2011.

[26] 徐尚昆．组织文化与员工行为[M]．北京：中国社会科学出版社，2011.

[27] 马作宽．组织文化[M]．北京：中国经济出版社，2009.

[28] 陈荣秋．领导学：理论与实践[M]．北京：清华大学出版社，2007.

[29] 俞文钊．现代激励理论与应用[M]．大连：东北财经大学出版社，2006.

[30] 康青．管理沟通[M]．3 版．北京：中国人民大学出版社，2012.

[31] 杜栋．管理控制[M]．北京：清华大学出版社，2002.

[32] 陈新平，何冰．企业管理自我诊断[M]．北京：中国物资出版社，2003.

[33]　宿磊．管理寓言[M]．北京：中国时代经济出版社，2005.

[34]　成君忆．像园丁那样管理[M]．北京：中信出版社，2006.

[35]　彼得·德鲁克．管理的实践[M]．北京：机械工业出版社，2006.

[36]　姜旭平．变革管理课堂[M]．上海：上海交通大学出版社，2007.

[37]　陈劲，郑刚．创新管理[M]．北京：北京大学出版社，2009.

[38]　许俊锋，赵卫红．管理学[M]．成都：西南财经大学出版社，2016.

[39]　李金静，周仁，郑璐．管理学[M]．上海：上海交通大学出版社，2014.

[40]　毛杰，郭琰．管理学基础[M]．南京：南京大学出版社，2015.

[41]　苏敬勤，洪勇，吕一博．创新与变革管理．北京：清华大学出版社，2010.

[42]　朱方伟，蒋兵，张国梁．基于产品技术链的发展中国家企业技术追赶研究．管理科学，2008(2).

[43]　崔焕金．基于全球技术链的产业升级分析．技术经济与管理研究，2010(1).